区域经济
社会治理能力研究

STUDY ON GOVERNANCE CAPABILITY OF
REGIONAL ECONOMY AND SOCIETY

李 军 著

社会科学文献出版社
SOCIAL SCIENCES ACADEMIC PRESS (CHINA)

前　言

　　从某种角度看，世界史和中国史都是区域经济社会治理史。区域经济社会治理是区域治理的关键内容，是推动创新、协调、绿色、开放和共享发展理念落地的有效途径。区域经济社会治理能力研究试图围绕区域经济转型升级、提质增效、高质量发展，社会管理服务化、精准化，政府管理简政放权、放管结合等需要，探索现行政治体制下区域经济社会治理能力现代化建设的路径和模式，以期为区域经济社会发展提供决策参考。

　　区域经济社会治理能力研究按照基本概念、逻辑、理论、框架，治理基础和重点领域，评估验证等逻辑展开。第一章区域经济社会治理，重点是区域经济社会治理的概念与内涵、区域经济社会治理的关键对象，并从经济视角、社会视角、科技视角对区域经济社会治理的基本内容进行说明。第二章区域经济社会治理的逻辑，重点关注区域经济社会治理的体系结构、基本要求、基本逻辑，为区域经济社会治理的实施和操作奠定理论和思想基础。第三章区域经济社会治理能力，重点描述区域经济社会治理能力的构成。

　　第四章到第十章，主要围绕区域经济社会治理的基础理论方法和重点领域开展研究。第四章区域经济社会治理能力建设的基础，对区域经济社会治理中的关键基础性问题进行说明，如空间协同、局部与整体、远期与近期、市场与政府协同、治理模式、阶段性问题、治理路径选择等问题。第五章经济视角下区域经济社会治理基本准则，从价值创造、价值传递、价值分配三个环节重点阐述治理中应该坚持的准则。第六章区域经济社会治理关键要素的有效供给，围绕创新空间、公共服务、消费品、金融产品、国土空间、规划、政策等区域发展关键要素，从有效供给的视角进行说明，这些关键要素的有效供给，将大大提升区域经济社会治理总体能力。第七章区域经济社会治理的空间化治理，围绕区域经济社会治理各要素空间组合特点，提出空间化治理的总体要求，并围绕主体功能区制度、区域规划的空间化、区域产业准入管控、政策措施的空间化、面向个人需求的空间化服务、面向企业的空间化服务等空间化管控领域和方面进行分析研究。第八章区域经济社会治理的重点任务建设，在分析区域经济社会治理工程化需求的基础上，就区域经济社会治理需要开展的重点工程，围绕具体区域案例进行分析。第九章区域城市群健康发展，就国家层面和区域层面城市群健康发展的内容、测度、监测等问题进行描述。第十章区域生态文明空间化建设，在分析生态文明建设与区域经济社会治理高度协调统一的基础上，从区域生态要素空间化建设、区域经济社会体系空间化建设、区域生态文明支撑能力信息化建设三个关键领域对区域生态文明空间化建设进行分析描述。

最后，第十一章区域经济社会治理能力评估，试图构建区域经济社会治理能力评价指标体系、区域经济社会治理评价模型方法、区域经济社会治理监测能力建设和能力监测机制，以形成区域经济社会治理能力评估的方法体系。鉴于评价方法的尝试性、平均结果的非权威性等，本章不对区域经济社会治理能力进行具体评价，感兴趣的读者可以根据本章方法对区域经济社会治理能力开展评估。

区域经济社会治理是个老问题，但在当前经济社会形势下，快速发展的科学技术为经济社会发展提供动力，区域经济社会治理有了新的内涵。本书只对新形势下区域经济社会治理内容和能力建设进行初步描述；文字描述力图通俗化、大众化、口语化，以便更接地气；一些观点和结论难免偏颇，见仁见智，各取所需吧。当然，区域经济社会治理的具体内容仍有待进一步深化和完善，书中有许多不妥之处，还请大家海涵。本书的出版得到了社会科学文献出版社的支持，在此表示衷心的感谢。

李　军

2018 年 5 月 15 日

目　录

| 第一章 |

区域经济社会治理

俗话说，巧妇难为无米之炊，任何区域存在和发展都需要一定的物质基础与资源。然而，家家有本难念的经，每个区域的发展都面临这样和那样的问题。区域经济社会治理是个十分复杂的系统工程。中国及世界历史上，区域经济社会治理成功的案例不少，无论是治理模式还是治理经验都有许多称道之处，但也有一些区域经济社会治理的教训。区域经济社会治理涉及太多的人和事、涉及区域从内到外的各个方面，已有大量的学者、贤达、政要、精英人士从各个层次、各个角度、各个方面开展了大量研究探索和实践，但依然存在一些问题。到底是什么东西左右着区域各种经济社会现象的发生和演化？如何才能避免不好现象的发生？其中仍有许多需要探索的地方。

第一节　区域经济社会治理

一　区域经济社会治理概念

（一）区域

区域是一个空间或地理概念，如黄河流域就是有明确空间范围的地理区域，指水流汇集到黄河的空间区域；是一个管理概念，如我国的各级行政区划形成的区域，是经济社会、政治文化等综合管理和服务的空间范围，其对象不但指区域内的自然地理事物、现象和过程，也包括其空间范围内的人以及由人组合而成的各种庞大系统；是一个经济社会活动类型集中表现区域，如关中平原，不但是指关中这个地势相对比较平坦的区域，更是指一种经济组织方式、人口集聚方式、文化繁荣方式等的集中表现区域，华北平原、河套平原等也具有这样的特色；是一个文化概念，如潮汕地区，有模糊的地理区域，但更多是一种潮汕文化集中表现的区域。

本书中的区域是具有一定地域范围、人口集聚、经济体系、社会发展方式、文化基础、管理体系的模糊区域，其空间区域不完全确定，可能是地级行政区（地级行政区以下的区域一般不做论述）、跨地级行政区的区域（可能由几个县级行政区组成）、省级行政区、跨省级行政区的区域（涉及不同省级行政区的地级行政区）等。从管理和数据采集分析的角度看，本书所描述的区域主要是指省级行政区、地级行政区。

（二）区域治理

区域治理的概念。全球治理委员会认为治理是或公或私的个人或机构经营管理相同事务的诸多方式的总和，是使相互冲突或不同的利益得以调和并且采取联合行动的持续过程。治理是个既古老又现代的词，有理顺以及使事物条理、符合某种特定规则的意思，具有标准化、规范化、法制化等作用。

区域治理的内涵。区域治理包括区域环境治理、经济治理、社会治理、文化治理、政治治理，甚至包括军事、外交、民族等方面的内容。其主要涉及三个方面的内容，其一是尊重和利用自然规律的方式方法，既尊重各种自然规律、顺应各种自然规律，又充分利用人的能动性突破各种自然规律的约束和限制；其二是利用和平衡各种力量的措施和工具，针对区域内以特定利益为表现和凝聚力的各种力量，既充分利用这些力量对推动区域经济社会发展的正向作用，又通过制度安排平衡各种力量强度和节奏，以减少其对区域经济社会发展的负面影响；其三是规范区域经济社会各种现象和过程的方法和路径，使区域经济社会各要素、各主体、各领域、各环节、各过程能够相互促进，实现区域经济社会持续发展。

（三）区域经济社会治理

区域经济社会治理概念。区域经济社会治理就是以区域经济社会为主体和服务对象的区域治理。其核心包括以下几个方面：第一是区域经济社会基础要素数量、质量和空间布局的治理，使其相互之间达到一种动态平衡，以保障区域经济更有社会性；第二是区域经济社会现象和过程的治理，使区域经济社会各种现象和过程之间保持动态平衡，以实现其对区域经济社会发展正向推动力的最大化；第三是区域经济社会活动的规范化，通过制度和体制机制建设，使区域经济社会各种活动符合特定规范，保障区域经济社会稳定和持续发展；第四是人的全面发展作为区域经济社会治理的出发点和落脚点，区域经济社会治理的终极目标是区域内人的全面发展，不符合这一终极目标的经济社会现象都需要进行调整。

区域经济社会治理内涵。区域经济社会治理不但涉及经济社会各方面的内容，也涉及与之相关的政治、军事、法治、文化等方面内容。由于政治、法治、文化等方面的治理或过于敏感，或难以准确把握，故其不作为区域经济社会治理的内涵。区域经济社会治理的具体内容很多，整体上可以分为经济领域、社会领域、经济与社会联动三个方面的内容。从区域经济社会治理过程和效果看，区域经济社会治理包括：第一是区域经济社会基本面管控，目的是使区域经济社会维持正常运转；第二是经济社会预期治理，通过合理发展预期的塑造为区域经济社会发展注入基本动力，同时防止预期过高导致经济社会运行的失衡；第三是区域经济社会供给管理，通过区域天时、地利、人和等资源的合理配置，确保区域经济社会运行和发展需要的资源和动力持续供应；第四是区域经济社会需求管理，合理控制区域一定时段内各种具体需求的数量和节奏，使之与区域经济社会供给能力相匹配；第五是协调区域经济发展中的各种矛盾，如局部利益与整体利益关系、短期利益与长期利益关系、各种群体之间的矛盾等。

区域经济社会治理视角。从不同视角观察和研究区域经济社会治理，其具体内容、研究方法、基本理念等方面会有很大不同。这里对区域经济社会治理的研究侧重在地理空间角度，即区域经济社会所涉及的内容研究都是从空间布局和空间相互作用角度来展开，不但要了解各种要素之间的相互作用关系，而且关注其间的空间相互作用关系，为分析区域经济社会治理中的各种问题提供一种空间化分析工具。

二　加强区域经济社会治理的必要性

（一）加强区域经济社会治理是适应经济社会发展新特点的必然

区域发展的目标和路径发生了巨大的变化。近年来，我国许多地方的区域发展目标发生了变化，甚至是剧烈的变化。一方面，国家提出创新、协调、绿色、开放、共享发展新理念，以及生态优先、绿色发展、生态文明建设等新要求，使区域发展的指挥棒发生了变化，指挥棒的变化不但会导致短期发展目标的变化，而且会引起发展方式和理念的变化。另一方面，区域经济社会发展到一定阶段后，受内部和外部环境的影响，区域经济社会发展原有的环境和条件已不复存在，区域发展面临的新问题、挑战和机遇也发生了很大变化，甚至是根本性的转变，区域发展路径也必然发生变化，才能与区域发展新需求相适应。

区域经济结构和形态发生了变化。经过近四十年的改革开放，我国整体上早已告别了以物质匮乏为特征的经济短缺时代，三次产业结构发生了巨大变化，第三产业比重显著上升，第一、第二产业比重逐步下降，虽然在部分区域、个别年份的第二产业比重会有所升高，但这只是阶段性表现和个别现象。产业结构和形态也发生了巨大变化，传统产业比重逐步降低，以信息技术、网络技术等为基础的新兴产业逐步崛起，经济体系中以人的需求为主要目标的产业快速发展。这些变化对区域经济社会治理提出了新要求。

社会组织管理和服务模式提出了新需求。区域经济快速发展和新技术快速普及，对区域经济社会现象和过程产生了很大影响，特别是移动互联网络的广泛应用，使信息传播方式发生了革命性变化，对信息真实性、权威性的把控变得异常困难，这给区域经济社会组织和管理带来新的挑战，提出了更高要求。这需要变革经济社会管理，这种变革需求主要表现在：如何从"熟人"社会管理走向"现代"社会管理；如何从面向"群体"的规模化、批量化服务，转向个性化、定制化服务；如何从对"光脚"人的管理转向对"穿鞋"人的服务。

（二）加强区域经济社会治理是满足人全面发展需要的必然

私有经济意识和权力的强化对区域经济社会管理提出了新要求。随着个人或家族财富的积累，以及各种保护合法私有财产的法律法规的实施和体制机制的建立，特别是社会主义市场经济实践进一步强化了私有经济意识，普通民众对私有经济发展权的要求越来越强烈。虽然从理论上讲，经济发展不是零和游戏，可以通过合作共赢的方式做大经济规模蛋糕，但不可否认的是，在一定的发展阶段，一定区域经济规模基本上有个总量天花板，你占多了，别人必然占得少。在市场环境下，竞争将变得异常激烈，如果市场环境中夹杂有社会、权力、政治等因素，竞争将变得惨烈，并且往往会产生难以掌控的社会问题。因此，必须建立适宜这种私有经济意识和发展权强化的区域经济社会治理模式。

人的多元化需求使区域经济社会治理走向科学化。经济的发展以及伴随而来的社会变革，使人的多元化需求成为常态。无论承认不承认，虽然中国的基尼系数从 2010 年的 0.481 降低到 2016 年的 0.465 （较 2015 年上升了 0.003）①，整体呈逐步下降的趋势，但区域贫富差距依然不可低估，区域内人口从总体上可以分为富人、中产、穷人等群体，各群体（阶层）根据居住位置、经济发展水平、消费习惯、文化习俗等又分为若干消费群体，其消费需求呈现多元化、小众化趋势，这对区域生产管理和消费管理都提出了新的要求。

人的个性化需求使区域经济社会治理走向精细化。信息技术的快速发展和应用，特别是大数据技术的广泛应用，使人的个性化需求满足成为可能。按个人喜好定制产品和服务的需求越来越多，这也是小众化进一步深化的必然结果。每一个人都成为一个独立的消费和服务需求主体、意见表达主体、认识思考主体。这就给区域经济社会治理提出了更多新要求。

（三）强化区域经济社会治理是趋利避害的必然

降低区域发展成本是区域经济社会治理的必然选择。区域财富的增加使区域建设成本大幅增加，同时使建设失败的代价越来越大。从区域经济社会治理的角度来看，这说明随着区域社会整体财富的增加，进一步建设的成本或投入越来越大，随之而来的是失误或失败的成本越来越高，降低区域发展成本是区域经济社会治理的必然选择。

降低自然灾害风险是区域经济社会治理的必然选择。一方面，区域经济社会的发展意味着防治自然灾害的能力增强，区域综合防治自然灾害的协调能力在增强；另一方面，物质财富的增加和人们生命财产安全需求的增加，使区域自然灾害的风险程度在上升，意味着相同级别的自然灾害造成的财产损失和对居民精神的影响可能会更大，自然灾害造成损失的风险

---

① 《统计局：2016 年基尼系数为 0.465 较 2015 年有所上升》，中国新闻网，http://www.chinanews.com/cj/2017/01-20/8130559.shtml，2017 年 1 月 20 日。

越来越高，如何降低自然灾害风险成为区域经济社会治理的重要内容。

降低社会风险是区域经济社会治理的必然选择。目前，多数区域社会正由以农业经济为基础的熟人社会，转变为以服务业为主导、以城市城镇为空间集聚区域、以法律法规为行为准则的现代社会。现代社会信息传播途径颠覆了传统信息管理模式，好消息的传播可能因为与当事人关系不大而被漠视，而坏消息传播途径和方式的多样化，使社会事件的发生概率大大增加，一些影响社会稳定的事件（包括谣言引起的事件）可以通过无处不在的网络悄悄酝酿，社会运行的风险越来越高，如何降低社会风险成为区域经济社会治理绕不开的内容。

（四）加强区域经济社会治理是发挥区域比较优势的必然

发现和利用好区域特色是区域经济社会治理的必修课。区域存在和发展的基础是区域自身的资源禀赋和经济社会特色，这些禀赋和特色蕴藏于区域经济社会发展的历史和当下，也通过各种方式影响着区域的未来。对于个人而言，正确认识自己实际上是件很难的事情；对于区域而言，充分认识自我也是件需要不断探索的事情。一座座排放废气的工厂某种程度上是区域对自己认识不充分的后果，高楼林立、人气低落的空城某种程度上是区域不自量力的表现，项目稀少、土地闲置的工业园区某种程度上是区域自身认识不足的结果，这样的例子不是少数，也充分说明加强区域经济社会治理的重要性。

发现和利用好区域比较优势是区域经济社会治理的基本途径。竞争是市场经济不可回避的话题，比较优势是区域的真正优势。每个区域现有的优势在形成之初，可能具有一定偶然性，如"三线"建设时期大型工业项目的布局与市场经济条件下项目布局的出发点可能有很大差别，大项目的布局可能改变区域经济社会发展的轨迹。但不可否认的是在经济发展逐步回归其自身规律的时候，任何区域的竞争优势主要是自己的比较优势，这种比较优势往往是固有的、不可替代的，如河北省在京津冀一体化战略中的比较优势是特有的，甚至是独享的，河南省和山东省则不具备这样的条件，利用好这一比较优势，可以使河北省获得更多的区域经济社会发展所需要的资源和条件。因此，一个区域充分认识和利用好区域比较优势是更好发展的基础路径。

发现和避开区域劣势是区域经济社会治理的基本要求。克服各种不利因素是每个区域在发挥比较优势时相伴而生的重要任务。比较劣势不是固定不变的，如能源需求旺盛的时期，山西省的煤炭资源优势是比较优势，但随着新发展观的落实、经济转型和环保政策的推进，山西省基础雄厚、规模巨大、一业独大的煤炭产业反而成为一种劣势。受政绩考核等因素的影响，认识和承认区域的比较优势容易，正确认识、讨论自己的比较劣势则很困难、很不情愿，但这是强化区域经济社会治理过程中不得不面对的问题。

（五）科技进步使加强区域经济社会治理成为可能

科学技术可以为经济社会组织方式和管理服务模式现代化提供条件。从管理和服务角度看，现代与传统的主要差别是现代化意味着方法更科学、组织更有效、方式更人性化、思路更符合现代理念等。科学技术为区域经济社会治理的现代化提供重要手段和方法支撑，例如，过去国家发展改革委审批项目往往是地方报纸质材料到相关司局，项目审批的速度取决于相关工作是否做到位了；而如今的政务办事大厅运行模式，把该办的事情全部向全社会公开，项目申报单位清楚知道审批的最晚时间、材料是否齐全、审批进度等信息，项目审批模式从"跑部"模式转变为政务办事大厅运行模式，这当然是拜科技所赐，当然也受其他因素的影响。

科技进步使以人为本的服务成为可能。区域经济社会治理最终的服务对象是人，任何区域人口的数量和需求都是十分巨大的，了解每个人的需求和期待靠传统手段是不可能的，即使下大力气进行各种形式的普查、调查，数据的可靠性和真实性也难以保证。科学技术的进步使个人信息采集和分析成为可能，这也意味着面向个人的定制化服务成为可能，这为区域经济社会治理能力现代化打下了坚实的基础。通过对个人关联信息的分析，管理部门可以很容易判断一个拿低保的人所享受的各种特殊福利发放是否准确，很容易断定一个人是否为某些活动的参与者。

科技进步将从根本上提升区域经济社会治理能力。试想如果没有大数据的支持，想实时掌控交通动态信息是不可能的；交通大数据的应用改变了区域经济社会治理的方式和模式，使区域经济社会治理能力得以大幅度提升；没有实际交通大数据，想进行实时导航服务几乎不可能，实现对城市交通网络的管理也是不现实的。科学技术及其应用已经深入经济社会的各个方面和各个角落，一些技术的应用从根本上提升了区域经济社会治理的能力。

第二节　区域经济社会治理的服务对象

无论把区域经济社会治理当作一个过程还是当成一项工作，其都应该有明确的服务对象。区域经济社会的复杂构成和运行特点决定了区域经济社会治理工作对象的复杂性，从各地区域经济社会治理的经验看，把人口系统、经济体系、社会体系、生态环境、发展环境这些主要对象搞定了，区域经济社会治理的初级目标即可实现，这些对象也就是区域经济社会治理主要的服务对象。

一　人口系统

人是区域经济社会治理的参与者，人口系统是区域经济社会治理的主要服务对象之一。人类历史上诸多伟大的区域发展成就都是人的杰作，世界上诸多的区域金融危机、经济危机、社会危机等本质上都是"人性危机"的表现。

（一）从个体角度理解的人

摸清人的需求是区域经济社会治理服务于人的基础。个人的需求千差万别，似乎难以捉摸，但普遍性寓于特殊性之中，人的需求总可以归结为若干种类型，借助于大数据技术，这种需求信息的获取正变得越来越容易和便捷。政府相关业务部门在服务过程中已经积累了大量的个人需求基础信息，这些信息的共享应用将大大提升对个人需求掌握的准确性。从这些需求信息中，甚至可以分辨出哪些是正当需求，哪些是不正当需求，对这些信息的掌握可以大大提高经济社会治理中面向个人服务的精准性，也可以通过相应的预防措施避免不正当需求引发的经济社会问题。

搞明白人的需求程度是区域经济社会治理服务于人的关键。个人需求的满足程度是个十分复杂的问题，其由个人需求预期和需求服务供应关系决定，也就是说在相同的需求服务供应前提下，需求预期越低，满意程度就越高，需求预期越高，满意程度就会越低。精准扶贫第三方评估中开展的入户满意度调查数据显示，刚接受救助的贫困户和相对贫困地区的贫困户对扶贫的满意度较高，接受过一定救助的贫困户对扶贫的满意度会降低。这种现象在其他领域也普遍存在，是一种常见的社会心理现象。在现代社会条件下，需求满足管理远比这复杂，中国特色社会主义区域治理体系不需要用恩人和仇人等世俗的概念来评价，但需求程度管理却依然是区域经济社会治理中的关键问题之一。

构建满足个人需求的能力是区域经济社会治理服务于人的核心。抛开心理学方面的术语和规则，在资源有限的情况下，如何尽可能多地满足更多人、更持久满足更多人的需求，是一个需求供应能力问题。区域从来不缺管理人的策略和艺术，但在依法治国日益深入人心、现代科学技术日新月异、人的物质财富丰富程度前所未有的条件下，以及人的债务等负担数量前所未有的境况下，个人需求满足能力供应不能再满足于过去套路式的雕虫小技，规则的透明化、资源的公开化、过程的法制化、效果可检验是新常态下个人需求管理能力的标配，提升这种能力需要区域经济社会治理建立在信息技术支持之上。

（二）从群体角度理解的人

强化群体性经济活动是区域经济社会治理的必由之路。直接提供人们参与经济活动的机会，或者创造机会和环境，使更多有劳动能力的人参与到经济活动中，实现相对的充分就业是区域经济社会治理最核心的任务之一。但随着社会发展和技术进步，区域经济形态和结构始终在发生着变化，一些旧的行业在消失，一些新的行业在涌现，为实现相对的充分就业，需要作为群体成员的个人和政府共同努力。作为群体成员的个人可以通过个人技能和整体素质的提高，主动适应形势的变化；作为政府，在兼顾公平和效率的前提下，应尽可能多地创造就业机会，或为经济实体创造更多的就业机会提供便利和支持。就业不但是人的群体性经济认可的体现方式，也是人的社会性价值的体现方式，就业中获得的报酬，从经济角度是价值体现，从社会角度理解就是社会尊重和价值认可。

群体参与社会活动是区域经济社会治理的重要途径。随着区域城镇化水平的提高，越来越多的人生活在城镇，社会组织的原子化程度越来越高。原子化的社会虽然更容易管理，但也容易产生各种异端化、极端化事件，对社会稳定是不利的。因此，作为群体性动物的人，必须通过参与社会活动找到人生价值和精神归宿。以就业形式参与的经济活动多数情况下不能满足人的社会性需求，以大妈、大叔为主体的广场舞虽然断不了扰民的争议，但的确是一个庞大社会群体在群体性中发现自我价值的途径。社会发展了，技术进步了，传统以红袖章方式为主导的群众性活动需要有新的提升和延伸，要向着满足群体更多需求的方向和目标发展，例如，面向各类特殊人群的义工服务方式，正在逐渐推广并得到认可。《读者》中一篇题为《当父母到了望九之年》①的文章描述的情况对于老年人来说，总体条件还算很好的，在三个有工作的子女的照顾下，两位老人还领取不错的退休金，已经具备了安度晚年的环境和能力。而大量条件较差的老人是如何有尊严且体面地度过人生最后阶段，恐怕没有太多人知道，虽然我们是个有尊老爱幼传统的民族。人只有在群体中才能找到自我，这也是近年来"抱团养老"得到认可和逐步流行的原因。区域经济社会治理的关键任务是要在需求者和提供者之间搭建桥梁。

构建和谐的群体关系是区域经济社会治理的关键。每个地区群体关系都是在漫长的历史进程和现代变革中逐步形成的，构建和谐的群体关系都是十分重要的，这种和谐不单是官民之间的和谐，更主要是区域内各群体之间的和谐。显然，上访高发区可能有各种各样的原因导致上访高发，上访高发区不能算是区域和谐的典范。当然，这不是要武断地用暴力手段消灭上访，而是要通过科学的区域经济社会治理方法构建和谐社会。两个关系比较好的人，即使有点小矛盾、小摩擦，也很容易通过友好协商解决；如果两个人本来就有敌对情绪，一点小问题也可能引发冲突。区域经济社会治理就是要构建和谐的群体关系。

构建矛盾应对和协调机制是区域经济社会治理的重点。群体之间最大的挑战是矛盾和冲突的永恒性，或是经济利益矛盾，或是精神文化道德等方面的矛盾，即使在物质极大丰富的未来，由于人的预期和自身条件的差异，各种矛盾仍难以回避。因此，区域经济社会治理的重点就是构建矛盾应对和协调机制，化解各种矛盾和潜在矛盾。

（三）从信息角度理解的人

人接收信息的方式和内容是区域经济社会治理的关键。无论是作为个体的人，还是作为群体的人，时时刻刻都在通过各种途径接收各种信息。从接收到接受是个复杂的过程，涉及生理、心理、文化等因素的相互作用过程。因材施教是教育领域最为重要的理念之一，类似的，在经济社会服

---

① 朱玲：《当父母到了望九之年》，《读者》2017 年第 13 期。

务领域同样应该针对不同的信息接收群体，对传送信息的内容和方式做出相应的设计和调整。信息接收者接收到了什么信息是经济社会服务的关键所在。

人生成信息的内容和规模是区域经济社会治理的重点。人是信息生成者，其生成了什么样的信息是区域经济社会治理中应该重点关注的问题。随着移动网络的普及，个人每天或主动或被动生成大量的信息，这些信息及信息的集合，可能会影响一个企业的发展，甚至影响经济社会某些领域的运行规则。因此，人生成信息的内容和信息规模是区域经济社会治理的重点，或者说是主要的服务内容。尽管移动网络的普及使地域空间越来越淡化，但生成信息的人却生活在实实在在的地域空间内。

人传播信息的内容和方式是区域经济社会治理的核心。信息的生命周期是从制作者经由传播者到达接受者的过程，在信息传播过程中信息的内容可能发生变化，人作为信息传播者传播了什么样的信息是值得关注的。同样的信息传播对不同的人群产生的影响可能有很大的差异，同样的传播信息失真对于不同的接收群体也会产生不同的影响，信息本身没有对错或者正负能量之分，但其实际影响则有好坏之分。对于区域经济社会治理而言，能促进区域经济社会良性和正向发展的信息传播是最需要的信息传播。

二　经济体系

经济体系是人类存在的基础。经济活动是人类物质和精神财富的来源，更是人满足自身需求的途径。农业和工业革命以后，经济活动注定会成为人类活动的中心。经济体系治理的核心是保障经济体系的正常运转和健康发展。

（一）经济体系结构与规模

区域经济规模的适宜性治理。区域经济规模主要表现在总量和增长速度两个方面，区域经济现状规模是过去发展的结果，具有一定的客观性和不可更改性。经济增长速度既受经济客观规律影响，也受经济治理措施影响，但最终起作用的还是经济规律，人为的刺激经济措施可以起作用，但刺激过头就会出现拔苗助长、急功近利、竭泽而渔、杀鸡取卵现象。因此，任何区域的经济在特定的时间内存在适宜规模问题，经济治理的首要任务就是确定这个适宜规模，之后形成相应的发展预期目标，谋划相应的经济措施。

经济结构的科学性和合理性治理。区域经济结构是不断发展而来的，但在社会没有革命性变革、科学技术没有革命性进步的时期，区域经济结构存在合理与否、科学与否问题。评价一个区域经济结构是否合理，第一是要看其发展基础和历程。每个区域的现有经济结构都是逐步演化来的，区域的资源条件、区位优势、创新程度等都对区域经济结构产生影响，特别是创新发展给区域经济结构带来很大影响。为什么在不毛之地能够创造出经济奇迹？原因在于创新的价值和一些新产业的特点，科技推动下新形成的一些产业所需要的生产要素与以往产业大不相同。第二是要看发展方向和趋势。如果一个区域经济结构与市场需求趋势、国家总体要求一致，则说明区域经济结构存在阶段合理性；否则，难说经济结构合理，比如，部分地区本就存在严重的产能过剩问题，如果经济结构还按原有的方向发展就会出现更多问题，合理性就会大打折扣。

经济活动活跃度治理。区域经济发展也存在一定周期性，这种周期性既有经济自身规律的影响，也有政府干预的影响。一般来说，产能过剩和物资短缺都不是合理的区域经济发展模式。理想的区域经济发展模式是：当经济过热时通过相应的降温措施使经济活动节奏慢下来，当经济过冷时要通过相应的刺激措施使经济体系活跃起来。但怎样节奏的经济活动是适宜的，什么样规模的经济活动是合适的，这都是区域经济治理关注的问题。

经济体系完整性和合理性治理。对于多大的区域需要完整的产业体系问题，尚没有确定的答案。无论是市场经济还是计划经济，都存在从形成到逐步发育成熟的过程。各国和国内各地的经济实践证明，市场经济有失灵的时候，计划经济也有失效的时候。虽然市场在资源配置中的决定作用与更好发挥政府作用的有机结合，听起来很美好，想起来很容易，但在区域经济的实际运行中，自由经济中自发形成的经济体系和计划经济中人为锻造的经济体系哪个更合理，是件很难评判的事情。对于某些地区来说，完整的产业（经济）体系（"麻雀虽小，五脏俱全"）可能会牺牲经济效率；能发挥比较优势的产业（经济）体系才是最好的产业（经济）体系。区域经济体系的完整性和合理性问题是存在的，也是区域经济治理面临的主要问题。

（二）经济体系正常运转

区域产业（经济）体系运行要素保障环境治理。区域经济体系正常运转需要土地、资金、技术、人才、市场等生产要素的保障，也需要政策措施、制度安排等管理要素的保障。经济治理的主要任务之一就是要确保这些要素的数量、质量和功能满足需要。没有这些要素的保障，区域经济运行将熄火或低效率运转。

经济活动顺畅运行治理。在保障经济运行各要素具备的前提下，经济治理的另一任务就是确保区域经济要素之间的衔接和协调。这里有两点要求：第一是这些要素能够有效衔接起来，确保经济运行不掉链子；第二是经济活动的顺畅运行，即经济运行各要素对接的数量适宜度、质量适宜度、时间节奏、空间匹配程度等方面的协调。运行顺畅的区域经济体系不但能提高经济运行效率，而且通过高效率的经济运行促进区域社会治理等其他方面工作的开展，可同时实现经济效益、社会效益、生态效益和文化效益的多重协同。

经济运行成本控制治理。区域经济运行成本的高低，不但影响经济运行效率本身，还直接决定区域财富的分配效果。经济运行成本过高，发展成果归人民共享的部分就会变少，发展就失去了意义。经济运行成本既包括经济体系自身运行的成本，也包括经济运行的管理等社会成本，区域经济治理的重点是控制经济运行的直接成本。

（三）经济体系持续的动力

区域经济发展内生动力治理。除国家整体制度安排和总体格局外，区域经济发展主要受区域自身内生动力的影响。国家整体制度安排和总体格局是区域经济持续发展的背景和基础平台，而区域自身内生动力才是区域经济发展的真正动力。区域自身内生动力治理的任务是挖掘区域经济发展的内生动力，通过制度安排不断强化内生动力的作用，最终形成区别于其他区域的、不可复制的区域发展机制和模式。

必然性和偶然性的协同。区域在经济发展过程中会受到必然性因素和偶然性因素的影响。对于某些区域来说，几个国家层面的大项目、一些重大基础设施的建设，就可以大大改变区域经济发展格局，这些因素有一定必然性，也有一定的偶然性。说其有必然性，是因为区域在国家整体经济版图和格局中的区位和重要性是不可替代的；说其有偶然性，是因为一些大项目的空间布局有纯科学技术方面的偶然性因素，这就是一些地方争建高铁站的原因所在。区域经济治理要把握这种必然性和偶然性的协调，毕竟机会只留给有准备的人。

经济发展布局空间的协调。经济发展布局的空间协调既包括静态的空间协调，也包括动态的空间协调。静态的空间协调指当前条件下区域经济发展各要素空间布局的合理性问题，俗话说"远水解不了近渴"，这就是经济联系失去空间协调性的后果；有一些地方选择了飞地经济模式，这种模式的好坏暂不评论，却形象地说明了经济联系的空间协调性问题。动态的空间协调是指经济要素的空间布局节奏要与区域经济发展节奏相适应，过度超前的基础设施建设会导致巨大的经济和空间资源浪费，滞后的基础设施建设又会影响经济发展。如何找到当下适宜的经济发展空间组合关系，以什么样的节奏开展经济发展的空间布局是区域经济治理的重要内容。

三　社会体系

从某种意义上看，区域社会体系是区域产业（经济）体系的延伸，也是经济体系成果社会化应用的保障系统。区域社会体系治理的核心是社会体系如何促进经济体系发展，以及区域社会体系自身的持续运转。

（一）资源配置的合理性和科学性

资源总量治理。资源总量保障是资源配置前的关键环节，资源的种类很多，对区域经济社会发展而言，最重要的资源是财力。区域财力的来源主要有：（1）区域内部来源，即通过区域税收体系、土地出让、收费等途径获得财力；（2）区域外部来源，如中央财政的财政转移支付资金、项目建设专项资金、银行贷款等。对于区域社会治理而言，最重要的任务是通过各种渠道做大资源总量，"巧妇难为无米之炊"，有财力才好做事情。当然，资源的结构也要尽可能优化。

资源需求治理。对于区域而言，一定的时间段内可用于社会治理的资源总是有限的。用好这些资源，首先要搞清楚资源需求在哪里，到底是哪些地方、哪些人、哪些群体有需求，有什么样的需求，如需要接受幼儿教育的人在哪里，有多少人，需要多少幼教资源；需要文化馆的人在哪里，有多少人，需求内容是什么，需要多大规模的文化馆。只有把资源需求弄明白了，才有可能有效配置资源。

资源配置治理。在摸清资源需求的基础上，根据资源的特点，建立合理的资源配置方案。资源的有限性和需求的不断增加，决定了资源供给与需求之间的矛盾永远存在。例如，有 10 所学校需要修缮校舍，但当年的校舍修缮预算只够修 5 所学校，如何设计修缮方案？如果决定先修缮 5 所学校，等有资金后再修缮另外 5 所学校，那么先修缮哪 5 所学校？把这样的问题放到区域社会治理的各个方面、各个领域，其性质是一样的，即资源配置的科学性和合理性管控问题。

（二）分配机制的合理性和完整性

分配的普惠性治理。区域分配机制的基础和出发点是区域居民的生存权和发展权，确保领域全覆盖、人口全覆盖、地区全覆盖。普惠不是分配数量的均等，也不是方式方法的完全一致，而是参与分配的机会均等，以物质和精神产品方式保障公民的生存权、发展权，确保全体居民能够共享区域发展成果。

分配倾斜的适度性治理。社会进步和文明的标志是通过法律手段保护弱者的基本权利，并通过倾斜性、关怀性的体制机制安排，使包括残疾人在内的各种特殊人群得到更多的关注。对哪些群体进行关注，关注到什么程度，在普惠性分配基础上多大程度关注特殊群体，以及当发展资源需求与特殊人群照顾需求发生矛盾时，处理矛盾的机制和原则是什么，这都是区域经济社会治理中应该关注的问题。

分配时间适宜性治理。在区域资源有限、发展任务繁重的前提下，如何处理好分配的时间节奏是不能回避的问题，其具体涉及短时间尺度的时间适宜性问题，以及长时间尺度的时间适宜性问题，前者主要指较短时间内（如一个财政年度）资源以什么样的时间节奏分配；后者指较长时间段内（如 5 年规划期）资源以什么样的时间节奏分配。同时，其也包括与时间适宜性相匹配的分配量问题，即在什么时段分配什么样的额度问题。

（三）公平和效率的协调

公平的适宜性治理。公平是相对的，相对是要有参考标准的，否则相对就会成为欺骗和愚弄人的托辞。"不患寡而患不均"是深入人心的评判社会领域诸多事情的准则。针对社会领域中不同的管理和服务内容，如教育、医疗、社保、救助、就业服务等，均需要根据区域发展实际，构建公平适宜性操作准则和方案，公平适宜性确定的准则和方案要经得起当事群体的质疑和实践的检验。

效率的适宜性治理。区域经济社会要发展，只有发展才能解决新增就业等问题。近年来一些省份每年大学毕业生就有 60 多万人，保障就业任务艰巨。区域经济社会运行必须要有足够高的效率，才能保证经济体系的运行，才能实现相对充分就业。效率的适宜性与具体的行业有关系，效率的适宜性治理就是要搞清楚相关行业的适宜效率，并以之为依据做出相应的制度安排。

公平与效率的协调问题。公平与效率的协调具有阶段性特征，一般而言，在经济相对落后的发展阶段，效率的重要性要高于公平的重要性，因为正是发展过程中的非公平因素刺激着更多人、更多资源投入经济发展中，使区域经济快速发展，有了经济发展，才有财力和机会解决社会问题；在区域发展的高级阶段，对公平的关注可能多于效率。但无论区域处在什么样的发展阶段，公平和效率的协调问题是始终存在的；公平和效率需要兼顾，只是在不同的阶段，协调的内容、方式、程度会有一定差异。

四　生态环境

区域自然资源、生态环境等是区域存在的空间基础、物质基础、生态基础，以及文化基础、经济基础、社会基础。因此，区域生态环境是区域经济社会治理的重要内容、服务对象和关键环节。

（一）作为物质和能量供应者的生态环境

供应总量和结构的治理。对于来源于区域自然地理生态环境中的物质和能量来说，总量和结构的治理主要是搞清楚物质和能量供应能力大小。这受相关自然要素自身规律的限制，如区域在一定时间内森林资源的数量、水资源量等是相对稳定的；也受人为因素的影响，如区域内一定时间段内优质耕地资源的数量，可以通过人为的改良措施使优质耕地资源的数量有所增加，同样，通过生物或工程措施，可以提高区域森林资源的总量，改变森林资源的结构。但无论是生态环境固有的资源数量和结构，还是经过人为措施改变的数量和结构都有一定限度，超过一定限度将付出巨大的经济和社会成本，并可能引发不确定的生态灾难，如20世纪五六十年代一些地方因大量砍伐森林而付出巨大代价，甚至酿成毁灭性灾难。

供应时效节奏治理。由于区域资源的数量和结构具有时效性特征，所以要控制索取来源于区域环境中的物质和能量的时间节奏。自然形成的各种农作物的生长周期，就是自然条件下自然环境供应物质和能量的时间节奏，按这种周期供应自然物质是效率最高的，病虫害防治代价最小、相应农产品的品质最好。当然，通过蔬菜大棚等措施可以改变农作物的供应时间节奏，延长某些农作物品种的供应时间，但这种方式生产出来的农产品（反季节蔬菜）与天然的应季农产品在口感、品质等方面是存在差别的。人的能动性就是要充分利用自然赋予的条件，打破靠天吃饭传统方式下的农产品季节性周期，这会引发产品品质的变化。因此，在协调好自然供应时效性与人需求时间连续性之间的关系的同时，也要意识到改造自然有个度的问题。

供应质量和功能治理。这种治理的目的是保证生态环境供应物的质量有所提升，同时保证供应的功能完整和不断优化。在物质供应方面，与个人联系最为密切的是食品质量或者食品安全问题。有农药残留、各种激素、超标重金属等的农产品危害着人的身体健康，不能算作高质量的农产品。如何提高生态环境提供物质的品质是个系统工程，需要全方位统筹考虑，对于生态环境供应物质功能维持和提升的管理也存在这样的问题，例如，虽然大家都知道野生鱼和网箱养殖鱼的生态功能和产品价值有差异，但受经济效益驱动，还是有许多人选择生态功能和产品价值较差的网箱养殖鱼。因此，在生产方式转型的过程中，如何维持和提升生态环境的供应物质功能需要综合施策。

（二）作为废弃物容纳和分解者的生态环境

废弃物排放总量和结构治理。根据相关研究成果和生产生活常识，环境对污染物有一定的吸纳和净化能力，但一定时间内这种吸纳和净化能力是有限度的，即环境对污染物的容纳和分解是有总量限度的。近年来华北、华中、华东地区不时出现大面积覆盖、长时间持续的雾霾，关于雾霾的成因众说纷纭，站在不同立场，用不同的测控方法可能得出不同的结论，但有一点是可以肯定的，雾霾构成物的总量一定超出了区域空间净化能力。从保护区域生态环境的目标出发，有两条路径可走，一条路径是尽可能减少排放到环境中的污染物总量；另一条路径是让环境尽可能容纳更多的污染物。环境吸纳和净化污染物的数量与污染物的结构有关系，有些污染物相对容易被环境吸纳和净化，而有些污染物不容易被吸纳和净化；另外，不同的区域生态环境对污染物的吸纳和净化能力也有很大差别，如湿地对污水的净化能力已经得到了实践证明。因此，对于区域生态环境治理，既要考虑单位时间内排放到环境中的污染物总量，也要考虑污染物的组成结构，以及区域生态环境的组成结构。

废弃物排放时间节奏治理。区域生态环境对污染物的吸纳和净化需要一定时间，这与环境对污染物的净化能力有关，也与污染物的特征有关。有的污染物容易分解成无污染的物质，有的污染物则很难被净化，或者分解净化要花很长的时间。因此，进入环境中的污染物一定要考虑时间节奏问题，从某种意义上说，环境对污染物的吸纳和净化也是一种生产力。污染物的排放除了经济原因，也有技术原因，在一个发展阶段不可能解决所有问题，往往是在解决一个问题的同时又形成若干个问题。在区域污染物排放节奏控制中，要充分利用时间节奏效应，如将牛粪尿泼洒到草原上可能是有机肥，把同样数量的牛粪尿集中排入河流则可能成为污染物，因此，要用环境能接受和许可的时间节奏让环境吸纳和净化污染物。

废弃物排放空间治理。相同的污染物排放量，所处的空间相对位置不同，可能造成的环境影响也会有差异，从污染物排放和环境净化能力的空间相关性来看，污染物排放的空间治理是有意义的。治理的思路就是尽可能减少影响的空间区域，如在国家重点生态功能区实施的产业准入负面清单中，一些有规模化养殖的县市在牛羊养殖管控要求中提出在饮用水源地及上游河流两边 500 米内不得布局规模化养殖场，这样就减少了牛羊粪尿集中排放影响水质的风险。在相同的空间范围内，应尽可能选择净化能力、吸附能力强的区域排放废弃物，以充分利用污染物净化的空间差异效应。

（三）作为生态产品提供者的生态环境

生态产品总量和结构治理。根据自身特点及对区域经济社会的作用，生态产品可以分为三种类型。第一种是狭义生态产品，主要包括干净的空气、洁净的水、森林、草地等。这些产品均是以自然本底为主的区域必需品。第二种是各种自然物和人造物组成的景观，如人造湿地、人造水景等。这些产品不是必需品，但对区域经济社会很重要，特别是当经济社会发展到一定阶段之后。第三种是依靠自然环境，并经过人类生产活动形成的生态化产品，如有机蔬菜、有机粮食、有机肉食等。这类产品的生产过程是区域经济社会治理的服务对象。生态产品总量的治理很容易理解，就是面向市场有效需求，尽可能多地提供生态产品；生态产品的结构治理主要是指管理区域提供生态产品的结构，如一个地块是森林，就不能是草原，究竟是选择森林还是草原，这就是生态产品结构治理的一项内容。

生态产品供应节奏治理。生态产品供应节奏治理是指区域在一定时段内某种或总体生态产品供应的频率和强度管理。影响生态产品供应节奏的基础要素是需求管理，生态产品供应节奏治理以有效需求为基础确定生态产品供应的频率和强度。在这个过程中，要考虑自然生态的节律性，也要考虑人类生产生态产品改造自然节律的成本。生态产品生产要符合自然规律，各种植物在自然节律生长周期中往往生长良好，在人工措施干预的条件下（如温室大棚）可以适当改变这种节律，改变节律后的生态产品的品质很难达到自然节律下的水平，植物本身的免疫能力也难以达到自然节律下的水平。生态产品供应节奏治理的核心是在尊重自然节奏的基础上，顺应自然，以有效需求为基础适度调整供应频率和强度。

生态产品空间地域治理。生态产品的供应需要一定的物质基础，这些物质基础具有一定的空间地域特征，即使是人工干预的景观生态产品也会大量用到自然生态物质。景观美感的基础是和谐之美，而和谐的内涵包括与自然的和谐，以及借用自然的和谐。以自然动植物为基础的生态产品的供应区域特征更为明显，地理标识性质的生态产品具有鲜明的地域特征。生态产品空间地域治理的核心是寻找并管理区域适宜生态产品，但现实中很难确定什么是最优，这涉及供应和需求两个方面或客观或主观的认识标准和欣赏水平，但基本理念是适宜的就是最好的。

生态产品持续供应能力治理。生态产品持续供应能力治理的核心是保障影响生态产品供应的各个因素持续有效，既要考虑供应能力问题，也要考虑需求的持续性问题。一个时段内由于商业利益或其他原因，对森林的大规模开发可能会影响接下来一段时间内森林的供应能力；一个时段内草原过度放牧可能导致草地退化，接下来草原的供应能力就会变弱。另外，生态产品持续供应能力也要考虑供应和需求的时效对接问题。生态产品持续供应能力治理还需要协调好当前供应和未来供应的关系，当波动大到一定程度时就会对持续供应能力产生影响，如湿地的污水净化能力有时间周期变动问题，如果一个时段内利用过度了（污水量过大），则其净化能力会受影响，持续能力会降低。

（四）作为催化剂和裁判者的生态环境

生态环境催化作用治理。所谓生态环境催化作用是指在区域一定的自然生态环境与经济社会本底条件下，某些生态环境要素的加入改变原有现象和过程强度、频度。根据其带来的改变对人类社会的有益程度，可以将其分为正向催化作用和负向催化作用，前者指有利于区域自然生态环境和经济社会向好发展的催化作用，后者指不利于区域自然生态环境和经济社会向好发展的催化作用。同一种因素的加入在不同的剂量条件下引起的催化作用也不同，比如，农业生产中的农药，在使用剂量较小时，或者刚开始阶段，会有效减少害虫对作物的影响，但随着害虫抗药能力增强，生产者会使用更多、更毒的农药，与之相伴的结果是害虫通过变异、耐药性增强等方式，继续给农作物造成损害，在这个过程中生产者似乎总能战胜害虫，但在这种较量中，农药的种类已由当初的几种上升到现在的几千种。每一种农药都会通过特定的途径，或多或少进入食物体系，经过复杂的物质循环，直接或间接进入环境，并通过各种辅助的物理、化学和生物过程，影响动植物及人的新陈代谢和机体健康。在这个复杂的过程中，生态环境既有正向催化作用，也有负向催化作用。生态环境催化作用的治理在于减缓负向催化作用的强度和频度，适度增加正向催化作用的强度和频度。

生态环境裁判作用治理。无论是自然生态环境还是人工参与的生态环境，组成生态环境的各种生态系统均会对人类经济社会行为有反馈，如在草原生态系统中，某种或某几种草类的出现，表明草原开始退化，并且其出现的频度、范围和占草原面积比例可以用来测算草原具体退化程度；同样，河流中水体颜色、水质的变化，可以直接或间接反映区域水生态的变化情况。生态环境的某些要素是人类经济社会某方面正向或负向发展的最好标识物。生态环境裁判作用治理的出发点是构建区域生态环境裁判对应关系表，建立生态环境裁判应对机制，并通过生态环境裁判作用经常性校正人类经济社会活动的环境友好性，以及经济社会发展的生态环境可持续性。

捕捉生态环境变化信息能力治理。生态环境作为催化剂和裁判者的前提是及时捕捉生态环境变化信息。从变化强度看，生态环境变化有的十分微妙和缓慢，有的比较剧烈；从变化持续时间看，有的变化持续时间比较长，有的持续时间比较短；从与经济社会关联程度看，有的比较直接，有的则是间接的，甚至是比较隐蔽的；从空间作用范围看，有的变化涉及较大的空间范围，有的则可能在很小的空间范围内出现。生态环境变化信息能力治理，首先是构建起能够获取生态环境信息的硬件设备协调、软件处理协调机制；其次，要考虑生态环境变化信息能力调度问题，统筹协调生态环境要素的时间、空间、性质和功能等信息之间的关系，如空间上的大尺度与性质功能方面的低精度可以共同反映大空间尺度上的生态环境变化情况，高时间精度与高属性功能精度可以反映生态环境局部的动态变化情况。

五 发展环境

区域发展内部和外部环境对发展速度、成效、质量有很大的影响。区域发展环境涉及多个方面的内容，关键内容是区域对发展的认识以及发展共识、内部环境和外部环境构建。

(一) 区域发展共识

适宜的科学发展观念构建。区域发展中的路径依赖和模式依赖是客观存在的，在没有较强的外部作用力、没有强有力的区域发展决策机制和关键任务条件下，区域经济发展和社会建设模式会沿用原有的模式。我国区域经济粗放式增长模式带来一系列生态环境问题，虽然早就有人指出其严重性和不可持续性，但真正开始产业转型升级、提质增效则要滞后得多。一个区域该如何发展，不但需要区域决策者有科学发展观念，也需要区域全体人民对科学发展形成共识。实践证明，东部沿海一些发达地区经济之所以发展较快、质量相对较高，除了各种外部条件外，区域内部全体上下一心一意谋发展的共识功不可没。每个区域都应该根据区域特点形成自己的科学发展观念，即区域适宜的科学发展观念，并在此发展观念影响下形成发展的总体认识。

区域发展理念的形成和发展。区域发展如同居家过日子，一个时段内，家庭收入相对有限，但需要花钱的地方除正常开销外，还有诸多不确定性引起的支出，整个家庭运转以什么理念为指导是每个家庭回避不了的问题，区域发展也一样，必须有自己的理念。创新、协调、绿色、开放和共享是当下发展的国家理念，这些理念落实到每个区域，或者在每个区域具体化则需要一个过程。

发展是硬道理的新内涵。改革开放总设计师邓小平"发展是硬道理"的论断和理念，指引中国走上了以经济建设为中心的发展道路。在物质普遍匮乏的年代，追求物质财富的渴望点燃了区域发展的热情。几十年过去了，各地基本上告别了物质匮乏的束缚，但物质匮乏对经济造成的影响则是长期的，严重的产能过剩就是其影响之一，当然产能过剩还涉及政绩观和政绩考核机制问题。物质财富丰富之后，"发展是硬道理"对于各区域依然有效，只是"发展是硬道理"的内涵已经发生了变化。现阶段区域经济已经从简单的物质财富增加阶段发展到更加注重生态文明阶段，"硬道理"要求经济发展从数量主导向质量主导转变、经济结构由硬产业向服务型软产业转变、社会发展由特权型向普惠型转变、经济社会发展的动力由增长需求向发展需求转变。发展本身就是自我革新的过程，也是发展成果的再分配过程，这需要勇气，更需要信念。"发展是硬道理"的另一种内涵是破除发展中的各种束缚，自我革新也好，被动革新也好，发展就是要打破旧的、不合时宜的条条框框。

（二）区域内部发展环境营造

区域营商环境维护。企业家对市场各种信息的嗅觉比政府要灵敏得多，有的地方，企业家争先恐后去投资；有的地方，企业家则敬而远之。由此可见，除经济效益外，营商环境是十分重要的。企业家云集的地方，一定是营商环境好的地方，如关于深圳的活力源泉问题，不同的人可以找出不同的理由来解释，但深圳优越的营商环境不可否认。区域营商环境的维护是个综合性问题，涉及区域经济社会、管理理念、文化、体制机制等问题。对于地方政府而言，营商环境维护的关键是相关业务主管部门是不是真的在帮企业家办事，是不是把管理转变成了服务，是不是真的在为区域经济社会发展出谋划策；对于企业家而言，营商环境维护的核心是诚信体系的构建和完善，市场经济体系的运行靠法制、规则，更需要诚信体系作为保障，商家的诚信是营商环境的重要内容；对于社会大众而言，营商环境维护涉及区域对劳动、劳动规则的态度和尊重程度，仇富情绪浓重的区域不会有很好的发展，人人尊重基于劳动的财富积累环境的营造，会激发更多的人靠劳动给社会和自身创造更多财富。从发展环境治理角度看，更重要的是政府要在其中发挥更大作用，营造出企业家愿意来投资、投资有回报、发展有信心、经营很舒心、办事顺畅的环境。

区域发展内部舆论环境治理。毫无疑问，和谐的社会舆论环境对区域经济社会发展有明显的正向促进作用，差的社会舆论环境对区域经济社会的负面影响也是不容忽视的。如何营造和谐的社会舆论环境，靠欺骗、愚民等方式也可以营造社会舆论美好的假象，但这种行为肯定不是我们人民政府应该做的事情，也是人民政权下不容许出现的事情。政府公信力和适宜的信息公开是影响社会舆论治理的关键。谣言和传言盛行的舆论环境，一定是权威信息渠道信息的真实性、准时性、客观性等方面出了问题。只有诚信的政府，才能治理出诚信的社会，有诚信的社会，才有和谐的社会舆论环境。因此，营造区域和谐社会舆论环境的基础是政府诚信，以大多数人的利益为做事的出发点和落脚点；关键要做，不要总是说，光说不练是假把式；说的和做的要对得上，不能说一套做一套。社会舆论环境就像种地，种瓜得瓜，种豆得豆，明明种的是瓜，偏要说种的是豆，等到苗长出来的时候，谎言就会被揭穿，谣言就会满天飞，舆论环境自然变差。

区域发展体制机制治理。区域管理体制机制很大程度上受国家体制机制的约束，但即使在相同的组织管理体制机制下，在相同的管理组织架构下，其实际运行效果也会有好有差，并直接影响区域发展水平的高低、发展动力的强弱。领域和行业事务部门管理的政府管理模式导致政府部门体系越来越庞大，因为新生事物增加需要增加新的部门来管理，所以一些地方管理体系十分复杂。据统计，一个县级行政单元政府部门就有150个之多，同时，还会出现一些事务多头管理、谁也不管、各部门相互扯皮的现象。因此，部门体系越是复杂，矛盾越多，问题协调越困难，当下社会上"屁股决定脑袋"的说法很是形象，也从侧面说明部门懒政的严重性和部门之间协调的必要性。从某种程度上说，区域发展体制机制治理就是如何协调各政府部门。目前，一些地方推出的一站式服务大厅、办事大厅和限时办结的做法从一定程度上改善了区域发展的体制机制，但真正建立或建立真正的区域发展适宜的体制机制仍有很漫长的路要走，仍有各种障碍和樊篱需要清除，这正是区域发展体制机制治理的任务所在。

区域发展文化治理。建一栋大楼只要程序合规、资金到位，大楼落成剪彩指日可待，但要人们心里建一座大厦则要困难很多，这就是文化治理的重要性和困难所在。区域发展文化受多种因素的影响，任何区域发展文化都写满了历史和现实的印记。市场经济条件下、物质财富丰富的背景下，发展文化的治理比经济困难环境下更为困难。发展文化治理要在发展预期管理、发展路径选择、发展模式探索等方面下功夫；充满创新文化的区域，发展后劲要大得多，人对发展的理解和认识更为客观，发展途径更切合实际，不会总想着"弯道超车"。实践证明，"弯道超车"只能是发展的口号而已，一个家庭作坊式经济发达的地区，发展现代化、规模化企业就比较困难。文化是发展的，发展需要指引和驱动力，区域发展文化治理的任务就是明确发展文化方向，并营造发展文化驱动力成长壮大的环境。

（三）区域发展外部环境营造

外部经济环境的营造。所谓外部经济环境是指区域外部世界对区域经济发展的认识及区域与外部世界的实际经济往来。在经济建设为主旋律的年代，每个区域都想打造经济高地，这需要良好的外部经济环境支持。外部经济环境不是空洞的印象分，而是有许多具体的内涵。对于企业家而言，投资该区域赚钱比较顺畅和舒心，企业家们就愿意来该区域投资，现实生活中企业界对全国各地区的投资环境评价是有共识的，这种共识是区域外部经济环境现状的最直接表现。对于普通人而言，一个地区经济环境好，往往是指在这样的区域能挣更多的工资，挣钱的辛苦程度相对较低，挣钱的机会比较多，现实中普通劳动者对各地区挣钱情况的总体评价和预期，也是区域外部经济环境现状的表现。政府及相关机构，特别是上级政府及国家层面的机构，对各地区经济发展环境是有认识的，对该不该以更大力度支持这些地区的经济发展也是有认识的，这也是区域外部经济环境的具体表现。区域外部经济环境需要内部发力来营造，并辅以必要的包装手段，基础是先营造好内部经济发展环境。

外部政策环境营造。当下，拼优惠政策的时代已经过去了，一是中央政府已禁止地方出台各种损害国家整体利益的优惠政策；二是短期性质的优惠政策对于真正需要发展的企业在布局决策中的影响力已大大降低；三是地方政府也认识到了优惠政策是政策套利者的温床，最终受损的是地方经济和国家税收。这种环境下，外部政策环境营造的目的和核心是让区外的人认识到，该区域政策措施有利于企业和区域经济的未来长远健康发展。有责任心的企业家都想做成百年老店和品牌，负责任的地方政府都想实现本地区的持久繁荣，这需要营造有利于区域健康和长远发展的政策环境，更需要营造以法律法规及标准规范为主导的规范化发展环境。

外部社会环境的营造。网络上流传着各类群体和地区的人看待其他地区的漫画式地图，虽然这些地图所表现的对各地人的印象不能太当真，但这确实是真实的区域外部社会环境的反映。人对一个区域社会环境的总体认识，决定着其参与该区域经济社会发展进程的程度和时间，说直白点，就是企业家要不要到一个区域投资，除区域经济环境、政策环境外，一定会考虑这个区域的社会环境，这不单涉及企业家能不能顺利赚到钱，也涉及员工的教育、保险等具体事务。就个人而言，对一个区域社会环境的认识决定了其要不要到该地区发展、要不要移居到该区域等。虽然"软世代"的年青人就业居住观念与父辈们大不相同，不会过分倾注感情于故土、友谊、理想和事业追求，但"软世代"的人需要更友好的区域社会环境是可以肯定的。基于过去经验形成的区域外部社会环境很难在短时间内改变，所以外部社会环境营造的核心是要在内部社会环境营造上下功夫，实实在在营造好区域社会环境，加以适当的宣传和现代媒体传播，良好的外部社会环境会逐步形成。

外部文化环境的营造。外部文化环境是指区外对区域文化环境的整体认识及区域与外部世界的各种文化交往。区域文化有比较优势，也有自身的不足，特别是从传统农业、工业社会进入信息社会后，每个区域的文化都面临着丰富、发展的需要；有些区域的文化内涵很难改变，但可以在当前条件下增加更丰富的内涵。外部文化环境营造的关键是内部文化环境营造和适宜的对外宣传。文化更多是"墙内开花墙外香"，所以外部文化环境营造的内部化是重点，就像一个人要想让别人认为你是好人，首先你要做好事、做好人，然后通过适当的途径让别人知道你是好人。由于文化深入人的骨髓，外部文化环境的构建是个漫长的过程，外部文化环境涉及很多方面，诚信应该是其核心。

区域发展舆论环境营造。在北京的公交站牌广告栏经常能见到全国各省份的旅游宣传广告，中央电视台各频道插播的各地旅游推介性质广告更是五彩纷呈，这说明各地已加大力度营造区域发展舆论环境了。区域发展舆论环境是指区外对区域的整体认识和综合评判；区域发展舆论环境营造的核心是营造有利于区域发展的区外舆论环境。多元化的社会、个性化的人，使每个地区都有许多优秀的人和事，也有不好的人和事，舆论营造的本质是要让区外人知道客观真实的区域是什么样子，要把握好"真的假"和"假的真"之间的关系，"真的假"和"假的真"作为一种宣传和经营策略要把握好度的问题，避免谣言的最好方式就是经常说真话，"真的真"才是区域真正应该追求的东西。

第三节　经济视角下的区域经济社会治理

抛开影响经济利益的各种因素，抛开与经济利益相关的各种具体现象和过程，跟经济利益相关的只有三件事，即价值创造、价值传递和价值分配。

一　价值创造

价值创造指通过对无价值或低价值物品的加工、改造，或者直接创造出新物质的过程。价值创造既包括价值创造总体过程，也包括价值创造过程中的各种活动；所创造的新物质是人类社会发展所需要，并在经济角度被认可。价值创造主要对应经济部门中的生产环节，服务业中的部分行业也属于该环节或过程。如生产性服务业从某种程度上讲也是生产的一个环节。

从经济角度看，区域经济社会治理的目标和任务就是创造出与区域经济社会发展相适宜的价值。所谓相适宜，就是区域创造的以物质为载体的价值刚好满足区域经济社会正常发展的需要，不出现物质的大量积累（严重产能过剩），以避免对区域自然资源的过度索取，对区域生态环境的过度干预；也避免物质短缺或匮乏给区域经济社会发展带来的负面影响，并避免由于物质匮乏引起的其他社会问题。

二　价值传递

简单来说，价值传递就是价值（常以特定物质为载体）从一个时空传递到另一个时空的过程和活动。客观上讲，在价值传递过程中，被传递对象的价值并没有增加，只是其权属和拥有者时空位置发生变化。

从经济角度看，价值传递过程就是价值显现或被社会认可的过程。企业生产的产品具有一定的价值，但只有把产品从生产者传递到消费者手中，消费者认可和支付相应的费用后，其价值才在社会体系中体现出来。这个过程中似乎没有直接产生新的价值，但没有这个过程，价值就无法被表达和认可，价值创造过程就无法延续。

三　价值分配

简单来说，价值分配就是已有的价值以某种方式和比例划分给不同群体、团体最终到个体的过程和活动。价值分配是两方或多方参与的过程，最简单的组织方式中要有分配者、接受者和分配规则，复杂点的组织方式中还包括监督者等，分配的唯一目标是确定价值的所有权。

从经济角度看，价值分配是价值拥有权、使用权、收益权等在不同经济主体之间调节的过程。在这个过程中，价值本身并没有增加。其本质是用经济手段和方式解决社会问题，以及道德、法律法规、文化、精神等方面的问题。价值分配与价值创造、价值传递存在密切的联系，适宜的价值分配可以有效推动更多的价值创造、更快的价值传递，不适宜的价值分配则会影响价值创造能力和价值传递速度。

如果把世间的万事万物归为价值创造、价值传递和价值分配三种行为或过程，那么区域经济社会治理的目标就很清晰了，那就是管好这三件事，让这三件事都能顺畅运行。正常情况下，价值创造越多、价值传递越顺畅、价值分配越合理，这样的区域越容易治理，区域经济社会治理水平也越高。但现实世界中这三件事是相互穿插、相互影响的，生产者为什么愿意创造价值，从利益上讲是为了获得更多的分配价值和价值分配权，当然获得价值分配权最终也是为了价值分配或分配的价值，没有适宜的分配权，谁还会愿意创造价值？在价值创造、传递与分配三件事中作用者与被作用者的变换和调整，会导致破坏三件事的行为，或使这三件事不能正常运转或运转效益不高，这就使区域经济社会治理不得不面临其终极问题，即如何保证这三件事能正常、高效、协同运转。

第四节　社会视角下的区域经济社会治理

区域经济社会治理的根本目标是国家总体利益最大化前提下的区域总体利益最大化，当然也包括区域内人的总体利益最大化。区域实质上是由作为个体的人组成的，个人的目标是个体利益或价值最大化；特定时段内，在区域整体价值或利益总量固定的情况下，个体价值或利益最大化的追求，必然导致个体之间的矛盾，不同的个体往往以群体或团体的方式参加价值分配，于是便会出现价值分配中群体或团体之间的矛盾，合理、公平问题就成为区域经济社会治理必须面对的问题。从社会角度看，区域经济社会治理的基本要求和任务是，使促进区域经济社会发展的要素最大限度地发挥作用，最大限度降低影响或阻碍区域经济社会发展的要素的作用。

一　阻力

阻力是个物理概念，在经济社会领域，其表示价值在创造、传递和分配过程中的障碍强度，具体表现在以下几个方面。（1）时间阻力。在价值创造、价值传递、价值分配三个相互关联的过程中，一件事情耗时越长，说明时间阻力越大，如为办理合法开工手续跑二十多个部门要花一年多时间，比花一个月就办成相比，时间阻力大。（2）空间阻力。区域经济社会活动中，经济社会要素在空间上移动，会面临各种各样的阻力，付出一定经济或社会代价才能克服这些阻力。（3）价值阻力。区域经济社会活动中，阻碍价值（通常以价格体现出来）的各种力量的总和就是价值阻力。导致价格变动的因素，如限价、限购等都是价值阻力，政府出台限价措施，从某种意义上说是在设置价格阻力。

从区域经济社会发展的阻力来源看，有基于自然规律和区域自身禀赋的客观阻力，有区域经济社会治理措施方法不得当导致的半主观阻力，也有主动采取措施增加阻力的主观阻力。对于客观阻力，区域经济社会治理的思路是在利用客观阻力的前提下，尽可能降低客观阻力的影响；对于半主观阻力，区域经济社会治理的思路是在尊重其客观阻力部分的前提下，最大限度降低主观部分的负面影响，直白点说就是最大限度利用规律，减少主观干预；对于主观阻力，区域经济社会治理的思路是从政策措施上降低主观阻力的负面作用，从体制机制上阻止主观阻力发挥作用。

二　助力

助力是个物理和抽象概念。现在绝大多数轿车的方向盘都有助力，使转向更为灵活和轻松，这是人们对助力最直接的感受。对区域发展而言，助力就是帮助区域向设定目标前进的内部和外部力量的总和，其具有如下几个方面的特点。其一，惯性。作为助力其最大特点是使原有力量扩大化，如在转向助力中，当你向右转时，它会帮助你向右转；当你向左转时，它会帮你向左转，即总是顺着开始设定的方向发力。其二，意识助力。无论是群体意识还是个体意识，都有一种来自意识甚至是潜意识层面的"逻辑"推动；当你这么想时，你就越想越觉得合理，这时你往另外一个方向想，你就会越想越觉得不对劲，集体意识也存在这种情况。其三，行动助力。一旦开始一种行动，就会或主观或客观寻找更多动力，锦上添花、错上加错、一不做二不休、穷追不舍等都是行动助力的直接表现。

助力在区域经济社会治理中表现为具体的各种力量，自然规律方面的助力，如顺水行舟的水流力；经济规律方面的助力，如市场配置资源的高效率；政策措施方面的助力，如改革开放初期的土地承包制度。区域经济社会治理中的助力一部分来源于区域内部，一部分来源于外部。从助力对区域经济社会治理的作用效果看，既有正向推动作用，也有负向阻碍作用。区域经济社会治理中，对于有助于区域经济社会治理的助力要尽可能放大其作用力度、增加其发挥作用的空间、创造其发挥作用的环境；对于无助于区域经济社会治理既定方向和目标的助力，则要尽可能降低其作用力度、缩小其发挥作用的空间、增加其发挥作用的阻力。

三　底线

底线是个抽象概念，可能来源于建筑或其他活动。底线的作用是约束某些要素或行为，作为行动的一种准则和标杆。区域经济社会治理中的底线主要包括以下几个方面。（1）道德底线。人的社会群体形态和特征决定了道德在行为规范中的作用，一些行为不会超出道德底线，道德只在社会正常运转（即道德环境）存在时起作用，只对信奉道德的人和群体起作用，对于没有道德的人或群体，道德底线是不存在的，区域经济社会治理的任务之一就是通过训练使人人都有道德底线。（2）法律底线。行为规范的硬约束方式，打破或超出法律规定，则会受到法律的惩罚。（3）行为底线。在道德和法律双重约束下成长起来的人，在行为上往往会有底线。一个人或群体为了自身利益，可能采取损害别人利益的行为，但必须限定在一定范围内。

在区域经济社会治理中，道德底线、法律底线和行为底线之间存在相互联系和作用，其中道德底线、法律底线是行为底线的保障和约束，行为底线又是道德底线和法律底线的区域化表现。区域经济社会治理中的底线思维就是要做好两件事情，第一是划定区域经济社会治理行动的底线（也就是行为红线），以为人类社会相对于动物世界的优越感背书；第二是坚守经济社会治理中划定的红线，区域经济社会治理的任何活动、措施都必须严格底线控制，即划定的底线决不可触碰，以践行人类社会相对于动物世界的优越感。在具体的区域经济社会治理活动中，这三个基本底线会化解成具体的要素和事务方面的底线，如饮水安全底线、生态环境底线、污染排放底线、区域汽车保有量底线等。

四 最化

最化是个缩写词，它有多种表现形式，如常见的最大化、最小化、最优化、最低化等，其原意是"无不用其极"的意思。区域经济社会治理中的最化主要有三种表现。（1）最大化。受自然规律、社会、经济规律的影响，在没有其他外来力量约束时，任何作用都是向着其最大化的方向发展的，如一棵树在不受约束时会尽最大努力向外扩展，一个企业在不受限制时总是尽可能地多赚钱，一个人或群体在不受约束时总是尽可能多地给自己谋好处，等等。（2）最小化。个人或群体在不受约束时，甚至在有约束的条件下，总是把对自己不利的影响降低到最小，或者试图降到最小，如企业总是试图把竞争对手的影响降低到最小。（3）最优化。所谓最优是在特定目标约束、特定的环境约束、特定的资源约束下，区域经济社会各方面都相对满意、最接近实现区域经济社会治理设定目标、总体效益相对最大的一种表现。

区域经济社会治理中，对最化操作的思路是：首先是有利因素发挥作用的最大化，使有利于区域经济社会发展的要素最大限度地发挥作用，以充分发挥其对区域经济社会发展的推动作用；其次是不利因素发挥作用的最小化，对于不利于区域经济社会发展的要素，要最大限度降低其负面作用；最后是各种要素组合的最优化，充分利用影响区域经济社会发展各因素之间的相互作用关系，使其相互之间形成最好的组合关系，以确保区域经济社会发展的整体效果最优。

五　平衡

平衡是一种势均力敌的状态，在这种状态中区域经济社会各要素维持一种相对稳定状态。就像一棵树，促使它生长的各种力量与阻止它生长的各种力量达到相对均衡，平衡点位置和状态决定了这棵树最终长成怎样。对于一个人也一样，有利于其发展的因素与不利于其发展的因素达到的平衡点，决定了这个人所能达到的成功的程度。平衡的主要特点有：（1）动态性。平衡不是静止的，而是永远处于一种相对状态，各方力量都在不停变化之中，就像在十字路口，车以很快的速度过路口，则行人就会慢下来且很小心，如果过路口的车速度很慢，则行人会更勇敢，即使在违章的情况下也是如此。（2）矛盾性。受各种因素的影响，区域经济社会在某方面有优势时，往往在另一些方面会处于劣势，好吃的东西总想多吃，多吃的结果则是撑得慌，平衡本身就是矛盾的一种表现形式。

区域经济社会治理中平衡的处理基本思路是：第一，尽量避免新矛盾的形成，新矛盾的形成意味着需要构建一种新的平衡，需要解决更多、更复杂的矛盾；第二，确保现有矛盾力量的平衡，一种动态平衡如果有利于区域经济社会发展，就应该尽量维持它；第三，尽量降低矛盾带来的负面影响，如果解决矛盾不可避免、新矛盾的出现不可避免，也应采取有效措施降低矛盾对区域经济社会可能的负面影响。

六　规则

规则是区域经济社会治理活动中需要共同遵守的行为规范，表现为对行为、言语等方面的具体要求，通常是强制性的或是自愿的。规则的任务和目标是使活动、行为、程序等按照设定的标准开展。现实世界里的规则可以简单分为两种。第一种是规则（或显规则），是通过一定的公开方式，让参与者明白且可执行的要求，如审批项目流程、参加竞赛的要求，各种法律法规都是对人行为的要求，各种政策措施也是对人行为的（主要是经济社会活动）要求。第二种是潜规则，是拿不到台面上，但行业或领域的人都遵照执行的一种规则，如腐败环境下办事要请客送礼、"跑部钱进"等。一般情况下，潜规则是对规则（或显规则）的补充，是文明社会和成熟社会逐步淘汰或应该淘汰的东西。

区域经济社会治理中规则的治理方式和逻辑是：建立规则、遵守规则、调整规则、规则的文明化表现。建立规则就是针对区域经济社会治理各项具体事务，分别形成操作规范；遵守规则就是在区域经济社会治理活动中，严格按照建立的规则执行；调整规则就是当规则与区域经济社会治理需求不相适应时，对规则内容和执行方式进行适当调整；规则的文明化表现就是减小潜规则的作用空间和作用效果，扩大显规则的作用空间，营造显规则发挥主导作用的环境。

第五节　科技视角下的区域经济社会治理

科学技术成果直接应用到区域经济社会的各个领域和环节，会直接或间接提高经济效率和管理水平；同时，科学技术对区域经济社会组织管理本身也产生积极影响。从科学技术的不同领域看，区域经济社会治理的内容和形式有很大差异。从医疗科学技术理解，区域经济社会治理过程就是发现病因、寻找治疗方法、实施治疗、术后康复等过程；从农业科学技术角度理解，区域经济社会治理包括生产准备、田间管理、收储加工、市场服务等过程。无论哪个领域的科学技术，都与信息技术密不可分。从一定程度上看，信息技术是科学技术的表达器、传声筒、计量器，搭上互联网平台的人工智能正变得比你还了解你自己，比你还知道你应该做什么。①

一　科学技术对区域经济社会治理的作用

（一）科学技术对区域经济社会治理认识的作用

科学技术增强了对区域经济社会发展的信心。现代科学技术的发展和

---

① 和菜头：《网络进入"我是你爸爸时代"》，《读者》2018 年第 6 期。

应用使人们普遍认识到区域经济社会发展的可行性和确定性。工业革命以前的漫长岁月，虽然区域经济社会也有所发展，但整体发展速度和财富积累的过程都十分缓慢。① 现代科学技术的发展大大提升了劳动生产能力，即使伴随着不断出现的区域性自然灾害和社会动荡，区域发展速度仍是十分可观的。改革开放以后，随着思想的解放和原有体制机制约束的打破，区域经济普遍出现长时间的快速发展。经过几十年的经验积累，在科学技术的协助下，区域对自身经济社会发展的信心更坚定了。各地居民对不动产的热情也从侧面反映出其对未来区域经济发展的乐观预期，虽然房价过快上涨有不少负面作用，引发一些社会问题，但居民的潜在发展信心仍是值得称道的，试想如果没有对未来的信心，很少有人愿意当下吃苦。

科学技术可以解决区域经济社会发展中的问题。科学技术发展使越来越多的人相信，科学技术可以解决区域经济发展中的诸多问题，如高铁的建设和网络化运行，很大程度上解决了客运中的运能低、效率低、舒适性低等问题；大规模交通监控设备的应用，很大程度上解决了交通违法成本低的问题，对于改善交通秩序，遵守交通法律法规大有裨益；移动网络的普及很大程度上解决了信息受众数量有限、效率低、时效性差等问题。科学技术的身影无处不在，以至于很多人出现了对科学技术的崇拜，低头族从某种程度上就是一种技术宗教崇拜，以至于很多人认为科学技术可以解决区域经济社会发展中的所有问题，这种现象是好是坏暂无定论。

科学技术是区域经济社会发展的驱动力。区域经济社会发展涉及多个方面的动力，科学技术对区域经济社会发展的驱动作用是不容忽视的。对于工业和农业领域而言，新技术的应用使生产效率大幅度提升，并使生产和创造过程变得更容易；新技术的应用使生产要素组合的效率更高，使生产要素的时间、空间组合变得更容易。对于服务业而言，新技术的应用使服务效率更高，服务的针对性、有效性、可靠性等都大幅提升。对于社会组织管理而言，新技术的广泛应用使社会组织管理的效率大幅度提升，现在区域经济社会管理的有效性、准确性、科学性都已今非昔比。科学技术在区域经济社会的方方面面推动着发展、创新和变革，是不折不扣的区域

① 〔美〕Anthony N. Penna：《人类的足迹：一部地球环境的历史》，张新、王兆润译，电子工业出版社，2013，第 4~7 页。

经济社会发展关键驱动力。

科学技术使区域经济社会更美好。科学技术从生产和生活上改变着人们的体验，基于现代科技的城市环境无论是从实用性还是从景观上都带给人以新的体验和感受。智能家电的广泛应用，使居家生活变得更为轻松惬意，并且使更多的人文关怀成为可能；新型电子产品和社交网络技术，使人们获得更多的、新奇的体验，并引领科技向塑造人们更美好生活的方向发展；现代化厂区、生产车间、流水线使人的劳动强度大大降低，劳动不再单调和枯燥；温室技术、有机种植技术等应用，使食品供应的时效性和地域性特征变得不再重要。可以说，科学技术已渗透到人们生产、生活的各个方面，并以更好服务、更新体验、更高效率的宗旨塑造出一个美好的社会。

科学技术也带来了盲从和无知。在科学技术快速发展的过程中，人们也不难发现由科学技术引发的问题也变得越来越隐蔽和难以识破，当前电信网络诈骗的高发就是科学技术负效应的表现。技术是把双刃剑，技术本身没有对与错、善与恶之分，但如何使用技术、对谁使用技术、技术使用结果等则有好坏之分，有正义和邪恶之分。区域经济社会治理的关键是确保先进的科学技术在合适的时间、以合适的方式和强度用到合适的对象和场合，就像基因编辑技术，用好了可以治理和预防各种遗传疾病，用不好则可能成为特权阶层固化优势的工具。[①] 另外，科学技术也使得人们自身某些能力在退化，对周围人和周围事情的漠视越来越普遍，使真实和虚拟之间的界限变得越来越模糊，这从一定程度也增加了未来的不确定性。

（二）科学技术对区域经济社会治理方法的作用

发现问题和矛盾的能力增强。区域经济社会运行中问题和矛盾无处不在，发现问题是解决问题的基础。经济社会领域的许多问题和矛盾的表象具有一定的欺骗性，特别是在社会整体诚信基本缺失环境下，问题与矛盾的表象同真实情况往往有很大差距，需要透过问题和矛盾的表象寻找问题的真相，科学技术特别是高新技术的应用可以提升揭示问题和矛盾真正原因、还原问题和矛盾本来面目的能力。首先，技术可以协助断定问题和矛盾是否存在，对于现实中的很多假象，通过技术方法可以去伪存真；其

---

① 王立铭：《上帝的手术刀：基因编辑简史》，浙江人民出版社，2017，第206~223页。

次，技术可以协助判断问题和矛盾的真实原因，如新能源汽车领域的骗补贴、保险领域的骗保等问题，利用大数据分析协助断定其是否存在；最后，技术可以协助对问题和矛盾的急迫性进行诊断，所有问题都有时效性，有些问题过了一定时间自然就不再是问题了，发现最急迫的问题是发现问题的关键。

分析处理问题的能力增强。过去要断定一个诈骗团伙涉案多少资金，可能要调查很久，现在调查诈骗团伙的涉案资金，通过调取银行账户资金变动信息及其他相关途径，很快就可以确定。科学技术提升分析处理问题的能力表现在多个方面。首先，科技有助于确定问题和矛盾的性质，通过问题和矛盾相关信息分析，辅助系统可以很容易断定问题性质，如一般问题、严重问题、重大问题，从中筛选出主要的问题和矛盾，予以优先处理；其次，科技有助于确定问题和矛盾的关键，问题和矛盾往往被杂乱无章的信息掩盖着，现代技术可以通过信息管理分析发现问题的关键，也就能够找到问题和矛盾的症结所在；最后，科技有助于确定问题和矛盾的成因，弄清楚是内部因素导致的还是由外部因素导致的，以及每种因素在问题和矛盾构成中的分量，为问题和矛盾的解决提供思路和方法参考。

应对方案的科学性增加。解决各种问题和矛盾是区域经济社会治理的关键所在，科学技术可以从多个方面提升问题和矛盾的解决能力，增加应对方案的科学性、合理性、合法性和可操作性，更有助于解决实际问题和矛盾。首先，科技有助于提升应对方案的科学性，基于历史信息、相关信息、区域特点的问题和矛盾应对方案，在针对性、可行性、有效性方面大大提升，可有效减少应对的盲目性；其次，科技有助于降低问题和矛盾风险，通过相关分析及时发现经济社会治理中存在的问题，并采取应对措施，将大大降低问题和矛盾不良影响扩散的风险，避免问题和矛盾的扩大化；最后，科技有助于降低问题和矛盾出现概率，基于大数据等技术应用，结合区域经济社会问题和矛盾特点，可以测算各种问题和矛盾发生的潜在风险，并由此开展有针对性的预防工作，可以将部分问题和矛盾化解在初始阶段，降低问题和矛盾等级，甚至消除部分潜在的问题和矛盾。

（三）科学技术对区域经济社会治理对象的作用

治理服务对象需求发现更及时准确。区域经济社会治理的基础是服务经济社会各对象和要素，这种服务的基础首先是发现经济社会各对象和要素的需求，在区域经济社会治理的五种服务对象中，尽管其具体需求各有差异，但这些需求及需求的不断变化特征是客观存在的，科学技术有助于发现这些需求。首先，科学技术有助于发现经济社会治理服务对象细微需求，没有现代科技的支持，要发现经济社会各领域、各系统中各种对象和要素的细微需求（如每个人的需求、每个工厂的需求、每个家庭的需求、每片森林的需求、每个村庄的需求等）几乎是不可能的，以信息技术为代表的现代技术应用，使发现这种需求变得不再困难。其次，科学技术有助于及时发现经济社会治理服务对象的需求，信息传递的效率是影响经济社会治理中问题与矛盾解决效率的关键因素之一，有时候一个准确的信息从发出者到决策者中间要经过很长的时间，这种时间滞后可能导致问题和矛盾的激化，现代科技支持的信息传递可以将经济社会治理服务对象的需求信息快速传递给决策者，为应对措施的快速实施争取时间。最后，科学技术可以使经济社会治理服务对象的需求信息更准确，通过对来源于不同对象的需求信息进行协同分析，管理人员可以弄清楚经济社会治理服务对象所提需求的准确性和可靠性，这不是说提供需求的对象存心提供假信息，但每个服务对象提供信息时都是有立场的、有个人情感的，其中的不合理诉求需要予以鉴别，这样才能够找出真正的需求。

治理服务措施更贴切到位。只有对经济社会治理服务对象需求的准确把握，才可能制定具有针对性的服务措施。首先，科学技术有助于区分需求的本质属性，以便于确定应对措施的类型，通过相关数据分析，可以判断满足这种需求的应对措施类型，如经济的、物质资源的、精神层面的，并以此为基础确定相应的应对措施。其次，科学技术有助于确定应对措施的数量和质量，满足经济社会治理服务对象的需求，或者解决其中的问题和矛盾，应对措施需有明确的数量和质量要求，如满足城市外来务工子女入学需要多少教育资源、什么级别的教育资源、教育资源的空间分布如何等，只有在决策中把这种细致入微的问题解决了，才能够真正实现对经济社会治理服务对象需求的响应。最后，科学技术有助于实现经济社会治理服务对象的个性化需求服务，信息技术可以实现对经济社会治理服务对象的个性化管理，如区域内每个企业的具体情况、存在的困难、面临的风险、发展优势等，基于这些个性化的信息可以开展个性化的服务，当政府有能力解决企业问题时，可以根据这些个性化信息向相关企业提供个性化服务，这样的服务才能更有效。科学家已经发现大脑识别人脸的奥秘，发现了几乎只对面孔做出反应的神经元簇——"面孔补丁"，其应用将大大提高获取数据的能力和真实可靠程度，也将为个性化服务提供条件。①

　　服务对象更容易接受治理措施。提高社会公众的满意度和幸福感越来越成为区域经济社会治理的目标和要求，区域经济社会治理中许多问题和矛盾源于治理措施与相关需求的偏差，加之以其他因素的影响，使治理措施的效果偏离目标，使服务对象不能接受，科技可以使服务对象更容易接受治理措施。首先，科技有助于服务对象在治理措施实施前充分了解其内容，并提出修改建议，通过基于现代科技的事前监管，决策者可以事前将治理措施的详细内容及相关问题告知利益相关者，并征求其意见，使利益相关者形成合理的预期。其次，科技有助于决策者对治理措施实施事中监管，并把实施进展情况、存在的问题、必要的调整等信息及时反馈给治理措施的利益相关者，使利益相关者明白一些变动的必要性和合理性，并适度调整相应的预期。最后，科技有助于解决治理措施的遗留问题，通过有效的事后监管，决策者可及时跟踪治理措施的实施情况，并就相关信息向实施措施利益相关者进行解释说明，对于某些可以更改的地方提出针对性建议，对于无法改动的地方，提出有效的补救措施，从而使多数问题能得到有效解决。

　　参与区域经济社会治理更容易。区域经济社会治理服务对象既是被服务的对象，也是区域经济社会治理的参与者，其参与程度和质量决定着区域经济社会的水平，一个浅显的道理是自己都不喜欢的东西想让别人喜欢可能有难度。区域经济社会体系中的人和事是区域经济社会的经营者和塑造者，积极参与区域经济社会治理十分重要。首先，科学技术可以协助经济社会参与者发现更合适的参与领域及方式，如个人通过科技信息可以更容易发现参与经济社会建设的机会（赚钱的门道），企业通过科技更容易发现市场机会（赚钱的途径），政府部门通过科技更容易发现解决领域问题的方法，区域经济社会各相关主体都可以在科学技术协助下找到参与经济社会治理的路径。其次，科学技术有助于创造更多的参与机会，通过对相关信息的协调分析，区域经济社会治理的组织者可以发现更多的大众参

---

① 《科学家发现大脑识别人脸的奥秘》，《参考消息》2017年6月3日，第7版。

与经济社会治理的机会；科学技术发展常常会在不经意间改变一些事情，决策者可以根据区域经济社会发展趋势，设立新的管理部门、引导一些产业发展、培养新的产业、构建新组织模式等，这就为区域经济社会治理服务对象参与经济社会治理提供了机会。最后，科技有助于提升参与者的创新和创造能力，有机会参与区域经济社会治理各业务领域和环境的人、企业等主体，在现代科技的支持下可以有更多创造性的发现；管理技术的创新几乎与信息技术分不开，技术创造和发明与现代科技密不可分，科技是创新的灵魂。

（四）科学技术对区域经济社会发展治理效果评价的作用

区域经济社会治理效果的评价主要包括三个部分，其一是区域经济社会治理组织者（政府）的自我评价；其二是独立第三方机构对区域经济社会治理效果的评价，通常由独立的第三方机构（无利益和管辖关系）承担；其三是区域社会公众对治理效果的评价，指区域内的个人、企业等对区域经济社会治理效果的评价。三个部分的评价由于出发点不同、关切重点不同、完整性不同等，评价结果可能会有较大出入，但科学技术的应用可以从不同角度提升各种评价的准确性和科学性。

对于政府的自评估作用。科学技术可以从信息获取准确性、全面性、可靠性等方面提升区域经济社会治理信息的质量，政府评价自身工作往往受思路方法和利益攸关等具体问题的影响，收集信息往往比较片面，科学技术可以协助地方政府获取较全面的信息，为客观自我评价奠定基础；科学技术有助于地方政府发现区域经济社会治理中的问题，通过数据关联分析，地方政府能够较容易发现问题和矛盾的关键所在；科学技术有助于让地方政府认识到区域经济社会治理措施中的不足和可以提升的地方，这是自我评估的关键和重点，毕竟自我评估的目的是为了改进。

对于第三方评估机构的作用。科学技术可以协助构建更为科学的区域经济社会治理评价指标体系和方法。显然，评价指标体系和方法对评价结果会有直接的影响，这关系到评价结果的客观性、公平性。科学技术有助于第三方机构更有效发现区域经济社会治理中的问题和矛盾，第三方机构可以通过多种渠道获取区域经济社会治理全方位信息，特别是从区域经济社会治理服务对象那里获得各种信息，并通过信息关联性和协调分析，找出区域经济社会治理中的问题；科学技术有助于第三方机构提出更有针对性的对策建议，第三方评估的最终目的是发现区域经济社会治理中的问题，独立第三方的措施建议相对更为客观，可以为地方政府真正解决问题提供有效帮助。一些地方开展的精准扶贫第三方评估的效果已经显现，在评估过程中，第三方评估机构及时发现了一些地方在精准扶贫过程中存在的各种问题，并提出了很好的整改意见，对促进地方的精准扶贫工作有很大帮助。

对于社会公众主导评估的作用。科学技术可以协同个人、企业获得更全面、更准确的经济社会治理信息，加大对谣言及不真实、不全面信息的鉴别力度；有利于社会公众更好理解区域经济社会治理中问题和矛盾的实质，哪些可以通过地方政府努力予以解决，哪些是地方政府解决不了的，这也有助于更好理解政府在区域经济社会治理中面临的各种困难；有助于协助社会公众判断地方政府在实施区域经济社会治理措施中是真心在为老百姓办事还是为部门利益办事，或只是面子工程而已，从而有助于形成对区域经济社会治理效果相对客观的评价，减少个人情绪导致的不客观评价。

二　区域经济社会治理中的信息获取

（一）获取信息的必要性

区域经济社会是个复杂的巨系统，这个巨系统每时每刻都在产生大量信息。从区域经济社会治理需要角度来看，这些信息的大部分属于自然信息，或者是专业领域的信息，只有部分信息是需要特别关注的，是区域经济社会治理的基础信息。

获取信息的适宜性。区域经济社会治理信息获取中首先要回答的问题是哪些是区域治理必需的信息。针对人的服务需要相关人的某些信息，针对区域经济体系的服务需要掌握经济系统中各相关实体的信息，针对区域社会体系的服务需要掌握社会体系各环节、各要素的相关信息，针对自然生态环境治理也要掌握自然生态环境静态及动态信息。获取什么类型的信息，信息的时间、内容、空间精度到什么程度合适也需要关注。当然，信息越全面、精度越高越好，但这其中存在一些问题：（1）获取信息的难度会随着要求提高快速增大；（2）信息大量增加对信息存储和管理要求也越来越高；（3）信息获取需要相应的经费，相应的财力需求将随着获取信息精度提高而快速增加；（4）涉及相应的法律问题。因此，获取信息的要求应该与区域经济社会发展阶段相适应，适宜的就是最好的。

获取信息体系设计。在坚持获取信息的适宜性这一原则的基础上，要实现适宜的信息获取，必须建立相应的获取信息体系，即构建完整的区域经济社会治理体系中各要素各对象的指标内容与时间、空间、内容精度体系，具体包括对于作为个体的人必须获得哪些信息、对于家庭必须获得哪些信息、对于企业必须获取哪些信息、对于机构需要获得哪些信息、对于自然生态环境必须获取哪些信息等。信息体系设计时要统筹考虑经济社会治理所有业务对信息的需求，既要考虑单一业务需求，也要考虑综合业务需求，以及联系业务之间协同需求，以此为基础建立完整的获取信息体系。获取信息体系设计还有一些附带的好处，那就是基于这种体系可以进行部门分工协作采集信息，避免一个信息多个部门的重复采集，以及由此带来的重复建设和数据矛盾问题，当然获取信息质量监督也是在设计时应该考虑的问题。

（二）信息获取手段方法的可行性和合法性

信息获取方法设计。从信息采集过程看，区域经济社会治理信息采集可以分为公开采集、业务采集、服务采集和信息集成采集等。公开采集指公共场所的各种监控设备自动采集信息，以及在面向公众的公共业务中的无意识采集。所谓无意识采集是指业务服务中不针对个别人的、没有特定倾向性的信息采集，如乘坐火车、飞机等交通工具时采集的个人信息。公开采集方式的特点是无差别的信息采集。业务采集是指自动记录个人或单位在主动办理某些服务业务时留下的信息，如个人或单位在银行办理业务（如申办信用卡）时会按要求提供相应信息，这些信息会被记录下来，进入相关的业务系统中。业务采集也包括业务部门根据业务需求向个人或企业采集各种信息，如国土资源部门采集的不动产信息、统计部门采集的普查或统计信息等。服务采集指个人或主体在接受某项服务或者提供某种服务、产品时产生相应信息，这些信息会自动记录到相关的业务系统中，如患者在医院接受治疗时，各种个人信息以及医疗信息会进入医疗机构的信息库中，医疗机构在服务过程中实现了信息采集；个人在邮购时会将相关个人信息给物流企业，物流企业在提供速递服务过程中也采集了个人相关信息，企业在出售产品或提供服务时会将企业相关信息提供给物流企业。

信息集成采集指对通过多渠道获得的信息进行集成汇总后形成新信息，或以集成采集方式获得信息。单一渠道或单个的信息可能不会有多大用途，但当多种相关信息集成起来时则会形成很多有价值的信息，对这类信息的不合规使用或者不当使用都会给区域经济社会治理带来麻烦。每种信息采集方式各有侧重，采集方法需要根据信息采集的必要性和业务授权进行设计，根据业务需要使用某种信息采集方法或几种信息采集方法。

采集信息的合法性问题。各种信息采集方式采集到的信息，在内容、精度等方面存在很大差异，每种采集方式的使用均有一定限制，信息采集者既不能随意扩大信息采集对象和采集内容，也不能刻意漏掉某些对象和内容，采集信息必须合法，否则就属于违法行为。采集信息的合法性涉及信息采集者的合法性、信息提供者的合法性以及信息采集过程的合法性。信息采集者的合法性指任何获得区域经济社会治理服务对象信息的行为必须有法律法规的约束，采集行为本身要有合法性，采集信息内容和质量要有合法性，采集信息的方式要有合法性，信息采集主体要有合法性，现实中对信息采集者合法性的要求执行起来有一定困难，但这是社会文明进步的标志，必须逐步强化。信息提供者的合法性是指相关个人或企业须依法提供相应的信息，并且保证信息的准确性，提供虚假信息带来的不良后果应由信息提供者承担，这是构建诚信社会体系的基础，必须严格执行。信息采集过程的合法性指信息采集过程是在符合法律法规要求的环境下进行的，不是在信息提供者遭受胁迫条件下开展的，也不是在信息提供者非正常状态下进行的，信息采集过程中要为采集者和提供者提供相对公平的环境。

信息保密的界定。信息保密（与涉密信息不完全一致）是个复杂的问题，全社会对什么是保密信息没有共识，对保密信息的保密程度和范围没有共识，也没有形成对破坏保密信息行为的一致处理方法，更没有形成针对破坏信息保密行为的一致性能力。正因为信息在商业和管理方面的作用，信息保密的界定才有意义。信息保密界定的原则有很多，但适度是关键。从个人隐私角度看，所有个人信息都可以说成是保密信息；从国家安全角度看，大量信息可以划归为保密信息；从商业利益角度看，大量信息可以归为保密信息，这样最好把大量信息都划归为保密信息，岂不更安全吗？保密信息的增加会极大增加信息存储和管理成本，并且所有信息都是保密信息的时候往往根本无密可保，更为重要的是扩大化的信息保密会阻碍经济的发展，试想如果没有适当精度的地理信息和个人移动信息的开放和利用，做到城市的实时信息导航几乎是不可能的；没有适度的信息开放，经济社会的诸多业务也不可能展开。什么是适度，信息管理者和信息使用者对此的理解往往大相径庭，所以要用法律手段解决适度问题，用法律条例规定哪些信息必须无条件开放，哪些信息可以有条件开放，哪些信息属于保密信息。

（三）获取信息质量的可靠性

信息质量问题的重要性。区域经济社会治理采集信息质量方面的问题是客观存在的，质量问题可能是信息的准确性不够、信息时间精度不够、信息空间精度不够、信息详细程度不够等。信息质量问题是无法绝对避免的，现实中只要满足某种标准规范或者业务需要，就算作没有质量问题。

客观原则导致的信息质量不可靠。其具体指信息采集设备、信息采集方法等导致的信息质量问题，如由于每种对地遥感卫星采集信息的时间、空间、分辨率限制，获取的区域自然生态环境相关信息的质量不可能超越设备能力，相对于更高的信息需要来说，其就存在一种质量问题；由于图像采集信息的分辨率有一定限制，当需要更高精度的影像时，现有低精度设备获取的信息也是有质量问题的；如果设备本身就有质量问题，采集的信息根本达不到设计要求，那它采集的信息就更有质量问题了。另外，采集信息的方法合理性、科学性对采集的信息质量也会有影响，针对同样议题的问卷调查，问卷设计的水平、问卷发放的范围、问卷回收的情况等对采集到的信息质量都会有影响。

人为原因导致的信息质量不可靠。诚信不彰的环境，造假必然普遍，造假成本低廉的环境下，信息采集质量难以可靠。有国外学者说，中国人口比统计数据要少9000万人，这可是个不小的数字，按说人口数据是连续多年的普查加抽查统计得来的，应该没有这么大的出入，但了解一下人口统计数据的方法和过程就不难理解统计数据有出现偏差的可能性了。个人和地方政府都有趋利避害的倾向，在种地需要纳税的年代，当事人多倾向于少报耕地数，这样可以少纳税；在种粮有补贴的时候，当事人多倾向于多报耕地数，目的是为多拿补贴；各省份的地区生产总值加起来的总和比国内生产总值要高出不少，这是一直存在的问题，还有各种各样的理由，说是平衡各地数据，本质上也是在制造信息质量问题。种种事实表明，要么是统计方法有问题、口径有问题，要么有人在撒谎，并且是公开撒谎。近来，辽宁省已公开承认在过去几年中一些经济指标数据不真实，存在数据造假，接着又有几个地方承认统计数据有水分。关于房价的统计信息更是让人摸不着头脑，尽人皆知的阴阳合同恐怕只有统计部门不知道，或者装作不知道。假信息，或者假的权威信息，让许多人苦不堪言，也带来许多法律问题和社会隐患，这些都是人为信息质量问题引发的。

解决信息质量问题的技术方法。技术方法虽然也是由人来控制，但技术方法的改善对信息质量的提高远比人更可靠，当然依靠技术造假的除外，那是另一个法律和社会治理问题。提高信息质量的技术方法有很多：通过提高设备的信息采集精度和质量来提高信息质量，如提高卫星影像的各种分辨率、用航空遥感影像、用低空无人机遥感影像等方法都可以有效提高对地遥感观察信息质量；提升图像采集设备的分辨率、增加采集设备的空间密度、开发影像自动识别软件等方法都可以提升监控设备获取特定信息的质量；法律授权相关部门可以调用更多资源采集相关个人或企业的信息，则可以提高相关人员或企业信息的全面性和准确性，从而提高信息质量。

解决信息质量问题的非技术方法。现实中更多的信息质量问题是由非技术原因导致的，或者说是诸如体制机制等人为因素导致的。技术方法提高信息质量受科技水平、社会发展阶段、区域财力等多种因素影响，具有一定的客观性，而非技术方法的采用可以大幅度提升信息质量，最有效的方法就是通过法律法规手段约定信息质量。如果加大对造假的打击力度，全社会信息质量将有质的提升，造假的根源在于造假能够获得好处，并且成本、代价、风险极低，避免造假、避免社会群体造假和公开造假的唯一方式就是大幅度提高造假的风险和代价。交通法中对酒驾入刑和终生禁驾的处罚法制化安排，以及加大查处力度的工作安排，有效降低了这方面造假的发生率。可喜的是国务院已明确要求地方加大对统计信息造假[①]和监测数据造假的惩治力度[②]，当造假的自由带来造假者人身的不自由时，造

---

① 《关于深化统计管理体制改革提高统计数据真实性的意见》，中央全面深化改革领导小组第二十八次会议审议通过，2016 年 10 月 11 日。
② 《关于深化环境监测改革提高环境监测数据质量的意见》，中共中央办公厅、国务院办公厅印发，2017 年 9 月 21 日。

假者的猖狂必然降温，全社会的诚信体系才能够逐步建立，区域经济社会治理的整体氛围才能变好。

三 区域经济社会治理中的信息处理

（一）信息处理的权威性

在假定区域经济社会治理采集信息质量可靠的基础上，信息还需要相关的处理才能够使用。信息处理过程也是可能导致信息出现质量问题的一个重要环节，区域经济社会治理相关信息质量问题很大一部分就发生在信息处理过程中，保障信息处理环节可靠性首先要坚持信息处理的权威性原则。

信息处理角色管理。信息处理中涉及信息管理者和信息处理者两类角色，前者负责信息归属、信息权限分配、信息管理等，后者负责按要求对信息进行处理。现实中，信息管理者多为政府相关部门或政府部门指定的相关机构；信息处理者可能是政府部门或指定的相关机构，也可以是独立的第三方机构。管理者和处理者可以同体，也可以不同体，在政府职能转变和"放管服"要求下，信息管理者和信息处理者正逐步分开；有些地方以数据保密等理由不愿意进行信息管理者和信息处理者的分离，这不是正当的理由，对于保密信息，只要信息处理者具有相应的涉密信息处理资质，并按照合同及相关规定处理和传递信息，保密信息也完全可以由第三方机构处理，甚至是商业机构处理。

信息处理的权限管理。信息处理权限管理包括信息处理授权及撤销等，信息处理由谁来授权，授权给谁不单是信息权威性问题，更是保障信息处理结果可靠性的关键环节；对于谁授权问题，按照信息权威部门管理原则，信息处理权限由信息管理部门授权，但这种授权必须基于公开透明的原则，政府购买服务方式下的信息处理授权，更需要严格授权过程和信息处理业务外包业务。现实中，很多部门都有自己的信息中心负责相关信息的采集和处理，这导致信息处理机构与管理者之间存在明显的业务和利益联系，对信息处理的客观性、购买服务的客观性和合法性等都有影响，因此，信息处理应该由更专业的、相对独立的信息处理机构来承担。

信息处理的内容管理。信息处理内容管理的原则是按需进行，信息的无限扩张和信息处理能力有限性之间的矛盾，决定了信息处理内容管理的必然性。信息管理者应构建起信息内容管理体系，明确某种信息向哪些部门开放，当然这种规定不是信息管理部门自家说了算，要根据区域经济社会治理工作需要确定，通过适宜的协调机制确定；内容管理体系不是一成不变的，应根据区域经济社会发展的实际需要定期进行调整改进。

（二）信息处理的问题导向性

信息处理分为一般性处理和专题性处理两种，前者是针对信息外围特征的处理，后者是针对信息内涵的处理；区域经济社会治理中的信息处理主要是后者，是面向特定问题的信息处理。

以问题性质为导向的信息处理管理。区域经济社会治理中有的问题相对简单，有的则十分复杂，有的涉及单个或少量要素，有的涉及大量要素。信息处理管理就是要根据待处理问题的复杂程度、业务领域等情况来决定哪些信息参与信息处理、以什么方式参与信息处理、参与到什么程度等，具体的信息处理过程可以由第三方完成。但信息处理的目标要求、信息处理的形式要求、信息处理的结果要求则需要业务部门提出来，如针对区域中学教育资源布局问题，布局考虑的影响因素、各影响因素的重要程度、资源的总量、相关的国家和地方标准等信息需要业务部门提出要求，信息处理者根据要求对信息进行处理，将处理结果反馈给相关业务部门。

（三）信息处理结果的可靠性

信息处理结果的可靠性受多种因素的影响，处理结果质量问题是个累积过程，并且是个不规则的累积过程，有的质量问题可能因相互参与计算而降低，有的质量问题可能计算后被加倍放大了，信息处理结果的可靠性要关注以下几个方面。

基础信息的准确性。如果参与计算的基础信息是错误的，那么经过多么复杂的运算也不能保证处理结果的可靠性，一个虚假的信息经过十次回归并不能得到一个可靠的信息。大量的经济预测之所以不准确，除经济本身的复杂性和一定程度的不可预测性以外，预测计算基础信息的可靠性难以保证是不容忽视的原因之一。

计算方法的合理性。所谓合理性是针对特定问题是否合适，现实中往往强调计算方法的科学性、可靠性，其实更应该强调的是计算方法的适宜性，区域经济社会治理的诸多问题本身就具有相对性和模糊性，与自然科学中的绝对数值计算有很大的差别，计算方法不合适，计算的结果难说可靠。

四 区域经济社会治理中的信息应用

(一) 面向政府管理与服务的应用

应用分类管控。政府应用是区域经济社会治理中信息应用的主要领域，按照应用的业务范围，可以分为基于信息的决策服务、基于信息的资源管理、基于信息的公共服务、基于信息的规划、基于信息的评估、基于信息的政策措施制定等方面，每一种类型的应用所涉及的信息内容、应用业务模式等不尽相同。

信息时效性管控。区域经济社会发展过程中总会出现这样和那样的问题，有的问题出现得让人感觉匪夷所思，不禁会问为什么会出现那么多简单的错误，甚至是根本就不应该出现的错误。出现错误的原因可能很多，从信息角度讲，信息的时效性往往是导致决策错误的一个重要原因。区域经济社会运行中的一些政府决策对数据时效性要求比较高，特别是趋势性、方向性信息，对某些决策会有直接的影响，比如京津冀地区2016年还要求"煤改电"（用电的成本太高，农村居民根本用不起），但2017年则成了"煤改气"，如果相关信息时效性没注意，工作方向就会出问题。信息时效性管理不是信息越新越好，应该根据具体的应用来确定，如果应用是面向长期性、战略性问题，那么需要信息的时间周期就比较长，所要参考信息序列也比较多；如果应用是与当下政策密切相关的，最新的中央及行业部门要求动向信息则很重要。时效性管控就是针对不同问题确定信息的时间要求。

信息使用深度管控。区域经济社会治理信息内容具有一定的层级性，第一层意思是信息有详略之分，比如人口信息，最粗略的信息可能就人口总数一个数值，详细信息包括人口年龄段、受教育程度、民族、经济状况等结构信息；经济信息也一样，粗略的信息可能就GDP一个数值，详细信息则包括各产业信息、行业信息甚至重点企业信息等。信息深度的第二层意思是信息空间对象的精细程度，同样对于经济数据，粗略经济信息可能全省就一个GDP数值，详细信息可能精细到全省范围内每个乡镇的产值信息。信息深度的第三层意思是信息的时间精细度，同样对于区域经济信息来说，粗略的信息可能是年度 GDP 信息，精细信息包括每个季度甚至是月度的经济信息。信息使用深度与具体的应用性质密切相关，信息使用管控就是根据具体应用确定使用信息的深度。

信息的使用权属。虽然数据共享已经倡导、推动了若干年，但到目前为止地方政府部门的信息共享仍然有许多的问题需要解决。究其原因，权威部门权威信息的政策安排，实际上已经使信息成为部门权力的延续和表现，而改变这种现象需要深层次的制度改革，这超出了学术探讨的范畴。从促进应用的角度看，在权威部门权威信息的总原则下，明确信息的使用权是可行的，比如林业信息的权威部门是林业部门，但林业信息的使用权必须开放给相关的政府部门，当然这要通过相应的程序。信息使用权限管控就是建立区域经济社会治理信息部门间使用的清单，规定信息提供者的义务和信息使用者的权限范围。在区域经济社会治理过程中，每个部门既是信息提供者，又是信息的使用者，建立信息提供和使用权属清单，对于促进信息共享，提升信息在区域经济社会治理中的作用十分关键。

（二）面向社会公众的公益性应用

通过各种途径采集到的区域经济社会治理相关信息最终是为区域内的人服务的，服务的方式之一就是直接面向社会公众提供相应的信息服务。其中，一些信息是政府已经通过各种媒体向全社会公开的内容，这些信息通常是政府根据信息公开相关法律法规主动向社会公众公开的信息，但这些信息往往无法满足社会公众对政府公开信息的需求，换句话说就是社会公众认为现阶段政府公开的信息都是不疼不痒没有用的信息，而真正想知道的信息则没有。此外，公开信息渠道也不畅通，比如统计信息多通过统计年鉴公开，既然想公开，就直接通过网络公开嘛，为什么还要让大家花大价钱购买统计资料（统计资料卖的可不便宜），再花工夫整理成可用的表格信息，其中往往是利益链在作怪。

信息开放内容深度。区域经济社会治理信息向社会开放需受一定的约束，一方面，信息精细到一定程度就会涉及保密和个人隐私问题；另一方面，详细信息都公布出去了，那各种信息之间的矛盾就会暴露出来，人们会对信息真实性甚至是信息产生体制的合理性产生异议，比如人人都知道统计数据有水分，但这水分究竟怎么来的，从哪里开始的，如果信息开放到一定的内容和空间深度，这些答案就会浮出水面，统计信息的权威性不就没有了吗？这种考虑不是为了支持造假，而是维护一个体系的完整性和正常运作，因为即使人人都知道统计数据有水分，谁也拿不出更有效的数据出来。好在大数据的应用从某种程度上可以弥补这种缺憾，至少结合企业业务信息，从中可以得出相对真实的区域经济社会治理信息。当然，把大数据方法纳入区域经济社会治理信息采集体系中后，信息的可靠性会有一定程度的提升。面向公众的信息开放内容深度管控是必须的，当下电信诈骗高发的一个原因与相关部门、企业信息的不自觉开放有一定关系，诈骗团伙正是利用了这些信息管理的漏洞屡屡得手。

信息的时效性管控。信息时效性管控指开放给公众的信息要有一定的时间要求，或者太新的不能开放，或者时间序列的不能开放等，具体管控内容根据信息的特点和应用可能来确定。信息时效性管控不涉及公民个人对自己信息的需求。目前，对信息时效性的管控，政府部门及国有平台可以较好地实施，第三方平台由于监管困难往往会出现相关信息时效性管控失败的情况，进而导致网络诈骗等案件的高发。[1] 信息时效性管控需要有明确的规定，针对不同类型的区域经济社会治理信息，应制定公民获取相关信息时效性管控规则，便于信息管理部门操作，也让社会公众知道什么样的信息是可以获得的。

（三）面向企业的商业应用

信息商业化应用分类管控。企业对经济社会治理信息的商业化应用目的和应用需求存在一定差异，大概可以分为商业化开发服务、工程及市场项目服务、公益性服务三种类型。商业化开发服务中区域经济社会治理信息作为一种基础参与到商业应用中，如在车载导航应用服务中，基础地理信息及经济社会相关信息都是导航应用的基础信息，在此基础上结合导航功能，即可实现导航定位服务。工程及市场项目服务指企业开展工程建设和项目服务需要相关的区域经济社会治理信息，如石油企业布局加油站点和炼油厂等设施时，需要大量的经济社会信息支撑。公益性服务指企业为某种商业目的开展的面向公众的公益性服务，如手机导航从某种程度上就是一种公益服务，虽然需要通信流量及被动接受一些广告，但导航本身并不收费。针对不同类型的商业应用，应该采取不同的信息管理政策，原则

---

① 郑良：《电信网络诈骗为何仍然高发》，《瞭望》2017 年第 26 期。

是既要推动信息应用市场的健康发展，又要体现信息的公益属性，还要体现控制商业成本的要求。

信息的时效性管控。一些服务需要实时信息，如基于移动通信设备的导航应用，过时的信息则没有意义；一些服务需要相对较长时间周期的信息，如一个地区的客流信息，这对于商业布点、餐饮布点是必不可少的。信息时效性管控对于企业商业服务十分重要，从维护市场公平竞争环境角度看，信息管理部门必须明确向企业开放区域经济社会治理信息的规则和具体内容，明确各类信息向企业开放的时效性安排，以作为政府部门向企业开放信息的依据和企业获取信息的依据，也为企业面向公众开展各种服务提供条件，以补充政府公共服务的不足。

信息使用深度。如在利用移动通信设备进行实时导航的过程中，现阶段只要开放某个路段有多少手机、各手机空间移动速度等信息就可以进行实时路况导航了，这个应用中并不关心在某个路段是张三还是李四；如果信息开放深度过度，导航公司知道了某个时刻，张三在某个路段、李四在某个路段，这就涉及个人隐私问题了。对于信息使用深度问题，应制定公开透明的规则，明确各种类型的信息面向企业开放的层级深度，推动市场公平竞争，使区域社会公众能够享受到更好的、个性化的信息服务，以及由信息开放带来的其他延伸服务。

信息使用权限。信息本身无所谓权限，所谓权限是指信息的拥有者、制造者和使用者之间的关于信息使用的契约，对于个人信息权限问题，个人隐私与公共信息之间有条模糊的界限，在这条界限的左侧属于个人隐私，在这条界限的右边则是公共信息；对于移动信息开放问题来说，如果开放的是没有姓名和其他内容的位置信息（可能只有一个一个的 ID 编号），虽然某个 ID 代表的是某个人，但在导航应用中，这个 ID 位置信息不属于个人隐私范畴，因为对于导航服务商来说，每一个 ID 编码的手机只是有空间位置的、匿名的信息发布装置，是公共的，因为其占用着道路公共资源，占用着通信频段公共资源。

第二章

区域经济社会治理的逻辑

　　每个地方都有发展壮大自己的迫切需求和冲动。在各地调研过程中、在铺天盖地的媒体推介中，都能感受到这份炙热的情感。然而，多年的实践证明，单靠热情甚至是狂热，并不能解决区域发展问题。区域发展有其自身的规律和逻辑，区域经济社会治理的逻辑就是要与区域自身的这种逻辑和节奏对接。

　　毫不掩饰地说，一些地方在欣欣向荣和光彩夺目外表的背后，各种矛盾和问题也越来越严重。失地农民为"盲流大军"准备了充足的"兵源"，购房大军是不信任政府调控政策的最大群体，广大非法集资的受害者已成为重要的社会不稳定因素，利益集团通过各种渠道加大"绑架"地方经济的力度，债务的积累短期难以逆转，某些地方饮鸩止渴式的经济社会治理方式实际上是在天天埋"地雷"。每一个超越法律、道德和世俗社会常识的事件都是一颗毒瘤。区域经济社会治理既不是新概念，也不是新内容，只是在当今科学技术、经济技术、环境技术条件下，以及区域经济社会发展新需求、新特点、新动能环境下，区域经济社会治理被赋予了新的内涵，成为所有区域无法回避的新课题。

　　台上领导字腔圆，台下小民头频点，此生虽无富贵命，身心愉悦苦亦甘。

第一节　区域经济社会治理体系

　　区域经济社会治理涉及内容很多，既涉及区域相关的人和事，也涉及区域内各种要素及其制剂相互作用，以及区域经济社会对各种干预和扰动的响应。区域经济社会治理体系庞大复杂，各地正在用实践诠释着其内涵和治理模式，但有时顺水顺风，有时则代价沉重。

一 区域经济社会治理的体系框架

简单地理解，区域经济社会治理体系由组成要素、现象与过程、干预与响应三部分组成，三个部分之间相互联系、相互制衡、相互协作。

（一）组成要素

区域经济社会治理体系的组成要素前面已经讨论过了，即人口系统、经济体系、社会体系、生态环境和发展环境。对于区域经济社会治理体系中的基本要素，治理的关键点是管控基础要素的数量、质量和功能。

每种组成要素要保持适宜的数量。要素的数量要与区域经济社会发展整体水平和能力相协调。人口系统，特别是其中的劳动力资源，已经逐步成为区域发展的最主要动力和标志，一个地区人口处于快速增长时期，表明该地区经济有很强的后劲，有很大的增长潜力；相反，对于人口不断流出的地区，区域经济发展的预期不能过高。但受中国特色社会主义和传统文化的影响，在不受约束的情况下，全国人口会向少数大城市不断集聚，在区域内也会重点向几个大城市不断集聚，导致大城市病日益严重，所以城市人口规模也要适当控制。经济体系也是一样，区域内某种类型的工厂过多，就会导致产能过剩和市场无序竞争，使区域经济健康发展受影响。社会体系中也存在数量问题，如一个区域内中小学数量不足，就会引发入学难问题，进而导致相关的社会问题。要素数量不能用简单的多或少来评判，而应该采用适宜数量来评判，适宜的才是最好的。

组成要素要维持适宜的质量。等级或者层次存在于区域经济社会系统的各个角落，如住房不但有自身质量的高低，还可用来象征身份和财富等级，如别墅、高端商品房、普通商品房、经济适用房、两限房、棚户区等；酒店分为不同的星级，有的则没有星，甚至集装箱也能改成宾馆；市场上的蔬菜档次更是多种多样，从其价格的差异可见一斑。区域经济社会体系从供给角度形成了序列化的质量体系，从需求的角度也形成了序列化的质量体系，供给和需求的质量体系通过市场匹配和人为干预的匹配形成了特定的组合，如高质量的供给在低层次需求中可能没有市场，高档奢侈品的消费在刚解决温饱的群体中应该没有太大的吸引力；同样，低质量的山寨假冒商品供给在高端需求人群中也不会有太大吸引力。当然，人人都有追求高端产品、高质量产品的权利，但不可否认在权利和现实之间往往隔着经济实力等方面的障碍。此外，质量本身有相对性和固有性，所谓相对性是指高端产品的性能质量要比低端产品的高，所谓固有性是指低端产品也应该有相应的质量保障。质量不能用简单的高或者低来评判，适宜的就是最好的。

组成要素功能要基本稳定并伴有适度的提升。区域经济社会体系中的每种组成要素都承担着特定的功能，每种组成要素也往往承担着多种功能，如人既是生产者、消费者，也是经济社会体系的最终服务对象；经济体系中的各种组成要素承担着价值创造功能、价值传递功能和价值分配功能；社会体系组成要素承担着价值分配、资源配置、公共服务等功能；区域生态环境要素承担着提供生态产品，提供自然资源等功能；发展环境要素承担着促进区域发展的功能。对于区域经济社会治理来说，这种组成要素的功能稳定是最为重要的。虽然区域经济社会系统中各种组成要素的变化无处不在，但这与功能相对稳定并不矛盾，河道的泄洪功能如果不稳定，就会影响汛期的泄洪能力，进而可能影响某个或某些城镇的安全，并可能造成巨大的财产损失，甚至威胁人的生命安全。功能的稳定也往往意味着程序的稳定，稳定的程序和办事流程是区域的人生产生活的基础，经常的程序变动会使很多人无所适从，久而久之就会形成对政府的不信任，并为社会稳定埋下隐患。此外，组成要素功能在稳定的基础上，还需要有适度的功能提升；功能的提升意味着同样的系统输入，系统输出的价值更高、效率更高、品质更好、数量更多、功能更强等，如各地开办的一站式的政务服务大厅使办事效率较之前有很大的提升。

（二）现象与过程

区域经济社会中的各种要素不是孤立存在的，其间存在单向的、多向的、单要素之间的、多要素之间的、短暂的、持久的、相互促进的、相互排斥的等多个方面、多种类型的相互作用，这些相互作用表现为各种现象和过程。对于区域经济社会中各种现象和过程治理的出发点或基本要求是稳定、透明、简单化和本质。

稳定，是指区域经济社会系统中的现象与过程保持相对稳定。区域经济社会中的现象和过程类型繁多，千变万化，保持相对稳定是区域经济社会治理的基本要求。那些对区域经济社会发展有益的现象和过程，稳定的意义不言自明；那些对区域经济社会发展不利的现象和过程，也需要相对稳定才能够被认知，进而找到根除或最大可能降低其负面影响的方法。一般而言，区域经济社会治理中现象和过程的稳定表现在时间、空间、内涵三个方面。时间稳定很容易理解，就是要持续一段时间，时间的长短同现象与过程的性质有关系；空间稳定是指在空间上保持相对一致的区域，城市管理之所以比较困难和为人垢病，与城市中一些现象和过程的空间流动性太大有关系；内涵稳定指现象和过程的性质保持相对一致，经济现象如果快速转化成社会现象，其应对就比较困难。

透明，是指让区域经济社会现象与过程脱离黑箱机制。区域经济社会系统中的现象或过程不透明有多方面的原因：不透明可能是某些现象和过程的自然属性，如自然过程中地下水的运动对于普通人来说就是不透明；不透明也可能是现象和过程过于复杂引起的，如财政政策效应传递过程涉及许多因素，用到的工具专业化程度很高，对普通人来说这个过程也是不完全透明的；不透明也可能是人为的，现象和过程的主导者不想让其他人知道相关的现象和过程，人为设置的不透明一定藏着某些秘密，或是商业的、利益的、政治的等。区域经济社会中的透明治理就是要通过采取适当的措施使现象和过程变得对更多人透明或者透明度更高，当然这种治理是以相关的法律法规为基础的，涉及国家安全与其他应该保密的现象和过程需要依法予以不透明操作。

简单化，就是降低现象与过程的复杂程度。通常情况下，现象和过程的复杂性来源于两个方面：其一是现象和过程本身涉及内容多、相互作用链条和环节多、相互作用隐蔽性好等导致的复杂性，是为现象和过程的天然复杂性；其二是人为原因导致的现象和过程的复杂性，这种人为原因可能是无意识的，也可能是有意的。对于前一种情况，复杂性简单化可以通过对现象和过程进行过程分解、功能分解、组成要素分解、形象化表达、抽象化概要描述等方式实现；对于后一种复杂性要通过制度安排来保证其简单化，俗语中的水至清则无鱼或浑水摸鱼就是对这种复杂化的一种解释，即人为复杂化的背后一定是有原因的。现象和过程的简单化不是简单的拆解和透明，而是要根据现象和过程的特点进行适度的简单化，并且一定要保证不出现新的复杂化，防治"按下葫芦浮起瓢"的现象发生。

本质，就是搞清楚每种现象与过程的本质内涵。区域经济社会系统的所有现象和过程都有目的性，这种目的性或是自然形成的，或是人为赋予的。这种目的性就是现象和过程的本质所在，只有认识了这种本质才可能进行有效的区域经济社会治理。然而，现实中经济社会系统中的现象和过程的本质往往被各种表面现象所掩盖，很容易使人迷惑，明明是经济体系的问题却披上社会体系的外衣；明明是生态环境系统的问题，却要贴上经济体系的标签；明明是人的问题，却要描述成生态环境方面的问题，凡此种种，不胜枚举。搞清楚现象和过程的真相，关键是要做出相应的制度安排，以对事不对人的方式查找现象和过程的本质，适宜的制度安排可以使现象和过程的本质自然流露于世。大众汽车公司之所以在美国认缴巨额罚款，就是因为美国相关部门搞清楚了大众汽车公司尾气排放造假现象的本质。当然，搞清楚现象和过程的本质也有适度问题，超过一定的界限，问题的性质就变化，就不再是区域经济社会治理业务范畴内的事情了。

（三）干预与响应

让区域经济社会各要素、各种现象和过程按照预期的方向和节奏发展，是区域经济社会系统治理的理想状态。区域经济社会体系的各种组成要素会通过各种形式和途径对区域经济社会系统施加影响，这个过程是自觉或无意识的，这种影响会在一定程度和规模上对区域经济社会产生影响，这就是区域经济社会治理中的干预与响应。干预与响应治理的出发点和关键词是准确、适度、标本兼治、创新。

准确，是指诊断问题要准确。为什么经济社会治理中会有些问题和现象屡禁不止，并且花样翻新，原因可能多种多样，但没有准确把握问题的关键是主因，釜底抽薪就是对问题准确把握的极好诠释。

适度，是指目标和措施力度都要适度。现实中矫枉过正几乎不可避免，不少地方在治理适度的问题方面几乎没有形成过共识。一些地方、一些行业所讲的税负过重的问题，实际上是税收适度问题没有把控好，以至于一些企业认为如果严格按照要求纳税，没有企业能够生存下去，这甚至是很多企业的共识。为什么会矫枉过正，为什么会过度干预，关键是制度安排不到位，制度执行有漏洞，缺乏有效的监督，所以适度的干预和响应治理一定要回到制度建设本身。

标本兼治，是指既要解决问题也要解决发病机制问题。头皮外部的头发是标，头皮下毛发生长机制是本。本是标存在的基础，那为什么不直接治本，治本之后标不就没有了吗？因噎废食是一种很形象化的解释，标是噎着了，本是吃东西，为治理噎着而不进食当然不可取。干预与响应中的标本兼治，不但要考虑治标对干预与响应的影响，也要考虑治本对干预与响应的影响，同时还要考虑治理过程中干预与响应的标与本之间的相互作用。标本兼治的本意是灵活使用治标和治本措施组合，既使问题得以治理，又不至于因治理问题而伤筋动骨，"杀敌一千自损八百"并不可取，经济社会中的一些问题有深层次的原因和内在联系，有些看似是问题的本的事情，随着区域经济社会的发展会慢慢淡化或消失，如物资匮乏引起的许多问题，随着经济发展，物质丰富，这些问题（标的问题）都会迎刃而解，不攻自破。对于治标与治本度的把握，也需要进行制度化安排，避免人为原因导致损失。

创新，是指内容和形式的突破。现实中一些具体事务的监管往往落后于事情本身的发展，人类认知自然和经济社会的过程就是先有现象，然后才有认知，才有相应的措施和制度安排。从某种程度上说，监管总是落后的，制度总是落后的，所以才要创新。在干预与响应治理中，干预和响应是互为条件、互为前提的，干预有主动干预和被动干预，被动干预就是对某种响应的响应，如网络诈骗案高发特别是出现被骗而死亡的事件后，加大对网络诈骗的打击力度就是一种被动响应。响应也是对干预的一种回应，本身也构成一种新的干预，干预与响应的关系在中国十多年来的房地产调控中得以充分表现，关于这方面的资料实在太多，这里不再赘述。干预与响应中的创新更多是从主动创新的角度来说的，创新就是要根据条件和环境的变化，改变原有的规则、制度性安排，甚至是现有的法律法规；先是形式创新，然后是内涵创新，通过形式创新倒逼内涵创新，创新的实质就是通过对干预与响应强度、节奏的把控，使区域经济社会各种现象与过程运行更为顺畅，向着治理预期目标发展。

二 区域经济社会治理的组织者

区域经济社会治理的组织者主要是政府和市场，前者称为有形的手，后者称为无形的手。两者在区域经济社会治理的理念、过程、方法等方面存在很大的差异。

（一）政府组织的区域经济社会治理

政府在组织区域经济社会治理中的角色定位。目的和功能的不同，决定了区域经济社会中的各种要素在没有约束与制衡的情况下，会"做"最有利于"自己"的事情，会向着最有利于"自己"发展壮大的方向发展，就像自然界植物生态系统中的各种植物所采取的各种措施、形成的各种功能都是有利于自身生长与繁衍的，这就是"丛林法则"。人类文明就是要打破简单的丛林法则，区域经济社会治理要基于文明的规则，政府至关重要。政府在区域经济社会治理中的角色主要有三个：组织者、规则制定者、规则维护者。作为组织者就是要把区域内经济社会各种要素、现象与过程等组织起来，按照相应的规则实现正常化运转，并通过资源调配、财富分配等构建起稳定的区域经济社会运行体系；作为规则制定者就是建立起规范区域经济社会各种要素、现象与过程之间相互作用的强制性、非强制性的规则体系，并根据区域经济社会发展的需求调整相应的规则；作为规则维护者就是通过强制和非强制的方法，维护区域经济社会运行规则的权威性，通过对违反规则者的制约或惩戒，使区域整体构建起遵守规则的环境。

政府在区域经济社会治理中的组织逻辑。区域经济社会中各种要素相互交织缠绕，让这么多要素貌似友好地运转起来只能靠规则。政府实施区域经济社会治理的逻辑就是保障规则的权威性，主要有引导和强制两条逻辑主线。对于引导，主要是通过各种名利的诱惑调动区域经济社会各要素主动按照规则运行，政府不用告诉企业家几点开工，不用告诉卖菜的人几点钟起来去批发菜，也不需要告诉饭店老板晚上几点关门……，政府营造的是一种稳定的预期，企业正常运转就有盈利的可能，卖菜人辛勤劳动就能有经济来源，饭店正常营业就有赚到钱的机会，于是就可以建立一种祥和的社会环境；政府所做的就是引导各种要素按照设定的规则运转，其实并没有用多少具体的干预和约束，规则的约束已经转化为经济社会要素的自我约束。对于强制，就是政府通过强制机器或惩罚性措施迫使经济社会要素按设定的规则运行，产业准入负面清单、环境准入、限批禁建、限制某些人的人身自由、巨额罚款等，都是政府强制性措施，通过对不遵守规则者的强制性约束，或者名誉上的惩罚，迫使不守规矩者守规矩。区域经济社会治理中政府各种具体措施都是引导和强制的具体诠释和延伸应用，除此之外再无新意。

政府的适度责任问题。政府责任边界划定是区域经济社会治理中许多问题的根源之一，虽然早就提出过市场在资源配置中的决定性作用与更好发挥政府作用相结合，但许多地方的现实情况是：地方政府特别是基层政府已经被逼成了万能政府。老百姓收入不提高是政府的事，企业不盈利是政府的事，农民在自家承包地烧秸秆是政府的事，农民养的猪生的猪崽少了是政府的事，无限的事权，有限的财力，怎么可能完成任务呢？所以要从今天起，通过各种媒体向全体国民传递一个信息，即政府只提供基本公共服务，并保证全体国民基本公共服务均等化，其他的事情去找市场，特别是在落后地区更应该传递这样的信息，越是落后地区的人越难以形成对未来合理的预期，人的欲望永远不会得到充分满足，对满足投入的边际效益会很快下降，如杂耍高手可以让五个球翻滚起来，但再高级别的杂耍高手也很难让五十个球翻滚起来而不失手。万能政府必须终结才能构建更好的政府。

（二）市场组织的区域经济社会治理

市场在区域经济社会治理中的角色定位。市场在经济社会治理中的组织者角色从私有制之初便已存在，只是在漫长的封建社会，受皇权力量太过强大和轻商文化的影响，市场的力量始终没有发挥出来；改革开放前计划经济更是直接扼杀了市场经济的基础，只是在改革开放后，市场才逐渐走到了区域经济社会治理的前台，逐步从配角变成了主角，从区域经济社会治理的旁观者和地下工作者成为名副其实的组织者。市场在区域经济社会治理中的角色定位为市场组织者、规则制定者与检验者、规则维护者与变革者、革命者。

作为区域经济社会治理的市场组织者，市场把区域经济社会各种要素按照政府的、市场的规则组织到一个运作体系中。在这个运作体系中，各组成要素功能的发挥使区域经济社会的稳定运行得以实现，工厂日夜运转、运输车辆忙碌奔驰、商城里充斥琳琅满目的商品，这都是作为区域经济社会治理组织者的市场的杰作。市场是市场规则的制定者，同时，市场也是政府制定规则的检验者，政府制定的区域经济社会治理规则是否合适，市场是最好的检验者和试金石，有效的规则会被市场认可，进入区域经济社会体系中并发挥作用；无效的规则将被市场淘汰或漠视。市场是市场规则的维护者，市场这只无形的手维护着市场规则的运作；同时，市场也是政府制定规则的变革者，正是市场对政府规则的不断突破，才倒逼政府进行相应的改革。市场是现有规则的革命者，作为革命者，市场不是进行简单的变革，很多时候是进行彻底的革命，推翻原有的许多规则，既包括对政府制定规则的革命，也包括对市场规则的革命，市场永远在前进，随时将不合时宜的规则扫进历史的垃圾桶。

市场组织区域经济社会治理的方式。市场组织区域经济社会治理的具体方式、方法很多，但其治理逻辑只有惩罚和奖励两种。所谓惩罚就是对不符合市场运行规则的主体进行惩罚，这种惩罚主要是经济上的，也包括与市场相关其他方面的损失，如失去市场份额、失去品牌、失去竞争优势等。改革开放以来，很多区域知名品牌，甚至是全国知名品牌都消失了，每一个品牌或企业的消失有这样和那样的原因，但没有适应市场的变化是个不争的事实，这就是市场的惩罚。市场的惩罚力度有大有小，严重的可以把企业或品牌消灭掉，较轻的惩罚表现为多种形式，如企业季度或年度亏损、人才外流、资金短缺、产品竞争力差等。所谓奖励就是对符合市场运行规则的主体予以经济或其他方面的奖励，市场最直接的奖励就是经济上的奖励，如企业盈利大幅度增加，也包括其他方面的奖励，如市场份额的提升、企业或品牌竞争力提升、比较充足的资金和顺畅的融资渠道等。每年各地都有新的企业和新的品牌崛起，成为市场的宠儿，这是对适应市场、顺应市场、引领市场的企业最好的奖励。

市场万能的终结。市场失灵现象早已被西方发达国家所验证，并让这些国家付出了很大的经济社会代价。我国同样存在市场失灵现象，但其内涵和表现形式又有新的变化。现阶段我国各地市场失灵有三种类型，分别是传统意义的市场失灵、市场失控的失灵、市场萎缩的失灵。传统意义的市场失灵很容易理解，即市场规则和逻辑不再起作用，市场机制解决不了区域经济社会治理中的实际问题。市场失控的失灵是指过度市场化导致市场机制泛滥，并给区域经济社会治理带来各种现实的和潜在的破坏。市场萎缩的失灵是指整体经济体系中市场的组分和力量萎缩导致的市场功能的退化、作用减弱，给人一种市场失灵的感觉。当我们理解发挥市场在资源配置中的决定性作用时，可能没有清楚认识所谓资源的内涵，是市场掌握的资源还是政府掌握的资源，抑或是所有的资源，从现实看显然不是所有的资源。一种现象存在是一回事，好与不好是由评判标准决定的另一回事，总之，万能市场已经终结是不用争论的事实。

三 区域经济社会治理的参与者

区域内经济社会各种要素都是经济社会治理的参与者；人是区域经济社会治理的有意识参与者，其他如区域自然生态环境等都是无意识参与经济社会治理的；当然，区域经济社会治理的组织者，同时也是参与者，这里不再单独说明。

（一）个体与家庭

个人与家庭的角色定位。在区域经济治理中，个人与家庭是区域经济社会治理最基本的服务对象，也是区域经济社会治理规则的践行者。作为治理服务对象，个人与家庭是社会的细胞，既从经济社会环境中获取需要的物质和精神财富，同时又向经济社会输送物质和精神财富。按照以人为本的区域科学发展观要求，人是区域发展的出发点和落脚点，发展的一切都是为了个体的人和群体的人的发展。作为规则践行者，个人与家庭按照治理规则参与区域经济社会治理各项活动。

家庭在区域经济社会治理中的特殊性。作为最小的社会组织单元，家庭在区域经济社会治理中扮演着独特的角色；家庭因数量庞大、结构与特点千差万别成为区域经济社会治理的重中之重，无数家庭的和谐稳定是区域经济社会和谐稳定的基石。令人欣喜的是，目前区域经济社会治理中已经开始考虑家庭因素的重要性，如在商品房购置限制条款中、部分人员的财产申报中已经考虑到了家庭因素，开始以家庭为单位进行测算，但实现以家庭为征税单元仍有很长的路要走。家庭往往是消费、养老、医疗、教育等事务的核算单元，税收当然应该以家庭为单元测算，一个人挣工资一个人消费，与一个人挣工资一家人消费所承担的社会责任和职能是完全不同的，按家庭征税是社会文明进步的标志。至于房屋限购带来的假离婚问题，这是管理不到位、整体社会诚信缺失和中国式小聪明的表现，相信按家庭征税会带来假结婚问题，但如果建立完善的社会诚信体系，使造假和撒谎的成本很高，一切都将回归正常。

从参与经济社会治理的热情看，个人与家庭参与经济社会治理有主动参与和被动参与之分。主动参与指个人或家庭通过自身的行动倡导甚至引导经济社会治理规则制定、治理的具体方式方法等；被动参与指个人与家庭跟从性地参与治理活动。个人与家庭参与经济社会治理是主动还是被动，与家庭经济等方面的实力、参与公共事务的意愿、个人与家庭参与经济社会治理的氛围等有关系。从区域整体来看，主动参与经济社会治理的个人与家庭数量越多、比例越高，说明区域经济发展水平相对较高、经济社会治理的开放度比较高，也越有利于形成更为高效的经济社会治理措施并产生更好效果。

（二）企业与事业单位

企业参与区域经济社会治理。企业是联系经济社会体系同个人、家庭之间的纽带和桥梁，更是区域经济的重点和主要载体。企业在区域经济社会治理中的角色是：治理服务对象、区域经济社会的创造者和服务者、经济社会治理规则制定的参与者和革新者。作为区域经济社会治理的服务对象，企业的价值和作用不用多说，把具体的人与单个的家庭集聚到一起的是各种类型的企业。通过对企业的治理服务，经济社会治理的具体内容会传递给具体的个人与家庭，并通过企业的干预与响应机制使区域经济社会各种组成要素按照治理要求组合和运行，企业治理好了，区域经济社会治理中的经济基础就有了。作为区域经济社会的创造者和服务者，企业首先通过自身的功能发挥创造着区域发展所需的物质财富和精神财富，同时也通过各种服务平台和服务模式，将企业创造出的物质和精神财富传递到区域经济社会的各个角落。作为经济社会治理规则制定的参与者和革新者，企业以整体的形式参与了区域经济社会治理规则的制定，甚至一些大的企业还可能成为区域经济社会规则的引领者，如中国互联网三巨头百度、阿里巴巴、腾讯通过电子商务以及向实体经济、金融领域等方面的渗透，已经在潜移默化地改变着区域经济社会治理的模式和方法，并且这种动能比以往任何时候都强劲。同时，企业也是规则的变革者，甚至是不经意间推动着区域经济社会治理规则的变革，如电子商务环境下的物流业管理模式已与传统经济环境的管理模式有很大的不同。

事业单位参与区域经济社会治理。事业单位是独具中国特色的组合体，是政府部门与企业部门的纽带和桥梁，也是连接区域经济社会体系与具体的个人、家庭的纽带和桥梁。事业单位在区域经济社会治理的角色是：区域经济社会治理服务对象、规则制定参与者、规则的践行者和变革者。作为区域经济社会治理服务对象，事业单位的地位举足轻重，尤其是在区域社会治理中的地位无法被替代。通过直接和间接营造经济和社会需求，事业单位吸引企业以各种形式参与到经济社会治理中，如通过事业性质的医疗机构把对某些药物和医疗器械的需求传递给生产企业，生产企业便会研制和生产相应的药物和设备，并带动相关产业的发展，因此，把事业单位治理好了，区域经济社会发展和运行的引导机制就构建起来了。作为规则制定的参与者，事业单位通过各种方式参与着经济社会领域规则的制定。现行的区域经济社会治理规则，无论是政府制定的，还是市场制定的，在规则形成和发展过程中，事业单位通过多种形式或多或少都参与其中，其承担着政府制定规则的前期研究和舆论营造工作，也承担着企业制定规则的检验、普及和推广工作。作为规则的践行者和变革者，事业单位是区域经济社会治理规则的忠实践行者，并通过相关的业务纽带将治理规则传递给具体的个人、家庭、企业与其他实体；同时，事业单位也在不断地探索区域经济社会治理的新模式，对原有的治理规则和治理模式提出变革要求，并以具体行动推动这种变革。

（三）其他

以其他形式参与到区域经济社会治理体系中的组织，包括非政府组织、宗教团体、社会团体等，这些机构是区域经济社会治理的服务对象、规则制定间接参与者。作为区域经济社会治理的服务对象，这些组织通过经济、社会、精神、文化等方面的纽带，构建起区域经济社会系统和具体的个人、家庭、企业、事业单位、政府部门等之间的联系，是区域经济社会运行的润滑剂和催化剂，维护着区域经济社会的稳定，做好这些组织的治理服务工作是区域经济社会治理的重要内容。作为规则制定间接参与者，这些组织通过特殊的纽带和桥梁作用，影响着区域经济社会系统的各种要素，并将这些组织的意愿和诉求巧妙地融入治理规则之中。受多种因素的影响，目前我国这些组织的规模还不够大，其作用也远远没有发挥出来，未来这些组织将成为区域经济社会治理中的重要力量，用以填补市场体系留下的道德和服务真空，用以弥补政府公共服务能力的不足和不到位，用以消除个人与家庭在面对具体问题和困难时的无奈和无助。

四 区域经济社会治理的环节

区域经济社会治理涉及诸多具体过程和环节。从大的方面讲，区域经济社会治理主要包括区域经济社会运行体系维护和体系修正两部分，前者指区域经济社会正常运行能力维持，后者指对区域经济社会运行中出现的问题进行及时修正，以及根据形势和条件变化主动进行的调整变革；按照问题导向思路，区域经济社会治理分为发现问题、解决问题、统筹协调三个环节。

（一）发现问题环节

发现问题有许多具体的方法和技巧。现实中各地区域经济社会治理中有许多具体的做法，本书的后续章节也将专门描述，作为区域经济社会治理体系的构件，这里主要是从基本逻辑和理念上予以简述。

现象观察。区域经济社会中任何问题都有一定的表现形式，只是有的比较直接，比如雾霾，视力正常的人很容易就看得到空气中充斥着雾霾；有的比较隐蔽，比如大米的重金属超标问题，很难用肉眼直接观察到；有的通过具体组成物质的特征表现出来，如被某些污染物污染的水体，通过水体颜色变化可以判断水体污染问题；有的则通过相关物质表现出来，如被污染的水体中会大量生长某些水生植物，通过这些水生植物的多少就可以断定水体被污染的程度。具体实践中，需要采用中医治疗中的望、闻、问、切等多种方式，通过表现看到问题的本质。通过现象观察发现问题是区域经济社会治理问题发现的前期措施，现象观察的核心是构建起现象与问题之间的对应关系，这在某些行业领域已经形成规范，如地震前期征兆、滑坡泥石流前期征兆和条件等。经济社会领域中这种知识也广泛存在，只是构建了少部分现象与问题联系规则，如银行门前排大队取现预示着金融风险的来临，物价快速上涨预示着潜在的经济风险。但大多数现象与问题联系还没有被整理成规范，用作区域经济社会治理问题的反映指标。就像金融领域的人认为股市是市场晴雨表一样，每个人、每个家庭、每个企业、每个机构组织，甚至是一片森林、一条河流都会对外部因素和内部因素的变化做出相应，这种现象往往会以各种表象表现出来，当这种表象数量多到一定程度，规模大到一定程度，其反映出来的问题应该就十分清晰了。当然，故意掩盖信息、故意漠视信息是另一问题，可能涉及区域经济社会治理中的道德和法律问题。

阈值诊断。区域经济社会治理中问题之所以成为问题，是因为其内涵、数量、质量、空间等属性超出了某种预期或允许的阈值。环保部门目前发布的空气污染等级划分就是根据综合污染指数阈值确定的，如当综合污染指数在什么值以上是轻度污染，在什么值是中度污染、重度污染等。阈值诊断方法已经广泛应用于经济社会各行业领域中，具体行业的相应责任主体都很清楚问题的关键在什么地方和问题的严重程度，重点是如何防止问题的进一步发展。显然，一家民营银行如果不关心不良贷款率问题，其可能会面临倒闭；一家超市如果不关注自己的竞争力问题，可能最终因亏损而倒闭。对区域经济社会治理整体而言，阈值诊断中最大的问题和风险是故意漠视问题甚至是有意引发问题，这主要是在制度设计层面没有把控好。现实中经常会有这样的感受：为什么这么简单的问题，相关的管理部分就发现不了呢？其实问题的核心是：为什么要发现这些问题，发现了又怎么样？不发现又怎样？阈值诊断方面当务之急是构建起完整的、严格的问题发现制度体系。

分门别类。区域经济社会运行中的问题很多，类型五花八门，表现形式千奇百怪，问题的危害程度大小各异，内在联系和作用机制千变万化。从问题形成根源看，只有自然的和人为的两种类型。所谓自然形成的问题，是指区域经济社会各要素、各系统在运行过程中，因相互作用而自然形成的问题，多数是规律性的，如平原地区的河流经过若干年的水流与河床间相互作用，会发生河流改道现象，这种定期、不定期的改道，对于区域经济社会而言可是严重的问题。资本的逐利性决定了在没有约束的情况下资本家会尽可能降低成本，提高收益率，这意味着给工人最低工资和福利；同时，这也是有些人攻击最低工资保障制度的一个原因，正因为有了最低工资保障制度，企业就可以给工人发最低工资了，并且是有法律保障的。挨过饿的人，对食物具有天然的超需求占有欲和不安全感，这导致一些家庭或相关企业常会囤积粮食，引发浪费。所谓人为原因形成的问题，就是指相关责任人有意识采取某些行动引发的问题，如污染企业布局时，无论是企业主还是地方政府都是知道有问题的，企业生产后导致的环境问题也早就知道，一些地方有为了发展不得不适当牺牲环境的认识和论调，这种认识和论调在当前形势下，于法、于情、于理都已站不住脚了。不客气地说，区域经济社会治理中面临的绝大多数问题都是人为的，借钱的时候必须考虑还钱能力，否则就引发债务问题；卖地的时候就应该清楚这是几十年后子孙的财富，不能一下子把卖地的钱花完了，否则就会给持续发展埋下隐忧；向农田里喷除草剂的时候就应该知道其对人健康的危害，否则就得忍受二十年后的癌症高发风险。人为原因导致的问题，只能通过制度化方法解决。

（二）解决问题环节

在各地区域经济社会具体治理事务中，解决问题的思路往往让人拍案叫绝、解决问题的措施可谓无懈可击、解决问题的效果真可谓手到病除，中国式的聪明在这一领域表现得可谓淋漓尽致，一些生于斯长于斯的地方工作人员，对地方经济社会治理中问题的认识可谓一针见血、深入骨髓，但为什么各地经济社会治理问题仍然层出不穷，甚至是旧伤新病一起发作，关键在于解决问题环节没有控制好。意识决定行动，问题的解决在实操层面受各种因素的影响，从解决问题的出发点、过程、效果来看，地方解决区域经济社会中的问题分为形式化解决和内涵式解决两种情况。

形式化解决问题。顾名思义，就是从形式上消灭问题，消除问题的表面现象，甚至是封锁问题通向外界的传播渠道等。其具体表现有多种类型，具体的做法也有很多，实质就是通过消除问题外在表象，实现从形式上消灭问题的效果。按照一般理解，形式化解决问题并不能真正解决问题，有弄虚作假的嫌疑，但从实际效果看也不全是弄虚作假。首先，以经济建设为核心的指导思想和惯性思维，形成了经济增长"一白遮百丑"的现象；很长一段时间，一些地方一切都要为经济增长让路，这种氛围和环境下，环境问题的解决自然是形式化解决，现在这种做法在地方仍大有市场。其次，区域经济社会中的一些问题涉及面太广，短时间内难以根除，那只好做表面文章了。最后，做表面文章的机制和动力仍然在起作用，弄虚作假并没有得到惩罚，反而得到实实在在的好处或奖赏，简单化、形式化能解决问题的，有谁愿意花大力气去真解决问题呢，况且即使是你真想解决也不一定能解决得了。形式化解决问题不值得提倡，但也要区分问题的实质到底是什么，形式化解决问题也不是百无是处，掩耳盗铃虽然听起来很可笑，但在现实中盗铃者不但把自己的耳朵掩起来，还可以把周围人的耳朵也掩起来，这才是形式化不能根除的根本原因。

内涵式解决问题。就是利用合适措施从根本上解决问题，从理论上讲这是最好的办法，控制住污染源自然就能解决污染问题，财产权益搞清楚了就能解决财产纠纷问题，分蛋糕的人最后取蛋糕就可以解决分配不公问题，诸如此类的问题，其解决方法说起来很容易，但操作起来却十分困难：外部竞争永远存在、内部竞争永远存在、人性的贪婪难以根除、利益供给与需求的矛盾永远存在等因素决定了真解决问题或解决真问题都很难。当前环境下，真正解决区域经济社会中的问题，或者解决区域经济社会中的真问题，首先要构建对解决问题者的保护机制，真解决问题或者解决真问题都会触动某些团体的利益，对操作者是有风险的。其次，要构建起容错机制，解决问题的过程是个探索过程，探索就可能有失败，对于开展探索的相关人员要容许出错，如果合规合理的探索也要受处罚，那就再不会有人探索了。最后，加大对假解决问题的处罚力度，据传南方某省分管环保工作的大员，因本省被查出土壤重金属超标，把当地环保系统的一干领导叫到自己办公室臭骂一通，并警告他们以后不许再被查出这类问题了，这就是公开要求他们造假，如果一个地方大员以这种态度和思路解决问题，真的能够解决重金属超标问题吗？好在2017年5月份中央深改组提出建立环境监测数据造假惩戒机制[①]，真希望这位地方大员能换一种解决问题的思路，真的为解决当地环境问题出谋划策。

（三）统筹协调环节

区域经济社会治理中的统筹协调包括两部分内容，其一是为维持区域经济社会正常运转进行的统筹协调；其二是解决区域经济社会治理中问题的统筹协调。两种统筹协调需求中，统筹与协调的出发点、目标、具体的方式方法等有一定差异。第一种统筹协调的目的是区域经济社会正常运行，统筹协调的出发点和思路是把区域经济社会系统的各要素聚拢在区域发展的同一目标下；而第二种统筹协调的出发点则是如何能够用最小的代价解决区域经济社会运行中的问题，两种统筹协调的总体目标都是区域经济社会正常向好发展。从一般意义上讲，区域经济社会治理的统筹协调要坚持一些基本思路和理念。

---

① 《建立环境监测数据造假惩戒机制》，《新京报》2017年5月24日，第A05版。

不会哭的孩子也要有奶喝。当过中小学老师的人常常只会记住班里成绩最好的和最调皮捣蛋的几个学生，往往记不住表现平平的学生；表现平平的学生是最先从老师的记忆库中消失的，这与对错与好坏、成功与失败、道德与责任问题无关，现象本身就是一种现象，但这种现象却反映出一种社会心理现象：会哭的孩子有奶喝。对于区域经济社会而言，从维护系统正常运转的角度看，每个组件、要素都是必不可少的，其功能的正常发挥对系统都不可或缺，所以在维持经济社会系统正常运转以及解决问题的统筹协调中必须坚持不会哭的孩子也要有奶喝的原则，甚至要做出不会哭的孩子先有奶喝的制度安排，试想如果会哭的孩子先有奶喝，会哭的孩子有更多的奶喝、有更好的奶喝，那就会形成投机的氛围，大家都把精力和重点花在哭闹上了，那谁还会踏踏实实工作。

鞭打快牛与防止走火入魔。经济社会运行有自身的规律，区域经济社会治理中首先要尊重和借用这些规律，如景区门票旺季时涨价、淡季时降价的操作，香港公交车票价周末比平时贵，都是市场经济体系中的常规做法。在区域经济社会系统中，各种组成要素对经济社会的贡献有大有小，就企业而言，有的企业半死不活，甚至是僵尸企业，有的企业成长快、收益好；在各种资源和政策措施的统筹协调中，就要重点鼓励有市场前景、有生命力、能创造利税潜力的企业发展，一些政策措施就要重点向这些企业倾斜，是为鞭打快牛，那些僵尸企业投入再多资源也是枉然；重点支持一些有前景的行业，构建有利于这些行业发展的政策环境，对于那些没有前景、处在消亡阶段的行业，除解决好下岗职工安置问题外，还应该果断地允许其消亡；同时，要防止一些有前景的企业急功近利，防止其在市场经济中走火入魔，因短期利益影响长远利益。

协调中的革新。统筹协调的另一项功能就是在统筹中实现革新，经济社会治理中一些规则总是倾向于对现有的企业、行业、群体有利，为"新来者"留下的空间越来越小，进入的门槛越来越高，毕竟能靠颜值吃饭的，谁还会拼才华，这种现象必然会导致规则的保守和僵化，对区域经济社会未来和长远发展不利。因此，在统筹协调中要加入革新的成分和内容，统筹掉那些不利于区域经济社会发展的东西，吸纳那些对区域经济社会发展有利的新鲜血液。统筹本身是门很复杂的学科，统筹融入改革需求，可以在区域经济社会治理中更好地发挥作用。

第二节　区域经济社会治理的要求

区域经济社会治理的总要求是认真落实党中央、国务院决策部署，统筹推进"五位一体"总体布局和协调推进"四个全面"战略布局，牢固树立和贯彻落实创新、协调、绿色、开放、共享的发展理念，落实区域发展总体战略、主体功能区战略和"三大战略"，确保区域经济社会持续健康发展。

一　区域经济社会治理的新要求

（一）经济社会涉及物质主体的空间布局要与生态格局相适应

每个区域的生态格局的形成和发展，与区域的自然地理条件和生态环境密不可分，在自然生态格局基础上辅以人工措施，即可构建区域完整的生态格局。生态格局也是区域生态安全的重要保障，相对于经济社会领域所涉及的物质主体布局，生态格局的变动性要小得多，改变区域生态格局也要困难得多。在生态文明建设成为区域发展的主要任务之一的今天，确保经济社会涉及的物质主体布局与区域生态格局相适应是区域经济社会治理的新要求。

城镇与乡村居民地布局与生态格局之间的适应性。城镇与乡村的布局通常是在若干年的发展过程中形成的，不但留有当时生产力条件和自然条件限制的痕迹，也流淌着文化的印记，更展现着改革开放后大发展的成果。客观地说，很多地区在快速城镇化和新农村建设、美丽乡村建设、特色小城镇建设的过程中，人与生态环境的和谐性往往成了人改造自然的独角戏，城镇扩展发展、美丽乡村的新风貌与大量农村地区村落的破败此消彼长。随着户籍制度改革的深入，城镇与乡村的空间布局会呈现新的需求。在新型城镇化规划实施过程中，一定要保证城镇与乡村布局与生态格局相适应，从生态安全格局角度和生态功能完整性角度看，不适合城镇与乡村等居民点布局的区块要予以调整搬迁；从生态系统功能维护角度看，适合于居民点布局的区域可以规划城镇与乡村布局。

道路等基础设施布局与生态格局相适应。在一些地方，区域骨干交通网络已经成为区域绿地网络的重要组成部分，当然也是区域生态格局的重要骨架；在平原农村地区及城市地区，骨干道路网络的生态格局支撑作用十分明显；在生态比较脆弱的地区，道路等基础设施的修建对当地生态会形成阶段性的负面影响。尽管我国架桥打洞技术世界一流，但这些设施在修建过程中对区域生态安全格局的影响仍需要认真评估论证；高压输电线路、输油输气管线、铁路、高速铁路、调水工程等大型基础设施修建过程中，或多或少会对区域生态格局产生影响，因此，这些设施的布局选线要充分考虑区域生态安全格局的要求。

企业（集聚区）布局与生态格局相适应。改革开放初期，各地发展经济的热情导致一些地方曾经出现"镇镇点火，村村冒烟"的景象。随着经济转型升级，大部分地方产业布局杂乱无章的局面有所改变，但一些较大企业布局不合理的后遗症在建设生态文明和城乡快速发展的背景下日益严重，特别是一些大型企业或工业园区、产业集聚区的分布与区域整体生态安全的要求相去甚远。对于布局不合理的企业或集聚区，要通过对企业厂区或产业集聚区生态化改造使其逐步与生态格局要求相适应，或者进行企业或产业集聚区的整体搬迁；对于确实无法搬迁的大型企业或产业集聚区，在不影响区域整体生态安全格局的前提下，对局部生态环境框架进行重新设计；对于新布局的大型企业或产业集聚区必须严格执行环评标准，确保企业或产业集聚区布局符合生态格局的要求。

各类景观布局与生态格局相适应。随着区域经济发展，一些地方已经有足够的财力修造各类大型景观工程，如湿地工程、水景观工程、城市公园工程等。有些景观不但生态功能定位准确，景观功能也与周边环境协调一致，让人看着赏心悦目；但也有一些景观工程，景观效果很差，且景观的生态功能定位也不清楚，因此，大型景观布局必须与区域生态格局相适宜。对于已经建成的大型景观，如果与生态格局要求相去甚远，需要对景观进行生态化改造，或者在不影响生态安全格局的前提下对局部生态格局规划进行调整，使生态改造后的大型景观工程符合区域生态格局要求。其他经济社会物质主体的布局也要与生态格局相适应。

（二）经济社会涉及物质主体的规模要与生态环境相适应

区域资源环境承载能力既是一个研究多年、只有概念共识的学术问题，也是一个区域经济社会治理问题。中央深改组 2017 年 5 月 23 日召开的第三十次会议审议了《关于建立资源环境承载能力监测预警长效机制的若干意见》，明确了经济、人口等布局与生态环境相适应的重要性和考核监督机制。

区域经济社会涉及物质主体的规模与生态环境相适应，不是限制区域经济发展，而是要求区域经济在发展壮大过程中不能增加区域生态环境的压力，使区域自然资源、生态环境能够承担得起经济社会对生态环境的作用力。区域在经济社会正常运行过程中，需要相应的自然资源（如土地空间、水资源、能源资源等）支持，并向环境中排放非自然物（如温室气体、污水、废水、废渣等）；在一定的科学技术水平条件下，区域生态环境对污染物的净化能力是有限的，这就要求在经济发展的同时，对资源需求规模和向环境排放污染物的总量都应该是降低的，这就是区域资源环境承载能力的实质。

区域经济规模的需求问题。一段时间内区域经济规模多大是合适的？从区域自身的角度来看，当然是越大越好，有足够的经济规模才可能有足够的财力，有足够的财力才能够保证区域社会和民生各项事业的发展，才能为经济后续发展奠定基础。但是，在一定的生产力水平条件下，区域经济规模越大，需要的经济要素投入越大，对生产环境的负面影响和潜在风险越大，越容易导致区域资源环境承担不了的问题。因此，对于区域而言，一定时段内经济规模很大的前提是经济结构足够合理完善，实现经济总量无限增大并不增加区域资源环境承载压力，但从客观上讲这种境况是无法完全实现的。一定的时间段内，区域经济规模有适宜问题，即经济规模需求问题；不同空间尺度上经济规模需求量存在区域差别和等级划分问题，一个省级行政区内，各地市、各区县经济规模实际上存在一个适宜度，超过适宜度必然给当地生态环境带来过载负荷。

城镇乡村规模与生态环境适应。一些地方城镇规模不断扩大，农村居民点人口在持续减少，但村镇规模并不见减小，一些村镇在空间上逐步连在了一起。一方面村庄空心化，另一方面村庄空间还在扩展，种种现象说明城镇乡村规模与人口变化脱节，与生态环境要求脱节，实际上农村地区经济条件稍好点的农民在城镇和农村均拥有住房，这无形中增大了城镇和乡村的规模，也是一种空间资源和自然资源的浪费。随着户籍制度改革的深入，要将城镇乡村规模降下来，使其与人口规模相适应，与区域生态环境相适应。

区域经济门类规模问题。在县域经济不断发展的背景下，每个县域单元在经济发展门类上都力图"麻雀虽小，五脏俱全"，但实践证明，县域空间上很难形成地域适宜性的优势产业，也不利于集中资源做大、做强优势产业。因此，区域经济门类并不是越大越全越好，县域层面不一定需要完整的产业门类，大多数地方根本不需要重工业。但财政分灶吃饭的制度安排使得每个地方都想做大自己的税源，使自己有钱花，这是一种不正确的发展观，地方政府尤其是基层政府，最主要的任务是做好公共服务。未来，大型的工业项目、部分工业门类在一个省级行政区内可能只集中在几个城市，甚至一些工业门类有的省级行政区也不一定设置，这样才能保证区域的经济门类规模与区域生态环境相适应。

（三）经济社会组织方式与生态环境相适应

区域经济社会组织方式与生态环境相适应涉及内容很多，其基本的出发点是区域经济社会组织方式有利于生态环境向着好的方向发展，尽可能减少对区域生态环境有负面影响的因素。区域经济社会组织分为两个层面，其一是生产层面的组织（微观层面），通常由企业或相关单元实施完成；其二是区域层面的社会组织（宏观层面），通常由政府和市场主导完成。两个层面上经济社会组织方式与生态环境相适应的内涵和着力点有所不同。

微观层面的经济社会组织方式与生态环境相适应。从企业生产与家庭生活等微观层面看，经济社会组织方式与生态环境相适应主要表现在两点。第一，最少资源投入与最多经济产出，企业通过提高工艺水平和科技水平，在生产过程中尽可能减少对自然资源和原料的使用量，以更高质量的产品、更具内涵的服务、更高的经济效益实现生态环境影响最小化；对于家庭生活，通过合理安排饮食结构和消费结构，尽可能减少资源消耗，尽可能少产生垃圾废弃物，降低生活对生态环境的影响。第二，最小能源消耗与最大产出，通过节能、循环化改造，提高企业生产能源利用效率；开展节能普及宣传，促进家庭节能意识，形成全社会节能氛围。

宏观层面的经济社会组织方式与生态环境相适应。从区域整体层面形成与生态环境相适应的经济社会组织方式。第一，发挥好政府的作用，通过建设与区域生态格局与环境优化需要相适宜的重点基础设施、产业园区等控制性工程，以及通过政府绿色产品采购、绿色生产引导等，引导社会组织方式向环境友好型方向发展。第二，让市场发挥作用，构建统一市场，实现经济要素在区域内的自由流动，通过环境友好标准和市场竞争环境的构建，使市场主导的经济组织方式向有利于生态环境的方向发展。

（四）经济社会活动内容与生态环境相适宜

区域经济社会活动既包括企业、家庭主导的经济生产和生活活动，也包括区域非经济主导的各种活动，如矿山开采、污水排放、除草剂大量使用、顺坡耕种、超载放牧、水库网箱养殖、燃放烟花爆竹等。经济社会活动类型多样、参与人员复杂，要实现活动内容与区域生态环境相适应，就要保证各种经济社会活动有利于区域生态环境的维护和优化，当然这需要政府的引导、企业的响应、家庭的配合，需要各方面力量的共同努力。

区域的生态环境已基本成形，经济社会活动与之相适应涉及经济社会的各个方面。从区域总体来看，寻找适宜产业并形成适宜的产业结构十分重要，俗话说"一方水土养一方人"，每个地方都有比较优势。传统经济环境下，各地的经济社会活动已经融入生态环境之中，现代经济发展打破了这种原始的、固有的和谐，要建立新的平衡，需要构建合理的区域产业结构。就整体或大区域而言，产业结构优化是有必要的，对于小区域而言，单纯谈产业结构没有实质意义。一些县域，除了农副产品加工及传统工艺的生产外，只要再有几个真正的工业产业门类就够了。从企业角度来看，生产活动与生态环境相适应就是生产各个环节、企业生产相关的各种布局、生产管理设计等方面要与企业所在地的生态环境要求相吻合。从家庭角度看，生活相关的各种活动要尽可能降低对生态环境的影响，可以通过垃圾分类、节水、节能、绿色消费等活动来实现。

二 主体功能回归

区域经济社会中各种组成要素的存在和演化发展具有一定规律性，这种规律是区域经济社会赖以存在和稳定发展的基础。规律要维持首先就是要确保各组成要素保持其应有的功能，当某些组成要素发挥的作用或主要功能背离应有的功能时，区域经济社会将不再稳定。这与创新没有关系，把耕地转化成货币不是创新，当耕地的主要功能或者主要耕地的功能回归生产粮食等农产品时，区域经济社会才能够稳定。区域经济社会治理的要求之一就是要把与区域内老百姓衣食住行相关要素的主体功能回归到应有的功能上来。

（一）房子是用来住的，不是用来炒的

2016 年 12 月中央经济工作会议上，中央高调宣布和承诺房子是用来住的，不是用来炒的。这响亮的号角给买不起房的人带来了希望，也带来了房地产行业回归理性的预期。然而，接下来一段时间全国炒房空间范围在变化，原先集中在一线城市的炒房运动已毫不犹豫地扩展到二线城市，甚至是三、四线城市。自房子商品化之始，鲜有投资房地产而赔钱的，即使房价有阶段性的涨落，但从长期趋势来看，是个稳赚的行当。随着商品房价格的攀升，炒房的经济效益、效率越来越明显，趋利避害是人和资本的天性，炒房能高效率赚钱，当然要炒房了。

如何让住房回归其主体属性？人人都知道高房价说明房地产有泡沫，稍明白点的人都知道炒房如同击鼓传花。那为什么还有那么多人乐此不疲地炒房、参与炒房？是预期，对未来房价的预期。预期是怎么来的？预期的基础是以往的经验和对形势的判断，以往的经验是炒房从不赔钱，不但没风险，还是暴利；对形势的判断更是各有各的逻辑，某房地产领域的大佬认为，过一年半左右（2018 年初判断）史上最严限购政策将会调整。从生存的角度看，住房的确是刚需，人怎么也不至于像动物一样随便搭个窝就可以生活，并且也不允许随便搭窝啊，那怎么办？接着还贷款呗！如何让住房回归其居住主体属性，逻辑很简单，降低居住成本、扩大炒房持有和交易成本即可。只要政策对路、思想对路、方向对路，在一个本应由供给与需求决定价格的市场中，在一个全国人均家庭住房超过一套、住房普遍过剩的年代里，各地政府有无数的聪明才智把住房还给真正的居住需要者。

（二）粮食蔬菜是用来给人吃的，不是用来储存重金属和农药的

据统计，我国每年用掉 410 万吨的农药、9600 万吨化肥，以及数量惊人的除草剂。以提高农产品产量、提高农产品商品价值、增加农民收入为目的的一系列重大举措，实际上却带来了农产品生产过剩问题，但出于粮食安全和解决"三农"问题的需要，又不好直接讲出来农产品生产过剩，当然，从某种视角看这也是实情，高质量和安全农产品的数量的确还很不足，所以农产品生产是结构性过剩。一方面是农民把整车的农产品倒入路

沟，另一方面有机绿色农产品价格高得像奢侈品，并且即使是用奢侈品的价格也可能买到不安全的农产品。目前，所谓的有机农产品认证在没有底线的金钱诱惑下，在诚信整体缺失的背景下，变得只剩下了标签价值。从区域经济社会治理角度看，要实现粮食蔬菜是用来吃的，不是用来储存重金属和农药的目标，其实并不困难，关键是解决相应的利益分配和再分配问题。

搞清楚区域粮食蔬菜污染情况。区域粮食蔬菜等农产品污染情况包括污染空间差异、污染程度、污染来源等几个方面。农产品的污染来源无非是人为因素、自然因素以及借由自然要素传播人为污染三个方面。人为因素主要是人为使用化肥、农药、抗生素、除草剂等，这些物质直接残留到农产品中；自然因素主要是土壤本底的影响，一些地方土壤本底或地质环境中某些重金属含量超标，通过农作物生产等生态过程进入农产品中；借由自然要素传播的人为污染主要指人类生产生活中的污染物通过流动的水体和大气，经农作物或农畜产品的生产过程进入农产品中。弄清楚农产品污染情况，结合农产品污染抽样信息，区域地质地理环境信息，农药、化肥、激素、除草剂等的使用量，通过地理信息系统（GIS）软件的简单空间叠加分析即可知道农产品污染的空间差异情况、农产品污染的严重程度，以及农产品污染的来源等。这对于各地的农业部门来说也都是小儿科的事情，关键在于有没有做这些事情的动力和机制。

搞清楚区域粮食蔬菜污染机制。农产品污染的原因和途径远比表面上看到的复杂。农产品污染其实是一个被利益绑架了的恶性循环链条，农民要腾出时间进城打工才能有稳定收入，农药生产企业生产出更有针对性的农药、除草剂才能有利润，种子公司培育出更多抗病的、稳产的转基因种子才能赚到钱，维护转基因的人士或团体拼命鼓吹转基因的无害性才能从种子公司和农药企业那里拿到更多的好处。在区域经济社会治理中，让农产品可以安全食用是不能逃避的责任之一。

减少粮食蔬菜污染的途径。总有人在误导，或有意，或无意，如宣传有机农产品产量低、外形不好看和转基因食品无害等，其目的就是维持现有的靠农药、化肥、激素等支撑的农产品生产加工体系。从实际情况看，这一招的确奏效了，全民不但相信了这种宣传，并且很乐意帮助传播。其实，无数农场的实操经验表明当有机种植或养殖规模达到一定程度时，比如，一个农场蔬菜种植或养殖农场规模达到 150 亩左右时，自我循环的有机生产链条即可形成，生产出的有机蔬菜和畜禽产品的价格完全可以为大多数城市中产阶层所接受，相信会有越来越多关注农产品安全的人看到，并理解、支持这种模式。降低农产品污染程度的直接途径就是降低农药、化肥、除草剂、激素的使用量，这是生产端治理的思路。对于消费端的治理，重点是加大对农产品安全的监测力度，并加大对超标农产品生产者的处罚力度，加大对生产有机农产品企业的补偿力度，利益是永恒的，农药和除草剂不是非用不可。

（三）空气是用来呼吸的，不是用来污染的

雾霾的肆虐和相关疾病的高发使人们逐步认识到干净空气的重要性，治理雾霾的乐观情绪在无情的、持续的雾霾天气面前变成了苦笑和无奈。对于人类而言，空气本是用来呼吸的，现在却成了污染物的容纳地。呼吸有污染的空气和干净的空气差别是巨大的，据说在国内有呼吸道疾病的人到环境优美的发达国家居住一段时间之后一些病就不治而愈了。为什么要污染空气？地方给出的答案很简单，为了发展经济必然污染空气，但污染总要有个度。保障空气能用来呼吸，这是为区域经济社会治理提出的新要求，也是起码的要求。

弄清楚是谁在污染空气。弄清楚是谁在污染空气不是件难事，污染空气的要么是生产中的企业，要么是普通居民。对于企业生产带来的大气污染，通过现有的立体综合环境监测手段，可以轻松发现；通过全民参与的环境监督模式，也可以把相对隐蔽的企业污染源找出来。对于居民生活造成的大气污染，因其主要是使用不清洁能源导致的，也很容易识别出来。

空气污染的机制根源。是不是要发展经济就一定要污染空气？许多发达国家都经历过严重的大气污染，雾都伦敦、洛杉矶的光化学污染事件都是大气污染的经典案例，我们也曾经信誓旦旦地说决不走发达国家先污染后治理的老路，然而有一段时间，这充满自信的话语在地方利益面前已经变得苍白无力，并被人淡忘了。除了大气污染和污染扩散的物理路径外，实际的空气污染机制是经济利益驱动的机制，对于企业而言，少排放或不排放是要付出巨大经济代价的，净化空气需要巨大的成本；对于个人而言，少排放或不排放大气污染物是要降低生活标准和质量的。空气污染的根本机制是经济利益，个人似乎受生活质量的影响，其本质也是利益，如果没有这些消费，相应的生产企业不就没有利润了吗？

降低污染的措施。目前，几乎所有地方都认为发展经济和保护环境是矛盾的，标准的说法是经济发展和生态环境保护的矛盾突出，这又是一种误导，为什么就不能发展环境友好的经济呢？湖南"两型社会"试验区取得了不少实际经验，许多经验可以在全社会推广。不是发展经济就要污染环境，而是你的发展污染了环境，就像马云所说的那样，不是实体经济不行了，是你的实体经济不行了。对于区域而言，在环境容量相对固定的情况下，保持空气原有功能的办法就是降低污染物排放强度和频度。有的事情很难理解，明明一个企业生产出来的东西卖不出去，因为那个行业已经严重产能过剩了，但还是要生产，生产的目的就是要让参与生产的人有事情干，然后，财政还要拿钱去直接或间接补贴这些企业，可笑吗？不可笑，地方保护的力量是很强大的。要降低大气污染程度，让空气用来呼吸，除了技术措施、生活方式改变外，更重要的是从经济机制上予以解决，如果少排放的收益比多排放的收益还大，大凡理性的企业都会选择少排放。

（四）水是用来饮用的，不是用来纳污的

要实现水是用来饮用的，不是用来纳污的，需要解决好如下几个问题。

搞清楚饮用水都是从哪里来的。这其实是个简单的技术问题。通常情况下饮用水来源于当地的地表水（河流、湖泊等取水）、地下水（深井取水）、外来的商品水。从区域经济社会保障角度来看，饮用水主要通过前两种方式保障。如果区域居民的饮用水来源于地表，那只要搞清楚取水地点的河流水或湖泊水是否超标即可断定区域饮用水水质了；饮用水来源于地下的，只要定时检测地下水污染状况也就可以弄清楚水质了；对于饮用水来源比较分散的农村地区，通过定期抽样调查也可以弄清楚饮用水污染状况。

搞清楚所有污水排放单位的污水到哪里去了。这也是个简单的技术问题。污水主要有生产和生活污水两种，污水的形成过程就是往相对洁净的水中掺杂污染物的过程。一般而言，有人生活的地方就有生活污水，有企业存在的地方就有污水产生的可能。对于企业而言，形成污水的途径主要是生产过程中直接形成污水，以及生产过程中相关物质排放到环境中对水体造成污染。无论何种途径形成的污水，处理方式也无非是净化处理后排放、直接排放。从技术上讲，只要有排放，就一定有污水的去处，要么进入地下、要么进入河流湖泊、要么进入土壤然后再进入地下、要么进入污水处理厂然后再进入河流湖泊或地下等，无论采用哪种方式，都可以追踪到污水去哪儿了，这对环境部门和水利部门来说是很容易的事，关键在于有没有做这件事的动力和保障条件。

减少污水排放的主要思路。要保障水是用来饮用的，不是用来纳污的，就要对水体污染者采取措施，杜绝水体污染或降低水体污染的程度，其具体要求有：①能不污染就不污染水体；②实在要污染的话也要尽可能减少污染量和污染程度，企业通过技术升级改造可以减少水消耗，降低污水排放；③减少污水进入水体循环系统的数量，通过工程措施减少污水进入自然水体系统的数量；④公共部门采取措施降低污水的数量和污染程度，如修建污水处理设施和污水收集设施，避免污水直排。无论对于生产性污水还是生活性污水，降低排放量或降低其污染程度都是需要成本的，这种成本要么由政府来承担、要么由企业或家庭承担，或者共同承担，在趋利的市场经济环境下，污水处理必须是强制性的，排污许可证制度是这种强制性制度的一种。

三 正确的时间和地点

所谓正确的时间和地点就是保证区域经济社会各种要素出现在该出现的地方、出现在该出现的时间。从时空角度看，区域经济社会治理中面临的一切问题都是空间、时间错位导致的，所以治理的本质就是要让各种要素回归正确的时间和地点。

（一）经济体系中的正确时间和地点

区域经济体系中各要素出现在正确的时间和地点，需要政府力量和市场力量共同作用实现。政府力量通过基础设施和规则的构建引导经济体系各要素出现在合适的时间和地点，市场力量以利益为核心把经济体系各要素在合适的时间驱动到合适的位置；政府力量更多是在宏观上对经济体系各要素产生作用，市场力量主要在微观层面上发挥作用，并通过微观层面的集聚效应形成宏观趋势和潮流。

区域经济体系中各要素正确时间和地点判断。首先要明确区域经济体系的要素有哪些。区域经济体系要素可以分为有形要素和无形要素，前者指空间有形可见的物质要素，如道路、土地、厂房、原料、资金、员工、产品等；后者指经济体系运行中没有空间形态的要素，如政策措施、市场竞争环境、营商环境等。对于有形要素，所谓正确的时间和地点，是指在满足区域经济体系科学合理运行顺畅、企业层面的生产活动顺畅等要求的情况下，各种要素应该出现的时间和地点，如企业与道路基础设施的组合关系中，企业开工生产了，连接企业与交通网络的道路就应该具备了，对企业运转来说，道路的出现就是正确的时间和地点，如果企业开工了，相应的连接道路还没有通车，那么这家企业就很难正常生产；一个工业园区已经有企业入驻，但相应的水电等基础设施还没有就位，那么水电等基础设施就没有出现在正确的时间和地点；一个企业其他各方面的条件都具备了，产品也很有市场前景，但生产需要的资金没有着落，那么资金就没有出现在正确的时间和地点。区域经济体系涉及内容很多，具体事务的正确时间和地点需要专门研究。

怎么保证经济体系各要素出现在正确的时间和地点？这是区域经济体系治理的核心目标和任务。要保证区域经济体系宏观和微观层面的运行顺畅，既要保障区域经济体系中单个要素出现在正确的时间和地点，也要统筹协调使经济体系各要素整体出现在正确的时间和地点。现实中往往存在这样的情况，从单一要素理解是合理的时间和地点，但从多要素总体角度来分析，单一要素的正确时间和地点就不是最好的时间和地点了。所以从治理工作逻辑上看，首先要保证整体的正确时间和地点，然后再保证各要素的正确时间和地点，比如建设一个产业园区，既涉及园区土地、配套基础设施、管理措施、入驻企业总体进度等总体性问题，也涉及入驻企业的具体问题。园区各经济要素整体上有正确时间和地点的要求，在此框架下，再考虑企业生产各经济要素的正确时间和地点要求。

（二）社会体系中的正确时间和地点

由于区域社会体系中多数要素具有公益性和公共服务特征，社会体系要素出现的空间和时间往往是政府主导、市场辅助。游客在外地旅游或在城市游览中，感觉走累了应该有个休息的地方，果然就有个休闲的长凳，于是人们就觉得这个景区或城市的公共服务做得比较到位，这就是公共服务设施出现在了正确的时间和地点。区域社会体系中各要素的正确时间和地点不是虚无缥缈的，它由各种具体的环节、事物构成；区域社会体系治理就是要围绕这些具体的事物和环境开展工作，保证区域社会体系各要素出现在正确的时间和地点。

区域社会体系中正确时间和地点评价标准。区域社会体系要素涉及内容十分庞杂，如何判断区域社会体系中各要素是否出现在正确的时间和地点呢？从区域总体角度看，如果社会体系各要素、各环节、各过程运行与相互衔接协调高效，则可以说该区域社会体系各要素出现的时间和地点比较正确。如教育系统中，该上学的学生有合适的学校（距离不太远、费用合适等），教育事业整体发展良好，可以说该地区的教育系统中各要素出现在了正确的时间和地点；同样，各类患者均能找到合适的医疗机构（距离、费用、交通等合适），可以说该区域医疗系统中各要素出现在正确的时间和地点。如果一个区域的教育系统、城乡系统、医疗系统、社会保障系统、科技系统等系统协调配合顺畅，那么可以说该地区社会系统各要素出现的时间和地点比较正确。从微观层面看，企业、家庭、其他机构等内部社会体系要素出现在正确的时间和地点，可以保证企业、家庭、机构等这些社会基本组织单元社会组织运作正常，如企业在需要招工时刚好能招收到合适的员工，家庭需要某项公共服务时刚好社区可以提供，机构想提供某项公益服务时刚好就近有服务对象，等等。区域宏观层面和微观层面社会体系要素的正确时间和地点共同构成了区域社会体系的正确时间和地点。

如何保证社会体系中正确的时间和地点。从区域宏观层面看，由政府主导的社会体系要素必须从总体需求和未来发展的角度统筹协调安排，使相应的要素出现在合适的时间和地点。如区域内道路、铁路、机场等大型基础设施规划建设时，必须与区域整体的城镇分布、产业布局、区域未来发展趋势等相适应，使这些基础设施刚好能满足区域经济发展、人们生活等的需要，现实中一些地方特别是在行政区交界处经常有断头路的出现，这说明连接路没有出现在正确的时间和地点；再如城市郊区建立了一个规模较大的居住区，那么社区规划建设时就应该考虑学校、医院、市政设施的配套需求，居住区建成时相应的配套服务刚好跟上，这就是统筹协调下社会体系要素出现在正确时间和地点。在微观层面上，社会体系要素出现在正确的时间和地点需要政府和市场共同努力。对于企业而言，社会体系要素既要企业自身通过市场手段来保证正确的时间和地点，如招工、给员工上保险等需要通过市场手段及时办理，也需要政府提供相应的配套环境，如面向社会的就业培训可以大大提高企业所招员工的素质，实施高级员工个税补贴返还措施可以协助企业吸引高端人才，适时减免企业税收对于企业发展壮大也是十分有利的。对于家庭而言，适时的贫困救助可以达到雪中送炭的效果，可以使家庭渡过难关。

四 公平和效率并重

公平和效率是区域经济社会治理绕不开的话题。世界历史和中国历史上各个时期的经济社会治理围绕着公平和效率问题进行了无数次的尝试、进行了无数次的争论和反思。人们虽然对公平和效率形成了一些基本的认识，但远没有到达成共识的程度，甚至一些时段两者都有走向极端的倾向。公平与效率有太多的解释方法，从理论层面、表面现象和真实情况三个方面看，不同国家和地区的公平与效率有很大差异。中国的区域差异很大，各地的公平和效率虽然整体框架是一致的，但在实操过程中仍有表面现象与真实情况的差别。

（一）区域经济社会治理中的公平

区域经济社会治理中公平的内涵。从过程角度看，区域经济社会治理中的公平包含三个方面的内容，其一是参与的机会公平，所谓机会公平指合法的机构或个人在参与区域经济社会治理活动时享有均等的机会；其二是执行过程的公平，所谓过程公平指在经济社会治理活动具体执行过程中，对参与者不能有歧视和偏袒；其三是执行结果的公平，所谓执行结果公平指经济社会治理活动达到了公平的效果。如果是普惠性项目，涉及区域的人员或机构都应该有机会参与；如果是竞争性项目，涉及区域的人员都有均等的参与竞争机会，涉及区域内的企业等机构都有参与竞争的机会。公平首先是分配领域的事情，这是"公平"一词被广泛使用的领域；公平也是生产领域的事情，两个企业基础条件一样，一个可以拿到政府大量的各种名目的补贴，而另一个企业则拿不到任何补贴，这显然是不公平的。

区域经济社会治理中公平的评价。要评价区域经济社会治理中的公平一定要从理论公平、表面公平、实际公平三个层面着手。理论公平是制度设计层面的事情，即从制度安排上体现公平。表面公平是指以媒体宣传或形式化的东西展现出来的公平。实际公平是最为真实的公平，评价起来有一定难度，但在信息技术如此发达的今天，要评判实际公平也是可以实现的，现阶段开展的精准扶贫第三方评估就设计出一套完整的评估方法，对扶贫的真实性和公平性进行评估，效果还是不错的，其他各领域的公平评估都可以设计出科学合理的评估方法。抛开具体的、事务层面的公平，从总体上看公平就是不能以牺牲区域整体利益来保障部分人的利益，不能以牺牲大多数人的权利来保障部分人的权利；不能以牺牲一批人的利益来保障另一批人的利益，也不能以牺牲一部分人的权利来保障另一部分人的权利。

区域经济社会治理中公平的实现思路。公平是每个人的追求，也是地方政府的追求。对于如何做到公平，还要看是真想做到公平还是想做到真公平，想做的是形式公平还是实质公平。对于理论层面和表现层面的公平，相信每个地方都能做到，一些地方还是个中高手。要做到真公平，逻辑上也是不复杂的事情。对于分配领域的公平，只要坚持分蛋糕的人最后取蛋糕，一切问题就会迎刃而解，这条原则几乎适用于利益分配的各个环节、过程、层面和场合。不公平的根源就在于有分配权的人有私心，或者参与分配决策的人有私心。至于不了解真实情况等，这是责任和方法问题，不是根本问题。对于生产领域的公平，只要坚持依法保护和保护合法，就可以很轻松解决大多数问题，依法保护就是保护参与生产的企业或组织参与的公平机会，保护合法就是要保护参与生产的企业或组织的合法所得。保护合法隐含对不合法行为的打击，并且通过对不合法行为的打击，使违法者今后再没有进入生产领域的机会。

（二）区域经济社会治理中的效率

区域经济社会治理中的效率。区域经济社会治理中的效率有几个方面的含义。其一是时间成本角度的效率，在单位时间内完成事项的数量和质量，或者办完经济社会领域中的某件事情需要的时间，同样的事情完成的时间越短、质量越高，效率也就越高，反之就是低效率，这也是通常理解的效率。现实中，低效率的事情很多，如修一条断头路要修好多年、纠正一个错误需要十几年等。其二是资金和资源成本角度的效率，即完成经济社会领域中的某件事项所需要的资金、人力及其他资源成本。显然，完成同样事情需要的人手越多、需要的资金越多、占用的公共或其他资源越多，那效率就越低。其三是生态成本角度的效率，即完成经济社会治理领域的一项事务所付出的生态代价，付出的生态代价越大，效率也就越低。这方面的成本可能在一些地方还没有纳入决策考虑范畴，但随着生态环境约束的趋紧，生态环境成本越来越成为效率决策出发点之一，其重点不但是做成某件事情所要付出的生态成本，如修一条公路对区域生态环境有多大的影响，而且要考虑修复修路所影响的生态环境所需要的时间问题。

区域经济社会治理中效率的评价。根据区域经济社会治理中效率的内涵，评价经济社会治理效率需要从时间效率、资本与资源效率、生态效率三个方面来展开。依据政府权力清单、公共服务事项清单、政务公开法律法规等，可以对区域经济社会治理的各项事务进行清单化描述，在清单化描述的过程中，不但可以把区域经济社会治理任务说清楚，还可以把政府业务部门之间的业务交叉、多头管理问题厘清，为提高区域治理能力奠定基础。对于时间效率的评价相对容易，把所有的区域经济社会治理任务完成时间与要求时间对比即可得出效率信息，当然评价时必须把任务完成质量考虑在内。对于资本与资源效率评价，把办理具体治理任务所消耗的资金与资源，同设定的资本与资源标准对比即可得到效率，所用资本与资源高于标准要求的，则评定为效率低；所用资本与资源低于标准要求的，评定为效率高。对于生态效率评价，对区域生态影响越小、生态修复时间周期越短与成本越低，表示生态效率越高。

区域经济社会治理中效率的保障思路。如何保证区域经济社会治理中的高效率？首先需要搞清楚效率的驱动因素是什么。一般而言，驱动经济社会治理效率的主要因素是利益、责任和考核；政府主导完成的任务的主要驱动因素是职责、考核和附带利益，如果某些具体治理任务是某个部门的职责，适当的考核措施（包括经济奖罚）则可以是效率提高，如果考核不力则可能导致相关人员的不作为，致使效率低下。附带的利益驱动也有很多，如经济手段的考核（如不按时完成扣奖金甚至工资），部门或相关方有经济利益在其中，当然如果涉及腐败问题则另当别论。对于市场主导的治理任务（如政府购买服务方式的任务），驱动因素是经济，如果高效率有高收益、低效率有经济损失，自然就会有高效率；搞清楚效率的驱动因素后，如何保障高效率就可以对症下药了。为保证效率，应把所有的区域经济社会治理任务以清单方式列出时间要求，作为办事的最低效率要求；高效率有经济和职务等方面的奖励和优厚条件，低效率有经济处罚或职务上的处罚。事情是由人来办理的，把关键人物看好了，经济社会治理的效率自然就会高。

（三）如何协调区域经济社会治理中的公平与效率

公平和效率是相互约束的。一般情况下，公平做得好，需要的时间、资金与资源多，效率就会偏低。从区域经济发展的一般规律来看，当区域处在经济相对落后的状态时，核心任务是快速发展经济，在公平和效率这对矛盾中，往往是效率占主导位置，常以牺牲公平换取高效率。当区域经济较为发达时，对公平的要求会提高、对效率的要求自然也就会相对降低，往往会以牺牲效率的方式提高公平程度。公平与效率不是完全对立的，也没有绝对公平和绝对效率。对于经济社会处于一定发展阶段的区域而言，公平和效率可以相互协调、和谐相处；对于区域经济社会治理服务对象而言，公平和效率都是不可缺少的，离开效率的公平将是痛苦的，离开公平的效率也将毫无意义。公平和效率虽然有矛盾、相互约束，但这种矛盾和约束是可以调和的，在区域经济社会治理中完全可以做到兼顾公平和效率。

在区域经济社会治理中协调公平和效率。公平和效率的协调需要从总体协调和具体事务协调两个层面开展。总体层面协调是指根据区域经济社会发展所处的阶段、存在的问题、总体情况，确定公平和效率协调的基调，是公平优先还是效率优先，抑或是公平和效率并重。目前，我国东部大部分地区已经到了公平高于效率的阶段，西部部分地区仍处在效率高于公平的阶段。对于具体事务层面的协调，要根据具体事务的性质、涉及人口的多少、完成任务所需要资金与资源等情况，具体确定公平和效率的优先级别，对于不公平总体影响更大的事务，处理中公平的优先级要高于效率；对于效率低对总体影响更大的事务，处理中效率的优先级要高于公平。当然，具体事务处理中公平与效率的协调要以区域总体的公平与效率协调为基础。协调好公平与效率，要坚持为大多数人的利益和权利可以牺牲少数人的利益和权利的原则，这对于任何区域而言都不是件轻松的事情，但从大局着眼、从长远着眼、从子孙后代着眼、从全体人民的利益着眼，在协调公平与效率中牺牲少部分人利益的做法是值得的。

五　人的幸福感管理

幸福感写在每个人的脸上。虚假的笑容、职业机械式的笑容表达不出个人的幸福感。群体的幸福感表现在邻里的融洽和互信中。区域整体的人的幸福感则写在区域文化中，写在区域诚信体系中。个人的幸福感来源于一些名利的事情，群体人的幸福感来源于对未来的美好预期，区域整体的人的幸福感则来源于区域未来的确定性。

（一）幸福感的内涵与作用

幸福的实质是幸福预期的被满足程度，满足程度越高，幸福感越强烈；幸福感是单个人的心理过程，也是群体人的社会心理过程和表现。幸福感就像一个盛水的水桶，水桶越满幸福感越强。幸福感的核心有两个因素，即水桶的容量大小，以及注入水桶中水的多少。水桶容量和注入水桶中水的数量的组合关系决定了幸福感的高低。水桶容量小，不用注入太多的水，水就可能溢出来，表示当事人幸福感十足；水桶容量大，即使注入很多水水桶仍未注满，则当事人幸福感不高。所以，要让人获得幸福感，需要从水桶容量和注入水量两个方面着手。

幸福感的作用。幸福感的作用可以从个人、家庭、企业等组织机构、区域经济、区域社会等几个方面来考察。对于个人而言，幸福感对身体健康、就业、创造能力等方面都有正向促进作用，个人幸福是社会稳定的基础。对于家庭而言，家庭是社会的细胞，家庭的幸福和谐可以促进社会文明和社会稳定。对于企业等组织机构而言，集体的幸福感可以大大增加企业的创造和创新能力、促进区域经济发展。对于区域经济而言，幸福感使经济发展变得有意义，也是从另一个角度进行区域适宜经济发展的基础，产能过剩和物资短缺条件下，都不会有太多的幸福感。对于区域社会而言，幸福感是最基础的东西，是社会和谐稳定的基础。

影响幸福感的因素。根据表现形式，幸福感分为个人的幸福感与社会全体的幸福感，其影响因素有一定差异。个人幸福感影响因素可能包括收入、住房、婚姻、医疗、教育、就业、家庭、文化、传统、习俗、周围人、社会总体等，在这诸多的影响因素中，每一种因素的作用强度、起作用的时间、持续的时间等不是固定不变的。显然，不同年龄阶段的人幸福感的影响因素是有差异的，每种因素如何对幸福感产生影响是件很复杂的心理和社会过程。影响社会全体的幸福感因素可能包括文化、传统、总体生活水平等，集体的幸福感与群体中每一个个体的幸福感有关，也有一些属于群体性质的作用过程。俗话说知足常乐，乐是幸福感的一种最直接的表现形式。经验表明，影响区域整体幸福感的基础因素是物质生活水平，在区域达到一定的物质生活水平之前，多数人为衣食住行等基本的生存要素犯难时，群体的幸福感无从谈起；在一定的物质基础上，影响区域整体幸福感的就是精神财富了，可能具体表现为区域特色文化、传统习俗等。

（二）幸福预期管理

幸福预期的产生。幸福预期是个复杂的心理和社会过程。无论对于个人还是群体，幸福预期来源都包括内部和外部两方面。外部来源的幸福预期主要是指由外部事物引起的当事人或集体的幸福预期；内部来源的幸福预期是指由个人或集体自身形成的幸福预期。在个人或集体成长的不同阶段，外部与内部来源的幸福预期所起的作用是有差别的。通常在个体或集体成长的初期，外部来源的幸福预期所占分量较大，如家长许诺孩子如果期末考试理想，就带孩子出国旅游一次，这个孩子可能很长时间内都会被这种幸福预期包围着；对于一个经常出国的成年人来说，出国旅游可能不会带来特别的幸福预期。当一个人或一个集体成长到一定阶段时，幸福预期更多是来源于自身。幸福预期管理的实质就是针对不同的个体及集体的特征予以幸福预期干预，使个体或集体获得更好的幸福预期体验，从而间接推动区域经济社会的和谐可持续发展。

幸福预期的外部塑造。区域经济社会治理中的幸福预期外部塑造跟宗教信仰、不良活动中的洗脑有着本质的差别。通过具体的措施或行动使个人或集体形成新的幸福预期，如对于许多地方的贫困户而言，国家的精准扶贫措施可以形成贫困户按期脱贫的预期，会形成家庭对未来美好生活的预期。北京市每年承诺的若干件实事，对相关区域的老百姓来说会带来实实在在的幸福预期。

幸福预期的内部塑造。个人或集体的幸福预期要靠个人或集体的真实体验来实现。来源于外部的幸福预期干预会通过适当的机制转化为个人或集体的内部幸福预期。个人或集体的幸福预期具有明显的特性化特征，每个人或集体都有自身形成幸福预期的机制、理由、门槛，以及由此建立起来的幸福预期指数。不同物质水平和精神水准的个人或集体的幸福预期可能有天壤之别,经济拮据的个人或集体很难理解富裕人群的内部幸福预期。幸福预期的内部塑造比外部塑造难度更大。从区域经济社会治理角度来看,政府或市场不能直接对个人或集体的幸福预期进行内部塑造,否则就成了不正当的洗脑行为。幸福预期的内部塑造往往是通过对个人或集体幸福预期的外部干预来间接实现的,社会和大众心理学就此已做过大量的研究,其可以作为区域经济社会治理的方法来促进区域幸福预期的形成和发展。

(三)幸福预期的满足

从终极目标来看,区域经济社会治理过程就是不断提升区域居民幸福感的过程。尽管幸福指数不是区域经济社会发展的唯一指标,甚至很多地方还没有把幸福指数当成区域经济社会发展的指标,但经济社会治理领域所做的一切最终就是为人服务的,对服务效果的评判,幸福感是最好的指标之一。

幸福预期的合理化。区域经济社会治理中的幸福预期一定是满足个人或集体合理性的幸福预期。什么是合理性的幸福预期,这就要考虑法律法规、整体利益,违法就是违法,不能因为违法的人多了就不违法了,法不责众是对法律的践踏。当然,如果很多人都冒着违法的风险做事情,区域经济社会治理组织者就要考虑某些法律法规是否合适、是否需要修改等问题,但在法律法规修改以前,不能因为参与违法的人多了就变得合法了。

幸福预期的正向满足。所谓幸福预期的正向满足是指区域经济社会治理组织者按照当事人的诉求,通过相应的政策措施使个人或集体的幸福预期得到满足的过程。从实际的幸福预期满足过程看,其可以分为主动满足和被动满足两种情况。主动满足主要是区域经济社会组织者主动塑造幸福预期,并予以直接满足的行为,如取消农业税就是个主动满足过程,种地的人当时并没有强烈的取消农业税的幸福预期。被动满足主要是指区域经济社会组织者被动满足个人或集体幸福预期的过程,如许多地方的农民一直有强烈的生二胎的预期,"全面二孩"政策刚好就满足了这种预期。正向满足的本质就是根据个人或集体的幸福预期或主动或被动地给予满足,这个过程中并没有对个人或集体的幸福预期本身进行太多的干预。幸福预期有一定的自然膨胀特征,得陇望蜀是一种正常的心理过程,所以在坚持幸福预期正向满足的同时,需要对幸福预期予以调控。

个人或集体的幸福预期自然膨胀性决定了在区域经济社会治理中一定要适当降低幸福预期。降低幸福预期是个艰难的过程，对于个人或集体，由简到繁易，由繁到简难，但对区域经济社会治理整体而言，组织者要做正确的事情，而不是只做简单好做的事情。降低幸福预期主要是降低不合理的、增长过快的幸福预期，区域经济社会整体的资源有限性决定了区域产出的有限性，这就决定了可分配资源的有限性，在确保物质财富增长以满足人民的需求之外，还要通过对区域居民幸福预期的合理塑造确保区域经济社会的可持续发展。在降低幸福预期管控中，一定要分清楚政府和市场的责任问题，有限财力的政府只能做财力允许的事情，不切实际的讨好个人或集体以求稳定的方法是不可持续的。

六 筑牢区域经济社会治理基础

区域经济社会治理的实现需要有牢靠的基础。除基本的政治制度外，从治理可操作的角度看，诚信体系、文化体系和体制机制是任何区域经济社会治理中不可忽视的基础。

（一）区域诚信体系建设

区域经济社会治理中的诚信问题。2017 年 5 月 26 日，中国政法大学等发布的《中国诚信建设状况研究报告》显示，商业欺诈、合同违法、制假售假、偷逃骗税、学术不端等诚信缺失问题，在一定程度上已经成为影响和制约我国经济社会持续有序健康稳定发展的顽症。据测算，我国企业每年因不诚信导致的经济损失高达 6000 亿元，全社会因不诚信导致的经济损失和由不诚信增加的社会成本更为巨大。[①] 2017 年 7 月 1 日起，国家发展改革委下调了征信中心服务收费标准，这虽然无法从根本上解决信用问题，但至少是往正确的方向迈出了一小步。

诚信的本质问题。诚信和不诚信的具体表现形式很多，诚信的实质就是信守某些约定，这种约定可能是基于道德、人情、文化、传统、法律的，也可能只是个人或集体的口头承诺。诚信可是中华民族的传统美德，夜不闭户、路不拾遗是太平盛世的景象，更是诚信的表现。诚信是道德、

---

① 《2016 年信用建设领域十大研究报告》，搜狐财经，http://www.sohu.com/a/124856175_223408，2017 年 1 月 21 日。

文化与法律共同作用的结果，是对由于失信带来的经济利益、精神安慰、身体安逸等方面"好处"的抗拒。对个人而言，诚信是一种基本素质；对集体而言，诚信是一种文化和共同价值观。一个人或一个集体失信的主要原因是失信的成本或代价过低，而守信的成本和代价太高。从诚信的社会效应来看，失信的社会效应远大于守信的社会效应，"好事不出门，坏事传千里"说的就是这个道理。

诚信为什么是区域经济社会治理的基础。诚信的社会里大家比的是创造能力，不诚信的社会里大家比的是投机取巧能力。诚信对于个人可能是个小事，但对于区域经济社会整体而言，诚信则是区域发展的基础，如果一个饭店老板或厨师没有诚信，派两个监督员来时刻监督也不能保证有安全卫生的菜肴出锅，即使派监督员能保证饭店饭菜卫生安全的话，那社会成本和代价也太大了，根本无法实现。如何构建社会诚信体系，相关部门、机构和智库的精英们都在研究这个问题，相信会有合适的办法解决社会诚信问题。

（二）文化体系建设

文化在区域经济社会治理中的内涵。中国是个有着悠久历史和文化传承的大国，是个不折不扣的文化大国。文化之所以成为区域经济社会治理的基础，是因为文化从根本上左右着经济社会治理中各种事项的指导思想和走向。金钱文化主导的一切行为的出发点和落脚点都是经济利益，口号标语等形式文化主导下的一切行为的目标是形式大于内容。区域经济社会治理要想实现治理能力和治理体系的现代化，促进区域经济社会的可持续发展，必须构建有更丰富内涵的文化体系。

文化在区域经济社会治理中的作用。文化的作用体现在多个方面，首先文化本身就是区域经济社会治理的内容和服务对象之一，把文化体系建设好了就意味着对区域经济社会的贡献。其次，文化体系通过对经济要素运作的影响进而影响区域经济发展，如金钱文化至上时，企业在开矿时就会只开采最赚钱的矿体，价值低的会被舍弃掉；政府修路时会优先修收费公路，不收费公路的修建会往后放。再次，文化体系通过对政策措施的影响左右区域社会体系中的许多事务，如金钱文化主导下，没有利益的事情就不会优先安排，公共事业投入就不会到位；形式文化占上风时，财政的钱就会投放到形象工程上，而真正的民生项目就会以各种名义被拖延或者缺斤少两。最后，文化通过左右经济社会行为进而对区域生态环境产生影响，如金钱文化至上必然导致以或明或暗的生态破坏、环境污染为代价换取经济利益，政府部门也会在税收等利益面前睁一只眼闭一只眼。反过来，如果区域文化体系包含形式文化、金钱文化以外更多内容时，则其中必然包含更多的人文关怀、更多的生态文明、更多的相互尊重、更多的诚信等，区域经济社会治理中文化的作用将会更强大。

构建与区域经济社会长远发展相适宜的文化体系。目前，形式文化、实操文化、金钱文化共同构成许多区域的文化内涵，这与区域经济社会长远发展的伟大目标是不适应的。文化体系建设要实现形式和内容的统一、崇尚的与实际的统一。俗话说，"一方水土养一方人"，一方人一定有共同的东西，那就是文化与文化体系。区域文化本身没有高低贵贱之分。世界是发展变化的，区域经济社会发展面临的形势和环境也在不断变化，区域文化体系的精髓在于适应这种变化，通过文化自信和发扬光大，在国家文化大背景下长出区域特色文化。

（三）体制机制建设

体制机制在区域经济社会治理中的基础性表现。体制机制是区域经济社会治理的基础之一。体制机制从根本上影响区域经济体系、社会体系、生态环境中各种要素、事物运转方式和效果。体制机制就像生产产品的车床，有什么功能、规模、等次、运作机制的车床，自然就会生产出什么样的产品。区域经济社会中各种要素的组合形式都是体制机制的产物，区域经济社会中的一切表象和内涵都有体制机制的烙印，区域经济社会中的一切问题或多或少都有体制机制的影子。就像中等收入陷阱，其实质不完全是一个经济和财富问题，而是一个体制机制问题，是因为经济发展到一定阶段，受到体制机制的约束，体制机制已经到了非改不可的程度，但改体制机制可能面临一些不确定性，并可能导致放弃改革并掉进收入陷阱中。

体制机制建设的路径选择。显然，区域经济社会运行的根本体制是由国家确定的，不是区域层面能够改动的。区域层面进行体制机制建设的工作主要是围绕具体操作层面的体制机制开展的。建设的思路第一是要有突破，比如，广东省一些地方在吸纳外来人才时可以不要档案、户口等常规人事调动需要的资料，从而吸引到一大批体制内的优秀人才到当地工作，其使用的是人才的才能，而不是人的户口、档案，这一个简单化、实质化的处理方法，就可以建设灵活的用人体制机制。第二是要利用科技力量推动体制机制的改革，如信息技术的快速发展和应用已经大大改变了原有的政府业务运作方式，进而改变了资源管理、政府监管、政府服务等方面运作的体制机制，即用科学技术倒逼区域体制机制的改革。第三是体制机制建设一定要与区域经济社会发展的实际需要相适应，对于特定区域而言，其他地方的体制机制可以拿来，但最终需要转换成适应本地需要的体制机制。

第三节　区域经济社会治理的基本逻辑

区域经济社会治理的基本逻辑是：群体（党团组织、政府体系等）利用各种助力（包括道德至高点），在底线（环境、生态、经济、社会、人性、政治、法律法规等）的约束下，冲破各种阻力（自然的、经济社会的、敌对势力的、道德的、文化的等）的束缚，按照规则（通常是自行制定的）要求和规范，实现区域全体民众构成的整体或自己群体利益最大化、敌对或其他群体利益最小化，并实现参与经济社会活动和现象过程的动态平衡。所以区域经济社会治理的实质是充分利用助力、尽力克服阻力、坚守底线、遵守规则、利益最大化、麻烦最小化、平衡各种力量等。

一　充分利用助力

每个区域都有许多有助于区域经济社会发展的因素。这些因素或是自然的，或是人为的，充分利用这些因素可以使区域在发展过程中以相对小的付出，获得尽可能多的效益。概括起来，各区域的助力主要表现在以下方面。

（1）自然资源与空间。丰富的自然资源（水、土、气、矿产等）和广袤的地理空间是区域经济社会发展的战略纵深所在，如国土空间的充足与否，已经成为许多地方，特别是城市地区的关键因素之一；在城市内部也存在这样的问题，可利用国土空间充足的区块，往往会拥有巨大的后发优势。

（2）经济组织。国有企业的优势、国家资本主义的优势，可以保证区域总体意志的实施，可以集中力量做一些重大项目；区域民营企业力量强大的区域，民营企业对于保持经济活力、促进经济稳定发展、稳定区域就业具有巨大的推动作用。

（3）社会组织。区域以政府为主导的各种社会组织方式，以及社会组织机构的存在，对区域经济社会治理模式的确定、提升区域经济社会治理效率、保障区域经济社会的整体公平具有巨大的推动作用。

（4）人力资本。中国是世界第一人口大国，中东部许多区域的人力资源都十分丰富，无论人口怎么老龄化，任何时间都会有一支庞大的劳动者大军等待调遣，这是区域经济社会发展最为重要的资源之一。过去区域之间的竞争是人才的竞争，未来不但是人才的竞争，也将是人口的竞争。因此，人口数量庞大的区域一定要保护好这种优势，它是区域发展最大的动力之一。

（5）传统文化。在中国传统文化的基底上，每个区域都有内涵丰富、形式多样的优秀传统文化，这些优秀传统文化是促进区域经济社会发展的正能量，是区域社会稳定发展的基石；充分利用好这些传统文化，将文化资源转化成经济资源、转化为区域经济发展的动力资源，有利于区域经济社会的长治久安。

（6）强劲的需求。受人口数量大、物质财富迅速提升等方面的影响，每个区域都在一些方面存在强劲的需求；在一批人的基本需求刚刚满足的时候，另一批人的强劲需求（主要是经济方面）则刚刚被点燃，欲望是最大的动力；强劲需求是区域经济社会发展的直接推动力量。

（7）超强的创造力。各地的人们都蕴含着超强的创造力，正所谓"只有想不到，没有做不到"，这种创造力一旦引入正途，将有无穷的生产力可以被释放，"大众创业，万众创新"正是激发这种创造力的国家行动，其对区域经济社会治理的作用是巨大的。

二 尽力克服阻力

任何一个区域发展都面临这样那样的阻力，不同的发展阶段所面临阻力的内容、特点和性质也有很大不同，并且同一种阻力在不同的发展阶段和内外部环境下，其表现方式和阻力程度也会有一定的差别。就我国大多数区域而言，其阻力既有各地区普遍的阻力，也存在区域特有的阻力，区域经济社会治理的要义就是要尽量克服这些阻力。概括起来，区域发展面临的阻力主要有以下几个方面。

（1）腐败。从上到下、从国内到国际、从区域内部到区域外部，对腐败的态度都是十分鲜明的：全民痛恨、坚决反对。腐败的本质不是腐败事件本身，而是腐败事件导致的国家损失、区域损失、经济损失、破坏公平环境、积累社会矛盾等。

（2）创造约束。无论是个人还是群体，创造都是有目的，如获得经济利益、社会效益（社会地位）、生态效益等。人为什么不创造？除个人能力外，播种后不能保障收获可能是最大的问题，有能力的人没有被放到合适的位置上也是一个重要问题；创造约束多来自体制、制度、机制等方面，每个区域都或多或少存在创造约束问题，这是区域经济社会治理的重要阻力之一。

（3）追求特权的文化。从封建社会（甚至更早）开始，中国民众在文化中就有敬重并追求特权的传统。特权的内涵是超越一般制度的安排，个别人因业务、安全等享有部分特权情有可原，但大多数民众都追求超常特权，对正常的经济社会秩序构成巨大挑战；追究特权的另一个副作用就是某一群体一旦拥有特权，就会阻止经济社会变革，进而影响经济社会的进步和发展。

（4）庞大数量的人口。人作为社会的主体和细胞，其庞大的数量是一把双刃剑，作为创造者的人可给社会经济带来巨大好处，作为破坏者的人则可能对社会经济造成巨大的破坏。环境破坏、安全事故频发等都跟庞大数量的人口有直接关系，一旦天灾与人祸的叠加，其破坏将十分可怕，即使在一切都正常的情况下，维持拥有庞大数量人口的区域正常运转也是十分艰巨的任务。

（5）生态环境约束。古人说凡事都有度，当对区域生态环境的扰动超出环境自身的平衡能力时，区域环境会发生不可逆转的变化；一些地方过去的经济增长模式对自然环境的破坏已超出了环境的承受能力，水、空气、土壤、生态等出现了不同程度的退化，部分地区恢复十分困难，环境约束力逐步加大。生态环境约束已成为区域经济社会治理最大的阻力之一。

（6）外部阻力。不难理解区域发展受外部影响越来越大，地缘政治、军事、意识形态、经济、社会、文化、安全、道义、责任等都是区域和国家发展的阻力，特别是当你发展到快要有能力打破旧有传统、秩序和格局时，利益攸关方会不惜一切代价、不惜一切手段来阻扰你的发展。

三　坚守底线

坚守底线的实质是让民众心理甚至是心灵有寄托。有人说，在极端饥饿的状态下人的道德是由肚子决定的，虽有偏颇，但也是实言。如何坚守底线，处于社会治理不同层面的人回答该问题的结果会有很大不同。

（1）认同人的本性，即人性。人性存在于每个人身上，平时所言某人没有人性，并不是指其没有人性，而是指其行为或言语超出了人们公认的底线。从人需求的层次性可知，个体的人要存在首先要满足其基本的物质需求，群体的人要生存和发展，则会有更多需求。因此，追求更美好生活是人类（包括个体和群体）的本性。从某种角度看，也可以认为人性本身是贪婪的，不贪婪的人一定是某些或大多数需求都已得到满足的人。认同人性的实质，在区域经济社会治理中就应该靠制度来管控一切，而不是单靠人的自律来管控一切。人性不时就会发作，包括被推上道德制高点的伟人和道德模范；超越人性的人是神，没有建立在人性基础上的群体，要么是虚幻的，要么就是某种条件下的乌合之众。

（2）给人以自由。除了战争、动荡等极端社会状态外，在正常的社会运行环境下，无论是作为自由人的个体，还是发挥某种社会管理功能的人，都需要一定的自由。什么都想管的制度安排，其结果往往是什么也管不住或什么都管不好。包括言语、行动、思想等在内的人的自由是人不同于机器的关键。人们都知道两三个人的家庭断不了出现各种各样的争执，而在亿万人参与的决策中异口同声，不是虚幻的想象就是亿万人当作任务的结果。负面清单是很好的方式，但也应该有度，当什么都不能做时，往往是什么都可以做。底线是约束出来的，但要真正实现底线约束，一定是参与者从内心去执行它。

（3）培养人的信仰。信仰是灵魂层面的东西，与信念有着质的差别，它是人内心的寄托和归宿，不是某些人为个人目的而说出的口头信仰，也不是某些群体为了群体利益而标榜的信仰。信仰是内心中存在的对人的言行的约束，没有信仰的人极容易被金钱、美色等所诱惑，实际上没有信仰的人就是行尸走肉。如果群体中的人做事都是以自我为中心或以保障自身利益为前提，那无论其用多么美好动听的语言来说教别人，时间久了，也不会产生什么实质性的效果，到最后只能用"无论你们信不信，反正我信了"或"你懂的"之类的话来欺骗别人和自己。最可怜的是没有欺骗成别人，倒把自己的内心给说服了，区域的人，应该是信仰和行动两方面的巨人，不应该是行动的巨人和信仰的矮子。信仰是人自内心产生的对某些言行的敬畏，是守住底线的内在约束力。

（4）必须坚持诚信。诚信是个人、社会群体，乃至整个社会的美德，是社会运转的基石。即使再严格的法律法规也有漏洞，总会有人造假，总会有人找到方法欺诈。从区域经济社会治理的角度看，不诚信的社会和经济成本远高于建立诚信体系的成本。诚信是从千百件事情中锤炼出来的，政府作为最应守信的机构，每一次有意或无意失信的代价都是巨大的。社会诚信体系必须建立在对不诚信行为持续不断的打击基础上，没有对不诚信者毁灭性的打击，就无法形成区域诚信体系。

（5）职业与人的分离。职业是个体的人承担的社会角色，它只是人存在于社会组织体系的一种表现方式。其实职业跟人并没有本质的联系，但在中国某些区域则形成了职人合一的情况。职人合一在中国各地有深厚的文化基础，但在现代社会则是价值扭曲的表现。

（6）合理的惩罚。惩罚的目的是让敢于冲破底线的人再没有冲破底线的胆量和资本，并给其他潜在效仿者以心理震撼，使魑魅魍魉远遁，对敢于向违法者提供保护伞的人，除按被保护者同案犯论处外，还需要再按滥用职权、渎职等定罪。初生牛犊不怕虎，人生来是不知敬畏的，必须让其知道敬畏，就是让其明白社会惩罚体系是高效运转的。人只有存在内心的敬畏，才能守得住底线。

（7）舆论与社会氛围。人天生就有好奇心，人天生就想得到各种信息，媒体正好迎合了人们的这种心理，于是舆论导向成了重要的社会治理手段，对社会诸多方面的影响十分明显。必须确保区域媒体传播正能量，毫不留情封杀思想极端、不对人类负责任的人。

四　发挥规则的力量

古人云，无规矩不成方圆。规则的建立具有明确的目的性。封建王朝的各项规则是保证皇权统治下的国家经济社会正常运转。目前，国家和区域经济社会领域建立规则的目的毫无疑问是保证社会的长治久安。区域经济社会治理相关的规则涉及很多内容，从一般意义上看，主要包括如下几个方面。

（1）清晰的区域战略。所谓战略是可以影响区域全局、区域未来和区域整体的谋略。人无远虑，必有近忧；生于忧患，死于安乐。一个区域就是一个人、一家人、一个群体，必须有事关长远的打算，才能在国家找到合适的位置。美国的战略就是保证美国国家利益的最大化和长远化；中国提出中华民族伟大复兴、中国梦等，目的是确保国家长盛不衰，社会长治久安，人民幸福安康。围绕这一根本目标或战略，政府展开各层面、各领域的发展规划，为了国家战略和区域战略要敢于牺牲当前利益、部门利益、局部利益、部分群体利益。最糟糕的社会治理方式是固化各群体之间的转移通道，即固化利益格局。国家战略是高于一切，高于党派、团体的利益，任何党派和团体都要主动适应国家战略；同样，区域战略是以区域发展作为重要的战略，是其他具体政策制定的统领。

（2）人与自然的和谐。道法自然不是可笑的说辞，应是恪守的准则。人是自然演化的产物，人类社会的一切活动都是想办法利用自然（规律与物质）为人类造福。人克服重力，并不是消灭引力规律，而是利用特定办法（规律）暂时中和了引力的作用，引力规律照样时刻存在。自然的特点是动态平衡，当一种状态被打破时，会建立另外一种平衡状态，但新的平衡状态可能完全不利于人类的生存；人定胜天是一种精神，绝不是让人与自然不和谐的托词。人对自然的破坏必须维持在一定的范围内，否则人与自然就难以和谐了。有人说，人对环境的破坏会导致自然界的报复，其实自然界不是报复人类，它只是按照自然规律进行自我调整而已；人类是大自然孕育出来的，自然不会报复人类，只是在人类做得太过分时，提醒人类一下而已。如果自然界真的报复人类，人类就会像地球历史上反复上演的物种灭绝一样灭绝了。人若想消灭规律，自然界都会觉得挺可笑。

（3）规律的协调性。正像人体由各种器官组成，各器官按照职能分工，在纵贯人体的各种系统支配下实现正常运转。国家或区域也一样需要各个部门履行好整体框架下的各项具体职能，如用水的要保证有水用，用土的要保证一定质量的土地资源可用，各部分为保证运行形成了各种各样的规则。某些规则站在某种立场和角度看是合理的，但对于区域整体而言，或与其他规则的关系而言，则可能不尽合理，各种规则互为条件的情况也很常见，要保证整体效率，这些规则之间必须协调，即规则的概念、内涵、对象、结果、措施不能相互打架，必须约束规则的随意生成。当我们报道有多少项职能下放时，有没有人问一声这样成千上万的权限（规则）都是怎么来的？科学没有国界，但科学家是有国籍的，人都是有群体（组织）权属的，群体都是有共同利益的，群体也有自私性，基于群体的规则自然是有群体偏向的，所以规则制定时必须进行协调。

（4）公开透明。办事找关系的理由可能很多，但总体上无外乎找关系搞清程序、少花钱、少上当、提高办事效率等几方面原因。除办事人员个人腐败问题外，规则不透明公开、潜规则当道是办事找关系的主要原因。国家或区域管理中当然有许多事情是不能随意公开的，任何国家均有严格的保密规定，但涉及大家切身利益的诸多事情是应该公开的，即区域经济社会治理中大多数事项是应该公开的。该公开的不公开，只能说明一个问题，即某些人（群体）占有了不正当的好处。国家秘密、个人隐私不能成为不公开的理由和借口。现实中一些该公开信息而不公开信息的行为，其原因除了当事人（当权者）的个人禀性外，更主要的还是制度缺陷。公开透明实质上是权力的分配和再分配问题，没有公开透明，社会就不会有真正的稳定。

（5）公平正义。公平正义由公平和正义两部分组成。公平的核心是规则的普适性问题，理论上任何设置前提条件的规则都有不公平的嫌疑。正义更像一个哲学概念，是基于人类共识、文化、传统、道德等方面的一个准则和判断，个人的或群体的行为如果失去民心则不会有正义可言。黑社会不会有正义，因为它为了小团体的利益往往损害其他人的利益，并常给受害人带来身体和精神上的折磨，是非法的，国家可以用法律手段打击它，但在一些地方和领域，它往往披着合法外衣。干着不正当事情的小群体更难以对付，必须予以无情打击，才能形成社会的正义气场。公平正义是一对孪生兄弟，没有公平就不谈不上正义，公平正义怎么实现，要靠推崇公平正义的规则，靠对不公平正义的打击。

（6）人的平等自由。平等是人权的基本诉求，它不是要求每个人的待遇都一样，而是要求法律、尊严、精神、灵魂层面的平等。自由是言行等身体生理层面的，更是思想和精神层面的，自由是合理规则框架上的自由，自由是不妨碍别人的身体和身体背后精神的自由；人的言行自由需要一定物质条件的保障，显然连饭都吃不饱的人，谈论行动自由没有多少实际意义；思想或精神的自由则需要一种允许自由存在的社会氛围，自由平等是人安居乐业的基础保障，也是个体和群体健康的前提和标志。

（7）公众参与的机会。公众参与指公众参与区域经济社会治理相关决策过程、建设过程和利益分配过程，其中最重要的是参与决策过程。公众参与代价是可能延长决策过程，增加决策成本，但其好处是出问题的概率降到了最低。在不能让区域所有相关民众都参与的情况下，可以选择代表参与方式，但代表一定要代表多数人的诉求，而不是少数派的诉求；部分地区人大代表贿选案件说明在部分代表大多数人说话的实效性方面是存在问题的，这样的人大代表的代表资格就值得怀疑了。

（8）阶层通道。在任何国家都存在社会阶层问题，我国不例外，各区域也不例外。尽管阶层划分的概念体系不同，但阶层的确是存在的。阶层往往是通过拥有的财富、社会地位、被社会接纳和认可程度，以及文化宗教等非物质方面的参照来区分。阶层之间的界限不是截然的，但基本上是清晰的。社会活力的来源是各阶层的人通过正当的渠道流动；人所处的阶层受家庭背景、社会关系、个人才能、文化传统、宗教信仰等的影响。如果一个社会各阶层正常流动的大门被现有利益群体关闭，社会将不再稳定；人为希望而生，人因绝望而死，并在死亡之前会拼命挣扎，亡命之徒死前挣扎的过程，必将会给社会稳定带来极大的危害。社会治理必须给有需求的人提供正当改变自己阶层（命运）的机会。

（9）爱的支撑。单靠严刑峻法不可能带来社会的稳定，稳定和谐的社会一定是充满爱的社会。秦时的法律可以说已经到了严酷的程度，但秦朝持续的时间却很短。人是感情动物，人特别是群体中的人，只有自己被关爱时才能感觉到温暖，才能激发出创造的欲望，才能成为社会稳定的因素。惩罚的目的绝不是对受罚者的身心摧残，而是通过惩罚，让当事人感受到社会的宽容，或被感动后改邪归正，或者精神得以解脱，或者灵魂得以净化。一个充满爱心的人，更能够包容别人的不足和错误，从而化解矛盾和冲突；一个充满爱的社会可给每个孤单的心灵带来希望和温暖的亮光，其必然也是个包容性很强的社会，能自行消除许多不稳定因素。从区域经济社会治理角度看，建立充满爱的社会要建立生成爱的环境、传递爱的机制、扩展爱的规则、崇尚爱的氛围和条件；爱的基础是诚信，爱的种子是被尊重、有尊严、不被随意欺骗，这些都需要由规则来实现。

五 利益最大化

对于国家而言，利益最大化有着丰富的内涵。其既包括国内经济利益的最大化，也包括国际经济利益最大化；既包括国内政治利益最大化，也包括国际政治利益最大化；还包括文化优势最大化、军事优势最大化、国内生态环境最优化、国际生态环境（气候）最优化等。最大化是个相对概念，是一定经济社会发展阶段、一定科学技术水平条件下的相对最好的状态，是区域经济社会治理的一种目标和要求，是区域经济社会治理的一种手段。

（1）坚持打击利益小团体。利益小团体意味着部分人通过不正当的手段占有不属于他们的经济利益及附带利益，更为重要的是利益小团体的行为破坏了社会经济中的公平正义，其性质与腐败等同。就单位内部的利益小团体而言，它会使单位内部普通群众对组织失去信心，并产生消极情绪，因为在这样的单位中个人无论怎样努力，也不如加入利益小团体实用，久而久之，这样的单位便会失去活力，严重时还会酿成极端事件。就国家和区域而言，利益团体破坏了社会公众崇尚劳动和公平正义的基础，因为个人无论如何奋斗，也不如加入利益团体来得实惠，于是各种关系、各种潜规则应运而生，久而久之，社会必将腐烂。打击利益小团体就是要打击靠权力垄断地位，靠非法手段获取超常利益的群体。对小团体不但要从法律层面予以打击，违法的一律按规定惩处，还要从精神层面、文化层面予以打击，使社会形成远离利益小团体的氛围。

（2）构建社会诚信体系。作为社会主义核心价值观的诚信是一种目标，也是一种理念。诚信是社会经济运转的基础。如果没有诚信，再严的法律也能找到空子，从而使人做出有害于经济社会的事，并逃避法律的惩罚。诚信和法律虽然都可能导致人做某些事，但两者的作用机制不一样。法律约束下的行为会充满满足感，这将大大降低社会风险，对生活和事业充满满足感的人一般不会成为社会的不稳定因素。诚信体系包括对诚信的奖励体系和对不诚信的惩治体系。对于诚信者，不但应在法律层面上保证其合法权益，而且应该建立对诚信者有好处的体系，比如，给予按时按规定纳税者一定的额外资金奖励。诚信者，老实人也，"不能让老实人吃亏"不能仅停留在口号层面，而应在与利益相关的分配中贯彻该宗旨。区域诚信体系建设是个庞大的工程，诚信体系建设再难也得做，诚信无存，则国将不存，区域亦将不存；诚信应从政府部门开始，诚信体系经过长时间的努力和不懈斗争方能建成。

（3）严格保护知识产权。在没有达到物质和精神都极大丰富的条件下，所有区域社会都存在利益分配和再分配问题。产权清晰是开展诸多工作的基础，它与公有制和私有制没有关系，公有制从某种角度看是多数人共同拥有性质的私有制。对于现代社会来说，科学技术对经济社会的作用已深入各个角落，科技的发展首先改变了经济社会中物质的构成和组合关系，并通过对经济社会相关物质的影响，进一步影响到经济社会的组织方式。市场经济中知识产权涉及创造和拥有两个部分，创造是由无到有的过程，拥有则是知识带来的利益或可能的利益归谁所有的问题。严格的知识产权保护就是保障知识技术创造者从中受益的制度设计，是对创造活动、创新文化的保护；如果一个人花了几年的工夫而获得一项知识产权，却很容易就被人窃取了，那他就很难有创造的动力。知识产权保护首先是确保拥有者拥有产权的处置权和利益权，其次是对窃取知识产权者进行严厉打击。很显然，盗取别人知识产权的目的是获取名利，那就对其进行名利两方面的打击；知识产权的保护不是单为保护西方企业的利益，其也是中国建成创新型国家的基本保障，是国家和区域利益最大化的基本保障。

（4）保证要素的区域间自由流动。国家或区域犹如一个人，各区域或区域的各部分是人体的各个组成部分，各部分在人体系统中承担着不同的功能，其相互之间的联系要靠覆盖整个身体的运动系统、血液循环、神经系统、淋巴系统等来实现。国家区域的正常运转必须依靠资金、人才、市场等要素的自由流动来实现；如果某个环节出现不能自由流动的情况，那里一定会出现病变。阻止自由流动往往是为了保护小区域的自身利益；保护自身利益没有错，但必须遵循以下几个要求。第一是不能损害别的区域利益，损人利己的事坚决不能做，国家或区域不能容忍这种事情。第二是不能损害国家或区域的整体利益，各地区在国家或区域整体中的分工不同，各地方不能为己之利，使国家或区域大局受影响。第三是不能影响长远利益，人无远虑，必有近忧，为眼前利益牺牲长远，决不允许。要素不能自由流动主要是各地的优惠和限制政策所致；每个地方都觉得自己特殊，都有自己特殊的实际，实质上就是有诸多不愿让人知道的秘密，这是客观存在的，但这不是阻止要素自由流动的理由；要素自由流动应在国家层面和区域层面做出制度安排，形成导向机制，关键是从税制、财权、事权等方面统一协调安排。

（5）统筹国土空间开发格局。国土开发格局形成是项国家战略，也是各区域的战略，必须从战略高度予以制度安排，形成与主体功能区规划相适应的制度安排是关键，不能再片面迷信人定胜天了。人应当顺应自然界的、经济的和社会的规律，充分利用规律的作用，使整体最优。各地已经到了让主体功能区真正落地的时候了。首先要强化各地块的主体功能，是林地就让它发挥生态作用，是农田就让它多产粮食。其次是政策符合主体功能要求的一路绿灯，不符合主体功能要求的一票否决。最后是资金倾斜，符合要求的资金充裕，不符合要求的罚金多多，关键之关键在于区域当政者要改变认识。

（6）税制改革。以预算法修改为代表的财税改革已经开启，但在各种繁文缛节式的文件、政策背后，核心的问题只有两个，即收多少税和收的税如何分配，至于税种，那仅仅是个名称而已。收多少税的问题实质上是创造者与管理者如何分配利润的问题。当然这样说的前提是生产者（创造者）有钱赚，但很多时候生产者并没有赚到钱，钱都没赚还收人家的税是不人道的。税改的核心同样也有两个：其一是保证在生产者（创造者）赚到钱的前提下收取其一定比例的利润，比例不能太高，太高了生产者就不会有动力了，也不会有多余的资金来扩大生产或者提高产品质量与服务水平；其二是不同级别税收者（政府）的税金分成问题，当总量确定的情况下，中央分多了，地方就分少了，则会出现地方向国务院（实际上是各部委）要钱、要项目的事。国家分少了，则国家没有足够的能力统筹区域发展不平衡、不充分问题，无法统筹重大国计民生问题。财权与事权的结合是一个很好的方向，但政府改革的方向应是精简队伍还利于民，简化政府层级，减少政府对市场的干预，所以大趋势应该是地方分得税金的比例越来越大，因为许多事只有地方政府才能做。

（7）现行政策清理。各项政策名义上是规范相关行为，其实质是以某个群体利益为中心的行为约束和行为鼓励的强制力量的延伸；如果是以国家整体利益为中心制定国家政策，以地方利益为中心制定地方政策，其基本思路将是对利益群体有好处的事鼓励做，对利益群体没好处的事不让做，或者约束着做。各种政策的出发点往往是好的，特别是对于特定的群体而言，但各级利益群体本身的利益冲突和矛盾导致各种政策之间的矛盾时常出现，让生产者（价值创造者）无所适从。国家和区域一直在做清理各项优惠政策的努力。许多优惠政策的实质是损害整体利益而换得局部好处，牺牲长远利益而换得当前短期利益，即使在群体（或区域）内部也只是让少部分人获得好处，大部分人遭殃。政策清理的目的是政策的规范化与合理性，其基本思路如下。第一是要做好政策的顶层设计，针对政策的系统性和关联性特征，在现有政策体系的基础上构建面向未来和国家整体、区域整体的政策体系，使每一项政策在国家政策体系和区域政策体系中都找到其应有的位置。第二是各地方在国家和区域政策体系框架下，设计制定适合当地的政策；以设立页面清单为主，以国家相关政策为蓝本，明确约束不能之行为，其他的全面放开；地方政策的出发点是释放经济社会发展的活力。第三是毫不犹豫地清理掉中央与地方各种不合时宜的政策，其实质就是打破现有部门利益格局，使既得利益者不能再披着政策的外衣，享受超额利益。第四是任何政策的出台必须报立法机构批准，坚决杜绝各权力部门随意出台政策，因为这些政策往往具有群体利益倾向性。第五是明确各项政策的时效性，政策都有寿命，当其基础和边界条件不存在时必须予以清除，或者进行适当修改；我们现在仍在执行多少年前制定的政策，它们早已不适应现行社会经济运行状况了，但由于缺少有效的纠错机制和通道，一些政策措施清理起来十分困难。

（8）让老实人不吃亏。老实人通常指遵纪守法，并且不会为自己的利益而搬弄是非的人。曾经老实人是让人尊敬的人，但改革开放之后，经过几十年的市场经济的洗礼，老实人在普通老百姓的眼中已经不能算作褒义词了，而是从某种程度上成了没有能力的代名词和表现，于是老实人吃亏在社会的方方面面已司空见惯。扭转不恰当的社会舆论和道德层面的价值观也是社会治理的一项内容，但对老百姓而言，短视和眼前利益至上是不足为怪的，其根本原因是社会经济领域价值分配的标准出了问题，老实人不多分，反而少分，投机取巧者、偷奸耍滑者往往得到更多好处。不让老实人吃亏需要制度先行，从利益分配体制机制上保证老实人得到更多好处，不老实的不但得不到更多好处反而要受到相应的惩罚。首先是从思想上认识到不让老实人吃亏的重要性，利益最大化的基础是最大限度的劳动性创造，老实人吃亏不但影响了老实人的创造力，更为可怕的是为不老实人不诚实劳动提供了社会和心理上的支持。因此，决策者、价值分配者必须充分认识不让老实人吃亏的重要性。其次是建立价值分配向老实人倾斜的制度，为克服价值分配者由于"人之常情"作用而让老实人吃亏的实际，分配时在制度上应向老实人倾斜，对不老实人予以打击。

（9）营造合理预期。无论是在社会心理方面还是现实生活中，区域经济社会治理必须为老百姓营造合理的物质和精神预期。第一是政府向民众承诺合理的预期，政府的责任不是无限的，政府的能力是有限的，政府只能承诺能够负担的责任，而不是无原则地向民众承诺但又无法兑现，政府一旦失去公信力，社会治理能力将一落千丈。第二是社会公众要合理管理自己的预期，一个成熟民族的民众应该有较高的素质，知道哪些是自己应该追求的东西，把尊严和体面有机结合起来，不能单为追求体面的形式而不择手段，忘记了体面不单是表面的物质，而更应该注重其内涵，是精神层面的体面。第三是各种媒体必须承担起自己在区域经济社会治理中的独特地位，把公众的预期引向合理的方向和高度，传播正能量，引领、塑造和传播合理的预期，传播人性的光辉，传播博爱，传播超越物质的精神追求。第四是用强制力打击不合理的公众预期，作为公众的个人在物欲横流的时代往往只会盲从，农村各种离奇的习俗，如高昂的结婚聘礼、不堪重负的婚丧嫁娶礼金，大家都很无奈，可用强制力对之进行约束。

六　麻烦最小化

任何国家，特别是大国在快速发展的过程中，都会遇到各种问题和麻烦。减少麻烦，或使麻烦负面作用最小化是国家治理的内容之一。对于区域来说，减少麻烦数量，控制麻烦的影响是区域经济社会治理的重要内容。

（1）主动出击，主导舆论。中国过去有许多优秀的东西，许多优秀的价值理念是可以对外输出的，但在对外输出时要与时俱进。对于区域来说，也存在主动出击，主导舆论的问题，国人对每个区域的印象是可以通过适度的宣传和其他培育方式进行重新塑造的，特别是以文化、旅游为重点的主动出击，往往会收到意想不到的效果。

（2）修正敌友标准。意识形态的极端化是非常可怕的事情。同人一样，任何国家都有对我们有利的一面称为友，也有对我们不利的一些方面称为敌，不能从单一角度出发挑选敌友。以利益为基础选择敌友时，一定要区分国家的长远利益和短期利益。长远利益是根本，短期利益是参考，敌友选择不能太善变，特别是对于大国而言，小国总是追随大国。对外宣传也要务实，对友要大力支持，以获得更多的朋友，对敌则毫不客气地予以打击，方能减少自己的敌人。对于区域而言，也存在与其他区域的合作与竞争问题，区域之间的关系虽然不同于国与国之间的关系，但在经济社会的许多领域也存在类似的情况，如何加强与其他区域合作，减少与其他区域的竞争和矛盾，也是区域经济社会治理中需要关注的内容。

（3）理解与宽容。对各种事情的理解和宽容是我们减少未来麻烦的必由之路。区域也是一样，每个区域都面临着这样和那样的问题，这些问题的解决需要经济社会方面的政策措施，更需要从区域民众心态方面下功夫，授人以鱼不如授人以渔，宽容和理解是区域经济社会发展的基础心理需求，须持之以恒地呵护和培养。

（4）必须坚持各民族平等。处理好民族相关的问题，首先要看民族的实质是什么。民族除了同源、同语言、相同价值观点等之外，更为重要的是有相同的信仰。国家是一定地域范围内，在宪法框架下若干群体在相同治理理念下聚集在一起的人的组合；国家可以是单一民族的，也可以是多民族的，一国之内民族不分大小，一律平等是必须坚持的原则。既然是一个国家，每个人首先是这个国家的公民，一国公民必须承担公民义务，并享受公民权利，然后，每个人还有自己的民族归属，所以，必须是先国家后民族。民族政策不能出问题，民族政策的实质是平等、公平，而不是毫无原则的政策倾斜，出台相关政策措施促进少数民族经济社会发展是需要的，但不能因此制造出更多的矛盾和问题。各民族的特色可以发扬光大，但不能让民族利益高过国家利益。我国大多数区域都有多个民族分布，或多或少存在一些民族问题和矛盾，这不需要掩藏，也不需要夸大严重性，坚持各民族平等可以使绝大多数相关问题得以解决。

（5）把矛盾化解在基层。社会方面的矛盾绝大部分是由于物质利益引起的，社会大众精神层面的问题还在成长的初期，即使是民族方面的矛盾多数也是披着信仰的外衣，实质上也是利益的冲突。基层矛盾很大一部分是基层管理者的乱作为和不作为引起的。乱作为主要是不顾及某些人的正当利益诉求，损害某些人的利益，并在分配环节向另一批人倾斜，或者明目张胆地偏袒，或者是处理事情纠纷没有坚持公正原则，当矛盾出现时不是主动解决，而是肆无忌惮地滥用权力，任由矛盾激化、扩大化。不作为就是对自己或自己群体没好处的事不做，睁着眼睛看着问题恶化和矛盾激化，最后弄到不可收拾的地步，正如大火总是由小火发展而来的，如果能将小火扑灭，比扑灭大火的代价要少得多。把矛盾化解在基层，基层工作人员要有工作责任心和热情，更为重要的是要有爱心，区域基层干部的整体素质也有很大的提升空间。只要抱定解决问题的信念，解决问题的办法总是有的。

（6）公民意识培养。公民意识鼓励个人的创造，在法制框架下，这种个体民众的创造会形成巨大的社会创造力，从而保证国家和区域的长远发展。关于培养公民意识，首先是要打破官本位的制度桎梏，民众盲目听从官员的实质是官员掌握可分配的资源过多，并且资源分配具有明显的个人好恶及群体倾向，民众崇拜权力的实质无非是自己多得些好处，减少些麻烦；减少个人式的分配权，增加透明制度式的分配权，官本位则会逐步被打破。其次是努力营造鼓励个人创造的环境，法律框架下的个人创造必须得到充分肯定；如果说社会贫富差距现象不可避免的话，那一定要让民众认识到这种差距是由个人对社会贡献的差异引起的，只有当个人的创造力被充分激发出来时，社会生产力才能快速发展。对于弱者的偏向式分配，普通民众是能接受的，这也是公民意识的重要内容和表现方式。

（7）科学发展理念的培养。科学发展理念的内涵有很多，简单理解就是处理好现在与未来、局部与整体的关系。从实施的角度看，其分为国家的（群体的）和个人的两个层面。对于个体的（家庭的）科学发展，国家和区域不用担心，人的本性决定了个人会充分考虑家庭发展的科学性问题。国家和区域的科学发展则往往会因为各利益群体之间的共识问题而出现许多不该出现的问题，如一个地方宁可把自己的环境破坏掉也要大力发展经济的背后动力，除了某些权力人物的政绩考虑外，不合时宜的财政分配制度也是重要原因。科学发展不能单靠道德或纪委层面的约束来实现，必须形成一整套的科学发展体制机制，科学发展理念形成是关键。首先是把环境资源等自然要素纳入生产体系中，必须考虑自然资源要素的投入产出问题，生产中不但要考虑资金、技术、人才等投入，还要测算自然资源的投入。其次是提升对不正当发展的监控力度，欺上瞒下，是一些地方通行的做法，这种手段屡屡成功的关键是欺得了，瞒得住，一方面说明操作者十分"高明"，另一方面也说明相关的部门缺少有效的监控手段和方法；现代技术发展使信息的产生、传递、扩散变得异常迅速，充分利用现代技术手段，欺和瞒会越来越困难。最后是对科学发展行为扩大奖励，无利不起早是人之本性，也是社会运转的基础；利益是永恒的动力，对科学发展者利益方面的奖励就是对不科学发展者的惩罚。

七　平衡各种力量

国家运转是各种力量相互作用的结果，各种力量都有利益指向，有的是正当的，有的是不正当的。区域经济社会治理的复杂性在于各种力量是交织在一起的，正所谓没有错哪有对，没有黑暗哪有光明，平衡各种力量，就是保证各种力量在合理的力度内、在合理的方向区间内运行。

第三章

区域经济社会治理能力

时光之轮旋转不息，岁月来去如风，时代更替只留下回忆；时间流淌，残留的回忆变为传说，传说又慢慢变为神话，而当同一纪元轮回再临时，神话也早已烟消云散。[①] 眼见得那家起高楼，又眼见得那家楼塌了。为什么有的地区经济社会发展比较成功，发展后劲十足，而有的地区经济社会发展则不如人意，大有危机四伏的窘境？究其原因，发展好的地区有发展好的优势，发展不好的地区有发展不好的理由；区域差异本来也是经济发展的自然属性，但抛开区域经济社会发展的各种客观原因，区域经济社会治理能力水平对区域经济社会整体发展的影响是不容忽视的。区域经济社会治理能力水平高的地区总能够充分利用当地优势条件、总能够将危机转化成机会；而区域经济社会治理能力水平低的区域不但难以发挥自身的比较优势，还往往把机会拖成问题。借助人工智能，日本研究团队得以破译人类思维，日本京都大学教授神谷康团队发现，利用单个神经网络可将人类个体大脑活动破译和解读成可以理解的信号，[②] 但区域经济社会治理可是个超越了科学和技术的综合性问题。冰冻三尺非一日之寒，大变匿于无形之中，深刻理解区域经济社会治理的内涵和要义，并将其应用到区域经济社会治理的实际之中，区域经济社会才有可能沿着新发展理念蜿蜒前行。

---

① 〔美〕罗伯特·乔丹：《世界之眼1》，李锚译，东方出版中心，2015，第1页。
② 《借助人工智能日本研究团队破译人类思维》，《参考消息》2017年6月8日，第7版。

第一节　规划谋划能力

科学的规划谋划是对未来负责的一种表现。从计划经济时代开始，我国各区域便编制过无数的计划规划。至于这些计划规划的作用效果，有好有差，难以一概而论。

区域规划（Regional planning），按照《地理学词典》的解释，指在一定的地域范围内，对整个国民经济建设进行总体战略部署；[①] 即根据国民经济发展的要求，从当地具体的自然条件和经济条件出发，通过综合平衡和多方案比较，确定区域经济发展方向和地域生产类型，内容包括工业、农业、交通运输、水利、能源、建筑业、城乡居民等方面，其核心是自然资源开发利用、工业布局、城镇体系建设，当然也包括农业区域等。区域规划是对特定地区进行规划、科学论证和实际体现其合理的地域经济布局三位一体的过程。[②] 也有人认为，区域规划是介于国土规划与城镇体系、乡村规划之间的一种规划，其特点是战略性、地区性、综合性。按照一般的理解，区域规划应该涉及区域的人口、人民生活、文化教育、劳动力需求、医疗卫生保健、环境保护、城镇建设、科技发展、非生产性投资、流动资金需求、物质产品调入调出、社会消费、产业部门等多个方面。[③]

一　正确认识区域的能力

对区域经济社会的认识包括外部对区域的认识和区域的自我认识两个方面。从区域经济社会发展规划谋划能力来看，起关键作用的是区域的自我认识，正确认识自我很难，区域认识自我也不是件容易的事情。

正确认识区域的内涵。所谓正确认识区域就是对区域经济社会发展的优势、劣势、机会、挑战进行传统的 SWOT 分析，以及客观认识区域影响经济社会发展的因素和本底情况。正确认识区域要做到既不妄自尊大，也

---

① 《地理学词典》，上海辞书出版社，1983，第 97~98 页。
② 〔苏联〕B. B. 弗拉基米罗夫主编《苏联区域规划设计手册》，王进益、韩振华等译，科学出版社，1991，第 307 页。
③ 袁嘉新等编著《系统论在区域规划中的应用——浙江省嵊县协调开发模型体系》，社会科学文献出版社，1987，第 22~37 页。

不妄自菲薄。在各地进行经济社会发展总体规划或其他专项规划时,往往对区域的优势和机遇论述较多,而对区域劣势和挑战则一笔带过,这固然有规划要提振区域经济社会发展斗志和提升士气的内在要求,但也有故意回避问题、困难和不足的嫌疑,从某种程度上说也是不愿意正确认识区域的一种外在表现。

正确认识区域的能力构成。区域经济社会的现状和发展历程是客观存在的,能否正确认识区域,关键在于区域认知者,也就是区域决策者;没有决策权或者没有机会参与区域决策的人,对区域认知正确与否并不会对区域经济社会的规划谋划产生多大影响。区域认识能力实际上就是区域决策者对区域的认知能力,决策者的认知能力强,那么正确认识区域的可能性就大;反之,则难以正确认识区域。在现实区域中,有能力的决策者未必能够正确认识区域,其中的因素可能是多个方面的,这里不予赘述。

正确认识区域能力的获取。正确区域认识能力主要有以下来源,第一是对区域发展历程的经验总结,特别是通过对以往发展中失败教训的总结更能提升正确认识区域的能力,当然对成功模式和案例的总结也十分关键。第二是来自区域外部认识的影响,区域外部对区域认识不是简单的认识问题,而是将认识转化为与投资、商贸、经济往来等方面有关的具体行动。显然,如果区域外部都认为某个区域没有诚信,那么这个区域的诚信环境可能真的很糟糕,甚至会影响区域经济社会发展。第三是来自区域决策者自身,区域决策者自身的业务能力、经历、知识素养、态度等都会对正确认识区域产生影响。

二 构建区域发展预期的能力

区域发展预期能力。区域经济社会发展谋划规划有很多内容,构建发展预期是一项基础性、关键性的任务。所谓构建区域发展预期就是对区域经济社会发展的未来情景进行设想,具体表现为总体的发展目标和具体的发展指标。科学的区域规划谋划中,发展目标和指标之所以重要,是因为目标和指标作为导向或硬约束指标,对区域经济社会发展任务设定和措施的设计有直接影响,会影响区域经济社会发展资源的配置。过高的发展预期可能会导致急功近利情况的出现,会影响区域经济社会的长远发展;过低的发展预期则难以调动各方面的积极性。构建区域发展预期的核心是预期的合理性和科学性。

　　构建区域发展总体预期，也就是形成区域发展的战略预期。各地区虽然在经济社会发展过程中受国家大的经济、政治环境影响较大，难以形成区域性的总体发展战略，但依然可以形成经济社会领域方面的发展战略。一些地区在这方面已经积累了许多成功的经验，最成功的当属深圳。深圳以改革推动经济社会发展的模式取得了巨大的成功，只要全国改革不彻底，深圳模式就总有生命力。以西海岸新区为发展突破的青岛整体发展战略也取得了一定的实效。虽然，深圳、青岛等区域发展战略模式的本质仍然是资源的非市场化配置，但任何区域如果能够充分挖掘自身的优势，制定并实施可操作的发展战略，都会取得一定程度的成功，如贵阳把大数据战略作为区域发展战略取得不小的成果，成都、西安借助国家中心城市定位形成的区域发展战略也取得一定程度的成功。古人云，"人无远虑必有近忧"，作为一个区域也一样，没有一个长远的发展预期，没有清晰的战略定位，那就只能应付应付上级，做些拆东墙补西墙的事情。

　　构建区域未来发展预期指标。在确定区域发展战略的基础上，需要把总体发展战略预期具体化为可量化、可统计的具体发展目标和具体发展指标。在区域发展目标指标确定中，既要考虑各种有利因素和优势对实现目标的促进作用，也要考虑区域发展中面临的困难和问题对实现目标的负面作用，客观的预期指标对区域经济社会发展才能有帮助。无论是区域经济社会发展的五年规划还是年度发展规划；无论是总体规划还是专项规划，发展目标和指标的设置都是区域发展战略框架下的具体操作性指标。现行的区域发展指标分为预期性和约束性指标，或者可以说成是软约束和硬约束指标。多数区域发展规划中，约束性指标的设置往往留有一定的余地，这从情感和实操上是可以理解的，但不要太离谱，否则硬约束指标就变成了变相的软约束指标，硬约束就失去了约束的作用。

　　确定区域未来服务任务及目标。区域发展战略预期和具体指标需要靠具体任务的完成来实现，如区域服务业年度增长目标是10%，那么一定要有具体的建设任务来支撑这一目标的实现，具体的任务可能是构建服务业发展环节、引进大型服务业企业、建设服务业配套工程等。具体发展任务的确定才是区域发展预期能力的核心所在，口号和标语只能短时间提振士气，具体可操作的任务才能使目标成为现实。一些区域往往会确定不切实际的发展任务，结果往往会导致半拉子工程、烂尾工程的出现。冒进是区域发展任务构建领域中最可怕的敌人，"大跃进"的教训值得每个区域反思和借鉴，如 2008 年全球金融危机时我国一些地区的投资冒进苦果到现在都没有完全消化掉。此外，也要避免区域发展中的不作为，不作为将丧失区域发展的机会、消耗区域发展动能、损伤区域发展的元气；不冒进又要有作为，是未来区域发展任务谋划的新常态和基调。

区域发展预期的惯性和攀比。预期惯性就是预期和指标设定总沿着过去的趋势和经验开展。如果过去很长一段时间以来一直是高速发展，在未来指标设定中往往有高速发展的影子。现实中，各地从过去两位数的经济增长到现阶段的个位数增长，的确经历了很大的预期阵痛。所谓攀比就是区域经济社会发展预期总会与周边地区的预期进行对比，如果周边地区都设置高增长预期，自己区域就不好意思设置低增长预期。区域经济社会发展奇迹时不时会出现一次，但对于绝大多数区域而言，经济社会发展仍属于正常发展，不能总期望奇迹出现；发展速度的快慢与国家整体发展态势和环境密不可分，即使是偶然出现的发展奇迹，也是在大背景、大环境下的奇迹。任何区域发展预期要符合自然规律、经济规律、社会学和心理学的基本规律。克服惯性思维、克服攀比心理、调整不切实际的政绩考核指挥棒，才能够使区域心平气和地设计出可实现的发展预期。

三　构建区域发展空间格局能力

区域发展空间格局。简单理解，区域发展空间格局就是区域经济社会在空间上表现出来的态势，它涉及区域内的城市、乡村、基础设施、大型工程等有形实体。影响格局的是框架，使格局成为真实格局的是镶嵌在框架上的各种真实实体，之所以说真实实体是想避开形象工程的困扰。空间格局如同围棋中的势，势的获得比局部的得失更为重要。区域发展空间格局也一样，有气势、科学合理的空间格局，可以充分发展区域各系统、各组成部分的优势，实现各系统、各部分之间的畅通衔接，进而把区域经济社会发展的潜能激发出来。否则，区域发展空间格局没有势，区域内各系统、各部分衔接不畅，到处矛盾重重，干点事总是阻力重重，就好像自行车链条与齿轮之间总是对不上，车子骑起来不会舒服，效果自然不会好。

区域发展空间格局的由来。区域发展空间格局是区域发展的结果，既有历史的传承，也有现代人的开拓。对于我国大多数区域而言，区域发展空间格局基本上是改革开放后逐步确立起来的。值得注意的是区域发展空间格局不是一成不变的，资源型城市的兴起和资源枯竭后的相对衰落就是最好的例证。尽管国家和区域在想尽各种办法实现资源枯竭型城市的转型发展，但这些城市在区域发展空间格局中的作用变化是不争的事实，实际情况可能不是这些城市变差了，而是其他城市发展速度更快。影响区域发展空间格局的因素有自然原因、历史原因、规划谋划能力等，每一种因素对区域发展空间格局的影响都存在特定的作用方式和影响路径、趋利避害、发挥优势、避免短板是区域发展空间格局形成过程中决策者的发展策略，体现了区域发展空间格局形成中人的主观能动性积极发挥的一面。此外，区域发展空间格局与区域的区位、自然地理本底等非移动性特征有关，显然缺水地区对需要水资源比较多的产业有天然的排斥力，能源紧缺的地区对高耗能产业也有天然的排斥力。区域发展空间格局是多种因素相互作用、综合作用的结果。

区域发展空间格局形成的必然性和偶然性。不可否认，任何区域的发展空间格局都有一定的必然性和偶然性。必然性是对区域的区位条件、区域性的自然地理背景等不可控因素的响应。过去城市的兴起常与便利的水运交通有关，较大城市往往坐落在大的河流沿岸。大区域内地势平坦与否对经济集聚地有较大的影响，平原地区的城市规模往往较大，山地地区的城市规模往往较小。空间格局的偶然性指由偶然性因素而引发的区域发展空间格局变化，如20世纪50年代大庆油田的发现和开采改变了黑龙江省甚至是东北地区的发展空间格局；全国高铁网络的建设会从根本上改变一些区域的发展空间格局，如高铁网的建设不但改变了安徽省内的发展空间格局，也改变了其在大区域中的发展空间格局。区域发展空间格局的必然性和偶然性不是绝对的，对于任何区域而言，格局的形成都是必然性和偶然性综合作用的结果。

构建区域发展空间格局的能力。每一个区域都有优化现有发展空间格局的冲动和能力，因为追求更美好的生活和未来是每个区域的发展目标。实现区域发展空间格局的优化，需要从两个方面着手。一方面是对原有发展空间格局的升级改造能力，每个区域在发展过程中都背负着各种矛盾和问题，不可能甩开现有的基础完全开启新的空间格局，但可以通过对影响区域发展空间格局形成要素的空间调度和配置，使区域发展空间格局逐步走向科学合理，实现对原有空间格局的优化升级改造。另一方面是对新区格局的规划谋划能力，雄安新区的设立把新区模式推到了极致，国家级、省级等各种行政管理级别新区的设立和建设对区域发展空间格局的影响是有目共睹的，如天津滨海新区的设立改变了天津市的区域发展空间格局，2015 年天津滨海新区的地区生产总值为 9270 亿元，[①] 占天津市的 56.1%，虽然 2017 年天津市各地经济总量挤出了不少水分，但对区域发展空间格局的影响不大。谋划好新区发展可以从很大程度上改写区域的发展空间格局。区域发展空间格局形成的核心是控制影响区域发展空间格局的因素，其中基础设施构建框架、土地用途的空间管控是构建区域发展空间格局的关键。

四　谋划大型项目能力

大型项目建设的作用。对于区域而言，一些大型项目的建设和运行可以从很大程度上改变区域经济发展的环境和态势。三峡工程不但改变了湖北、重庆的发展环境和态势，也从一定程度上改变了长江中下游地区的经济社会发展环境和态势。对于地市级规模区域来说，一两个大型工程项目就可以改变其经济发展整体空间格局，这也是各地许久以来热衷于上大项目的原因所在。但大型工程项目的上马越来越困难，除了产能过剩、市场饱和等市场因素外，资源环境的硬约束、民众的环保意识、生态文明建设的理念与要求、地方政绩考核指挥棒的变化等因素对大型工程项目的布局也产生很大的影响。高铁线路过境之争、网民对化工项目的集中吐槽和抵制等现象都是大型工程项目布局中影响因素的具体表现。随着发展理念的变化，以及区域产业转型升级要求的逐渐落实，现阶段区域谋划大型工程项目的思路和重点也需要适当变化。

谋划大型项目能力构成。谋划大型项目需要多个方面的努力。第一是对大型项目可能性的推断能力，针对不同类型的大型工程项目，建立国家大格局、区域大格局意识，区域决策者可以从更大空间视角、更长远的经济视角、更宏观的整体视角来分析判断某些大型项目落地的可能性，对于

---

① 国家发展和改革委员会编《国家级新区发展报告 2016》，中国计划出版社，2016。

不可能落地的项目就不用费心思了。第二是对大型项目落地本区域的分析能力，大型项目的落地需要诸多的配套条件和环境，需要从自然、经济社会、民生、生态环境等方面分析本区域是否有能力接纳大型项目，毕竟"小马拉大车"也是件很辛苦的事情。第三是营造大型项目落地本区域条件的能力，区域可能不完全具备大型项目落地的条件，但经过努力可以获得营造大型项目落地本区域条件的能力，当然这种营造不是投机性营造，也不是弄虚作假地营造，而是真实地独立获得这种能力。第四是本区域支撑起大型项目的能力分析，大型项目落地后运行需要各方面的能力配套，区域决策者要分析本区域是否能够支撑起大型项目的运行。第五是大型项目对区域影响的整体分析能力，大型项目落地对区域的影响可能是多个方面的，区域决策者要具有对大型项目区域影响整体分析能力，综合分析上大型项目是否合适，其中的判断、取舍、决断机制等需要综合决策能力的支撑。

大型项目依赖症。大型项目的落地会给区域经济社会环境带来很大红利，包括政策措施、经济发展、就业促进、区域影响力，甚至是区域主要决策者的政治影响力。几乎所有区域都热衷于大型项目是可以理解的，但因为对大型项目的迷恋和过分投入，以至于对区域正常公共服务项目力不从心或疏忽，则就是大型项目依赖症的表现了。相对于大型工程项目，民生领域的许多项目规模相对较小、涉及服务对象很多、难以形成显而易见的各种效益，但这些项目的建设对区域经济发展后劲的培养、对区域经济社会整体和谐稳定发展、对实现国家经济社会发展总体目标等是有利的，必须给予充分关注。克服和治疗大型项目依赖症最好的办法是优化地方领导政绩考核制度，从主要关注经济总量向更多关注经济质量转变，从根本上改变区域决策者发展预期。具体指标优化方面则可以将区域决策者的未来与区域经济社会发展未来结合起来，把区域内的各种小事当成大事来决策、经营和管理。

五　谋划发展路径能力

区域发展路径。在全国改革开放的总体格局下，各个区域经济社会发展速度有巨大的差异，发展路径也存在很大的差别。改革开放初期，当中西部地区还在计划经济体制下挣扎时，东部沿海地区的经济社会发展已经进入快车道。经过几十年的发展，当东部地区已经进入提质增效阶段时，中西部地区还在补经济数量增长的课。在各地经济社会发展过程中虽然形成了苏南模式、广东模式、山东模式等所谓发展路径，但这些模式算不上真正的路径，只是在改革开放大格局下部分领域的尝试和少量突破而已。

区域发展路径选择。区域发展路径选择有其必然性，也有一定的偶然性。任何区域经济社会发展都与经济社会发展基础条件、发展历程、文化传承等分不开，这些东西具有一定的客观性，这就决定了区域发展路径选择有其必然性。区域发展路径的偶然性是指因为区域发展中的一些偶然性因素引起区域发展路径的改变，如区域新来能力强、锐意创新的领导班子，国家大型工程项目在本区域落地，交通等重大基础设施格局的变化，设立有影响力的国家级新区，等等。这些偶然性因素往往会改变区域发展的环境和态势，为区域经济社会发展路径的选择提供新的机遇。区域发展路径是必然性因素和偶然性因素综合作用的结果，必然性因素决定了区域发展路径的可能性，偶然性因素激发了区域发展路径选择和坚持的动能。

谋划区域发展路径能力。谋划区域发展路径能力是通过对区域发展路径必然性因素和偶然性因素的把控和应用，使区域经济发展路径更为顺畅、更符合当地的实际情况、更能激发区域经济社会发展各种有利因素的力量。其主要包括以下几种能力。第一是对区域经济社会发展必然性的认识，不顾客观事实的路径选择相当于在沙滩上建高楼，即使这样的高楼能够建成，建设与维护成本、风险也十分巨大。第二是对影响区域发展路径选择各种因素的把控能力，虽然有诸多有利因素，但一定要分析这些有利因素的可利用程度；虽然可能有诸多不利因素，但也要分析这些不利因素在多大程度上可以改变。第三是对现有发展路径的认识能力，充分认识现有发展路径的不足和优势，各区域走过的发展路径都有一定的客观性，但其中的问题、不足也往往是显而易见的；但显而易见的背后往往有深层次的问题或矛盾，正确认识现有路径的不足和优势，是强化现有路径或谋划新发展路径的基础。第四是对未来区域经济社会发展形势和需求的判断能力，既有对国家总体经济社会发展趋势的判读，也有对区域自身经济社会发展需求的判断；认识越超前、把控越准确，区域经济社会发展过程中就会越少走弯路，从而造福区域全体人民。

六　构建区域发展保障体系能力

万丈高楼平地起，区域经济社会发展需要建设的基础，以及保障区域经济社会发展的能力，这种能力是通过完善的保障体系实现的。能不能构建起相对完善的区域发展保障体系，是区域谋划规划能力重要的一环。构建区域发展保障体系能力主要包括如下几个方面。

凝聚及形成区域全体共识能力。区域经济社会发展的最终目标是造福区域全体人民，区域内每一个人、每一个组织机构、每一个企业等都是区域经济社会发展的参与者、受益者，也可能是区域经济社会发展失误或失败的受害者。区域经济社会发展是大家的事情，全社会形成区域发展的共识是区域经济社会发展保障体系中最为重要的环节。搞规划的人常说的一句话是规划过程就是凝聚和形成共识的过程。如何凝聚和形成共识？第一是描绘区域经济社会发展的美好前景，形成全社会共同的发展预期，构建起区域经济社会发展的基本动力体系，一些发达国家经济增长缓慢的原因可能很多，但全民发展预期不乐观是全体发展动力缺失的一个关键因素。第二是注重照顾各方利益，在谋划规划中充分照顾相关方的利益，特别是弱势群体的利益，是得到全社会认可的基础；让区域全体居民认识到、意识到、体会到发展的目的是为了大家。第三是全民参与和合理的分工，政府和社会公众都是经济社会发展的重要参与者，区域发展措施设计要充分考虑各群体的特点和优势，充分发挥各群体的优势是关键。基层群众和基层干部在解决具体问题和小微矛盾方面的措施方法和实操能力往往是无与伦比的；较高级别政府部门在谋划大事情、控制局势、策划大格局方面的能力往往独树一帜，各群体各司其职，各发挥所长。第四是发展成果由大家共享，听其言固然重要，观其行更为重要；任何群体的认识都不是凭空产生的，从制度安排保障发展成果由全民共享，并且是实实在在的全民共享，发展共识就能够形成。

谋划形成区域保障措施能力。这种能力的表现是谋划出适宜的、可操作的区域保障措施。所谓适宜是与区域发展基础、发展目标、发展能力等相协调，即使是引进的措施，也要经过本地化改造。所谓可操作是指谋划的措施在区域内可以被执行。三十六计虽然很好，但其主要是用兵之道，在经济社会治理中用之则未必合适，即使使用相关的策略，也未必取得好的效果，抑或是取得了效果，也未必能够持久，或者伤了区域经济社会发展的元气，这方面的历史教训十分深刻。保障措施选择之道，首先是广开言路、广泛借鉴，认真分析鉴别，对明显不合适的措施，坚决弃之不用；对似有道理之策，不妨小范围试试，各地一般都有搞试点示范的能力；对于有充分证据能够行得通的措施，一以贯之、不折不扣地执行。其次是调动区域各方力量、各群体的积极性，自己决策形成的结果自己会认账，所以保障措施选择中一定要让更多的人参与进来，如参与决策、参与实施、参与结果评判、参与措施改进等。最后是权衡利弊、趋利避害、扬长避短，保障措施选择中常常遇到的境况是没有十全十美的措施，任何措施都有其好的一面，也可能有不好的一面，所以措施选择中要确保对多数人有好处、对长远利益有好处、对整体利益有好处，避免急功近利的措施。

"无中生有"的能力或者创新能力。好高骛远、眼高手低的决策者难说是好的决策者，但因循守旧、举步不前的决策者也不是好的决策者。全国地市级行政单元就有 330 多个、县级行政单元更有 2800 多个，其实有些相邻区域的经济社会发展基础、环境可能差不多，一些区域之所以能够脱颖而出，重要原因就是其拥有创新能力或者说"无中生有"的能力。创新本就是对原有东西的否定或改进，是需要冒一定风险的。在区域发展保障体系建设中的创新，首先要求决策者有敢于打破常规的想法和魄力，想都不敢想，只等天上掉馅饼，不是没有可能，只是概率比较低；其次是执行能力，再好的想法如果没有执行能力也不会有效果；再次是后果承担能力，如果创新不成功，则可能导致不良后果，区域要具有承担不良后果的胆量和能力，即要有可操作的应对措施；最后是构建区域性创新容错机制和环境，允许失败才能有人愿意尝试，宽容失败才能鼓励更多的人参与创新，大家都来参与创新，创新才能够转变成促进区域经济社会发展的动力。

七 影响规划谋划能力的因素

区域经济社会发展相关的规划谋划能力受多种因素的影响。其中一些影响因素是必然或客观的，有些影响因素是偶然的。从各区域经济社会治理现实案例看，影响规划谋划能力的主要因素是规划谋划环境和决策者动机与能力。

规划谋划的自由度。任何区域经济社会发展规划谋划都离不开国家体制机制的大环境。显然，在计划经济年代，区域经济社会虽然也有计划谋划，但计划谋划的自由度都是很低的，在整体物资匮乏、资源匮乏的环境下，可计划谋划余地很小。只有到了改革开放以后，区域才有了主动规划谋划发展的环境，这是东部率先发展地区经济社会发展比中西部地区好的原因之一，这也是深圳比其他东部沿海地区经济社会发展更好的原因之一。在相同自由度的环境下，对规划谋划自由度的掌握和把控也会对区域经济社会谋划规划产生影响，对自由度把控比较好的区域能够更好地规划谋划区域经济社会发展；对自由度把控比较差的区域，其经济社会发展规划谋划能力相对就差。进入新常态后，全国各地经济社会发展所处的环境发生了很大的变化，特别是在资源环境约束趋紧的背景下，各地规划谋划的自由度有了新的内涵，这对规划决策者提出了新的更高的要求，严格地说不是自由度降低了，而是赋予了自由度更高的层次，所有规划谋划需要在这一更高层次上开展。

决策者的动机和能力。体制内的人都清楚，一个单位的好与不好很大程度与"一把手"有关系，体制外的企业也是这样。一个区域经济社会发展好与不好，很大程度上与主要决策者有直接关系，所以区域主要决策者的动机对区域发展规划谋划能力会有很大的影响。区域主要决策者如果真心想踏踏实实做些事情，就会调动各方面的力量，采取适宜的措施，实实在在为区域经济社会发展进行谋划。区域主要决策者如果主要是想在区域过渡一下，就不会对区域经济社会发展太过上心，即使表现出某些热情，也不见得是真想做事情，做些形象工程就更糟糕。主要决策者的能力对区域发展谋划规划的作用不言而喻，区域经济社会发展中决策者的能力表现在对区域发展的理解和认识、谋划区域发展能力、掌控区域发展各影响因素能力、创新能力、管理决策团队的能力等多个方面。决策者能力不足对区域发展显然不会带来好的影响。能力强的区域决策者对区域发展来说是一种福音，但也要注意能力过强的区域决策者也有可能冒进。当然，每个区域都希望有能力强、促发展意愿强烈、德才兼备的好决策者。

规划参与者的数量和质量。成功的规划谋划是必然性和偶然性因素综合作用的结果。失败的规划谋划或多或少都有不切实际的影子和烙印，不切实际的规划谋划或多或少跟规划参与者的数量和质量有关系。"三个臭皮匠顶个诸葛亮"，"众人拾柴火焰高"，确保规划参与者的数量是规划谋划可行的基础之一。客观地说，现阶段区域规划及政策措施在出台过程中已通过各种途径让更多的人参与进来，但形式化参与进来与真实参与进来仍然有很大的差别，社会公众参与意见和建议在多大程度上能够进入或影响决策过程仍是问题。规划参与者的质量也是影响规划谋划质量的一个基础。其包含两层含义，其一是规划参与者的个人素养和能力，其二是规划参与者的素质和动机。规划参与者素质对规划效果的影响不需多说，实践表明规划参与者素质与规划谋划质量的正相关关系十分明显。对于规划参与者的素质和动机，从各地举办的听证会可以看出，一些听证会所请的代表在代表的广泛性、代表个人素质等方面难以服人。虽然区域经济社会现实中仍有不少问题，但区域规划参与者的数量在增加、素质在提高是个不争的事实，这方面的进步值得期待。

第二节　市场体系运维能力

为发挥中国特色社会主义市场经济体系的优势，确保区域市场体系正常运行十分关键。维护市场体系的运转涉及区域经济社会的各个方面。从政府治理角度看，区域市场体系运行维护应重点考虑市场要素的自由流动、产业和企业培养、公平竞争环境构建与维护、产权和收益保障能力等几个方面。

一　市场要素自由流动能力

（一）市场要素自由流动的层次性

市场要素的自由流动。对于区域经济社会治理而言，市场要素基本上就是生产要素，是生产经营活动中需要的各种资源的统称，一般包括土地、劳动力、资本、技术、信息等。市场要素自由流动是一种形象化的说法，自由流动是指这些要素在使用、管理、交易等方面的规则是一样的，没有因空间变化而出现新的约束和障碍。要素自由流动不等于各地要素使用成本、要素质量、要素丰富程度等特征是空间均匀的。受经济社会规律的影响，这些要素在空间上会表现出差异，甚至是巨大的差异，但这种差异不是人为设置的，而是市场规律的自然流露和表现。市场要素自由流动的根本目的是保证市场在资源配置中决定性作用的顺利发挥，并由此形成最大的经济效益、社会效益、生态效益，减少重复建设、产能过剩等非市场因素导致的资源浪费。

市场要素自由流动的空间层次性。阻止或影响市场要素自由流动的主要原因是地方保护。地方保护具有行政区域特征，行政管理体系层次性决定了市场要素自由流动的空间层次性，即存在国家层次、省级行政区层次、地市级行政区层次、县级行政区层次、乡镇级行政区层次。解决某一层次的市场要素自由流动障碍，需要上一级行政机构或者若干个同级行政区域构建联合体系来共同完成。要打破省级行政区之间的市场要素流动壁垒问题需要中央政府来协调，或者相邻的几个省级行政区组成联合体来实施，如长江经济带规划所涉及的12个省级行政区要素自由流动就是要按照长江经济带的内在逻辑清除影响市场要素自由流动的障碍。打破省级行政区内地市级行政区之间的市场要素流动壁垒，需要相关的省级行政区政府来协调，由此逐次递推，可以打破各空间层次区域的市场要素流动壁垒。

（二）区域市场要素自由流动顶层设计

做好区域一体化市场的顶层设计。根据区域内现有市场发育程度差距巨大、地方割裂严重、市场要素流动障碍多等特点，加强一体化市场的顶层设计。一方面，通过统一规划与管理，消除区域内行政壁垒与贸易壁垒，探索区域内各地区的跨区域合作机制，促进区域市场一体化。另一方面，充分发挥区域内资源优势，打造区域交通网络框架，依托区域内的城市群、城市带与城镇现代交通网络载体，建立并完善点面结合、多层次、网络型的区域物流体系，为实现要素与商品跨区域流动提供保障。

保障市场要素自由流动的思路。就区域经济社会治理而言，主要工作对象或核心任务是实现区域内部市场要素的自由流动；区域外部与本区域之间市场要素自由流动需要更高层面的政府机构来解决，不作为区域市场要素自由流动讨论的重点。在区域内实现市场要素的自由流动有很多具体工作要做，从总体思路上要坚持统一市场体系和消除壁垒两个方面。第一是构建区域统一的市场体系。构建区域统一的市场体系，要充分发挥政府和市场力量的作用，政府通过规划和政策措施引导市场的一体化发展。第二是消除影响要素集聚和流动的各种障碍。地方利益和局部利益保护是影响市场要素自由流动的根本原因，为实现区域经济社会发展总体目标，必须消除影响要素自由集聚和流动的各种障碍。

（三）做好重点市场要素的市场建设

探索推进土地制度一体化改革。支持区域内各城市以各类国家或地方综合配套改革试验区为引领，加快区域性一体化土地市场建设。坚持最严格的耕地保护制度和最严格的节约用地制度，强化土地利用总体规划实施管理，严格控制新增建设用地占用耕地。有序推进城市群内和区域不动产统一登记。完善城乡建设用地增减挂钩制度。研究完善区域内低效和闲置土地退出机制。

推进资本市场一体化。依托区域内及周边地区的国家级新区、经济开发区、高新区、自贸区等平台，建设离岸金融结算中心。完善金融要素交易市场体系，吸引资产、商品、权益等要素交易。加快推进金融基础设施一体化建设，建立一体化信息网络和服务平台。完善区域金融服务网络，实现存取款等金融服务同城化。适当扩大地方政府一般债券和专项债券发行规模。

推动技术市场一体化。支持有关园区复制转化中关村国家自主创新示范区相关先行先试政策。建设各层次、面向区域的科技资源共享与服务平台，实现科技资源整合、信息开发共享互动、技术成果交易及科技金融服务无缝对接。鼓励区域内科研院所、高等学校联合大型企业集团，共建科研成果研发、孵化和转化基地。发展跨地区的知识产权交易中介服务，鼓励金融机构开展知识产权质押融资业务，鼓励联合培育技术联盟、孵化器等创新组织。清理和消除城市间因技术标准不统一形成的各种内部障碍。

促进劳动力自由流动。加快户籍制度改革，促进区域内各地劳动力自由流动。推行居住证制度，在区内重点城市采用积分制推进外来人口落户，其他城市全面放开落户限制。加快探索区域内各具特色的新型城镇化道路，鼓励一批农民带着集体资产股份成为新型市民。建立统一规范灵活的人力资源市场，联合推进集政策咨询、职业指导、职业介绍、创业服务等功能于一体的就业服务平台建设。加强区域内跨地区人才制度衔接，健全人才柔性流动机制，联合共建人力资源开发基地。制定区域跨地区联合开展劳动保障监察、调解仲裁等劳动者权益保护行为的具体办法。

二 产业和企业培养能力

（一）产业和企业生存逻辑

产业形成和衰败的规律性。区域产业的形成和发展具有一定规律性，尽管一些偶然因素会加速某些产业的出现和衰败，但产业的存在周期主要与生产力水平有关。人类经济史上每一次科学技术革命都会带来新产业的兴起和旧产业的衰败，所谓朝阳产业或夕阳产业是对产业所处生命周期阶段的一种形象说法。当然，在科学技术革命的相对稳定期，依然会有新产业的形成和旧产业的衰亡。在区域市场体系运行维护中要充分尊重产业发展自身规律，但受惰性思维方式的影响，现实中一些区域总会采取措施延长某些产业的存在时间，各地大量的僵尸企业就是最有力的证据。在人为干预产业生命周期过程中，大量的经济社会发展资源被浪费，这对区域经济社会发展是一种不负责任的态度和做法，克服这些问题是区域经济社会治理的一项重要内容。

企业成长的条件。无论是国有企业、集体企业、私有企业或其他性质的企业，其生存发展都具有一定的必然性和偶然性。企业成长受市场力量、政府力量、时空适宜性三方面因素的影响。市场力量是影响某些企业存在和发展的主要因素，如市场上的汽车消费需求决定了汽车制造企业生存的必然性；某种产品的市场已经饱和，再建设生产这种产品的企业将很难有收益。虽然市场策略有很多、很残酷，但市场优胜劣汰规律是基本靠谱的。政府力量在企业建立和发展中的作用不容小觑，特别是强势政府环境下，区域政府可以通过行政等手段让一些企业生存和发展，对于涉及国计民生及公共服务保障的企业，这样做十分必要；但对于竞争性行业的企业再这么做就破坏了市场公平原则，最终付出代价的是区域财政，背后的利益受损者是全体人民。此外，政府会通过各种补贴、优惠等方式给其认为需要的产业和重点企业带来非市场竞争就可以获得的发展优势。时空适宜性是个复杂的问题，任何产品都有存在的时空特征，寻呼机出现、流行、消亡的时空地图是十分清晰的，生产寻呼机的企业超越这个时空特征将没有生产的基础。任何产品的市场形成和繁荣都有时空规律性，过早或过晚涉入都有生存风险。任何企业的成长都离不开这三方面因素的作用和影响，或者说只有充分利用这三方面优势，企业的发展壮大才会更容易、获取整体竞争优势的可能性才会更大。至于企业内部的经营管理、营销等事务水平高低、能力大小则是企业存在的内在环境，通过相应的管理措施可以实现整体提升。

（二）促进产业集聚发展

独木难成林，区域经济社会发展需要规模化的产业。促进产业集聚发展是区域产业布局的优先策略，各种类型的经济开发区、新区、高新技术区、工业区、生态区、自贸区等都是区域产业集聚发展的空间和政策载体。促进区域产业集聚发展的思路，第一是发挥区域资源禀赋优势，充分利用城市等区域的市场要素集聚优势，创新方式方法，推动区域产业聚集发展。第二是针对区域内产业合作不足、产业空间布局较为分散、产业发展的引领和带动作用不强等问题，进一步健全区域产业协调机制，统筹考虑区域内各地之间的产业错位发展、经济深度融合，协调好区域各地之间的利益关系，增强各地区互补、互动、互利的合力，构建区域政策协调、优势互补、特色鲜明的产业集聚带。

（三）重点企业培养能力

重点企业的价值。每个区域都希望有几家在全球、全国、大区域有影响力的重点企业，这就是为什么各地都在想办法增加上市企业数量的原因。重点企业不但给地方政府带来更多税收、更多就业，更为重要的是对区域经济发展"势"的正向推动作用，时下说法就是"正能量满满"。一个区域有很多家上市企业，说明该区域经济发展成就斐然、经济发展的环境比较优越、社会环境有利于企业发展、政府支持企业发展、企业与政府关系良好、区域经济发展充满活力等。从某种意义上说，重点企业本身就是区域经济社会的亮丽名片。茅台集团市值规模（2017年8月份）差不多是贵州全省地区生产总值的一半，其给贵州省带来的经济效益、社会效益、生态效益，以及文化效益都不可低估。

重点企业的形成。区域重点企业的形成和发展基本上可以分为政府主导、市场主导、混合型三类。政府主导企业主要是国有企业，以及部分政府认为有发展前景的企业；政府主导的企业除了经济目标外，更有国有资产保值增值、社会效益等方面的考虑；政府主导企业的规模和影响力同区域经济社会发展的总体水平有关，经济落后地区、财政吃紧地区很难支持政府主导企业的存在和发展壮大，经济相对发达地区有更多能力支持政府主导企业的发展。市场主导企业主要靠市场力量发展起来，在这类企业发展过程中，政府需要提供公平竞争的发展机会、适宜适度的政策支持；市场主导型企业在发展壮大过程中会遇到瓶颈期，如果地方政府在企业发展瓶颈期能给予适当的帮助，将起到雪中送炭的效果，但如何帮助、帮助多少需要有相应的体制机制和管理制度。混合型企业的形成过程可能很复杂，成功的经验也不一定有示范和推广价值，但在各地企业发展过程中，也有一些混合型企业的成功案例；现阶段各地开展的混改从某种程度和意义上讲也是混合型企业发展壮大的一种探索和模式。

重点企业培养思路。区域重点企业培养可能有许多具体的做法，但有两条基本思路是需要重点关注的，即培育适宜产业的企业和培育品牌或知名企业。培育适宜产业的企业就是根据区域综合特点，从最容易形成、最容易发展壮大的产业入手，支持一系列相关企业，这样的企业具有植根性、水土适宜性等特点，比较容易培育壮大。培育知名品牌或知名企业就是从区域现有品牌和企业中培育几个有市场影响力的品牌或者企业，充分发挥知名品牌和知名企业的社会影响力，带动区域相关产业的发展，提升区域经济社会治理能力。对于重点企业培育的具体方法，一些地方已经形成了成熟的线路图，其中的优秀、合理部分值得其他区域借鉴。

充分发挥技术标准对重点企业建设的作用。技术标准是产品质量的基础，也是保障市场环境公平公正的基础。同时，标准本身也是重要的产品，并且是基础产品。促进区域经济社会稳定发展，需要构建体系化、规范化的技术标准体系。第一是建立成体系的环保和准入标准，建立满足区域发展需要的行业标准体系、空间准入体系和公平一致的环保标准。第二是构建区域产业行业和领域标准，如产品生产认证体系、标准体系，产品储运标准体系，产品追踪标准体系，等等。第三是加快重点领域标准制定，尽快制定种植业、畜禽养殖业、水产养殖业污染物排放控制标准，建立农业循环经济评价指标体系和评价考核指标；完善农业和林业生产的节能减排相关规范和标准体系。第四是建立统一的绿色产品标准、认证、标识等体系，完善落实绿色产品研发生产、运输配送、购买使用的财税金融支持和政府采购等政策。第五是加大技术标准监督执行力度，强化现有质量监督机构的作用，扩大社会公众在产品质量监督中的作用，避免市场中

"劣币驱良币"现象的发生。这些技术标准体系的建立为区域重点企业的培育和发展奠定了坚实基础。

三 公平竞争环境构建与维护能力

（一）公平竞争环境对市场体系的价值

公平竞争环境对市场体系的构建和维护区域经济社会持续发展十分重要。不公平事件的实质不单是涉事企业、行业得到了不合理的好处、形成不合理的竞争优势，更为重要的是破坏公平竞争环境而导致更大的负面影响。同时，靠不公平竞争获得优势的企业或行业往往通过不当获取的优势对其他企业、行业进行打压，因为其经营心态由于不正当的竞争优势而变得不再正常，不会再按照公平市场规则来行事了，"劣币驱逐良币"现象就会在整个市场体系中出现，最终导致公平竞争环境的崩溃。

公平竞争市场环境的培育。区域公平竞争市场环境的建立是个复杂的系统工程，这个系统工程建设的核心任务是构建系统工程的框架或主干，找到影响市场公平竞争的因素和作用机制。影响市场公平竞争的因素主要包括：天然垄断、政府垄断、行业垄断、不合理补贴、暗箱操作、失信，以及行贿受贿等违纪违法行为。每一种现象的背后一定有或公开、或隐蔽的原因；每一个腐败官员的背后都有一些受益者，同时伴随着更多的受害者；每一个垄断行业背后都有一个或明或暗的利益传送链，也同时伴随着效率低下、资源浪费，甚至是国有资产流失，以及更多的、形式多样的市场公平竞争伤害。工程项目或其他政府购买服务项目每一次形式化的公开招标背后，都有不正当竞争的影子，都是对市场公平竞争的一次嘲讽。培育公平竞争市场环境的核心就是对这种影响市场公平竞争的因素和现象进行清理，当然彻底消灭这些因素或现象几乎是不可能的，但走对方向、迈开步子，总比原地踏步要好。

公平市场竞争环境维持。营造公平市场竞争环境是件困难的事情，维护公平市场竞争环境则是持续的难题。没有不好的人，只有不适宜的制度，维持公平竞争市场环境，第一是构建保障市场公平竞争的制度安排，制度安排的核心是简化程序、公开透明，显然程序越是简化，在程序中存在猫腻的机会也就越少。理论上的事前、事中、事后监管听起来很美妙，但每一个环节中都可能会出现影响市场公平竞争的问题，甚至是违法乱纪的事情。一些基层政府推出的一个章管理模式若能顺利运行，可谓简化程序的典范。第二是无差别化执法，对于违反市场公平竞争的企业或组织机构采取无差别化的处罚和惩罚措施，店大欺客、不正当竞争多是选择性执法、差别化执法的结果。第三是市场公平竞争关怀，客观地说没有人愿意主动做坏人，没有人愿意主动违法乱纪，如果一个企业靠正当的市场竞争就能获得项目，可能不会花大力气去行贿。对好企业的关怀，就是对坏企业的打击，起码是精神上的打击，慢慢地风清气正的公平竞争环境就会持续，最终受益的是区域全体居民。

（二）营造公平竞争环境与维护的思路

构建公平竞争的市场环境。清理废除区域内妨碍统一市场和公平竞争的各种规定和做法。健全竞争政策，完善市场竞争规则，实施公平竞争审查制度。放宽市场准入，健全市场退出机制。健全统一规范、权责明确、公正高效、法治保障的市场监管和反垄断执法体系。严格产品质量、安全生产、能源消耗、环境损害的强制性标准，建立健全市场主体行为规则和监管办法。健全社会化监管机制，畅通投诉举报渠道。强化互联网交易监管，加大知识产权保护力度，严厉打击制假售假行为。

清理各种有碍公平的优惠政策。区域内各地为追求局部利益最大化，常人为"制定"大量阻碍物资、商品、资金、技术、信息、人才等流动的市场"优惠"政策，形成要素市场的分割，影响生产要素跨行政区的自由流动，影响产业向优势地区转移、商品向需求地区流通；对实现市场在资源配置中的决定性作用产生不良影响，对统一市场的形成带来很大阻碍，不利于区域经济总体发展。应清理和修订阻碍要素合理流动的地方法规和政策，废除所有区域性市场壁垒，实行统一的市场准入和技术标准，建立区域间市场准入和质量互认制度，建立统一的市场准入标准。

（三）构建公平竞争环境的长效机制

构建区域跨地区的成本共担和利益共享机制。建立跨市县基础设施、公共服务和生态环境建设项目成本分担机制。推动区域或区域城市群内交通、水利等基础设施共建共享，实行公共交通智能"一卡通"、高速公路收费"一卡通"。创建统一的科技资源开放共享平台，建立科技创新协同机制，推动科技创新政策一体化。探索建设项目税收分配办法，研究在企业注册地和投资地之间合理分配地方税。

强化公平竞争市场环境法制化建设。敢于重拳打击破坏公平竞争的事情，据报道，《辽宁省优化营商环境条例》于 2017 年 2 月 1 日开始实施，其将营商环境建设作为全面深化改革和老工业基地振兴的抓手和突破口，对典型案件和相关责任人进行公开曝光，[①] 对破坏营商环境的人和机构进行问责，这种敢于把执法者、决策者纳入公平竞争市场环境法制体系中的做法是值得称道的，也抓到了影响公平竞争市场环境构建和维持的"牛鼻子"，因为小区域公平竞争市场环境的破坏者往往是这些市场组织者。

四　产权和收益保护能力

（一）产权和收益保护对市场体系的重要性

产权和收益保护对于激发和保持市场活力具有极端重要性，如果失去产权和收益保护，市场体系将不复存在，计划经济时代和未来的共产主义时代不需要产权保护。在计划经济时代，人是生产体系的一个要素，不存在个人的人，自然也就不存在个人产权保护，收益归集体，自然就不存在面向个人的收益保护问题，反正都是公家的。在理想的共产主义时代，由于物质财富和精神财富的极大丰富，产权和收益保护已经没有意义。在漫长的社会主义初级阶段，产权和收益保护对于市场体系的维持不可或缺。

产权和收益形成了企业或个人生产创造的预期。个人或企业生产创造的直接原因是收益，收益可以是当下的收入，也可能是未来持续的收益。有了产权和收益保护，个人或企业就会形成对未来确定收益的预期，其生产、创造的积极性就会被激发，并通过劳动把生产创造预期转变为实际的生产创造活动，这是区域经济社会发展的根本和持续动力所在。离开千万人的生产创造，经济社会发展就会成为无源之水，难以为继。

产权和收益保护是提高效率的保障。从资源利用和生产效率看，效率最高的行为是用自己的钱为自己办事。改革开放的伟大实践证明，即使经过几十年公有制、计划经济的磨合，适度的私有化还是极大地解放了生产力，激发了广大人民群众生产创造的热情，使生产效率空前提高。随着物

---

① 《辽宁曝光部分破坏营商环境典型案例》，人民网，http://ln.people.com.cn/n2/2017/0615/c378315-30329338.html，2017 年 6 月 15 日。

质财富的积累，以及产业结构的优化升级，产权和收益保护的作用越来越重要、形势越来越迫切、难度也越来越大，但没有与时俱进的产业和收益保护，全社会的效率将大大降低。

产权和收益保护是鼓励人人创造的基础。从经济社会管理角度来看，产权和收益保护对于构建全社会人人参与的创业、创新环境十分重要。虽然整体上创业的成功率并不高，但从社会心理角度看，每一个创业者都是奔着成功去的，是奔着产权和收益去的，科学的产权和收益保护会鼓励更多的人进入创业的行列中。相对于创业的低成功率，创新则可以在经济链条各环节上予以实现；产权和收益保护对于创新环境的构建意义更大，相对于创业的高社会综合成本，在现有工作岗位和环境下的创新社会综合成本要低得多，从市场体系维护和完善角度看，创新的作用更值得期待。

产权和收益保护是创造成果合理分配的手段。"陶尽门前土，屋上无片瓦。十指不沾泥，鳞鳞居大厦"讲的是封建社会经济分配的一种形象化场景，劳动者的下场悲惨和凄凉。然而，现实社会中因分配不合理导致的这种现象也没有绝迹，为保护成果创造者的合理收益，加强产权和收益保护是最基础的工作。一些人将财产转移到国外，其中的具体原因可能有多种，与国内产权和收益保护制度的可靠性、执行的彻底性和持久性等也不无关系。因此，产权和收益保护涉及区域经济社会的基本制度优越与否问题，重要性不言而喻。

（二）构建产权和收益的保护网

法律层面的产权和收益保护网。法律法规具有的强制性特征，可以把产权和收益保护纳入区域经济社会治理的根本保证之中。客观地说，各地在产权和收益保护法制化方面在国家架构下做了一些尝试，但保护力度和持久度仍待考验。2007 年 10 月 1 日开始实施的《中华人民共和国物权法》，以法律形式明确了个人或企业合法财产受法律保护，但其从国家法律到老百姓心里还有一段时间，特别是在法律执行过程中，各种判罚案例会对老百姓心目中法律的作用有很大的影响。如果能够严格按照法律要求，保护当事人的权力和财产，法律的实际作用会强化；如果通过种种例外或借口降低法律的约束力，那法律的作用就只能停留在纸面上。对待法律问题，每个老百姓心里都有杆秤。无论如何，建立产权和收益的法律法规保障，是产权和收益保护网构建的一个重要环节。

制度层面的产权和收益保护网。产权和收益保护涉及国家、区域的基本制度以及不同管理层面的制度安排。从公有制一统天下的制度设计到公私共存的制度安排，为产权和收益保护奠定了坚实的基础制度基础；一些区域为保护产权和收益尝试过很多制度层面的设置和安排，也取得了很好的效果。产权和收益制度设置，第一是要注重普惠保护与众多保护的关系，既要讲究保护的公平性，也要突出保护生产创造主要贡献者的产权和收益，"重奖之下必有勇夫"听起来有点庸俗，但利益驱动对经济创造来说几乎是永恒的。第二是要处理好当下和长远保护的关系，既要使生产创造贡献者有当下的收益，又要根据贡献特点考虑创业、创新的产权和收益保护，以鼓励更多的人参与创业、创新。第三是要处理好个人与单位的关系，个人的创造、创新离不开单位及团队的协作；在创造、创新收益的分配制度设计中，在更多关注个人贡献应得收益的同时，也要考虑团队和集体的贡献。

操作层面的产权和收益保护网。操作层面的产权和收益保护指产权和收益保护法律法规、制度在具体执行过程中的保护措施；法律的尊严在于执行，制度的好坏也在执行；有法可依是法律保护网建立的第一步，执法必严、违法必究才是真正构建起产权和收益保护网的关键。暴力执法可能有具体的诱发条件，但暴力执法本身就是对法律的践踏。操作层面的产权和收益保护网构建，第一是建立高素质的执法队伍，流氓执法者和执法过程中的流氓都不会真正构建操作层面的产权和收益保护网。第二是产权和收益保护过程的公开化、标准化、透明化，阳光是消毒的最好工具，以标准化杜绝野蛮执法、以公开化避免人性的恶、以透明化避免厚此薄彼。第三是构建监督和评估机制，监督可以有效促进过程的科学化，评估可以有效促进过程的科学性和效果的合理性。

产权和收益保护的适度性。产权和收益的保护需要有一定的度，这种度包括保护空间、时间、比重等方面。产权和收益的过度保护会抹杀创造、创新的积极性。产权和收益保护要进行适度性把控。充分发挥产权保护机制的作用，确保创新者的垄断收益和市场独享；同时，也要灵活运行专利等产权保护机制，避免专利过度保护对市场创新的约束；避免部分公司过度利用专利保护机制，垄断市场、封锁市场、独享市场的事情发生，如基因剪辑技术的应用中如果不是美国某些公司蓄意垄断市场，其市场化应用步伐可能更快。

（三）保护产权和收益文化培育

客观分析产权和收益保护的现状。美国对中国发动知识产权保护调查的动机和对错暂不予评论，但这件事本身可以督促国家和各地对知识产权保护现状进行认真评估、对知识产权保护存在的问题进行认真梳理。尽管很多地方通过各种形式和媒体宣传知识产权保护的成果，但区域市场上随处可见的山寨产品和假冒伪劣商品，却是对知识产权保护成就不折不扣的讽刺，也是对区域知识产权保护工作的鞭策。各区域对自身知识产权保护状况进行客观评价，才可能认识其中的不足，并有针对性地采取相应的措施，为区域知识产权和收益保护文化建设奠定基础。

产权和收益保护文化。产权和收益保护文化的主要内容和基本逻辑是：认可产权和收益保护、崇尚产权和收益保护、自觉践行产权和收益保护，以及鄙视和抵制不保护产权和收益的行为、有关人员、相关事情。要形成区域产权和收益保护文化，首先是要让全体区域居民认识到产权和收益保护的重要性，认识产权和收益保护对区域经济社会发展的价值；通过具体产权和收益案例，营造区域尊重知识产权和收益的氛围，并使群众在生产和生活活动中自觉遵守产权和收益保护法律法规，接受产权和收益保护的制度安排，特别是通过对破坏产权和收益保护典型案件的广泛宣传，逐步培育和丰富区域产权和收益保护文化。

（四）产权和收益保护机制

以合作互动推动区域产权和收益保护。加强区域内各地之间的经济合作，发挥市场力量的作用，突破地方封锁壁垒，打破行政壁垒、地区分割，建立统一开放和竞争有序的全区域现代市场体系，充分发动企业、中介组织等市场力量，发挥市场对要素优化配置的决定性作用，构建区域整体性的产权和收益保护技术体系和管理体系。

共构市场秩序和信用体系。实行统一的市场准入制度和标准，推进建立公平开放透明的市场规则，支持区域内部分城市等先行试点负面清单管理制度，并逐步扩大至全区域。支持各城市开展市场监管体制改革试点。加强质监、工商、安监、公安等联合执法。加快信用城市、信用区域建设，创建一批社会信用体系建设示范城市。依法建立健全企业和个人信用数据库以及信用信息征集、查询和应用制度。完善守信激励和失信惩戒机制，共建区域市场主体违法经营提示清单。

第三节　公共服务资源配置能力

俗话说，好钢用在刀刃上。对于区域经济社会治理而言，要将好钢用在刀刃上，需要找到好钢和刀刃。找到好钢则可以一当十，找到刀刃则可以实现四两拨千斤的治理效果。对大多数区域而言，公共服务资源的数量是有限的，如何高效利用有限的公共服务资源是区域经济社会治理的难题之一。

一　公共服务资源开拓能力

区域公共服务资源的核心是可支配财力。相对于不断增加的公共服务需求，资源的有限性总是让区域经济社会治理者感觉钱紧，甚至是捉襟见肘，鲜有区域可以不需要顾及财力而根据需要开展公共服务能力建设，所以争取尽可能多的公共服务资源是几乎所有区域的必选动作。从公共服务资源来源看，区域公共服务资源主要包括从中央政府争取的资源、区域自身财力提供的资源、政府通过其他途径获得的资源（如社会捐助等）三个渠道。公共服务资源开拓能力就是从各种渠道获得更多、更高质量公共服务资源的能力。

（一）争取中央政府资源能力

现行税制为争取中央政府资源提供了基础。中央政府与地方政府在财权事权和支出责任方面的不匹配现象由来已久，中央也已开始关注并改变这种格局；[①] 但国家财政事权多支出责任少、地方财政事权少而支出责任多的格局在现行分税制彻底改革前不会有根本性改变。于是地方从中央财政争取资源的战争就有了存在的基础。"跑部钱进"的社会效应和在人们心目中的形象不是很好，似乎总是跟腐败联系起来，但一种现象流行的背后一定有它流行的理由和支撑流行的环境，这跟讲不讲政治没有任何关

---

① 《国务院关于推进中央与地方财政事权和支出责任划分改革的指导意见》（国发〔2016〕49 号），2016 年 8 月 16 日。

系。虽然中央财政向地方拨付经费（如转移支付）有一定的标准和规则，但总会有一些试点示范之类的资金，在资金去向的地方选择上有一定的灵活性，这种灵活性就是"跑部钱进"的基础。

争取中央政府资源的原则。争取的前提是有得到的机会，如果连得到的机会都没有，中央政府资源也不会凭空落到一个区域。什么是机会，简单点说就是区域要为中央政府资源落地创造一些条件。每个区域都有独特的区域经济社会发展资源优势和特点，只有将这些优势和特点转化为中央政府认可的东西，也就是让中央政府认识到区域的这些优势和特点在全国经济社会发展总体格局中的重要性，区域才能顺理成章地拿到中央政府的资源。这种优势和特点可能有很多类型，如民族地区、边界地区、贫困地区、革命老区、改革前沿、特色文化、自由贸易、流域生态、生态脆弱区、重点生态功能区等，即使是相同优势和特点的区域，也存在谁先拿到中央政府资源的问题。争取中央政府资源的另一个重要方面是资源投入的效果回馈，中央政府资源的投入是需要有全国或大区域意义的，中央政府的投入一定要产生出全国或大区域的示范、引领、典型意义，改革试验区要拿出改革的经验，技术性试验示范要拿出可推广的技术等。一些地方往往会忽略某些方面，那岂不是辜负了中央政府的关怀了。争取中央政府资源不是投机，而是区域发展的有效资源渠道之一。

（二）提升区域自身财政支撑能力

从一般意义上讲，保持和提升区域自身财力的途径主要包括维持现有财政资金来源渠道、开拓新的资金来源、减少支出、构建不花钱办事的体制机制等。

维持现有财政资金来源渠道。一些国家级贫困县之所以不愿意摘掉贫困的帽子，看中的是这顶帽子带来的大量中央财政转移支付资金。不要说西部贫困地区中央财政转移支付资金在当地财政盘子的超大比重，即使在中东部一些贫困县，中央财政转移支付资金的比重也是相当可观的。在没有其他更有效的财政资金来源时，这无疑是最高效的争取中央政府资源的途径。全国人民 2020 年同步实现小康是一项政治任务和伟大复兴的一个重要标志。贫困帽子是要摘掉的，摘掉贫困帽子之后如何拿到中央财政转移支付是另外一个问题。当然，对区域而言更为重要的是维持区域内现有财政资金来源渠道的畅通，确保当地税收的稳定性和可持续性。

开源和节流并重保财力。对大多数区域而言，受公共服务需求增加等因素的影响，经济社会运行需要的财政资金也是逐步增加的。这种趋势是刚性的，维持这种需求增长，区域在财政资源建设上必须坚持开源和节流并重的原则。区域财政资源的开源就是增加财政资金的数量、提高财政资金的质量。增加财力的关键是通过区域经济发展中新产业的形成、企业的成长来扩大税收，而不是花样翻新、巧立名目地增加企业税收负担，杀鸡取卵、竭泽而渔的方式不可能持续。提升财政资金的质量按当下时髦的话说就是财政资金的绿色化、生态化，即不能以牺牲区域生态环境为代价来获得税收。实现开源重点是区域低端产业和产业结构的转型升级、提质增效。节流就是减少财政开支，从资金流向看，区域财政支出主要包括民生、基础设施和行政运行支出；民生支出绝不可能减少，基础设施投入关键是优化资金使用结构，少花钱多办事；行政运行支出是节省财政资金的主战场。

构建不花钱办事或少花钱办事的机制。区域经济社会发展虽然处处都离不开资金，但区域经济社会发展的最终目的是满足区域全体居民的需求，这需要资金支持来实现，但也有不少需求通过有效组织不需要资金或者需要很少资金就可以实现；随着区域经济社会发展，全体居民文明程度和整体素质的提高，通过物质财富来满足的需求所占比重会逐步降低，区域内各级政府可以充分利用这一必然趋势，从基层开始构建居民生活各方面的非资金主导的服务运行体制机制，如志愿者体系、非营利政府组织、非营利社会团体、非营利互助会等，以及共享经济的支撑体系，以实现区域经济社会少花钱或不花钱就能办事的目标，为区域经济社会运行提供辅助力量，实现间接节省财政开支或增加财政资金来源的目的。

（三）其他渠道资源获取能力

区域全体居民不单是经济社会运行的被动参与者，也是主动参与者和奉献者。据报道，美国大学的资金来源中社会捐赠是很重要的一部分。如果我国各地大学、中学能够接收校友的大量捐赠，也可以减轻区域的财政负担，医疗卫生等领域也存在这样的需求。包括社会捐赠在内的资金来源，是区域财政资金的有益补充。

营造社会捐赠文化。我国各地社会捐赠热情不高、数量不多，固然跟我国居民整体经济水平不高有关，但更为重要的是全社会尚未形成捐赠文化和舆论氛围。社会富豪捐赠固然有很大的经济和社会效益，如2016年马化腾捐出市值近170亿元的1亿股腾讯股票，但如果区域中产阶层也能够力所能及地参与经常性的捐赠，也将会取得不错的效益。捐赠文化的形成离不开对捐赠者的社会认可、捐赠资金的公开透明化使用、捐赠者个人隐私保护、捐赠文化教育、捐赠权益保护等。经济相对发达的区域，由于经济基础较好、成功企业家数量较多、社会开放程度高等，捐赠文化在逐步形成和发展，这对于带动其他地区捐赠文化发展有很好的示范意义。

二 公共服务资源需求分析能力

（一）公共服务资源需求

公共服务需求。公共服务的内容十分宽泛，既包括提供公共服务硬件设施的建设，如医院、学校、道路等，也包括使硬件设施能够持续发挥作用的制度安排和经费投入。基本公共服务是公共服务中的基础性、保障性、普惠性的部分。无论公共服务的具体内容怎么界定，但公共服务需要区域财政投入是毫无疑问的。公共服务需求主要包括需投入的公共服务资源数量、质量和时间。资源数量是指需要多大规模的资金投入；资源质量需求指投入资金结构方面的要求；资源需要时间指以什么样的节奏进行投入，这跟具体需求的特点有关系，有的需求需要前期投入多，后期投入少，有的需求需要一次性投入等。

需求的有效性问题。根据公共服务资源的内涵，区域经济社会治理中一定要区分公共服务需求与非公共服务需求。一些区域在实际操作中迫于社会舆论、政绩考核、政治因素等，常存在把公共服务需求扩大化的问题。不是说政府为老百姓做事情不好，而是要把有限的财政资源用到最需要的地方。老百姓的收入增长不是公共服务内容，构建老百姓收入增长的环境才是公共服务的内容；给企业各种名目的补贴不是公共服务的内容，创造有利于企业发展壮大的环境和条件才是公共服务的内容；建设优美的居住环境部分是公共服务的内容，但有时间进度安排需要。这么说好像是不替老百姓说话、不替弱势群体说话，但要想使更多人享受到更多的、更高质量的公共服务，就只能这么做。

（二）需求分析能力

公共服务资源需求分析能力的关键是找到找准需求的能力、需求不满足风险分析，以及营造需求预期能力。

找到找准需求的能力。公共服务资源需求分析的核心是找到真正的需求在哪里，重点是真实需求的数量、质量和时间特征。找到需求不是件难事，有人的地方就有公共服务需求，但找准需求则不是件容易的事情。某些区域的购车摇号政策看似很公平合理，但其背后隐藏的是找准真正购车需求者能力不足或者干脆就不去找的不作为；购车本身不是公共服务内容，但购车后车辆的使用则涉及大量的公共服务问题。找到和找准公共服务需求，首先要有真诚的态度，假装着去找需求是无法找到真实需求的，因为你无法叫醒一个装睡的人，真诚态度是得到准确需求的基础。其次是要有可靠的技术方法和手段支撑，真正的需求往往隐藏在表面现象下，如大数据分析、相关分析等现代信息技术手段和分析方法可以协助决策者从复杂的表面现象中获取真实的需求信息。

需求不满足风险分析。在获取各种类型的公共服务资源需求信息后，要对这些需求信息的轻重缓急进行分析。有的需求很迫切，公共服务投入就好比雪中送炭，会立竿见影；有的需求相对平稳，相关的公共服务资源投入效果是锦上添花。公共服务需求分析不但判断需求的迫切程度，而且要对需求不满足风险进行分析；有些公共服务投入不到位会引起各种社会矛盾，严重时会影响社会稳定，但区域一定时段内的财力是有限的，即使是迫切需要投入的公共服务也很难全部满足，那就要按"两害相权取其轻"的原则，在风险分析基础上予以决策，确定各种需求应对的先后顺序。

营造需求预期能力。公共服务需求满足需要公共服务资源投入适宜的数量、质量，以及合适的时间。所谓适宜是与公共服务需求预期关联的，所以在公共服务资源需求能力构建中，还需要通过适当的方式、方法对公共服务资源需求预期进行营造，消除过于强烈和极端的需求预期，维护稳定和合理的需求预期，使公共服务资源需求预期逐步与区域经济社会发展的实际适应。

三 公共服务资源配置能力

（一）公共服务资源配置

公共服务资源配置。公共服务资源配置是区域经济社会治理能力的重要表现之一，关系到区域经济社会稳定和可持续发展。公共服务资源配置的核心是将公共资源布局到需要的地方、配置给合适的人，如小学和中学建在什么地方、多大规模，医院建在什么地方、多大规模，养老院建在什么地方、多大规模，两个城市之间的道路建什么规格、是否需要建城际铁路，这些都是公共服务资源配置中需要考虑的问题。在公共服务资源需求分析中已经基本把各种资源需求情况搞清楚了，但区域一定时间内可以支配的财力是有限的，不可能同时满足所有的需求，因而统筹优化配置变得十分重要，这也是公共服务资源配置的难点和重点。

公共服务资源配置的考虑重点。影响公共服务资源配置的因素很多，其中最为重要的是公共服务资源供给能力，俗话说"巧妇难为无米之炊"，即使有足够的资源也需要优化使用。公共服务资源配置需要考虑两个方面的需求，一方面是当下经济社会发展需求，当下需求如果不能有效满足，维系区域经济社会发展的各种基础将不复存在；另一方面是区域未来需求，公共服务资源的一项重要职能是引导经济社会要素向着规划的方向和模式发展。城市的公共服务资源配置既要考虑现有居民的实际需要，也要在规划引领下使公共服务资源向规划区域（城市新区）发展；农村居民点公共服务资源配置既要满足当前居民的实际需要，也要考虑城镇化快速发展态势下农村人口逐渐减少，公共服务资源需求逐步减少的发展趋势。

（二）公共服务资源配置能力

新增公共服务资源配置。公共服务资源供给是连续不断的，每年都会有一些新增的公共服务资源配置需求，如新修建道路、新增供水管线、新增供电基础设施、新建公交线路、新建医院、新建幼儿园、新建小学校等工程。这些新增的公共服务设施布局在什么地方，如何通过布局这些公共服务资源最大限度地满足当地居民的诉求，需要资源配置决策者在需求分析基础上，利用现代技术方法提出不同的资源配置规划方案，并对方案的优缺点、效益进行充分论证，并通过广泛征求当地居民的意见最终确定配置方案。

现有公共服务资源的优化配置。随着区域人口流动、经济格局变动、资源约束区域内部差异化等，区域内部对公共服务资源的需求在时空上会发生变化；区域现有的公共服务资源配置的合理性、科学性需要重新论证，客观上需要对现有公共服务资源配置进行调整。公共服务资源的优化配置既要考虑当前的实际需要，也要考虑未来一段时间区域对公共服务资源配置的需求。优化配置的基础是对资源需求的客观分析和把控。需求的个性化、内部差异化、需求预期的提高等条件决定了传统靠决策者拍脑袋定优化配置方案的方法已经行不通了，运行技术和信息支撑能力成为公共服务资源配置能力的重要部分。

需求与资源不足矛盾处理。在区域财力充足的条件下，公共服务资源配置十分容易，多配置一些、冗余配置都不是问题，大不了是重复建设、错配而已。但现实情况是没有一个区域的财力是无限的，所以在公共服务资源配置中遇到更多的是有限财力与需求无法满足之间的矛盾问题，是需求提高与资源不平衡、不充分之间的矛盾问题。处理需求与可用资源不足矛盾首先是在需求分析基础上，搞清楚需求的轻重缓急，根据可用资源数量和质量情况，制定公共服务资源配置方案，在制定方案过程中要充分征求服务对象的意见。没有有效组织的群众可能是乌合之众，但生于斯、长于斯的社会公众在信息公开情况下，最有资格评价政府在公共服务资源配置上选择方案的合理性，前提是充分尊重民众的知情权和建议权，充分发挥居民在一定范围内的自治作用，提升社会公众在公共服务资源配置中的参与度。

（三）公共服务资源协调能力

现有公共服务资源配置的评估。科学评估跟站在背后指手画脚瞎指挥不是一个概念，自我评估或者第三方评估的目的不是否定政府决策的权威性，而是通过科学评估发现公共服务资源配置中的问题和不足，以便提高公共服务资源配置的合理性、精准度。现有公共服务资源配置评估首先要构建评价指标体系，评估指标要涵盖资源配置覆盖广度和准确度、公共服务资源效果、被服务对象满意度等方面；其次是构建专项评价模型和综合性评价模型，分别对公共服务资源配置的专项问题和整体情况进行评估。评估的核心不是为现有的资源配置方案歌功颂德，更重要的是发现现有方案中的不足，以便改进提高。

公共服务资源配置调整。公共服务资源调整涉及针对不同人群的资源配置数量、质量和安排时序等问题。如果是所有人得到的公共服务资源数量都增加、质量提升、时序安排更好，那当然是皆大欢喜的事情，但现实情况是相对于不断增长的资源需求，公共服务资源的供给总是显得不够充足。因此，资源配置调整的核心是针对现有资源配置中的问题和不足，予以改进和完善；在公共服务资源调整前对调整方案进行效果预评估，如果预评估结果不理想，需要对调整方案进行进一步修改完善，直到形成预期满意的方案。

公共服务资源调整的阻力。区域现有公共服务资源配置格局是长时间演变而来的，是各种影响因素和制约条件综合平衡后的结果，某种程度上是行政力量惯性和群体诉求平衡的表现，不见得合理和科学，可能存在一些不足和问题，经常需要调整。调整的阻力正是决策者的思维和行动惯性、维护现有利益格局的力量等。公共服务资源配置决策者和执行者习惯了某种工作作风和工作流程，改变这种习惯需要动力，这种动力自身很难形成，需要外部考核、监督、评比、与责任人待遇挂钩、与决策者职位挂钩等强制性措施；打破现有利益格局阻力更大，需要决策者更大的勇气和更强的执行能力。现实中修改一个哪怕是明显的不合理或错误都需要很长的时间，并且不合理的、对部分人有利的事情总是层出不穷，可见既得利益者力量的强大，这也正是打破资源配置调整阻力的关键所在。

第四节　区域建设行动能力

区域经济社会发展理想、规划与现实之间的桥梁是行动，区域发展的关键在于行动。要说更要做，说是让大家知道并形成共识，行动才能实现目标。区域经济社会发展建设面临诸多的阻碍，行动能力显得尤为重要。区域经济社会建设的内容十分庞杂，从最终落实情况看，绝大多数都转化成具体的工程或项目。区域建设行动能力就是推动工程项目建设的总体能力。

一　工程项目建设前期障碍清除能力

（一）工程项目建设前期准备

建设空间准备能力。工程项目建设需要一定的空间，一些工程项目需要满足某种属性特征的空间区域。建设空间准备过程中面临的具体问题可谓五花八门，各地方在征地拆迁过程中所用的方法措施也可谓多种多样，基层政府治理区域经济社会能力在这方面有充分表现。关于这方面的能力如果还要说些什么的话，那就是法律、人性、道德、尊严。所谓法律是指准备建设空间能力和具体实施行为要以法律为基础；所谓人性就是在具体操作中要有对人的基本权利和存在予以充分考虑；所谓道德是在具体措施实施中要有公共道德底线；所谓尊严是相关方面彼此都留有做人的体面和区别于动物的高贵。

建设资金筹措能力。工程项目建设可以分为营利性、公益性、混合型等几种类型。现实中可以筹措到的工程项目建设资金主要分为资本性的和公益性的。资本性的资金以获利为目的，其天性是逐利；公益性的资金以满足社会需要为主要目的，更多关注的是社会效益、生态效益、文化效益等非经济效益。公益性项目资金主要来源于中央政府或上级政府、本级政府、社会捐赠等。资本性资金的筹措主要是政府直接或间接举债、社会资本投资两种渠道，PPP项目实质上是政府举债或社会资本投资项目的变种。在政府举债受到日益严格限制的环境下，真正的社会资本投入争取成为关键。该过程中政府的作用主要是为社会资本投入做信用担保，地方政府信用担保两个基本标的物是土地和财政。标的物土地价值的大小主要取决于当地商品房房价的高低，房价越高，地价也就越高，越容易以土地做信用抵押换取社会投资，这就是地价越高的城市越不缺社会投资的原因。标的物财政具有很大的不确定性，除极个别地方政府财政充裕外，大多数地区财政困难是常态。这种现状为地方政府突破土地财政束缚带来了很大困难，但从另一方面讲，以土地财政作为标的物实现地方财政转型则是行得通的，也是一个必然的选择。以土地作为标的物引入社会资金发展实体产业是许多地方政府筹措项目资金、实现经济和财政转型、构建区域可持续发展能力的选择之一。

建设组织方式构建能力。工程项目建设组织一般包括社会主导型、政府主导型、混合型三种方式。一般情况下社会主导型项目效率高、收效快；政府主导型项目效率低、效益低、速度慢；混合型项目多扯皮，且最终会演化成政府或社会主导型项目。构建什么样的项目建设组织方式既是各种类型建设项目的客观需要，也是地方政府项目建设组织能力的体现。这种能力主要表现在分解清楚建设项目中各方面的利益诉求、建设项目中各方利益保障能力、项目建设各相关方的资源调动能力、项目建设中各种问题的处理能力等。一个看似简单的项目组织方式问题，实际上涉及工程建设项目中各方力量综合平衡的需要。

（二）工程项目建设环境与程序问题

环境问题处理。生态环境成为当下工程项目建设的制约，是过去生态环境欠账太多、经济转型升级总体要求、人民群众对良好生态环境的迫切需求、生态环保监督执法能力提升等因素综合作用的结果。项目规划环评、项目环境评价、排污许可证制度、主体功能区制度、部分区域的产业准入负面清单制度、生态红线制度、资源环境承载能力挂钩的项目审批等是工程项目建设准备阶段绕不开的硬约束。要解决这些问题，第一是要扭转发展与环境矛盾的集体认识，不少地方的普遍意识是经济社会发展与生态环境保护有天然的矛盾性，并且已经形成集体认识——发展经济就要破坏生态环境，这种认识必须予以扭转。第二是建立严格的产业准入负面清单和环境准入标准，产业准入从源头上解决项目生态环境问题，生态环境影响大的项目不予落地；严格环境准入，对不符合生态环境要求的项目进行升级改造。第三是探索适宜的发展道路，按照比较优势原则、特色经济原则，探索各地发展的路径，寻找替代产业，形成环境友好型、资源节约型经济社会发展模式。

项目建设程序问题。相同法定程序约束下的工程建设项目，有的进展很快，有的进展缓慢，有的甚至成为烂尾工程。核心问题是工程项目建设程序合理性问题、管理部门分权问题、管理部门分利益问题。为有效推动工程建设项目的实施和效益发挥，项目建设程序应该在大的框架下因地施策。个别地方已经开始实施部分项目的"一个章"管理模式，把相关管理部门在项目管理中应承担的责任、应尽义务隐藏到背后，并通过严格的时效等约束，确保"一个章"管理模式的科学性和合法性。许多地方项目建设程序实际上是公开的表面化程序与私底下的隐藏程序相结合的，减少私底下程序的内涵和分量，增加公开化程序的内涵和分量是解决项目建设程序问题的必然要求。

二 工程项目建设进度推进能力

（一）工程项目推进体制机制

工程项目建设进度既与工程项目自身特点有关系，也与工程项目条件保障、组织管理等具体问题有关。从区域经济社会治理角度看，工程项目建设推进体制机制是最为重要的一个环节。

顺应项目特征的共识机制。区域经济社会治理涉及的各种工程项目各有特点，项目建设周期、各建设阶段衔接等方面具体要求也不尽相同，但针对如何推进建设不同类型的工程项目，相关方面要有一个共识。科学的方法是构建起基于工程项目特点的推进共识机制，根据项目领域和特点，分门别类建立共同决策机制和共识形成机制。

项目协商和分工协作机制。第一是构建起工程项目建设相关方协商机制，区域工程项目建设既涉及建设方、管理方，也涉及工程项目的使用方或受益者，如果相关各方对工程项目的内容、建设过程、建设预期、问题与不足等能够达成共识，对于减少项目推进中的矛盾是十分有利的，关键是构建起各方参与的协商机制。第二是构建工程项目建设分工协作机制，在协商项目建设关键问题的基础上，需要明确工程项目建设各参与方的责任、义务、要求等。该机制的关键是谁来分工、怎样分工，有的分工是约定的和强制性的，如工程项目合同规定的建设内容、监管方的责任、政府职能部门的责任等都有明确要求；但也有一些工程项目建设中的具体协调、衔接等需要进行分工，需要构建相应的工作机制，将工程项目建设中非强制性责任、意义、利益保障、考核要求等问题说清楚。

监督考核机制。在协商和分工协作的基础上，按照各方在项目推进中应该承担的责任建立监督考核机制。监督考核由政府部门、项目建设单位、项目监理单位、社会公众等共同实施；政府部门负责对工程项目建设承担单位进行总体考核、对总体建设进度进行跟踪监督；项目建设单位负责内部各工程实施部门的监督考核，重点考核进度和质量；项目监理单位或其他第三方监督机构负责对项目建设主体进行监督；社会公众则重点对项目的社会效益、生态环境影响、服务能力等方面进行监督；政府部门在工程项目监督考核中要充分参照其他参与方的监督评价结果。

容错机制。项目推进中的错误具体表现差异很大，大致包括改革探索性错误、技术规程执行错误、责任落实不到位错误等，各种错误对工程项目建设带来的影响有大有小。因怕犯错误受惩罚采取谨慎态度值得肯定，但因怕担责而不作为导致工程项目进展不力的情况也不在少数，因怕担责而不探索尝试的情况也很多，这些是应该予以制止的。针对工程项目建设中的错误要区别对待，对于技术性错误、不尽责任等导致错误的责任人要予以惩罚；对于改革探索尝试等原因导致错误的责任人要予以容忍。对于未知的、不确定错误的容忍机制，可以鼓励工程项目相关各方敢于改革、大胆创新。这从总体上对区域工程项目建设是有利的，应予以适度的、合乎程序的、体制机制层面的宽容。

（二）关键问题与矛盾处理能力

即使是进展很顺利的工程项目，建设过程中也存在各种各样的矛盾。在工程项目建设前期充分认识和化解这些矛盾是工程项目建设前期障碍清除能力的重要体现。对于已经固化的矛盾、新形成的矛盾、可能出现的矛盾、不同性质的矛盾等要予以区别对待，构建相应的解决机制，形成具体的解决方案。

土地方面矛盾处理。工程项目建设涉及土地方面的矛盾主要表现在各部门管理权之间的矛盾、地方管辖权之间的矛盾、不同级别政府之间的矛盾、不同时期相关人员之间的矛盾、农民与政府的矛盾、集体与国有土地性质矛盾、用地性质（类型）之间的矛盾、不同拥有者之间的矛盾、现有业主与未来业主的矛盾、军队与地方矛盾、当前与未来矛盾等。土地方面矛盾的核心主要是收益分配和管理权问题。管理权又表现为未来收益和承担责任，说白了就是收益和责任问题。一般而言，矛盾各方都是按照收益最大化、责任最小化来提出诉求的。处理土地矛盾能力主要表现在：土地管理权掌控（法律掌控和实际掌控往往有出入）、构建科学分配收益机制的能力、构建合理分担责任机制的能力等。

利益分配矛盾处理。工程项目收益分配有两种基本逻辑，第一是以税收和收费为基础的强制体系，第二是利润分配的协商机制。强制性的税收和收费不存在商量协调的余地，但其合理性很多时候值得怀疑，这正是税收体制改革的动力所在。虽然税收和收费本身具有强制性，但地方依然可以通过其他方式来冲淡强制性带来的问题，比如各种补贴、税收返还、各种奖励等方式。分配协商实际上是个艰苦的博弈过程。前些年，一些地方政府将当地的部分资源交由社会资本开发运营，并谈妥了利润分成问题。但在实际操作过程中，地方政府逐渐发现，社会资本以各种名目增加经营成本，降低利润，使地方政府实际收益预期无法得到满足，甚至人为造成亏损。这种情况下，地方政府就需要通过相应的程序争取应得的收益权，或者收回相应的经营权。这需要地方主要负责人有担当、综合素质过硬，并遵照合规的操作程序来争取利益分配权。

其他矛盾处理。每个工程项目建设中都会遇到各种具体的矛盾，处理这些矛盾的关键是要对症下药，这要求相关的地方负责干部有过硬的综合能力和素质。总体上，各种矛盾的核心依然是利益、尊重、权力保障问题。中国人的善良、大局意识是骨子里就带有的，矛盾的根源往往是部分干部在相关工作中不考虑群众利益、不尊重群众情感、不考虑群众生存和发展权，甚至是贪污腐败。因此，各种矛盾处理的基础是地方干部素质和公心。

（三）工程项目推进监管能力

在工程项目推进机制的基础上，构建工程项目推进监管能力是推进项目建设的关键能力，是实操层面的能力。

工程项目动态跟踪能力。对项目的动态跟踪可分为硬跟踪和软跟踪两方面。硬跟踪是指对工程项目建设可见部分的跟踪，如项目硬件建设进度、生态环境影响等。这部分内容的监督跟踪可以通过遥感监测（适用于涉及空间范围较大的项目）、现场调查、项目承担主体报告等方式进行，比较容易形成客观的监督评价结果。软跟踪是指对工程项目不可见部分的跟踪，如项目的收益情况、社会影响、计划完成进度、存在的问题等。这部分内容的监督跟踪可以利用大数据分析、社会公众参与的调查等方式实现。项目动态跟踪能力建设需要区域政府构建相应的工程项目建设监督评价服务平台，公开监督跟踪评价内容和规则，让更多的人参与到跟踪监督中，以提高监督跟踪评价结果的客观性和科学性。

工程项目推进问题发现能力。工程项目建设中的问题五花八门，从问题来源看，可分为主观原因导致的问题、客观原因导致的问题；从问题的严重程度看，可分为严重问题、一般性问题。发现问题是为后续的奖惩措施、调整方案制定等做准备。因而，发现问题手段方法的科学性、发现问题的精准性、对问题实质分析的精准性都是发现问题能力的重要部分。这种能力构建的要求包括：客观的发现问题手段方法（遥感监测方法、大样本问卷调查）、基于多元信息的相关分析（不偏听偏信）、参与客体的广泛性（鼓励更多的社会公众参与）等。依托工程项目跟踪监督评估平台，构建问题发现、问题分析功能模块是提升工程项目建设问题发现能力的可行选择之一。

三 工程项目建设后续配套能力

(一) 工程项目后续配套的策划与协调

工程项目后续配套策划。工程项目后续配套是否到位、是否适合，对工程项目的整体效果有很大的影响。许多城市居民对住宅项目的后续配套服务有很深的体会，好的住宅小区配套服务让居民住得舒心，不好的配套服务让居民闹心。工程项目后续配套策划需要回答配套什么和怎样配套两个关键问题。考虑配套什么有两个出发点，其一是国家或行业标准要求，对于有明确要求的配套服务项目，必须遵从相关标准要求，这是最好的选择，是减少不必要矛盾和问题的应对依据；其二是工程项目发挥作用的实际需求，每个项目都有明确的功能和服务目标，功能的发挥需要相应的配套能力和措施，按需求进行配套设施和能力建设是最大限度发挥工程项目效益的最好选择。后续配套具体策划内容因项目的类型和性质不同而有差异，但都需要有详细设计方案、实施方案、保障措施等内容。

后续配套话语权问题。现实中各地居民都有对工程项目配套设施满意或不满意的体验，但更普遍的问题是有人满意而有人不满意，并且往往是领导满意而群众不满意。领导满意有领导满意的道理，群众不满意也有许多理由和切身的体会，这其中的关键是工程项目后续配套建设内容的话语权问题。但现实中工程项目配套受益者或服务对象往往是没有多少话语权的普通人，表达话语的渠道相对较少，力度很弱。所以，工程项目后续配套决策中一定要引入使用者参与决策机制，特别是决策参与的普遍性、广泛性和参与深度应充分体现出来，才能真正实现后续配套的最优化、科学化决策。

后续配套协调。这里的协调不是协调过程，而是一种协调状态，即相关各要素、各方面相互融合、适应、衔接、双赢或多赢的一种状态。工程项目后续配套协调包含几个方面的内涵。第一是后续配套与工程项目的协调，后续配套项目首要目标是使工程项目的效益最大化和最优化，这要求后续配套项目与工程项目从标准、目标等方面协调一致。第二是与其他工程项目的协调，区域内往往集聚一系列的工程项目，这些工程项目之间存在一定的关联性，如电力项目与住宅项目、生产项目等存在联系，要使工程项目发挥最大效益，后续配套工程需要区域内其他工程项目在服务对象、服务目标、技术标准、服务方式等方面相协调。第三是与使用者协调，实际上是后续配套服务需求准确性、合理性、适用性问题，显然用服务城市人的理念来设计农村地区的配套服务工程就会出问题。

（二）工程项目验收与运行服务

验收的标准与程序。目前各区域几乎所有类型的工程项目都有验收标准，后续配套工程大多都有相应的标准规范，也有固定的程序要求，但配套工程项目验收标准和程序很少关注使用者的感受和体验。电力配套工程验收按照电力行业标准和程序开展，燃气配套工程验收按照燃气行业标准和程序进行。在验收过程中极少有工程项目关注终端用户的体验和感受，也没有相应的要求征求终端用户的意见，这就是很多工程项目后续配套让人觉得别扭的根本所在。所以，要想使后续配套项目能够更好地服务于终端用户，在后续配套工程项目验收标准和程序中需要加入终端用户意见、感受、体验的内容和环节。有了这种要求，各地会提出很多具体的操作方案，这种安排至少从理论上、制度层面上保障了终端用户在涉及自身利益的配套项目设计中的应有权益。

后续配套工程项目运行服务。后续配套很多时候是解决工程项目最后一公里问题的，后续配套做得好，能够顺利运行，可以保证工程项目的功能正常发挥，实现工程项目的经济效益和社会效益，从某种意义上讲后续配套运行服务比工程项目本身更为重要。后续配套运行服务能力建设的核心是构建运行服务的机制，主要涉及运行服务标准、运行经费来源、运行问题处理、运行服务管理等方面。一些城市居住小区收物业费十分困难就是典型的工程项目后续配套运行不良问题。建设住宅小区相对容易，住宅小区物业管理运行服务除高端住宅小区相对较好外，很多住宅小区在运行服务中都存在各种各样的问题，这正是后续配套服务运行设计中应该重点关注的问题。

后续配套能力提升。随着经济社会发展，后续配套服务能力、服务标准都需要相应提高。这一方面是经济社会需求发展的结果，另一方面也是科技进步的必然。后续配套能力提升主要涉及提升机制建设，后续配套运行管理者、运行维护者、使用者的协作，使用者组织能力建设等方面。后续配套服务能力提升首先是要在制度安排上予以关注，功能提升涉及经费和工程工作，需要制度化安排才能提供保障。其次是后续配套相关的管理方、运行维护提供服务者、终端用户之间的协商和协作，就后续配套能力提升实施过程中的一些细节问题形成一致意见。最后是终端用户组织能力问题，终端用户是散沙，协作中需要很强的组织能力才能把终端用户组织起来。各区域在经济社会管理中形成大量、适用的群众工作经验和工作方法，这些方法在现代经济社会环境和要求下适当改进，就可以提供有效的终端用户组织能力，以服务于后续配套能力的提升。

第五节　自然资源和生态环境管控能力

对区域自然资源和生态环境管控的关键是掌控其动态变化，以及动态变化的原因，并以此对自然资源的开发利用进行管控、对生态环境动态变化进行管控。

一　自然资源和生态环境现状及变化的掌控能力

（一）自然资源状态及变化掌控

自然资源数量及动态变化监测能力。自然资源数量和动态变化监测主要是对区域主要自然资源（土地资源、矿产资源、水资源、森林资源、生物资源、气候资源等）的空间分布、总体数量和分区域数量等的掌控，重点是自然资源总量的多少、总量的变化情况以及变动趋势。这种能力的关键是监测方法的独立性、科学性、可靠性、可行性和可获得性。独立性是获取真实数据的基础保障；科学性是指信息表征的准确性，如资源信息的内涵界定、资源信息获取时间合理性等；可靠性既涉及获取信息技术问题，也涉及管理问题；可行性主要是技术可行性和管理的可行性；可获得性既包括技术保障，也包括资金保障、人力保障等，有的信息获取需要大量的资金，地方未必在一定的时段内能够拿出足够的资金来获取这些信息。从管理和技术上看，各个地方都具有管理这些资源的独立部门，通过遥感监测、实地测量等方法，都具备了初步获取自然资源静态和动态变化信息的能力。最大的问题可能是自然资源信息的准确性、可靠性、现时性等方面不能令人满意。

自然资源质量及动态变化监测能力。自然资源质量及动态变化监测的核心是对区域主要自然资源（土地资源、矿产资源、水资源、森林资源、生物资源、气候资源等）的质量特征及质量变化趋势的把握。相对于自然资源的数量和分布，资源的质量对区域发展的意义和作用更大。获取自然资源质量静态和动态信息是获取数量信息的延伸和拓展，部分质量信息可以与数量信息同时获取。当前科技条件下，获取区域自然资源质量静态和动态信息都不是问题，无论是通过遥感方法，还是实地测量方法、科学推算方法，都有比较成熟的模型和方法。这种能力是否能够很好地发挥作用，关键是管理和多元信息来源协同；相关权威部门给出的自然资源质量信息受多种因素的影响，准确性、可靠性、时效性等方面往往会存在一些问题。

自然资源综合监测能力。综合监测涉及多个方面的内容，第一是对某种自然资源要素数量、质量、生态、属性等方面的综合监测，特别是对自然资源总体变化趋势、态势的掌控。第二是基于各种自然要素之间的相关关系开展的监测，利用不同类型自然资源之间的相互作用关系，来验证和印证某些自然资源的变化情况。第三是经济社会需求条件下自然资源综合情况的监测，即在资源环境约束趋紧、自然资源需求增加、资源环境承载能力瓶颈等背景下，监测自然资源综合变化趋势。从数据获取角度看，综合监测不需要单独建设物理的监测设备和系统，重点是对各种自然资源相关关系、自然资源与经济社会发展协调、人与自然共生发展的综合评价。从管理角度看，是通过自然资源监测成果的应用，协调各业务部门在自然资源管理和开发利用方面的节奏、强度、数量等；以从总体上提高自然资源综合开发利用的能力。

（二）生态环境状态及变化掌控

区域生态环境的物质组成主要是各种自然资源，以及各种人工构筑物（如城市、乡村、道路等）和人工生态（如农田生态系统、畜牧业等）；区域生态环境物质基础在一定时段内基本上是确定的和稳定的，所以对区域生态环境状态及变化掌控的重点是生态环境质量和功能状态与变化。

生态环境质量及动态变化监测能力。指掌握生态要素、环境要素质量状态及动态变化的能力。区域生态主要包括森林生态、水生态、湿地生态、草地生态、农田生态。生态质量状态常通过对比生态现状与理想状态来确定，如在森林生态中，如果植被种类数量与理想状态下差距很大，则可以认为森林生态的质量不高。区域环境要素主要包括大气、水体、土壤等，环境质量也常是通过对比环境要素质量现状与理想状态的差距确定的，如水体质量中的劣 V 类说明水环境质量与理想水体质量差距很大。目前，测度生态环境治理及其动态变化的技术和设备系统已经十分成熟，所以区域生态环境质量监测能力的核心不是技术能力，而是非技术的管理、经费、人员责任、体制机制等问题。

生态环境功能及动态变化监测能力。区域生态环境的质量和功能本质上是一致的，生态环境质量高低决定其功能的大小或强弱。生态环境质量更多是从生态环境本身来评价，生态环境功能除维持生态环境自身功能外，更主要是面向人类的经济社会活动来评判，如水体的纳污能力主要是就水体分解人类生产生活中形成的污染物而言的；同样，就目前的科技水平和设备系统支持能力而言，区域生态环境功能监测能力已十分强大。但区域是否具有生态环境功能持续监测能力，主要是受管理、经费、责任落实、体制机制、信息共享政策等非技术因素的影响。

生态环境综合监测能力。生态环境各系统、要素之间是相互关联的，存在千丝万缕的联系，所以区域生态环境除数量、质量、功能的监测外，还需要综合监测。生态环境综合监测实质上是对生态环境各种单项监测结果的综合管理和应用，侧重在对生态环境各要素数值之间的相关性分析和综合应用。区域生态环境要素、自然资源及经济社会构成了一个复杂的系统，系统中各种要素通过作用与反作用、物质输出与回馈、信息输出与反馈等方式相互作用，相互影响。生态环境综合监测能力能够真正反映区域生态环境监测掌控能力。

二　对破坏资源和生态活动的管控能力

（一）自然资源和生态环境变化原因分析能力

自然资源和生态环境变化的原因有时很简单，如大气污染和水体污染导致大气环境和水质变差；有时候原因可能很复杂，可能是多种因素综合作用的结果，如华北地区持续的雾霾就是由多种因素导致的。对于区域自然资源和生态环境变化成因分析，可以从科学技术、管理、经济社会等几个方面开展。

科学技术原因分析。目前，对区域自然资源和生态环境各种现象、过程的认知已相对成熟，区域自然资源和生态环境变化的科学问题、技术问题已经基本上得到解决，即使是雾霾这种多种成因的环境问题，也已经通过雾霾成分分析、来源分析等方式掌握其形成的原因和过程。目前，科学技术分析对自然资源和生态环境各要素、各种现象、各种过程之间的内在联系的认知有待进一步深化，特别是将区域自然资源和生态环境作为一个整体系统的理论方法、技术手段、设备系统等方面仍有很大的提高余地。随着人类经济社会活动向环境中排放人造物种类和数量的增加、区域外来物种的入侵、作为某些细菌协调者的人和动物频繁在区域之间的流动，区域自然资源和生态环境面临的潜在问题和风险在不断增加。科学技术分析的重点应该围绕这些可能引起区域自然资源和生态环境变化的新因素、新问题开展更加深入和细致的工作。

　　管理原因分析。区域自然资源和生态环境的各要素、过程和现象都有相应的管理部门，如森林由林业部门管理、土地利用由自然资源部门（国土部门）管理等。区域自然资源和生态环境管理方面的问题主要包括以下几个。第一是对象管理权限与成因管理权限的不一致，自然资源和生态环境要素建设和保护责任管理是比较明确的，如种树由林业部门负责，森林积蓄量的变化由林业部门负责，但对导致资源和生态变化的原因的管控则比较乱，如导致森林资源减少的原因可能是其他业务部门导致的，可能是扩大建设用地的地方硬要求导致的，也可能是气候原因导致的。第二是区域自然资源和生态环境要素之间协调性管理的缺失，从某种自然资源和生态环境要素来讲，数量的最大化、质量最优化、空间最大化是最理想的。但从区域自然资源和经济社会协调发展和综合需要的角度看，区域自然资源和生态环境要素数量、质量、功能存在相协调、相适宜、相制约等问题，有些要素数量减少是必然的，如随着城镇化的快速发展，耕地面积的减少成为必然，城镇空间面积的扩大也是必然。因此，对区域自然资源和生态环境变化的管理原因分析要兼顾这些情况。

　　经济原因分析。区域经济社会中，经济原因是区域自然资源和生态环境变化的关键因素之一，把耕地转为建设用地经济上是因为建设用地产生的经济价值比耕地高，把林地转变为建设用地也是因为建设用地带来的经济效益比林地高，但这会导致耕地和林地面积减少，导致区域森林生态、农田生态的数量及质量变化。工厂之所以要排放污水同样也是经济原因导致的，工厂要生产，生产工艺又达不到真的污染零排放，在一定的技术工艺条件下，生产多了，污染排放就增加，环境质量就会变差。从某种程度上说，每一种导致自然资源和生态环境变差的现象背后都隐藏着一个利益链条。所以区域自然资源和生态环境变化经济原因分析的本质是愿不愿意把真实问题找出来，愿不愿意停止对区域自然资源和生态环境变化不利的活动，愿不愿意追究带来生态环境问题当事人的责任。经济原因往往与区域民生改善正向需求、地方保护等负向需求有直接联系。

（二）与生态环境冲突活动的管控能力

活动责任主体及性质分析。当区域内某些经济社会活动与生态环境发生冲突时，首先要对影响区域生态环境的活动责任主体及性质进行认定。影响区域生态环境活动的责任主体可能是企业、个人、团体、政府组织、其他组织等。确定责任主体性质是采取相应的管控措施获得相应的法律或其他依据、管控程序的基础工作；在此基础上，认定影响区域生态环境活动的性质，评价判断相关活动是属于营利性质、生计性质、公益性质，还是其他性质。对于营利性质的活动需要坚决予以制止；对于生计性质的活动，在制止的同时需要寻找替代解决方案；对于公益性质的活动，则需要寻找替代方案。

活动动态特征分析。目的是对影响区域生态环境活动动态和趋势进行掌控，看活动是在逐渐加强还是逐渐减弱，或是持续平稳；看区域生态环境的不良影响是在加强还是逐渐减弱，或是平稳持续。这需要具有对相关活动全方位、持续的监控能力。对于活动中可以通过外在可监控手段获得的信息，基于区域生态环境监控能力对其动态变化情况进行分析，在这方面，环保部门的在线动态监测效果十分明显。对于活动中不能用可见手段获得的信息，则可以通过区域经济社会监控体系进行动态跟踪分析；通过对影响区域生态环境活动可见和不可见内容的趋势分析，为采取相应管控措施奠定基础。

活动管控措施。对影响区域生态环境活动的管控措施分为强制性和非强制性。如果活动对区域生态环境的影响是在许可的范围内，并且责任主体已经或正在通过技术改造或其他措施降低对区域生态环境影响的强度，可以考虑用非强制性措施督促责任主体进一步降低对区域生态环境的影响，直到影响降低为零。对于违反相关法律法规，又没有采取有效措施降低对区域生态环境影响的责任主体，则需要采取强制性措施。强制性措施往往会带来一系列的经济社会问题。通过有效结合强制性和非强制性管控措施，可督促责任主体形成降低生态环境影响的内生动力。通过经济措施、法律措施、社会责任措施等综合措施，可以有效增加对区域生态环境影响的综合管控能力。

（三）破坏生态环境存量活动管控能力

无论是产业准入负面清单，还是生态环境相关的法律法规，对于区域新建项目管控较多，也相对容易管控，只要有环境污染的项目一律不上；但受经济社会发展阶段及其他因素的影响，每个地区都或多或少存在大量对区域生态环境有不良影响的存量项目，这些存量项目怎么办，是区域生态环境活动管控中必须面对的问题。

客观评价存量活动。每个地区都存在一些对区域生态环境有负面影响的项目。各地大量存在的钢铁厂、化工厂、纺织厂等企业在区域经济社会发展过程中起到了积极的作用，做出过很大的历史贡献，对区域生态环境的影响属于历史遗留问题。区域经济社会发展都经历了从经济主导到经济社会协同，到经济社会与生态环境协调，再到生态文明的过程。有生态环境负面影响的企业或产业是逐步发展起来的，对这些活动的分析既要平衡其经济效益、社会效益、生态效益，也要从国家角度结合产能过剩情况，予以综合评价，将影响区域生态环境的活动分为不同类型和等级，为不同措施的采取奠定基础。

存量活动的管控措施。从技术角度看，对于影响区域生态环境的存量活动有两种管控途径，其一是通过对存量活动的技术升级、改造，使其在维持正常运转的同时，对生态环境的负面影响数量和能力逐步降低；其二是对相关活动进行关停或转移，一次性解决存量活动对区域生态环境的负面影响。两种思路中都存在经济风险、社会风险、道德风险，甚至是政治风险。两害相权取其轻，但对轻重的拿捏和把控离不开具体的发展环境、发展阶段、决策者的水平和视角。在这一过程中，决策者应该抛弃地方保护思维，承担时代赋予的历史担当，对于产能过剩，有较大生态环境影响的存量活动要坚决予以关停；对于生态环境影响可控，有一定市场前景的生产活动，按照发挥市场在资源配置中的决定性作用原则，在法律法规框架下由企业自行确定去留。

存量活动责任补偿。每个地方都存在一定数量的僵尸企业，其中以国有企业为主，留着它会耗费财政资金，一次性关停企业会带来难以解决的社会问题、经济问题，甚至是政治问题。解决这类问题可以尝试责任补充方式，主要是经济责任和社会责任补偿。对于关停的企业，经济责任补偿是区域一次性给企业员工一定数量的经济补偿，社会补偿可以通过就业安置、转岗培训等方式开展。对于短期内不能关停的存量企业，要通过企业对区域进行经济和社会补偿的方式提高其存在的成本，最终迫使其关停。

三　经济社会与资源环境的协调能力

（一）经济与自然资源的协调能力

自然资源的有限性和需求持续增加的矛盾。一定时段内，区域的自然资源数量、质量和可利用量变化不大。虽然伴随着科学技术进步，自然资源利用效率会有很大的提高，但受各种经济社会因素的影响，区域能够获得的自然资源的数量仍是有限的；然而，区域经济发展对自然资源的需求则在不断膨胀，这构成了区域自然资源时空有限性和需求持续扩张的基本矛盾。产业发展和科技进步可能使区域经济发展对某种或某些自然资源的依赖程度降低，但在可预见的将来，区域经济发展对自然资源的总体依赖程度并不会降低，只是依赖的方式和具体内容会发生变化。

经济与自然资源协调的出发点。协调区域经济与自然资源之间的矛盾，本质上是解决自然资源供给和需求之间的不平衡问题，这种不平衡涉及空间（如需要的地方没有）、数量（如需求多的地方供给少）、时间（如需求旺盛的时段供给不足）等方面。基于各种因素的客观性和限制作用，协调区域经济与自然资源的思路主要包括以下几个。第一是自然资源供给的优化和最大化，优化主要包括质量结构优化、时间节点优化、节奏优化、空间地域的优化等；最大化包括空间最大化、时间最大化、数量最大化、质量最大化等，不单是数量的最多。第二是经济发展需求的优化和最小化，发展需求的最优包括结构优化、时间优化、空间优化等；需求最小化包括空间最小化、时间段最小化、数量最小化、结构最小化等。

经济需求性质分析。针对经济与自然资源之间的基本矛盾，在供给总量相对稳定的情况下，如何控制需求则变得至关重要。需求管控的基本思路是分类管控，即针对不同的需求性质进行分门别类的管控。经济需求要区分赢利为目的的商业活动需求和居民基本生活相关的经济活动需求。商业活动需求要保最优，基本生活需求要保基本；要区分自然资源需求是少数人的需求还是多数人的需求，少数人需求按效益最大化供应，多数人需求则按照公平兼效率原则供应；要处理好自然资源的当前需求与未来需求的关系，以确保区域可持续发展所需要的自然资源持续供给能力。

（二）经济与生态环境的协调能力

认识经济与生态环境矛盾的根源。经济发展与生态环境的矛盾不是天然的也不是永恒的，其实质是落后生产力与持续增长的经济需求之间的矛盾，未来是可以调和的。当前生产力条件下，经济与生态环境矛盾的根源是不断增长的、对生态环境有影响的需求超出了生态环境的自净能力，是生态环境向不利于人类的方向演化。地方普遍认为经济发展与生态环境保护存在不可调和的矛盾，这种认识既有一定现实道理，也存在一定的方法论误区。要重新审视和认识这种矛盾，首先这种矛盾不是终极的，是阶段性的；其次这种当下的矛盾是可以通过一系列技术和政策措施来调和的；最后就是不要以这种认识方式误导产业的转型升级发展。

经济与生态环境协调的思路。协调区域经济与生态环境的基本思路如下。第一是生态环境分时空保护，根据生态环境的功能重要程度和生态环境自身的稳定程度分类分区保护。第二是经济活动的时空管控，经济活动的布局和强度按时间和空间进行分类分区管控，划分经济活动的适宜空间区域和时间段，开展适宜强度的经济活动；划分不适宜经济活动的空间和时间段，并以此限制或禁止经济活动。第三是经济活动的减量化，在产能全面过剩的条件下，经济活动的减量化不但能够减少经济活动对生态环境的不良影响，而且能降低经济其他相关要素的消耗。第四是经济活动的优化，即从有效供给和有效需求对接的角度，对经济活动的内容和强度进行优化，可以通过产业结构优化、产业转型升级等方式实现。第五是提升区域生态环境承载能力，通过技术和管理创新可以提高区域的生态环境承载能力，进而为经济发展提供更多的生态环境空间。

经济活动对生态环境影响性质分析。在当前科技水平和能力条件下，经济活动对生态环境的影响难以根除；在无法彻底消除负面影响的情况下，减量化和优化是必然选择。在采取相应对策前要对经济活动的性质进行分析界定，如果是以获取商业利益为目的的经济活动，措施就应当更为严格；如果经济活动是区域居民民生必不可少的，那就应该在优化的基调下尽可能减量化；如果是满足少数人需求的经济活动，那就应该按照中央抵制特权的要求，坚决减量化或禁止；如果是满足多数人需求的经济活动，那就应该在保基本的前提下优化和减量化。此外，要处理好当前需求和未来需求的关系问题，既要保证当前生态环境的维护，也要保证未来区域生态环境的持续优化。

（三）社会与自然资源的协调能力

认识社会与自然资源矛盾的能力。社会对自然资源的需要表现在多个方面。首先，人类生存相关的社会活动，人的居住、吃喝拉撒等物质条件需求的满足需要相应的自然资源支撑。其次，人的社会化权力保障需要的自然资源支撑，教育、医疗、养老、旅游、娱乐、休闲等方面的活动，需要水资源、土地资源、空间资源、森林资源、气候资源等来保障。区域社会各项活动对自然资源的需求是客观存在的，并且随着区域社会发展水平的提升，对自然资源需求的数量和质量也在提高，但自然资源在一段时段的数量、质量和结构是相对固定的，于是就形成了社会活动快速增长的需求与自然资源供应有限之间的矛盾，本质上是需求的膨胀及独占与供给有限性之间的矛盾。

社会与自然资源协调思路。协调社会活动与自然资源协调的思路是从供给和需求两个方面着力。第一是社会活动对自然资源需求适宜化、优化调控，所谓适宜化是针对区域社会发展水平、区域自然资源供给特点和科学技术水平，将自然资源的需求控制在适宜的范围内，如用地紧张的地区就要控制人均建设用地数量。所谓优化就是调整需求结果使其与区域自然资源特点相吻合，土地资源丰富而水资源缺少的地区，就应该使社会活动组织结构向相对多用地、少用水的方向发展。第二是自然资源供给的时空优化、最大化、可持续性，即针对区域社会活动的需求，优化自然资源供给的时空结构，需求大的地区多供，需求少的地区少供；对于紧缺的自然资源要最大化供给，同时要考虑自然资源供给的可持续性。

社会与自然资源矛盾性质分类。在协调社会活动与自然资源的过程中，要区分导致社会需求与自然资源矛盾的性质，弄清楚社会活动对自然资源的需求是基本需求，还是过度需求。对于基本民生类的需求要尽可能保证，对于过度需求则要通过经济杠杆、法律法规予以约束。此外，要处理好当前需求与长远需求的关系，确保区域社会的可持续发展。

（四）社会与生态环境的协调能力

认识社会与生态环境协调的能力。现阶段人们关注更多的往往是区域经济活动与生态环境的相互作用关系问题，对社会活动与生态环境的相互作用关注较少。其实社会领域的活动对区域生态环境的影响是十分巨大的，并且，社会领域活动对区域生态环境的影响往往披着保证民生等合法合理的外衣。区域社会活动与生态环境协调的本质是协调社会领域活动与区域生态环境自身演化规律的不一致性问题，如自然河道条件下河流水体与河道形成了相对稳固的生态系统，河道衬底后原有的河道生态系统被打破，会重新构建起新的河道生态系统，这种新建的河道生态系统对区域整体生态系统的影响是正面的还是负面的，当前影响和长远影响如何尚不能定论。社会领域活动与生态环境协调的另一方面问题是社会活动对区域生态环境的影响程度超出了生态环境自身的调节适应能力，因而必须调控区域社会领域的活动。

社会活动与生态环境的关系协调思路。社会领域活动与生态环境协调的基本思路也是从供给和需求平衡着手。所谓供给就是通过生态环境承载区域社会领域活动能力的最大化和可持续，来提升区域生态环境消除和吸纳社会领域活动影响的能力。所谓需求是指通过对社会领域活动的时空管制和时空结构优化，在不影响区域社会发展需要的基础上，从总体上降低社会活动对区域生态环境的影响。通过降低需求和提升供给能力双向调节，来增加区域社会领域活动与生态环境的协调性。

生活方式与生态环境的协调。社会领域活动中很重要的部分是居民生活方式，出行方式影响区域碳排放，垃圾处理方式对区域大气和水体环境有影响，居住建筑方式对区域能源结构有影响，并间接影响区域大气和水体生态环境，所以生活方式管控得好，对区域生态环境的正向作用是显而易见的，并通过生态环境保护理念的形成给区域生态环境带来长远的正面影响。生活方式与生态环境协调的核心是当区域居民生活方式对环境有负面影响时采取什么样的处理措施，其基本思路为运用经济、法律法规、村规民约、社区文化倡导等综合方式，减少生活方式不生态、不环保对区域生态环境的负面影响。

社会活动与生态环境矛盾性质分类。社会领域活动与生态环境矛盾处理要区分矛盾的性质，对于区域居民生活基本需求与过度需求要区别对待。基本需求要在保证居民生活基本需求的基础上尽可能减量化，对于过度需求则可以通过经济杠杆或制度措施严格约束。对于个体需求与群体需求也要区别对待，个体行为导致需要对影响生态环境的行为做出严格限制，群体需求导致的生态环境影响管控基调是在合法合规的基础上尽可能降低影响；同时也要区分当前需求与未来需求影响生态环境的处理策略，既要关注当下影响，也要兼顾长远影响。

（五）经济社会与自然资源、生态环境的综合协调能力

综合协调能力，是将各种认知转化为行动的能力。这种能力涉及对各种要素数量、质量、功能的掌控和影响能力，对矛盾和问题的纠正能力等多个方面。

自然资源和生态环境的协调。区域自然资源是生态环境的物质基础，生态环境是自然资源的功能组合再现；对于两者的协调应该在区域统筹、时间统筹、开发利用强度和节奏统筹、要素结构统筹、功能统筹、开发与保护统筹基础上开展；在保护自然资源中重点是维持和增强资源的生态环境功能，在自然资源开发利用中重点是维持区域生态环境功能不降低，在生态环境保护中重点是提升自然资源的生态环境能力，使区域资源环境承载能力的提升与自然资源保护、开发利用结合起来。

经济与社会活动的协调。区域经济领域活动与社会领域的活动存在内在的、天然的联系。一般而言，经济活动的水平与社会活动的水平是一致的，经济活动层次低的区域社会活动的原始性相对明显；同时，两者又是可以相互影响，相互促进的，经济实力强的地区可以拿出更多的经费和其他资源改善区域居民社会活动方式。区域经济和社会活动协调的本质是相互适应和相互促进，所以协调的思路是充分发挥经济与社会活动相互促进的正向作用，通过区域公共服务设施的适度超前布局以有效带动区域社会活动的高水平发展，进而为区域经济高水平发展提供更多资源支撑。

经济社会与自然资源生态环境协调思路。区域自然资源生态环境与经济社会相互作用过程十分复杂，其间的协调基本思路包括：第一是争取总体最优，自然资源开发利用、生态环境保护、经济发展、社会进步等不可偏废，可根据区域发展阶段和其他特征，实现区域总体最优。第二是自适应与相互适应相结合，既保证资源生态环境、经济社会各领域的正向演化，同时也要尽可能使各种要素相互作用正向发展。第三是整体最优下的

局部协调，当矛盾不可调和或当期技术水平条件下不能完全解决的问题，可以通过局部要素、局部区域的妥协、让步、牺牲来保证整体最优。

四　监控方法及成果综合运用能力

（一）综合应用的影响因素

自然资源和生态环境监测成果的综合应用更有利于发现自然资源和生态环境各要素之间存在的相互关系、潜在的问题、问题的根源，更有利于寻找综合性问题解决方案。自然资源和生态环境监测涉及的专业内容和管理部门很多，虽然这些管理部门在总体和最终目标上是一致的，但受技术或非技术因素的影响，自然资源和生态环境监测综合应用难以全面展开，应用起来也很不顺畅。

体制机制因素。影响自然资源和生态环境监测成果综合应用体制机制因素的核心是缺少信息共享机制。当然影响信息共享的因素有很多方面，如各部门获取信息对外服务的标准、依托法律法规不一致，部门利益导致一些部门不愿意共享信息，不同部门掌控信息安全等级和安全管理模式不同，其核心是部门不愿意共享。

技术因素。影响自然资源和生态环境监测成果综合应用的技术因素，第一是各种信息自身的内涵可对比性问题，如水生态数据和森林生态数据在什么分类层次上、空间尺度上、时间尺度上可以进行比较分析；第二是各种信息形式标准的适用性问题，如各领域信息采用的数据格式、空间信息涉及的坐标系和参数不同等；第三是各种信息应用平台的兼容性问题，各部门业务系统之间的兼容性往往有很大问题，综合应用系统采用什么样的系统、以哪家的系统为基础等问题也是影响综合应用的技术问题。

（二）综合运用能力构建

拓展监测成果应用领域。在区域现有自然资源和生态环境信息应用的基础上，根据新时代经济社会发展要求和实际需要，按照做增量的思路，拓展监测成果的综合应用，如区域各级干部业绩考核中就涉及自然资源和生态环境的综合应用，区域生态文明建设考核和评价中也涉及自然资源和生态环境信息的综合应用。

构建综合应用机制。综合应用机制的核心就是信息共享机制。当然笼统进行信息共享很难实现，围绕某些具体的应用目标进行数据共享则相对比较容易，特别是这种应用目标能够体现出各部门信息成果应用价值时，信息共享机制就相对比较容易建立。

突破综合应用技术障碍。由于自然资源和生态环境各业务部门现有系统在建设过程采用的标准、技术系统的差异，各种信息、系统之间的综合应用的暂时性技术障碍是存在的，这些方面的具体技术问题在体制机制理顺、经费安排合理到位的前提下，都可以找到妥善的解决方法。

第六节　灾害与风险管控能力

经济越发达，自然灾害和各种风险造成的损失可能越大。这种损失表现为物质方面的损失数量越来越大，以及精神方面的损失（文化方面）。受灾害和其他风险影响后，区域居民对一些事情的认知和预期会相应发生变化，这有可能颠覆对本来美好事情的认识，甚至导致区域经济社会的局部倒退，美国的特朗普效应就是这种现象的诠释。

一　自然灾害的应急响应能力

（一）发现自然灾害的能力

自然灾害风险发现能力。指区域发现和判断灾害影响程度的能力。受自然因素和经济社会因素影响，区域自然灾害的种类和强度有很大差异，常见的自然灾害有洪水、干旱、地震、滑坡、泥石流、水土流失、地面塌陷等。从目前各地灾害监测基础设施、信息技术应用水平、灾害应急管理体系看，各地发现主要自然灾害的能力已经初步具备，问题集中在发现的及时性、准确性、空间覆盖完整性、信息传递顺畅程度等方面。相关能力建设既与区域自然灾害防治基础设施投入有关系，也与区域自然灾害应急防治管理体系和管理能力有关系。

自然灾害风险认知能力。指区域认识灾害风险和潜在危害的能力，即在自然灾害发生前对灾害的可能性、可能破坏程度的认知能力。较强的风险认知能力可以从一定程度上减弱灾害的强度、降低灾害的危害程度，甚至是避免自然灾害的发生。"千里之堤，溃于蚁穴"，当自然灾害发生或出现苗头时正确认知其危害，采取积极的应对措施可降低灾害发生的可能性；区域自然灾害认知能力的关键是各种自然灾害的基础研究、对自然灾害各种潜在指标的监测能力、自然灾害与经济社会联动分析能力等。

（二）自然灾害应对准备

自然灾害应急预案。应对可能的自然灾害，需要编制针对不同类型自然灾害的应急预案。衡量应急预案好坏的主要标志是预案的针对性和可操作性。所谓针对性是指预案符合当地的实际情况，预案中各要素、各环节与当地的实际情况、灾害在当地可能的情况相吻合，而不是简单将国家或其他地方的应急预案搬过来。所谓可操作性是指预案执行中所涉及的人、事、物等要素和关键点，能够按设想运转起来。目前，国家相关部委和各地方多已制定针对主要自然灾害类型的应急预案，有的预案经过了检验，有的预案仍是理论化的设想，往往只有预案之名，而无预案之实。预案的可行性和科学性可以通过适当的演练或演习进行检验，在检验中发现其问题，并予以完善。

应对自然灾害的物资准备。古人云"兵来将挡，水来土掩"，所以在灾害发生时备好相应的物资十分关键。救灾物资的准备必须解决两个问题。其一是适宜的物资，从技术方面讲应对的物资必须适宜，物资的物理、生物、化学等属性要满足要求；物质的数量和质量要符合应对灾害的需要，没有足够的数量往往会导致杯水车薪的境地，质量不过关往往会导致力不从心的境地。其二是合适的位置和时间，救灾物资必须在合适的时间出现在合适的地点，自然灾害的发生存在时间和空间特征，洪涝灾害出现在雨季，冰冻雨雪灾害出现在冬季，所以针对不同的灾害类型，应急救灾物资的时间和空间存放必须合适，所谓"远水解不了近渴"即反映了空间位置不合适问题。

应对自然灾害的组织管理准备。针对不同类型的自然灾害，明确各项具体工作的责任、责任人、责任机制。责任是将灾害应急救助各环节和过程具体化的结果，核心是明确每个环节、过程的具体任务要求和职责要求；责任人则是明确各项责任的承担者；责任机制则是明确灾害救助各环节和过程责任问题的归属划分认定机制，事、人、机制说清楚了，组织管理准备工作基本就到位了。在应对自然灾害准备中，除对各种具体的自然灾害的组织管理外，还需要对灾害引起的次生灾害、多种类型自然灾害同时发生等情况进行综合协调，确保将灾害的风险和灾害的危害降到最低。

（三）应对自然灾害的动员能力

受灾区动员能力。这种能力的直接表现就是在灾害发生时或灾害风险大到一定程度时，区域将受灾区域或受灾风险相关区域的、与灾害应对有关的人和物组织起来参与灾害应对的能力。受灾区域的动员能力可分为物质层面的动员、人员方面的动员和精神层面的动员。物质层面的动员主要是将应对自然灾害需要的物质组织调运到需要的地方；人员方面的动员主要是指将与灾害应对相关的人员在合适的时机组织到合适的位置；精神层面的动员是指让区域内的相关人员对应对自然灾害有充分的认识，做好充分的思想准备。动员既是一种策略，也是一种具体的应对自然灾害的措施。长江中下游地区许多地方都有应对洪水的动员经验，建立了很好的动员工作机制，起到了很好的效果。

外部救援力量动员。当区域的自然灾害超出了当地的应对能力时，或者自然灾害发生太过突然，并对区域灾害应对能力造成巨大破坏时，动员外部灾害应对力量就成了必选项。外部救援力量动员主要涉及救灾物资、资金、救灾人员、精神支持等多个方面。我国一直都有"一方有难，八方支援"的传统，这给灾害外部救援力量动员奠定了非常好的基础。动员外部力量的核心是要通过适当的途径和媒体将自然灾害的破坏情况及时传播给区域外部人群，将灾害应对专业需求反映给上级和相关部门，对外部需求的数量和专业性质进行准确研判，并将需要外部支援的物质和人员组织起来。

综合调度协调能力。当自然灾害发生时，受灾地区往往面临着时间紧迫、风险陡增、精神压力巨大等问题，忙中出错的情况时有发生，有时不适宜的决策可能影响救助的成效，因而如何做好各种救援力量的调度协调对灾害应对十分关键。需要处理好物资的调度协调、人员的调度协调、紧急事件的应急处理等问题。综合调度协调能力，第一是要求决策者或责任人有冷静和临危不惧的素质和定力，不能乱了方寸；第二是需要强有力的专业技术支持和保障，对灾害可能的风险和演变趋势有能力基于专业知识予以科学研判；第三是综合调度各种力量的能力和魄力。

（四）灾后重建能力

自然灾害损失评估能力。自然灾害损失主要涉及以基础设施损失、财产损失为主的经济损失，以人员伤亡、失去家园、就业损失等为主的社会损失，以受灾区域居民心理阴影、失去亲人等为主的精神损失，以土地、森林等损失为主的自然资源损失，以生态系统破坏为主的生态损失等。评估能力涉及损失技术、经济、社会、心理、生态等方面，涉及灾害损失的数量、质量与功能等方面，也涉及保险公司、赔付受益主体等方面。自然灾害损失评估是一项综合性工作，需要专门的技术人才和相应的工作机制。

受灾区规划能力。灾区重建规划同一般区域规划相比，在规划内容、规划基础、规划目标、规划方法、实施措施等方面均存在一定的差异。一般而言，灾区规划所面临的约束条件和困难会更多，汶川地震灾后重建规划、舟曲泥石流灾后重建规划都是以国家之力来完成的，是灾后重建的特例。对于大多数地区而言，对灾害形成的部分区域进行规划是经常会遇到和面临的问题。这种规划能力除了包括正常情况下区域规划能力之外，还包括对灾害损失对规划的影响有较深的理解和认识，要综合考虑经济、社会、心理、精神、自然、生态、文化等要素对规划的影响。

灾后重建资金筹措能力。所谓灾后重建资金筹措能力是指在合适的时间内筹措重建需要资金的能力。从来源看，区域灾后重建资金来源有财政资金、商业资金、社会捐助等。财政资金和社会捐助资金的多少与区域资金筹措能力直接相关。这种能力的核心是在合适的时候、利用合适的方式、向合适的人和人群，客观展示灾害损失情况，以及受灾区域灾后重建所需要资金的必要性、可行性和可能性，特别是当受灾区域面积较大，涉及行政区域较多时，这种筹措能力的作用往往是十分明显的。当然，资金筹措与当地的经济实力也有一定关系。

灾后重建调度能力。所谓灾后重建调度能力是指区域按照灾后重建规划调度各种资源，确保重建工作顺利开展的能力。与正常的区域建设相比，灾后重建往往面临任务重、客观限制条件较多、基础相对差等问题。因而，灾后重建调度首先需要对参与重建的各种资源有充分的了解和掌控；其次是对重建资源需求的充分了解和把控；再次是需要有高效的指挥调度机制和能力把合适的资源调度到适宜的地方；最后是当调度的资源与需求出现偏差时能够迅速做出调整。确保灾后重建资源调度，在管理层面先要有清晰的逻辑和制度设计，在技术层面必须建立信息齐全准确的数据库和决策支持系统。

二　经济风险管控能力

(一) 经济风险发现能力

经济风险认知能力。是指发现区域经济运行中存在的、可能对经济整体或重点部位与环节有重大影响问题的诊断和研判能力。区域经济风险表现形式很多，如长期风险、短期风险、结构风险、下行风险、后劲不足或其他重点领域、关键行业等方面的风险。客观地说，区域经济风险有一定的必然性，也有偶然性。构建经济风险认知能力，首先是要建立经济风险指标体系，针对区域经济特点，探索研究确定几个经济风险标志性指标，对指标数值变动趋势和总量进行动态跟踪；其次是建立针对本地经济特点的风险评价模型，当风险标识指标数值达到一定阈值时，发出风险预警。认知风险能力的核心是获得区域经济发展风险关键指标的真实数据，这是风险认知能力构建的基础。

经济风险成因分析能力。指当区域经济存在风险时认知和确定风险来源的能力。区域经济风险可能来源于经济规律、人为因素、客观因素等多个方面。经济运行周期性规律的影响往往不是区域经济决策能够消除的，但通过提前预防可以降低风险；人为因素导致的经济风险比较普遍，由于经济决策过程的不透明性、信息不对称性、参与群体的不全面性等，人为经济风险在经济运行中不断放大，最终对区域经济运行构成严重威胁。社会主义市场经济是由市场"无形的手"和政府"有形的手"共同作用的结果，经济风险成因自然就有市场因素和非市场因素之分，经济风险成因分析能力的核心是对非市场因素对经济影响的认知和掌控能力。

经济潜在风险分析。指认知和发现区域经济运行潜在问题的能力。与直接的、显现的经济风险相比，潜在风险具有一定的隐蔽性和欺骗性，如在 2011 年前后煤炭价格高涨，煤炭主产区财政收入、GDP 等指标向好，但在这种看似形势大好的表面现象下面隐藏着巨大的经济风险，一些地方沉醉于这种表面现象中，错失了产业转型升级的机会，给接下来的区域经济发展带来很大困难。发现经济运行潜在风险，首先是要确定一组评判区域经济运行潜在风险的指标，这些指标更关注长期性、间接关联性、产业链和区域传导性等特征，国人最熟悉的风险传导现象是当住宅用地价格过快抬升时，接下来会导致商品房价格的快速抬升，导致区域经济过分依赖房地产，进而抑制其他实体产业发展；其次是形成一套评价模型和方法，通过对各种潜在风险标识性指标数据和趋势的判断，综合评判区域经济潜在风险。

（二）经济风险防控能力

经济规律性风险防控能力。指对经济周期性、规律性风险的防控能力。无论是经济运行中的"猪周期"，还是季节性蔬菜价格变动，或是京津冀地区限制水泥生产而导致水泥产品价格快速上涨，经济运行周期性风险始终存在。这种风险的本质是市场经济规律在起作用，是市场无形之手推动区域经济的副产品，但其经济风险后果则需要当地政府来承担，当然这也是更好发挥政府作用的机会。针对这种风险，防控的核心是逆周期操作和储备、顺应经济规律的应对。逆周期操作是根据经济周期规律，对市场周期可能带来的风险提早采取措施，在商品供应不足时，通过各种措施（如投放储备商品）增加产品供给；在商品供应过剩时，通过各种措施（如扩大商品储备）增加产品需求。顺应经济规律的应对是在行业产能过剩前，通过全国或区域统一市场操作、市场准入门槛提高等政策措施，降低未来该行业的产能，减少产能过剩给区域经济带来的风险。各地应对经济风险的措施可谓五花八门，但其中多为"头痛医头，脚痛医脚"的措施，少有前瞻性的应对措施，这也是值得反思和改进的地方。

人为经济风险防控能力。指对人为原因导致的经济风险的防范和控制能力。区域人为经济风险主要来源有两个。第一是地方经济决策者在经济决策中犯错误导致的风险，如在某行业产能严重过剩的情况下依然以财政资金支持企业扩能，在明知需求增长乏力的情况下依然大力发展房地产。第二是经济领域垄断性行业或企业行为导致的风险，特别是对于经济结构不合理、某个企业对当地经济影响巨大的区域，这种现象更为明显。这些不理性、不考虑地方经济的重大决策可能给区域经济带来很大负面影响。应对人为经济风险的关键，首先是改变人为经济风险发生的体制机制，防止对区域经济有重大影响决策的随意性、个人化，以及个人利益绑架区域经济的情况出现；其次是提升区域经济应对风险的能力，通过经济结构的优化、风险防控措施和预案的建立，增加区域经济的韧性。

经济风险应对能力。指经济风险已经明确的情况下，区域有效应对风险进一步加大的能力。这种能力主要表现在以下三点。第一是制度方面的应对能力，即是否能够建立起针对经济风险成因的制度、政策、体制机制。这个看似不成问题的问题，现实中许多地方真的没有太好的办法解决，往往是被动地按照上级的要求，采取只顾短期效益的措施来应对经济风险。第二是物资方面的应对能力，即是否能够建立起应对经济风险的物资调度、物资分配分发方法、实施方案。改革开放的巨大经济成就，使我国大多数地区摆脱了物质匮乏的局面，但短期的、突发性的物资短缺风险依然存在，并时有发生，越是经济稳定时期，越是要准备好经济风险的应对措施。年轻人多没经历过物质匮乏的苦楚，很难认识到物质匮乏导致经济社会问题的风险，越是这样越应该未雨绸缪，居安思危。第三是经济风险应对效果评价能力，受多种因素的影响，区域经济风险评估很难规范化、客观展开，经济风险更有可能被表面的繁荣、好看的经济统计数据、好大喜功的决策者掩盖掉，利用经济风险和潜在风险指标及评价模型对区域经济运行进行定期的客观评估是一种重要的风险应对能力，不能忽视。

三　社会风险管控能力

（一）社会风险发现能力

社会风险认知能力。指发现区域社会运行中各种显现和隐现风险的能力。区域社会风险的内涵和表现形式不尽相同，主要包括社会稳定、教育、就业、住房、医疗、科技、人口、民族、宗教等方面和领域的风险。区域社会风险除了各种具体行业领域的风险外，更为可怕的风险是对风险的漠视。社会风险认知能力主要包括社会运行监控能力、风险发现能力、风险认知传递渠道和机制建设能力、风险认知决策能力。社会运行监控是社会风险发现的基础，对社会运行的了解掌控越是仔细深入，越有利于发现社会运行中的风险。风险发现能力是社会管理者能够从社会运行的指标信息变动中发现问题的能力，这需要管理者对社会运行的某些指标比较"敏感"，是管理者内功和责任心共同作用的结果。发现社会风险的人未必是管理者，所以风险认知专递渠道和机制建设很关键，这左右着风险能否在适宜的时间传递给"正确的"人，这种传递渠道和机制建设既要避免"狼来了"现象导致的预警失灵，也要避免观察者麻木和迟钝，导致风险的遗漏。社会领域的风险能不能构成一个需要应对的风险，或者风险级别的高低，则由管理者对风险认知能力来确定，风险的认知过程可能受多种因素的影响，风险预警信息可能来源于不同渠道，风险警示的出发点不尽相同,这需要管理者综合各种社会风险预警进行风险认知决策,即确定风险到底是什么等级,需不需要下力气予以应对,地方单独有没有应对这种风险的能力等。

社会风险成因分析能力。指分析判断社会风险来源、性质、危险程度的综合能力。区域社会风险的成因包括社会运行规律、人为原因、客观原因等。对社会运行规律导致风险的分析能力核心是对社会运行规律、区域影响经济社会运行各种因素的认知,决策者对社会运行规律认知越深刻,分析掌控风险的能力也就越强,当然这不是要求区域的主要决策者个人有多强的社会风险分析能力,而是需要区域有很好的把控社会风险的体制机制,能够让社会风险分析专业人士集拢到决策者身边;规律性风险的特点是既有社会变迁自身风险的规律,也有社会运行规律大背景下区域各种具体因素叠加导致的区域社会风险具体表现形式、表现强度和出现持续时间。人为原因导致的社会风险也是十分常见的,尽管我们的文化整体上不提倡现实批判,但区域主要决策者失误或能力不足导致社会风险的案例还是很容易找到,特别是具体事项处理不妥而导致的社会风险案例比比皆是。人为原因导致社会风险分析的核心不是问题本身,而是能够发现、披露和承认个人因素导致社会风险的氛围和环境。客观因素导致的社会风险往往是大背景导致的区域社会风险,如改革进程中出现的下岗潮问题,相对于区域而言,就是客观原因;区域经济转型升级时期导致的社会问题也具有一定的客观性,这方面风险分析能力的核心是要敢于直面问题,承认风险的客观性,以积极的态度去应对。

潜在社会风险分析能力。指发现和分析社会运行过程中潜在风险的能力。相对于显现的社会风险,潜在社会风险具有一定的隐蔽性、欺骗性、迷惑性。潜在社会风险分析能力的核心是对社会风险的深入研究、对影响区域社会运行的各种因素的充分认识,以及对区域防控社会风险能力的认知。潜在社会风险仍有或显现或隐现的信息可以表征,如某年新生儿数量多,表面上是对相关依赖资源需求增大,存在医疗资源不足风险;同时也隐含了未来教育资源短缺风险,3 年后幼儿园的数量质量和布局需求、6 年后小学数量质量和布局需求等会相应增加,如果不做准备,则会有相关社会风险的出现。目前,全社会面临的最大潜在社会风险是诚信体系不健全导致的各种社会风险,其已经扩展和渗透到社会运行的各个角落,控制这些风险的经济和社会成本越来越大。

（二）社会风险管控能力

社会风险的分类管控能力。风险管控能力指通过各种措施方法将社会风险和风险影响控制在一定范围内的能力。对于区域规律性社会风险管控能力，核心是在对区域社会运行规律的认知、区域社会运行表现形式认知的基础上，主动顺应社会运行规律，准确把控风险可能的作用范围、持续时间、影响人群等；当对规律性风险认知达到一定程度时，这种风险某种意义上已经不是风险了，可以定义为某种性质的问题。对于客观因素导致社会风险的管控，核心是在认清风险来源和作用机制的基础上，通过正确的舆论引导、风险应对物资调度、可控政策措施的采取，使风险的影响降低。对于人为社会风险管控能力，核心是在承认人为原因导致社会风险的实际，求得社会认可的基础上，通过具体的风险防控措施使风险影响尽可能降低，并通过相关制度安排，减少人文因素引起社会风险的可能。

社会风险的应对能力。指当发现区域社会风险后组织各种力量和资源应对风险的能力。当然，区域应对社会风险的具体措施和做法很多，从大的方面看，除具体的风险管控措施外，主要体现在制定社会风险管控预案能力、社会风险防控动员能力、社会风险应对效果评估能力等方面。社会风险管控预案编制能力高低的核心标志是预案是否切合区域社会运行的实际，即编制的是挂到墙上的预案、完成任务式和口号式的预案，还是针对区域具体风险点的预案。社会风险管控预案既要有分门别类的专项预案，如针对社会稳定的、针对就业的、针对教育的等，也需要有区域综合性社会风险管控预案，利用各种社会风险之间的联动特征和内在相互作用，制定综合性预案。社会风险防控动员能力，是当社会风险显现到现实社会中时，根据风险管控预案动员区域各领域资源的能力，包括人员动员、物资动员等。社会风险动员的关键是动员者、被动员者在社会风险中的利益关系问题。趋利避害的人性决定了在面临风险时的态度和选择，动员的实质是保证区域社会整体的利益最大化和损失最小化。社会风险应对效果评估能力，是指通过对应对效果评价，进而调整应对措施及相关决策的能力。在缺少现实批判文化氛围的大环境下，区域在客观评价自身风险应对效果时往往面临一些困难，所以这种能力的核心是决策者敢于自我批判，敢于自我否定，剖析自己的能力，这需要一种合适的体制机制安排。

第七节　绩效考核执行能力

绩效考核作为一种评判相关人员工作成效的方式，对相关人的工作绩效应该有正面的作用。

一　考核指标设置能力

（一）考核标准的科学性

考核指标的适宜性。考核的目的不是考核本身，而是通过考核督促相关责任人把工作做好。各地经济社会发展条件和基础千差万别，因而绩效考核的标准也不能一刀切，在共同的原则要求下，设置地方适宜的考核指标是关键。所谓适宜，就是针对地方特点和问题设置考核指标，比如，在水资源缺乏的地区，设置严格的水资源节约和提高水资源利用效率的指标就应该纳入考核指标中，在粮食主产区保证粮食生产安全和食品质量应该作为绩效考核的重点指标。适宜就像人穿的衣服很合身，一看就知道是给自己定制的，而不是借来的。考核指标的适宜性建设从目标适宜性、方法适宜性、执行适宜性、结果适宜性等方面着手，这种适宜性不是外部强加的，而是与区域经济社会发展实际符合的适宜性。

考核指标的可操作性。考核指标的可操作性表示使用这些指标确实能够对被考核对象进行考核，并达到考核的效果。指标的可操作性，首先要求指标要有意义，每一个考核指标都有明确的指向性，都是对着考核内容的要点去的，不是不疼不痒、形式大于内容的指标，也不是通过简单造假数据就可以蒙混过关的指标；其次是考核指标信息的可获取，可获取性是指考核指标信息可以用相对客观手段获得可核查的信息，而不是靠被考核对象、被考核地区通过编造而形成信息。

考核指标的可对接性。所谓对接指地方的考核指标与上下左右前后相关指标的联动和兼容性，特别是与上级考核指标、国家考核指标、行业考核指标的兼容和联动。区域绩效考核目的除区域目的外，还兼有应对上级考核、国家考核、行业部门考核的作用和功能，如国家已经发布生态文明考核指标体系，各地方在制定生态文明考核指标时，要根据当地生态文明实际内涵设计具体考核指标，但同时这些考核指标也要考虑与国家考核指标的兼容性。对于省级行政区而言，在考核属地内各地生态文明建设情况的同时，也可通过汇总、综合得到国家考核的指标信息；各地在考核指标设置时要考虑与各行业部门的专项考核指标和行业标准对接，最主要的要求是通过对区域内各地方、各个具体考核指标信息的汇总和处理，能够得到行业部门考核所需要的指标信息。

（二）考核标准空间差异化

绩效考核区域差异化设置思路。绩效考核的区域差异化是区域在对下级考核时，无论是指标设置，还是考核内容及方法，都应该考虑区域内部的空间差异；一个省区内各地市的考核要统一和差异共存，地市内各区市县考核标准也要统一和差异共存。考核标准一定要反映区域特色，考核一定要弄清楚原委，且不可走表面化、形式化的一票否决路子。北京的绩效考核与河南的绩效考核标准，从大的方面有一致性，但具体的考核标准和细节则会有很大不同，既要体现地方特色，又不能太过随意。

实施地区差别化考核制度。区域差异化考核制度的基本思路是根据各地区主体功能的定位差异，按照国家主体功能区规划的分类型区考核要求，建立地区差别化的政绩考核制度，重点突出对体现地方特色、国家重点要求的方面（如长江经济带的生态优先绿色发展要求）的考核，分类、分区域进行考核。对于重点生态功能区的市县，建议弱化现有考核指标体系中的总量指标和人均指标，强化绿色发展、生态保护、民生改善等指标，如取消财政、税收收入、消费品零售额、外贸出口等；降低人均指标和结构指标的权重，如人均财政收入、城乡居民收入、地方财政总收入占GDP比重、工业增加值占GDP比重等，突出民生、社会事业、资源环境等指标。

二 获取准确考核信息的能力

（一）考核基础信息要求

获取信息的准确性。所谓准确性是指信息所反映的情况是真实客观的。获取信息不准确主要有两个原因，一是由于信息获取技术手段和方法落后，无法得到准确的信息，尽管信息技术已经到了几乎无所不能的地步，但区域经济社会中一些考核指标仍然无法准确获取；二是考核相关组织或个人有意隐瞒真实信息，这种原因导致获取信息出现准确性问题，因为其具有天然的误导性。因此，区域要想获得准确的考核信息，需要从两个方面着手，一方面是通过技术手段和方法提升来保证信息获取技术问题得以解放；另一方面是通过制度和体制机制建设，避免人为因素导致信息准确性问题的出现。

获取信息的全面性。所谓全面性是指获取的指标信息能够反映考核内容的所有方面。区域经济社会考核中一些指标要求覆盖样本的全面性，如对某项事业的满意度、区域内群众幸福感等指标，如果这些指标信息形成过程中覆盖的人群数量不足，或者样本地区代表性不够，或者采集信息的方式、方法有问题等，都可能使获取信息的全面性打折扣。影响获取信息全面性的因素主要有信息采集方式、方法等技术性问题，以及相关人员有意而为之的不全面性。信息采集方式、方法导致的不全面问题是比较容易克服的，无论是经济社会领域的普查，还是抽样调查，以及基于遥感等客观手段的方法，都相对比较成熟，只有针对区域特定需求的方式、方法才需要进行适应性改造。对于人为因素导致的获取信息不全面问题，需要通过责任制度建设、体制机制建设最大程度降低信息不全面程度。

获取信息的时效性。所谓时效性是指获取的指标信息与考核的时间要求能够对应得上。根据考核内容的差异，区域绩效考核不同，指标的时效性要求也相同，月度、季度、年度或其他时间周期（甚至有实时信息要求）的考核指标都会出现。对获取信息时效性的要求不但是准确把握不同时段的考核指标对应的实体变动情况，而且可以通过相同时间周期内不同指标之间的对比分析，发现区域经济社会运行中潜在的问题。当然，影响获取信息时效的因素也包括信息获取的方式、方法与能力等技术性问题，以及人为因素导致的信息时效性不符合要求的问题。技术性问题扔给专业领域人才都能找到相应的办法予以解决，或者从一定程度上予以解决；非技术性因素导致的时效问题可以通过加强相关工作的组织管理、建立适宜的责任追究制度和适宜的体制机制等途径解决。

（二）多渠道获取信息能力

获取信息的客观科学化手段。区域绩效考核指标涉及信息包括森林覆盖率、生态环境、道路和其他基础设施等客观、有形、清晰可见的内容，也包括污水处理率、群众满意度等需要人为干预测算才能形成的信息。无论哪种类型的信息，增加客观科学化手段都是有必要的。信息获取手段的科学化可以使指标信息时间频率、空间频度、内涵层次等特征更具有地方适宜性。信息获取方法的客观科学化就是通过减少信息获取过程中人为的干预、人为判断、人为分析、人的情感影响，通过增加使用科学仪器、科学方法、科学计算、科学推理等，使信息获取手段和方法更为独立，从而保证获取信息的科学性。

获取信息渠道多元化。获取信息渠道多元化是保障信息准确可靠的一种方式。古人云"兼听则明，偏听则暗"，不同来源渠道获取的描述同一对象的信息可以相互印证，减少客观或主观的信息失误，如针对区域耕地数量，现在有若干个渠道可以获取，包括自然资源部门（国土资源部门）的耕地数、农业部门的耕地数、中科院系统测算耕地数、测绘地理信息部门地理国情普查和监测信息中的耕地数，甚至还包括粮食部门给出的耕地数。同一个地方的耕地信息来源不同，实际的数值可能有差异，甚至有很大的差异，那究竟该用哪组数据？按照现在的权威数据政策，业务主管部门发布的信息就是权威数据，但权威数据不等于真实数据。通过多渠道来源信息之间的对比，可以实现信息之间的校验，增加信息的客观性。

（三）定性和定量指标结合能力

定性指标定量化处理。指将定性描述信息用可比较的数值化方式进行描述的过程。数量型的信息固然很准确，是 1 还是 2 很明确，也可以进行数值化对比。但有时候数值就是数值，并不能完全表达考核指标信息本身，或者由于难以测度数量信息，或者难以准确描述数值信息，如满意度问题，无论是给出数值的人，还是描述数值的人都有很大的主观性，这决定了定性数据存在的必要性。为了进行横向和纵向的对比，需要将定性信息进行定量化处理。定性指标定量化处理能力并不完全涉及技术问题，从技术上无论用高深的数学方法，还是用相对简单的专家打分、参与人评议等方法都可以实现。这种能力的关键是考核主导者和参与者对考核本身的重视程度。一般而言，重视程度高，定量化处理的水平就高，结果的可用性就好。可能有人觉得态度问题不是能力问题，但当地方决策者面临无数的问题，如何确定各种事情的轻重缓急确实是一种能力，而不仅仅是态度问题。

定量指标定性化处理。指将数值型的考核结果进行无量纲等级划分的过程。包括考核指标数据的定性化处理和考核综合结果的定性化处理。对于考核指标的定性化处理，往往是把专业性很强的数据转换成可对比的、语义比较清晰和可理解的等级模式，如水质类别、大气污染等级、安全等级等指标。对于考核结果的定性化处理，也是将考核综合结果数值转换成更容易理解和适宜的描述性等级。数值型的考核结果很难使用，如一个省区考核各地市的结果是一组阿拉伯数字，精确到小数点后两位，这样的结果并不具有实用性。从应用上看，优良等级、合格与不合格、达标与不达标等更好理解，更具实用性。当然，定性化处理会带来一定的主观性，但需要时刻记住的是，考核本身不是目的，通过考核督促工作才是目的，只要考核方向是正确的、标准是一样的，考核是对事不对人的，必要的定性化处理是可以接受的，也是必不可少的。

定性和定量结合的思路。在考核指标定性和定量处理中，关键是要把握好定量化信息与非定量化信息的关系，以及使用定量信息和定性信息的优缺点，不是随心所欲地定量或定性，而是根据具体的指标性质、具体的场景来确定是使用定性指标还是定量指标，是定性方法还是定量方法。

三　考核机制的适应能力

（一）考核机制建设能力

考核机制的要件。简单地说，区域政绩考核要回答谁来考核、考核谁、怎么考核、考核结果怎么用四个核心问题，这也是区域政绩考核机制建设的核心。谁来考核和考核谁是一个问题的两个方面，各地流行的做法是逐级向下考核，但要想使政绩考核客观公正，还需要增加下级考核上级的制度安排，在考核机制建设方面要补上这块短板。怎么考核是个技术问题，也是考核机制的关键环节问题，相同的考核对象、考核内容，考核方法不同，可能会出现不同的考核结果，也可能达不到考核的目的。考核结果应用对考核结果、考核过程中相关人员参与的态度和做法有很大的影响。如果考核结果与被考核人的利益挂钩，那么被考核人就会尽其所能展现好的一面，并隐藏问题；如果考核结果不与被考核人利益挂钩，被考核人可能会消极应对考核。考核要回答的四个问题，也是考核机制建立的四个要件，处理好这四个要件的关系，考核机制才能够很好地建立起来。

考核机制的适应性。考核机制的地方适应能力是考核能不能顺利开展的关键。目前，各地从上级单位来的、从行业部门来的、组织口的、政府口的各种各样的考核很多，各地自己也或主动或被动开展了多种类型的考核，建立了多种考核机制。但受"一管就死、一放就乱"的管理魔咒等因素影响，各地现行的大量政绩考核机制的地方适应性难说是好是坏。评判考核机制地方适应与否的标志是看这种考核机制是否瞄准了当地的关键和主要问题，是否瞄准关键任务和主要责任人，是否有利于推动考核内容相关的工作，是否有利于调动被考核者的工作积极性，甚至是否真心在考核。导致考核机制适应性差的原因可能是考核机制设计者和参与者能力差，不能抓住问题的关键；另一种情况就是考核机制设计者和参与者有意回避政绩考核中的关键问题。要解决区域政绩考核机制不适应问题需要分类区别对待，分别采取技术的和组织管理方面的方法或综合方法解决。

考核机制调整完善。地方政绩考核机制不是一成不变的，随着上级考核重点的变化、地方经济社会发展条件和环境的变化、考核内容相关问题性质的演化和发展、考核内容涉及人员的范围变化等，区域政绩考核机制也需要进行适当的调整。调整完善的关键仍然是按照考核机制的四个要件展开，并且需要对现有的考核机制的特点、不足等进行深入分析，特别是对现有考核机制中的问题予以深入剖析。调整是根据形势需要改变原来不适应的内容，是一个主动改变过程。完善则是围绕考核机制中的不足按照补短板的思路对薄弱环节和过程进行完善，是或主动或被动的自我完善过程。考核机制调整完善能力的核心是区域考核设计者、决策者、参与者对考核的重视程度和管控考核各要素的能力。

（二）考核机制执行能力

考核参与的广泛性。考核参与的广泛性指参与考核的人从形式和内容上能够代表所有应该参与的人，不但要求参与考核的人具有一定的数量，同时要求参与考核者具有代表性、典型性、关键性。理想状态下，应该是所有人都参与到绩效考核中。当受成本或其他原因影响导致不能够让所有人参与绩效考核时，需要选择具有样本代表性和关键性的人员参与考核。考核广泛性的第二层意思是考核内容的全覆盖和一致性，考核应该是针对具体事情和责任而设立的，考核时只对事不对人，不能因岗位上人员的变化而改变考核内容。考核广泛性的第三层意思是考核组织形式的全覆盖，不但要有传统的上级考核下级、领导考核群众等组织方式，也应该有下级考核上级、群众考核领导等组织方式。

考核结果执行力度。考核结果的执行力度是检验考核是否真实有效的最重要标准之一。"狼来了"的考核模式在区域经济社会治理中的负面作用是非常可怕的，考核一旦沦为形式，其后果比不考核还要糟糕。考核执行力度取决于考核机制的科学性、如何执行考核机制、如何处理考核机制执行中的问题。对于考核机制的科学性，大多数区域都已制定了与责任人行政职务、经济待遇等挂钩的考核机制。在如何执行考核机制方面则存在一些问题，因为地方治理文化中"抓典型""杀一儆百"等思想仍在作怪，与现代社会一视同仁、"一把尺子量所有人"的要求仍有很大差距，其结果往往是导致某些人甚至是一批人"心寒"，从而影响工作热情。考核中总会有些特殊情况、特殊问题，针对这些问题的处理方式会在很大程度上影响考核的效果。传统文化中"将功补过"是常用的用人方法，绩效考核中能不能这样用是需要评估的。总之，考核机制执行力度决定绩效考核成败。

考核机制的刚性和弹性。制度是死的，考核人和被考核人都是有情感的，绩效考核的根本目的不是考核，因而在考核中需要把控好考核机制中的刚性与弹性、变与不变。刚性的东西或不变的东西是考核机制的灵魂，只对事不对人，尺子是一样的，不能被考核对象是什么人所左右，只要不符合考核标准，考核就应该是不达标，这样的考核执行力才能服众，才能够实现考核推动工作的最终目标。所谓考核中的弹性是指根据具体情况来分析考核中的问题，如果考核标准制定不符合当地实际情况，按照不合理的考核标准，所有被考核人都有问题，或者所有考核人都优秀，这种考核就没有意义，这时候就要有弹性，要对考核标准进行适当调整或选择性应用，坚持不冤枉好人，也不漏掉有问题的人。

四 构建绿色发展导向的干部政绩考核机制

按照创新、绿色、协调、开放、共享新发展理念要求，充分发挥地方领导干部政绩考核的指挥棒作用，根据区域内各地的特点和实际，构建面向生态优先绿色发展的、以各级地方领导干部为重点对象的政绩考核机制。

（一）编制自然资源资产负债表

结合区域内各地自然资源特点，建立水资源、土地资源、森林资源等的资产和负债核算方法，建立实物量核算账号；构建分类标准及统计指标，以地市及流域为评价单元，定期开展自然资源资产变化情况评估。选择部分国家级重点生态功能区县市开展自然资源资产负债表编制试点，核算主要自然资源实物量账户并公开核算结果，总结经验，逐步在全区域编制自然资源资产负债表。

（二）逐步实施干部离任自然资产审计制度

在编制自然资源资产负债表和合理考虑客观自然因素基础上，结合区域内各地自然资产特点，探索领导干部自然资源资产离任审计的目标、内容、方法和评价指标体系。以领导干部任期内辖区自然资源资产变化状况为基础，通过审计，客观评价领导干部履行自然资源资产管理责任情况，依法界定领导干部应当承担的责任，加强审计结果运用。结合浙江湖州、湖南娄底、贵州赤水试点经验，先从国家级和省级重点功能区县开始，逐步扩大到在区域内各县市实施自然资源资产离任审计制度。

（三）实施生态环境损害责任终身追究制

在区域内重点生态功能区县开展生态环境循环责任终生追究制度试点，实行地方党委和政府领导成员生态文明建设一岗双责制。以自然资源资产离任审计结果和生态环境损害情况为依据，明确对地方党委和政府领导班子主要负责人、有关领导人员、部门负责人的追责情形和认定程序。区分情节轻重，对造成生态环境损害的，予以诫勉、责令公开道歉、组织处理或党纪政纪处分，对构成犯罪的依法追究刑事责任。对领导干部离任后出现重大生态环境损害并认定其需要承担责任的，实行终身追责。及时总结试点经验，逐步将生态环境损害责任终身追究制推广到区域所有地方。

（四）强化跨区域的生态环境考核

针对各地经济社会治理、生态环境保护按行政区开展工作和组织考核的现状，为保证全流域生态环境质量，必须加强跨行政区域生态要素质量的考核力度，采取有力措施避免"问题留给邻居"现象发生。为保证区域水生态，加大跨界河流湖泊断面水质考核，根据水流上下游关系，明确考核责任。在合适区域，借鉴国外水污染治理考核方法，将企业或城镇排污口与取水口空间设置倒置，将自己的排污口放在取水口的上游，倒逼排放企业或城镇实现污水达标排放。对于大气质量问题，按照跨界区域主导风向情况，按照谁污染谁补偿的原则，建立大气治理考核规则和补偿办法。

（五）严格责任考核追究

区域内各级地方人民政府是区域水环境质量的责任主体，应按要求制定并公布工作方案，逐年确定分流域、分区域、分行业水污染防治的重点任务和年度目标。逐年确定大气污染治理重点任务和年度目标，严格落实《党政领导干部生态环境损害责任追究办法（试行）》，对因工作不力、履职缺位等导致任期内出境断面水环境质量恶化、水污染问题突出、发生严重水污染和大气污染事件的，要依规追究党委和政府主要领导责任；对未能有效应对水环境污染、大气污染事件的，以及干预、伪造数据和没有完成年度目标任务的，要依法依纪追究有关单位和人员责任。

第八节　区域发展氛围管控能力

区域发展需要一定的氛围，良好的发展氛围有助于区域发展，不良的氛围对区域发展有一定的负面影响，如前几年山西恶劣的官场生态，对区域发展的负面影响是巨大的；东北地区近几年发展氛围也不好，对区域经济社会振兴发展也有很大负面影响。

一　区域发展的天时环境管控

（一）区域发展的天时

区域发展的天时。《易·乾》曰"先天而天弗违，后天而奉天时"，天时指天道的运行规律。对于区域而言，经济社会发展的天时就是一定时间段内，国际、国家及经济社会发展周期性规律给区域带来的发展机遇，或者国家针对本地区的政策措施给当地带来的发展机遇。发展的天时是区域外在的因素，不受区域本身控制，是区域经济社会发展的大背景。对于区域来说，发展天时的成立需要具备两个条件，其一是发展机会的出现，就是确实有发展机会；其二是区域要把存在发展机会当成发展机遇，如果不当成发展机会，天时也就不存在了。区域发展的天时就是要从国家大趋势、大背景中寻找发现，并加以利用。

区域发展天时表现情景。区域发展天时通常有三个表现情景。第一是国家大的战略动向为区域发展带来的机遇，如改革开放、新时代、生态文明等国家总体格局变动对所有区域发展来说都是天时。第二是国家发展战略和格局谋划给区域发展带来的机遇，如长江经济带、京津冀协同发展、"一带一路"倡议、西部大开发、主体功能区制度、中部崛起战略、东北振兴战略，以及国家高铁网络、国家高速公路网络格局规划和建设，为相关区域带来巨大的发展机遇。第三是具体政策措施和规划给区域带来的发展机遇，如战略性新兴产业发展规划、"互联网＋"规划与行动计划、中国制造2025战略、大数据战略及行动计划、财政转移支付政策、生态补偿政策、产业准入政策、环境政策等，为有准备和符合条件的区域带来的发展机遇。当然，区域发展的天时也有其他方面的表现情景。总之，每个区域都有自己发展的天时，关键在于对这些机会的把控。

（二）区域发展天时环境营造

发现区域发展天时的能力。就是主动发现区域发展时机的能力。这种能力往往需要区域经济社会主要决策者和智囊团具有一定的政治敏感性、经济敏锐性、社会责任感、文化定力和生态文明使命感。区域发展天时营造大概可以从三个层面着手。第一是从国家经济社会发展过程中、大的决策规划谋划中发现本区域的发展机会，发现国家经济社会发展的变动规律，从中发现能够驱动区域发展的机会。第二是从国内外经济社会发展规律和趋势中，发现区域潜在的发展机遇，经济社会发展不会重复，但总会遵循相同的韵律前进，善于研究寻找其中的规律和特点，可以为区域经济社会发展谋得机会。第三是从影响经济社会发展各因素的变化趋势中发现区域发展的机会，如科技发展趋势和未来对区域发展的影响，人口变动规律对区域发展机会的影响。这些变化都隐藏着一定的规律和特点，充分利用这些规律和特点，可以为区域经济社会发展关键目标的设定、关键规划的编制、关键问题的解决提供环境和条件，进而加快推动区域经济社会发展。

主动把控区域发展的天时。就是当区域发展天时来临时能够把握好，积极有为，出台相关的规划、重大举措，推动区域经济社会发展。在大力提倡生态文明之时，率先实践"绿水青山就是金山银山"的理念，会得到更多关注，可以为地区赢得更多的发展机会。当生态文明成为一种基本要求时，想再从这方面获得更多的发展天时，就相对比较困难了。总之，区域发展天时错过一次机会，就可能要等很久才可能有下一次机会，毕竟国家能够给予地方的、超常规的发展天时不可能无限供应。

区域发展天时的谋划。机会总是留给有准备的区域的，区域发展的天时某种程度上需要区域进行谋划。国家和地方是相互联系的统一体，国家集成各地的优势和诉求，形成超越所有地方，可以给予特定地方的发展天时。每个地方从一定程度上也承担着给国家提供素材，以便国家集成创造更多发展机会给地方的义务。区域发展的天时需要谋划，谋划天时主要集中在三个层面，第一是以区域特色赢得天时，充分发掘区域特色资源，进行基础建设，如广西作为对东盟交流的桥头堡，就是充分利用了区位优势借助中国大力发展与东盟关系的天时，并以此谋求区域的经济社会快速发展。第二是以区域为中心谋划大区域或国家发展战略，如黑龙江省利用地理位置优势谋求中国与俄罗斯的经济合作，在这种对外合作国家大格局中，黑龙江自然拿回了自己谋划的优势，为地方发展争取到了机会。第三是进行以本区域为中心或主导的国际格局谋划，如湄公河次区域、东北亚次区域、孟中印缅经济走廊、中巴经济走廊等，在这种大格局谋划中，参与谋划的区域可以获得更多的发展机会。

（三）区域发展天时利用

天时资源向经济资源转化。指将区域可能获取的发展机会转化为实实在在的经济发展动力和成果。这种转化能力需要巧妙地将外部带来的发展机会与区域当地的资源结合起来，形成经济发展的动力。常见的转化方式如下。第一是转化成工程项目，将区域发展的天时转化为大型机场、高铁综合站、大型能源工程、大型自由贸易港等大型工程，这些项目的运转可以带动区域经济发展，甚至扭转区域发展格局。第二是转化为经济发展动力，将区域发展天时转化为科技创新区、国家文明试验区、经济转型发展试验区，以及文明城市、国家中心城市等，可以为区域和区域主要城市带来发展新动能，实现区域创新和跨越式发展。第三是将区域发展天时转化为吸引外部资源的能力，利用区域发展机遇，通过相关措施吸引周边地区的人才、资金、科技、创新能力等集聚到该区域，推动区域经济发展，把区域发展天时资源成功转化为经济资源。

天时资源向社会资源转化。指将区域获得的天时资源转化成推动当地社会发展的资源，实现发展机会向社会资源的转化。这种转化如下。第一是天时资源向医疗设施、教育设施、基础设施等硬公共服务领域转化，具体转化的形式和内容可能包括具体支援地方建设一些设施，也可能是转化成支撑政策，推动地方相关社会资源的建设。第二是天时资源向科技、人才、就业、民生等软公共服务领域转化，将区域发展的天时资源转化为地方吸引人才的招牌和实力，形成当地科技发展的动能，增加当地就业的渠道，推动当地民生事业发展。第三是天时资源向社会舆论、区域文化、公共道德、共同信仰、幸福感获得、美好未来预期、社会诚信等软资源方面的转化，通过这些方面的提升，使区域经济社会发展获得源源不断的动力。实现这些转化，需要地方政府首先有这种转化思维方式，敢于将天时资源转化为区域发展的社会资源；其次是要有转化能力，通过具体的政策措施实现这种转换；最后是及时将转化收获的成果以合适的方式回馈给国家，以便给更多的区域带来发展机会和条件。

天时资源利用的度。区域对发展天时使用要有度。所谓有度就是不要竭泽而渔，也不要蜻蜓点水、走马观花，把握住天时利用的分寸。过度使用会转变成一种投机行为，并且未必达到效果。区域发展天时来了不用也是一种浪费，错失区域发展机会也不可饶恕。一定时段内天时是不可再生的，但长时段看又是可以再生的，是可以不断创造出来的。同一时期，为什么有的地方发展可谓顺风顺水，而有的地方则是一波三折、艰难前行，其中具体原因可能很多，但没用好天时、没有掌控好利用天时的度可能是重要原因。对于区域而言，区域发展的天时犹如农民耕作中的种子，把种子放到合适的土壤中，种子会变成数量更多的粮食；而如果把种子当成口粮，虽解一时之饥，却难解长期之困。把控天时资源利用的度，首先要对天时资源量的底线和天花板有所了解，要知道天时资源总量有多少；其次是要把有限的天时资源与区域发展最迫切的需要结合起来，实现天时资源效益的最大化；最后是天时资源的利用一定要有回报，乡里人常讲"好借好还，再借不难"，借用了国家给予的天时资源，需要以经济、民生、社会、文化等方面的成效予以回报。

二　区域发展的地利环境管控

（一）区域发展的地利环境

区域发展的地利。地利是一种地理的优势，或者土地生产的财富，或者战略上的有利地势。《管子·牧民》曰"不务天时则财不生，不务地利则仓廪不盈"，说明地利对区域发展十分重要。对区域经济发展有利的地利要素是一种资源，就是地利资源。区域发展的地利资源具有一定的独占和不可复制特点，就像人的面貌，虽然正常人面部的组件基本数量和位置大致差不多，但各部件的组合关系则构成了每个人独特的面貌特征，每个地方的地利资源的组合也是独一无二的。在认知和使用地利资源时要把握地利资源的几个特性。第一是把握好地利资源的变与不变，地利资源本身是相对固定的，但其价值和可利用程度则是在不断变化的，一些资源型城市，因资源开发而兴，因资源枯竭而衰，资源对这个地方来说，地利资源的价值有很大变化。第二是把握好地利资源的多与少，地利资源的多与少也是相对的，一些地利资源要素在一定条件下可以转化为地利要素，一些条件下则转化不成地利资源，所以地利资源的多与少是相对的，是动态的。第三是把握好地利资源的优与劣，地利资源的优与劣也是相对的，在没有改革开放的时候，沿海地区是偏远地区，对陆地中心的经济体系而言，区位条件很不好；但到了改革开放时期，沿海区位则成了好的资源，拥有天然港口条件的地区更是获得快速发展的良机。地利资源既是固定的，也是动态变化的，区域发展就是要把握好地利资源的这种动态变化特征，审时度势，推动区域经济社会发展。

区域发展地利的主要载体。区域发展的地利有很多表现方式和载体。通常而言，区域地利资源载体或表现形式包括若干方面。第一是区位资源，具体包括区域天然的区位资源（如沿海、沿河等）、在国家经济社会发展的区位资源（如地处经济发达地区、地处落后地区等）、自身营造的区位资源（国家自由贸易试验区、生态文明试验区）、周边区域经济社会变动导致的区位资源（如京津冀战略引发的河北省经济区位的变化、长江经济带战略带来的湖北省经济区位的变化、"一带一路"倡议为新疆经济地位区位带来的新机遇等）。第二是区域资源，一定时期内区域拥有的各种自然资源和能源资源具有一定的独占性和不可复制性，如海南的热带资源和海洋资源是得天独厚的，具有不可替代性；西藏的高原生态环境也是独有的、不可复制的；黑龙江的冰雪资源也是独有的，其他地方不可复制。第三是区域历史文化，每个地方都有独特的发展历史，也形成了地域特色鲜明的文化，这些都具有不可替代性。物质财富积累告一段落之后，文化发展和繁荣将成为各地发展的重点之一，特定的历史文化资源积淀是各地文化建设和发展的重要支撑。除此之外，每个地方还有饮食、民风等诸多方面其他地利环境。

（二）区域发展地利资源管控

区位资源的再发现。从某种意义上讲，每个区域都是世界的中心和国家的中心。中心的内涵涉及经济、政治、文化、生态等领域，以及各个领域细分方面，如经济中心中的服务业中心、制造业中心、粮食主产区、主要牧业区、石油化工中心等；生态中心中的森林生态中心、草原生态中心、农田生态中心、生物多样性中心等。但每个区域在国家经济社会格局中的分量和价值是不相同的，随着经济社会发展，各区域的中心地位也会发生变化。这种变化过程既有被动因素，也有主动因素。所谓被动因素是指国家整体经济社会发展给区域带来的区位变化，不是当地能左右的，只能被动接受。所谓主动因素，就是区域在国家整体格局中区位资源通过主动谋划和合适的措施可以得到改变，每个区域都有重新定义区域资源特殊性的机会和条件。随着国家经济社会发展进步，以及新发展理念的贯彻落实，每个地方都要重新发现、寻找区域新的区位资源优势。各区域之间的竞争犹如逆水行舟不进则退，每个地区都需要把某种意义上的不利区位资源转化为另外一种意义上的区位资源优势。对东南亚的开放合作，使云南、广西等地的区位资源得到很大提升；在大数据战略和产业发展环境下，贵州的地理区位资源优势得到了很大改变；生态文明改革格局下，青海的区位优势得以显现。每个地方都有无数的可以开发利用的区位优势，关键在于要善于谋划。

区域资源的充分利用。区域资源利用的核心目标是利用区域资源优势为当地经济社会发展带来效益。这种效益可以是直接的经济效益，也可以是吸引人才、吸引其他有利于区域发展资源的能力。利用地利资源效果最好的当属房地产开发商，看看海南省海花岛的广告宣传就知道海南在卖冬天的阳光和沙滩、大海，看看云南普洱鼎城国际的宣传就知道普洱在卖四季好时光、绿色、生态、普洱茶。充分利用区域资源可以从以下几个方面着手。第一是充分发掘区域资源的稀缺性，并将这种稀缺性放大到区域、全国甚至全球尺度上予以描述和利用，通过体现资源稀缺性价值的生产或服务把资源优势转化成经济优势，如东北地区的冰雪旅游、海南的冬季旅游和养老产业等。第二是充分放大区域资源对人健康的价值，冬天的阳光值多少钱，无法衡量，它对人的健康，特别是对特定人群的健康是无价的，长寿环境对于特定人群来说也是无价的。第三是把区域资源转化成经济社会概念，实现资源到理念的提升，从根本上推动区域经济社会发展，"绿水青山就是金山银山"就是很好的诠释。关于区域资源利用的具体方式方法，正如古人所言，只有想不到，没有做不到。只要区域资源开发利用的体制机制合适，千万优秀方法会从万千人中产生。

区域历史文化发掘。文化具有现代性，也具有历史传承性。中国的现代化一定会带有中国历史文化的烙印，每个地方的现代化也会有地方历史文化的影子和痕迹。当物质匮乏成为过去，产能过剩成为问题时，区域人民对美好生活向往和需求的内容也在发生根本性变化，其结果是以文化为载体和标准的精神需求将越来越多样化和个性化。发掘区域历史文化，第一是研究梳理发掘区域历史文化中的优秀成分，像潘金莲故里的事情就不用大张旗鼓地去争了，将历史文化中的优秀部分予以发扬光大，不但实现文化的传承，更是为现代文化发展提供根基、素材和食粮。第二是保护和利用好历史文化，对历史文化的保护除对文化载体的保护外，更重要的是历史文化载体的现代社会价值；保护最好的方式就是做好保护性利用，利用是最好的保护。第三是对历史文化资源的发展，所谓发展是对历史文化的载体进行改进、提升、改造，而保留文化的精髓；内涵的发展是适应现代人需求、现代经济社会需要的内涵提升和丰富。区域历史文化发掘利用好了，可以为区域发展赢得持久的动力和精神符号。其他地利资源的利用也要考虑资源特点和区域经济社会发展需要的充分结合，实现资源产出效益的最大化。

（三）区域发展地利资源的变化

区域的地利资源并不是一成不变的，除了随大的历史发展进程而发生改变外，区域也可以通过适当的措施，使区域的地利资源特性发生变化，甚至是根本性的变化。就当前生产力水平而言，区域地利资源改变的途径有以下几种。

科学技术改变地利资源。就是利用科学技术使区域地利资源对区域发展的功能和功能指向发展变化，把不利资源变为有利资源，把有利资源变为更有利的资源，或者最大限度地降低不利资源的负面作用。科学技术改变地利资源有多种途径和方式，第一是科技改变区域某种资源自身的特点、性能和表现形式，进而使地利资源的性质发展变化，可以把不利资源转化为有利资源。沙漠变绿洲技术常有报道，[①] 力学手段改造沙漠土壤实验也实现了沙漠变良田、变绿洲的效果，[②] 广袤的沙漠国土资源将有可能转变为有较高经济价值的土地资源，这对土地资源数量巨大的沙漠区域，以及土地沙化比较严重的地区是巨大的福音。第二是科学技术通过改变某种资源的存在和使用环境，间接改变资源的可利用特征和价值，如通过生物技术可以降低土壤中重金属含量，这样就可以改良重金属超标地区的土壤，进而改变这些地区粮食作物的品质，间接提升这些地区水热资源的价值。第三是科学技术可以为区域直接创造出某种地利资源，全国各地以互联网、大数据、科学计算等为主体的中心、平台等就是用科技手段给地方创造出来的地利资源，如果加以合理开发利用，这些资源将为区域未来发展提供无限广阔的空间。

适度的投资工程可以改变地利资源。通过大型的工程项目和投资可以在一定程度上改变区域的地利资源状态。投资和工程改变区域地利资源的途径主要有：第一是改变区域某种地利资源的性质和价值，如对于缺少能源地区，通过高压输电工程可以彻底扭转区域能源缺少的局面，已经实施了多期的西电东送工程，极大地改善了华东地区能源供应紧张的局面。第二是提升区域整体的地利资源优势，通过某项工程措施使区域整体环境或限制性因素得以改变，进而提升区域地利资源优势。毋庸置疑，三峡水利工程的建设使湖北、重庆等地的区位和旅游资源得到了很大的改变和提升，并且使这些地区成为重要的电力输出区。第三是重点工程可以增强区域之间的联动性，为相关地方带来更多的地利资源，国家高速公路网、高速铁路网的修建，使区域之间的联系更加密切，区域之间的地利资源空间扩展能力得以加强，各地可利用的地利资源总量大大提升。

政策措施可以改变地利资源。通过政策措施可以改变区域地利资源的价值和性质，如同样是沙漠地区，可以是寸草不生的戈壁荒漠，也可以是沙产业的集聚地，或者是特色旅游胜地，其中合适的政策措施与地利资源

---

① 《"妙手能让沙漠变绿洲"——白春礼调研策勒沙漠研究站侧记》，《中国科学报》2014年8月27日，第1版。

② 《我力学家"跨界"治沙，沙漠有望变"土壤"》，《新华每日电讯》2016年12月2日，第13版。

的结合功不可没。政策措施对区域地利资源改变的思路是顺应地利资源特点，通过适当的政策措施调动各种要素参与到地利资源的改造、开发利用当中，使地利资源的正面效果得到充分发挥和放大，使地利资源的负面影响尽可能弱化和转移。政策措施对地利资源的改变切忌急功近利和竭泽而渔，避免一哄而上和一哄而散。关于改变区域地利资源的政策措施，各地有太多的案例、经验和教训。政策措施改变地利资源一定要小心谨慎。当然，其他一些方法和因素也可以改变区域地利资源，如谋划和实施新战略可以改变区域地利资源态势，支持发展新产业也可以改变区域地利资源格局，等等。

三　区域发展的人和环境管控

（一）区域发展的人和资源

区域发展的人和。人和，简单理解就是人事和谐，人心所向，人心归一，上下团结。最常见的说法就是政通人和，《孟子·公孙丑下》云"天时不如地利，地利不如人和"，可见人和对区域发展的重要价值。区域繁荣的原因很多，衰落的原因也很多，无论历史学家、社会学家、经济学家总结出多少区域衰落的客观原因，人的问题始终是最为关键的。"人心齐，泰山移"，怎么刻画人和对区域经济社会发展的作用都不为过。社会学、历史学等领域的学者已经有无数的论著，现实世界中也有无数的案例和经典对其重要性做过描述，在此不再赘述。人和资源的特点很多，几个朴素和基本的特征可以用比较直白的几个效应说明，第一是"梁山效应"，即聚起来难，散伙很容易，对于任何区域而言，形成好的人和环境都是很困难的，需要很长的时间来积累、来沉淀，但好的人和环境破坏起来则很容易，一个突发事件就可能使多年积累的人和资源化为乌有。第二是"政党轮换效应"，就是"当局者迷，旁观者清"和"站着说话不腰疼"的结合，怎么做才能算人和，当政者和台下人有完全不同的理解和观察，旁观者认为很清楚和简单的道理，但当政者却不接受，除了当局者容易受各种引诱迷惑之外，更重要的原因是当局者要考虑各个方面的因素，很多时候不得不做出各种妥协，也是不得已而为之。第三是"狼来了效应"，就是人和环境构建过程中一次失信、一次失误会带来严重的后果，为什么一些地区的政府公信力差，跟这些区域曾经的谎言有关。区域人和资源这些朴素的特征决定了在区域人和环境构建过程中统筹策划、保持定力、持之以恒的重要性。

区域人和的保障要素。人和是区域的一种综合现象和过程，区域人和资源的保障要素、人和资源的构成、区域人和环境的关键因素有很多方面。第一是适宜的人口数量和质量。在人口红利正在减少的大格局下，区域必须维持适宜的人口才能维持发展的后劲，区域人口过多固然给区域发展带来很大压力，但人口外流、总量不足也已成为一些区域无法回避的问题，这对区域劳动力资源建设、吸引高素质人口流入等都提出了新的要求。第二是高素质的管理团队。一个区域的各级主要领导干部、干部团队的素质和能力是关键，高素质干部队伍不但能通过高效率的管理使区域各项事务顺畅运转，更可以通过干部成员的人格魅力为区域和谐增砖添瓦，在我国传统的地方自治中，关键人物对区域人和环境建设和延续的作用是不可低估的。第三是协作互助文化。为什么浙江、江苏地区总会引领产业转型升级，并且资本领域的变革步伐很快，且效果明显？这与当地商业文化、契约精神有关，互信是和谐的基础，没有人愿意生活在一个冷漠的社会中，一个没有诚信的社会也不可能有人和环境。第四是适宜的舆论氛围。区域整体的内外部舆论氛围对区域人和环境的建设和维护很关键，一个区内、区外人都认为不守诚信的区域，维护区域人和环境就比较困难，良好的区域舆论氛围有助于区域人和环境的构建。第五是包括体制机制政策措施等在内的软环境。以人为本是区域体制机制、政策措施、管理措施等建立和实施的出发点和落脚点，一个细节可能影响一件事情的成败，一项不人性化的制度和举措可能导致一批人对区域人和环境失去信心。

（二）区域发展人和环境构建

重视人和环境的重要性。无论各地如何努力，各地方在其他地方或全国人民心目中的印象是很难改变的，这是一种综合性的人和环境认识。网上流传着无数各地方、各群体对待全国各地的看法和印象，还制作了许多特色鲜明的地图。抛开政治、民族、宗教、偏见等因素，任何地方都无法阻止别人对自己的看法，这些看法不单是印象里或表面的看法，而是与相关人的经济、社会活动的空间倾向性有关系的，如有些地方人们就是不愿意去旅游，有些地方就是不愿意去投资。所以，各地管理者一定要充分认识人和环境构建的重要性，从思想上、行动上、策略上重视起来。区域人和资源全力以赴培育都不一定能达到效果，靠搞搞形式就能把区域人和环境建起来的想法是绝对要不得的。

构建区域发展和谐氛围。如果一个区域给外界的印象是政策主导的，那么市场机制驱动的因素将远离；如果一个区域给外界的印象是市场主导的经济体系，那么市场主导的要素将优先选择这些区域。所以，区域构建什么样的发展氛围对于集聚更多的经济社会发展资源十分重要。这种氛围的构建不是靠单一方面的政策措施就能实现，需要统筹合理利用区域各种资源，调动区域发展的各种资源，妥善处理区域各团体的利益关系，构建一个经济主体能看得懂、操作得来、活得下去、发展有后劲的、真实的区域发展环境，才有可能建立和维持区域发展和谐环境。虽然"投资不过山海关"的说法有点夸张和片面，但也道出了商界一些心里话，道出了东北经济社会发展环境存在的问题。构建区域和谐发展环境是个漫长的过程，也是个复杂的系统工程，工程的核心是诚心诚意、实实在在。

构建有利于区域发展的人文环境。物质匮乏问题解决之后，人的需求已经从物质占有需求主导转变成精神追求和体验主导了。一些年轻人为什么愿意宅在家里，宅在家里使其综合需求得到了最大化满足，这与对错、精神颓废、沉迷游戏等现象没有必然联系。区域发展人文环境的构建要在顺应时代潮流的前提下，通过统筹规划、科学实施，引领社会人和事向着和谐、可持续的方向发展。在区域人文环境培育中，第一是坚持不要店大欺客，如果店是以服务人为宗旨的，就会穷客、富客平等对待；如果店是以赚短钱为目的，就会店大欺客。现实中，一些地方已经开始店大欺客了，通过行政干预和舆论引导可以减小被欺负客人的影响，却埋下不和谐的种子。第二是避免穷山恶水养出刁民，区域发展人文环境不好的地方不能破罐子破摔，要积极上进，对区域内的"刁民"绝不姑息迁就，辽宁对破坏营商环境的重点案件进行公开曝光和处理就是不养"刁民"的案例，其他区域好的、不好的案例也有很多，其作用和效果值得深入分析。

（三）区域人和资源的利用

人和资源利用原则。人和是区域经济社会持续发展最宝贵的资源，区域人和资源的建立和维护都需要很大的代价。因而，区域人和资源的利用一定要把握好两个原则，第一是适度原则，即区域人和资源使用中一定要把握好利用程度，凡事不可用其极，用狠了，就会伤了区域人和资源的元气，用的不到位，就荒废区域人和资源的价值，导致区域发展效率低、目标实现困难。第二是人和资源的可持续原则，人和资源具有一定的再生性和自我修复性，但这种自我修复和再生都是有条件的，就是修复和再生的环境、能力还在，人和资源就像韭菜，在维持韭菜正常生长的前提下，可以一茬一茬收割韭菜；同时，要给韭菜施肥、除草、除害虫等，如果这些维持韭菜正常生长的条件无法保证，韭菜就难以持续生长了；更有甚者，在割韭菜的时候，连韭菜根都挖出来了，韭菜就再也没有持续生长的机会了，韭菜根是区域人和环境的心脏和神经中枢，这些部件如果出了问题，人和环境的躯体就吃不消了。

人和资源利用要点。区域人和资源的利用涉及经济、社会、政治、文化、教育、科技等方方面面，人和资源利用的核心就是在坚持适度和可持续原则的基础上，充分利用人和资源的优势，避免区域人和的不利因素，降低区域不利人和资源的负面影响。第一是形成人和资源利用模式。人和资源建设和使用可以借鉴"传销模式"，传销作为一种经济和社会现象是一种犯法行为，但从组织和管理高效性来看，其让人快速相信某种事物、发展"下家"的做法在区域经济社会治理中却有积极的一面；区域人和环境构建的基础是所有人都相信，相信人和环境的目标能够实施，相信人和环境建设路径可行，更为重要的是让更多的人参与到区域人和环境的建设中，最终实现构建和发展区域人和环境的目标。第二是新移民归属感的培育。近几十年的城镇化和人口自由迁徙使外来人口成为许多地方，特别是城市地区的人口主力；但受户籍制度，以及由其派生的就业地方保护、教育资源地方保护、社会福利地方保护的影响，许多城市新移民没有归属感，这对区域人和环境构建是极为不利的，过客的心理和主人的心理有天壤之别，通过具体的人文关怀和其他措施，培育新移民的归属感可以实现区域人和环境的持续发展。第三是人和资源的再挖掘和再发现。科学技术发展推动着生产关系的发展，新技术条件下，有一些新的资源可以成为区域人和环境建设可利用的资源，关键是要发现这些新要素、新现象、新技术、新动向、新趋势在现代环境下的资源价值，在人人都离不开智能手机的环境下，智能手机也可以成为建设区域人和环境的有效载体和平台环境，关键是如何利用好这些资源。第四是推动适宜的人和资源转化。人和资源一边要使用，一边要生产，通过一些有效的方法和措施，不断地把区域人和环境中的不利因素转化为有利因素，增加区域人和环境中的正面因素数量。第五是人脉资源的培育和利用。所有人都具有家乡情结，骨子里都有寻找机会给家乡做事情的愿望和冲动，其中的一部分可以转化为区域人和资源。

第四章

区域经济社会治理能力建设的基础

好的制度能让坏人干不了坏事，不好的制度能让好人变坏。用制度激发人性中善的一面，用制度制衡人性中恶的一面。人类社会实践中无数经典成功案例、无数失败的深刻教训、无数的圣人与学者从各个角度描述人类世界，为我们认识周围的世界提供了丰富的知识和方法。于是我们很容易搞清楚，评价一栋大楼是否稳固，首先要评价它的地基和框架结构是否稳定。

第一节　区域经济社会治理中的空间协同

一　区域与国家的协同

（一）区域在国家格局中的独特定位和作用

区域存在的独特性。每个区域都不是突然冒出来的，都有历史的印记和现实的需求，有其必然性。每个区域之所以成为现在的样子，除必然性和规律性因素外，也有偶然性因素在起作用，总之，每个区域存在的理由都是充分和客观的。每个区域都是独特的，其独特表现在以下几点。第一是空间区位的独特性。每个区域在国家的空间地理位置、周围的邻居是固定的，别的区域无法替代。第二是历史发展脉络和人文特征的独特性。每个区域现在的样子都是历史发展的结果，区域文化和人的精神风貌也是历史发展的结果，与其他区域包括紧邻的周边区域有很大的差别，独特而又有魅力。第三是资源组合的独特性。每个区域的山川河流、地形地貌、飞禽走兽、花花草草形成的组合是区域千万年来演化的结果，别的区域这些组合可能是另一种样子，如山西的就是山西的组合关系，陕西的就是陕西的组合关系，不会因为两个省是邻居就完全一样。第四是经济体系的独特性。一个区域的经济依托于区域的资源本底和区域的人而兴起，并随着生产力的发展、科技进步逐步演化成今天的样子，每个区域的经济体系都特色鲜明，不可替代，不可复制，独一无二。第五是区域治理体系的独特性。一方水土养一方人，每个区域今天的治理体系都是千百年来演化并与时俱进的结果，是个综合的系统工程，两个区域某个具体方面的治理措施可能一致，但总体的、综合的差异性十分明显，北京的就是北京的，上海的就是上海的，不可替代。

区域功能与定位的独特性。在国家经济社会体系中，每个区域的功能和作用都是不可或缺和不可替代的。其主要表现在以下几点。第一是区域在国家经济格局中的独特性。国家庞大经济体系的建设和发展，需要每个区域在其中扮演一定角色，如上海的经济中心角色、河南的产粮大省角色、山西的能源基地角色等；京津冀都市圈、长江经济带、粤港澳大湾区在国家经济体系中的功能各有侧重，各区域功能虽有类似，但绝不会完全相同。第二是各区域在国家总体社会治理格局中的独特性。在维护国家运转和社会稳定发展的大格局中，各区域扮演的角色不尽相同，如河南、四川的人口大省角色，新疆等地的边疆稳定角色，京津冀协同发展角色，各区域在国家社会治理中的分工是相对清晰的。第三是在国家生态环境格局中的独特性。各区域在国家生态环境格局中的作用不可替代，各区域与国家生态屏障涉及的区域、生物多样性重点区域、水土流失重点防护区、石漠化治理重点区域、重点治沙区域等与生态环境相关的区域不可或缺，各区域在国家总体的生态环境格局中的功能和作用不可替代。第四是各区域在国家文化体系中功能和作用的独特性。中华文化是各地文化的综合和提升，更是各地文化充分交流融合的结果；中华文化躯体中可以找到各个区域文化的基因和细胞，缺少了哪个区域的文化基因，中华文化的厚重感、沧桑感、质朴感、鲜活感等方面就会受影响。第五是每个区域在国家对外交往格局中的独特性。世界是平的，平的世界需要各个地方去营造和打磨，需要各个区域发挥区位优势去拓展，在对外交往的各个细分领域中，每个区域的作用和贡献都是独一无二的。第六是每个区域在国家安全格局中作用和功能的独特性。在国家安全的各个领域、各角落、各个方向，每个区域都承担着特殊的任务，其作用和价值别的区域无法替代。同时，各区域在大区域组合关系中的作用和功能也具有独特性，如长江经济带各省份在整个长江经济带大区域中的作用各不相同，具有独特性；京津冀地区各省份功能和作用也各不相同，都是不可替代的。

（二）区域与国家治理中的同与不同

区域与国家发展中的同。所谓同是指区域和国家在治理目标等方面具有的共同点。其主要表现在以下几点。第一是区域和国家治理的根本点和终极目标是一致的，区域发展本身就是国家发展的一部分，区域发展的目标客观上也是国家发展目标的组成部分；国家发展的目标是所有区域都得到发展，某个区域掉队和不均衡、不充分的发展会导致国家整体发展受影响。第二是区域和国家治理内容是相同的，区域治理内容涉及经济社会的各个方面，国家治理的内容也涉及经济社会的各个方面，区域和国家治理服务的内涵和外延是一致的。第三是区域和国家治理理念的一致性，以人民为中心的区域经济社会治理理念和国家经济社会治理理念是完全一样的。第四是区域和国家治理的治理体系和制度基础等是一致的，中国特色社会主义以及基于此建立的各种制度是国家经济社会治理的基础，也是每个区域经济社会治理的基础。总之，区域和国家治理在根本性、基础性、战略性、长远性等方面是完全一致的。

区域与国家发展中的不同。所谓不同是区域和国家在治理内容、方式方法、服务对象等具体操作层面上存在的差异。其主要表现在以下几点。第一是区域和国家发展的阶段目标和操作目标有差异，每个区域的发展目标是区域最优，而国家发展的总体目标是国家最优；在一个时段内，国家最优不意味着每个区域都最优。第二是区域和国家在具体利益方面的矛盾，这种矛盾是临时的、阶段性的，也是不可回避的，例如，在跨多个地区的河流上修建大型水利设施，对下游地区意味着防洪、灌溉、发电等多个方面的好处，而对于上游地区则意味着移民搬迁、耕地减少、生态环境约束趋紧等多个影响发展的因素同时出现，水利设施上下游区域和国家几方在修建水利设施这个问题上是有利益矛盾的。第三是经济社会治理政策措施方面的不对称，国家层面的政策措施可以高要求、重宏观、重整体效果，但区域的政策措施则要更具体、可操作、重地区效果、重局部效果等。第四是治理可用资源差异巨大，国家经济社会治理可以用全国的资源，回旋余地大，韧性强；区域经济社会治理可用资源相对要少很多，一旦遇到某个方面的困难，回旋余地很小。当然，区域和国家经济社会治理方面的差异还体现在其他具体细节之中。

（三）区域与国家协同内涵

治理目标和任务的协同。区域和国家在治理目标方面通过相互影响、相互适应实现协同。国家目标和任务根据各个区域的治理情况和需求，以及国家总体分区需求来确定，这样就把各个区域的目标和任务融入国家目标和任务之中；同时，区域治理目标和任务根据国家要求和区域实际情况确定，国家要求已经融入区域治理目标和任务之中。国家经济社会治理任务是根据国家需要或大区域需要而提出的，相关区域的治理任务自然就是这项治理任务的一部分，部分与整体天然存在协同。区域既是区域的区域，也是国家的区域。区域首先是区域自己的，要为区域内的人、经济社会发展负责；区域也是国家的，每个区域承担着国家的某些职能和作用，如重点生态功能区、粮食主产区等。这些现实决定了区域与国家在经济社会治理目标和任务方面存在天然的协同性。

治理理念和方式的协同。区域和国家在经济社会治理理念和方式上的协同，首先表现在理念的一致性、连贯性和体系性，区域和国家经济社会治理理念本质上是一致的，国家的理念是大理念和宏观理念，区域的理念是相对可以操作、能够抓得住的理念。区域和国家的理念在内容上是成体系的、有继承关系的，区域理念根据国家的需要有一定的拓展和延伸，体现出区域和国家治理理念的协同，而不是完全相同。在区域和国家经济社会治理方式方法协同方面，国家层面的治理方式方法整体性、概括性、抽象性更强，细节操作内容相对较少，而区域层面的治理方式方法在满足国家要求的基础上更具体，实操性更强；国家的整体、宏观与区域的具体、可操作形成了国家治理体系层次网络，其间的协同保障了治理体系的空间全覆盖和内容体系的完整性。

治理成效评估的协同。区域和国家在经济社会治理成效评估方面的协同主要表现在以下几点。第一是治理问题发现的协调，区域经济社会治理中的问题与国家经济社会治理问题有很强的关联性，甚至是一致的，但程度和影响范围是不同的；对于国家而言，某个区域的问题固然值得关注，但如果是多个区域有同样的问题，关注程度就要高得多，直白地讲就是区域经济社会治理问题是国家经济社会治理问题体系中的一个环节、一种表现，其重要程度由国家来评判。第二是区域和国家经济社会治理成效的联动性，区域经济社会治理成效好是国家经济社会治理成效好的基础，但一个区域成效好不等于国家经济社会治理成效好；国家经济社会治理成效好建立在大多数区域治理成效好的现实之上。第三是区域和国家在治理调整方面的协同，当区域或国家经济社会治理存在问题时需要对相关的政策措施进行调整，在这种调整中区域和国家需要协同，国家在制定相关政策措施时要考虑大多数区域的需要和实际，区域在调整政策措施时首先要符合国家总体要求，然后要符合当地的实际情况。

二 与相邻区域的协同

（一）与相邻区域的竞争必然性

相邻地区的天然竞争性。每个区域与周边区域具有天然的竞争性，但这种竞争是竞合式竞争，就像一个有很多孩子的大家庭，国家就是大家庭，每个区域都是这个大家庭的孩子，孩子们之间具有天然的竞争性。相邻地区存在天然竞争的原因主要有以下几点。第一是市场资源供应的有限性和区域需求持续扩张之间的矛盾，一定时间段内，消费为主体的国际、国内、区域市场规模是有限的，一个区域获得的市场份额多，则另一个区域获得市场的份额就会少；生产为主体的市场资源总量也是有限的，资金在一个区域投放得越多，则在另一区域就会相对减少；同样，人才、科技、教育等市场主导的资源，也具有区域排他性，人才、科技等资源向一个区域过度集聚，则在其他地区集聚的程度就会降低，这些必然会导致相邻区域之间的竞争。第二是国家资源的有限性和区域需求扩张之间的矛盾，这是个分配领域的问题，我国特有的财税体制使得中央政府或国家很有钱，这使国家向区域分配财政等资源成为常态；但一定时间段内，国家的财政等资源总量也是有限的，使得国家资源的区域投入具有排他性，一个区域拿的多了，另一个区域拿的相对就少，这必然导致区域之间或明或暗的竞争，每个区域都希望从国家的资源蛋糕中多分一点，多分一点，意味着更多的区域发展机会，况且从国家争取资源比从市场获得资源要相对轻松。第三是区域综合影响的天然排他性，各个区域在国家格局中的综合形象竞争关系是"月朗星稀"式的,一个区域过于耀眼,其周边地区必然相对暗淡,这种综合形象会从各个方面潜移默化地影响区域自身发展,会影响外部资源的进入,这种竞争虽然没有硝烟,但实际上是很激烈的。与相邻区域的竞争既是区域争夺更多发展资源的内生需要,也是促进各区域在竞争中都取得长足发展的客观需要,是良性的竞争。

相邻区域竞争的主要表现。相邻区域之间的竞争一直或明或暗地存在着,对高铁站设置的竞争是这种竞争白热化的表现;各种地方保护也是一种变相的区域之间的竞争。相邻区域之间的竞争涉及经济社会的各个方面,主要表现在以下几点。第一是获得和占有市场资源的竞争。获得市场资源的竞争主要是围绕获得更多投资、更多项目等展开,以尽可能多地获得市场资源和市场份额;占有市场资源的竞争主要是使本区域的产品占领更多区域市场的竞争,占有市场份额越多,意味着本区域经济发展机会更多。第二是获得国家资源的竞争。在国家投资及其他资源相对固定的情况下,争取尽可能多的国家支持是很多区域共同的想法。第三是获取国家社会认可的竞争。国家对区域的高度认可往往会给区域的主要负责人及区域带来不言而喻的好处;各种考核、各种排名都是这种认可的具体操作方式,一定时间段内,一个区域拿了第一,另一个区域只能拿第二或其他名次,竞争在所难免。第四是综合实力和综合影响的竞争。对于经济社会发展成就的展示,有的区域比较外露,有的区域比较内敛,无论什么样的表现方式,区域综合实力和综合影响力的竞争始终存在,实力强的会更注重练内功,实力弱的更善于做表面文章。从某种意义上说,区域之间的竞争也是区域发展动力之一,这种家庭内兄弟姐妹之间的竞争、合作式的竞争本质上是一种良性竞争,对国家经济社会治理是利大于弊的。

(二) 与相邻区域协同的必然性

与相邻区域协同的原因。每个区域与相邻区域由于地理位置的相邻,区域之间经济和人员来往自古不断,在市场经济条件下,市场要素总是从势能高的地方向势能低的地方流动,空间距离相近使经济要素在相邻区域之间流动成为首选。每个区域与相邻区域合作的需求是天然存在的,其原因主要有以下几点。第一是相邻区域相近的自然地理和区位基础为区域之间的协同提供了空间,京津冀协同发展战略中的京津冀三地正是因为空间上的相邻,才使很多协同成为可能。第二是相邻区域相似或相近的经济环境使区域之间的协调合作成为可能，长江三角洲各地区经济联系十分紧密，这是区域之间经济社会协同、相互促进的结果，也为进一步协同奠定了坚实的基础。第三是相邻区域有相似或相近的经济体系，有联合做大的可能，珠江三角洲各地区经济体系的链条关系、经济体系相似性和互融性，使各地区之间的协同发展成为可能。第四是相邻区域有相近或相似的文化基础，有合作的人文基础，区域协同的各种现象和过程的根基是文化同源或相近，以及由此形成的信任、忠诚、奉献等。此外，相邻区域之间的协同还有许多种或显现或隐现的原因。

与相邻区域协同的领域。相邻区域之间协同内容十分宽泛，从区域经济社会治理看，相邻区域之间的协同主要表现在以下几点。第一是规划谋划方面的协同，具体体现在相邻区域在规划目标、规划措施、规划重点项目、重大措施等方面的协同，特别是为同一上位规划所覆盖的区域，规划谋划方面的协同已成为一种硬性要求。第二是相邻区域在经济要素布局和发展方面的协同，以城市群为载体的大区域把邻近区域紧密结合在一起，或主动或被动实现各区域之间经济要素在空间布局、政策措施、发展方向等方面的协同，如成渝城市群、长江中游城市群等规划把相关区域经济要素联系和协同推向深入。第三是基础设施建设方面的协同，发挥基础设施互联互通对区域之间联系的关键作用，加强区域之间基础设施协同已成为一种趋势，一些区域合作建机场就是很好的案例，如汕头、潮州和揭阳合建的揭阳潮汕机场就是三市合作的结果，区域之间城际交通网络也是协同的体现。第四是公共服务的协同，相邻区域在养老、医疗、科技、教育、就业等公共服务领域，就标准、执行程序、服务对象分类等进行协同，可以大大方便相邻区域人员往来，推动相邻区域协同发展。相邻区域之间的协同还涉及很多领域，并且随着户籍制度改革、全国统一市场的建设和发展，协同的需求会越来越强烈，协同的领域会进一步拓宽，协同的内涵也将进一步丰富。

（三）与周边地区协同合作

与相邻区域协同合作的理念。相邻区域之间合作思路，第一是合作共赢，通过相邻区域之间合作带来的规模效应，实现"1＋1＞2"的效果；随着区域之间经济社会联系程度的提高，利他就是利己必然会被更多的区域认可、接受并付诸行动。第二是区域之间优势互补，充分利用各区域的优势，实现优势效益最大化，如北京的科技优势、天津的制造业优势、河北的人力资源优势通过协同合作，可以实现京津冀地区整体经济的发展。第三是相邻区域相互激励，在与相邻区域共处中学习别人的长处，补上自己的短板，相互激励，携手前行，这种协同合作在长江三角洲地区有很好的体现，各相关地区都从中得到了很多好处。

与相邻区域协同合作路径。相邻区域之间的协同合作有许多具体的方式方法，因具体的协同领域和内容不同而有差别，但总体上，相邻区域协同路径主要有以下几个。第一是市场空间相互开放，按照利他就是利己的理念，区域之间充分开放市场，取消地方保护，地方保护往往意味着落后和生产效率低，是对本地区长远发展不利的做法，也是一种短期和短视行为。第二是实现相邻区域之间市场要素的自由流动，采取措施实现区域之间人才、科技、资本等市场要素的自由流动，最终实现全国统一市场体系的形成和完善，促进所有区域共同发展。第三是相邻区域之间的一体化发展，目前一些地方开展的区域一体化实践多取得了很好的效果，实现了公共服务资源配置优化和效益最大化，如湖北省提出的丹河谷区域合作概念，涉及十堰的丹江口市和襄阳的老河口市、谷城县，相似的区位条件、共同的发展需求、发展挑战的关联性（调水）等奠定了其区域一体化发展的基础，一体化发展对三市县都是有好处的；湖南省内的长株潭一体化发展也取得了实实在在的成效。第四是相邻区域各层次信息共享，信息对称、透明是区域协同的前提和基础，信息本身就是很重要的产业，更为重要的是信息共享所表现的诚意为区域协同发展奠定了思想基础，并通过信息共享推动相关资源的共享，实现协调合作的目标。当然，相邻区域协同的具体操作方法会因事、因时而异。

第二节　几个主要关系的处理

一　局部与整体发展关系问题

（一）区域内局部发展与整体发展关系

区域内局部发展不平衡、不充分客观存在。区域内部各地之间经济社会发展不平衡、局部经济社会部分领域发展不充分是客观存在的，有一定的必然性，其中既有客观因素的影响，也有政府主导的经济社会因素空间不均衡、不充分在起作用。客观上，区域内各地方资源禀赋、发展基础、区位条件等不尽相同，导致各地方获取的经济社会发展所需要的市场资源有差异，甚至有很大差异，进而导致区域内部的发展不平衡，如广东省，虽然经济总量排全国第一位，但其内部的粤北、粤西、粤东与珠江三角洲地区之间的差距仍是十分巨大的，特别是部分山区与珠江三角洲地区的差距更大。区域内部不平衡也有人为原因，特别是在改革开放之初，政府首先把资源放到最能够快速发展起来的地区，这就导致了区域之间发展条件和资源的差异，最终形成发展不平衡、不充分的局面在情理之中。

整体统筹与局部优先并重。区域内关于整体与局部关系的发展理念不是固定不变的，其随着区域经济社会整体实力的提升和国家发展理念的变化而变化：改革开放之初的理念是让一部分人先富起来，对于区域而言就是让区域内部的部分地区先富起来，带动其他地区发展；进入新常态后，随着新发展理念的形成，区域经济社会发展理念转变为提高整体实力、协同发展、均衡发展、提质增效、高质量发展、均衡和充分发展等。在实际操作中，区域内局部和整体的关系要坚持整体统筹与局部优先并重；整体统筹是确保区域内各地区均得以发展，尽可能保证区域总体发展、均衡发展、充分发展；局部优先可以保证局部突破、最需要快速发展的局部地区率先发展，从而提升区域整体实力和促进区域总体发展。

区域内局部与总体矛盾处理。在资源总量有限、发展机会相对有限、各种经济社会发展硬约束趋紧等情况下，区域内局部与整体在利益分配、发展机会选择、资源配置等方面会出现矛盾和冲突，处理这些矛盾和冲突要坚持大局意识，牺牲局部保总体。俗话说，"皮之不存，毛将焉附"，区域总体是皮，局部依赖整体而存在，从这种意义上说，保总体更重要，如深圳是全国的深圳，但其首先是广东省的深圳，珠江三角洲地区是全国的，但其首先是广东省的区域，对于广东省而言，当珠江三角洲地区与广东省发展出现矛盾时，确保广东省总体发展更为重要，况且两者之间不存在根本性矛盾，所谓矛盾只是具体领域的和临时的不一致。

（二）区域内局部与局部关系

区域内局部与局部有竞争也有合作。区域内部的各个地区就像区域同区域一样，也存在竞争与合作，只是其竞争的平台比区域与区域之间的竞争平台更低，其间的合作比区域与区域之间的合作更为紧密。之所以有竞争，主要原因是整个区域各种资源总量在一定时间段内是有限的，其可以分配给区域内各地区的数量自然也是有限的，一个地区拿多了，另一个地区能拿到的自然就少了，区域内部各兄弟之间也存在先后问题，竞争是必然的。区域内各地区之间的合作之所以更为紧密，是因为这种合作是在区域整体框架下进行的，其总体一致性更容易把握，可操作性更强。竞争与合作的具体内容涉及经济社会的各个方面和领域。

区域内局部关系处理。区域内局部关系处理包括局部与局部自身如何对待相互关系、区域如何处理各局部之间的关系，具体内容涉及很多方面。从区域作为整体对待区域内部各局部之间的关系来看，处理区域内部局部关系思路主要有以下几点。第一是在指导思想上要坚持一碗水端平的原则，区域内的各地方是区域不可分割的一部分，处理局部之间关系首先需要坚持公平原则，公平不是严格意义上的、简单的数字公平，而是机会的均能，每个局部地区在发展中需要区域给予和关注的内容不尽相同，但给予关注本身就是公平的表现。第二是在具体方法上要坚持在保基本的前提下扶强济弱，也就是坚持效率的原则，扶强才能带来更大的经济社会效益，积累更多的资源以支持区域未来整体发展，济弱是为了保护弱者不至于掉队太厉害，确保改革发展成果人人都可以享受到。第三是坚持公心的前提下奖勤罚懒，区域内各地区之间除客观差异外，人为因素导致发展差异的情况更为严重；调动各地区发展的积极性需要真正的奖勤罚懒，使积极上进的地区得到物质和精神的认可，形成和巩固区域发展的正能量，使懒政不作为的地方得到主要是精神方面的惩罚，也是形成和巩固区域发展的正能量；当然，实际处理区域内部各地方关系要复杂得多，具体问题可以按照基本原则分别对待，比如，在奖勤罚懒的同时，也要鞭打快牛，因为对区域而言，快牛才能有更多产出，慢牛打死也解决不了问题，这也是区域经济社会治理中公平与效率并重的表现。

二　近期与远期关系问题

（一）近期与远期矛盾的客观性

区域近期与远期矛盾。人类社会与动物世界的本质差别在于人类会为未来做准备，特别是会关注长远问题，虽然部分动物也有为冬季储存粮食的本能，但其在动机、规模、完备性等方面与人类不可同日而语。在区域经济社会治理中也常会遇到近期与长期的矛盾问题，其表现为当注重近期利益时长期利益可能会受损失，或者要保证区域长远利益，则必然会导致近期利益受损。虽然近期与远期问题有一致的时候，但多数情况下长远问题与短期问题的矛盾往往是不可避免的，就像种子与口粮的关系，当经济社会正常运行时，既可以保证当下口粮充足，也有足够的粮食作为来年的种子；但当时下口粮出问题时，是否可以拿出部分种子作为口粮，则是现实中不得不面对的问题。针对这种矛盾有几种选择，或者近期与远期矛盾处理有几种方式。第一是牺牲当下保证未来。为了区域未来牺牲近期区域内局部或部分群体的利益，但其风险是社会稳定和发展动力再生问题。第二是牺牲未来保证当下。当近期与远期出现矛盾时不管未来，只顾当下，今朝有酒今朝醉，一些区域过度举债就是这种方式的表现，但向未来和子孙借的东西未来都是要还的，并且成本很高。第三是当下和未来并重。面对近期与远期矛盾，采取兼顾近期和远期的策略，如适度举债（在可预见的发展趋势下有偿还能力）、基础设施和公共服务适度超前等都是兼顾当下和未来的方法。当然，在极端条件下个别区域也有不管当下也不顾未来的破罐子破摔的现象，这种现象绝不允许大规模出现，其中也有中央和地方博弈的地方，区域总觉得中央不会扔下不管，于是就破罐子破摔，针对这种情况，国家在经济社会治理中需要予以考虑和应对。

区域近期与远期矛盾根源。区域在经济社会发展中出现近期和远期的矛盾具体原因很多，从大的方面看主要包括如下几种原因。第一，区域发展各要素运行规律使然。区域发展的各种基础条件特征决定了近期和远期矛盾不可避免，如对于不可再生资源来说，当下开采多了，未来就少了或者未来就没有了，一些正面临困境的资源枯竭型城市就是最好的例证；生态环境问题也是这样，当下不顾环境容量拼命发展环境不友好产业，导致未来生态建设和环境保护成本巨大，好在这种趋势正在得到扭转；经济周期性规律或问题也是导致近期和远期矛盾不断的原因之一。第二，区域生产力水平发展的阶段性使然。受科技水平和生产力水平的影响，一个时段内区域只能解决部分问题或部分解决问题，但解决问题的不彻底性会导致现在与未来的矛盾，就像矿产开采，技术水平低时，矿产资源利用率不高，形成废矿、矿渣等，给未来利用带来很大麻烦；一定时段内区域建设大量不环保、不绿色的建筑，长远来说会背离对区域低碳绿色发展的生态文明要求；华北平原农村取暖用能源中，由于技术问题导致的当下与长远矛盾问题也常被媒体报道。第三，经济社会治理运作机制使然。区域内各级绩效考核指标设定及考核结果的应用，使得维护当下与发展长远之间出现矛盾，维护当下社会稳定常会隐藏矛盾、表面化解决矛盾，这为区域发展近期与远期矛盾埋下隐患。

（二）近期与远期矛盾处理

区域近期与远期矛盾处理基础。区域经济社会发展中近期与远期矛盾虽然不可避免，但通过适当的措施可以从一定程度上调和这种矛盾，使矛盾的负面影响降到最低。第一是把握从未来借用的度。我们曾经嘲笑美国人借债度日的恶习，然而，不知不觉中我们很多区域已经成了向未来借钱的高手，最经典、最具有代表性的是70年的土地使用权，实际上就是向未来借来的土地使用税；以生态环境为代价的经济发展则是向未来借来的发展机会。发达国家和区域的经验证明，借未来是可行的，但要把握好借用未来的度，借太多了，把未来的根基动摇了，未来就会失去发展的动力，所以每个区域都要认真评价有多少机会是从未来借来的，借的程度是否可持续，等等。第二是把握好储备未来的度。区域发展中好的习惯是储备未来需要的东西，确保区域远期良好发展，该过程中也要把握好储备未来的度，现实中太多的人为了挣钱拼事业，过度透支身体健康，结果到老了再用金钱买健康，但关键是没有健康的身体，生活质量将大打折扣；在处理区域近期与远期矛盾中也存在这样的问题，就是不能为远期目标过度牺牲当前的利益，必须保证当下经济健康发展，才能拥有未来，才能实现远期目标，保证区域远期利益。

当下的好日子和未来的好日子。对任何区域来说，最理想的状态是现在和未来都有好日子，达到这种理想状态的前提是物质极大丰富、精神水平很高，并且对好日子的理解到了一个崭新的高度。现实中，达到这种理想状态有很大难度，除了区域发展近期与远期矛盾的天然影响外，其与各时段区域的人对好日子的判断和预期有关，灯下黑效应和婚姻七年之痒效应，决定着由苦日子到好日子相对比较容易，维持好日子则需要付出更多的努力。同理，精准扶贫刚开始时群众满意度较高，越穷的地方稍有帮扶群众满意度就会很高，而相对比较富有后再扶贫的满意度就会快速下降，这是人性使然，也是社会心理的一种最为普通的表现。因此，当下和未来都是好日子只能是相对的，做好当下满意和未来预期管理是关键。

当下的苦日子和未来的好日子。为了未来的好日子，现代人要拼命干，这是中国人最传统、植根于文化骨髓的做法。然而，现代社会中个人的近期与长远矛盾处理模式已经被打破，月光族数量的增加就是很好的例证；区域各种隐性和显性债务数量的增加，也标志着"当下苦日子，未来好日子"发展模式的终结，或者一定程度上的终结，甚至一些区域已经形成了不会举债就是不会搞经济的认识和氛围。当然作为一种表现形式和一个发展阶段，"当下苦日子，未来好日子"模式仍是值得推崇的，从某种程度上看我们当下享受到的就是上一辈人坚持"当下苦日子，未来好日子"发展模式的成果，但在这一过程中一定要明白，苦不是目的，不是必然，只是一个过程，必须把控合适的度。"当下苦日子，未来好日子"模式在区域经济社会治理的具体领域有不同的表现，如在投资与消费关系上，就是扩大当下投资，压缩当期消费；在储蓄和消费上，就是适度压缩当期消费，扩大储蓄；等等。

当下的好日子和未来的苦日子。现实中月光族就是这种模式最好的诠释。为了未来发展，区域要举债，但举债的规模一定要适度，不能只顾当下的好日子，不顾未来子孙的生存和发展。显然，一个人靠工作偿还债务的时间也就30年左右，如果举的债30年都还不完，那就是对未来不负责任。区域也一样，借债可以，但要有能力在合适的时间段内还上。

三 市场与政府的协同问题

（一）市场与政府的分工

市场与政府的分工。在区域经济社会治理中，市场和政府所起的作用和起作用的方式有很大不同。关于"无形之手"的市场与"有形之手"的政府在经济社会发展中作用问题的争论，出现在现代经济社会发展的各个阶段。实践证明，讨论要不要政府干预市场本身就是个伪命题，干预是可能的，也是必不可少的，争论的焦点实际上是干预的程度问题。市场经济的周期性和逐利性，需要政府各种强制手段来调和；政府干预的短期功利性、特定人群或利益集团的指向性、为套利行为留下的政策空间等都需要通过市场予以纠正和冲淡。

市场与政府分工思路。区域经济社会治理中最需要解决的两个问题是公平和效率问题，市场的主要功能是解决效率问题，市场配置资源的出发点是利益最大化，所以市场会以最低的成本调动所有资源，实现产出的最大化。政府的主要功能是解决公平问题，政府干预的目的是让经济社会活动有利于大多数人，保证人人都能分享到区域经济社会发展的成果，其核心是公平。因此，市场与政府分工的基础和核心是解决效率与公平协调问题。市场与政府分工的基本准则如下。第一，效率为核心的生产环节归市场主导，公平为核心的分配环节归政府主导，确保市场和政府都能发挥优势，使各自产出和效能最大化。第二，能市场完成的就不要政府做，必须要政府做的市场因素不要参与。市场能够完成的事情如果政府做会导致效率低下，产出效能打折扣，发展质量受影响，许多地方的政府购买公共服务的方式充分证明了市场的效率；涉及资源分配、公共服务管理等需要政府完成的事情，如果有市场因素参与进来，则会导致内容和结果变味，达不到预期的效果。第三，避免裁判兼运动员现象，划清市场与政府的界线，明确界线哪边是政府，哪边是市场；政府更多时候的定位是裁判员，并且是没有运动员兼职身份的裁判员。

（二）市场与政府的协同

市场与政府的协同。市场和政府不是天生的敌人。纯市场主导和纯政府主导的经济都经历过失败，并由此给国家和人民带来经济灾难、社会动荡，这让人们明白市场与政府有协同的价值。市场与政府的协同主要表现在以下几点。第一是资源配置数量和质量方面的协同，在区域经济社会运行中需要的各种市场的、非市场的资源，在各领域、各部门、各行业、各群体中配置的数量和比例关系都需要协同；市场配置资源的利益最大化导向性和政府配置资源的强制性的结合，既保证了市场配置资源的效率，也可以保证政府配置资源的公平。第二是社会运转事务承担主体与责任方面的协同，即区域经济社会治理事务中市场与政府在责任分工上的协调一致，区域经济社会治理需要市场和政府共同参与的事务，要协同市场和政府的责任分配，市场与政府要相互填补在事务责任上的缺位；现在一些地方推动的 PPP 项目无论效果如何，其初衷是市场和政府协同，共同推动区域经济社会发展。第三是市场与政府在区域经济社会治理事务执行细节中的协同，在具体的区域经济社会治理事务中，什么时间开始、什么时间结束、需要哪些资源介入、需要哪些机构或组织参与、达到什么效果、具体考核指标等细节性问题，需要市场与政府之间的协同。当然，市场与政府协同是个复杂的系统工程，也是个不断发展和完善的过程。

市场与政府协同执行。市场与政府协同在理论上是一回事，真正在区域经济社会治理中执行则是另外一回事。市场与政府的协同受多种因素的影响，既有客观因素，如市场对自由的追求与政府对规范的追求具有天然的差异性，也有人为因素，如不同区域经济社会治理决策者对市场的认识、对市场与政府协同的认识有很大的差异。市场与政府协同执行要分类和抓重点执行。第一是对于区域经济社会治理事务中市场主导的协同，重点是要解决市场配置资源到什么程度，过高的市场资源配置比重会失去公平性，过低的市场资源配置比重会降低效率，其中没有标准公式和算法，需要根据区域经济社会治理的具体事项来确定，关键是构建一种市场主导和政府监督式参与的机制。第二是对于区域经济社会治理事务中政府主导的协同，关键问题是要解决政府保障到什么程度，过度的政府保障会养懒汉，比重太低的保障则有悖改善民生的基本诉求和经济社会治理初衷；市场与政府协同需要的比重要根据区域经济社会治理具体事项确定，核心是构建起市场和政府的相关监督机制，确保公平和效率兼得。第三是排除对市场与政府协同的干扰，对市场与政府协同干扰的本质是利益再分配问题，其试图通过干预改变原有协同机制下利益分配机制、利益分配对象和比例，并使某些群体或组织从中获得额外的好处；要排除这些干扰，需要建立保持市场与政府协同、避免各种干预的体制机制。

四　自上而下与自下而上问题

（一）区域经济社会治理中的上下分工

自上而下和自下而上的内涵。我国现行行政体制下，区域内又划分为不同行政级别的经济社会治理责任主体。区域经济社会治理目标和具体治理事务执行涉及自上而下和自下而上的结合。区域经济社会治理中的自上而下就是从较高行政级别政府到较低行政级别政府逐级执行治理事务，即上边让怎么干就怎么干，治理的要求、任务、目标、考核等都是上边说了算。区域经济社会治理中的自下而上就是治理的要求、任务形成、目标的建立、考核指标设置等由较低行政级别的政府向较高行政级别的政府逐级传递，也就是在怎么干的决策问题上要充分参照下面的要求和呼声。自上而下和自下而上的方法不可能截然分开，只是哪种方式所占的分量更大而已。在区域经济社会治理方向、大目标、总体要求等方面适宜采用自上而下的方式解决；具体事务性目标、实施层面的措施、具体事务性要求等方面要自下而上开展。

自上而下和自下而上模式的执行。自上而下是现阶段主流的经济社会治理方式，中央政府和省级政府颁布了一系列区域经济社会治理的新举措，其最大问题是区域经济社会治理的许多措施，以及相关的考核要求不接地气，与各地经济社会运行的实际情况和实际需要相差太远。这种治理模式产生的另外一个致命问题是只唯上问题，被考核者只对考核者负责，出于获得个人发展机会、为区域获得更多发展资源的考虑，会报喜不报忧，极力掩盖区域经济社会治理中的问题，把老百姓的利益放到一边，甚至通过造假等不正当方式获得好的考核成绩。为避免这些问题的发生，区域经济社会治理绩效考核中需要纳入更多自下而上的考核内容和方式。

（二）自上而下和自下而上的协同

认识经济社会治理的智慧来源。区域经济社会治理中各种政策措施的制定和采取的方式方法都充满智慧，这种智慧既有自上而下的智慧，也有自下而上的聪明才智。自上而下的优势在于样本的丰富性和共性认知，国家对区域治理、区域对区域内部各地方实施的治理政策措施就像医生给病人开药方，大医院的特点是接触患者数量多，看多了自然就形成了经验，这些经验就是针对下一个病人开药方的基础。国家在制定区域治理政策措施时参考了全国各地的情况，并抽象出基础性问题、一般性问题对症下药，大方向是对的，但对于具体的区域经济社会治理而言，其病因和临床表现会有差异，区域决策者们长时间在该地区工作，对当地经济社会治理中存在的问题了解更为清楚，提出的对策措施更有针对性，更容易解决区域的实际问题。区域经济社会治理最大的智慧应该是自上而下和自下而上的结合。

自上而下和自下而上的结合点。区域经济社会治理中，对自上而下和自下而上的结合点的把控是解决问题的关键。这种结合的出发点是要回归问题的本质，如果问题是方向性、战略性、事关长远、事关整体、事关未来的大问题，多考虑自上而下的治理模式和方法；如果问题是面向具体的人和事情的、短期性的、临时解决问题的、面向具体工程项目的，多考虑自下而上的治理模式和方法。这两种方式结合的基础是自上而下模式要给自下而上模式留足空间和余地，国家管好战略层面的事情，区域及区域内地方干好战术层面的事情，每一个区域的具体案例又给国家自上而下治理模式提供参照。

信息的准确传导。无论是自上而下模式还是自下而上模式，信息传递过程的准确性和完整性十分重要。无论在哪种治理模式中信息传递都是逐级进行的，在信息传递过程中，选择性遗漏、选择性添加、选择性夸大、选择性弱化、选择性采纳是最常见的问题。在自下而上的信息传递中，高手在民间、实践出真知确实没错，但只传递积极效果的信息，常把问题和隐患隐藏起来；在自上而下的信息传递中，上有政策，下有对策，选择性传递也是屡见不鲜。要实现两种治理模式的协调，建立有效的上下信息传递机制十分重要。

第三节　区域经济社会治理的阶段性问题

区域经济社会治理的阶段性问题也就是区域经济社会治理当前面临的问题，是区域经济社会治理亟待解决的问题。发现问题是解决问题的基础，理解问题发生的机制是解决问题的前提，找出问题的病根是解决问题的关键，采取行动是解决问题的根本。区域发展阶段性问题的发现可以从不同的视角展开。

一　指标导向的问题检讨

区域发展同个人的成长一样，是个不可逆的过程，检讨错误与路线、方针、政策无关，而是实事求是的一种作风和表现，对于区域未来发展十分重要。

（一）指标的合理性检讨

指标的合理性问题。每个区域都有近期和远期的经济社会发展指标，这些发展指标的确定往往通过正式的规划批准和法律程序确认过，但区域经济社会发展的结果往往与确定的指标相去甚远。为什么会有这种情况？首先需要检讨的是指标的合理性问题，要么是指标定得太低，要么是指标定得太高。在中央政府刺激经济增长的大环境下，每个地方设计较高的发展指标无可厚非，也是讲政治、态度好的表现，但在追求发展质量高于发展速度时，一些发展指标的合理性自然要进一步商榷。当确定的发展指标无法实现，特别是一些重要指标无法实现时，说明区域经济社会治理中是有问题的，并且不是一般的问题。

指标合理性发现。要回答指标的合理性问题，首先需要确定考虑哪些指标，是考虑所有的经济社会发展指标，还是考虑关键性的指标。其次是指标数值的合理区间取值问题，即指标值在什么范围内算是合理。对于指标选择问题，选择标志性指标最好选择区域经济社会发展的短板指标和核心指标，一般性指标可以不做硬性规定。短板指标是根据区域经济社会发展中的弱点和不足而确定的。如果区域经济结构与其他区域差异较大，那就选择经济结构指标作为考虑指标；如果公共服务与其他区域有差距，那就选择民生指标作为考虑指标。核心指标是能够反映区域经济社会运行状况的一组指标，核心指标在区域之间可以通用，与具体区域的短板指标可能重叠。对于指标数值区间问题，要坚持弹性和刚性的结合，坚持保基本和争上游的结合。就像人体检中的血液、尿液等各项指标，其合理区间的确定是综合了众多样本和人群特征后确定的，其中既有刚性也有弹性，个体指标超出合理区间表示可能会有问题，但也可能没有太大问题。保基本和争上游则是在确保区域经济社会不出大问题的前提下，使其尽可能有更好的表现，即距指标理想值越近越好。

（二）问题的性质

问题的归类。寻找和发现区域经济社会治理中的问题要按照抓主要矛盾和矛盾主要方面的思路来进行。发现问题之后首先需要对问题按性质进行归类。当然，问题归类和性质划分是由标准确定的，从解决问题的角度可以按两种思路展开。第一是根据问题发生和存在的时间划分为历史问题和当下问题。很显然，历史问题是区域经济社会治理过程中早就存在，并持续了很长时间的问题，如贫困问题（绝对贫困和相对贫困）、发展不充分问题等；当下问题是区域经济社会治理过程中新产生的问题，如产能严重过剩问题、房价上涨过快问题、经济杠杆率过高问题等。第二是根据问题的本质划分为发展问题和不发展问题。发展问题是在区域经济社会发展过程中发展不平衡、过快、过慢、不充分等导致的问题，如一个化工厂布局在城市中的现象显然是不合理的，但当时建化工厂时的确是布局在郊区的，后来由于城市快速发展，化工厂融到了城市中，这种问题就是发展的问题；不发展问题是由于体制机制等因素引起的问题，如城乡二元结构问题，虽然跟发展有关系，但其本身不是发展问题，而是制度安排问题。

问题的原因。表征区域经济社会治理成效指标问题的出现有多种原因，或者说其是多种因素相互叠加、相互交织、相互作用的结果；要厘清问题十分困难，因为厘清问题本身可能就是问题的一部分。在分析问题成因时要做好判断。第一是分析出现问题的可能性基础，就是要搞清楚出现的问题是必然性问题还是偶然性问题。经济社会发展过程中规律性、阶段性等问题是必然的，跟中国特色社会主义没有关系，如经济的周期性规律、不充分竞争问题等。第二是分析出现问题的直接归属，即问题是体制性问题还是操作性问题。体制性问题涉及区域经济社会治理本身的体制机制安排，与国家经济社会治理制度安排有直接关系，并融合了区域根深蒂固的体制机制因素，解决这类问题的措施就是改变相应的体制机制。操作性问题是在区域经济社会治理具体事务中存在的问题，与执行人对区域治理环境、基础条件、问题严重程度、发展趋势等的认识判断有关系，与区域执行力度有关系，区域性打假问题、区域性产能过剩治理问题等都是执行环节的问题。

二　环节导向的问题诊断

从区域经济社会发展过程看，经济社会现象过程可以分为规划、执行监督、结果处理三个环节。一件事情做好了，表明这三个环节都比较正常，至少还过得去；一件事情处理有问题，则表明在某个或几个环节出了问题。

（一）规划环节的问题

基于错误基础信息的规划问题。主要包括规划过程中对区域的本底信息没有搞清楚、规划相关需要解决的问题掌握不准确、对规划相关要素的变动趋势掌握不好等。在这种前提下形成的规划，其科学性、可操作性自然就成问题，其中的一些问题现在看起来十分可笑，但找些曾经的区域规划案例研究一下就会发现，上述错误在实际规划中一点都不新鲜。规划基

础信息是规划的起点和目标参照，基础信息错误自然会导致各种各样规划
问题的出现。

主观原因导致的规划错误。规划者在编制规划过程中没有完全站在客
观公正和中立的立场上，缺少大局意识，在规划中隐藏了部门或团体利
益。这种情况应该不是主要问题，至少明面上不是主要问题，但在多部门
分别规划、多头管理的规划体制机制下，部门在规划过程中更多关注一些
部门利益也是可以理解的，甚至是普遍的做法。最常见的一种情况是土地
规划部门需要服从当地政府对建设用地的需求，同时，也要满足上级国土
资源部门下达的建设用地指标要求、永久基本农田保护要求，以及其他一些
硬约束，这种背景下的土地规划一般会留有满足国土管理部门需求的印记。

被动规划错误。区域的各种规划跟国家经济社会发展大背景有很大关
系，跟规划时间节点和时代背景有关系，激进背景下的规划相关指标的合
理性在新常态下就值得商榷。20 世纪头十年各地的 GDP 增长速度普遍在
10% 以上，这个时期编制的规划相关指标预期自然就高；进入新常态后，
国家和各地的 GDP 增长预期普遍降低，这一时段相关规划经济增长速度就
低，不同类型区域对这种大时代背景变化把控能力会有差异，在相关的规
划中容易出现被动的错误。

不切实际的规划。一些规划在预期指标设定时经常不切实际，特别是
对区域未来人口总量增长的预期往往会犯经验主义的错误。我国许多区域
人口的增长预期与实际增长的可能性会有很大偏差，基于这种偏差的规划
指标自然会难以实现。

（二）执行监督环节的问题

被动执行问题。区域经济社会治理中的一些任务和考核指标，由于区
域经济社会发展环境发生变化了，执行的条件和基础已经不存在，导致相
关的政策措施难以执行。如全面二孩政策实施后，城市基于独生子女人口
相关的政策措施将难以实施，如果相关的调整跟不上，就会导致被动执行
情况。

故意不执行问题。国家政策措施制定基础的广泛覆盖特点决定了必须
综合考虑全国各个区域的情况，相关政策措施对部分地区来说会有不接地
气的情况，但"一刀切"的执行模式和要求，迫使区域不得不执行，于是
就会出现一些区域出于某种考虑人为变慢执行节奏，或变相不执行，这种

事情在现实中屡见不鲜。

执行不彻底。区域执行经济社会治理政策措施过程中另外一种问题是消极执行，故意降低执行质量，甚至敷衍了事，形成这种现象的原因可能是多方面的。在我国现行的条块分割性质的行政管理体制中，县级以下级别政府部门大为减少，而乡镇又是政策措施最基层的执行者和落实地，往往会形成"上面千条线，下面一根针"的局面；一些基层政府根本就没有能力完全执行上级方方面面的任务，甚至连具体要求都无法完全搞清楚，这与区域经济社会治理体系设置有关系，需要修改完善。

执行缺少有效监督。区域经济社会治理中政策措施执行不到位，相关事项执行不彻底跟缺少有效监督，或者有效监管不到位有关。虽然加强事中监管已经提出了很长时间，但真正实现事中监管还有很长的路要走。作为一种问题和现象，缺少有效的执行过程监督是区域经济社会治理面临的阶段性问题之一。

（三）结果处理环节的问题

缺少有效的后评估。区域经济社会治理政策措施或事项成效的后评估不是秋后算账，是对政策措施效果的客观评价，是尝试从失败中总结教训，从成功中提炼经验的过程。我们的传统文化影响了后评估和反思问题的诚意和力度，缺少现实批判精神的舆论氛围和报喜不报忧的作风，为正确认识后评估的价值带来很大障碍。其实，区域经济社会发展所需要的资源任何时候都是相对稀缺的，区域发展总希望用有效的资源实现最大限度的区域发展，检讨存在的问题十分重要。

结果处理的经济效应问题。区域经济社会治理政策措施可能会导致经济方面的直接损失，也可能形成一种经济损失的连锁反应，这种现象要尽可能避免。经济效应问题也可以作为评判区域经济社会治理成效的指标之一，一种最好的结果是当个体和局部出现经济损失时，区域整体经济效益会有提升。

结果处理的社会效应问题。区域经济社会治理中，对个别问题及区域局部的处理能否带来区域整体的繁荣发展是评价政策措施执行效果好坏的最好标志。最糟糕的事情是针对某种社会问题的治理措施，不但没有解决相应社会问题，反而引起了连锁反应，出现了更多的社会问题，这种情况是区域经济社会治理中应极力避免的。

三　本质导向的问题诊断

（一）现象背后的本质

区域经济社会问题的本质。对区域经济社会治理问题本质的诊断就像医生给患者看病，要从患者的表象特征和临床症状发现真正的病根，要判断是癌症还是一般头痛脑热，或是可治愈的其他大病。区域经济社会治理问题的根源是经济原因和非经济原因，或者经济利益和其他利害问题。经济原因为本质的问题，其实质是某个群体、组织通过合法或不合法的渠道占有更多的经济利益。区域经济社会治理中大多数问题的本质是经济利益，这种现象在现实的经济社会中十分常见。每一个明显不公平、不合情、不合理的经济社会现象背后，基本上都隐藏着一个利益链条，这并不是什么阴谋论。同样，一个看似无法解决的顽疾问题，只要有合适的经济利益机制，都可以迎刃而解。对于这类问题，只有把隐藏在问题背后利益攸关者的经济链条理清楚，问题就诊断清楚了。非经济原因为本质特征的问题，其实质往往是某个群体或组织名义的、政治的、感性的、文化的、生产权和发展权的、道德的、法律的等需求过多。现阶段各区域以非经济原因为主的问题不是很多，很多看似非经济因素主导的问题其实背后还是经济因素在起作用。但随着物质过剩的进一步强化，非经济因素导致的区域经济社会问题将逐渐增加，这类问题需要用非经济的方法和措施加以解决。目前，我国对发达国家许多经济社会现象感觉很难理解，再经过若干年衣食无忧的好日子后，我们就会慢慢接受现在看来很难理解的经济社会现象。

区域经济社会问题本质形态。虽然区域经济社会治理面临的问题本质上分为经济原因和非经济原因，但在现实的区域经济社会治理实践中，经济社会问题有不同的表现形式。第一是经济问题。绝大多数区域发展过程中出现的问题都是经济问题，这类问题相对比较容易解决，只要找对切蛋糕的人、定好切蛋糕的规则、确定好取蛋糕的顺序，大多数经济问题都可以有效解决。第二是社会问题（包括社会心理问题）。区域经济社会治理出现的部分问题表现为社会问题，如司法不公正、群体歧视、机会不均等、不正当竞争等，社会问题多数是隐形的，其中一些是不允许公开的。第三是文化方面的问题。区域经济社会治理中部分问题表现为文化形态，特别是民族文化、宗教文化的开放性和包容性往往与区域经济社会发展的相关需求不一致，这需要用具有文化内涵的智慧来解决。第四是综合性问题。区域经济社会治理中的问题往往是多种因素交织在一起，其表现出的特征也包含经济、政治、文化等多个方面，这时候要坚持用解决主要矛盾和矛盾主要方面的思路来找对策。

（二）问题的变通性

能够改动的问题。指区域经济社会治理中一些很容易就可以纠正和改正的问题，如果是规划出了问题，那就修改规划；如果是某条道路修得不合适，那就去重新修建那条路。精准扶贫中有错评、漏评户，重新评估就是了。这些能够通过适当措施予以解决的问题，或是减轻其影响的问题，都是比较"好"的问题，虽然解决这些问题需要付出经济的、社会的等方面的代价，但总体看还是比较容易解决的问题。

能够变通改动的问题。指通过制度设计或其他变通方式可以纠正的问题。通过改变各方的应对措施和标准，可以改变经济社会问题存在的环境，从而使问题改变性质和程度。区域经济社会运行中有些问题通过变通方式，如对于所得税税制难以改动，但通过税收返还、发放补贴等方式可以实现让纳税人少纳税的效果；"商改住"是一些地方针对房地产调控硬性规程采取的措施。

不能改动的问题。区域经济社会运行中涉及的一些原则性、基础性、法律性问题，是不可以改变的，或者短期内无法改变的问题，如生态红线问题、粮食安全问题、能源安全问题、社会稳定问题等是不容商量和讨价还价的。针对这些问题，有关方面必须让步或妥协才能解决问题。

四 区域阶段性问题

每个区域都面临阶段性问题，有的是产能过剩方面的问题，有的是产业结构方面的问题，有的是主体功能定位不准确的问题。

各地方经济发展既有竞争，又有合作。合作是经济能够做大、做强的基础。竞争既有对中央政府有限资源的竞争，也有市场、人才、资金等经济要素的竞争。对于经济相对落后的中西部地区，在市场经济体制尚不完善的情况下，能够得到国家关注，给予更多的政策和资源支持，对地方经济发展动力培养和增加发展信心十分重要。由于反腐、政治、国家经济换挡转型等方面的影响，山西在中央篮子中的分量相对越来越轻，经济社会发展也遇到了一定的困难，主要表现在以下方面。

（1）经济换挡转型升级困难。在国家经济"三期叠加"的大背景下，山西的困难更为突出：一些工业企业掌握着垄断利润，转型动力不足；另一部分企业本属于产能过剩行业，但受多方面因素的影响，企业以贷款形式维持的运转，实际上已是僵尸企业，根本就不具有转型升级的基本能力和条件；还有一些中小型企业，受资金和市场限制，难以主动和有效转型升级。

（2）创新瓶颈突破有难度。在创新动力培养、创新空间拓展、创新产业体系培养、创新驱动战略实施、创新体制建设、创新发展环境培养、创新经济社会治理能力等方面，山西都遇到了现实困难，不想创新、不敢创新、不能创新成为一些人的魔咒。利于创新的利益传送和分配机制难以有效建立，有创新能力的单位和个人受体制机制约束创新动力不足，有创新热情的人又不具有创新条件。

（3）生态环境约束加剧。一方面主体功能区、生态文明建设、环境等方面的制度、法律法规对生态环境提出了更高、更明确的要求；另一方面以雾霾、地表生态破坏、地表水体污染、大气污染等为主要表现形式的生态环境问题日益突出。此外，国民的生态环境保护意识进一步提高，对生态环境建设提出新期许；经济转型爬坡时，又遇生态环境约束加大。多因素叠加，加剧了对生态环境的约束。

（4）协调发展任务繁重。一方面是宽马路大广场装扮的繁荣城市，另一方面是空心化、老龄化与留守儿童并存、贫困依旧的农村；一方面是传统产业产能严重过剩，另一方面是新兴产业有待提升；一方面是因资源而暴富的企业主，另一方面是忍受生态和环境灾难的矿区老百姓；等等。发展依靠全体人民、发展为了全体人民，化解经济社会发展不平衡、不充分目标明确，道路艰巨，任务繁重。

（5）资源优势转化为经济优势的路径迷失。山西以煤炭为代表的能源资源和自然资源十分丰富，以文化为代表的人文资源同样丰富。但在能源清洁化、绿色化的大格局下，煤炭资源的经济优势消失殆尽；在以经济效益为主导向经济、社会效益并重的社会变革中，深厚文化底蕴难以支撑起区域的经济发展，山西难以准确把握经济转型的路径。

第四节　区域经济社会治理的路径选择问题

兵家云，知己知彼，百战不殆。区域经济社会治理也是如此，所谓知己，就是清楚掌握自己的家底，虽为尺，要知所短；虽为寸，要知所长。所谓知彼，就是要知道周围环境和条件给自己带来的发展可能性，当然也要弄清楚周边区域发展中的问题。

一　路径选择的前提

（一）准确把控区域经济社会发展的家底

区域人的家底。人是区域经济社会治理的出发点和落脚点，人既是区域经济社会治理服务的对象，也是区域经济社会治理的主体。对区域人的家底的掌握要综合考虑区域人口的总量、结构、素质、分布等特征。总量决定了经济社会治理的规模，俗语讲，人多好干活，人少好吃饭，人口规模体量越大，区域经济社会治理的难度、复杂性相对越高，但也有消费市场巨大等优势。人口结构决定区域经济社会治理中需求种类的多样性和重点。人口整体素质决定了区域经济社会治理方式和措施的层次性。人口的分布特征决定了区域经济社会治理具体事务的空间、时间需求，摸清区域人口的家底，就找到了区域经济社会治理的发力点。

区域资源的家底。资源是物化的区域经济社会治理依靠。区域资源形式上表现为各种自然资源、区位资源、经济资源、社会资源、文化资源、政治资源等。掌握资源的家底就是搞清楚区域一定时期内区域各种资源的总量、质量、结构、分布等特征。区域经济社会治理就像给一家人做饭，资源总量决定了做出的饭是否够一家人吃，资源的质量决定了做出饭的品质，做好饭要有好食材；资源结构决定了做出饭的膳食结构、营养搭配是否合理；资源分布决定了坐在饭桌周围的人是否可以够得着饭菜。虽然区域经济社会治理所需要的资源不是固定不变的，但在一个时间段内，可以用的各种资源基本上是稳定的，选择区域经济社会治理路径时要以此为基础。

区域财力的家底。财力是区域开展一切经济社会治理事项的基础。一定时间段内区域可以获得的财力是有限的，包括区域内部自有财力、从外部获得的财力，以及从未来和子孙后代那里借来的财力。摸清区域财力的家底，即是弄清楚区域在一段时期内可用于区域经济社会治理的财力总量、结构、总支出和支出结构。财力总量和结构决定了用到区域经济社会治理各事项中的财力有多少，毕竟巧妇难为无米之炊。区域财力总支出和支出结构具有很强的刚性，往往是限制区域经济社会治理路径选择的关键。

（二）准确把握区域经济社会治理面临的问题

面临问题的基本情况。在不同的经济社会发展阶段，区域治理面临的问题具有一定的稳定性和特殊性。总体而言，区域经济社会治理所面临的问题主要包括资源问题、体制机制问题、公平方面的问题、效率方面的问题等。每一方面问题的性质、表现方式、解决的难易程度、解决思路和模式不尽相同。在总量和结构固定的情况下，资源问题的重点是如何优化资源配置，以便使资源效率得到最大化发挥。体制机制问题一时难以从根本上突破，但可以采用灵活方案，以变通方式突破体制机制约束。公平问题多数情况下靠区域内机制建设就能够解决，通常不涉及国家根本制度问题。效率问题从某种意义上是人的问题，改变区域经济社会治理决策者的认识和思路即可解决，效率跟意识形态没有关系。在摸清楚区域经济社会发展家底的基础上，准确判断区域经济社会治理面临的问题，准确把握面临问题的性质和特征，为选择区域适宜的经济社会治理模式奠定基础。

面临问题的特征。梳理区域经济社会治理面临问题并形成问题清单后，需要对问题各方面的特征进行研究分析。第一是问题结构分析，即分析区域面临各种类型问题的比例，总体问题结构是经济问题主导还是社会问题主导；分析问题的空间结构，搞清楚什么样的问题集中在什么区域。第二是问题解决时效性要求分析，对所有问题按轻重缓急进行排序，为解决问题时序确定提供依据，这就像医生治疗病人一样，危重病人优先就诊，一般病人往后排，调理性质的病人可以多等等。第三是问题严重程度剖析，问题就像医院的患者，要治病先要把病情的严重程度搞清楚，是危重病人还是一般病人，或是有调理要求的病人。区域对待问题也一样，先要把不解决就会出大事的问题找出来予以解决，不太严重的问题可以逐步解决，不疼不痒的问题可以等到有合适方法时再解决。第四是解决问题所需资源分析，深入分析解决每一类、每一个问题所需要的资源数量和结构，同区域一定时间段内可用的资源数量和结构进行对比，就可以相对容易地制定解决问题的策略和方案了。

二 治理路径选择

（一） 区域经济社会治理路径选择基础

区域经济社会治理路径。治理路径是指区域在经济社会治理中采用的基本方略。治理路径有多种分类方法。从区域经济社会治理的动力来源看，区域经济社会治理路径可以分为内生动力型和外力推动型。内生动力型治理路径是区域内生动力主导的治理路径，是区域根据自身特点和发展基础，在符合国家大的方针政策的前提下，区域主动作为以推动经济社会治理。外力推动型治理路径是区域外部力量推动的区域经济社会治理，区域严格按照国家要求或上级政府要求进行区域经济社会治理。现实中没有绝对的内生动力型或外力推动型治理路径，只是各区域在实际的经济社会治理中是内生动力占主导地位或者外部力量占主导地位。判断一个区域是内生动力型还是外力推动型治理路径，看国家相关政策措施有多少成分是从本区域来的，或者上级相关政策措施中多少成分是从本地区来的。显然，来自某个区域的成分越多，说明该区域内生动力治理效果越明显。

影响区域经济治理路径选择因素。一个区域选择什么样的治理道路，有其必然性，也有一定的偶然性。从各区域经济社会治理实际路径选择看，影响路径选择的主要因素包括以下几个。第一是区域关键决策者的能力和水平，小到县级行政区甚至乡镇街道办事处，大到省级行政区，关键决策者对经济社会治理的认知水平、推动经济社会发展的能力，直接影响区域经济社会治理路径选择，保守的区域决策者会优先选择外力推动型治理路径。第二是区域经济社会开放程度，区域经济社会开放程度越高，区域越倾向选择内生动力型治理路径，区域经济社会开放程度是区域整体实力的表现，有实力的区域才有自信主导自己区域的经济社会治理路径。第三是区域经济社会发展水平，相同的发展时期，经济社会发展水平越高的区域越倾向于选择内生动力治理路径，区域经济社会治理的实施需要财力支持和文化支持，经济发达的地区不但有相对好的财力支持去主动探索和尝试有区域特色的经济社会治理路径，还可以得到文化和社会舆论支持。影响区域经济社会治理路径选择的因素很多，各种因素会通过具体途径和方式影响区域经济社会治理路径选择。

（二）区域经济社会治理可选路径

在具体的区域经济社会治理路径选择中，特别是涉及区域经济社会治理具体内容方式方法选择时，具体可采取的方法有多种。条条大路通罗马，不同的道路可能会有相同的终点；有时候需要多种措施共同作用才能实现目标。区域治理道路和模式选择有以下几种常见的表现。

内生动力的路。区域经济社会治理主要思路是将区域内生动力激发出来，通过充分发掘和利用好自身优势开展区域经济社会治理。在区域经济社会治理路径方面，每个区域都有自身优势和特点，也有各自的问题和挑战。依靠内生动力发展自己就是将区域优势和特色转化为推动经济社会治理的资源，将问题和挑战有效化解。这种道路选择在不同阶段都会遇到一些困难，任何区域在发展过程中都会经过一段艰难的路，但要坚信内因起决定性作用的判断，挺过艰苦阶段，路会越走越顺。

借助外力的路。区域经济社会发展的某些阶段需要借助外部力量才能快速突破困境，发展壮大，特别是当自身还比较弱小，实力不够的时候，尤其需要借用外部力量和资源推动当地经济社会治理。显然，珠江三角洲地区经济社会治理从海内外吸收了大量的资源，深圳的发展与香港密不可分。借助外力治理之路的关键是如何将外部力量转化为区域的经济社会治理资源和动力。借助外力与完全依赖外力不是一回事，外部输入的血液只有转化为自己的血液，才能够支撑区域经济社会有机体的发育成长。

破釜沉舟的路。对于发展基础不完善的区域，由于关键因素的剧烈变化，区域经济社会面临巨大困难，要摆脱困境，只有置之死地而后生的道路可选择。一些资源枯竭型城市，曾经因某种资源的开采而建立和发展，资源的枯竭给这些城市地区的经济社会持续发展带来了巨大的挑战。虽然国家和区域已经给予也将继续给予其很多支持，但这些地区真正发展，必须靠自己的改革、创新。东北老工业基地整个区域也面临同样的问题，尽管振兴东北老工业基地已提出多年，国家也给予大量投资和政策支持，但东北地区真正要实现振兴必须依靠自己破釜沉舟式的改革。

轻描淡写的路。有些地区经济社会治理采取随波逐流、今朝有酒今朝醉的方式，对国家和上级经济社会治理要求被动应对，应付式应对考核检查。一些地区主要决策者因怕出问题不作为，只求种好自己的一亩三分地，认为反正区域经济社会出了问题，国家或上级政府会来收拾残局的，这种区域经济社会治理思路和认识是极其有害的，必须予以纠正。

三　区域经济社会治理路径选择案例

山西省经济社会治理虽然遇到一些困难，但也有成功的经验。当前条件和环境下，山西经济社会治理和发展需要做好以下几个方面工作，走好自己的经济社会治理之路。

向创新要动力和效率。从经济学上看，创新的结果能够形成新的产品或服务；新产品和服务的垄断利润为创新者拥有，创新者则可以获得更多的收益，这就是创新者的动力所在，众多的创新则带来整个区域经济的发展。创新也是对旧有流程和模式的改变，可以使经济社会要素更有效组合，从而提高经济效率。其核心是理顺创新活动中的利益链条，确保风险与收益、投入与收益结构的合理性。

向改革要驱动力。从经济学上看，改革就是改变原有的体制机制、法律法规，以及各种成文和不成文的显规则和潜规则，就是改变利益分配的规则，使局外人和局内人在利益重新分配的过程中有可能获得新的、更大的收益。所以，无论是局外人还是局内人在现有盘子中分的较少的人，均有获得更多的利益分成的冲动和行动，这就有了做蛋糕和分蛋糕的动力，在法律框架下做这些事情，就是一种生产力，是使市场在资源配置中发挥决定性作用的必由之路。

向协调要发展空间。围绕山西城乡差异、区域差异、精神文明产品不丰富等问题，从区域协调、城乡一体、乡村振兴、物质文明和精神文明并重等方面着手，深入挖掘经济社会发展空间，找出经济社会突破的着力点、着力领域。用协调的尺子量一量，不够尺寸的地方还很多；用协调的镜子照一照，不完美的地方还很多；用协调的秤称一称，斤两不足的饭菜还不少；用协调的手捏一捏，不饱满的颗粒还真不少。这些短板、不足、弱点等就是经济社会发展的空间所在，也是山西经济社会治理的突破口所在。

向绿色要发展路径。区域经济发展既要关注结果，也要关注过程，不能以牺牲当代人的利益的模式发展经济，也不能以牺牲子孙后代的利益为代价，满足当代人对物质利益的无约束的追求。绿色就是顺应自然，适宜建城的地方建城，适宜种树的地方就种树；绿色就是适度，城镇、农业、生态空间要平衡；绿色就是节约，用最小的能源资源消耗和空间占用产生最大的效用；绿色就是智能，能用机器干的活就让人做别的服务工作。绿色发展不但是一种要求，也是山西经济社会治理的着力点。

向共享要群众支持。区域发展的最终目标是人民的福祉，为大多数人谋福利的政策措施最终会得到人民群众的支持和拥护。共享是包容，发展成果要惠及全体人民，不使任何一个群体掉队；共享是准确，清楚哪些人、哪些地方、哪些领域存在真正需求，是经济社会真正应该关注的；共享是织网，织一张人从生到死的经济社会保障网，为每个人的生存和发展保驾护航；共享是共治，经济社会的治理需要全体人民共同参与。

第五章

经济视角下区域经济社会治理基本准则

第一节　价值创造领域的准则

价值创造既包括有形物质财富的创造，也包括文化、管理等方面无形精神财富的创造。现阶段和未来一段时间，物质财富创造仍是价值创造的核心，离开物质财富的创造，再丰富的精神财富也是空中楼阁，并且没有先进的物质财富创造能力，也难以产生先进的精神财富。

一　标准化

标准化的核心是解决价值创造过程的可度量、可复制、可考核、可创新、可共享、可开放等问题，以确保价值创造质和量的可靠性。

农业领域的标准化。农业领域的标准化包括生产过程、组织形式等生产环节的标准化，以及生产结果即产品的标准化。从经验看，标准化程度越高的国家和地区，其经济发展水平往往越高，劳动生产率、土地产出的经济效益、产品质量的可靠性等往往也越高。土地流转的目的是农业生产经营的规模化，规模化是为标准化服务的，目的是提升农业领域的经济、社会和生态效益，并在某种程度上满足文化效益的目标和需求。

工业领域的标准化。相对于农业生产，工业领域的标准化更容易理解和接受，也更容易实现。同样，工业领域的标准化包括生产环节和结果（产品）的标准化。区域经济发展样本和案例表明，工业生产过程的标准化程度越高，越容易生产出高质量的工业产品，越容易降低生产成本，提高产品的附加值，也就能够创造更多的价值。

服务业领域的标准化。服务业可以简单地划分为面向人的服务和面向物的服务。前者的直接服务对象是人，后者的直接服务对象是物的生产过程。对人服务的标准化，要从服务时间、质量、可描述客观指标等方面的标准化，也需要从服务提供者的精神层面加以约束。对物的服务标准化则相对比较容易描述和实施，可从时间、空间、数量、质量、程度等多个维度进行标准化设计。

管理领域的标准化。管理领域虽然自身不一定直接创造价值，但它可以通过提升创造价值各个环节的效率间接创造价值。管理领域的标准化重点是对管理要素、管理过程、管理结果、管理理念、管理制度等方面进行量化设计。管理既有对物的管理，也有对人的管理，管理的实质是管理者、被管理者、管理规则的融合和高效率。

精神财富领域的标准化。从荷兰的郁金香危机，到炒兰花、炒楼、炒字画等行为，某种程度上都是精神财富价值创造的问题。尽管它们都以某种物质介质为基础，但本质上都是精神财富领域的价值创造和传递问题。精神财富的标准化有一定难度，一幅名人字画究竟以多少金钱来衡量难以确定，一块玉值多少钱难以有直接的衡量标准，但从精神财富创造过程和管理经验来看，精神财富的标准化主要在于对精神财富创造过程各环节、各要素、各流程的标准化设计，这也是避免精神财富价格大起大落的关键。

标准化与个性化。在财富创造领域，标准化和个性化并不矛盾，从某种意义上讲还是统一的。所谓个性化并不是随心所欲，而是小众化的另一种说法。所谓个性化是在共性基础上形成的差异化表现形态或形式，现金、刷卡、微信、支付宝等都可能是个性化的付款方式，但其共性则是付款这一基本功能，其基础是产品或服务的价值，这种价值往往有相对一致的社会价值规范。

二　市场化

区域经济社会治理中市场化的核心是通过市场调节的力量把价值创造各种要素配置到价值创造体系的各个环节和链条中，确保价值创造中的价值最大化、资源和能源利用效率最高、社会问题的减量化。

划清市场和政府的界限。关于政府这只有形的手和市场那只无形的手的关系,处理好了就是相互协作的左手和右手,处理不好就是相互掣肘的左手和右手。处理两者的关系其实很简单,就是划清两者的界限,并确定合作原则,即凡是市场能解决的,政府就不参与;凡是市场不能解决的,政府就必须要接过来。市场和政府的存在和发展基础不同,市场的出发点是价值创造,政府存在的意义是价值传递和分配,所以价值创造的事情主要由市场承担。在价值创造领域,市场是运动员,政府是游戏制定者和裁判员,裁判员永远要站在场地外面。即使是没有收益的公共、公益服务,也可以通过政府购买服务的方式实现,而不是政府赤膊上阵,如果是那样,不能算是一个好的区域经济社会治理方式。

消除影响市场要素自由流动的障碍。价值创新过程从最终结果看是以价格为表现形式的价值,但其驱动因素则是以利润为表现形式的企业家行为。企业生产的目标是获取利润,通俗点说就是赚钱,受此基本目标的驱动,企业选择生产什么、在哪里生产、怎么生产一定是以利益最大化为导向。生产要素或市场要素的自由流动是利益最大化的前提;市场要素就像水,其往什么地方流动只受重力的影响,哪里海拔低,就往哪里流动。区域经济社会治理现实中往往有许多主观或客观的障碍阻扰要素的自由流动,障碍往往表现为技术壁垒、政策壁垒、准入壁垒等地方保护、行业垄断行为。这对整个区域的价值创造是一种打击,其会影响创造价值的数量,更为重要的是可能会影响价值创造原动力作用的发挥。所以,必须毫不留情地铲除影响市场要素流动的各种因素。

构建合理的市场退出机制。任何企业,即使再优秀也符合建立、发展、死亡的规律,即使是百年老店,也以特定的方式经历着重生。所以,对于区域内的僵尸企业、不合市场规律又以市场为基础的企业,必须通过特定的方式让其经历寿终正寝式的死亡,这也是顺应经济领域各种规律的要求。

三 公平竞争

区域经济社会治理中公平竞争的核心是通过充分的竞争把价值创造主体的创造动能激发出来,并保持区域全社会价值创造能力的最大化和持续发挥作用。

分类竞争准则。根据企业价值创造的性质差异分门别类展开。公益性质的企业、纯市场性质企业、国家安全保障性质企业分别与自己队列中的企业展开竞争创造公平竞争的市场环境。

球场比赛准则。球场比赛的特点是两个方面，一方面是比赛规则是清晰、可执行、没有排他性的；另一方面是比赛参与者责任清晰，分为裁判、球队、啦啦队与服务人员。裁判必须是公正的，不能吹黑哨；啦啦队成员和服务人员数量可多可少，但啦啦队成员和服务人员一定不能上场参与比赛。对于区域经济社会治理中的经济活动，政府应该按球场比赛准则行事，以确保区域竞争市场的公平和高效率。

产能过剩是不公平竞争的结果。从国家到区域，每一种过剩产能的背后一定隐藏着一种或几种市场非公平竞争因素，每一个产能过剩领域的企业也是市场非公平竞争的典型案例。表面上，产能过程是产业政策鼓励的结果，实质上是政府利用自身优势资源和独特地位开展不公平竞争的结果。要么相关企业是垄断性企业，要么是拿了政府的补贴，要么是政府给了生产要素上的优惠，总之是市场非公平竞争的表现。理论上，在市场化公平竞争的环境下，是不存在产能过剩这种问题的，企业不赚钱的时候，自然会被淘汰掉了。

四 效率最高

区域经济社会治理中效率最高是针对价值创造个体而言的，任何价值创造主体必须做到效率最大化，才能以最少的要素消耗创造出最大价值，包括经济价值、社会价值、文化价值和生态价值。

资源投入最少化。在众多物理学定律的约束下，作为价值载体物质的形成离不开特定的物质，价值创造以资源为依托；人工合成物也是基于已有的物质通过一系列的物理或化学反应得来的。同样，精神财富价值也需要通过人来创造，人的存在依然是以物质为基础，精神财富的大厦也是建立在物质基础上的，且不说其灵魂需要以物质为载体的人来创造，其表现形式也往往直接以物质载体来实现。资源投入越少，产生的价值（物质的和精神的）越多，说明效率越高。对区域而言，资源投入的多少十分重要，区域经济社会治理中资源投入最少化是必须的。

生态环境成本最小化。多少年来，西方发达国家的人常常搞不懂中国生产的产品为什么那么有竞争力，特别是在价格方面的竞争力，以至于经常用反倾销的方式对中国生产的某些产品征收巨额的反倾销税。这其中的原因是多方面的，很多学者已经从多个维度进行过充分的分析和论证，有一点是大家不愿意直接讲出来的，就是中国产品很多时候是没有计算环境成本的。比如，雾霾引发的疾病、对区域生态的长远影响等都是环境成本的直接表现，但这些没有计算在产品成本中，虽然一些污染企业也象征性地缴纳了排污费、资源税，但相对于巨大的、作为公共利益表现的环境的损失而言，简直不值一提。价值创造不能以另外一些价值的破坏为前提和基础，产品价格必须把环境成本计算在内，并且必须坚持环境成本的最小化。环境成本应该包括对生态环境间接破坏导致的损失，也应该包括使生态环境恢复的代价。

人员投入最优化。离开人的参与和消纳，任何价值都将没有价值；价值创造过程中需要有人直接和间接介入。科学技术进步使机器替代人成为一种趋势，劳动生产率也大大提高，越来越多的人将失去工作；但在这种趋势背后，人会以另外一种方式参与到价值创造的相关环节中。就创造价值的企业个体而言，提高劳动生产率，减少使用工人的数量都无可厚非，但就整体经济系统而言，必须要保持一定数量的工人，这就是就业的需要，解决就业也是价值创造的一个目标。所以，区域经济社会运行中人员投入不是越少越好，而是要优化组合，既讲究质量的重要性，也要讲究数量的合理性。谁来确保人员投入最优化，是规则，是政府以政策法规、准入门槛、标准规范等为表现形式的一系列手段和方法。

综合效率最高。在价值创造过程中要实现经济价值效率最高化、社会价值效率最高化、文化价值效率最高化、生态价值效率最高化，但有时候这些价值之间会存在一定的矛盾，即在一个最高的情况下，另一个或几个就无法最高。这就需要综合协调和平衡，根据经济社会整体发展阶段，确定在不同的阶段强调哪种效率应该作为主导要求，其他效率作为辅助效率要求。在物质匮乏的年代，经济价值效率是主要的，经济发展到了高级阶段，生态价值和文化价值的效率显得更为重要，这个变化过程说起来很容易理解，但由于人类社会发展的道路依赖惰性、既得利益集团的保守性、大众心理破坏性等方面的原因，价值创造重点适时转移往往十分困难，要付出极为惨痛的代价后才可能实现。总之，价值创造的综合效率最高是应该遵守的一个定律或规则。

五　价值最优化

"民间盛世买古董，乱世藏黄金"的说法，从某种程度上描述了不同价值存在形式和载体在不同环境下的价值所在。作为民族群体存在形式的国家和区域，要时时刻刻把握好价值形成和评判的准则与环境。价值最优化是对价值创造整体而言的，对个体的人和个体的企业不一定是最优的。要做到区域价值最优化，最重要的是建立价值最优的评判标准和营造价值最优的环境。

激发全社会价值创造的热情。一个懒惰或墨守成规、不思进取的区域是难有作为的，要创造价值，首先是把区域全体人民创造价值的热情激发出来。创造价值的动因可能有多种，但市场经济条件下最根本、最直接、最灵活、最好操作的动力是经济价值。从这种意义上看，创新是经济社会发展的根本动力一点都不夸张，没有创新就没有更高层次的、更持久的价值创造，所以经济价值驱动应该是价值创造最直接的成果和表现形式。人人都知道，享受价值创造的成果很惬意，但创造价值的过程则异常艰辛，且充满了风险。所以，政府应该做的事情是保障创造价值者、承担价值创造过程中巨大风险的人能够享受到价值创造的成果。经过几十年的改革开放，全国人民创造价值的热情已经被充分点燃了，"只有想不到，没有做不到"这句口号在价值创造的各个领域表现得淋漓尽致。一个国家、一个区域、一个民族时刻保持价值创造的热情是十分关键的，也是一个国家、一个区域、一个民族、一个社会、一种文明、一种体制是否能够长久不衰的密码。

控制全社会价值创造的贪婪。当创造的热情高涨到一定程度，必然会出现各种匪夷所思的事情，全社会价值创造的贪婪场景就会在经济社会的各个角落出现，并生根发芽，会对整个社会的价值取向产生很大影响，也可能会演化成一种经济社会的灾难。

智慧引导机制。中国传统文化中有学而优则仕的说法，其潜台词就是精英政治，历来中国就是靠聪明人治理国家的，各区域也是走的精英治理道路。古人同样说过，当一个人的才大于德时则为小人，当德大于才时则为君子。这从另一个角度说明了，聪明人可能是君子，也可能是小人，关键在于如何控制和使用自己的才。精英统领社会发展十分重要，但更为重要的是要有确保精英的才用到正道上的机制，当精英人士以私利为重时则会出现对群体不利的事情；当精英人士以公利为重时，则可以做出对群体有利的决策和安排。价值最优化需要智慧的引导，不但需要有智慧的方法，更需要有智慧的人和发挥智慧的能力。计划经济的曲折和不切实际，不是说经济社会治理的精英们没有智慧和能力，而是制度设计的前提条件、环境要求、边界参数与实际情况有出入，或者说从根本上没有建立起价值创造的智慧引导机制。智慧引导机制就是要让区域的人去创造价值，但又不能无约束、无理智地去创造价值，因为当多数人认为在创造价值时，往往就没有价值了，时下的产能过剩就是很好的写照，也是价值创造智慧引导机制缺失的直接结果。

个体的最优化。人为什么要去创造价值，在自由和民主的社会环境下，创造价值可以使人的物质财富和精神财富得以增加。从人需求的多层次特征来看，高层次的需求满足也是"利"的一种实现形式。单就价值创造的数量而言，每个个体均有创造价值最大化的需求和动力，但在社会大环境中，最大化与最优化往往有很大的出入，在以货币为价值计量标准的社会环境中，价值创造应该是以最优化为目标，每个人的价值创造均应该优化组合，把价值硬创造改为价值巧创造，以最少的体力、智力和其他生产要素投入，形成最大化的由经济效益、社会效益、生态效益和文化效益组成的综合效益。

整体的最优化。无论是西方发达国家，还是在许多发展中国家，都有大量在价值创造方面很成功的个人或家族。然而，这些个人或家族的成功丝毫也没有减轻各国大量存在的贫困，发展中国家的大量绝对贫困人口和发达国家的相对贫困人口依然存在。这似乎是价值分配领域出现的贫富不均问题，实际上，这也是价值创造环节的问题，不得不承认，许多的贫困人口压根儿就没有参与价值创造的机会，或者只有参与低价值创造的机会，这种差异到一定程度后对国家、民族或区域整体而言，往往不是什么好事情。所以国家应该做的事情是保证价值创造的整体最优化，一定要协调好不同人群直接的价值创造机会和数量，协调好不同地区之间的价值创造的质量和联系，协调好不同产业之间价值创造的关联性和价值平衡，协调好不同时间阶段价值创造的力度和节奏，特别是要协调好价值创造目标、现实条件、实现可能性与持久性等之间的关系，确保在时间和空间上的整体最优。

六　底线敬畏

心存敬畏的人在价值创造过程中不会为所欲为，有所敬畏的政府在价值创造中会选择有所为，有所不为。对法律有敬畏的人才能遵纪守法，对法律敬畏的政府才能坚持秉公执法，才能坚持区域经济社会治理中的法制化前提。价值创造者不是要无所畏惧，而是要有对生命的尊重和破坏生命的畏惧，对规律的尊重和对破坏规律的畏惧。各种底线的约束也十分必要，人在底线以上才有文明社会的自由，底线以下只有魔鬼社会的罪恶。

道德层面的约束。道德是架在自由人和罪犯之间的屏障，有些人轻而易举就过去了，有些人则无论如何也不愿意跨越。道德不具有法律的强制约束力，但对于有道德底线的人，道德的作用则无比强大。如何培养人的道德，如何提高人的道德水准是社会和文化领域的问题，不是价值创造环境能够左右的，但道德水准的高低对价值创造的各个领域有巨大的影响，好的影响自不必说，坏的影响可能是灾难性的。强化价值创造领域的道德约束，最好的办法是基于道德评判体系的优胜劣汰，没有道德底线的清除出价值创造领域，道德操守好的获得超过自身创造价值的奖励。

诚信体系的构建。诚信是价值创造领域的底线之一，失去了这条底线，价值创造将不称其为价值创造，迎接我们的将是一个互害的社会。构建诚信体系刻不容缓，方法很简单，就是构建覆盖全社会的征信体系，并在此基础上对失信者予以严厉打击，对于诚信者予以物质和精神双奖励。

产权制度的清晰化。古人云亲兄弟也要明算账，明算账的目的就是要说清楚是非曲直，实际上就是一个产权和事权（责任）清晰问题，并且产权清晰是事权（责任）清晰的基础。西方学者讲财产不可公有，这样的论断对与错暂时可以不讨论，但产权清晰则是必不可少的，这种清晰是实质上的清晰，而不是名义上的清晰，清晰的实质和关键是对拥有产权的处置权和收益获得权。价值创造与产权制度有密切联系，无论是生产资料还是产品，其作为价值载体的价值归属看似是价值分配领域的问题，但它却极大地影响价值创造的活力和价值量。

法律的尊严。人心向善，人性贪婪。对于人性的贪婪，需要制度和法律的约束。在法律体系不断健全的今天，一些区域违法事件仍然不断发生，主要原因在于违法成本太低，守法成本太高。一些地方法律的尊严得不到彰显，主要是三个原因。其一是法律本身的不健全，可操作性有待提高。其二是执法力度不够，选择性执法司空见惯，对法律随意解释，执法队伍的公正性和素质亟待提高，执法手段的科学性和客观性有待加强。其三是传统文化与法律效果的矛盾性，中国传统文化非黑即白的理念根深蒂固，一旦犯法即为坏人的文化传统，助长了违法人员的侥幸心理和"一不做二不休"的心态。对法律的尊重是各种价值创造行为的底线之一。维护法律的尊严需要从法律体系建设、执法队伍和能力建设、传统文化发展等各个方面同时下力气。

第二节　价值传递领域的准则

价值传递是价值实现的关键环节，虽然传递过程自身也是产业的一部分，但其最主要作用还是完成价值在各种主体之间的传递。区域中价值传递往往通过对价值载体时间和空间变化来实现。

一　价值损失最小准则

对于某些形态和类型的价值传递，受价值载体本身属性的影响，以货币价格为标识的价格在价值传递过程中可能会降低。对于从生产者到消费者手中有时效性要求的产品，在价值传递过程中价值损失的可能性更大；即使对时效性要求不高的产品，也有可能在价值传递过程中有所损失，因而在价值传递过程中必须坚持价值损失最小原则。

产品全程追踪。随着互联网、物联网、大数据等技术的应用与发展，对产品全过程的跟踪已经成为现实，不但是对于标准化程度较高的工业品如此，对于农副产品也可以实现生产过程的全程追踪。全程追踪的目标不仅是为了知道产品处在流通链条的哪个环节上，更为重要的是可以跟踪产品在哪个环节上出现了价值损失，并通过建立损失的责任追究制度，提升价值传递各环节当事人的责任担当，以降低人为原因导致的产品价值损失。

产品品质保障技术应用。各种食品添加剂的使用一定程度上对食品的口感、保质期等方面带来变化，但添加种类和数量超过一定程度后，对食品质量、食品安全会产生一定影响，这种技术和工艺对产品的品质来说是把双刃剑，必须严格进行控制才能起到其保证产品品质的作用。另外，现实中确实有许多技术和工艺可以大大提高产品品质，比如，一些金属镀膜技术，对于保证产品品质的作用是十分巨大的，对于水龙头而言，其根本的价值功能是管中液体的流动，如果没有镀膜技术，水龙头可能很快腐蚀掉了。食品的包装技术也一样，适度和适宜的包装可以有效保证食品的品质。品质保障技术应用的实质是保障产品的真实品质、内在品质、核心品质的存在时间和空间，为消费者带来更多的实用价值。

坚持职业操守。对于服务业领域的诸多行业，价值传递过程也就是价值创造过程。运输行业作为价值传递的主渠道，从业人员的职业操守十分重要，为人诟病的航空运输野蛮装卸问题就是最好的例证，这种行为可能给所搬运物品带来潜在或直接的价值损失，如果从业者能够坚持职业操守，视别人的物品为自己的物品，则可以大大降低价值在传递过程中损失的风险。

二 价值增量最优准则

在价值传递过程中，尽可能降低传递本身的附加值增量，传递过程的成本都将为最终接受者所负担，减少传递环节的投入，是对最终受益者最大的保护。

把握价值增加的机会。受价值载体天然属性、科学技术产生物品增值作用等的影响，在价值传递过程中采用适当的技术和管理手段，可以使价值载体所蕴含的价值有适当的增加，其本身即是价值生产环节的延伸，也是价值传递过程中适度增加价值含量的有效途径。时效性要求较高的价值载体的价值增加可能性更高，如保质期很短的高端食品、高端花卉等价值载体的时效性要求很高，价值传递过程中通过冷链、特殊包装等技术手段，可以适当增加价值，这种价值增量用户是可以接受的。高价值载体价值增加的可能性也比较高，如一些高端商品，通过适度的包装增加其价值（价格）也是可以接受的。价值传递过程中价值增加的机会是大量存在的，充分利用这些机会可以适当增加价值载体的价值量。

用制度和标准约束贪婪。区域社会的人和理性的人看似理性，但在利益驱动下可以做出许多不理性的事情。在适度增加价值载体价值量的过程中，如果没有一定的约束，则必然对价值载体自身的价值产生影响，注水牛肉和猪肉、甲醛水洗菜等行为均是滥用了传递过程中价值增加的例证。这些行为对价值载体自身质量产生了影响，并通过复杂的机制最终对价值载体的消费者、使用者产生影响。制度的约束主要从价值传递各环节的监管入手，对各个环节进行严格监管；标准的约束则是通过技术标准及规程约束价值在传递过程中增加的度量，超过或达不到某些计量要求时则强制要求相关价值传递承担者退出价值传递过程。

价值增量以基本价值保障为基础。价值增量的基础是价值载体原有的价值，如人们购买食物是因为食物本身的充饥（营养）作用和价值，人们购买鲜花是因为鲜花的观赏价值或其他药用等价值。价值载体自身的特性和其在人类经济社会链条中的作用是其价值的源泉和基础，传递过程中的价值增加是"锦上添花"，而不是"雪中送炭"。注水肉通过增加肉的分量带来价值量的增加，是以破坏价值载体自身价值为前提的，是不可接受的。冷链运输保障了冷鲜食品的自身价值，其本质是延长了价值载体自身的价值的时效性，是以价值载体自身价值为基础的，得到了经济社会的广泛认可。

过度包装是最大的浪费。曾几何时，天价月饼曾在各地广泛存在，从经济规律和现象看，天价月饼有一定的需求，但这种需求是极少量的扭曲高端需求，不能成为理性大众消费的一种倾向，更不能通过这种扭曲高端需求带动社会整体需求的高端化。由精美包装带来的价值增加比包装内容价值量更大时，便有过度包装的嫌疑。过度包装带来的浪费巨大，第一是过度包装导致的材料浪费；第二是过度包装导致价值载体价格虚高从而浪费消费者金钱；第三是过度包装扭曲了社会大众正常的消费心态；第四是过度包装背后往往跟腐败存在千丝万缕的联系，更为可怕的是过度包装往往通过或明或暗的方式与经济犯罪有牵连。杜绝过度包装，是价值传递过程中绕不过去的坎，也是区域经济社会治理中的一项关键任务。

三 公平竞争准则

价值传递的核心是效率和价值时空转移。价值传递过程是价值链条中的重要环节，相同的价值传递任务和需求，不同的传递者所付出的社会成本、经济成本可能有很大的差别，效率也会有天壤之别，公平竞争是提升效率、保证和提升价值的最有效的方法。

减少价值传递的垄断。受体制机制等方面的影响，部分领域的价值传递往往是由政府或是政府主导的企业来实现的，并形成了某种程度上的价值传递垄断。其结果往往是导致价值传递的低效率和高成本，这种低效率带来的影响，甚至是苦果最终由社会公众来承担，严重的时候会形成社会矛盾。较高的传递成本最终也是由纳税人来承担的，这增加了社会经济运行的成本，导致价值分配环节中有效价值分配量的降低。无论是从构建公平竞争的市场环境，还是从社会公众最终受益的角度来平衡，都应该减少价值传递中的垄断，谁能传好就让谁传，谁传的效率高就让谁传，这可以减少政府负担，为构建和谐社会奠定基础。

市场作为价值传递的主要载体。区域经济社会价值往往是以价格的形式表现出来，市场经济也是目前全球经济体系中公认的高效率组织体系。在市场、社会和政府构成的经济社会治理三角体系中，市场的效率是最高的，因而市场应该作为区域经济社会中各种价值传递的主体。市场竞争是一种相对公平的竞争，政府部门和社会公众受各种利益驱使或其他政治、资源等因素制约，往往会出现地方保护主义、部门利益、团体利益等问题，这些会给价值合理高效传递带来这样或那样的影响，最终会扭曲和阻碍价值传递过程，降低价值传递的效率，增加价值传递的成本，所以维护市场的价值传递主体地位很有现实意义。

用制度和标准规范价值传递行为。利益驱使是经济体系的重要动力源泉，价值传递过程本质是实现价值的时间和空间变动，并在此过程中使价值有一定的增加。不同的价值传递承担者极有可能利用自身优势谋取价值传递中的超额价值增加，为保持价值传递的公平性，以制度和标准来约束价值传递行为十分必要。制度可以保障价值传递各环节的公平竞争，通过过程监管来保障制度的有效实施。标准的建立旨在通过市场准入、行业规范来约束价值传递者通过技术手段破坏公平竞争。世界各国、我国各地经济运行的实践反复证明，人管人是管不好的，也是管不住的，只能靠制度和规则管人，才有可能规范人的经济社会行为。

公平参与和参与公平。公平的参与是各类价值传递者均具有公平参与的机会，这种公平不是绝对的，根据需要价值传递的业务和行业特征，满足价值传递技术规范要求的价值传递者均可以平等参与，而不是人为设置一些地域性的、垄断特色的、特殊指向性的条件，使各价值传递者起跑线就不一样。公平竞争是价值传递者在参与价值传递过程前应该具有的环境。参与公平则是价值传递者在参与价值传递过程中的公平问题，现实中很多例子表明，形式上让一些价值传递者参与了，但在实际操作中又通过各种条条框框来约束这些价值传递者价值传递过程的实现，实际上是变相限制这些价值传递者的参与，这种事后设置障碍的方式更为不利，其会导致社会经济运行成本增加，也无形增加了价值传递者的经济成本和经营风险。所以，公平竞争既需要保证价值传递者的公平参与，也要保证价值传递者的参与公平。

规则的透明与透明的规则。价值传递者在价值传递过程中会遇到各种各样的规则，有的是透明的，有的则是不透明的。价值传递竞争公平中要做到规则的透明和透明的规则，所谓规则的透明是价值传递者在事先和事中清楚了解规则的条款、规则的执行过程、规则的要义、违反规则的代价；透明的规则是要把所有的规则透明化，消除潜规则。减少和根除不透明规则是检验社会进步、经济社会治理能力现代化水平的重要标志。

四　时空效益准则

空间和时间是形成和蕴含价值的重要因素，价值传递的实质是在正确的时间把价值传递给正确的人，其核心是时间和空间的组合，时间和空间有效组合才能够形成时空效益。

价值的时间属性保证。被创造出来的价值，其时间属性以各种独特的表现方式表现出来。从价值的时间属性来看，有的价值对时间很敏感，过了时间点，价值则不复存在，如新鲜的蔬菜、水果、肉食过了特定的时间价值就没有了；有的价值对时间不敏感，可以持续很长时间，如木质家具、陈年老酒；有的价值的传递过程和价值创造过程几乎是同步进行的，如服务业领域中的诸多服务，就是把价值创造和传递融合到一起。价值传递过程的价值时间属性保证，就是根据被传递价值的时间属性来确定传递的时间，宜快则快，宜慢则慢。

价值的空间属性保证。被创造出来的价值同样也具有空间属性，这种空间属性不但受价值载体原产地的自然约束，如各种地理标识农特产品，也受标准化工业产品的产地和消费地的约束，如一个钢厂的产品可能供应世界各地。从某种意义上讲，价值传递过程的中心任务之一就是实现价值载体空间位置的移动。所谓价值空间属性保证，就是确保把价值载体传递到适宜的空间位置。

时空效益组合最优。时间和空间既具有单独的价值载体属性，也具有时间和空间组合属性，即作为价值载体的物品只有在合适的时间出现在合适的地点，才能够说是价值传递的完整实现。即使时间属性要求不高的价值载体，也会在市场等因素波动影响下，其价格表现呈现很大差异。针对不同的价值载体，价值的时空效益组合千差万别，但每一种价值载体都有自己的特点和运作规律，除价值传递的时效准则要求外，在具体的时空效益组合中还要考虑经济、社会多方面的因素。

人机结合效率。当前，我国部分区域的人口红利已基本消失。当劳动力成本大幅上升的时候，发达国家许多经济领域的现象和过程我们也将逐步经历。无论是工厂还是农村，机器替代人工的趋势已不可避免。自动化的优势在于高效率和重复性劳动，而人工的优势则在于需要人工判断和灵活处理的场景。在价值传递过程中，因传递价值的属性差异，对人工和机器的需求是不一样的，人机结合可能是实现高效率的方法。人机结合效率的核心是传递价值的综合效率，因为除了价值传递自身的特征要求外，适当保持和增加就业也是区域经济社会治理中不可忽视的一个问题，所以人机结合应该包含价值传递承担主体的社会责任，并且从某种程度上，也应该体现机器和人工在价值载体中的价值差异。在发达国家，纯手工制作的商品价格往往很高，而机器生产的同样的产品价格则要低很多，这体现了机器与人在价值传递中的作用差异。合理规划人机结合效率将是人类社会面临的一个长期问题，既是一个经济效率问题，也是一个社会问题和一个人类整体的心理问题。

五　品质保证准则

品质是价值的真实内涵，离开商品或服务的自身品质，价值也就失去了其本来的意义。就像一栋房子，如果其作用不是用来居住，而是当作一种商品用来炒作以赚取更多金钱，那它的价值已经变味了，也是区域社会经济管理能力不足的一种表现形式。在价值传递过程中，不可以改革原物品的品质。

品质保障的合理措施。所谓合理措施是指为保证价值品质完整和不减少而采取的一切必要措施，如产品的包装对于在空间上有位置变动的商品的价值传递是必不可少的，是保证商品品质的有效方法，但应避免过度包装，过度包装是资源的浪费，也是对物品价值的扭曲。品质保障的合理措施是一个难以用统一标准界定和描述的问题，不同的价值载体适宜的品质保障措施很多，即使是相同的价值载体，在不同的时间和空间环境下，合理措施也可能有很大差异，这就涉及合理措施的合理标准问题，标准的确定不但要考虑经济价值和可行性，还要考虑社会价值和可行性、生态价值和可行性，甚至是文化价值和可行性。

品质保证的标准规范。关于产品品质和服务业领域的服务标准的矛盾和争执从来就没有中断过，由此也可以看出价值品质保证的难度，对于服务业领域的各种价值传递更是如此。同样是咨询服务、同样是家政服务、同样是课外辅导，其品质可能有巨大的差异。有的价值传递过程很容易通过标准规范来保障传递价值的品质，有的则很难用标准来衡量，但无论是容易衡量的，还是不容易衡量的，都应该用标准规范来约束，这是价值载体品质保障的基础。

价值传递的环节追踪。环节追踪既是价值传递品质保障的一种监管措施，也是一种技术措施，无论是对价值传递承担者，还是对价值传递行业的监管者来说，都是必不可少的。价值传递过程的环节追踪主要通过技术手段来实现，也可以通过公众的舆论监督，以及价值传递各种参与者的个体体验来衡量。

品质保障的道德约束。道德约束是对标准规范和法律法规的有效补充，也是标准和法律法规约束的延伸。游走于法律之外，或者游走于法律边缘的各种价值传递行为需要用道德进行约束。道德不但涉及价值载体的可见品质，也涉及价值载体不可见的品质，随着人生活水平的提高，个人需求层次的提高，道德在价值载体品质保障中的作用会越来越明显。

用保险补偿可能的品质损失。区域经济社会相关价值传递过程中，无论有多少措施保障和规则要求，品质的损失仍是不可避免的。大多数价值载体的品质是可以通过其他价值替代的，因而构建保险补偿品质损失的方法是可行的，也是必不可少的。价值传递领域的保险服务已深入区域经济社会各个领域和环节，这为可能的品质损失补偿打下了坚实的基础。

六 环节最少准则

在经济社会管理领域太多的案例表明，价值传递环节过多会无端增加经济和社会成本，很多时候不是价值传递者有意为之，而是价值传递的管理者从部门利益或集团利益而制定的规则。必须减少价值传递的环节数量，才有可能保证价值传递过程不走样，不变质。

重视环节最少的效益。减少环节可以降低价值传递中的经济成本。价值传递的每一个环节都是有经济成本的，货物装卸有成本、货物运输有成本、货物储存有成本，货物运输中的检查同样有经济成本，减少价值传递过程中的环节数量，会直接降低价值传递过程中的经济成本。减少环节也可以提升价值传递中的社会效益，可以减少在价值传递过程中各种可能出现的不正当行为，并由此减少对区域各种社会生态造成的不良影响。减少环节可以提升价值传递中的生态效益，减少对生态环境破坏的机会。

减少价值传递的管理部门。由于缺少有效的制度约束，一些区域价值传递过程中的各种管理部门众多，甚至会形成众多的管理环节，每一个环节均对应一个管理业务，效率低下。实践证明，要减少区域价值传递的环节最有效的办法就是减少价值传递管理部门数量。

价值传递环节的内部化。为保证价值在传递过程中的质量，价值传递过程中的许多技术环节是不能减少的，甚至还需要增加更科学、更可靠的技术环节。技术环节和管理环节是不一样的，技术环节可以增强价值传递过程中价值保障的能力。为区分价值传递的管理环节和技术环节，价值传递的技术环节可以内部化处理，即通过价值生产和价值传递企业内部流程优化，把技术环节融入管理环节中，这样从社会管理和价值接受者来说，价值传递的环节减少了，但确保其价值品质的环节并没有减少，而是强化了。

价值传递环节责任追究。价值传递环节责任追究有两个目的，其一是对人为随意增加传递环节的责任追究，其二是在价值传递环节中的其他责任追究。需要重点强调的是责任追究，价值传递技术环节的强化为价值传递过程中责任认定奠定了坚实的基础，通过技术环节和手段可以协助弄清楚价值传递环节增加环节的原因和责任人。

价值接受者约束。价值传递过程中环节增加也有价值接受者的责任问题，或者说价值接受者也往往是增加环节的一个重要因素。价值接受者约束可以通过经济、道德等方面的规范，减少价值接受者因素导致的价值传递环节的增加。送快递的一般都有这样的经验，由于收快递的人不守时、不守地点，导致快递几次才能送到消费者手中，这会增加快递人员送货的次数，从而增加快递的人力成本和其他经济成本。增加对价值接受者的约束，可以有效减少价值传递环节。

价值传递过程的规范化、标准化。在一定条件和环境下，灵活性既可以体现出人性化，也能够减少价值传递的经济和社会成本，但就价值传递整体而言，建立规范化、制度化、标准化的传递流程（环节）是总体减少中间环节、降低成本的有效途径。传递过程的规范化、标准化是对传递过程技术和服务行为的规范与约束，其目的是减少人为随意操作导致的经济纠纷和社会风险，从总体上减少价值传递的环节，避免欲速则不达现象的发生。

第三节　价值分配领域的准则

价值或者财富分配涉及经济、社会、政治、文化等方方面面，在市场经济条件下存在，在物质财富极大丰富的未来社会也将会存在，有两个人以上的地方就存在某种意义上的价值分配。价值分配的任务是按规则把价值（或财富）配置给个人或群体。概括地说，市场经济中价值分配可以分为两种类型，其一是按市场规律进行的自然分配，其二是由政府主导的非市场规律化的价值分配。在现实世界，有时候这两种价值分配很难截然分开，时而市场规律主导的分配内容和形式多一些，时而政府主导的分配内容和形式多一些。两种方式常通过千丝万缕的联系相互纠缠在一起，按照市场经济国家的经验，物质财富越丰富，按市场规律分配的内容越多。

一　透明化准则

规则决策过程的透明。区域价值分配规则的制定是个综合性问题，决策过程不但与经济社会发展阶段有关，更与社会治理制度、准则有直接关系。规则决策过程的透明让参与者充分理解规则的由来和合理性，对于规则认可程度和有效执行十分关键。规则决策过程不透明，很难形成透明的规则，就会形成"潜规则"和"上不了台面"的东西。

分配规则的透明。在市场经济主体（如企业）内部分配规则需要透明，全社会各级政府或相关部门主导的分配更需要透明。对于区域企业而言，分配规则透明就是向企业相关权利人说明企业分配的规则是什么。对于区域政府而言，分配规则的透明就是向区域全体人民说明包括财政资金在内的价值分配规则是什么。预算制度是分配规则透明的一种方法，但目前各区域预算详细程度、透明化程度有待提升。

分配执行的透明。分配执行透明是能否把透明准则付诸实施的关键，如果规则执行过程不透明，人们对规则认可程度将大大降低。各区域目前的价值分配规则是在各种约束下形成的一种平衡化的分配妥协安排，其本身已经包含了对一些人价值分配的不完全认同和相对的不公正，与价值分配执行透明需要还有很大差距。

分配结果的透明。无论是基于道德的约束，还是基于法律的约束，分配结果的透明都是分配透明规则的试金石。如果价值分配结果与标榜的相去甚远，真正的分配透明将无从谈起，也无法让参与的人心服口服，这些可能成为社会不稳定的诱因和社会突发事件的导火索。

二 公平公正准则

公平永远是相对的，公正从概念上可以是绝对的，但在执行层面上也是相对的。价值分配中公平公正的核心是让参与的人认为这种分配对自己是最优的，对整体（如果考虑整体）也是最优的。

分配权确定。一个进步的区域社会，或者一个想要进步的区域社会，必须要有清晰的价值分配权。经济主体（如企业）具有内部价值分配权，在经济主体内部虽然也要坚持透明公开公正原则，但那是基于经济主体内部分配规则的公平公正，只要符合法律法规的要求，区域经济社会治理中可以不用过多关注。分配权更多的是指政府掌握公共资源的分配问题，政府具有公共资源的分配权，以税收等方式集中起来的公共资金，只有政府或政府的代言机构才具有分配权。

不患寡而患不均。人是社会性动物，人对物质财富的感觉，除自己看得见、摸得着的财富实体（如电视机、冰箱、粮食、一定数量的货币等）外，还会在意周围人，特别是和自己情况差不多的人所获得财富的多少。

因而，价值分配一定要讲究形式上的平均合理，特别是对公共财富的分配更应该如此。

对经济主体的补贴难以接受。为刺激经济整体或某些产业的增长，政府往往对部分产业，或者某些企业进行补贴。其一是只要有补贴，一些企业就会千方百计地利用各种资源争取补贴。其二是补贴一些企业对拿不到补贴的企业是不公平的，这破坏了市场公平竞争准则和氛围，所以不能随意补贴。

对群体的照顾是相对的好选择。从社会心理方面看，对老弱病残的照顾是全社会都能够接受的，无论个体还是群体都会认为这是道德和素质的基本表现，所以价值分配必须考虑对特定群体的照顾，尽管这种照顾可能需要很高的社会和经济成本，但从文明发展的角度看是值得的，它展现出来的是个体得到整体认可的情怀和理念，离开了对具体的、单个人的、单个群体的照顾，以人为本只能是空话。

道德左右的分配。在小范围的自治事务中，价值分配中道德运用不可或缺。农村和城镇小社区从某种意义上仍是熟人社会，事务个别方面在法律框架下以道德为标准进行价值分配是一种很好的选择，村民自治制度需要予以加强，在小范围内形成法律和道德共同作用的价值分配体系，更有利于农村和社区的长治久安。

三 仪式化准则

从生物学角度看，每个人都是独立的个体。从经济和社会学角度看，个人又是经济社会体系的一个细胞。个体的人以各种各样方式感知周围人的律动和静默，个体实际上是通过或有意或无意的仪式化行为向周围人展示自己的存在，所以仪式无处不在。价值分配领域更离不开各种各样的仪式，这种仪式可传递权威、公平、法律等的存在。

权力不可私有。对于区域经济社会来说，权力不可私有的内涵就是价值分配的权力不能一个人说了算，也不能通过制度安排或者实质性的制度运行，将这种权力私有的实质固化。权力不可私有的内在逻辑：第一是权力形成是公众参与的结果，是公众利益的体现；第二是权力执行过程中要充分考虑公众的利益，而不是仅以部分人或利益集团的利益为出发点；第三是体制运行过程中必须具有有效的监督，确保权力是属于公众的。分配价值的公权力不可私有，否则会导致不公正；财富积累效应会导致区域社会贫富差距以及形成贫富差距的制度固化，当贫富差距积累到一定程度时，会导致一定的社会问题。诚然，在群体性的社会组织网络中，权力最终是要由人操作的，形式上可能是私有的，但必须体现公权力的特性。

财产不可公有。财产不可公有，不是搞完全西方式的私有制，重点是要搞产权清晰制度，比如说某些财产是私有的，要有合法的证明文件或利益相关人的认可；某些财产是集体所有，也要有相应的证明文书，在对这些财产进行处置时需要集体来决策。如果财产是全民所有，那么对处置财产和分配财产收益时，必须有全民参与的制度安排和形式安排。如果一家企业是区域全民所有的，那么区域全民就是这家企业的股东，如果这家企业获利了，利润的分配要由全体股东决策和参与；如果企业亏损了，全体股东有权让经营团队做出解释，并对经营团队和不适当的理念、策略进行调整。

层级划分的灵活性。层级无处不在，层级不但是区分人社会地位和社会身份的标签，更是价值分配的重要依据。当层级划分作为价值分配的依据时，层级划分要具有一定的灵活性，且不可将层级划分固化。这种灵活性可以从制度上保障每个个体的层级具有一定的可变性，也就是保障每个人在价值分配体系中的可变动性，使其以利益为核心、以社会身份价值为表现的社会存在和发展具有标尺和动力。

价值分配不可固化。针对特定的人或群体，价值分配的规则不能一成不变。价值分配体系和仪式的固化，是社会新生力量在价值分配体系中地位的羁绊，也是对社会经济稳定发展的打击，必须予以清除或改革，发达国家巨额的财产继承税就是对价值社会分配固化的改变。

不公平的仪式化。价值分配中的不公平现象难以避免，甚至是必须的，这是人类作为社会性动物的必然表现。人类社会一定会通过法律、制度安排保障一批人在价值分配体系中的特殊权利，这是社会能够接受的，并且往往还被作为社会文明程度的一种标志，但这种不公平的价值分配要仪式化，如贫困救助、对特殊人群的照顾、对特殊群体的优待等，这些仪式化的不公平的价值分配全社会是可以接受，甚至是推崇的，但要保证在一定范围内。

法律的仪式化和仪式化的法律。法律的仪式化和仪式化的法律的目的是奠定和强化价值分配体系中法律的地位和尊严，强化法律的作用。确立解决争端的法制化准则，法律的执行过程可能会有很大的经济成本，但其社会收益是巨大的，其对价值分配规则的执行和新规则制定来说是定心丸也是稳定器。

四 可持续准则

农民早就知道留足种子对来年收获的意义，许多动物知道储存粮食的重要性，许多植物也通过各种方式把自己的种子保存下来并传播出去。无论这些行为和现象是有意的或是本能，其效果却是相同的，那就是保持了物种的繁衍和发展，保证了种群的可持续。区域经济社会治理中的价值分配也一样，必须保证其可持续性。

适当"留种"。种地的农民都知道留种的重要性，把最有生命力的种子，用最稳妥的方式留好，确保来年的收获。价值分配中除将价值的大部分分配给需要者外，还要把适量的价值分配到能够确保价值再生的领域中，不能吃干榨净，不能竭泽而渔，更不能杀鸡取卵。

避免错配。所谓错配是指按照经济社会一般规则和常识，价值分配的公平公正、合理性得不到坚持，价值分配给了不该得到的人或群体，或者分配的数量超出了某些人或群体应得的份额。小范围或小规模的错配，可能是小团体内部操作问题，大范围或大规模的价值分配的错配则是制度问题，错配的后果有两个。第一是价值的作用得不到彰显，价值分配的根本目的是价值再创造，价值再创造的能力与个体、群体有很大的关系，有的个体或群体价值创造能力很强，有的则很差，错配会使有能力进行价值再创造的个人或群体失去或降低价值再创造的条件。第二是错配导致社会不公，进而引发社会不稳定，从而破坏价值再创造的整个体系。绝对避免错配难以实现，但错配只要不是制度性的，均是可以得到谅解，其不良影响也可以控制在一定范围内。

价值总量保障。没有可分配的价值，再好的分配制度也是无米之炊。虽然可分配的价值总量是价值创造的结果，但可分配价值总量直接影响价值创造的数量和质量，当价值总量无法保障时，价值分配可持续的基础将不复存在，这对价值分配可持续性的打击是致命的。

意识的强化。可持续意识的强化对价值分配的执行者至关重要，对于价值分配的接受者同样不可或缺。对于价值分配者而言，可持续是目的，更是一种手段，作为目的，价值分配者同时作为价值分配接受者永续存在；作为手段，价值分配者可以保障自身分配价值的稳定性和最大化。对于价值分配接受者而言，可持续是一种目标，也是一种妥协。作为目标，可持续保障自身未来可以获得适当的分配价值；作为妥协，为了未来的价值，牺牲部分当前的价值是可以接受的。

五　创造希望准则

再丰富的物质也不能让所有的人满足，人的欲望是无止境的。分配的物质可以是有限的，但可以创造出无限的希望，支撑个体和群体奋斗的力量源泉是对未来的希望。

未来更美好。相信未来更美好，可以使人生活在对未来美好的向往中，可以暂时忘掉现实中的种种不如意、种种无可奈何。在区域价值分配中，价值分配者一定要营造一种氛围，并通过各种媒体让价值分配参与者形成一种对未来更美好的预期，即扣除通货膨胀等因素后，实际的收入将逐年增长。

保证适度增长。价值分配体系的可持续需要可分配价值总量的适度增长，以及个体或群体获得数量的适度增长。数量的适度增长使价值接受者获得更多的利益，更为重要的是在增长中增加了对价值分配体系的信心，并由此形成对整个经济社会体系的信心。当然，这种数量的增长和质量的提高应该是同步进行的，但也不排除在经济不好的年份或环境下，通过相对增长的方式保持分配价值数量的增长。通货膨胀虽然在蚕食分配价值的"含金量"，但适度的通货膨胀对经济社会发展是有益的，也是价值分配中数量适度增长的一种无奈选择。

第六章

区域经济社会治理关键要素的有效供给

区域经济社会治理涉及很多方面的内容，有些是基础性的，有的是派生出来的，把基础的东西理顺了、做好了，解决其他问题就比较容易。从供给角度看，我国国民经济和社会发展的总供给量不足，特别是有效供给严重不足，无效供给充斥，一方面是严重的产能过剩，导致企业生产效率低下、资源环境约束持续趋紧、经济转型升级困难重重；另一方面是严重的供给不足，导致消费仍然乏力，看病难、看病贵依旧，住房成本难以承受，企业税负仍较重，农民工进城阻力重重，等等。针对我国经济领域的各种有效供给不足问题，需要调动各方面力量，形成扩大有效供给的共识，打牢增加有效供给的基础，激发市场增加有效供给的动力。既要考虑当前，也要顾及长远，从根本上扭转供给的结构性问题，无论是对国家总体还是对地方都需要增加创新空间、公共服务、消费品、金融产品、国土空间、规划和政策的有效供给。

第一节　创新空间的有效供给

无论是模式创新，还是产品创新，创新主体都是市场。政府在创新中的作用是营造有利于创新的环境。目前，各级政府通过各种途径和方法在努力推动创新发展，但不少区域创新实际效果并不理想。各级政府在创新上的迫切心情可以理解，但必须尊重创新自身的规律，才能真正引领创新，政府需要为市场提供更多有效的创新空间。

一　区域创新空间现状与问题

（一）创新空间含义

创新的基本特征。创新是个不需要太多解释，单从字面上就可以理解的词，创造、改变、潮流、引领、突破等内涵是内蕴于创新中的有。创新是时下使用率最高的词之一，如创新、绿色、可持续、开放、共享的新发展理念，以及"大众创业，万众创新"。创新的基本特征有以下几个。第一是创新对象和主体。创新对象是创新活动作用的对象，可以是具体的、有形的物质实体，也可以是抽象的、没有具体物质形态的制度、艺术、方法等。创新主体是创新活动的实施主体，可以是个人、团体、组织机构，其核心是人。第二是创新的类型。从不同角度理解创新可以划分为多种类型，但从创新的实质和实效看，创新一般分为内容创新和形式创新两种。内容（内涵）创新指创新活动对创新对象的核心内容和特性进行了再创造，纯电动汽车的出现就是一种创新。形式创新指创新活动对创新对象的外在特征和存在形式进行改变，汽车外表颜色和图案的改变是形式创新。第三是创新的动机。从现实中创新活动的目的和目标看，创新动机主要包括物质方面的垄断利润占有、精神文化心理方面的获得感，对于具体的创新活动，很难将这两种动机分开，往往是二者兼而有之，只是对于不同的创新主体、不同的创新行为和环节，两种动机可能各有侧重。第四是创新的路径。

创新空间。指创新活动开展所需要的环境条件，用创新空间大小表示允许推动创新活动发展的环境友好和宽松程度。区域创新空间越大，表示经济社会等方面的政策措施和文化氛围等更有益于创新活动的开展和取得成效。区域创新空间有几个方面的内涵。第一是为创新者提供支持的力度，包括政策措施、经济、社会认可等方面的支持，政策支持力度越大，越有利于更多的创新主体参与到创新活动中。第二是创新成果和收益创新者占有的程度和时间，创新成果及成果的经济、社会效益有多少可以归真正的创新主体所有，涉及作为创新主体的企业或其他机构，以及企业或其他机构内创新贡献者占有的收益比例，创新成果归创新主体的比例越高，越有利于创新活动开展。第三是区域创新的舆论氛围和文化环境，区域政府机构和社会大众对创新的态度、区域创新文化是否浓厚，对创新活动的数量、质量、持续能力等有直接影响。一个创新氛围浓厚的区域，创新活动发生的频率更高，创新相互带动效应更明显。

（二）区域创新空间存在的问题

对大多数区域而言，创新空间的构建涉及以政府为主建立的创新空间供给、以市场为主体的创新空间需求两个方面。这两个方面有机结合才能够实现区域创新空间的良性循环和可持续发展。各区域创新空间供给和需求方面都或多或少存在一些问题，有创新空间供给方面的问题，也有创新空间需求方面的问题，主要问题如下。

第一是区域创新形式大于内容。创客、创投、众创、众包、众筹、众扶等新概念，远远解决不了区域创新不足、创新基础不牢等问题。真正的创新是长期积累的结果，形式化创新会遇到体制等方面的瓶颈。

第二是创新空间供给与创新空间需求匹配不充分。各级政府掌握着创新空间建设所需要的财政资源和政策资源。创新空间是按照政府决策者对创新空间的需求供给的。相对于市场的变化和需求，政府的反应总是滞后的，这就导致创新空间供给总是比市场需求慢半拍，影响区域创新效果。另外，政府为主体提供的创新空间供给涉及的各种资源结构和各种组合与市场需求往往存在偏差。

二　区域创新空间有效供给思路

（一）扩大创新收益空间

构建保护创新的制度和环境。依托国家相关法律法规，通过对区域创新法律法规体系的完善，建立相对完整的专利保护、失信惩戒等制度，从制度、法律层面保障创新成果的垄断收益，营造以创新成果垄断收益为驱动力的企业创新环境。

建立创新收益创新者占有体制机制。以国家相关法律、制度为依托，建立创新收益创新者保障的区域实施细则和体制机制，保障创新贡献者个人的收益。事业单位创新者在创新收益分配占比方面已有相关规定，确保企业将创新收益分配到创新者手中仍需要从法律、制度层面予以规范。

（二）压缩政府对创新的补贴空间

政府创新补贴效果。国家和区域每年都会投入大量资金，以各种形式对各种类型的创新活动进行资金补贴。政府对创新补贴的初衷是通过财政等方面的补贴引导市场创新方向和领域，集聚区域经济社会创新需求的关键点，达到区域创新能力总体提升的目的。客观地说，这些补贴发挥了一定的作用，但资金的使用和使用效果是否与设计一致，很难获得相关的确切数字，所以需要改进区域政府对创新的补贴空间和方式。

压缩区域对创新的补贴空间。取消一切有倾向性的引导资金、补贴、补助等的前置条件，把补贴、补助等引导资金改为事后奖励。各级政府主体数量过多，各地政府常在同一层次上鼓励和引导产业发展导致产业竞争全国统一市场的消失或弱化。另外，以政府补贴为导向开展创新的企业难以摆脱套政策之利的嫌疑，把企业创新的驱动力还给市场利益驱动，才能保证创新货真价实。

（三）协调创新参与的空间和领域

扩大市场力量参与创新的行业空间。从区域到国家层面，市场可参与的创新产业空间有不同程度限制，一些垄断行业和涉及国家安全、军事等领域的创新活动，市场力量参与的程度一直比较低。近年来大力提倡的军民融合和垄断行业的开放，从一定程度上扩大了市场力量的创新行业空间，但与市场的期待、与国家和区域经济社会发展的需求相比，仍有很大的差距。垄断行业是最有创新空间的领域，放开更多垄断性行业和限制领域，将大大拓宽创新业务空间，建议除涉及国家安全的少数领域外（用负面清单方式规定），允许市场力量进入更多领域，特别是在公共服务领域除特殊情况外，更多采用政府购买服务的方式引入社会力量，从而推动区域各种管理模式的创新发展。

压缩政府直接参与创新空间。为构建区域公平竞争和充满活力的创新空间供给和环境，还需要大幅度压缩各级政府部门直接参与创新活动的空间，政府专注于营造市场公平竞争环境，把创新原动力还给企业、个人和市场。政府不是直接参与创新活动本身，而是重点做好创新的后勤保障、环境营造等基础性工作，做创新的规则制定者和裁判员、创新成果的买家、创新收益保障的守护者。

（四）构建和扩大创新失败的容忍空间

正确认识创新失败的客观性。经济规律、自然规律、经济社会规律等决定了创新失败的客观性和合理性，甚至是必然性。一定经济社会发展阶段和科学技术水平条件下，区域可创新的领域以及能够实现的创新数量不是无限的，而充分竞争市场中参与创新活动的主体数量要比成功的机会多很多。创新失败是创新活动的伴生物，甚至失败的机会远高于成功的概率。国家和区域以实际行动鼓励创新，需要降低部分创新者的风险，降低部分创新失败者经济损失和社会损失的量。

创新失败的损失。对于市场主体的创新活动，创新失败的损失主要表现为经济损失、市场机会损失。创新活动需要大量的人力和财力投资，创新失败意味着创新的投入无法收回，或者无法直接收回。创新失败和创新不成功不是一个概念，创新失败包括自己实现了产品创新的目的，但由于其他主体更早推出了相应产品，从而使自己的创新产品失去了市场，对企业来说就是创新失败。对于经济社会管理领域的创新，创新失败可能导致经济发展滞后、优势发挥不出来；各地在经济社会治理领域都有创新失败的教训，可能出发点是好的，但由于对影响创新成功的其他因素和环境没有把控好导致创新失败，政府部门创新失败导致的经济损失和社会代价最终都要由区域全体人民买单。当然，创新失败对市场和经济社会管理都不是绝对的坏事，对市场创新主体而言，失败的作用是获得创新经验，为以后的创新奠定基础；对政府部门创新主体而言，创新失败可以督促政府提高对经济社会治理要求和自身能力的认识，为后续创新积累素材和经验。

构建容忍创新失败的空间。真正的创新存有风险，并且创新成果越大，面临的风险往往越大。正常情况下，能靠套利获取好处的市场主体是不会主动选择创新的，创新失败的案例要比成功的案例多很多。所以扩大对创新失败的容忍空间，才能够鼓励和带动更多创新。构建容忍创新失败空间的重点是建立创新失败容忍的制度保障，营造容忍创新失败的社会舆论，形成容忍创新失败的文化，容忍对创新各种措施的批评声音，等等。

第二节　区域公共服务的有效供给

一　区域公共服务有效供给现状与问题

（一）区域公共服务需求与供给

区域公共服务需求。民众对医疗、教育、卫生、住房、社会保障、生活环境等领域的需要是区域公共服务需求的内容，是区域经济社会治理的基本要求，也是核心任务。社会公众对公共服务的具体需求五花八门，要想从中找出公共服务有效需求，需要弄清楚公共服务需求的两个基本特征。其一是公共服务需求的标准问题，即公共服务需求由谁说了算，是以民众自己的感受和实际需求作为标准，还是其他人或组织确定标准。标准问题实际上涉及公共服务需求成立与否的话语权问题，其核心是各项具体公共服务内容标准的划定问题，如年收入多少以下的家庭有资格购买公有产权房、廉租房，这种需求的多少就是由划分标准确定的。其二是公共服务需求的膨胀问题。从社会心理角度分析，社会公众的基本需求得到满足后，随着经济社会发展，公共服务需求会有一个爆炸式增长阶段，公共服务需求膨胀有一定的客观性和合理性，是人民追求美好生活的愿望使然，快速膨胀的需求也有一定的不合理性。

区域公共服务供给。指区域政府向居民提供医疗、教育、卫生、住房、社会保障、生活环境等方面公共服务的过程，公共服务供给是区域经济社会治理能力最主要的体现之一。区域公共服务供给有诸多方面的特征和约束条件。第一是公共服务供给的有限性，受区域财力有限等因素的影响，一定时段内区域能够向居民提供的各种公共服务的数量和质量都有局限性。第二是公共服务供给的层次差异，这种层次差异包括服务群体差异性，如针对老年人的公共服务与面向年轻人的公共服务种类和内容有差异，基本公共服务和特色公共服务也有差异，基本公共服务是面向全体居民最基本需求的公共服务，特色公共服务是高于基本公共服务的服务内容。第三是公共服务的多元化供给，公共服务可以由各级政府部门直接提供，或者政府通过购买服务的方式由第三方提供，医疗、教育等公共服务可以由非营利的公益机构提供。第四是公共服务供给的有效性，区域提供的公共服务与需求匹配程度决定了公共服务供给的有效性，匹配度越高，说明公共服务有效性越强。

区域公共服务需求与供给矛盾。公共服务供给的有限性和需求的无限性矛盾会永远存在，但供给和需求的有效对接将大大降低这一矛盾的剧烈程度，对于社会经济稳定发展至关重要，其中扩大公共服务的有效供给是关键。社保基金问题、医疗保障经费问题之所以敏感，是因为它们与居民切实的公共服务需求能否被满足有直接关系。延迟退休之所以受到关注，同样也是其涉及居民养老保障问题。

（二）公共服务有效供给中的问题

区域公共服务提供从设计到实施都是由人来完成的，在公共服务供给中难免会出现这样那样的问题。作为负责任的政府，人民群众的事无小事，各级政府在公共服务供给中一定要不断发现其中的问题并予以纠正，不断提高公共服务供给能力和效率。目前，多数区域公共服务供给中最主要的问题是错配。

公共服务供给无效性和错配。公共服务产品的错配不但意味着浪费，更重要的在于公共服务资源本身就相对稀缺，无法精准识别真正需要它的人。

公共服务供给机制问题。公共服务产品设计和实施决策的体制机制存在需要改进的地方，应在公共服务需求的认定、公共服务产品提供、公共服务产品效果评估等各环节制定有效的治理方法。

二　区域公共服务有效供给思路

（一）精准掌握公共服务需求

获取公共服务需求的真实信息。利用大数据、物联网等技术，将区域公共服务需求信息精准到个人、精准到具体数量，按照轻重缓急划分公共服务供给的节奏和力度，并将这些信息向社会公开，以稳定公众对公共服务的预期，为区域经济社会持续发展打牢基础。

加强公共服务需求分析。在获得社会公众的公共服务需求后，要对各种需求信息进行分析处理，筛选出其中的有效需求。有效需求需要从两个方面评价，一方面是需求本身的合理性，人心自有公道，在一定的生产力发展水平条件下，社会对公共服务的预期有基本的标准，超出这样的标准就可以认定为无效需求；另一方面是区域满足公共服务需求的能力，结合一定时段内区域公共服务的能力和水平，分析各类各级公共服务资源与需求的对应关系，并根据区域经济社会发展带来的公共服务能力的提升，以及与时俱进的公共服务需求增长，建立两者之间的动态匹配和联动机制。

（二）建立公共服务有效供给长效机制

区域公共服务需求与供给矛盾本质是需求与供给协调性、匹配性出了问题。作为区域经济社会治理关键内容，公共服务供给的地位举足轻重，要保障公共服务供给有效性，需要从体制机制方面着手。

管控公共服务需求与供给矛盾。一方面要认识到公共服务需求与供给矛盾的必然性和客观性；另一方面也要认识到这对矛盾的阶段性、动态性和可协调性，从需求和供给两个方面着手予以管控。在公共服务需求端，营造合理需求、适度需求的氛围和机制，将公共服务需求控制在与经济社会发展水平相适应的范围内。在公共服务供给端，开发更多区域居民迫切需求的公共服务产品，适度缩减或停止供给实践已经证明没有实际效益又劳民伤财的公共服务产品，好钢用到刀刃上。将协调公共服务需求与供给方法逐步转化为一种工作机制，从体制机制上实现公共服务需求与供给矛盾的协调。

从高速度和数量向高质量转变。适应经济社会从速度主导型向质量主导型发展的要求和趋势，将更多的区域资源用到民生领域。压缩大幅超前性基础设施投资，大幅压缩产业引导及补助资金，通过政府购买服务、PPP 等方式引入社会资金进入公共服务领域，按照藏富于民的理念，构建区域公共服务网络和稳定投入体系。着力解决优质公共服务资源不足和错配问题，使公共服务产品由数量扩展向质量提升转变。

构建国家和地区公共服务均衡调节机制。按照基本公共服务均等化要求，构建针对空间区域、人口集聚、产业集聚等需要的公共服务资源调节机制。为什么全国的病人看病都愿意往北京跑？这其实是公共服务资源空间错配问题，高端医疗资源过度集中到几个大城市，必然导致看病难、看病贵问题。区域政府公共资源配置应该以人民需求为中心，公共服务产品应该跟着需求走，而不是让人民跟着公共服务产品走。政府以公共资源为基础的公共服务产品供给，要以引导产业、人口合理分布为目标来实施和调整，实现公共服务产品的需求与供给动态平衡。

构建第三方主导的公共服务有效性评价和监管能力与体系。构建公共服务供给规划、实施、监督评估相分离的体制机制，政府负责供给规划，企业负责公共服务具体落实，第三方进行监督评估，构建公共服务有效性的反馈机制，利用第三方采集的服务对象反馈信息，对公共服务提供主体进行绩效考核，并对公共服务供给进行适度调整。

第三节　区域消费品的有效供给

　　媒体中屡有中国游客在境外抢购消费品，甚至因抢购而冲突的报道，虽为个例，但其示范效应、社会效应、经济效应不容小觑。在国外购买的商品中，除奢侈品外，日用品甚至是中国制造的日用品也进入出境消费者的采购目录。在消费品市场上，一方面中低端消费品充斥市场，价格低廉，另一方面高端产品或严重依赖国外，或价格高企；一方面大众化产品充斥，另一方面个性化产品供给不足；一方面收益相对可靠的低收益金融产品琳琅满目，另一方面金融诈骗案层出不穷。种种现象表明，区域消费品供给的有效性存在严重不足，需要大力加大消费品的有效供给。

一　区域消费品有效供给现状与问题

（一）区域消费品需求与供给

　　区域消费品的类型。从区域经济社会治理角度看，区域消费品可以分为生活必需品、生活改善型消费品、享受型消费品，每种消费品类型的内涵从字面上就可以看出来。区域消费类型划分从一定程度上也是居民消费层次的划分，生活必需品对应着温饱型消费，生活改善型消费品对应着小康消费，享受型消费品对应着富裕消费。不同区域消费品的构成、种类丰富程度有差异，消费品种类和构成层次不是固定不变的，会随着区域经济社会发展而水涨船高，如作为居民消费标志的"三大件"在不同历史时期有很大的不同，可以从侧面说明消费需求变化的客观性。

　　消费品供给。区域居民消费品的供给分市场供给和政府供给两条主要渠道，部分消费品也可能来源于社会捐赠等途径。区域市场供应渠道的消费品基本上是全开放的，由市场自行决定各种消费品供应的数量和种类，市场供应的消费品基本上与各地的经济社会发展水平相适应，市场规律特点是适者生存，不合适的自然会被淘汰。政府供给消费品部分是以公共服务产品方式供给、部分是调节市场方式的供给，消费品的政府供给是作为市场供给的一种补充出现的。对多数区域来说，社会捐赠等形式供给的消费品无论是规模上还是实际影响力方面都不是主流。

　　影响消费品需求和供给的因素。消费品的需求和供给是相互联系、相互影响的。需求的增长自然会带动供给的增长，消费品供给能力和水平的变化也会带动消费品需求的变化，市场经济中有句话叫创造需求，它很好地说明了消费品供给与需求之间的相互作用关系。影响区域消费需求与供给的主要因素有区域居民购买力、消费习惯、文化、社会力量等，社会上所说的丈母娘们推动了房价上涨，虽然有些片面，但也说明了区域文化、习俗、价值观等因素对区域消费品需求和供给的影响。

（二）区域消费品供给中的问题

由于无序的供给会导致市场混乱和不正当竞争，无序的需求会导致市场混乱，并影响市场经济的可持续发展，所以，区域消费品的需求和供给都需要管控。不幸的是每个区域都经历过或正在经历消费品供给和需求不协调的情况，特别是消费品方面的问题更为严重，主要问题表现在以下几个方面。

消费品供给的有效性差。对于区域而言，好的消费品供给应该与需求大致吻合，这种吻合表现在消费品的种类、数量、质量、层次等方面。消费品有效供给是区域经济社会治理的重要内容之一。消费品有效供给可以大幅度降低区域经济社会运行的成本，从企业角度看，可以大量节省成本，零库存生产模式就是有效供给在企业内部的一种表现。社区需要高质量、无公害的农产品，而市场供应的多是高农药残留农产品，这种供应的有效性就比较差。虽然消费者迫不得已接受这些农产品，但由此引发各种疾病的风险会增加，由此导致的其他方面的被迫消费还是会增加区域经济社会运行的成本。政府通过适当的治理措施协调区域消费品的有效供给，可以从总体上和根本上降低区域经济社会运行成本，提高区域居民生活质量。

消费品质量问题严重。假冒伪劣产品作为市场经济的一种伴生物、一个毒瘤、一个持续不断的话题，有其存在的土壤、基础和客观条件，其产生有监管责任不清、监管措施不到位、监管执行不彻底等因素。资本的逐利性、劣币驱良币等特征和效应决定了在监管不到位的情况下，假冒伪劣畅通无阻。从消费品空间看，假冒伪劣产品的分布与监管的薄弱区基本一致；从消费品领域看，假冒伪劣产品的重灾区一定是政府监管的薄弱领域；从消费品流动看，假冒伪劣产品严重的环节与政府监管的薄弱环节高度一致。假冒伪劣产品横行虽然是经济社会发展某些阶段的必然产物，发达国家也经历过这种阶段，但这种现象不会自然消失，只有通过区域经济社会强有力的治理措施才能够确保消费品的质量，迁就无良企业并不能给区域经济社会治理带来好的影响。

消费品供应的心理失衡。从某种意义上说，区域内的居民既是消费品的需求者，也是消费品的供应者，都是区域经济社会体系的有机组成部分，试图通过向别人提供低劣消费品换取经济利益，最终将难以逃脱被害的境遇。扭曲的消费品生产和供应心理已经把区域带进了一种互害社会，这反映了一种区域的集体心理失衡，这种心理失衡的结果是所有人都得不到好处，这也是区域经济社会治理中应该下大力气解决的问题。

二 区域消费品有效供给思路

（一）严格消费品供给标准

完善消费品供给标准。扩大消费品有效供给的关键是提升和保证消费品质量。消费品供给的标准化包括消费品生产、性能等方面的标准化，也包括服务的过程和质量标准化。对于工业消费品，国内销售及出口国外必须采用相同的生产标准。对于农产品，逐步提高农产品生产标准，加大高品质农产品生产投入，使农产品逐步有机化、绿色化，正确引导农产品生产者及消费者对农产品质量和价格的预期。

处理好消费品个性化和标准化的关系。随着区域经济社会发展，居民对消费品的定制化、个性化需求越来越强烈，其背后彰显的是人性、是人的独立和尊严，这也是社会进步的一种表现。定制化和个性化是消费品有效供给的一种趋势和潮流，个性化和定制化主要表现在产品的外观、风格、功能组合、使用习惯适应等方面。这与消费品供给标准化并不矛盾，从生产环节看，消费品个性化和定制化要求产品标准化对象单元下移，即产品最小组成单元细化和标准化，以及产品服务细节的标准化；同时，标准化与个性化本身也是相对的，标准化也是为了更好的个性化。

（二）构建合理的消费品价格预期

让消费品价格回归自然。打价格战是我国许多地区工业消费品领域的普遍现象，是产品质量整体难以提高的重要原因之一，这导致一些区域部分行业低质量、低价格产品充斥，品质高、价格相对高的产品相对较少的局面。这种局面必须予以扭转，才能形成区域稳定的消费品市场。区域可以利用反倾销、价格欺诈、信用惩戒等方法对低价竞争者予以打击，让消费品价格回归自然，构建有利于高品质消费品发展的社会环境。

培育消费品合理价格预期环境。电子商务以及伴生的快递业快速发展有诸多原因，以房地产为主要资产载体的新中产阶层把巨额的财富沉淀到房产中，在经济社会整体发展的同时，部分人消费低端化趋向是我国大多数地区，特别是城市地区电子商务和快递业快速发展的原因之一。一般情况下，区域居民对主要消费品价格有一定预期，维护消费品价格稳定是区域经济社会治理的内容和途径，除控制在消费品价格方面的不正当竞争外，还应该营造区域合理的消费价格预期。消费品价格预期受消费品供给量和供给方式、居民固有的消费习惯、居民节俭的品德、可靠的投资渠道等因素影响。一些城市房价过快上涨与居民普遍的上涨预期是有关系的，当消费品价格过高时需要采取措施（如提高相关税率）降低预期价格，当消费品价格过低时需要采取适当措施（如减少供应量）等方式提升居民的价格预期。

（三）加大消费配套设施和环境建设

健全面向主要消费品的配套设施。按系统工程设计理念，在区域每一个消费领域加强主导消费品的配套环境和能力建设。新能源汽车要加大配套设施（如充电桩）建设，城市偏远居住区要加大公共交通、公共服务、基础设施等建设，城市新区和卫星城要加大居住配套设施建设，加大养老服务设施建设，等等。在规划初期就要充分认识只有提供适宜居住的商品房才有可能拉动住房消费的重要性。

构建提升消费的支撑环境。整体上我国经济逐步由投资和出口拉动向消费拉动转变，各地方要适应和引领（有条件的区域）这种转变，构建和完善有助于提升消费经济的配套环境，包括鼓励消费的税收机制、促进消费的管理体系、营造消费经济的社会舆论氛围、构建消费经济文化，最为重要的是构建起居民全方位的保障体系，让居民无后顾之忧，提升当期消费水平；鼓励新技术（移动支付）在居民消费领域的应用；通过合理的措施（如以房养老）盘活沉淀在房产中的巨额资产，以带动和提升全社会消费能力。

（四）构建区域消费品信用体系

构建区域消费品品牌体系。借助国家品牌战略规划等平台，充分发挥区域消费品的品牌优势资源，构建覆盖区域主要消费品的品牌体系，逐步建立区域消费信用体系，为区域消费品有效供应和持续发展奠定基础。金碑银碑不如老百姓的口碑，虽然在快节奏、多元化的经济社会环境下，这种说法显得有点土。时尚要成为经典要经过很长时间的沉淀和积累，可惜的是很多时尚永远也成不了经典。

构建区域高品质商品监督评价平台。支持行业协会或第三方机构基于大数据技术、行业自律、征信信息等建设高品质商品监督评价信息网络，建设区域消费品的品牌榜，并建立严格的上榜和维持上榜标准，形成全社会参与驱逐劣质消费品的氛围和环境，促进区域消费品需求和供给两旺局面的形成。

第四节　区域金融产品的有效供给

区域对金融产品的需求是巨大的，但金融产品供给的数量和质量却严重不足，导致许多居民在抗通胀的无奈和投资的风险中挣扎。各地非法集资、电信诈骗、开发商跑路、老板跑路已不是什么新鲜事；除人的贪心作怪外，金融产品的有效供给不足也是一个重要原因，提高金融产品供给的有效性有巨大空间。

一　区域金融产品供给现状与问题

（一）区域金融产品供给与需求

区域金融产品供给。互联网的广泛应用和电子商务的快速发展使金融产品的区域特征变得越来越不明显，投资股市在哪里操作都是那个平台，金融机构和非金融机构发行的金融产品多数也可以通过互联网来购买。虽然如此，许多金融产品的供给仍有明显的地域色彩，各地区仍有大量当地的金融产品存在。实际上区域金融产品是国家金融产品体系的重要组成部分，从金融产品的消费需求方面看，区域金融产品市场是十分庞大的。从各地金融产品供给情况看，区域金融产品主要有金融机构的规范产品、金融机构衍生产品、温和高利率产品、高利金融产品等类型，由于缺少有效的监管和统计基础，每一种金融产品的数量和规模难以准确把握，但从已经报道过的金融产品失信事件可以推断每种类型的金融产品供给都有一定规模，每种类型的金融产品都有相对清晰和稳固的客户群体。需要说明的是各地广泛存在的金融产品供给并不完全合法合规。

区域金融产品需求。地方对金融产品的需求由来已久，并且随着我国社会主义市场经济体系逐步发展和完善，金融产品作为一种商品，并且是一种特殊的商品，已经融入区域经济社会体系中。区域金融产品需求快速增长有以下几个方面的原因。第一是区域全民金融商品意识提升，区域居民对金融产品属性认知发生了改变，借钱付息已成为共识，付息的借钱某种意义上已经成为一种金融产品，在日渐成熟的现代社会环境下，金融产品的增值属性已毋庸置疑。第二是区域居民可以操作的金融资产规模有很大提升，不动产抵押物为拥有不动产的个人获取可以使用的资金提供了环境和平台，使普通居民可以掌控的金融资产规模大幅提升，为金融产品市场的发展提供了充足的弹药。第三是居民抵挡金融产品高收益诱惑能力在降低，激发了区域金融产品需求的快速增长，一些居民已经不再满足银行存款的固定收益，客观上需要内容更为丰富的金融产品。第四是金融产品供给泛化，区域内各种类型的金融产品比比皆是，以各种方式促进金融产品需求的膨胀。区域金融产品需求快速增长有其好的一面，可以为区域经济社会发展提供充足的资金，实现资金盈余者与资金需求者之间的联动，并通过金融产品实现各自目标。另外，也应该看到金融产品需求快速增长也有其不理性的一面，主要表现在对金融产品收益预期方面的不理性，导致诸多金融不诚信案件发生，使购买金融产品的群体蒙受巨大损失。

（二）区域金融供应问题

安全金融产品供给不足。区域金融产品供给数量虽然很充足，但其中很大一部分金融产品的合法性、合规性很成问题，伴随而来的金融产品风险很大。一个乡镇范围的小融资平台，动不动就可以融资几千万人民币，老板跑路导致投资者蒙受巨大经济损失。这些所谓金融产品的供应，就是无效的金融产品供给。部分地区金融产品无效供给已经改变了区域经济社会治理的基础，极大地伤害了社会诚信体系，传统人情社会逐步消失，使区域经济社会运行成本上升、风险增大，经济社会治理难度加大。

金融产品供给治理能力低。区域金融产品供给和需求治理能力低集中表现为区域金融产品供给和需求监管体系不健全和监管能力低下；部分地方金融产品供给乱象丛生，各种"跑路"事件层出不穷，虽然这些事件发生不是当地政府的直接责任，多数情况下是投资者非理性购买所谓金融产品的结果，但其后果需要政府处理，这些事件也的确暴露了区域政府在金融产品监管方面存在薄弱环节。监管能力低下的一种表现是对金融产品的社会预期管理跟不上，导致居民对金融产品需求不理性膨胀，引发金融产品供给无序和快速膨胀；校园贷、高利贷、催债公司等，都从一定程度上说明区域金融产品供给和需求监管能力需要提升。

金融产品的社会影响增大。不合规、不合法区域金融产品给特定人群带来巨大经济和精神损失，社会负面影响也越来越大。一些老年人购买所谓的金融产品导致积累一生的财富化为乌有，甚至把养老资金都搭上了；农村地区的居民购买所谓高收益的金融产品，把多年的积蓄都赔进去了，准备给儿子娶媳妇的钱没有着落了，严重的还会导致生活困难。这已不是个别地区的个别现象，值得警惕，需要区域加大这方面的治理力度，避免相关社会问题的发生。

二 区域金融产品有效供给思路

(一) 规范现有金融产品

规范民间金融产品。大量的高收益金融产品出问题后，区域居民特别是农村居民对金融产品收益预期已逐步回归理性。在此背景下，通过政府有效引导和管控，增加合理收益金融产品的供给，加强对民间金融产品的规范和监管，不但可以化解民间金融风险，也可以间接化解各种社会风险隐患。

规范投资性住房供给。针对作为金融品的住房供给空间结构及城乡机构严重失衡、住房投资收益严重分异的实际，压缩住房投资收益不好地区的供给，适当增加住房投资收益较好地区的投资性住房供给。针对去库存的迫切要求，加大已建成商品房区域配套服务能力建设，把低效的商品房供给转变成有效性供给。充分利用人口流动与房地产投资增长预期的相关性，规划布局投资性住房的供给区域和地段。

规范股票债券金融产品供给。通过系列改革，加强监管，打击投机，使股票市场回归其投资价值；增加国债等收益比较稳定的金融产品供给，满足各类投资主体的需求。

（二）扩大金融产品供给

扩大金融产品供给。扩大区域金融产品有效供给是解决金融产品供给与需求矛盾的根本之道，如洪水猛兽的金融产品需求只有被合理引导至金融河流中，才能避免其泛滥成灾。这种成规模、成系统、互相连接的河道就是金融产品有效供给，每个区域都需要根据当地经济社会实际构建多渠道的金融产品有效供给。

增加产业投资金融产品供给。针对产业资本数量巨大、要求稳定收益的特点，通过提供区域公共服务产品投资机会、为产业投资项目牵针引线等方式，扩大产业投资金融产品供给。美国已形成大量的企业联盟，已形成产业资金投资大工程项目的模式。国内也存在很多产业联盟，除部分地区形成了支持产业投资的金融产品供给外，整体的规模仍待扩大。

农村土地金融市场建设。目前，虽然各地城镇化水平大幅提升，但大部分地区户籍农民占比仍很大。农民相对比较稳定的资产是宅基地、承包地（责任田）和集体土地。这些资产除在大城市郊区由于土地财政效应有所体现外，大部分地区土地金融市场并没有建立起来，土地流转费用只是土地资产的当期表现，其金融产品属性并不明显。利用土地所有权、承包权、使用权等可以暂时分离的政策环境，建立以土地资产为基础的区域金融产品有效供给也是值得探索的路径。

（三）管控金融产品收益预期

金融产品风险管理。通过各种媒体向各类金融产品参与群体传递有利于形成金融产品合理收益预期的信息，传递金融产品收益与风险知识，加大对非法金融产品犯罪的打击力度，提高区域全面金融风险防范意识。要让所有人知道风险与投资回报关系，所谓高风险高回报只适用于部分行业领域，主要集中在高新技术产业，高风险的原因在于投资可能没有产出，投资失败，自然没有收益。投资成功，开发出的产品或服务能够获得正常的垄断利润，自然有高回报。在一般行业，实体经济的利润率为 5% ~ 8%，房地产行业的好日子也已经过去了。

营造金融产品合理收益预期。营造金融产品收益合理预期的舆论和金融环境。投资高回报承诺金融产品时，一定要知道接受投资的一方如何能够把钱赚回来，不要相信神话。金融产品需求猛兽般的增长，通常会使金

融产品购买者蒙受巨大损失，相关的案件已有很多。回归正常投资回报率
预期也是区域金融产品有效供给管控的重要内容。

第五节　区域国土空间的有效供给

目前，各地方都或多或少面临国土空间的限制，特别是建设用地供给
不足已是常态，越是发达地区，情况越严重。一方面是建设用地不足；另
一方面是大量土地得不到有效利用，利用效率低下。在区域国土空间总量
确定的情况下，按照主体功能区规划要求，优化国土空间供给结构是增加
国土空间有效供给的必由之路。

一　区域国土空间有效供给

（一）国土空间供给

国土空间供给。一定时段内，区域国土空间总面积基本上是固定的，
不存在区域国土增加或减少问题。所谓国土空间供给是指一定时段内区域
内允许使用的国土空间。区域经济社会发展需要将区域内的国土空间划分
为居住空间、生产空间、生态空间及其他空间等，对应国土空间的不同利
用方式，核心是可使用土地空间的质量和数量。国土空间供给涉及国土空
间总量供给、结构供给、质量供给、使用权供给等方面的内容。总量供给
是指有多少国土空间可以使用；结构供给指可使用的国土空间中各种细分
用途空间的比例；质量供给指国土好用程度或价值；使用权供给指国土空
间使用权限性质。

国土空间有效供给。指区域一定时段内供应的国土空间满足经济社会
发展需求的程度，包括国土供应数量满足程度和结构衔接程度。总量与结
构满足程度越高，表示国土空间供应的有效性越高。一个区域一段时间内
供应的国土空间数量可能很大，但其空间结构与实际需要相去甚远，这样
的国土空间供应也是无效的。同样，一个地区存在大量没有产出的建设用
地，出现大量烂尾楼、大片的废弃工厂、城市中大片大片的空置楼房、大
片荒废的农田、农村大量出现的空心村等，这样的国土空间供给也是无效
的。国土空间无效供给或供给无效性问题在各个地区都存在，只是存在程
度和存在方式稍有不同而已。

（二）国土空间供给中的问题

区域国土空间基础信息不完善。区域国土空间基础信息不完善主要表现在以下几点。第一是国土结构与总量信息不完善，一个区域各种土地利用方式的土地总量、动态变化情况，虽然有遥感地理信息和大数据支撑，但对这些信息的掌握仍是不完整的。第二是对国土空间质量信息掌握不完善，对土壤质量怎么样、森林国土空间质量如何，以及国土空间质量动态变化情况掌握不够及时准确。第三是对国土空间的功能信息掌握很不充分，对不同类型国土空间经济功能、社会功能、生态功能、各种功能动态变化情况等也是基本上说不清楚。当然，国土空间信息不完善有多方面的原因，但无论什么原因，信息不完善给国土空间有效供应带来的影响是显而易见的。

国土空间供给指标的制约。用地指标供应是各地国土空间供给最直接的方式。国土空间供给，首先要看区域有没有国土空间可用，也要看有没有跟区域行政级别、范围等因素挂钩的使用指标，两种缺一不可。没有国土空间当然就不可能有国土空间供应，有国土空间没有指标也不能用。这种制约机制有效地控制了区域大量占用耕地的冲动，但也出现了一些问题。一是变相的土地占用，按现行的耕地占用分配标准，县级政府可能就分不到多少占用耕地指标，但县域城镇建设也需要占用大量耕地，也需要建工业区，于是就以各种方式变相占用耕地，将生米做成熟饭。二是倾向占用低成本的耕地，国土空间供给需要付出经济社会成本，显然改造城中村或工程的费用要远高于征耕地的代价，结果城市周边的耕地被不断征用并变成建设用地，而改造城市低效用地区块的进度则慢了下来。当然由指标引起的其他问题还有很多，也值得关注。这不是说用地指标制度不好，而是要针对区域国土空间供给中实际问题进行补充和完善。

国土空间供应有效性低。区域国土空间供应低效率在城市地区和农村地区表现不同。在城市地区主要表现为：城市的城中村，没有实现集约节约土地目标；闲置工矿用地，国土空间没有经济产出；闲置楼房，占用土地没有社会效益和生态效益；城市功能区不配套，城市各主要功能空间衔接有问题，导致各种城市病大量出现，交通拥堵、居住区公共空间少等。在农村地区，农村的空心化导致土地闲置，没有经济产出；废弃与撂荒土地，使大片土地没有经济和生态效益；森林、农田等生态系统空间搭配出现问题，导致生态系统功能降低；城镇用地结构不合理，导致许多县城都出现堵车现象。提高国土空间利用效率，改革国土空间供给模式和方法势在必行。

二 区域国土空间有效供给思路

（一）改善区域国土空间结构供应

控制区域国土开发强度。抓住国家经济转型升级机遇，适度压缩生产（特别是工业）空间；以提高有效承载能力为突破，适度压缩生活空间；确保实现全国主体功能区规划提出的，2020 年开发强度控制在 3.91% 以内，以及《全国国土规划纲要（2016～2030）》提出的，到 2030 年国土开发强度不超过 4.62% 的目标；结合生态红线和多规合一要求，增加生态空间总供给；每个区域根据总体要求，制定相应的开发强度控制指标。

有效调节各类用地结构。区域国土空间供给总体思路是适度压缩生产、优化生活空间、增加生态空间；以区域现有生产空间为空间主体，通过产业转型升级、循环化、绿色化改造，大幅度提高单位国土空间经济产出；适应人民群众对优美生态环境的新期待，通过对现有生活空间优化组合，打造优美的居住和生活环境；按照生态文明要求，通过国土空间整治，大幅度增加生态空间面积，提升生态空间的生态功能。

（二）城市与农村地区分类供应

城市地区增加公共空间和生态空间供给。根据全国主体功能区规划要求，到 2020 年城市空间面积控制在 10.65 万平方千米以内，2030 年城市空间面积控制在 11.67 万平方千米以内；优化各类空间供应结构，提高公共空间、生态空间比重，降低生产空间、居住空间比重，增加道路、绿化、水系用地供给；盘活存量土地，降低增量土地供应；通过城市棚户区、旧厂房改造，增加建设用地供给；各地区根据国家总体要求，确定区域城市空间面积控制指标及空间布局。

适度压缩农村地区居民点空间。针对农村地区村庄空心化严重、农村户籍人口长期人户分离的实际，结合新型城镇化和新农村建设，适度压缩农村居民点面积；按全国主体功能区规划要求，到 2020 年全国农村居民点面积控制在 16 万平方千米以内。农村居民点内适度增加公共空间和生态空间，压缩居住空间，合理配置生产空间。各地区根据国家总体要求，适度缩减本地区农村居民点面积。

（三）构建区域国土空间有效供给新机制

城市建设用地总量与区域人口变动情况挂钩。遵循人口变动与区域经济发展相关性规律，压缩经常处于人口净流出区的建设用地规模，甚至停止建设用地供应，这些地区建设用地以盘活存量土地为主。适当增加人口流入较大的地区建设用地供给数量；尝试探索区域内建设用地指标跨行政区调配机制。

构建区域国土空间供给服务平台。面向区域国土空间管控专业部门、社会公众、科研院所等，构建区域国土空间供给服务平台，构建全民参与的国土空间供给空间位置、时间段、用途等辅助决策平台，让更多人的意见建议进入区域国土空间供给决策层面。同时，该服务平台可对区域现有国土空间的经济效益、社会效益、生态效益进行全民参与评价，从中发现大量国土空间有效供给问题线索，为提升国土空间有效供给奠定基础。

第六节　区域规划的有效供给

各地每年都编制名目繁多的规划，不但需要大量的人力和财力投入，更为严重的是各种规划相互制约，已成为强化部门利益、强化部门分割的工具和手段。单个规划可能很合理、很理想，但各种规划放到一起往往矛盾重重，严重影响规划的有效性。区域许多规划常得不到执行，一方面是地方领导的主观意识问题，另一方面与规划本身的完备性、科学性、可操作性等不足有关，如果承认规划的地位和价值，就要提高规划的有效性。供给侧结构性改革的关键就是要增加有效供给，化解无效供给。这是区域规划有效供给的新要求。

一　区域规划供给

（一）区域规划现状

区域规划特点。从规划涉及内容看，区域规划分为综合性规划、专题性规划两类。综合性规划指涉及区域经济、社会多个方面内容的规划，如区域的国民经济社会发展年度计划、五年规划、战略规划、远景规划等；专题性规划是某一个机构或专业领域内针对特定对象的规划，如区域交通规划、生态环保规划、经济区规划等。从区域规划实施体系看，与我国现行经济社会治理体系相适应，区域规划是纵向和横向并行与交叉相结合，横向上，不同层级的区域有自己的规划体系，从省到地市到区县再到乡镇层次都有规划；纵向上，各级政府都有以行业为主线的规划，如国土规划、城镇规划、交通规划等。从规划对区域影响程度看，各类规划对区域经济社会影响有很大差别，有的是基础性和刚性的，有的则是派生性的。

区域规划供给。在区域经济社会治理中，区域规划内容包含两个层面，其一是一般意义上的区域规划，即以区域或区域一部分、某领域为对象的规划，也可以称为狭义的区域规划；其二是区域内的各种主体所编制、涉及区域整体及局部或领域的规划，也可以称为广义的区域规划。从广义的区域规划内涵出发，区域规划供给主体是各级人民政府和政府部门，以及非政府序列各类主体。现实中社会公众对政府序列区域规划比较熟悉，对非政府序列区域相关规划相对陌生，其实一些大型企业（国有的和非国有的）也有大量的区域相关规划，这些规划对区域经济社会发展往往有很大的影响，特别是大型国有企业重点项目规划布局对区域的经济影响不可小觑。从区域规划产生逻辑看，区域规划供给可以分为主动供给和被动供给两种类型。被动供给是规划制定者根据上级政府及相关部门要求编制相应规划的过程，主动供给则是规划制定者根据需要主动谋划相关规划的过程。

规划供给有效性。区域规划供给的有效性就是区域规划能够解决区域经济社会治理问题的能力和效率。从能力方面看，有效的区域规划具有较强的针对性、科学性、可操作性，能够指引区域经济社会整体或某领域健康发展，直白点说就是有用的规划、能够解决区域问题的规划。从效率方面看，第一是规划供给的时效性，即需要有规划的时候规划能够编制出来供使用；第二是供给的规划能够用最少的资源投入最大限度地解决区域经济社会治理中的问题，体现出较高的投入产出效率；第三是区域规划能够如期实施，即在规划要求的时间内解决问题。能够满足规划能力和效率需求的规划是规划供给有效性比较好的规划，否则就是规划供给有效性比较差的规划。

（二）区域规划有效供给

区域规划供给主要问题。从区域供给的实际情况看，区域现有规划数量多、质量参差不齐，规划供给的有效性比较差，集中体现在：规划主动性比较差，多数区域是围绕上级要求开展相关规划的编制；区域规划不落地现象严重，大量区域规划的规划内容只停留在概念和逻辑层面，无法实现规划内容在区域落地；区域各种规划之间的协调性差，区域各种规划在规划目标、规划任务、保障措施等方面存在不协调甚至是相互冲突；区域规划部门权力化属性明显，区域部分规划中规划编制部门的痕迹和利益诉求过于明显，一些内容甚至与区域经济社会总体发展要求存在冲突；规划形式大于内容现象严重，一些规划没有多少实质内容，成为挂到墙上的装饰品，根本起不到规划应用的作用。

影响区域规划有效供给的因素。影响区域规划有效供给的因素很多，既有客观因素，也有规划供给者的主观因素。从提升规划供给有效性的思路出发，影响区域规划供给有效性的主要因素可以分为以下几个：第一是规划理念，好的规划理念才可能有好的规划，才能编制出有效的规划，规划理念的基础是区域经济社会发展理念，需要将新发展理念贯彻落实到区域规划编制中，才能编制出科学有效的规划；第二是对规划主题把控能力，对规划对象和问题把控的准确性、全面性、科学性决定了规划的针对性，这是规划有效性的基础和前提；第三是规划编制能力，规划编制过程就是区域相关人员形成共识的过程，多大程度上形成共识或形成多大程度的共识决定了规划能够以多大力度被执行；第四是规划编制支撑能力，好的规划需要准确、全面、时效性好的信息支撑，需要规划内容与政策措施的预评估能力，这些工作离不开信息和技术的支撑，这方面的能力越强，编制的规划就可能更接地气，更容易实施；第五是规划实施能力，再好的规划也需要有效实施才能转化为区域经济社会治理的行动，规划实施能力既包括组织保障能力，也包括规划实施的技术支撑能力，前者保障规划实施的程序有效，后者保障规划实施的操作有效。当然，由于区域发展基础和实际问题会有很大不同，影响区域规划有效供给的还有其他一些方面的因素。

二 区域规划有效供给思路

（一）提高规划供给的质量

规划的可操作性。考察区域已存在和正在编制的规划是否有效，首先要看规划的可操作性，可操作性是规划的基础。可操作性对规划有以下几个要求，第一是基础条件梳理清晰，规划不是空中楼阁，正确认识区域的基本条件和环境至关重要；第二是基本判断准确，即对区域发展总体形势、区域存在问题、规划目标设立等主要判断要准确；第三是基本任务符合实际，规划设置一定是针对本区域的，不是放之四海而皆准的；第四是政策措施可行，政策措施瞄准区域问题和区域经济社会治理能力而设置；第五是规划要做到刚性与灵活性结合，鉴于规划执行过程中环境条件的变化，规划的一些内容或执行方法需要灵活调整，所以规划要有总体原则和目标的刚性，也要有具体执行措施方法的灵活性。当然，提升区域规划的可操作性，还有其他一些方面也需要予以关注。

规划的一致性。所谓规划的一致性是区域各种规划之间要相互协调，一致性主要表现在：第一是规划目标一致，即各层级、各领域的相关规划在总体目标上的一致性，在具体目标上的联动性；第二是时间阶段一致，各层级、各领域规划时间节点要尽可能保持一致，比如，短期规划到哪年，远期规划到哪年，现在区域远期规划到 2035 年的时间节点设置对提升规划质量是必要的；第三是规划基础一致，即各相关规划的空间基础、环境基础、条件基础要保持一致，这也从另一个侧面说明了规划时间节点一致的重要性；第四是规划项目一致，相关层级的规划在规划任务和规划项目设置时要保持一致性，不能一个说东，一个说西；第五是政策措施一致，保持在各层级、各层面上政策措施连贯性和协调性，保障规划可实施；第六是组织保障一致，避免换一任领导重新编制一套规划的现象，保障规划能够连续执行。

规划的空间和对象落地。做到区域所有的规划必须落地或落实到人群，涉及布局的规划所有内容必须落地；对于区域空间布局特征要求不明确的规划，必须落实规划对象或规划服务对象；让不落地和不落实服务对象的规划渐渐淡出区域规划体系。

大幅减少规划数量和层次。为什么要有那么多规划？从正面讲是各部门积极谋划本部门工作、对人民负责的表现；从负面讲，则是各部门争权夺利，实现规划权威、数字权威的表现。一个区域有一两个统领性的规划就可以了，具体行业部门更多是出台基于统领规划的工作方案；区域规划编制的层级到市县级行政区就就可以了，乡镇和村庄的规划很多情况下难以起到规划的作用，更多应该是实施方案。

（二）建立区域规划有效供给机制

构建区域统一的规划协调机制。建立规划协调机制，对各种规划的背景、问题认知、规划内容、保障措施、技术规范标准、规划过程等进行统一协调；强化规划现状一致化认同，采用统一基础数据，从根本上保障各规划的协调一致，避免规划之间的冲突和矛盾；构建规划队伍的协作机制。

多规合一统领各种空间规划。按照一本蓝图、一张规划要求，将各种空间性质的规划，按照多规合一的要求进行统一规划；在已开展的市县多规合一试点基础上，在全国范围尽快推广市县多规合一；探索省级行政区多规合一方法和机制。实现各规划基础数据、分类标准、支撑技术、规划时段、保障措施的协调一致和可对接。

构建全社会参与的规划编制机制。规划编制过程中，通过各种途径使科研院所、社会公众、各相关团体以灵活方式参与到规划编制过程中；区域经济社会不是规划出来的，所以规划过程的核心是在规划过程中凝聚并形成共识，在形成共识的过程中让大家都参与进来，这比直接让相关人执行规划的效果会更好。

重要规划区域关键负责人参与机制。区域现行行政管理体制决定了各级区域主要负责人在各种规划编制和实施过程中的独特作用，没有相应行政级别区域主要负责人参与和认可的规划难以顺利实施和取得成效，规划供给自然也是无效供给。所以，区域重要、关键规划的主要目标、思路、原则、规划任务、政策措施、实施保障等部分内容，必须由区域主要负责人参与并认可。尤其是对于专家型领导为主要负责人的区域，更应该注重这一环节，专家型领导往往有很多规划方面的想法，应在相关的规划中予以体现，这也是我国特色社会主义在区域规划编制中的一种表现。

第七节　区域政策的有效供给

近年来，国家各层次各领域政策措施已进入盛产期，但除强制限制交易的房地产调控政策措施外，其他政策措施的效果并未立刻显现。政策措施的出台与地方的执行显然出现了一定程度的脱节，造成这种困境的原因是多方面的，政策措施在设计中对区域尺度影响考虑不够是导致政策措施难以落地的原因之一。

一　区域政策供给现状与问题

（一）区域政策供给渠道

要完全描述区域正在实施的政策措施是一件比较困难的事情，要想搞清楚各种政策措施的条款、内涵及其间的相互关系更是个巨大的难题。虽然与区域经济社会运行有关的政策措施只涉及国家制定发布、区域各级政府制定实施两类渠道，但由于可以出台政策措施的管理部门众多，政策措施体系的庞大复杂在所难免。

国家层面的政策。指国家面向所有区域、部分区域、个别区域制定实施的政策措施。从内容看，国家层面的政策措施有综合性和专题性之分；从形式看，国家层面的政策措施常以文件形式发布实施。国家层面经济社会治理相关的政策措施主要来源于党政两条渠道，党序列的文件通常以中共中央发（中发）、中共中央办公厅发（中办发）方式印发实施；政府序列包括国务院发（国发）、国务院办公厅发（厅发）、政府各组成部门（各大部委）发、政府组成部门代管部门（部分局）发等；国家层面的政策措施还包括全国人大、全国政协、组织部门、宣传部门、统战部门、军队等系统发的政策措施。

区域层面的政策。指省级政府及省以下各级政府面向辖区制定实施的政策措施，从形式上，通常以文件形式发布实施。区域层面的政策措施主要是面向区域内经济社会治理具体工作制定的，也包括落实国家层面政策措施的落地文件。区域层面的经济社会治理相关的文件也主要包括党政两个序列。党序列的文件为各级党委制定实施的文件，政府序列的文件为各级政府、政府办公厅（室）、省政府各委厅局、市政府各委办局、县以下级别政府或组成部门制定实施的文件。同样的，地方也需要制定实施或落实各级人大、政协、宣传部门、组织部门、统战部门、军队等系统相关的文件。

（二）区域政策供给存在的问题

说我国各地政策措施文件多如牛毛有点夸张，但地方和基层工作人员应付文山会海的压力确实很大，其中原因可能很多，区域政策措施过多、不配套、不接地气的情况的确存在。从政策供给的角度看，其问题主要有以下几个。

供应的政策数量大且条块分割严重。国家和地方的政策已经进入高产期，近几年来，中央和地方出台了大量的、涉及经济社会各个方面的政策措施。2015 年上半年，单财政方面的政策措施就达到了三天两件的频率，国家发展改革委一年发的文件就有 3000 多件，其他各行业部门也在不停地出台文件。

各项政策措施之间的协调性较差。出台的政策多为鼓励性、限制减弱性、限制从严性、减负性的，能治本的不多，反而造成了更多的差别化和特殊化。政策措施数量过大，相互之间不协调，矛盾难以避免，整体效率不高，企业也难以有效跟踪政策措施的变动。

政府提供的政策供给的落实效果差。国家出台的大量改革措施到地方难以落地，能落地的效果也大打折扣。企业遵守的是所在地（市县区）的政策，老百姓接触的是乡镇、社区的政策，如何打通政策在各级政府间的障碍，保证政令畅通十分关键。各种检查、督查、巡视等从一定程度上提升了政策措施落地的效率，但要实现政策措施的真正落地，还要从政策措施的有效性方面着手。

此外，区域要制定和要执行的政策措施在空间适应性、区域针对性、政策与问题的适宜性等方面也存在不少问题，增加区域经济社会治理相关政策措施的有效政策供给是摆在政策制定者面前不可回避的任务。

二　区域政策有效供给思路

（一）加强政策措施的协调性

增加区域政策措施的协调性。加大力度清理区域过时政策措施，大幅压缩政策措施数量，归并内容相近的政策措施，坚决清除不痛不痒的政策措施。突破出台政策措施作为部门利益显现和强化方式的魔咒，减少政策措施数量，提高政策措施的可操作性，构建政策监管与政策服务对象之间的纽带，确保规则和规则收益按照设计链条传送。

回归政策推动市场的本质。毫不客气地说，各地每一个行业的产能过剩或多或少都有产业政策的影子。其实，所谓产能过剩中过剩的不单是产能，更是对公共资源和市场资源的巨大浪费，是对执政党公信力的巨大摧残，是对政府能力的不信任，是对人民群众最根本利益的亵渎，必须清除一切不合理的产业政策。把属于市场的还给市场，必须立即改变具体事务九龙治水式的多头无效管理格局和区域治理模式，每一条龙都是好样的，每一条龙的行为和做法从自己的体系看都是合理的，但九条龙加在一起施法，并且是斗法，结果是不能承受和容忍的，每个明显的错误都是对人民不负责任的表现。

（二）把政策措施作为法律法规的补充来对待

改变政策措施制定的出发点。除常规的财政和货币等宏观调整政策外，其他政策措施制定的理念和任务不再是要求服务对象怎么样，而是采用负面清单思路，具体化不能做什么，怎么做留给经济主体去完成。要坚信一个企业家要想生存和发展，办法要由其自己想，而不是坐在办公室的公务人员替他拿主意。

（三）优化区域政策制定实施机制

坚持政策措施的连续性。区域政策措施如同各种游戏的游戏规则，靠经常改动游戏规则，增加游戏参与者的忠诚度和游戏的吸引力是不能长久的。稳定、持续的政策措施能够保证企业家持续投入、持续创新、持续纳税；朝令夕改让真正的企业家无所适从，最后可能会选择投机取巧、迎合套利之路。

破除各种政策制度性套利机制。区域经济社会领域的腐败有多种表现形式，其中政策制度性套利实际上就是腐败的一种表现形式。人人厌恶风险，在能套利的情况下，没有人愿意冒险，政策性和制度性套利现象的存在是对市场经济最大的打击和摧残。地方政府怎么能够随便拿出上百亿财政资金去扶持某些本应靠市场生产的企业和产业呢？这给企业套利提供了可乘之机，也就是促使其进行变相的套利行为。一个企业如果整天想从政策措施中获得好处，将难以成为一个现代企业。

（四）加大政务信息公开力度

除法律规定、涉及国家安全信息外，其他政务信息一律公开，通过政务公开信息，企业家能够创造出更丰富的物质和精神财富，为发展壮大区域市场打下基础。反过来，政府也能够通过购买来自市场的、基于信息的服务，大幅提升国家治理能力和治理体系现代化建设水平。

第七章

区域经济社会的空间化治理

区域之间和区域内部的空间差异是客观存在的，俗语中的"十里不同风，百里不同俗"，诗句中的"人间四月芳菲尽，山寺桃花始盛开"，南方的路边花草到了北方就成了养在温室里的花卉等从不同侧面表明经济社会存在差异化管理的诉求。

改革开放以来，各地经济社会和科技取得了飞速发展，但各区域赖以存在和发展的物理空间却始终相对比较稳定，除非进行行政区划调整。即使是行政区划调整也只是一个重新划分管理归属的问题，物理空间上并没有增加面积。区域发展所仰仗的各种要素也都以各种形式存在于区域物理空间内，空中楼阁并不存在。因而，开展空间管控就成为区域经济社会治理最彻底、可操作、可监督核查的关键方法。

第一节　区域经济社会的空间化治理

一　区域经济社会的空间化治理

（一）区域经济社会空间化治理的内涵

区域经济社会要素数量空间化管控。指特定空间区域或所有区域内经济社会要素数量控制，有的是最大化管控，有的是最小化管控。区域内经济侧重点存在内部分工要求，这种空间分工既是小区域经济社会发展基础等客观需要，也是区域经济总体布局的人为选择使然，同样，区域内部各地区（如城市和农村）社会职能重点也有差异。针对区域经济社会内部差异化布局，经济社会治理空间管控的重点是各种要素的数量管控，经济主导区域要把经济量做到最大，不相干的经济社会要素数量尽量往小处做；人口聚集区要把承载人口的能力做到最大，其他不相干经济社会要素往小处做。这样要求的目的是充分发挥区域内部各地的经济社会发展优势、体现地方特色，也是实现区域经济社会发展最省力的一种路径选择。

区域经济社会要素质量空间化管控。一定时间段内，特定空间区域经济社会要素有质量控制的要求，质量空间化管控在现实操作中具体包括以下几点。第一是划定现有经济社会要素质量控制区以实现分区管控，如农业中的高标准农田区、重金属超标区域，农林中的高品质水果产区、重点养殖区等。第二是对各质量控制区现有经济社会要素的管控，分区分类施策进行管控，如对经济开发区、工业园区内各类企业按区分类管控，有些企业需要限时搬离，有些企业需要进行技术改造，等等。第三是对待进入各质量管控区的经济社会要素进行分区准入管控，如投资强度低、环境不友好的企业禁止进入经济开发区；在各种生态保护红线、永久基本农田保护线内区域，产业或项目的进入也有严格的要求。

区域经济社会要素功能空间化管控。一定时间段内，区域经济社会要素功能必须符合一定要求。主要的管控过程包括：第一是划分出各种经济社会功能区，如蓄滞洪区、水源涵养区、城镇地区、农业地区等，各种功能区域分别对应区域经济社会治理相关的各个领域。第二是对各功能区内经济社会要素功能的分类管控，对不同功能类型区内的经济社会要素提出差别化管控要求，如在城镇空间内，城镇地区人口要求不低于每平方千米1万人，工业项目要集聚在城镇空间内，等等。第三是对待进入各功能区经济社会要素的管控要求，对准备进入某功能类型区的经济社会要素提出相应的约束条件，如城市内的绿地应具有生态景观功能、河道两岸的防洪大堤应具有防洪功能、进入农业地区的产业项目要满足各产业融合的要求等。

区域经济社会治理责任空间化管控。区域经济社会治理的核心是人，对象是区域经济社会各种事务，人与各种事务的对应关系就是责任。责任空间化管控就是对经济社会治理责任进行空间划分并明确责任人的责任管控。其主要的管控措施和方式有：第一是划定空间化责任区，根据区域治理需要和治理内容特点，划分为各类责任区域，前些年很多城市开展的网格化管理就是区域经济社会治理责任空间化管控的一种很好的方式；第二是不同空间责任区之间的隶属关系管控，空间责任管控需要明确各空间区域之间的关系，如市内的区县、区县下的乡镇街道、乡镇街道下的乡村社区等，通过空间层次关系把治理责任隶属关系建立起来；第三是区域边界之间的关系处理，在区域经济社会治理中虽然理论上可以划分得很清楚，但在实际操作中由于区域的关联性、某些事物的跨区域特征，以及多管辖区协调发展等，在边界处理方面要形成一套规则，比如当责任区很清楚时按责任区规则处理，当涉及多个责任区时可按责任大小确定归属责任区或者根据事务特征划归特定责任区的方式处理。

（二）区域经济社会空间化治理的价值

充分利用经济社会各要素之间空间联系实现经济社会高效运转。区域经济社会要素之间存在特定的空间联系，这种联系部分是其自身演化的结果，部分是人为安排设计的结果。充分利用这些关系，可以使区域各经济要素之间空间相互作用更好发挥，以提升区域经济社会效率、降低经济社会运行成本、提高区域经济社会治理的服务质量等。如坑口电站、城市热电联产、重化工企业临水而建等，这些经济活动要么节省了企业运输成本，要么提高了资源利用效率。大城市周边建设卫星城可以充分利用大城市的规模效益、大城市对经济要素的辐射带动能力，同时也可以弥补大城市交通拥堵、居住环境差的不足，实现城市群的联动发展。

空间层级化管理实现与现行行政区域层级的协调。无论学界、社会舆论对现行的分级行政管理体制有多少意见，行政层级管理仍然是目前责任划分相对清晰、最有利于管理的一种方式。对区域经济社会治理要素、现象和过程的空间层级化管理，可以有效对接现行的多层级行政管理体制，使信息获取、信息处理、信息应用等成本大为降低，从而节省经济社会治理的成本。

空间化治理为责任准确认定提供可能性。空间化治理的另一个好处是责任边界可以相对清楚界定，如几条道路围起来的街区公共服务等社会治理责任可以清楚认定，也为相关的责任量化提供可能。在区域某项经济社会治理总量确定的情况下，可以按区域划分成不同的责任区，并划分相应的责任量，如教育公共服务中每个区域需要提供多少个小学学位，如果提供的学位数没有达到要求，对管理责任和责任人的认定都很容易。

为空间差异化管理提供可能。空间化治理的另一个作用是协助实现区域差异化管控，根据区域经济社会治理领域的特点，划分不同类型区，分区域采取差异化措施，同时也可以对治理效果按类型区分类考核。空间差异化管控允许区域内各次级区域针对相同的领域和问题进行空间差别化应对，以期因地制宜解决问题。

空间化治理为监管提供可能性。从经济社会治理角度看，监管包括监管实施和责任认定两个方面。区域监管实施可通过空间化监测手段来执行，如对于生态环境的监管，借助遥感、地面监测、网络大数据等方法，可以获得区域内多地的生态环境要素信息，并通过多时段对比判断生态环境质量是变好还是变差了。对于区域经济社会治理监管空间化责任认定，通过把区域的问题责任与相关的区域、责任人联系起来，很容易就可以把问题区域的责任人找出来。通过空间相互联系分析，还可以把区域之间的责任联动关系认定清楚，为涉及多地的区域经济社会治理监管提供技术和方法支持，使空间化监管发挥更好的作用。

二 空间化治理途径

（一）顺应规律的空间化治理

顺应自然规律的空间化治理。区域经济社会治理中涉及的自然规律并不是很多，多数也不是很深奥，主要包括引力、物质的物理特征和规律等三个方面。顺应自然规律的空间化治理就是在区域经济社会治理活动中借助自然规律实现经济社会发展目的，在这方面各地都有很好的实践，也有悠久的实践历史，都江堰灌溉工程是水资源空间化治理最为经典的案例。空气污染物扩散、水体污染物扩散分别遵守着大气、水体运动规律，寻找和利用这些规律和特征，对于开展相应的治理工作十分重要。尊重和顺应这些规律可以降低经济社会治理诸多具体事务中的成本和难度，有利于提升治理效果。

顺应经济规律的空间化治理。区域经济运行规律既有经济运行的一般性规律成分，也有区域特色经济规律成分。区域经济运行规律有多种表现形式，从空间相互作用的角度理解，经济规律主要表现为空间上的相互吸引或相互排斥，以及随着空间距离变化相互影响等。通过空间化处理方法，可以把"无形"的经济现象转化为可以空间表达的空间形态，如区域内两个城市之间的经济吸引力一般随着其距离的增加而衰减；在其他条件都确定的情况下，两个提供相同服务的企业相距越远，其间的排斥力就越弱，相互竞争也会降低。区域各种经济现象和过程之间的空间相互作用是客观存在的，只是不同现象和过程之间相互作用的表现形式和作用强度会有差异，充分利用这种空间相互作用有助于提高区域经济社会空间化治理的效率。

顺应社会规律的空间化治理。社会运行规律既复杂也简单：复杂的是其影响因素和相互作用过程复杂，简单的是社会每个发展阶段都表现出与之相适应的规律。社会运行规律很多，主要包括社会发展阶段规律、城镇化演化规律、人口流动规律、社会心理学规律等，如区域城镇化初期阶段人口流动主要是由农村地区向城市地区流动，发展到一定阶段后城镇人口基本稳定，再往后发展部分城市地区会出现人口回流农村地区的现象。顺应这些规律可以促进经济社会中的各种过程更为自然和顺畅运行。

妥协式顺应的空间化治理。妥协式顺应的空间化治理指迫于区域发展中无法解决的问题，而采取妥协顺应某些规律的措施，如在一些地方实施的飞地经济，一个地区的工业园区建在另一个地区。飞地经济虽有相关的规范要求，[①] 但其实质上是区域经济社会空间管理低效和价值分配制度不力的表现，其本质上是收益的归属和分配问题，如果利用好区域经济社会的空间化治理方法，可以为解决飞地经济带来的问题提供解决方案。

（二）强制性空间治理

强制性空间治理指利用强制手段对区域内的经济社会相关要素进行空间化管制。强制性措施包括法律、条例、规划、政策（以意见、目录、办法、细则等形式出现）等，可以表现为正面清单和负面清单方式。考虑到区域经济社会治理领域的目标差异，强制性空间管控主要包括以下几个方面。

面向经济目标的强制性空间治理。为保障区域经济总体或重点领域的正常运转而采取强制性空间管控措施。价格领域的空间管控常表现为最低或最高价管控，在某些区域一些农产品实行最低保护价收购、区域性能源

---

① 《关于支持"飞地经济"发展的指导意见》（发改地区〔2017〕922号），国家发展和改革委员会网站，http://www.ndrc.gov.cn/zcfb/zcfbtz/201706/t20170602_849811.html，2017年5月12日。

产品价格管控、区域性重点食品和副食品价格管控等。产业领域的空间化管控常表现为区域负面清单方式，如在国家重点生态功能区涉及区市县制定的产业准入负面清单；区域整体按照国家产业结构调整目录要求进行产业准入管控。经济活动的空间化管控转为多见，城市内部产业区、商贸区等都是经济活动空间化管控的表现形式和管控结果。

面向社会目标的强制性空间治理。为保障区域内社会总体运行或重点领域运行而采取强制性空间管控措施。公共服务领域的强制性空间管控具体表现可谓多种多样，备受争议的学区房问题就是公共教育领域空间化管控的结果，社区服务也是典型的空间化服务，城市中多大范围内建一个大型的综合集贸市场也是一种空间化管控。交通领域的空间化管控则为变相的强制性管控，城市交通网络的布局以及其与居民区的空间组合关系决定了城市交通形态，个体看似自由的选择，对区域或城市整体而言是一种交通强制性空间管控。居住领域也是一种变相的空间化管控，城市居民看似可以选择居住什么样的区域，但受多种因素（如价格、资格等）影响，居民实际上并没有居住区域选择的自由，这从某种程度上也是一种强制性空间管控。

面向其他目标的强制性空间治理。区域经济社会治理中，为保障区域整体的运行顺畅，围绕各种特定目标进行空间化管控。其主要包括：为生态目标进行的强制性空间治理，如防治外来物种入侵的强制性区域管控措施，为保障区域生物多样性而采取的空间管控，为维护区域生态而采取的退耕还林、退耕还草等措施。为环境目标进行的强制性空间治理，为实现区域内水、大气、土壤保护目标，各区域已经开展了系列化空间化强制管控，如规模化养殖企业不得在河流两岸一定范围内布局、区域性燃煤设施改造等。为安全目标进行的强制性空间治理，如一些有安全隐患的企业必须远离居民区等。

三 主要国土空间分类管控要求

国土空间利用类型是区域经济社会活动空间载体的表现方式，对国土空间分类实施管控可以实现对区域经济社会的间接治理。国土空间管控的基本思路是充分认识国家和省层面主体功能区规划中优化开发区、重点开发区、限制开发区、禁止开发区与地方层面城镇空间、农业空间、生态空间及山水林田湖等生态要素空间对应关系；按各类空间的主体功能采取相应的管控措施。

（一）城镇空间

城镇空间是承载城镇和工矿企业（工业园区）的国土空间。城镇空间管控主要是从两个方面开展。一方面是城镇规模分类管控，即针对不同人口和空间规模的城市分别采取措施。多年来，各区域对城镇规模的管控措施随国家的政策措施变动而变动，但无论是早期的限制城市发展，还是近期的鼓励城市发展，管控的结果都不是很理想。城市规模本身是城市发展规律与空间管控相互作用的结果，空间管控只有顺应城市发展规律才能达到好的效果。另一方面是城镇空间内部管控，指城镇空间边界范围内各类功能区规模和布局管控，如城镇内部居住区规模和空间分布、公共服务区的规模和分布、生态功能区的总体规划和分布等。相对于城市总体空间规模，城镇内部空间结构相对比较容易控制。城镇内部空间管控的目标是使城市功能区衔接更为合理、功能发挥更好、城市运转效率更高。

（二）农业空间

农业空间是承载农业和农村居民点的国土空间。区域农业空间管控包括以下几个。第一是农业空间总体规模和空间布局管控，即一个区域农业空间的总面积必须予以保障，包括主要国土空间利用类型的控制，如农村居民点总面积等；另外还包括农业空间在区域内部的主要分布区域管控，农业空间需要有相对集中的区域。第二是单片的农业空间内部结构规模和布局管控，如一个农业地区县市、乡镇内部各类农业用地的规模和布局的空间管控；在农村各产业融合发展的要求下，各地农村地区各类用地规模和空间结构要予以控制，总体思路是保障真正的农业空间（用于粮食作物、畜牧业生产的空间），减少打着农业旗号侵占农业空间的行为。

（三）耕地

对于区域耕地空间管控的思路是：完善基本农田保护制度，划定永久基本农田红线，按照面积不减少、质量不下降、用途不改变的要求，将基本农田落地到户、上图入库，实行严格保护，除法律规定的国家重点建设项目选址确实无法避让外，其他任何建设不得占用。加强耕地质量等级评定与监测，强化耕地质量保护与提升建设。完善耕地占补平衡制度，对新增建设用地占用耕地规模实行总量控制，严格实行耕地占一补一、先补后占、占优补优。

（四）河流、湖泊等水体

按照节水优先、空间均衡、系统治理、两手发力的方针，健全区域用水总量控制制度，保障水安全。建立健全节约集约用水机制，促进水资源使用结构调整和优化配置。完善规划和建设项目水资源论证制度。采用价格和税收手段，逐步建立农业灌溉用水量控制和定额管理、高耗水工业企业计划用水和定额管理制度。在缺水严重地区建立用水定额准入门槛，严格控制高耗水项目建设。加强水产品产地保护和环境修复，控制水产养殖，在国家重点生态功能区的河湖逐步取缔网箱养殖。在江河源头区、集中式饮用水水源地、重要河流敏感河段和水生态修复治理区、水产种质资源保护区、水土流失重点预防区和重点治理区、重要蓄滞洪区以及具有重要饮用水源或重要生态功能的湖泊，全面开展生态保护补偿，适当提高补偿标准，确保水质不降低，水量不减少，水生态不退化。

（五）主要自然生态空间

森林地区。将区域所有天然林纳入保护范围。建立区域国家用林储备制度。尽快推进国有林区政企分开，完善以购买服务为主的国有林场公益林管护机制。完善集体林权制度，稳定承包权，拓展经营权能，健全林权抵押贷款和流转制度。结合各地实际和国家补偿标准，健全地方公益林补偿标准动态调整机制。合理安排停止天然林商业性采伐补助奖励资金。确保区域森林面积不减少，林木蓄积量不降低，森林生态系统功能不降低。

湿地。将所有湿地纳入保护范围，禁止擅自征用占用国际重要湿地、国家重要湿地和湿地自然保护区。确定各类湿地功能，规范保护利用行为，建立湿地生态修复机制。稳步推进退耕还湿、退养还湿试点，适时扩大试点范围。探索建立湿地生态效益补偿制度，在国家级湿地自然保护区、国际重要湿地、国家重要湿地开展补偿试点。确保湿地面积不减少，湿地生态功能不降低。

草原。稳定和完善草原承包经营制度，实现草原承包地块、面积、合同、证书"四到户"，规范草原经营权流转。实行基本草原保护制度，确保区域基本草原面积不减少、质量不下降、用途不改变、草原生态不退化。健全区域草原生态保护补奖机制，实施禁牧休牧、划区轮牧和草畜平衡等制度。加强对草原征用使用审核审批的监管，严格控制草原非牧使用。扩大退牧还草工程实施范围，结合国家补助标准，建立地方补助标准联动机制，逐步加大对人工饲草地和牲畜棚圈建设的支持力度，合理提高禁牧补助和草畜平衡奖励标准。

（六）海洋与岸线管控

海洋：实施海洋主体功能区制度，确定近海海域海岛主体功能，引导、控制和规范各类用海用岛行为。实行围填海总量控制制度，对围填海面积实行约束性指标管理。建立自然岸线保有率控制制度。完善海洋渔业资源总量管理制度，严格执行休渔禁渔制度，推行近海捕捞限额管理，控制近海和滩涂养殖规模。完善捕捞渔民转产转业补助政策，提高转产转业补助标准。确保近海海域污染程度逐步降低，海域生态系统功能不退化。

岸线：合理划分生产、生活、生态和预留岸线，把岸线划分为开发利用区、保留区和保护区。建立完善的岸线使用审批制度，严格各种岸线的用途管理，确保自然岸线的数量不减少、质量不降低。

（七）石漠化荒地

将区域内暂不具备治理条件的连片沙化土地、石漠化土地划为土地封禁保护区。建立严格保护制度，加强封禁和管护基础设施建设，加强沙化、石漠化土地治理，增加植被，合理发展适宜产业，完善以购买服务为主的管护机制，探索开发与治理结合新机制。开展沙化土地、石漠化土地封禁保护试点，将生态保护补偿作为试点重要内容，确保石漠化、沙化地区的生态环境不退化。

第二节　主体功能区制度

一　对主体功能区的认识

（一）主体功能区制度的变化

国家主体功能区制度经历了三个层次的理念变化。第一是规划理念，以 2010 年全国主体功能区规划发布实施为标志，酝酿多年的主体功能区规划正式亮相，随后各省级行政区相继发布了区域主体功能区规划，规划单元到县级行政区，实际上并没有实现主体功能概念的完全真正落地。第二是战略理念，为推进主体功能区格局的形成，2015 年《中共中央国务院关于加快推进生态文明建设的意见》中提出"要坚定不移地实施主体功能区战略，健全空间规划体系，科学合理布局和整治生产空间、生活空间、生态空间"的要求。主体功能区战略与区域发展总体战略成为我国区域开发和建设两个空间性质的战略。第三是制度理念，随着主体功能区战略的实施，市县空间规划试点、市县和省级行政区多规合一试点、资源环境承载能力监测和预警能力建设、国家重点生态功能区产业准入负面清单编制和发布等工作的开展，主体功能区作为国土空间管控的基本制度格局已经基本形成。2017 年 2 月中共中央办公厅、国务院办公厅印发《关于划定并严守生态保护红线的若干意见》，明确提出贯彻落实主体功能区制度的要求。主体功能区从规划到战略再到制度的概念演变过程也是主体功能区理念逐步深化、内涵逐步丰富、地位逐步突出的过程，应该说这三个层次理念是相互联系的，只是其使命和操作方式有所不同。2017 年中共中央、国务院印发《关于完善主体功能区战略和制度的若干意见》，认为战略实施和制度落实都很重要。目前，主体功能区制度作为国土空间管控基本制度的地位和态势已经基本形成。

（二）主体功能区的认识问题

主体功能区从概念提出到进入国家规划体系，再到上升为国家战略和国土空间开发基本制度，经历了认识、否定、接受、再认识的过程；从各地方和全社会对主体功能区的理解和接受程度看，虽取得巨大进展，但仍有一些认识问题需要提升。

主体功能区概念体系认识问题。2010 年发布的全国主体功能区规划中将国土空间的主体功能划分为城市地区、农产品主产区、生态区域及法定保护的区域。主体功能区实现的管控手段是优化开发、重点开发、限制开发和禁止开发，这是手段和目标，不是主体功能，但受多种因素的影响，全国上下一致把主体功能区的管控手段当成了主体功能。这种概念上的认识已经成为影响主体功能区战略和制度实施的一种障碍，并且是根深蒂固的障碍。道理很简单，每个地方都希望争取更多的重点开发空间，最好别划定禁止开发区域，这种想法与土地财政、传统的靠资源消耗换经济增长路径是相吻合的，有很强的区域现实意义。

主体功能区成为地方与中央讨价还价的阵地。省级行政区主体功能区规划的编制和发布经历了很长的时间，并且即使发布了省级主体功能区规划也是沿用了全国主体功能规划的模式，即给每个县级行政区一个主体功能定位，市县内部城镇、农业和生态空间的比例和布局并不确定，更谈不上落地。地方主体功能区规划希望多些重点开发区域和优化开发区域，少些限制和禁止开发区域，这已经成为中央政府和地方政府博弈的一个阵地，在全国总的规划开发强度确定的情况下，一个地区拿到可开发利用指标多了，另一个地区拿到的指标就会减少，这是各区域心知肚明的东西，也说明区域要扭转国土空间开发思路，落实新的发展理念需要有更高层面的认识。

主体功能区规划是限制地方发展的控制手段。许多地方都认为主体功能区规划是用来限制地方国土开发、影响区域经济发展的手段，特别是主体功能区概念体系中将手段说成目标的问题，更是进一步加大了地方对主体功能区规划的误解。虽然生态文明改革总体方案、生态文明建设要求、"绿水青山就是金山银山"等政策和口号已尽人皆知，但根本上扭转区域经济增长模式和认识，对于某些地区特别是经济相对落后地区而言，仍有很大难度。

主体功能区规划渐渐成为淡忘的规划。有的区域规划实际上是地方政府、业务部门工作的一部分，更是一种政治和业务姿态，决心表完了、姿态做过了，自然就没有用了，所以这些规划成了挂在墙上的规划，一旦地方主要领导换届易人，规划几乎要重新来一遍，理由很简单，环境变了、条件变了、理念变了，规划要与时俱进。此外，由于相应的政策措施、管理手段、考核监督管理等没有跟上，主体功能区规划在不少区域已经被慢慢淡忘了。其实，主体功能区规划是有别于其他规划的，其背后跟随的是主体功能区战略和制度安排，规划是国土空间开发保护战略和制度落地的一种方式和载体，但真正落实还需要更多的措施和制度安排跟进。

二 主体功能区的空间

（一）主体功能区的空间覆盖

全国主体功能区规划空间覆盖。已发布的全国主体功能区规划没有空间全覆盖，其构建起了国土空间管控的概念体系（虽然被地方把手段当成了目标），建立了国家层面的生态安全格局、农业主产区空间框架、重点开发区和优化开发区空间框架，但各类区域只有大概范围，并没有确定的落地范围。

省级主体功能区规划的空间覆盖。千呼万唤始出来的省级主体功能区规划理论上实现了空间全覆盖，每个县级行政单元都有了比较明确的主体功能区定位。省级主体功能概念体系基本上沿用全国主体功能概念体系，个别省级主体功能区规划中的部分概念有适当调整，如广东省主体功能区规划中用生态发展区域（重点生态功能区、农产品主产区），对应全国主体功能区规划中的限制开发区域（重点生态功能区、农产品主产区）。

其他主体功能区规划空间覆盖。除国家级和省级主体功能区规划外，部分地区还编制了城市甚至县级主体功能区规划，这类主体功能区规划基本上都能做到空间全覆盖，只是最小空间单元有差异，如成都市2014年编制的主体功能区规划最小单元是乡镇（街办）。

（二）主体功能区的空间目标

主体功能区规划是一种空间规划，其目标是通过国土空间主体功能定位和管控，使区域形成以各类主体功能主导的空间格局，以优化国土空间结构，提升国土空间利用效率，并使国土空间与经济社会、生态环境建设的需要相适应。

国家层面的空间目标。对于全国范围而言，主体功能区空间目标是全国范围内国土空间的结构化总量控制、质量总体控制，形成大的自然要素、生态要素、经济社会要素空间格局，使经济社会要素格局、人工生态要素格局与自然格局相适应，最终目标是实现国土空间总体安全和效益。国土空间效益包括经济效益、社会效益、生态效益和文化效益，以及各种效益之间在空间上的均衡。

省级行政区层面的空间目标。对于省级区域而言，主体功能区规划的空间目标是区域层面的国土空间结构管控、区域国土质量管控，构建区域自然要素、生态要素、经济社会要素以及文化要素的空间格局，并使区域内经济社会要素同自然要素的空间适应；在保障区域国土空间总体安全的前提下，实现区域国土空间利用效率的提升和综合效益的最大化。

市县层级的空间目标。对于市县层面的主体功能区，其空间目标是以具体地块用途管控、小区域格局管控、产业准入管控，以及确保小区域国土利用空间结构的优化，这种优化的标准是小区域范围内经济社会要素与活动、人口布局与流动同小区域自然的国土空间结构相适应，以实现小区域国土空间利用效率的提升和综合效益的最大化。

各层级区域的空间衔接问题。国家级、省级、地市级、县级等不同空间层级的主体功能区之间需要有效衔接。2017年中共中央、国务院印发《关于完善主体功能区战略和制度的若干意见》，在强调主体功能区战略和制度作为国土空间管控的战略和基本制度外，也为各级主体功能区规划空间衔接指明了方向；省级多规合一和市县级多规合一实现了空间对接，每个市县级行政单元有清晰的主体功能定位，市县区域内用"三区三线"来进行空间划分和管控，并实现了陆海主体功能定位的统筹。

三 区域主体功能区管控案例

这里以长江经济带为例说明主体功能区空间管控要求。根据空间管控思路，可以将长江经济带各省市从最小空间上划分出城镇空间、农业空间和生态空间，并结合"三线"界定具体的控制（限制或保护）边界实现长江经济带全域的空间划分，并根据主体功能区规划及相关要求，对各种空间管控区域提出管控要求。

城镇发展空间。城镇空间是城镇居民生产和生活、工业的承载区域，用地类型为建设用地，包括城镇居民点建设用地、区域交通设施用地、区域公用设施用地、特殊用地、采矿用地，以及其他建设用地。整体定位于发展优势产业、集中有限人口、承接旅游服务的重点区。城镇空间的管控要求如下。第一是面积不增加，城镇空间增长边界确定后，不可随意更改，其面积只可维持原状或随着经济社会实现更高层级的发展而逐步缩减。第二是责任不改变，城镇空间里面的城镇居民点建设用地、特殊用地、区域基础设施用地等按照现行行政管理体制实行分类管理。在新型城镇化建设中，城镇空间内城镇建设用地应采取少增长或零增长的策略，必要的公益设施、基础设施应根据实际需求进行建设。根据资源环境承载能力评判结果，严格控制其规模扩张，原则上不再新建各类开发区和扩大现有工业开发区的面积。

农业生产空间。是农业生产、农业基础设施、相关公共服务设施的承载区域，主要包括耕地（含基本农田）、园地、牧草地、水产养殖地及林业生产基地（经济林），以及农业生产所需的附属用地（如农村宅基地）。农业生产空间划分为基本农田保护区、农村生活空间和一般农业生产区。第一，基本农田保护区管控，这类区域是农业空间管控与保护的核心要素，空间管控的总体要求是保持、修复、维育乡村风貌，保证农产品的生产供应，发挥农地多重生态功能；经依法划定后，任何单位和个人不得改变或者占用。国家能源、交通、水利、军事设施等重点建设项目选址确实无法避开基本农田保护区，需要占用基本农田，涉及农用地转用或者征用土地的，必须经国务院批准；经国务院批准占用基本农田的，当地人民政府应当按照国务院的批准文件修改土地利用总体规划，并补充划入数量和质量相当的基本农田。第二，农村生活空间管控，按照乡村振兴战略要求，大力提高农村生活空间环境品质、提高农民生活水平，保持乡村风貌、民族传统文化和地域文化特色，合理利用农村宅基地，完善农村生活空间基础设施建设，完善农村生活空间公共服务设施建设。第三，一般农业生产区管控，空间管控要求是确保数量不减少，国家能源、交通、水利、军事设施等重点建设项目选址必须贯彻不占或少占耕地的原则，确需占用耕地的，应尽量占用等级较低的耕地，并且必须经相应法律程序研究论证。

生态保护空间。指主要承担生态服务和生态系统维护功能的地域，以自然生态为主。包括水域、自然保护区、风景名胜区、森林公园、文化和自然遗产、饮用水水源保护区、湿地保护区、地质灾害区、特殊地貌区及其他当地划定的相关区域，分为生态经济区和严格保护区。生态保护空间的管控要求是：严格控制一切与保护要求无关的建设活动，逐步清除影响区域生态保护的建（构）筑物，并按要求进行永久性复绿；生态空间应保持现有规模，不得减少；国家能源、交通、水利、军事设施等重点建设项目选址确实无法避开生态保护空间，经相应法律程序研究论证应尽量占用生态经济区，并且不得违反相关法律法规的要求。对于其中有生产活动的生态经济区，严格控制产业项目的性质、规模和开发强度，适当发展林下经济、旅游、休闲养老等生态经济产业；完善旅游景区的基础设施，保证旅游体验质量。其中的严格保护区要依据《中华人民共和国自然保护区条例》、《保护世界文化和自然遗产公约》、《风景名胜区条例》和《森林公园管理办法》等的规定和相关规划实施强制性保护，禁止一切开发及生产活动，严格控制人为因素对自然生态和文化自然遗产原真性、完整性的干扰。

城镇增长边界线。即未来较长一段时间内，城镇可发展的最大边界线。管控要求是：允许城市建设用地控制线在总规模保持不变的前提下对布局进行调整，总体调整幅度必须小于规划期内城市建设用地控制线总规模的一定百分比（比如 15%），且调整后的城市建设用地控制线必须在城镇空间以内；建设用地控制线内的布局调整原则上不允许对重要的公共服务与民生设施（市级、县区级）进行调整，调整后应与现有城镇空间集中连片，除地形影响或组团式布局外，原则上不允许进行远距离飞地式的布局调整。

永久基本农田保护线。即永久基本农田保护的边界线。管控要求是：实行严格管理、永久保护，任何单位和个人不得擅自占用或改变用途，除对国家经济社会有重大影响的重点交通、水利、能源、军事项目外，不得占用基本农田作为非农业建设用地；建立和完善基本农田保护负面清单，符合法定条件和供地政策，确需占用和改变基本农田的，必须报国务院批准，并优先将同等面积的优质耕地补划为基本农田。

生态保护红线。根据涵养水源、保持水土、防风固沙、调蓄洪水、保护生物多样性，以及保持自然本底、保障生态系统完整和稳定性等要求，兼顾经济社会发展需要，划定生态保护红线。管控要求是：生态保护红线一经划定必须实行严格管理，制定和执行严格的环境准入制度和管理措施，确保生态功能不降低、面积不减少、性质不改变；科学划定森林、草原、湿地、海洋等领域生态红线，严格自然生态空间征（占）用管理，有效遏制生态系统退化趋势。当生态保护红线边界和阈值受外界环境的影响而发生变化时，应适时进行调整并确保已划定的生态空间规模不减少，以及基本生态功能供给能力不降低。

第三节　区域规划空间治理

2014 年 8 月，国家发展改革委、国土资源部、环境保护部、住房城乡建设部等部门联合开展县市经济社会发展规划、城乡规划、土地利用规划、生态环境保护规划等"多规合一"试点工作。从已开展的市县"多规合一"和规划改革试点工作成效看，试点工作取得了一些理论、技术、方法等方面的成果，积累了一些成功的经验。但从总体上推动"多规合一"工作仍面临诸多困难，与国民经济和社会发展"十三五"规划建议提出的"以主体功能区规划为基础统筹各类空间性规划，推进多规合一"的要求相比，仍有差距和不足，有必要进一步完善"多规合一"工作的顶层设计、技术准备及政策储备工作。

一 影响区域"多规合一"的主要障碍

影响区域"多规合一"实施的主要障碍是体制机制约束和一些技术问题，核心是体制机制制约。技术问题往往是体制机制约束的借口和托词。因而，寻找相关各方都可以接受的技术方案是推进"多规合一"工作顺利开展的基础。

(一) 体制机制方面的障碍

按现行相关规划编制和监督执行部门分工，"多规合一"各相关部门之间不存在隶属关系，这使经济社会发展规划、城乡规划、土地利用规划、生态环境保护规划等的"多规合一"执行起来存在很大制约。其主要表现为以下几点。第一是相关规划管理体系和方法差异巨大。在长期演变中形成的各种规划编制和管理体系存在人为隔阂，难以用一个规划体系领另外的体系。第二是各相关规划的主要目标差异大。经济社会发展规划侧重在区域总体上，土地利用侧重在用地结构上，城乡规划侧重在城乡布局上，生态规划侧重在生态文明建设和生态环境保护上，所谓"志"不同"道"难以合。第三是各规划面临的核心问题差异大。各相关规划分别面临经济社会可持续、集约节约高效利用土地、城乡统筹和生态环境保护等核心问题，所谓一种药难治"百病"。第四是各规划相关部门利益诉求差异大。现有体制下，相关部门利益格局已经固化，动谁的"奶酪"都会困难重重。

(二) 技术体系方面的障碍

"多规合一"技术本身不是障碍，技术被部门固化后才会形成规划整合的障碍。其主要表现为以下几点。第一是各规划编制采用相对独立的技术平台。除发展改革部门牵头的经济社会发展规划尚没有固化的技术平台外，其他规划都形成了强有力的技术平台，这些技术平台之间缺少兼容性。第二是各规划之间没有数据共享。各相关业务部门视业务数据为权力的载体，多年来部门之间的数据共享没有实质性进展。第三是各相关规划采用的标准规范差异大。各规划部门形成了大量约束规划编制和实施的标准规范，这些标准规范往往成为技术交流的障碍。第四是各规划的空间基础及要求差异大。各相关部门所用的基础数据库框架和基准存在很大差异，缺少统一的信息平台，形成"门派林立"的技术格局。

二 突破"多规合一"障碍的措施

（一）充分认识和理解"多规合一"的重要性和紧迫性

区域"多规合一"中各相关规划的总体目标是一致的，但由于各规划分头编制和实施所导致的问题越来越多，实施"多规合一"刻不容缓，各部门必须从战略上认识"多规合一"的重要性和紧迫性。

国土资源空间的有限性和发展需求之间的矛盾到了不可忽视的地步。无论是开发房地产项目，还是建设工业项目，乃至市县基础设施建设均需要大量国土空间。随着城镇规模的扩大，各地均出现了城镇建设"摊大饼"的现象，建设用地需求远大于用地供给，农业及生态空间一再被挤占，如不出台空间开发的控制性规划，盲目需求的势头将难以遏制，从而对区域经济社会发展形成远期伤害。

建设成本快速增加使推倒重建的代价无法忍受。以劳动力为主的生产要素成本持续增加，过去不合适就推倒重建的老路子已经走不通了。发达国家的经验表明，规划不当导致的重新规划建设成本巨大，周期漫长，加之我国特殊的国情，重建的成本更大。任何在规划方面的失误，都将为区域经济社会后续发展带来沉重的负担，各自为政的规划体系必须打破，以化解各种规划不协调可能出现的问题。

生态环境问题出现及持续加剧为规划的先导性提出了迫切要求。生态环境问题不是一天两天造成的，但其一旦出现，如不切实治理，加大投入，将愈加严重，甚至可能导致无法逆转的情况出现。京津冀地区治理雾霾的经验表明，治理远比破坏困难。所以客观上要求各地必须转变现有的经济增长模式，贯彻落实高质量发展要求，作为先导的各种空间规划必须协调一致。

被部门利益绑架的各种规划必须在更高层面上尽快遏制。从专业领域上看，一些专项规划从行业角度上强调某些问题的重要性似乎没有什么不当，但从区域和国家总体发展看，一些专项规划往往成为部门利益的载体，都强调自己的重要性，特别是规划本底和家底对外保密性，更加重了部门利益格局的固化，这种现象只有通过"多规合一"才能避免。

与国土空间开发利用有关的社会不稳定因素必须尽快消除。土地有关的强征、强拆已成为重要的社会不稳定因素，这与土地有关的规划编制不科学、不透明、不公开有直接的联系。部分规划为迎合地方政府发展冲动，存在暗箱操作、随意改动、有数量不落地等问题，为未来留下更多的社会稳定风险和隐患，必须尽快加以纠正。

（二）构建协调一致的规划空间目标

经济社会发展、城乡、土地利用、生态环境保护等规划的共同目标是区域经济社会可持续发展，其交会点和基础是共同的国土空间，各规划的小目标会有差异，但其内容落实到国土空间上必须是一致的。

确定合理的生产、生活、生态空间面积及比例。"多规合一"的关键是根据区域经济社会发展现状及发展需求，确定合理的经济社会发展目标，并以此科学合理确定区域内生产空间（城市、工业、服务业、基础设施、农田等）、居住空间（城镇与乡村）和生态空间（林地、水体、草地、湿地等）的比例关系和面积，城镇建成区内生产、生活和生态空间的面积和比例关系，乡村内生产、生活和生态空间面积及比例关系。要确保各地的开发强度控制在国家和地方的主体功能区规划的要求之内。

确定合理的生产、生活、生态空间的分布格局。在确定生产、生活、生态空间面积和比例关系的前提下，需要将生产生活和生态空间落地，实现区域内每一个地块均有明确的规划用途。这将是"多规合一"中最为艰难的任务，也是破除部门利益格局的关键所在。

形成满足主体功能区规划要求的空间管制格局。按照全国及地方主体功能区规划的要求，划定禁止开发及限制开发区域红线，并结合生态红线、永久基本农田保护边界、城镇开发边界等，共同确定区域内的空间管制格局。

（三）构建"多规合一"技术支撑体系

区域"多规合一"的实现，必须跳出各相关部门的技术小圈子，依托各部门现有基础，通过资源整合，构建统一的"多规合一"技术系统。

建设"多规合一"基础数据平台。首先，"多规合一"的基础是把各种规划内容相关的空间要素数据统一到相同的空间基础框架下，确保各规划空间要素的空间一致性和唯一性。其次，"多规合一"必须保证各规划内容采用相同的本底现状数据，区域各种规划本底要素是客观存在的，规划时不能再用原来各部门的内部数据和台账管理，无论过去的合理与不合理，客观现实是"多规合一"的基础，必须遵从。

建设各规划领域的数据共享技术体系。针对原有各规划相关的标准规范互不兼容的现实，建设原有各规划要素内涵可对比的技术规程，确保在"多规合一"中同一规划要素的空间唯一性，打破现有行业标准规范对"多规合一"的技术障碍。利用技术手段解决原有各规划技术平台不兼容、数据格式不一致、数据分类编码体系不一致等问题，实现各规划技术系统之间的数据共建共享。

建设逻辑统一分布式运行的规划应用系统。根据区域各规划业务系统与部门其他相关业务的关联性，为保证"多规合一"的编制、实施及跟踪评估，在建设各规划领域信息共享技术体系的同时，保证各部门规划相关业务系统的独立性，做到对内有特色，对外能共享，确保"多规合一"顺利实施的同时，不影响各部门的常规业务。针对"多规合一"中各规划领域空间对象一致而权属分管的特点，在"多规合一"中构建空间对象统一、权属特性分别管理的技术体系，如对同一条道路，规划相关各部门可根据业务需要，分别赋予其不同属性，并分别管理。

构建按领域开展的数据更新体系。根据规划空间对象的动态特征和权属部门分管的特点，区域"多规合一"相关数据采用分头更新模式，规划相关空间对象的空间形态和位置信息由专业部门负责更新、各业务领域空间对象的属性信息由各部门分头负责更新，并通过数据库技术，在跨部门规划信息平台上共享。

（四）建立科学合理的区域"多规合一"推进机制

打破"多规合一"实施体制机制方面的障碍，要从突破部门利益格局入手，用"多规合一"的共同目标区域约束行业目标，通过体制机制创新，形成"多规合一"的长效工作机制。

明确各部门在"多规合一"中的权责分工。确定"多规合一"工作牵头部门和各参与部门的责任分工，牵头部门为规划的总责任部门，提出规划的总体目标；各参与部门为专项内容的责任部门，提出规划的分项目标，确保总体目标与分项目标的一致性。

构建"多规合一"的协商机制。建立"多规合一"问题协商机制、工作协商机制和技术协调机制，各参与部门确定规划的总协调人和技术协调人，分别负责规划中各种业务问题的协调和技术问题的协调。

构建统一的经费保障及人才队伍保障体系。由区域财政部门出资设立"多规合一"工作专项经费，并适当核减各部门相关规划专项经费，充实到"多规合一"专项经费中；由各部门抽调管理和技术人员建立"多规合一"工作人员队伍，不新增加编制，实现工作人员与业务整合重组。

三 区域空间规划体系设计案例

这里以长江经济带区域为例，说明区域"多规合一"规划体系的设计。长江经济带各地每年都编制名目繁多的规划，不但需要大量的人力和财力投入，更为严重的是各种规划相互制约，已成为强化部门利益、强化部门分割的工具和手段。单个规划可能很合理，但各种规划放到一起往往矛盾重重，规划本身的完备性、科学性、可操作性等存在问题。以《长江经济带发展规划纲要》为基础，完善长江经济带规划体系，形成以空间规划为基础、总体规划与专项规划相衔接的规划体系，对于实现长江经济带的战略目标至关重要。

构建以空间规划为基础的区域规划体系。所有的规划必须落地或落实到对象。涉及布局的规划所有内容必须落地，不涉及空间布局的规划必须落实规划对象或规划服务对象。各地方按"1+3+N"的模式构建规划体系，"1"即是区域的国民和社会发展总体规划，"3"是土地利用总体规划、城市总体规划（城乡规划）、环境保护总体规划，"N"是交通、水利、林业、农业等专项规划。

以"多规合一"统领各种空间规划。开展"多规合一"是解决区域规划自成体系、内容冲突、缺乏衔接协调等突出问题，保障区域规划有效实施的有效途径。区域空间规划要统一土地分类标准，根据主体功能定位要求，在"多规合一"试点基础上，在长江经济带各省市尽快推广市县"多规合一"。借助贵州省"多规合一"试点经验，探索省级行政区"多规合一"方法和机制。实现各规划基础数据、分类标准、支撑技术、规划时段、保障措施的协调一致和可对接。

构建区域统一的规划协调机制。建立规划协调工作机制，对各种规划的背景、问题认知、规划内容、保障措施、技术规范标准、规划过程等进行统一协调；强化规划现状一致化认同，采用统一基础数据，从根本上保障各规划的协调一致，避免规划之间的冲突和矛盾；构建规划队伍的协作机制。

大幅减少规划数量和层次。依托长江流域探索建立的统一规划体系，大幅压缩区域规划的数量和层次；区域内一个市县有一个统领性的规划，具体行业部门更多是基于统领规划的工作方案；规划做到市县级，乡镇和村庄的规划很多情况下难以起到规划的作用，更多应该是实施方案。

第四节　区域产业准入负面清单

虽然国家已出台清单编制的通知、指南、办法等，但从一些省级行政区的产业准入负面清单编制效果看，仍有产业覆盖不全面、管控措施不具体等问题。为编制好、调整好、实施好产业准入负面清单，必须准确理解和回答好"怎么样看待产业准入负面清单"、"怎么样才能编制出合理的产业准入负面清单"、"怎么样才能设计出可行的管控措施"和"怎么样才能有效实施产业准入负面清单"这几个关键问题。国家重点生态功能区产业准入负面清单方面积累的编制经验，可以作为区域产业准入负面清单编制的重要参考和借鉴。

一　要从生态文明建设的高度看待产业准入负面清单

国家级重点生态功能区产业准入是落实主体功能区制度、加快形成国家级重点生态功能区的重要抓手，是国家生态文明建设的重要组成部分，更是一项与生态文明建设密切联系的重要改革任务。

首先，生态文明建设是国家意志。党的十八大以来，生态文明建设被提到了前所未有的高度，这不但是传统经济发展模式导致的资源环境约束限制倒逼改革的结果，更是中央对我国未来经济社会发展的战略选择。生态文明不单是"青山绿水"和"记得住乡愁"，更是继农业文明、工业文明后的一种文明形式，是基于我国基本国情和经济新常态环境下的必然选择，国家级重点生态功能区产业准入负面清单是国家文明建设的重要内容和尝试。

其次，准确把握生态文明建设的内涵。区域生态文明包括以下几点。第一是"山、水、林、田、湖、大气"等看得见、摸得着的生态基础要素和组成部分，这些生态要素要有足够数量、稳定向好的质量、科学合理的空间结构，这些是生态文明的最基本组成要素、最基本的保障。第二是与生态基础要素相适应、相协调的经济社会体系，包括城镇与乡村布局、经济体系、人口布局等，这是尊重自然、顺应自然、保护自然理念的具体表现，也是以人为本的生态文明建设的内容和目标。第三是维持生态文明需要的经济社会治理体系和治理能力，这是生态文明建设和发展的能力和体制保障。国家级重点生态功能区产业准入负面清单涉及生态文明建设的各个层面。

最后，国家重点生态功能区是生态文明建设的"牛鼻子"。第一是国家重点生态功能区县（区市）面积很大，扩充后的国家重点生态功能区涉及的 676 个县级行政区面积占全国面积的 53%，这些区域生态环境搞好了，我国一多半的国土空间生态环境质量就有保障了。第二是多数国家重点生态功能区所在地区经济相对落后，发展和生态保护的矛盾比较突出，这些地区的生态环境与经济社会发展关系搞好了，其他地区生态文明建设就有了底气和模式借鉴。第三是重点生态功能区所在地区在我国生态安全格局中占有至关重要的地位，稳定住这些区域的生态安全，我国生态安全的大格局就控制住了。

二 以高度的历史责任感编制好产业准入负面清单

受传统经济发展模式、经济现状、现行财政体制、财政事权划分的央地矛盾、编制技术力量有限等因素影响，一些国家重点生态功能区所在地区对负面清单工作不理解、不知道从哪里下手。编制好以县级行政区为单元的产业准入负面清单，要从程序和内容设计上把握好以下几个方面。

首先，对本地区的产业现状进行认真梳理。按照产业调整指导目录和国民经济行业分类代码要求，对本地区现有的、规划发展的产业进行全面梳理，摸清本地区产业的家底。这是一项研究工作，是一项总结发现问题，也是为本地产业提升打基础做准备的工作，马虎不得。

其次，研究梳理本地的适宜产业。产业准入负面清单的初衷不是限制这些地区的发展，而是让国家重点生态功能区涉及地区在实现生态功能的前提下更好发展。各地要借此机会，认真研究梳理本地有比较优势、有较好基础、有资源禀赋条件、有文化传承、有地方特色、有民族特色等的产业，而不是盲目跟着产业政策、不切实际规划发展产业、不顾资源环境承载能力盲目发展现有产业，而是找到当地适宜的产业，自动放弃和弱化不适宜的产业。

再次，纳入负面清单的产业要全覆盖。负面清单要覆盖当地所有需要纳入清单的现有产业和规划产业，除法律法规、政策措施规定限制和淘汰的产业外，需要根据当地所在重点生态功能类型（水土保持、水源涵养、防风固沙、生物多样性保护等）要求将相关产业纳入负面清单，不能避重就轻，更不能隐瞒不适宜发展的产业，要把产业准入负面清单当作调整当地产业结构的一次重要机遇。

最后，算好几本账。第一是算好生态账，国家重点生态功能区涉及的地区在国家生态安全格局中的地位举足轻重，生态搞不好甚至因发展经济而破坏生态，对国家生态是一种破坏，因小失大不合算。第二是算好经济账，由于经济基础较差，重点生态功能区的一些企业往往规模小，生态环保意识、经济和技术能力较差，税收不多，由于生态修复和环境治理需要政府买单，一个年税收只有几百万元甚至几十万元的企业，其引起的生态环境问题治理可能让政府掏上千万元来治理，经济上很不合算。另外，生态环境保护好了，会有国家和地方相应的转移支付跟进，这笔资金将逐年增多，搞不好，转移支付资金会减少，因小利失大惠，经济上不合算。第三是算好政治账，自然资源、生态环境保护等一系列责任追究制度的建立和完善，将使生态保护不力地区的相关责任人承担很大的政治风险。

三 从区域经济社会更好发展的角度设计管控措施

国家级重点生态功能区产业准入负面清单要严于产业结构调整目录的要求，这种要求主要通过产业管控措施来实现。为确保负面清单的可行性，管控措施必须具体化、可操作、可考核，实事求是、因地制宜、统筹协调设计。

第一，准确划分清单中限制类和禁止类产业。纳入限制类的产业是有条件发展的产业，这些产业是当地要发展的和允许发展的，但有布局、规模、生产工艺等方面的要求。纳入禁止类的产业是不可以发展的产业，进入禁止类清单的产业，不准新建该产业类项目，现有该产业类项目必须按时限退出（一般不超过 3 年，环保不达标企业立刻关停）。限制和禁止不是简单通过管控措施中的"限制"和"禁止"字样来区分，而是根据是否允许这些产业在当地存在和发展作为区分禁止类和限制类产业的标准。

第二，处理好产业限制和民生需要的关系。当严格的产业管控措施与当地民生产生矛盾时，要兼顾两者的需要。如在川西、青海等地，由于地域面积大，城乡居民点比较分散，货物运输距离远，对于砂石等建筑材料开采产业，从生态管控的角度是应该禁止的，但考虑到当地城镇化建设需要、从外地运输成本过高等实际情况，可将其列为限制类，但要明确其规模以满足当地城乡建设基本需要为限，并限定开采点的位置和数量。

第三，合理运用行政和市场管控措施。针对不同性质的产业和企业，可综合运用行政强制措施和市场化调节措施，对环保不达标企业限期整改或关停，对于部分产业和企业通过提高市场准入、严格环保标准等市场化措施进行管控。

第四，加强空间管控。空间管控是控制产业生态环境影响最直接、最有效的方式，除生态红线、自然保护区外，空间管控要设计可考核的空间限制区域，如产业要入工业园区，不能在水源地、河流干流两岸 2 千米范围内布局有污水排放的企业，不能占用基本农田等，这些管控的空间区域要有明确的位置和相应的图件，以支持现场核查。

第五，用好规模管控。根据清单产业的特点，合理确定产业最大规模或最小规模标准。对规模过小容易导致生态环境问题的产业，如矿产等资源开发产业，一般要控制最小规模；对规模过大容易导致生态环境问题的产业，如地下水资源开发、牲畜和家禽的规模化养殖等，一般要控制最大规模。规模控制还表现在省级政府在负面清单编制中的统筹协调方面，相关区县应合理设置对应产业规模限制条件。

四 从综合改革角度抓好产业准入负面清单的落实

产业准入负面清单编制和实施是个逐步完善的过程，第一阶段主要是解决从无到有的问题，后续将逐步完善。清单编制不是目的，清单制度的落实才是关键，必须用综合改革的思路确保产业准入负面清单的落地。

第一，中央将承担更多的重点生态功能区所在地区的财政事权。根据《国务院关于推进中央与地方财政事权和支出责任划分改革的指导意见》（国发〔2016〕49 号）的精神，具有国家全局价值和意义的事权主要由中央承担，国家重点生态功能区是国家生态安全建设和维护的关键，其相应的事权应该更多由中央承担，重点生态功能区涉及县级行政区的生态环境保护是中央财政事权范畴，具体的财政事权实施可由中央委托地方执行，但财政事权责任主要在中央。

第二，加大资金落实力度。由于国家重点生态功能区财政转移支付资金相对较小、省级政府过度统筹等，国家重点生态功能区所在地区实际得到的生态转移支付资金与生态保护工作需要相去甚远，有些地区每年只拿到一二千万元生态转移支付资金，少的县级行政区甚至只有几百万，而2015 年每个县级行政区的补偿金额平均为一亿元。建议大幅度扩大生态转移支付资金的总规模，改革转移支付拨付方式，将生态转移支付资金由中央财政直接拨付到国家重点生态功能区涉及的县级行政区，使生态转移支付资金能够满足当地生态环境保护和社会发展的基本需要。

第三，构建完整的监督考核评估体系。按照责任、贡献和收益对等原则，国家和省级政府要对相关县级行政区承担的国家重点生态区保护责任和生态产品提供情况进行评估、监督和考核，构建完整的生态环境信息采集、处理、应用、发布网络，构建国家重点生态功能区县级行政区生态环境考核指标体系，开展生态环境和产业准入负面清单实施的第三方评估，建立国家重点生态功能区产业准入负面清单管理平台，以技术手段推动产业准入负面清单制度落实和完善。

第四，建立负面清单动态调整机制。各地的经济社会条件是动态变化的，在生态功能作为主体功能的前提下，各地可根据实际情况定期对产业准入负面清单进行调整。其具体内容如下。第一是对国家重点生态功能区相关县级行政区名单进行调整，符合条件的扩充进来，不符合条件、经常不达标的退出。第二是调整清单中的产业条目，该调整进入清单的要及时加入清单中，需要从清单中剔除的要及时从清单中划掉。第三是调整清单内产业的管控措施，经过一段时间的运行对清单中不合适、不科学、不准确的管控措施进行适当调整。

第五，加大宣传力度，扩大公众参与。产业准入负面清单是体现生态文明建设这一国家意志的重要手段，也是落实主体功能区制度的抓手。全社会，尤其是重点生态功能区涉及的县级行政区对这一工作的认识亟待提高，相关部门和地方需要充分利用新媒体，通过案例宣传、讲解等方式扩大社会对产业准入负面清单的认识。另外，负面清单的实施需要政府、社会、市场的共同努力，需要社会公众广泛参与，建言献策，并以实际行动践行产业准入负面清单制度。

第五节　区域政策措施的空间化治理

目前，国家政策措施的快速出台与地方消化吸收执行的滞后形成了一定的反差，造成这种困境的原因是多方面的。政策措施设计和监督执行中对区域尺度影响考虑不足，是导致政策措施难以落地和效果欠佳的原因之一。

一　区域政策措施空间化治理

（一）区域政策措施空间化治理

区域政策措施空间化治理的内涵。区域政策措施空间化要求区域政策措施要体现空间及空间尺度等级的要求。空间要求指政策措施要有明确的空间使用对象。空间尺度等级要求是指针对不同的空间层级（如不同级别的行政区域）要有明确操作措施。区域政策措施空间化治理具体包括两个方面的内容。一方面是政策措施内容的空间化治理，即政策措施条款、适用对象等要涉及空间区域概念，这种空间区域可能涉及多种空间类型，如主体功能区规划中的五类空间区域、"多规合一"中的"三区三线"、土地管理中的利用类型、城乡管理中的城镇区和乡村区等；另一方面是政策措施实施的空间化治理，即政策措施在实施中有明确的空间对象和使用级别，如实施到乡镇级、区县级、地市级、省级等。

区域政策措施空间管控的基本逻辑。要实现区域政策的空间管控，要从三个层面上发力。第一层面是空间，即在物理空间上有明确边界的区域，使政策措施可以有明确的管控对象，如河流的行洪区、自然保护区的缓冲区等。第二层面是技术，即实现政策措施的空间化静态和动态监管，用科学技术保障能力确保能够看到政策措施的落实情况。第三层面是管控措施，即当发现政策措施与设计要求发生偏差时，要有有效的手段和方法予以应对。三个层面的管控内容是相互联系的，没有落地的空间，就没有监测和监管对象，没有监测和监管对象，就失去了管控的必要。

（二）区域政策措施空间化治理中的问题

在区域和国家政策措施制定和实施中很多时候不考虑服务区域空间等级问题，或者对政策措施的空间适宜性和适用性考虑不足，具体表现为以下几种情况。第一是政策设计中根本就没有考虑服务空间尺度问题，或者默认在全国各地，各级空间区域上措施是一样的。第二是故意模糊政策措施的服务空间区域问题，忽略整体与局部关系问题。第三是政策措施服务各等级区域的措施不到位，考虑到了服务空间区域尺度问题，但相关措施不到位、操作性差以及控制能力不足。

政策措施服务各级空间区域问题涉及整体与局部关系问题。很显然，局部最优未必能够实现整体最优，因为资源总量是有限的。另外，局部都追求某些指标数量的最大化，从而使整体过剩，现阶段多地的产能过剩与此有关。为保障国家总体最优，国家和区域政策设计和执行中必须要考虑政策的空间适宜性，以保证政策效益在全国层面上最优和地区间的均衡协调。

二 区域政策措施空间化治理思路

（一）将国家、区域和县市协同作为政策设计的空间框架

构建以主体功能区制度和区域发展总体战略为基础的政策措施空间框架体系。进一步强化主体功能区制度作为区域国土空间管控战略和基础制度的定位，进一步强化区域总体发展战略下不同区域总体发展空间格局要求；将经济社会生态环境等各要素空间管控的空间基底统一到主体功能区规划上来；将主体功能区规划作为区域国土空间管控的基本框架、空间约

束和引导总要求。

将区域总体发展战略作为政策措施区域分类的重要参照。我国区域总体发展战略中的四大板块，以及"一带一路"、京津冀协调发展、长江经济带等，是我国区域发展的背景和基础，任何区域政策措施的制定，特别是重要和长远政策措施制定，必须充分考虑区域在国家总体发展格局中的定位，把所处发展板块和战略区作为政策措施分类制定的重要参照和依据，也就是西部地区各地政策措施的制定要考虑西部地区的定位，中部地区各地政策措施的制定要考虑中部地区的定位。

将主体功能区战略和制度作为政策措施空间分类实施的基本依据。充分尊重主体功能区战略和制度在空间治理中的地位，把主体功能区规划划定的各种类型区作为区域空间管控的基础和空间准则，所有其他政策措施的制定必须体现主体功能区的痕迹和影子，如环境空间管控中，在以环境功能区划、生态功能区、生态红线等空间单元为基础的空间划定、环境政策措施制定和实施中，都要以这些区域对应的主体功能类型区以及主体功能类型区相关要求为主要依据。在土地利用管理中，相应的措施设计和实施也要与对应主体功能区划分和要求相适应。

将产业结构调整目录改造为区域性产业准入负面清单。现行的产业结构调整目录是针对全国实施的，虽然条款中涉及了一些针对具体区域的调控，但在空间落地时仍有许多难以把握的地方。按照新发展理念的要求，建议将产业结构调整目录改成区域性的产业准入负面清单，并制度化实施。各地方可以在国家产业结构调整目录的总体要求下，制定区域性的产业准入负面清单，这样既有利于区域产业准入负面清单的制定，也有利于清单的执行。

县域经济作为完整经济体系概念退出政策设计。县域经济曾经是个热门话题，这对于促进县域经济社会发展起过积极作用，但也带来了诸多问题和隐患。受自然资源、自然环境、发展基础、发展机遇等影响，县域难以形成完整的经济体系；县域的关键任务应该是小区域层面的公共服务，但县域经济的理念则夸大了县域建立独立经济体系的作用和价值，导致部分县域盲目铺摊子上项目，从而带来严重的产能过剩和生态环境问题。从区域协调发展、共享发展等要求出发，区域政策措施设计中不能将县域经济作为完整经济体系。

（二）将省（区、市）作为国家生产和财税类政策设计的指向单元

国家生产和财税领域以经济建设为主要目标的政策措施，服务的空间单元不宜过小，以避免因服务空间单元过小导致资源的空间重复配置和空间错配，适宜将省级行政区域作为相对完整经济体系最小空间区域进行政策设计。

国家服务生产和财税类政策措施面向省（区、市）的要求。第一，政策目标设计面向省（区、市），将省级行政区作为调节和管控的空间对象，以解决省级行政区的生产以及国家产业布局中省级行政区的定位问题，以解决税收体系中省级行政区在国家总格局中的定位问题；第二是政策措施条款设计面向省（区、市），即将省级行政区作为产业和财税类政策的服务对象、实施单元，省级行政区内部的区域差异问题由区域相关政策措施解决；第三是政策保障措施面向省（区、市），保障产业类和财税类政策实施的措施责任对象到省级行政区，省级行政区有较大的财政调节余地和组织保障能力，能够确保政策的实施；第四是政策措施考核面向省（区、市），政策措施落实的关键是监督执行，将省级行政区作为生产和财税类政策实施效果的考评对象比较容易操作，能够保障政策实施。

产业政策的大区域化。产业政策不以过低的行政区或较小的空间单元为对象，区域越小产业布局发展的市场和政策调控的回旋余地越小，省级行政区重点产业布局时，可能将某个产业布局某个具体的县域，但这不是县域独立经济体系的砝码，而是全省（区、市）经济体系的有机组成部分，这不应该是县域建立独立经济体系的理由。

财税制度的空间尺度平衡。我国现行的财税体制决定了各地的财力与行政级别有关，行政级别越高，可以调节支配的财力往往越大。财税政策实施与各地财力有很大关系，区域经济社会治理各项工作需要足够的财力支持。因此，财税政策设计中要考虑各级行政区或空间尺度上的平衡，区域财税政策措施设计中应注意发挥地市的协调作用，减弱县域的作用。

（三）将县域作为消费和公共服务类政策设计的指向单元

县域为消费和公共服务政策设计单元。县级行政区是居民生产生活相对集聚区，也是国家大政方针落地的纽带，既提着老百姓的菜篮子和米袋子，又拿着国家政策措施的红宝书。国家政策措施好不好，关键看执行效

果，执行效果好坏的关键看县级行政区。消费类和公共服务类的政策措施针对千家万户，县级行政区直接连着基层百姓。国家和区域政策措施设计要以县域为单元来考虑，大而空、一味高大上的政策是落不了地的。所以，消费类和公共服务类政策措施在县域层面要能操作、可操作、有实际意义。

消费和公共服务类政策设计要求。第一，政策目标设计要面向基层，面向基层就是考虑县域的人口数量和结构、财力状况和结构、服务类型和特点、消费规模和层次等，以县域作为政策操作单元。第二是政策要件设计要面向基层，政策措施中的每一个要件要针对县市来设计，每个具体措施要能够在县级行政单元操作执行。第三是政策措施保障安排要面向基层，政策实施的保障措施安排要确保县级行政区力所能及，超出县级行政区行政许可范围、法定范围、体制机制范围的保障措施要予以调整。

（四）将县域作为管理和考核措施设计的指向单元

政策措施的管理和考核下沉有助于实现管理和考核的实效性，减少中间层次和环节过多导致的管理失误。

管理和考核对象要面向县域层面和责任人。区域政策措施设计中要将县域作为政策措施的管理和考核基础单元，将县域主要负责人作为政策措施考核的直接对象。区域政策措施需要最终空间落地，而县域是执行和实施政策措施的最前沿，效果执行好坏关键看县域对政策的执行情况，所以政策管理和考核措施需要面向县域设计。

管理和考核要件、条款及方法要面向县域层面和责任人。区域政策设计中管理和考核条款设计要面向县域，管理和考核条款、措施设计要面向县域主要负责人。面向县域设计的管理和考核条款，不是针对某个具体的县域或县域负责人，而是根据不同类型县域分类设置相应的管理和考核条款。

管理和考核的保障措施要面向县域层面和责任人。政策措施管理和考核的保障措施要在县域层面能够操作，如果保障措施的设置要求超出了县域能力（可能是体制机制、地方财力等原因），区域政策措施在县域层面则难以实施，政策措施就变成了没有根基的政策，当然，管理和考核操作实施也要面向基层。

（五）将空间可实施作为政策措施重要监管条件

加大政策措施的政策评估力度，将政策措施条款能否空间落地作为重要的评估内容。没有明确的目标、措施、考核、监督等方面空间指向的区域政策措施应予以叫停，或者进行重新设计。

将空间可实施作为政策措施出台的前置条件。政策措施空间可实施要求政策措施从设计目标、具体条款设计、考核责任对象、组织保障措施、效果评估等方面考虑空间对象和特点，以及不同层级空间对象之间的关系问题，如果政策措施不具备这些特征，或者没有做这方面的工作，相关的政策措施就不能出台。

空间实施情况作为政策措施"事中"监管的考虑。政策措施的事中监管是确保实施效果的重要环节。在政策措施实施监管中，要考虑空间问题，如政策措施执行过程中哪些问题和现象与空间层级、空间尺度大小有关系，哪些问题是政策设计时没有充分考虑空间层级和空间尺度问题导致的，哪些是执行过程中由于空间相互作用引起的，部分地区实施效果好而另一些地区实施效果不好的现象与空间的关系。实施效果的事中监管要充分考虑空间效果和问题。

将空间实施效果作为政策措施"事后"评估的重要内容。政策措施实施后的效果评价必须考虑空间实施效果，也就是要评价政策措施实施效果的区域差异性，如某项政策措施在某些地区效果好，而另一些地区的效果不好；某些政策措施的某个条款在某些地区实施效果好，而另一些地区效果可能不好，都是区域政策实施效果评估应该关注的内容。

第六节　面向个人需求的空间化服务

从我国现行的国家治理体系和传统文化特点来看，中国是集体主义高于个人主义的国度，但经济发展把个人推到了十分突出的位置，特别是在扩大消费的经济结构性改革的背景下，个人和家庭消费作用越来越不可忽视，"顾客就是上帝"实际上已成为消费主导经济的生动体现。在互联网应用的推动下，崇尚集体主义治理模式下的个人需求正在得到各种形式的满足，马斯洛需求层次理论的需求普适性与中国特色的市场经济结合，加之以国人的聪明才智和投其所好的企业家精神，多巴胺在技术的推动下正在催生让人上瘾的科技产品，[1] 各种以个体为主体的需求正在被创造，并不停地被满足，以个体为主体的经济正在不断发展壮大。在此背景下，做好面向个人的需求空间化管控或服务，实际上已经成为区域经济社会治理的重要内容之一。

一 服饰方面的应用

（一）服饰应用需求逻辑

个体的人对服饰的需求包括生理需要（穿暖等）、好看（心理满足需求）、高雅（精神需求）、标新立异（特殊心态需求）、职业标识（制服）、身份标志（特殊行业如僧尼）等方面。现阶段，人们对服饰的需求已经由基本需求向个性化、时尚化、装饰化等方向发展。服饰不单是一种工具，更是一种（文化）载体、（特色）标识、（形体）艺术等。地理信息空间化服务正是在保基本的基础上，围绕服饰的新需求展开的。

（二）服饰方面空间化应用

（1）服饰及文化展示。在全国及大区域范围内展示服饰信息，形式有图片、文字介绍、视频等，可以根据用户指定区域或共享位置，按一定空间组合关系展示特定区域的服饰。目的是实现服饰文化传播，并在此过程中创造服饰方面的商业机会。

（2）服饰购置服务。在现有电子商务平台中增加位置信息（如产地、销售地、流行区域、商城等），按区域展示，也可以根据用户共享位置或指定区域，向用户呈现感兴趣服饰商品及服饰服务信息，重点是在用户实现购物的同时，增加空间化的购物体验。

（3）时尚引领。根据各地服饰时尚文化基础、网络大数据挖掘的服饰时尚评论、经济社会发展基础等信息，计算并发布地域时尚指数，用户可用共享或指定的位置计算和查询相应指数。

（4）购物撮合服务。基于购物商场位置的打折促销信息，根据用户共享位置或指定位置、特定事件进行撮合测算。目前市场已经有相关的独立软件服务，增加相关的位置信息后，可获得更好的效果。

---

① 《算法是怎么让你上瘾的》，《读者》2018 年第 10 期。

（5）服饰追踪。按大类展示各种服饰的主要原料地、主要生产地；也可以与大型商业机构联合购置特定服饰商品，展示服饰在原料采购、生产加工、运输等过程中的位置信息，以满足用户对服饰位置信息的需求。

（6）虚拟服饰。与虚拟现实结合，以典型地理景观为背景，模拟服饰效果，用户输入相关身体参数（预设多种类型的身体参数供用户选择），在虚拟地理环境中展示服饰效果，特别是围绕具有民族和地域特色的服饰预设多元化的虚拟场景，并结合影像合成技术将效果图片输出给用户。

（7）服饰直播。针对用户感兴趣的服饰，进行基于位置信息的服饰加工直播、服饰展示活动直播等，让用户体验到自己感兴趣服饰的加工过程、以相关服饰为主导服饰的展示活动（服装节、文艺汇演等）效果。

（8）服饰指数。根据服饰的组成要素和主要特征分类，分别测算服饰面料指数、服饰特色指数、老年服饰指数、童装指数、服饰活力指数等；按地域（城市）发布这些服饰指数（可面向各种类型群体定向发布），普通用户可以根据共享或指定位置，计算用户兴趣点服饰指数，也可查询相应的指数。

（9）服饰综合指数。结合各地服饰现状、时尚程度、服饰文化、经济社会发展水平、地域特色、服饰创新能力等信息，以及网络大数据挖掘得到的地域服饰评论信息，测算各地服饰综合指数；用户可根据共享或指定的位置测算特定地点的服饰综合指数，也可以查询服饰综合指数历史序列信息。

二 饮食领域的应用

（一）饮食领域应用服务需求

国人对食物的需求已远远超过了食物本身的范畴和基本功能。对食物的需求表现在生理、心理、文化等各个层面，食物已深入人们生产生活的每一个角落。食品需求的层次化和个性化已经成为趋势，一批人对安全食品、健康食品、绿色食品、高端食品、有机食品、生态食品、高原食品等的追求已经到了痴迷和疯狂的程度。但由于信任等因素的影响，市场上这些产品的供应远远不能满足需求，借助地理信息及相关技术手段，搭建各群体食品供给和需求之间的桥梁，不但会有巨大的经济效益，更可以大大提升饮食文化水平，拓展区域在饮食领域的经济空间。

（二）饮食领域空间化应用

（1）食材展示。按食材常用分类，以地图形式展示全国各地特色食材，可以直观展示全国食材分布，也可以根据用户指定区域或共享位置，按一定空间组合关系展示，形式包括图片、文字介绍、视频资料等。

（2）美食展示。按美食常用分类方法，以地图等形式展示地域特色美食，用户通过指定区域或共享位置搜索、查询、浏览指定地域范围内的美食，类似于百度地图中的美食搜索，增加语音互动搜索功能。

（3）菜系文化。按传统菜系分类方法，以菜系的产生、传播、分布、发展等文化为内容进行地理展示，展示内容包括菜系分布区域、特色菜品分布、菜系文化影响区域等，用户可用互动方式寻找自己感兴趣的内容。

（4）饮食知识。构建地理信息服务平台，围绕饮食与地域、环境、文化、人口、经济发展、生产方式、生活方式等的关系，以地图或地理虚拟环境方式展示各种饮食知识，用户可以用互动方式获取相关知识。

（5）快餐信息。展示各地区、各主要城市快餐分布、影响等地理特征信息，结合地理虚拟环境虚拟展示快餐内容和分布信息，以及快餐文化的形成与发展，用户可以互动获取相关信息。

（6）美食指数。根据美食受欢迎程度、影响地域范围、美食的文化内涵、美食的情感内涵、美食网络口碑、美食制作复杂程度、美食价格等信息，制作并发布地域美食指数。美食指数按类型（如菜肴、主食、食材等）展示，采用虚拟地理环境，以漫游等方式展示，用户可以互动获取信息。

（7）饮食直播。针对民众对食品安全的担忧和市场信任问题，构建基于定位信息的食品制作过程直播、饮食仪式直播、餐厅后厨直播等平台；展示全国和各区域、城市的饮食直播网点分布，采用虚拟地理漫游方式进入，用户以互动方式获取感兴趣的直播。

三 居住方面的应用

（一）居住方面应用逻辑

住所不但是人安身立命的根据地，在物质社会里，住所也是身份、地位、财富甚至是文化的象征。从住所承担的功能和居住者的主导需求看，住所可分为普通住所、身份住所、财富住所、风水住所、文化住所、教育住所、意境住所、生态住所、创意住所等。地理信息服务并不会加剧房奴的痛，而是用地理信息技术展示居住文化，让人们知道，住房除了以货币形式表现的商品价值外，也有文化、理想、信念、希望、思念、梦想、和谐美、设计美等在其中，具有文化价值。

（二）住所方面空间化应用

（1）特色民居。形象化展示具有地域和民族特色的民居，包括民居的分布范围、影响区域、历史渊源等信息，内容方式有地图、民居图片、民居视频、民居虚拟影像等。用户可以互动方式获取指定地区的民居信息。

（2）楼高指数。通过与房屋中介公司合作，利用大数据技术计算各地的楼高指数，也可以通过地理国情数据（城镇区有楼层高低指标）获取楼层信息，并通过模型计算各地楼高指数，目的是从侧面反映居住环境。用户可以通过互动方式获取感兴趣地区的楼高指数。

（3）房屋价格。利用房产中介公司的大数据，分季度和年度计算各地商品房价格信息（包括新房和二手房），并利用虚拟地理环境技术展示房屋价格动态变化。用户可以互动方式获取感兴趣区域的房屋价格及变动。

（4）房价趋势。以各地区月度商品房实际价格大数据为基础，结合专业模型，预测未来一段时间有投资价值的区域（城市），模型中除经济学原理知识外，重点考虑价格的溢出效应、行政效应（公共服务资源配置的行政影响）、政策效应（政策洼地或政策高地）等因素。用户可以互动方式搜索感兴趣地区（城市）的价格趋势。

（5）住所区域风险。由高速路、某些有环境污染风险采矿点位置等信息，利用空间插值方法计算居住区对某些疾病的发病风险（与环境因素关联比较大），如发生呼吸道传染病、肺癌的风险，制作几种典型疾病发病风险地图。用户可以互动方式查找感兴趣区域的疾病发病风险。

（6）城市住宅风险。在城市地区，通过加油站、城市道路等信息，利用空间插值和空间分析方法计算城市区域内某些环境的致病风险，制作城市地区的三维疾病风险地图。用户可以互动方式查找感兴趣区域的某种风险情况。

（7）居住地适宜指数。根据影响居住质量各因素（自然地理本底、物价水平、各地文化、政策措施、经济发展、大气质量、水体质量、生态功能等）的空间分布及相关关系，计算各地适宜居住指数，按年度分大区域和城市地区分别测算。用户通过互动方式可获取感兴趣点的适宜指数。

（8）房价指数。利用各地住房价格、房地产调控政策严厉程度和密集度、经济发展水平、居民收入水平、居民消费水平、区域文化、人口总量和结构、创新能力、行政级别等信息，分地区和城市测算发布房价疯狂指数、购房理性指数、调控指数（严厉程度）等单项指标和综合房价指数。用户可以互动方式得到感兴趣区域的房价指数信息。

（9）政策作用指数。首先梳理住房政策的主要内容和类型，从历史角度分析各种政策的设计作用区域，实际影响区域；当下各种调控政策的适用范围和实际作用区域等。通过模型计算政策效应与预期匹配程度，并发布各地政策作用指数，用于客观评价各种调控政策的作用效果。用户可以互动方式查找感兴趣区域的政策作用指数。

（10）服务设施完善指数。根据各地银行、商城及公共服务空间覆盖情况测算空间上居住服务设施完善指数，可按城镇地区和乡村地区分别计算。用户可互动得到感兴趣区域的服务设施完善指数信息。

（11）城市商业覆盖指数。利用城市及城市群地区商场的分布、规模（从工商部门获得或与导航数据提供商合作获取），基于空间距离衰减等方法计算居民到商场的便利程度，用商业覆盖指数表示。用户可通过空间互动方式获取信息。

（12）蔬菜花鸟市场便利度。根据蔬菜、花鸟市场分布及其与居民区关系，以及各地居民的花鸟文化、经济发展水平、生活方式等信息，采用空间插值和空间分析方法测算各地蔬菜花鸟市场便利度；分全国、地区、城市测算，也可根据用户共享或指定的位置计算。

（13）专业市场便利度。根据各种专业化市场分布及其与居民区空间关系测算，分全国、地区、城市测算专业市场服务的便利化程度，用相对数值表示。用户可根据共享位置信息或指定位置动态计算或查询浏览相关信息。

四　出行方面的应用

（一）出行方面应用的逻辑

全国和区域经济发展、社会开放、技术进步等使出行在内涵、形式、功能等方面均发生了很大的变化。笼统地说，出行需求包括效率出行、安全出行、便捷出行、必须出行、休闲出行、文化出行、举家出行、个人出行、逃避出行、惬意出行等。从实用性看，出行分为常规化的工作出行和以旅游休闲商务活动为目的的出行；地理信息服务在出行方面的服务是最早起步的，也是服务比较到位的。以手机为载体、包含实时交通信息的地图导航服务已得到广大司机和行人的认可。地理空间信息服务与时下人们多元化、个性化的需求相比，仍有许多提升的空间。

（二）出行方面空间化应用

（1）旅行规划制作。构建全国和区域性的旅游规划服务平台，根据用户时间、预算、人员数量、旅行方式（自驾、徒步、组团等），制作旅游线路规划，编制旅游规划方案（福州大学陈崇成教授已推出一款产品）。与旅游公司互动可以生成旅游行动方案，并完成旅游业务的预订等工作。

（2）宾馆服务。在现有各平台中增加语音互动等功能，可以考虑跟现有的平台（如携程、途牛等）合作，增加宾馆服务的地理信息内涵，如把文化偏好、经济偏好、区位偏好等添加到选择宾馆的系统中，以语音方式互动完成宾馆预订等。

（3）饮食服务。依托现有的导航系统或单独开发的移动终端应用，结合用户提供的滞留时间和位置信息，通过用户饮食喜好和口味（可以语音方式互动），推荐餐饮地点，并可以通过手机实现与餐饮机构的互动，向用户提供订餐、餐位选择、菜品选择、定时下单等服务。

（4）汽车导航。在现有导航软件中增加语言互动服务方式，增加更多信息、更多关联功能，如把感兴趣景点介绍等纳入系统中，客户开车经过某地时，系统可以播放该地各种旅游资源和当地地理风貌、人文、经济社会、重点企业、知名品牌等信息，并建立与相关实体的联系，播放的内容和形式由客户以语音互动方式设定。

（5）游记编制。开发基于移动终端的应用服务，面向特定人群（如高端旅游人群）开展定制服务；应用服务平台可对客户全程进行信息管理（基于云存储和云服务），根据客户需要，负责编制包括旅游地图、旅行线路、相关地点历史文化知识、客户图片等内容在内的游记，并负责设计制作、出版等事项。

（6）道路拥挤指数。根据各地拥堵天数、每天拥堵时长、拥堵程度、上下班时长、交通参与者感受（网络大数据挖掘）等信息，按年度计算发布各地（重点是城市地区）道路拥挤指数；与导航公司合作计算发布全国各地实时的道路拥堵指数。用户可以互动方式查找感兴趣地点的年度和实时拥堵指数。

（7）交通事故指数。结合区域自然地理环境、车辆数量、经济发展水平等信息，利用空间插值和空间分析方法测算各地年度交通事故指数，用相对值表示各地交通安全状况、各地道路交通风险情况。用户可互动获取感兴趣区域的交通事故指数信息。

（8）停车费用指数。根据各地停车费标准、道路状况、停车位施划情况、拥挤程度、停车处罚概率、实际收费情况（大数据）测算停车费用综合指数，目的是表现各地停车难易程度，指数越高，表示停车的时间和经济成本越高。用户可用互动方式获取感兴趣地点的停车费用指数信息。

（9）违章风险指数。用获取监控设备数量与分布、大数据分析违章陷阱等方法，计算各地违章风险度，以提示司机在不同地区对交规的响应程度。用户可互动获取感兴趣地点的信息，也可以通过位置共享自动获得所在区域的违章风险指数。

（10）出行难度指数。根据各地地形地貌、道路密度、道路等级、居民地等级、经济发展水平、汽车租赁情况、交通管理水平（网络大数据抓取的评价信息）等信息，以及各地的出行时间测算出行难易程度（年度），用出行难度指数表示，指数越高表示出行综合难度越大。用户可互动获取感兴趣地点的信息。

（11）高铁便利指数。根据现有高铁线路和速度、居民地分布、高铁站公交网络覆盖情况、汽车租赁发达程度、人口总量和结构、经济规模和水平等信息测算各地高铁便利程度，用高铁便利指数表示，指数越高表示乘坐高铁越便利。用户可互动获取感兴趣地区的高铁便利指数信息。

（12）地铁便利指数。在城市地区，结合各地铁路线覆盖情况、车站布局、与其他交通方式的衔接程度等信息，计算各空间单元上的地铁便利指数，用户可互动获取感兴趣地点的地铁便利指数信息。

（13）公交覆盖指数。根据各地开通公交线路情况、发车密度、车辆状况，结合各地自然地理特征、经济发展水平、人口分布、居民出行交通习惯等信息，用空间插值和空间分析模型，按年度测算各地的公交覆盖指数，指数越高表示当地公共交通相对越发达。用户可互动获取感兴趣点的公交覆盖指数信息。

（14）虚拟出行。利用虚拟地理信息技术模拟指定线路下的空中俯视场景，长距离出行以大区域卫星影像为主体背景，短距离出行以高精度卫星影像为主体背景，景物内部可以三维建模场景为背景；考虑与相关装备厂商合作，获得以不同交通方式为载体的出行体验。

（15）出行直播。构建一个以地理信息为基础的出行直播服务平台，利用安装在游客身上的直播设备和旅游景区的直播设备，进行选择地点的场景直播服务。展示大区域出行直播设备的整体分布，用户可以互动方式选择感兴趣的直播信息，并选择观看直播。

五　安全方面的应用

（一）安全方面应用需求

时下以电信诈骗为主要形式的诈骗案高发，被骗的人中有相当一部分是老年人。安全问题的根源和实质是当事人面对的事情超出了自己的理解力和执行力所能控制的范畴。新技术的应用、新概念的产生、个人信息保护体系的缺位、新旧文化体系的转化，使安全风险无处不在，安全已成为当下许多人最为重要的需求之一。安全包含人身安全、食品安全、住所安全、出行安全、环境安全、社会稳定安全、父母安全、子女安全、亲戚朋友安全、职业安全、资金安全、财产安全等。地理信息应用可以形象化表现各地各种安全风险的等级，通过技术手段降低安全事件发生的概率，提高人们的安全防范意识，通过技术措施和政策措施减少安全事件带来的不良影响。

（二）安全方面空间化应用

（1）居住地自然灾害风险指数。利用洪涝灾害、滑坡、泥石流、洪水、极端干旱、龙卷风、台风等自然灾害历史数据，结合当地的自然地理环境（地形、地貌、植被等），计算各地各类自然灾害发生的风险，并计算区域综合自然灾害风险，用以表现各地各空间位置上发生某种自然灾害和总体灾害发生的相对可能性。用户可以互动方式查找感兴趣区域的灾害风险信息。

（2）食品安全风险指数。根据各地食品安全事件及网络大数据信息，从食品安全事件总量和人均事件数量两方面计算区域食品安全风险指数，可以按年度或时段（如5年）测算。用户可以互动方式获取感兴趣地区食品安全风险信息。

（3）出行事故风险指数。根据各地每年发生交通事故信息、道路拥挤情况、交通文明程度（网络大数据挖掘）等信息，综合计算各地出行发生事故的风险指数（相对值），包括城市地区和农村地区，各区域可按年度或时段（如5年）测算。用户可以互动方式获取感兴趣地点的信息。

（4）居民冷漠指数。根据居民区居民地域构成（外来、当地人、单位集体等）、居住区档次（高档、普通、杂院等）、楼房层数（地理国情普查数据有相关统计）、城乡差别（城镇还是农村）、地方文化、语言特点等信息，综合计算各地居民友好相处的程度（相对值），用居民冷漠指数表示，指数越高表示区域居民友好程度越低。用户可以互动方式获取感兴趣地区的信息。

（5）手机丢失指数。利用网络大数据及部分机构的抽样调查数据，计算各地手机丢失风险程度，丢失原因主要包括被偷、落在公交车或出租车上及其他原因。用户可以互动方式获取感兴趣地区的信息。

（6）偷盗指数。根据各地入室盗窃等偷盗案件发生情况，结合各地居民对偷盗的容忍态度、流动人口情况、社会治安情况、居民文化特征、居民区安全措施情况等信息，计算各地综合的偷盗指数（相对值），指数越高表示发生偷盗事件的概率越高。用户可以互动方式获取感兴趣地区的信息。

（7）火灾指数。根据各地年度火灾发生数量、区域生产企业性质，以及居民区房屋年代、房屋结构、居民生活习惯等信息，综合计算各地发生火灾的风险概率（相对值），指数越高表示发生火灾的概率越高。用户可以互动方式获取感兴趣地区的信息。

（8）诈骗指数。按各地各类诈骗案发生的总量和人均数量，结合各地对诈骗案件的容忍程度、各地居民年龄结构、各地居民的文化程度、经济发展水平等信息，按年度或时段（如5年、10年）计算各地综合诈骗指数（相对值），指数值越高表示发生被骗事件的概率越高。用户可以互动方式获取感兴趣地区的信息。

（9）白天乘车被骗指数。利用网络大数据信息，以及相关部门的投诉电话记录数量，结合各地出租车、专车等服务车辆相关信息，以及文化特征、对外地人态度等，综合测算各地白天（早7点到晚9点）乘车被骗指数（相对值），指数值越高表示被骗的概率越高。用户可以互动方式获取感兴趣地区的信息。

（10）夜间乘车被骗指数。利用网络大数据信息，以及相关部门的投诉电话记录数量，结合各地出租车、专车等服务车辆相关信息，以及文化特征、对外地人态度等，综合测算各地夜间（晚9点到次日7点）乘车被骗指数（相对值），指数值越高表示被骗的概率越高。用户可以互动方式获取感兴趣地区的信息。

（11）空气糟糕指数。根据权威部门发布的各地（城市）大气污染状况，以及大数据统计、居民感受（网络大数据挖掘）、政府治理大气污染力度等信息，综合计算各地大气污染程度和对大气质量好转的预期，以空气糟糕指数（相对值）表示，数值越高表示空气质量越差、好转的预期越难实现。用户可以互动方式获取感兴趣地区的信息。

（12）食品安全指数。用各地年度查处曝光的食品安全事件，以及文化、历史、食品加工产业情况、经济发展水平等信息，测算各地食品安全指数（相对值），指数值越高表示该地发生食品安全事件的概率越低。用户可以互动方式获取感兴趣地区的信息。

（13）土壤风险指数。根据各地土壤本底特征、潜在的各种风险，结合各地农业发展情况、生态农业受重视程度、经济发展水平、有废水排放污染工业情况、污水处理情况等信息，综合计算各地土壤风险指数（相对值），指数越高表示土壤对农作物质量的负面影响越大。用户可以互动方式获取感兴趣地区的信息。

（14）稳定指数。根据各地常住人口中各年龄段人口的比例关系（一般老年人口比例高，则社会相对稳定），以及民族分布、文化、民风等信息，用相对比较方法计算各地稳定程度，用稳定指数表示，指数值越高表示区域越稳定。用户可以互动方式获取感兴趣地区的信息。

（15）儿童出行安全。构建儿童出行动态服务地理信息服务平台，结合硬件设备开发儿童出行家长动态跟踪功能，经授权后家长可以动态了解授权被监护儿童的位置。与其他生命特征传感设备结合，可以动态掌握被监护儿童的主要生理特征指标，当这些指标超过预设数值时自动报警。该业务模式已相对成熟，关键是推广应用。

（16）儿童安全指数。根据各地儿童走失、被拐骗事件情况，幼儿园与小学涉及人身安全事件数量，当地人口总量和结构、对儿童的友善态度、地域文化、经济发展水平等信息，综合计算各地儿童安全指数（相对值），数值越高表示发生儿童安全事件的风险概率越低。用户可以互动方式获取感兴趣地区的信息。

（17）老年人出行安全。搭建一个面向老年人出行安全的地理信息服务平台，针对不同老年人群（正常人、患某些病症的老年人）开发动态跟踪功能，经过授权监护人可实时掌握出行老年人的位置信息；与生命体征传感设备结构集成，监护人可实时掌握老年人生命体征信息，当某些指标数值超过预设数值时，可自动向监护人传递信息或者向指定的医疗结构发送救护信息。该业务模式也相对比较成熟，关键是推广应用。

（18）老年人安全指数。根据各地老年人走失数量、老年人外出摔倒事件数量、独居老人的数量、针对老年人的诈骗案件数量、保健品的销售量、生活环境对老年人的宜居程度、当地对待老年人的文化特征、生活习惯、经济发展水平、社会文明程度等信息，综合测算各地的老年人安全指数（相对值），指数越高表示老年人生活的综合安全程度越高。用户可以互动方式获取感兴趣地区的信息。

（19）移动财产监控。构建一个地理信息服务平台，经授权后，用户通过手机客户端应用可动态掌握监控财产的位置信息；可以设定特定条件下（如超出预设的空间范围）自动报警（向监护人发送信息或提示语音等）。

六　健康领域的应用

（一）健康领域应用需求

"真想再活五百年"是封建帝王的心声，也是许多普通人的梦想，更是诸多富翁的愿望，健康长寿、幸福快乐是人类的追求。健康不单是简单的长寿，而是高质量的身体和心理存在。身体健康很容易理解，虽然影响身体健康的因素和作用过程仍无定论；心理健康就太复杂了，每个人都有痛苦和快乐的理由与借口。地理信息服务人类健康主要集中两个方面，一方面是描述和分析影响人身体和心理健康的各种因素的空间存在状况，以提醒人们如何趋利避害；另一方面是描述各地的健康状态和特点，以供人们在工作、学习和生活空间选择时参考。

（二）健康领域空间化应用

（1）环境优美指数。利用各地森林覆盖率、空气质量、经济水平与结构、对生态文明建设重视程度、人口数量及结构等信息，综合测算各地的环境优美指数（相对值），数值越高表示整体环境越优美。用户可以互动方式获取感兴趣地区的环境优美指数信息。

（2）养生指数。根据各地生态环境（森林覆盖率、植被覆盖率、水生态、农田生态、城市生态等）、养生文化、饮食文化、生活节奏、工作压力、休闲场所数量和布局等信息，测算各地养生适宜指数（相对值），数值越高表示越适宜养生。用户可以互动方式获取感兴趣地区的养生指数信息。

（3）养老指数。根据各地生态环境、长寿人口数量、养老基础设施、养老服务水平和能力、饮食文化、对待老年人的态度等信息，综合测算各地适宜养老指数（相对值），数值越高表示越适宜养老，分单项指数和综合指数发布。用户可以互动方式获取感兴趣地区的养老指数信息。

（4）诚信指数。按各地失信被执信人总量和比例、当地文化传统、人口年龄结构、人口知识结构、经济发达程度、营商文化等信息，测算各地综合诚信指数（相对值），数值越高表示当地总体诚信度越高，也表示发生不诚信事件风险和概率越低。用户可以互动方式获取感兴趣地区的诚信指数信息。

（5）长寿指数。根据各地人口年龄结构、不同年龄段老年人比例与总量、老年人心理等信息，综合测算各地长寿指数（相对值），指数值越高表示长寿的概率和可能性越高。用户可以互动方式获取感兴趣地区的长寿指数信息。

（6）儿童健康指数。根据各地儿童死亡及患重大疾病数量和比例，结合各地教育水平、经济发展水平等信息，综合测算各地儿童健康指数，指数值越高表示儿童整体健康水平越高。用户可以互动方式获取感兴趣地区的儿童健康指数信息。

（7）中学生健康指数。根据各地中学生死亡（特别是非正常死亡）及患重大疾病数量和比例，结合各地教育水平、经济发展水平等信息，测算各地中学生健康指数,指数值越高表示中学生整体健康水平越高。用户可以互动方式获取感兴趣地区的中学生健康指数信息。

(8)中年人健康指数。根据各地中年人死亡(特别是过劳死、猝死等非正常死亡)及患重大疾病数量和比例,结合各地工作压力状况、经济发展水平、抚养人口数量等信息,测算各地中年人健康指数,指数值越高表示中年人健康风险越高,出现健康问题的概率越高。用户可以互动方式获取感兴趣地区的中年人健康指数信息。

(9)疾病指数。针对部分主要疾病类型(如癌症、心脏病等),结合各地发病数量和比例,按不同疾病类型计算疾病指数和综合疾病指数(相对值),指数值越高表示发生某种疾病的风险越大。用户可以互动方式获取感兴趣地区的疾病指数信息。

(10)幸福指数。采用网络大数据,结合专业公司的抽样调查数据,以及各地的经济发展水平、收入情况、文化传统、居住情况等信息,测算各地幸福指数(相对值),指数值越高表示总体幸福感越高。用户可以互动方式获取感兴趣地区的幸福指数信息。

七 教育方面的应用

(一)教育方面应用需求

无论是作为基本公共服务的教育,还是用来提升专业素质的职业或高等教育,都需要关注教育的形式和内容。地理信息融入教育体系,首先从内容上丰富现有的知识体系;其次从形式上使教育更加具有趣味性和人性。通过地理信息服务,教育不但能教人以知识和技能,更能给人以自由、思考、幸福与快乐。

(二)教育方面空间化应用

(1)入园难度指数。根据各地幼儿园数量、幼儿园分布情况、入园人数及分布、入园政策等信息,按年度分地区测算入(幼儿)园综合难度指数(相对值),指数越高表示入园的综合难度越大。全国范围内以千米格网为最小计算和表现单元,城市地区以0.5千米格网为最小空间单元。用户可以互动方式获得感兴趣地区的指数信息,也可以根据自己需要定制特定信息。

（2）幼教教育指数。根据幼教机构的数量与分布、对幼教资源的需求、现有幼教学校办学质量、公众对幼教的态度等信息，综合计算各地的幼教教育指数（相对值），指数越高表示幼教整体水平和满足需求程度越高。全国范围内以千米格网为最小计算和表现单元，城市地区以 0.5 千米格网为最小空间单元。用户可以互动方式获得感兴趣地区的指数信息。

（3）小学升学难度指数。根据各地小学数量及分布、小学的办学质量、应入学儿童数量及分布（按教育法要求接受义务教育人数）、小学的班容量等信息（统计信息、专业调查信息、网络大数据挖掘等），按年度分地区计算小学升学难度指数，指数值越大表示总体入学难度越高。全国范围内以千米格网为最小计算和表现单元，城市地区以 0.5 千米格网为最小空间单元。用户可以互动方式获得感兴趣地区的小学升学难度指数信息。

（4）中考难度指数。根据各地中学学校数量及分布、学校规模及招生数量、班级容量、考生数量及分布、总体教学质量及空间特征等信息（网络挖掘、专业调查、统计数据等信息渠道），按年度分地区综合计算中考难度指数，指数越高表示中考综合难度越高；全国范围内以千米格网为最小计算和表现单元，城市地区以 0.5 千米格网为最小空间单元。用户可以互动方式获得感兴趣地区的中考难度指数信息，也可以根据需要进行定制化计算。

（5）培训机构指数。根据各地培训机构的数量与分布、规模大小、培训质量、服务内容、公众响应程度等信息，综合测算各地培训机构指数，指数越高表示培训机构的综合影响力越大。全国范围内以千米格网为最小计算和表现单元，城市地区以 0.5 千米格网为最小空间单元。用户可以互动方式获得感兴趣地区的培训机构指数信息。

（6）高考难度指数。根据各地大学数量及分布、招生规模及区域构成、考生离开本地的意愿、考生的专业偏好、学生就业情况等信息，按年度分地区计算综合高考难度指数，指数越高表示进入该地大学的难度越大；全国范围内以千米格网为最小计算和表现单元。用户可以互动方式获得感兴趣地区的高考难度指数信息，也可以根据需求和偏好进行定制计算。

（7）大学志愿推荐台。构建一个地理信息服务平台，与教育机构合作，开发高考志愿推荐平台，输入考生高考分数、个人爱好等信息，从分数可能性、学校所在地及学校文化与考生愿望的匹配度、未来发展、地区平衡等方面，推荐几所学校，并给出先后顺序，供家长和考生参考。

（8）大学综合指数。根据各地大学数量和分布、大学办学水平（学科设置及水平）、毕业生就业情况、校园优美程度、校园文化等信息，综合计算各地大学综合指数，指数越高表示该地大学总体水平越高。全国范围内以千米格网为最小计算和表现单元。用户可以互动方式获得感兴趣地区的大学综合指数信息，也可以根据需求和偏好进行定制化计算。

（9）职业教育指数。根据各地各类职业学校数量和分布、办学水平（专业设置）、毕业生就业情况、校园优美程度、校园文化、各地公众对专业教育的态度等信息，综合计算各地职业教育指数，指数越高表示该地职业教育总体水平越高。全国范围内以千米格网为最小计算和表现单元。用户可以互动方式获得感兴趣地区的职业教育指数信息。

（10）老年大学指数。根据各地老年大学数量和分布、办学水平、当地对老年大学的态度、校园文化等信息，综合计算各地老年大学指数，指数越高表示该地老年大学办学总体水平越高。全国范围内以千米格网为最小计算和表现单元。用户可以互动方式获得感兴趣地区的老年大学指数信息。

（11）幼儿地理教育平台。根据幼教教学大纲的要求，搭建面向幼儿地理教育的地理信息平台，利用生动活泼的展示形式，向全国各地的幼儿教育机构及幼儿提供服务。用户可以互动方式获取感兴趣地区的信息。

（12）小学地理教育平台。根据小学教学大纲的要求，搭建面向小学生地理教育的地理信息平台，结合生动活泼的展示形式，向全国各地小学教育机构及小学生提供服务。用户可以互动方式获取感兴趣地区的信息。

（13）中学地理教育平台。根据中学教学大纲的要求，搭建面向中学生地理教育的地理信息平台，利用丰富内容和多样的形式，向全国各地中学教育机构及中学生提供服务。用户可以互动方式获取感兴趣地区的信息。

（14）大学专业地理教育平台。与相关教育机构合作，围绕大学教育中地理专业分类和知识结构，搭建一个互动式大学专业地理教育平台。用户可以互动方式获取专业地理知识。

（15）地理游戏平台。以典型地理地貌为背景，融入规划制定、规划效果模拟、规划评估、战略制定、战场设计、军事演习、区域经济社会治理、经济管理、社会管理、社会稳定等内容，搭建综合性地理游戏平台，将地理思想、理念融入游戏之中。用户可以在游戏过程中互动。

（16）教育直播信息平台。搭建全国地理教育直播地理信息系统平台，与专门机构合作将相关的直播资源纳入平台中。用户可以互动方式获取感兴趣地区、感兴趣内容的地理相关直播信息。

八 医疗方面的应用

（一）医疗领域应用需求

市场经济环境下，医院已不再是简单的救死扶伤的场所，医疗已经成为最有前景的产业之一。受医疗产业快速发展、各种致病因素不可控程度加剧、生活水平的提高、健康预期提升等因素的影响，医疗不单从生理层面缓解患者的病痛，也从心理层面影响着正常人的决策。从接受医疗服务的群体看，医疗可以分为健康医疗（如常规和专项体检、中医理疗等）、疾病诊治（各种生理和心理疾病治疗）、生理形态优化（如美容、假肢等）；从医疗服务手段看，医疗包括医疗器械、药物、配套服务等。医疗已成为现代人绕不过去的幸福地、痛苦床、升华间，人的一生都在通过各种方式与医疗打交道。地理信息服务医疗的思路是通过对医疗服务各相关要素、系统运转中问题的诊断和分析，提出优化医疗资源配置、避免或降低致病因素影响、提升医疗服务能力和有效性等方面的对策建议，进而推动医疗健康服务水平的整体提升。

（二）医疗领域的空间化应用

（1）医疗机构覆盖指数。结合各地分类分级的医疗机构的数量和空间分布，按医疗机构的不同级别测算其影响空间区域，用多源点和级别权重空间插值模型和空间分析方法，计算各地医疗机构覆盖指数（相对值），指数值越高表示该地医疗机构覆盖程度越高，也就意味着医疗服务体系相对更完善。用户可以互动方式获取感兴趣地区的医疗机构覆盖指数信息。

（2）医疗费用指数。利用网络大数据，结合专业抽样调查、各地经济水平等信息，综合测算各地医疗费用指数（按每天费用测算），指数越高表示医疗整体费用越高。全国范围内以千米格网为最小计算和表现单元，城市地区以 0.5 千米格网为最小空间单元。用户可以互动方式获得感兴趣地区的医疗费用指数信息。

（3）就医困难指数。利用看病经济代价、时间代价、心理代价等信息（来自网络大数据挖掘、专业调查信息等），计算各地就医困难指数，指数越高表示就医困难程度越高。全国范围内以千米格网为最小计算和表现单元，城市地区以 0.5 千米格网为最小空间单元。用户可以互动获得感兴趣地区的就医困难指数信息。

（4）医疗资源平台。提供诊治地选择信息服务，根据疾病类型，结合相关医疗机构位置、从病人所在地到目标医疗机构的距离和交通成本、就诊转诊的相关规定等信息，制定各地的疾病就诊选择医院方案，用户通过共享位置或指定位置，以互动方式获取针对某种疾病的医院选择信息。

（5）智能轮椅服务平台。为智能轮椅搭建地理信息服务平台，通过该平台提供的客户端服务，监护人可以实时看到智能轮椅的位置，以及轮椅使用人身体各项生理特征指标信息，当轮椅使用人的某项指标超出预设值时，报警信息会以智能轮椅监护人指定的方式自动传递给监护人或医疗机构。在特殊情况下，平台实现与医疗服务机构的联动，确保在紧急状态下，以最高效率将智能轮椅乘用人送到合适的医疗机构。

（6）残疾人活动平台。与残联等机构合作，结合残疾人服务机构、活动场所等位置和其他信息，搭建网络化残疾人活动平台，协助残疾人组织、参与各种活动。用户可以互动方式获取感兴趣地区的相关信息。

九　体验方面的应用

（一）体验方面应用需求

在技术快速进步的今天，从物质到精神到哲学，无论个人喜欢还是不喜欢，这世界都在发生着深刻、快速、不可逆的变化。我思故我在，是人文主义深入人心背景下的一种心理觉醒，也是人摆脱神灵、封建落后思想束缚的哲学前提。自我中心意识的增强正成为一种趋势，有些年轻人并不认同老年人的勤俭节约，部分老年人也不愿听从子女的劝阻，屡屡陷入谋财骗钱的圈套。尽管统计部门仍坚持着物质主导的统计口径，但以旅游、新产品为主要形式的体验式消费已经越来越被人们所接受和推崇。体验包括历史的体验、大雪纷飞的体验、冰天雪地的体验、融入建筑物的体验、文化的体验、美食的体验、刺激的体验、痛苦的体验等多种形式和内容。体验成了人们区分现实与虚幻、幸福美好与痛苦不堪、健康与疾病的主要手段。结果是人越来越会为自认为的快乐、幸福买单了。地理信息服务体验的主要方式是为体验提供场景支持、促进体验实现的便利化、丰富体验的内容、增强体验的真实性和感受度、推动相关产业的发展等。

（二）体验方面空间化应用

（1）村落生活体验。构建一个面向中小学生的短周期（两周内）的特色村落生产生活体验的地理信息服务平台，展示各地开放地点位置信息、介绍资料等，通过与专业公司合作，实现相关旅游服务业务对接。用户可以互动方式查找感兴趣区域和感兴趣的体验点的相关信息，并联动获取详细体验方案、确定体验行程等。

（2）农场生活体验。面向不同年龄段人群对农场生活体验的需求，搭建一个服务平台，用以展示各地对外开展体验服务农场位置信息、介绍资料（图片、视频等），并结合第三方专业服务机构，实现面向个人的体验服务业务对接。用户可以互动方式查找感兴趣农场的相关信息，获得个性化的具体体验方案、确定体验服务行程等。

（3）酒庄体验。搭建一个地理信息平台，针对全国各地的酒庄开展面向各种人群的酒庄体验（酿酒、品酒、种植酿酒作物、酒文化等体验）服务，展示各酒庄的位置及与地理有关的信息，并结合第三方服务机构，对接面向个人的酒庄体验服务（如住宿、餐饮、观光等）。用户可以互动方式选择自己感兴趣的酒庄进行体验。

（4）特色项目体验。针对人们学习武术、禅修、攀岩、徒步、赏花、钓鱼、游泳、收藏等特殊体验需求，构建一个地理信息服务平台，展示各类开放体验点的位置、交通及相关信息；结合第三方服务机构，对接面向个人的特色体验服务（如住宿、餐饮、观光等）。用户可以互动方式选择自己感兴趣的特色体验点。

（5）养生养老体验。针对不同人群对养老养生的体验需求，构建一个地理信息服务平台，展示各地养老养生体验服务开放点位置、交通等信息。用户可以按地区、养老养生类型选择感兴趣的体验地，并通过第三方服务机构，对接面向个人的养生养老体验服务业务。用户可以通过互动方式查询、浏览、选择自己感兴趣的体验点。

（6）农耕体验。结合新农村建设、农村地区"三产"融合（农业与工业、服务业融合）发展、精准扶贫等工作，面向各类人群参与农耕活动的体验需求，搭建一个地理信息服务平台，展示可参与的农耕体验点位置、概况、开放项目等相关信息，并结合第三方服务机构，对接面向个人的农耕体验服务（如住宿、餐饮、观光等）。用户可以互动方式选择自己感兴趣的农耕活动。

（7）婚俗体验。建立一个地理信息服务平台，展示全国各地特色婚俗分布及特点，以及可以参与的婚俗活动信息，通过与中介服务机构合作，用户可以互动方式确定参与某个婚庆互动活动。这项体验活动不但能增加体验者对各地婚俗习俗的了解，也能够增加不同群体的人文交流，还可以推动相关产业发展，对于生态文明建设和和谐社会构建十分有益。

（8）生态养殖直播。搭建地理信息服务平台，展示全国各地生态养殖（养鸡、养鱼、养猪、养牛、养羊等）直播点的空间分布及相关信息（相关企业或个人自愿共享直播信息以扩大影响），并通过第三方支付采购相关的产品。用户可以互动方式选择感兴趣的养殖场的直播信息。

（9）有机蔬菜直播。搭建地理信息服务平台，展示全国各地有机蔬菜（包括有机蔬菜、食用菌等）生产各环节、加工各环节直播点的空间分布及相关信息（相关企业或个人自愿共享直播信息以扩大影响），并通过第三方支付采购感兴趣的产品。用户可以互动方式选择感兴趣的直播信息。

（10）乳制品生产直播。搭建一个地理信息平台（前期可与某个相关企业合作），展示全国各地乳制品原料采集（挤奶）、生产加工环节直播点的空间分布及相关信息（相关企业或个人自愿共享直播信息以扩大影响），并通过第三方交易平台实现产品交易。用户可以互动方式选择感兴趣的直播信息。

（11）牧场直播。搭建一个地理信息服务平台，展示全国各地牧场直播点空间分布及相关信息，直播区域包括草场、牛羊等休息场所等（相关企业或个人自愿共享直播信息），以满足不同人群对牛、羊等牧畜群体生活的兴趣，并通过第三方支付平台实现产品交易。用户可以互动方式选择感兴趣的直播信息。

（12）民俗活动直播。搭建一个地理信息服务平台，通过与专业机构合作，展示全国各地民俗活动（如传统婚俗、节庆活动等）空间分布及相关信息，用户可根据自己兴趣选择直播内容。

（13）手工艺品制作直播。展示全国各地各类手工艺品加工制作（如银饰品制作、各类非物质文化遗产等）直播点空间分布及相关信息（相关从业者自愿提供直播信息），用户可以根据自己兴趣选择直播信息。

（14）虚拟地理环境。以各类典型地理场景（如高山峡谷、冰川、热带雨林、沙漠戈壁、河流湖泊、海洋、草原、农田、阔叶林、针叶林、极地、青藏高原、黄土高原等）为背景，以地理游戏模式为设计理念，辅之以虚拟现实技术、各种穿戴设备等，构建各种虚拟地理环境满足用户视觉等体验。

（15）畅游花海。构建一个地理信息服务平台，展示各地区各类花的空间分布和时间分布，用户指定区域或共享位置，平台展示指定范围内、指定时间段的花节及相关活动，包括花节的文字介绍、图片等，辅之以视频信息或直播信息，用户可以全方位畅游各地花海。用户可以互动方式选择感兴趣的信息。

十 刺激体验方面的需求

（一）刺激体验应用需求

过度的体验就是刺激。人寻找刺激的根源可能是为获得超剂量的体验，但现实中很难划分健康体验和刺激之间的界限，当然刺激体验服务必须保持在法律允许的范围内。地理信息支持的刺激体验可能的业务模式是：以极端地理环境（条件）为背景，结合穿戴设备、神经刺激模拟、虚拟现实、大数据等环境，给用户带来刺激体验。

（二）刺激体验空间化应用

（1）极寒地理环境体验。构建一个地理虚拟环境系统平台，建立极寒体验区域模式（南极、北极、陆上冷极等），用户根据爱好选择感兴趣区域，进入感兴趣的极寒区域，开展预设的情景模式虚拟活动，获得刺激体验。

（2）极热地理环境体验。构建一个地理虚拟环境系统平台，建立极热体验区域模式（潮湿雨林、干旱沙漠等），用户根据爱好选择感兴趣区域，进入感兴趣的极热区域，开展预设的情景模式虚拟活动，获得刺激体验。

（3）野兽地理环境体验。搭建虚拟地理平台，模拟各种野兽出没的地理环境，设定参与者作为野兽捕猎人，获取对抗野兽的体验；设定参与者为野兽追杀对象，获得极限逃生的体验。

（4）战场地理环境体验。搭建战场虚拟地理环境，模拟参与者融入战斗的各种场景，参与者通过参与角色设定（如指挥员、工兵、士兵、炮兵、飞行员、导弹部队等），结合可穿戴设备，获得受伤、濒死等刺激体验。

（5）其他地理环境体验。应客户要求，开发各种极端地理环境下的体验，满足各类用户的特殊体验需求。

十一 时间需求方面的应用

（一）时间需求应用逻辑

有人说世界上最公平的就是时间，无论什么人，每天都是 24 小时。但实际上，时间对人是不公平的。现实中每个人真正体验到的、经历着的不是每天 24 小时的绝对时间，而是相对时间，每个人可获得的相对时间是不同的。从经济学角度看，时间是一种成本，既然是成本，从某种程度上可以补充、交换和交易，分享经济的某些形式就是时间分享的载体，某些人的时间很宝贵，某些人的时间似乎总也用不完。地理信息服务时间需求应用的思路是提供时间交换、时间共享的途径和方法，供人们改变自身相对时间体验。

（二）时间需求空间化应用

（1）时间价格指数。用各地年度农民纯收入、城镇居民可支配收入，测算各地时间价格综合指数（相对值），指数值越高表示该地时间越宝贵。用户可以互动方式获取感兴趣位置的时间价格指数信息。

（2）时间成本指数。用各地最低工资标准、各地生活节奏和习惯、工作日街道人口流动情况等信息，测算各地时间成本，并用相对值方法和模型计算出时间成本指数，指数值越高表示当地的时间成本越高。用户可以互动方式获取感兴趣位置的时间成本指数信息。

（3）用工时间价格指数。按主要工种分类测算各地各行业时间价格相对值，测算中涉及的工种类型包括中学家教、小学家教、艺术辅导、装修工、家政服务等，并以用工时间价格指数表示，指数值越高表示用工的时间成本越高。用户可以互动方式获取感兴趣位置的用工时间价格指数信息。

（4）时间置换。针对个人时间供给和需求在空间、时间上的差异情况，如某人上午有时间需求，但其只有下午才有空；某人在甲城市有时间需求（如照顾老人、办业务等），但需要的时候其人在乙城市，搭建一个服务平台，注册用户可以把自己的可提供以及需要的服务时间、地点发布在平台上，平台向所有注册用户展示这些信息，注册用户可根据需要通过平台置换自己的时间，以解决自己多重社会角色定位而分身乏术的问题。同时，这样的平台将极大增加人与人之间的交流互动，对于构建和谐社会意义重大。

（5）时间银行。搭建一个以时间服务为核心的地理信息服务平台，每个注册的人能够在平台上标出自己可以出售的时间（标明价格和时长）、共享的时间（标明时长）、可以从事的工作，平台向注册用户显示时间银行时间资产的空间、时间分布，注册用户可以根据需要寻找自己感兴趣的时间提供者。

（6）公益时间。针对个人愿意提供公益服务和个人（或机构）需要公益服务的需求，搭建一个以公益服务为目的的地理信息服务平台，注册用户可以向平台提供意愿提供公益服务的类型（照顾老人、义务教学、临终关怀、社区义工等）、时间、地点等信息。平台将公益服务供应信息发布到空间地图上，注册用户可以互动方式选择自己感兴趣的服务提供者，并通过平台联系公益服务提供者。

十二 信息需求方面的应用

（一）信息需求的应用逻辑

从信息技术角度看，人穷其一生都在努力获得周围世界的真实信息，并根据需要向周围世界转播或真实或虚假的信息。这就形成了一个悖论，人人都希望周围人对自己说真话，而自己则保留向周围人说假话的自由。于是，信息就有了真实信息、虚假信息、点上的信息、面上的信息、有效信息、无效信息等，平衡的结果是适宜信息成了人的追求。提供信息服务是地理信息应用最早的方式，也是目前最成熟的一种服务方式，但其服务具体方式、服务内容的深度和广度、服务用户体验等方面仍有很大的提升空间。

（二）信息需求的空间化应用

（1）地理信息获取。构建一个地理信息服务平台，向用户提供可共享的地理信息（影像、预测地理信息、基础地理信息等）的元数据信息和部分实体信息，构建地理信息服务的网络，将各种地理信息共享网站纳入服务平台。其类似于政府服务中的一站式服务，通过该平台，用户可以获得各种地理信息服务内容和方式方面的信息。

（2）地理信息获取服务。构建一个网络服务平台，以无人机遥感和模型计算为核心，向用户提供信息预约和信息采集服务。可将现有的无人机遥感服务整合为一个统一的服务网络，面向个人开展服务。地理信息采集与服务需严格遵守国家法律有关规定。

（3）地理信息技术服务。构建一个服务平台，包含各类地理信息的处理模型方法、各种功能模块代码、面向各种应用的过程说明等信息，根据用户需要，对地理信息进行特定的加工处理。

（4）地理信息应用服务。构建一个地理信息通用计算平台，将地理信息相关的空间分析等模型纳入平台中，根据用户需要，可以针对特定问题提供地理信息处理分析服务。

（5）地理信息真实性。构建一个平台，利用公开的遥感信息、基础地理信息及其他渠道获得的地理信息，结合网络大数据信息等，验证某些地理信息的真实性（包括位置准确性、时间有效性），用户给出感兴趣的地名或其他地理信息，平台则验证用户信息的准确性。该平台以大家帮助大家、数据帮助大家为理念，以地理信息及技术为支撑。

十三　地理知识方面的应用

（一）地理知识应用逻辑

部分地理知识是国民常识的基本组成内容，部分地理知识属于兴趣爱好范畴，部分地理知识是市场经济的基础服务要素，部分地理知识属于专业学科范畴。位置导航业务的广泛应用，使大多数人或多或少具备了基本地理知识素养。随着人们生活水平的提高，地理知识方面的需求正在快速增长，过去的专业化需求正在变成今天的日常化需求，面向不同群体的地理知识应用需求十分迫切。

（二）地理知识空间化应用

（1）历史地理。构建一个互动式平台，将历史地理知识相关的文字、图片、视频等资料按一定逻辑框架组织到平台中，用户可以互动方式获得感兴趣的历史地理信息。平台经过进一步充实，形成虚拟的爱国主义教育基地、历史地理科普教育基地、历史地理博物馆等。

（2）植物地理。搭建一个互动式地理信息服务平台，按照植物地理学科体系框架，以及不同年龄段、不同类型（专业、非专业）用户特点，将植物地理相关的资料整合到平台中，用户可以互动方式获得感兴趣的任何植物地理方面的信息；与虚拟地理环境等技术结合，搭建植物地理虚拟博物馆。

（3）动物地理。按照动物地理学科体系，以及不同用户类型（专业与非专业用户、不同年龄段用户等）需要，将动物地理相关知识（图片、文字、视频等形式）整合到一个以地理信息系统为基础的平台中，用户可以互动方式获得感兴趣的任何动物地理知识（可以选择区域、地貌类型、植被类型等）；结合虚拟现实等技术，搭建植物地理虚拟博物馆。

（4）人口地理。按人口地理学科知识体系，结合不同类型用户（年龄段、受教育程度、业务类型等）特点，将人口地理知识（文字、图片、视频等）整合到一个地理信息平台中，用户可以互动方式获得感兴趣（地区）的人口地理信息；结合虚拟现实等技术，搭建人口地理虚拟博物馆。

（5）民族地理。搭建一个关于民族起源、分布、发展、文化、习俗、姓氏（大姓）等一切知识的地理信息服务平台，用户可以根据民族分类、地理区域等特征获取感兴趣的民族地理知识；结合虚拟现实等技术，搭建民族地理虚拟博物馆、民族团结虚拟教育基地。

（6）经济地理。以经济地理学科体系为框架，搭建经济地理知识服务平台，用户可以互动方式获取感兴趣（区域、时段、专题等）的经济地理信息，经济地理平台把目前区域发展战略、规划、工程、政策措施等热点区域、经济领域等方面的知识纳入其中；结合虚拟现实等技术，构建国家和区域经济地理虚拟博物馆。

（7）文化地理。以文化地理学科体系为框架基础，结合不同类型用户群体（年龄段、专业领域等）特点，将文化地理相关知识载体（文字、图片、视频等）整合到一个以地理信息为基础的平台中，重点关注古建筑、古村落等内容，用户可以互动方式获取感兴趣（地区、类型等）的文化地理信息；结合虚拟现实等技术，搭建全国和区域文化地理虚拟博物馆。

（8）世界地理。按世界地理学科知识体系，结合用户分类（如年龄段、专业领域等）特点，充分应用卫星遥感信息资源，将世界地理知识载体（图片、文字、资料等）整合到一个以地理信息系统为基础的平台中，用户可以互动方式获取感兴趣的世界地理知识；结合虚拟现实等技术，搭建世界地理虚拟博物馆。

（9）土壤地理。按照土壤地理学学科体系，将土壤地理知识（文字、图片、视频等）整合到一个地理信息平台中，用户通过该平台可以互动方式获得土壤地理方面的大部分知识；结合虚拟现实等技术，搭建全国和区域土壤地理虚拟博物馆。

（10）地质矿产。按照地质矿产学科知识体系框架结构，将地质矿产方面的知识整合到以三维地理信息系统为基础的服务平台中，通过该平台用户可以获得关于地质矿产的大部分知识；结合虚拟现实等技术，搭建我国和区域地质矿产虚拟博物馆。

（11）山地知识。将各地关于山地（特别是垂直地带性）的知识整合到一个地理信息服务平台中，重点关注自然的山、文化的山、宗教的山、经济的山、社会的山、人的山、山的风景和故事等内容，通过介绍全国各地关于山的故事，提升公众在山地地区旅游的兴趣，推动旅游产业的发展，用户可以互动方式获取感兴趣的山地的知识。结合虚拟现实等技术，搭建全国和区域山地虚拟博物馆。

（12）水体地理。将各地关于水的一切知识，包括河流、湖泊、温泉、地下水等的自然、生态、文化、历史等知识整合到一个地理信息服务平台中，结合环境污染、治理等信息，描述水变化的前世今生，用户可以互动方式获取感兴趣的水体地理相关知识。结合虚拟现实等技术，构建全国和区域水体地理虚拟博物馆。

（13）生态环境地理。将关于森林生态、湿地生态、农业生态、草地生态、城市生态等生态环境知识整合到一个以地理信息系统为基础的服务平台中。围绕我国生态文明建设需要，将主体功能区、生态红线等知识纳入平台，用户可以互动方式获取感兴趣的生态环境地理知识。结合虚拟现实等技术，搭建全国和区域生态文明虚拟博物馆、生态文明虚拟教育基地。

十四 环境方面的应用

（一）环境方面应用逻辑

干净的空气、洁净的水、蓝蓝的天、绿绿的草、茂密的森林、开阔的空间、悠闲的动物……，每个人心中都有对优美环境的定义、描述和想象，但现实的环境及环境问题的成因却十分复杂。长时间持续、大范围覆盖的雾霾不单遮挡了人们观察周围世界的视线，更遮挡了人们向往美好未来的视线。从空间及时空演进的技术角度看，地理信息可以为环境问题时空再现和成因分析提供支撑。

（二）环境方面空间化应用

（1）大气污染指数。根据权威部门发布的城市空气污染指数及各主要污染指标的数值，结合大数据信息，按天（白天、晚上或时段）通过空间插值，计算全国各地空气污染数值。用户可以互动方式获取感兴趣地点的大气污染指数。

（2）植被盖度指数。结合各地森林覆盖、草原覆盖、湿地分布等信息，利用遥感技术获取的土地覆盖信息，利用中科院等单位开发的模型，计算全国年度的植被盖度指数（单位面积上植被覆盖程度，以百分比表示）。全国范围内以千米格网为最小计算和展示单元，城市地区以 0.5 千米格网为最小空间单元。用户可以互动方式获取感兴趣地点的植被盖度指数信息。

（3）生态健康指数。结合权威部门发布的各地生态状况数据，以及网络大数据挖掘的信息、文献信息等，计算各地生态健康指数（相对值），指数值越高表示区域生态健康的整体水平越高，以年度静态或动态变化形式展示。全国范围内以千米格网为最小计算和展示单元，城市地区以 0.5 千米格网为最小空间单元。用户可以互动方式获取感兴趣地区的生态健康指数。

（4）水体质量指数。利用权威部门公布的年度水体质量信息，结合网络大数据挖掘的信息、文献信息等，计算各地的水体质量指数（相对值），指数值越高表示水体质量总体水平越好。全国范围内以千米格网为最小计算和展示单元，城市地区以 0.5 千米格网为最小空间单元。用户可以互动方式获取感兴趣地点的水体质量指数信息。

（5）大气质量预期指数。结合各地大气污染本底及采取治理力度大小、新的大气污染源发展趋势、潜在大气污染源发展、经济实力和发展阶段、环保意识、环境治理投入等情况，利用权威部门信息、网络大数据挖掘的信息、文献信息等，分年度测算各地大气质量预期指数（相对值），指数值越高表示对未来大气质量变好的信心越充足。全国范围内以千米格网为最小计算和展示单元，城市地区以 0.5 千米格网为最小空间单元。用户可以互动方式获取感兴趣地点的大气质量预期信息。

十五　财富需求方面的应用

（一）财富需求应用逻辑

"天下熙熙，皆为利来；天下攘攘，皆为利往"道出了经济在私有经济和公有经济初级阶段体制下的重要意义，"经济基础决定上层建筑"更是道出了经济的真谛。财富的重要性对于人们来说是不言而喻的。财富的创造、传递、分配、拥有各个环节均有明显的地理特征。为什么北京的富人那么多？为什么历史上晋商和徽商那么出名？当然，财富的形成和集聚受多种因素的影响。当前财富状态可以向人们展示未来的财富机会，人们可以通过现状去回溯历史，并通过现状来预测未来。财富是全社会创造出来的，至于最后由谁拥有，那只是财富分配问题。地理信息难以直接帮助人获得财富，但可以间接创造财富，也可以激发人创造财富的灵感。

（二）财富方面空间化应用

（1）全国收入排名。搭建一个地理信息服务平台，根据各地年度人均纯收入、城镇居民可支配收入，以及其他与收入有关的大数据信息，通过空间插值算法绘制全国收入地图，用户输入年收入和感兴趣的位置，就可以获得自己在感兴趣地区（精确到县级行政单元）和全国的收入排名。

（2）财富排名。搭建一个地理信息服务平台，结合各地房产等财产价格信息，计算各地财产空间数据，用户输入自己所在地区，以及自己房产的面积、档次等信息，平台则计算出用户在本地区和全国的财富排名。

（3）工作机会指数。利用各地招聘会信息、就业岗位、人口规模、产业结构，以及网络大数据等信息，计算各地工作机会指数（相对值），指数值越高表示工作机会相对越多，按年度计算并发布，重点区域可按季度发布。用户可以互动方式获取感兴趣区域的工作机会指数信息。

（4）创业指数。根据各地产业环境、相关政策、经济发展水平、现有人才情况、资本青睐程度、创业氛围、营商环境等信息，计算创业指数，指数越高表示创业成功的可能性越大。用户可以互动方式获取感兴趣地区的创业指数信息。

（5）富翁指数。依据机构公布的千万和亿万富翁的数量，结合网络大数据等信息，计算各地的富翁指数（相对值），用以表示富翁数量的多少和各地区成为富翁的可能性。用户可以互动方式获取感兴趣地区的富翁指数信息。

（6）开放指数。根据各地开放政策力度、经济结构，以及自身开放性、对外来人口的包容性、发展趋势和前景等信息，计算各地开放指数，指数越高表示开放程度越高，越有利于财富的创造和积累。用户可以互动方式获取感兴趣地区的开放指数信息。

（7）电子商务指数。根据农村地区淘宝村分布与影响、城市地区物流情况、参与网络购物人口及比例、互联网金融规模等信息（来自统计数据、调查数据、网络大数据挖掘等），计算各地的电子商务指数，指数值越高表示电子商务发展水平越高、发展前景越好。全国范围内以千米格网为最小计算和表现单元。用户可以互动方式获得感兴趣地区的电子商务指数信息。

（8）卡车指数。根据各地年度卡车购置数量和保有数量、质量等信息，结合各地道路交通、城镇分布等基础条件，综合计算各地的卡车指数，用于反映各地经济发展阶段、经济建设状况等，指数值越高表示经济建设动能越强劲。全国范围内以千米格网为最小计算和表现单元。用户可以互动方式获得感兴趣地区的卡车指数信息。

（9）轿车指数。根据各地年度乘用轿车购置数量和保有数量、质量等信息，结合各地道路交通、城镇分布等信息，综合计算各地的轿车指数，用于表示各地经济发展、居民富裕等综合情况。全国范围内以千米格网为最小计算和表现单元。用户可以互动方式获得感兴趣地区的轿车指数。

（10）豪车指数。根据各地年度豪车购置数量和保有数量等信息，综合计算各地的豪车指数，用于表示各地经济发达、富裕人群等综合情况。

全国范围内以千米格网为最小计算和表现单元。用户可以互动方式获得感兴趣地区的豪车指数信息。

（11）手机指数。根据各地手机销售数量、类型、持有手机人口比例等信息（统计信息、专业调查数据、网络挖掘信息等），计算各地手机指数，指数越高表示手机的普及率、使用率等越高，也表示手机使用整体水平越高。全国范围内以千米格网为最小计算和表现单元。用户可以互动方式获得感兴趣地区的手机指数信息。

（12）玉石指数。根据各地玉石年度销售数量及档次、人群年龄结构、对玉石的爱好程度、富裕程度等信息，计算各地玉石指数，用于表示各地对未来经济发展的预期，以及经济发展的总体情况，指数值越高表示区域经济总体发展水平越高、对未来越有信心。全国范围内以千米格网为最小计算和表现单元。用户可以互动方式获得感兴趣地区的玉石指数信息。

（13）古玩指数。根据古玩市场的规模和布局、年度销售古玩的规模和品质构成、居民富裕程度、对古玩的态度等信息（来自统计数据、网络大数据挖掘、专业调查数据等），计算各地古玩指数，以表示居民对未来经济社会的预期等，指数值越高表示对未来经济社会越有信心。全国范围内以千米格网为最小计算和表现单元。用户可以互动方式获得感兴趣地区的古玩指数信息。

（14）名包指数。根据各地名牌包的销售数量、居民富裕程度、对奢侈品的偏好等信息（来自网络大数据挖掘、专业调查数据、统计数据等），计算各地名包指数，以表示各地消费奢侈程度，指数值越高表示对奢侈品消费倾向越明显。全国范围内以千米格网为最小计算和表现单元。用户可以互动方式获得感兴趣地区的名包指数信息。

十六　情感等方面需求的应用

（一）情感等方面应用需求的逻辑

绝大多数人都是有很多情感需求的，如被关注、爱人和被爱、被尊重、个人形象、好奇心、童心等，地理信息应用可直接或间接满足这些需求，并使某些需求进一步升华，成为光辉人性的引爆点和沉淀池。

（二）情感等方面空间化应用

（1）被关注指数。根据各地外来人口数量、对外地人的包容程度、文化特色、方言容易接触度、接受新鲜事物的偏好、时尚程度等信息（来源于网络大数据、调查数据等），计算被关注指数（相对值），数值越高表示个人在社会中被关注的程度越高。用户可以互动方式获取感兴趣地区的被关注指数信息。

（2）亲戚指数。利用人口普查数据以及网络大数据、专业公司的抽样调查数据，根据各地常住居民兄弟姐妹及亲属数量，测算亲戚指数（相对值），指数越高表示亲戚数量越多。全国范围内以千米格网为最小计算单元，城市地区以0.5千米格网为最小空间单元。用户可以互动方式获取感兴趣地点的亲戚指数信息。

（3）同学指数。根据各地各类学校（幼儿园、小学、中学、大学、职业学校等）班级人数、各地文化特点、市场化程度、教育水平、经济水平等因素，以及网络大数据挖掘的相关信息，计算各地同学指数（相对值），指数越高表示该地同学联系越密切。全国范围内以千米格网为最小计算和展示单元，城市地区以0.5千米格网为最小空间单元。用户可以互动方式获取感兴趣地点的同学指数信息。

（4）社会网络指数。利用移动公司及大数据信息、调查信息，根据各地手机用户通讯录、微信联系人数据，计算各地社会网络指数（相对值），指数越高表示该地社会网络联系越密切。全国范围内以千米格网为最小计算和展示单元，城市地区以0.5千米格网为最小空间单元。用户可以互动方式获取感兴趣地点的指数信息。

（5）社会爱心指数。人因爱而生，付出爱和获得爱是许多人心底深处的需求。根据各地社会捐赠人数、数量，以及各种爱心活动的数量等数据，以及大数据挖掘的相关信息，计算各地社会爱心指数（相对值），指数值越高表示综合爱心强度越大、热心人越多、社会文明程度越高。全国范围内以千米格网为最小计算和展示单元。用户可以互动方式获取感兴趣地点的社会爱心指数信息。

（6）关爱指数。依据人口普查数据、专业抽样调查数据、网络大数据挖掘信息，基于每个孩子（18岁以前）直系亲属数量、家庭教育情况等，计算各地关爱指数（相对值），指标值越大表示整体关爱水平越高。全国范围内以千米格网为最小计算和展示单元，城市地区以0.5千米格网为最小空间单元。用户可以互动方式获取感兴趣地点的关爱指数信息。

（7）博爱指数。依据养宠物家庭数量和比例、家庭养宠物数量、好人好事数量、居民友善程度等信息（来自专业调查数据、网络大数据等），计算各地博爱指数（相对值），指数值越高表示社会总体关爱水平越高。全国范围内以千米格网为最小计算和展示单元，城市地区以0.5千米格网为最小空间单元。用户可以互动方式获取感兴趣地点的博爱指数信息。

（8）离婚指数。根据各地年度离婚人数及比例、离婚人士的年龄特征等信息，以及网络大数据挖掘的相关信息，计算各地的离婚指数（相对值），指数值越高表示当地离婚的概率越高、婚姻的稳定度越低。全国范围内以千米格网为最小计算和展示空间单元。用户可以互动方式获取感兴趣地点的离婚指数信息。

（9）尊重指数。利用各地无障碍设施完善程度、高峰期老年人出行比例、各种福利机构的数量、经济发展水平等信息（来自统计数据、网络大数据、专业调查等），计算各地的人尊重他人和被尊重的综合尊重指数（相对值），指数值越高表示当地相互尊重的氛围越好，出现不尊重事件的概率越低。全国范围内以千米格网为最小计算和展示空间单元，城市地区以0.5千米格网为最小空间单元。用户可以互动方式获取感兴趣地点的尊重指数信息。

（10）美丽指数。根据各地美女、帅哥数量和比例（基于网络大数据或专业调查）、各地化妆品销售数量及各档次比例、销售服装的种类数量和档次等信息，计算各地美丽指数（相对值），指数值越高表示崇尚时尚和美丽的氛围越浓厚。全国范围内以千米格网为最小计算和展示空间单元，城市地区以0.5千米格网为最小空间单元。用户可以互动方式获取感兴趣地点的美丽指数信息。

（11）好奇心指数。根据各地博物馆数量与分布、书店数量与分布、娱乐场所数量与分布、社区活动场所数量、专利数量等信息（来自统计数据、网络挖掘数据、专业调查数据等），计算各地社会好奇心指数，指数值越高表示当地越有活力、生活的丰富度越高、出现创新成果的可能性越高。全国范围内以千米格网为最小计算和展示空间单元，城市地区以0.5千米格网为最小空间单元。用户可以互动方式获取感兴趣地点的好奇心指数信息。

第七节　面向企业的空间化服务

企业是市场经济的基本载体和最小组织单元，是连接个体与政府、个体与社会、个体与群体的桥梁，更是提供就业、满足居民生活生产需要的关键要素，也是化解各种矛盾、维护社会稳定的基础和稳定器。以地理信息技术为手段，加快企业空间化治理，推动企业更好发展，产生更多的经济效益、社会效益、生态效益、文化效益，是作为经济构件的企业的需要，是地理信息产业发展的需要，是区域经济社会治理的需要，更是提升区域经济结构，实现经济转型发展的关键所在。

一　生产过程控制方面的应用

（一）生产过程治理应用的逻辑

技术进步不但可以改变生产过程，也从一定程度上改变着生产的性质。当前，在网络普及、消费新理念不断涌现的环境下，企业生产除了经济性特征外，还兼有艺术性、社会性、文化性、生态性，甚至是灵性。地理信息服务生产的目的就是向大众展示这些特性及其变化，加速这些特性的形成和发展，为消费主导的新经济发展添砖加瓦。当某些经营者可以把生产全过程展示给大家时，其展示的也是一种自信和品质保障，对不规范生产经营者是一种直接的鞭策，这对于全社会良好生产秩序和理念的形成具有无法估量的价值，毕竟对于绝大多数企业家而言，靠公开透明的规则合法愉快地赚钱，比冒险不正当赚钱更有吸引力、安全感和可操作性。

（二）生产过程控制主要空间化应用

（1）农场应用。农场应用地理信息主要有两个目的：一是精细化管理生产，二是通过地理信息扩大影响力。搭建一个面向全国农场主的地理信息服务平台，农场主可借助该平台，利用移动终端实时掌握农作物生长、土壤、气象、环境参数等，并对农作物生产过程进行控制（现在一些农业项目已经做到了这一点）。结合农业生产直播技术，农场主可利用该平台将自己的农作物生产和农产品加工过程视频与其他信息传递给全国用户，以扩大影响。乐意的话，农场经营者可以把作物（水稻、玉米、小麦、蔬菜、油菜等）的生产直播信息发布出去；同时也可掌握全国各地农场生产信息，为自己的生产经营决策提供参考。

（2）果园应用。搭建一个地理信息服务平台，果园经营者可以实现对果园生产过程的精细化管理，通过移动终端对果树生长、生长环境参数等信息进行实时掌控，并根据需要实施相关作业。经营者可以利用该平台把果园直播信息传递给网络用户，也可以借助该平台了解全国果园生产情况，为相关决策提供参考。

（3）养殖场应用。针对专业化养殖（养牛、养羊、养鱼、养鸡、养猪以及大量特色养殖）用户，搭建一个地理信息服务平台，养殖场经营者可以把养殖场的直播信息及相关信息发布到该平台上；网络用户可以通过该平台选择直播信息，养殖场（特别是生态养殖、有机养殖等特色养殖）经营者可以借此扩大影响力。同时，该平台也是一个养殖经验与技术交流平台，养殖场经营者可以通过网络共享信息、获取其他经营者的信息。

（4）庄园应用。受区域经济社会发展和中国传统文化、传统生产理念、国家整体经济实力的提升、居民居住消费理念的变化等因素的影响，庄园经济（酒庄、茶庄、葡萄庄园等）正在成为许多地方的一种生产生活方式。庄园经营者既有搞好庄园生产的需要，也有扩大庄园影响力的需要。为适应这种社会发展需要，可以构建一个地理信息服务平台，庄园经营者可把庄园的直播信息等发布到平台上，平台整合庄园的各种信息资源，形成覆盖全国的庄园地理信息网络。庄园经营者通过平台既可以发布自己的信息，提升知名度和影响力，也可以通过平台网络学习借鉴其他庄园生产经营的经验。

（5）其他农业服务应用。对于花卉生产、植物园、园艺加工等以植物栽培、生产销售为业务的经营者，搭建一个地理信息服务平台，整合展示全国花卉生产、植物园、园艺等生产者位置、相关资料、直播信息等。经营者通过平台发布自己的信息，也通过平台学习其他经营者的技术和经验，了解全国相关行业情况等。

（6）生产车间应用。生产加工等工业企业经营者多数想动态掌控企业的生产状况，直播技术、传感器技术、移动互联技术和物联网技术等使生产过程的实时掌控成为可能。搭建一个地理信息服务平台，企业主可以通过移动终端实时"看"到生产过程及相关信息。利用该平台，企业主可将相关信息发布到互联网上,还可以为企业扩大影响、赢得更多订单。企业主可以有选择地把相关的生产信息(直播、相关资料)发布出去。当该平台覆盖区域整体甚至全国时,将为区域带来更多的商机。

(7)空间流动性生产。对于以物资运输为主的生产企业,其生产过程空间流动性很强。针对这类企业主的需要,搭建一个地理信息服务平台,企业主可以通过该平台动态掌控自己企业流动资产及服务对象的情况。这在现实中已经有一些应用,拟建的平台可以实现多系统的集成,并引入直播技术。企业主用移动终端即可实现对生产过程和状态的多信息实时监控,把相关信息向社会大众发布,以扩大影响,并通过其他企业主的信息为自己的经营决策提供借鉴参考。这种服务规模达到一定程度,则可以形成覆盖整个区域甚至覆盖全国的、以物流业为主要服务对象兼具生产供需信息的地理信息服务网络平台,借此可以形成多样化的新应用,创造出新的市场空间。

(8)服务业行业应用。对于服务业领域企业,搭建一个地理信息服务平台,企业主可以通过移动终端实时掌控自己企业的生产情况(除生产信息外,还包括直播画面);企业主可以把相关信息发布出去(如餐馆开放后厨、直播食品加工制作)以扩大影响,提升知名度;企业主可以通过该平台了解其他企业的相关信息,借鉴他人经营经验,为自己在市场竞争中存在和发展提供对策。用户发展到一定规模,该平台就形成覆盖整个区域甚至是全国的服务业地理信息服务网络,从中可以挖掘出大量的商业机会。

(9)面向企业的信息服务。为各类市场主体提供遥感信息、以遥感信息为基础来源的信息服务和相关的解决方案。面向农业经销商的服务包括提供区域农作物估产信息、一些经济作物的长势和产量评估信息等。面向遥感数据服务商的服务包括提供各级区域、各种规格的遥感影像信息服务,提供搭载各种遥感平台的无人机飞行服务,提供面向各种应用的无人机遥感解决方案,等等。面向企业的无人机遥感服务根据企业的需要,提供常规化、定制化的无人机遥感服务解决方案,如电网巡检、特定设施监控等。面向企业或个人经营者的大数据分析服务,即利用遥感大数据平台,在符合国家相关要求的前提下,为企业提供大数据分析服务。

二 成本控制方面的应用

(一) 成本控制应用逻辑

对企业来说，效益是永远的追求。商业性企业以追求经济效益为主，非商业性企业以追求社会效益、生态效益、文化效益等为主。无论哪种企业，追求效益就存在投入产出问题。在相同的投入条件下，产出越多效益越高；在相同的产出下，投入越少效益越高。对企业而言，提升效益中的开源和节流都是必不可少的，成本控制是企业生产经营最重要的法宝。地理信息服务企业成本控制的关键是协助企业主发现影响成本的空间性要素及作用机制、提供空间性成本降低的解决方案、提升企业的空间管理水平。

(二) 成本控制空间化应用

(1) 人才成本控制应用。人才的竞争是未来企业发展最为重要的议题。对于企业来说人才不是越多越好，而是适宜最好，因为人才成本是不容忽视的成本。地理信息服务人才成本从两个方面发力。一方面是搭建一个地理信息服务平台，根据各地各类人才用工成本、人才政策、人才稳定程度等因素，测算总额人才成本指数，用于表达各地人才成本的总体情况，企业主可以互动获取感兴趣地区的人才成本指数信息，这对于企业主扩大业务地区选择很有帮助。另一方面是在地理信息服务平台中开发企业员工综合成本服务平台，结合员工工资待遇、居住地到工作地距离、当地生活成本、公共服务等信息，定制企业人才成本管理系统，特别是当企业跨地区经营业务时更需要这样的功能。总的应用目标是通过人才成本地理空间分析，发现人才成本方面存在的外部问题和内部问题，为降低人才成本提供辅助决策支持。

(2) 地租成本控制应用。无论是实体经济还是虚拟经济经营者均需要一定的工作场所。大企业的厂房及配套设施建设需要土地，小的企业需要租用经营场所，土地费用或办公场所的租金共同构成了地租（虽然有人不喜欢这个名称，好像它与万恶的旧社会、垂而不死的资本主义社会有扯不断的联系）成本，是企业生产成本的重要组成部分，特别是城市需要店面的服务业经营主体更能体会到地租成本的重要性。地理信息服务的思路是搭建一个地理信息服务平台，根据各地服务业、工业用地、店面租金、交通成本等信息计算综合地租成本指数，用以表示各地综合地租情况。全国范围内以千米格网为最小计算和展示空间单元，城镇地区以 0.5 千米格网为最小空间单元。用户可以互动方式获取感兴趣地区的综合地租成本指数。通过该空间化指数，企业主在扩大业务地域范围时可将其作为地租成本的参考指标。另一种服务方式在平台中开发用于企业地租成本管控的内部管理系统，把企业内部各经营店地租、影响地租成本的各种信息管理起来，企业主可以用移动终端实时了解企业地租成本的变化情况。

（3）资金成本控制应用。尽管每年中央和地方都出台无数的文件和政策措施加大金融支持实体经济的力度，但中小微企业的金融成本依然没有降下来。受美联储加息以及中国实际通货膨胀率居高等因素的影响，中小微企业的资金成本仍然很高（大的国有企业是另外一回事情，某些国有企业是债务风险积累和传递的载体）。地理信息服务的思路是结合各地中小微企业实际的资金使用成本（来自网络大数据挖掘、专业调查、官方统计等），计算各地资金使用综合成本指数，用以表示各地资金使用成本综合情况。企业主可以互动方式获取感兴趣地区的资金成本综合指数，以为扩大地域业务时考虑目标地金融成本高低的参考。另一种应用方式是根据企业内部的资金来源、资金使用区域与相关因素的空间联系，在地理信息平台中开发专用功能模块，提出降低资金成本的空间化建议，并为企业资金成本管理提供辅助决策支持。

（4）原材料成本控制应用。对于有原材料输入的生产企业，原材料成本是影响企业利润的重要因素之一，大宗商品市场波动、商品价格的长周期和短周期变化对原材料成本的影响很大。地理信息服务原材料成本控制思路如下。第一，搭建一个地理信息平台，结合工业生产主要原材料专业信息，将原材料价格因素、运输因素、质量因素、政策因素等综合考虑在内，计算面向主要工业生产行业的原材料成本综合指数，用于表示原材料成本的综合情况，企业主可以互动方式获取感兴趣地区的行业原材料综合指数。第二，面向企业生产内部业务需要，开发地理信息空间分析模块，用以支持企业原材料的空间管理，为企业降低原材料成本提供辅助决策支持。

（5）能源成本控制应用。能源成本对企业生产的影响主要表现为能源结构和用能价格波动问题，特别是随着各地弃风、弃光、弃水等现象的出现和加重，煤炭、石油价格的波动，能源成本对企业生产形成很大的影响。地理信息服务思路如下。第一，搭建一个地理信息服务平台，将各地能源供给结构、能源消费结构、能源政策、主要能源价格、环境要求等因素综合考虑进来，计算各地能源成本综合指数，用于表示各地能源成本的总体情况，企业主可以互动方式选择感兴趣地区和时间段的能源成本指数。第二，围绕企业内部能源成本，开发相应的功能模块，分析企业内部能源价格、影响能源消耗的因素、企业能源管理等问题之间的空间联系，形成综合降低能源消耗、降低能源成本的策略和方案。

（6）环境成本控制应用。近几十年来，中国工业品价格很有竞争力，除人工等方面的竞争优势外，环境成本低也是一个重要原因，甚至一些企业生产就没有环境成本，但这样的日子一去不复返了。对许多企业来说，环境成本正成为越来越重要的成本构成，甚至是硬性制约。地理信息服务思路是：搭建一个地理信息平台，根据各地的环境容量、环境状况、环保执法力度、相关政策要求等信息，综合测算各地的环境成本指数（相对值），指数值越高表示当地工业生产的环境成本越高，企业主可以互动方式获取感兴趣区域的环境成本指数信息；同时，在平台中开发针对企业的环境成本控制功能模块，从循环经济、绿色经济、低碳经济等角度，结合生产中可能导致的环境问题（废水、废气、废渣、材料堆放等），建立空间化环境成本降低模型，企业主可以借此降低环境成本和环境风险，提升生态效益和经济效益。

（7）综合生产成本控制应用。构建一个以地理信息为基础的平台，将影响企业生产的各种成本及影响因素纳入平台中，根据各地企业生产成本、影响企业生产的各种政策与环境、企业实际成本（来自调查及大数据挖掘）等因素，测算各地的企业生产成本综合指数，用于表示各地综合生产成本的高低，用户可以选择感兴趣地区、行业、时段查找相关的信息。同时，企业根据自己的需要定制开发综合成本控制分析功能模块，为企业降低综合成本提供辅助决策支持。

（8）管理成本控制应用。企业管理成本主要包括外部管理成本和内部管理成本两部分。利用各地各种税负情况及实际执行情况、市场成熟程度、市场开放程度、营商环境优劣、社会诚信度等信息，计算各地综合管理成本指数，指数越高表示该地区综合管理成本越高，企业主可以互动方式获得感兴趣地区的管理成本指数。对于企业内部的综合管理成本管控，可定制开发以地理信息为基础的功能模块，对各种成本及影响因素的空间相互关系进行分析，提出降低管理成本的对策建议。

三 营销管理方面的应用

（一）经营管理应用的逻辑

短缺经济环境下，生产企业从不用操心消费者问题。然而，物质短缺的年代已经过去，顾客就是上帝的自由主义信条又重新回到了经济体系中。在生产过剩的大环境下，结构性生产不足既是结构性生产能力不足问题，也是消费需求偏好和提升问题。无论是生产过剩产业，还是结构性生产不足的行业，消费者在企业主的心目中的分量都是越来越重了。在企业生产决策的全链条中，消费者培育和管控已经成为至关重要的部分。抓住了消费者，就抓住了企业发展壮大的牛鼻子。地理信息服务的关键就是帮助企业主在合适的时候找到合适的用户。

（二）经营管理方面的空间化应用

（1）搜寻消费者应用。搭建一个以地理信息为基础的服务平台，针对行业领域，根据各地人口数量和结构（年龄、教育等结构）、经济发展水平、消费习惯、文化传统等信息，测算综合消费者指数，用于表示当地某些行业领域产品的消费者数量和可能性。企业主可以互动方式获取感兴趣地区的消费者指数信息（针对特定行业），也可以根据自己企业的发展需要，定制消费者分析功能模块，动态再现潜在消费者的区域分布及规模数量。

（2）吸引消费者应用。企业吸引消费者要从数量和质量两个方面下功夫。销售模式包括针对普通大众需求的薄利多销模式，以及针对高端用户的差别化销售模式。在寻找消费者功能模块的基础上，根据潜在客户空间分布特征及消费者的年龄、知识、消费习惯等特征，协助企业测算在哪些区域开展活动能够达到最好效果，具体的功能要求可根据企业主的需要进行定制开发。

（3）留住消费者应用。留住消费者应用的基本思路是通过空间动态分析客户群稳定状态及潜在的问题，并提出应对措施。根据企业产品销售区域及消费人群特点，结合各地消费趋势变化、人口年龄结构、消费习惯、新技术影响、政策环境变化、国内外政治经济局势变化，动态测算企业产品消费群体的稳定状况，以及存在销售下滑风险的区域和规模，并对企业采取措施的效果进行空间化模拟评估，为企业留住客户和消费者提供辅助决策支持。

（4）市场竞争应对。市场竞争应对应用的基本思路是：通过市场调查及相关信息，针对某些行业领域，结合某些产品的市场饱和度、市场对产品的新需求、产品生命周期，以及各地人口的年龄和教育结构、政策趋向、经济发展阶段等特征，测算这些产品的综合竞争指数，指数值越大表示竞争越激烈。企业主可以根据需要利用搭建的地理信息系统服务平台定制某些产品的综合竞争指数测算功能模块，平台可以为企业寻找竞争相对较弱区域提供帮助。

（5）空间有效竞争应用。思路是帮助企业主寻找有可能实现市场突破的地区。针对行业领域的某些产品，结合各地的产品饱和状况、地方保护情况、政策趋向、营商环境等信息，计算各地的有效竞争指数，指数越高表示开展竞争成功的概率越高。围绕空间有效竞争构建地理信息服务平台，利用该平台可针对具体的行业领域和产品有效竞争进行相关分析，平台也可为企业主定制开发相关功能模块，提供定期和不定期的相应分析服务。

（6）创造新需求应用。思路是为企业主提供新需求可能被创造出来的区域。针对某些行业领域，结合当地的人口结构（年龄、受教育程度等）、接受新产品的偏好、营商环境、政策措施稳定性、地方保护情况等信息，综合测算各地新需求创造综合指数，指数越高表示创造新需求的可能性越大。构建的地理信息服务平台可按企业主业务需要定制开发相应的分析功能模块，也可以对新产品被接受的可能性进行空间分析，为企业新产品研发和推广提供辅助决策支持。

四 风险控制方面的应用

（一）风险控制应用的逻辑

无论喜欢与否，风险是企业每天都要面对的东西，并且风险最大的特点之一就是其不确定性。风险有孕育、形成、发展、消亡的生命周期。在不同的风险发展阶段，其对企业的影响方式和影响效果不尽相同。彻底消灭风险的理想是不现实的，但通过有效的措施降低风险、降低风险的影响则是可行的。地理信息服务企业经营中风险管控的基本思路是对风险各要素时空特征、风险各影响因素的时空特征、各种要素因素之间的空间相关联系进行分析，为企业经营者提供风险可能地区、风险的规模和应对风险参考建议等信息服务。

（二）风险控制方面的空间化应用

（1）投资生产风险。企业生产最大的风险是生产出的产品或提供的服务得不到市场的认可，产品成为滞销品和库存，削弱企业未来发展能力。对国家或地区来说的产能过剩，对企业而言就是生产风险管控出了问题。对于国有企业，生产风险以及由此导致的经济损失可以通过政策途径化解；对于民营企业，大的投资风险则可能是毁灭性打击。通过与相关行业协会合作，搭建一个地理信息服务平台，针对主要行业领域定期发布投资风险指数，指数的测算综合考虑各地投资环境、市场饱和度、市场发展预期、营商环境、经济发展水平、政策措施、制约条件等环境条件，企业主可以互动方式获取感兴趣地区的指数信息（针对特定行业），也可以根据自己企业发展需要，定制开发企业投资生产风险分析功能模块。

（2）资金风险。资金链是企业的生命线，特别是对于民营企业更是如此。利用行业协会的相关信息，结合各地的资金基本面情况、营商环境、资金使用习惯、民间借贷的利率、企业负债情况（调查信息和统计信息）、经济规模和结构、市场发育成熟度等信息，计算各地资金风险指数，风险指数越高表示某行业或总体资金使用风险越大。企业主可以互动方式获取感兴趣地区的指数信息（针对特定行业），也可以根据自己企业的发展需要，定制开发企业资金风险分析功能模块。

（3）政策风险。对于具有中国特色的社会主义市场经济体系而言，政策风险在较长的时间段内难以避免。从国家整体市场发育越来越成熟的事实看，政策风险越来越低，但随着经济规模的扩大及经济自身关联度扩大，政策风险仍然很高。针对一些行业领域，结合行业协会的信息、各地政策灵活度、政策执行力度（经验数据）、经济发展水平、营商环境、区位条件、区域行政等级和政治地位等信息，综合测算各地的政策风险指数，企业主可以互动方式获取感兴趣地区的政策风险指数信息（针对特定行业），也可以根据自己企业的发展需要，定制开发企业政策风险分析功能模块，为企业提供动态的政策风险分析参考。

（4）地域风险。"天时、地利、人和"中的"地利"道出了企业经济空间布局的重要性。地域风险不单是企业生产经营的成本问题，也有文化等方面的影响。针对某些行业，结合行业协会信息，利用各地经济发展水平、人口数量、风土人情与消费习惯、对特定产品的偏好、营商环境、区位特点、政治影响力等信息，计算各地的综合地域风险指数（相对值），企业主可以互动方式获取感兴趣地区的地域风险指数信息（针对特定行业），也可以根据自己企业的发展需要，定制开发企业地域风险分析功能模块，为企业规划、发展策略制定、经营策略提供决策支持。

（5）风险应对。根据企业不同的风险类型，风险应对的具体内容会有不同。针对特定的行业领域，地理信息可以为企业家提供基于地理信息技术的风险应对服务，如可以为保险公司提供各种风险、事故概率发生的区域特点等信息，为保险业务开展提供决策支持；对于服装加工企业来说，可以提供销售和需求的空间信息，辅助企业应对销售风险。搭建一个服务平台，针对行业领域，根据各地自然、经济社会、市场发育程度等信息，测算综合风险应对指数，用于表示风险应对的难易程度。企业主可以互动方式获取感兴趣地区的风险应对指数信息（针对特定行业），也可以根据自己的企业发展需要，定制开发企业风险应对辅助决策支持功能模块，为企业风险应对提供辅助决策支持。

五 企业发展方面的应用

（一）企业发展方面应用的逻辑

对很多企业来说，尽管理想很美好，但现实往往很骨感，甚至是残酷。对于有条件发展壮大的企业，企业规划是十分关键的。真想发展的企业，企业规划要有现代手段和理念的支撑，想混日子的企业（特殊环境下企业生存的一种策略选择）也需要用现代信息手段来支撑。除地理信息产业外，地理信息的作用不是直接改变企业的生产经营，而是辅助企业谋定发展的一些重大问题，使企业在未来的市场体系和区域政治经济体系中发现存在和壮大的机会。

（二）企业发展方面的空间化应用

（1）发展规划。一个企业的成功，一个产品的成功，一种经营模式和理念的成功，需要天时、地利、人和多种条件的配合。可为空间规划服务提供支持的地理信息技术，可以对企业发展的各种要素、各种场景、各种效益等内容，通过地理空间相关分析，以情景模拟再现方式展示出来，为企业未来发展路径选择、产品选择、经营策略选择、重大布局等提供辅助决策支持，特别是分析成功企业的客户群的空间分布及消费能力的空间分异特征，对于相关企业的发展规划编制十分重要。

（2）监管信息应用。尽管我国市场经济越来越规范，但实践和教训一再证明灵活和适应监管在企业发展中的重要性。针对某些行业领域（如房地产行业），根据各地政策的倾斜支持、税收监管、环境监管、卫生监管等情况，测算各地监管综合指数，以表示各地监管总体强度（针对行业领域）。企业主可以互动方式获得感兴趣地区的监管综合指数信息，也可以根据企业自身业务需要定制监管信息功能模块，动态实时掌握监管情况，为企业相关决策提供辅助决策支持。

（3）企业增长点策划。企业生存和发展的关键是随着经济社会发展带来的各种市场变化、消费理念变化、消费习惯变化、消费层次的提升等变化，适时地、不断地推出新产品和服务，这要求企业要不断寻找新的业务增长点。产品或服务推早了，可能无人问津；推晚了，则进入红海竞争，无利可图。地理信息服务的基本思路是：构建一个地理信息平台，围绕行业开展增长点策划服务，根据国家整体和区域经济发展、相关技术发展、消费理念变化、消费习惯变化等情况，提出针对行业领域的新产品需求及适应区域，以针对行业领域的新产品指数形式发布，指数表示某种新产品在各地需求的强烈程度。企业主可以互动方式选择感兴趣地区和产品的新产品指数信息，也可以向平台定制自己需要的策划信息。

（4）政治资源区域影响评估。区域是政治经济学最好的试验场和验证地，虽然市场在资源配置中发挥主导作用仍是一个远大的改革目标，但更好发挥政府作用的要求则在各地通过各种形式实践着。根据各地的行政级别、在国家政治生活中的独特位置、高级领导干部（部级及以上）人数、经济发展程度（越落后地区对政策和政治的敏感性越强）、人口整体素质、经济规模、区位条件、自然地理环境等因素，计算政治经济综合指数（相对值），指数值越高表示政治对经济的影响效果越大。企业主在考虑产业布局、定位时可以参考这些信息，特别是容易受政策影响的产业领域的企业主更应该关注这些信息；企业主可以互动方式获得特定行业领域感兴趣地区的政治经济综合指数信息，也可以根据需要定制自己感兴趣行业领域的功能模块。

（5）全球市场影响。国内企业"走出去"是响应国家战略的行动，也是企业自身发展壮大的客观需求。从"走出去"的经验和教训来看，对国际市场各要素及各种影响因素，特别是具有区域特点的各种市场要素的了解和掌控有很大的问题。围绕企业"走出去"的国家战略和企业长远发展需要，搭建一个地理信息服务平台，针对重点行业领域，根据世界各地经济状况、市场环境、政策措施影响、文化风俗、政治经济因素、市场风险、人口及消费规模、产业链条完整度等信息，测算世界各地投资综合指数（相对值），用以表示投资总体可行性，数据按年度测算，以 10 千米格网为最小计算和展示空间单元。企业主可以互动方式查询感兴趣地区、行业领域的投资综合指数信息，也可以根据企业需求定制相应的功能模块，以服务于市场开拓等。

第八章

区域经济社会治理的重点任务建设

改革开放以来，大规模基础设施建设为我国各地大型工程项目建设提供了丰富的管理经验和成熟的技术积累。区域大型工程项目的建设对强化投资拉动经济效果、提振区域经济社会发展、扩大就业等都很有帮助。大型工程项目对区域经济社会的影响是巨大的，大型工程项目不但能够给地方带来地区生产总值、大量的就业，以及大量配套产业的集聚，一些大型工程项目或基础设施甚至可以彻底改变一个区域在更大区域经济体系中的区位。但大型建设项目开工建设也会给区域带来一些负面的影响，如经济发展方式改变困难、生态环境问题恶化、区域经济结构不合理等问题。区域经济社会治理的重点任务建设与大型工程项目不是完全等同的概念。

大干快上树烟囱，良田种出楼房丛，留些绿水慰子孙，发展何需当下功?

第一节　区域经济社会治理地方政府需求

省级行政区及省级以下各级行政区担负着区域经济社会治理的职能，以及中央政府各项政令传递到人、中央的温暖传递到人、中央的意志传达到人等方面的职能，尤其是县级和乡镇级基层政府是社会事务管理的前沿阵地，更是各地经济发展和社会稳定的能量源和稳定器。

一　政府监督考核需求

（一）政府监管责任

地方政府作为区域经济社会的管理者和服务者，除具体的事务管理和服务外，还需要对区域内各级政府的运行进行有效监督，省级政府需对地市级、县级政府进行考核监督；地市级政府和县级政府也要依法依程序对辖区内下级政府进行监督考核。省级政府还需要有效应对中央政府对省级政府的绩效考核，做好有效的上传下达和区域统筹协调工作。

（二）政府监督考核方面的主要业务应用需求

区域政府对区域内各级行政单元的监督考核涉及经济社会的诸多方面，从与区域经济社会治理的紧密程度看，主要包括以下几个方面。

地方主体功能区定位符合性审查。利用地理信息平台辅助开展主体功能区审核工作，重点是对辖区内各地开发强度、城镇建成区面积、森林覆盖率、农村居民点面积，以及产业、土地、环境、投资等方面政策的落实情况进行考核监督，特别是对生态环境政策落实情况的考核监督，是区域生态文明建设的重要抓手和切入点。在地方政绩考核中 GDP 地位逐步减弱的背景下，主体功能区制度必须作为区域国土空间管控的战略和制度，区域内各地主体功能区符合审查和考核将成为一项重要工作。

纳入重点生态功能区的行政区域监管。对纳入国家和省级重点生态功能区的行政区域、重点林区的产业准入负面清单执行情况进行监督考核。考核的重点是结合水土保持、水源涵养、防风固沙、生物多样性等不同生态功能类型区要求，对相关行政区域生态环境的动态变化情况、相关产业的退出情况、管控措施的落实情况、开发强度变化情况等进行监控。国家重点生态功能区所涉及行政区域的生态功能不但具有区域意义，在国家层面也具有重要作用，省级政府作为中央政府的代言人对相关行政区域进行国家重点生态功能维护的监管，是省级政府的一项重要工作和不可推卸的责任。

自然资源资产干部离任审计。重点是各地自然资源资产的测算和动态监控，具体包括自然资源数量和质量变化情况、资源资产的布局变化情况、区域生态整体变化情况等。审计考核与主要干部任期挂钩，以县级行政区为单位，对离任的主要负责人进行自然资源资产离任审计，既是国家生态文明改革总体方案提出的要求，也是各地走向生态文明的必然路径；以县级行政区为基础单元，逐级向上开展自然资源资产主要干部离任审计，审计结果可作为各级干部任用、调动、升迁的重要依据和指标。

各类资源状况。对本地各类资源数量、质量、空间分布、开发利用状况、资源开发中存在的问题等进行有效掌控和动态跟踪，以县级行政区为评价和考核单元，监督和评价资源利用情况，发现其中存在的问题，并予以及时通报纠正。对资源开发利用与相关政策措施的符合性进行审查，以县级行政区为单位对资源开发总量、区域、速度及其他指标要求同区域及国家相关政策措施的符合性进行审查，对发现的问题予以通报纠正，使之成为各类资源利用事中监管的重要内容和主要方式途径。

区域经济社会指标完成情况评估。对各级行政区各类经济发展和社会建设各项指标的完成情况、其中存在的问题等进行评估，对其中存在的问题及时责令相关地方政府予以纠正；根据各地的自然地理环境、人口、经济社会状况进行经济社会风险评估，对评估中发现的问题，通报并责令相关地方政府予以纠正。

区域发展劝导。针对各地经济社会中存在的突出问题，提出发展劝导建议，要求地方提出整改措施，并对整改措施落实情况开展跟踪评估；问题、建议、措施、效果评估等均应基于各级行政区域和其他需要的空间单元展开，实现责任与责任人的空间对接和时间对接。这种方式可以作为今后区域政府对辖区内各级政府有效监管的一种途径，特别是通过客观方法获得相关信息，可以有效避免辖区内各级政府工作完全依赖被评价对象上报数据所隐含的数据造假问题。

应对国家的考核。区域政府还肩负着中央对地方各项考核在辖区内落地的责任，中央考核各省级政府，省级政府应对考核要靠辖区各地工作完成情况。针对国家对省级行政区在资源、环境、生态等方面的考核，构建以地理信息为基础的服务平台，辅助编制相关的国家考核自评估报告，提供辖区内各地资源、环境、生态等指标信息，并根据当地的实际情况，对相关领域的考核提出建议以供参考。

二 规划与政策措施制定需求

（一）政府规划领域需求

发挥市场在资源配置中的决定性作用和更好发挥政府作用的结合，为构建服务型政府提出了新要求。政府作为最后的守夜人和最后的贷款人，做好规划、管好规划是政府最重要的责任之一，也是实现区域经济社会、资源环境生态协调发展的关键所在。做好区域规划编制和执行工作，需要对各种规划的编制、各级各类规划实施监督情况、各级各类规划实施情况进行评估。

规划编制辅助决策支持。根据任何以实体存在为基础的规划都离不开空间布局的实际，构建以地理信息为基础的服务平台，为各类各级规划提供可行性分析、信息及技术支持，确保规划编制的科学性、合理性、可落地、可操作。

规划实施监督。规划行业曾在私底下流传"规划规划，墙上挂挂"的说法，这种情况在新常态下有一定好转，但受体制机制等方面的约束，特别是规划的法制化建设仍不到位，规划监督实施仍是个难题。规划实施监督的思路是依托地理信息服务平台，对区域各种规划要素的时空状态与规划目标要求进行对比分析，以发现规划完成情况、存在的问题，其重点是规划任务跟踪、项目进展监管等。

规划评估。规划评估的内容主要包括两个部分。第一是某个规划基于内容完成情况与规划预期对照性的评估。第二是规划与其他规划协调性评估。一直以来，各地比较关注规划自身的评估，虽然在每个规划中都提出与上位规划、相关规划的衔接协调要求，但这些规划语言往往是仪式性的标准化说辞，鲜有人认真过。规划评估的核心业务是将规划实施后的实际效果跟规划目标预期进行对比分析，通常是在规划执行一段时间后，或规划执行完毕后开展。评估的重点是实施效果评价，发现规划实施中存在的问题，并提出相应的对策建议。

规划调整。由于区域内外影响规划实施的基础和条件在不断变化，特别是在强势政府环境下，区域发展的诱发因素很多，加上规划本身的局限性，适时对规划进行调整在所难免。调整的思路是利用地理信息服务平台，针对规划实施进程中的问题，提出规划调整意见和建议，为各种规划要素和对象在哪些地方、什么时间需要调整提供辅助决策支持。

(二) 政策措施制定辅助支持

无论是长效性，还是短期临时政策措施，都是各级政府针对区域经济社会发展中的问题而采取的主动或被动的适应应对措施。政策措施的制定离不开当地实际情况，政策措施最需要解决的两个问题是制定前的效果模拟分析和后期的政策措施效果评估。

政策措施效果模拟。对拟出台的政策措施可能影响的区域、可能出现的结果、作用区域差异等进行模拟分析，以确保政策措施出台后不会出现大的偏差和区域性纰漏。区域经济社会治理中大量无效政策、虎头蛇尾政策、不接地气政策等的出现，与政策措施制定时的效果模拟缺失或形式化模拟有关。任何政策措施的实施或被执行都需要一定条件，当这些条件不具备时，政策措施自然就没有效果。政策模拟的关键就是准确把握政策措施执行所需要的条件，及其在区域内的完备情况，在区域不具备实施条件的政策措施必然会成为空中楼阁。

政策效果评估。对已实施政策措施的经济效益、社会效益、生态效益进行综合评估。主要评估内容是政策实施效果同预期值的差距，重点是分析出现偏差的区域、关键内容，并提出应对措施。政策效果评估是检验一项政策措施是否达到预期的方法，效果评估的关键是评估指标选择的合理性、评估方法的科学性和评估结果应用的有效性，做不到这几点，政策效果评估就会沦为形式主义的表演。

政策符合性分析。对各项政策措施之间的相互影响进行分析，为政策措施的顶层设计和调整提供依据。针对部分地方存在的政策过多、政出多门，政策之间协调性、兼容性较差等问题，对拟在本地实施的政策措施进行符合性分析，提前预判可能出现的问题，找出相应的对策措施，以防患于未然；同时，也可以作为应对中央政策的决策支持手段。

三 经济运行监管需求

（一）工业经济监管方面的应用需求

从区域经济结构发展的一般规律看，我国大部分地区都已经进入工业化或后工业化阶段，但工业依然是区域经济中重要的组成部分。地方工业经济监管的重点是发现工业运行中的问题，并及时提出合理化的调整对策建议，以确保工业经济不出现大的偏差和波动。监管需要在区域工业经济整体及工业企业（重点企业）两个层面开展。

工业企业布局分析。困扰各地经济良性发展的严重产能过剩，既有产能过大的问题，又有区域空间布局不合理的问题。根据各地资源禀赋、需求等情况，结合工业企业及工业行业自身发展规律特点，分析区域内现有工业企业布局合理性、适用性（有的需要从更大空间尺度上进行分析），发现其中存在的问题，并提出对策建议。

企业环境风险分析。结合各地环境本底及环保要求，分析各类环境风险企业的风险度，并提出对策建议。由于历史发展条件、生态环境政策趋严等原因，一些企业所面临的环境风险会发生变化，特别是城镇快速发展可能改变企业的空间相互关系、民众环境意识的提高会改变企业所面临的环境格局，这些都是企业环境风险分析中应予以考虑的问题。

工业经济发展环境分析。结合自然环境、经济发展统计数据、全国及全球市场，对当地工业经济发展存在的问题、潜在风险进行分析，提出对策建议。区域工业发展的环境是动态变化的，产能过剩、公众环境意识提升等现象都是响应区域工业发展环境的结果，区域工业发展环境的变化要求政府采取适当措施引导工业经济向预期方向发展。

工业园区监管。根据各地经济发展实际和需要，对各类工业园区设施进行合理性分析，对园区存在状况进行监测和适时对园区进行调整，分析各类园区同质化竞争，对各类园区招商引资政策进行清理；发现工业园区运行存在的问题，并提出对策建议。

产业协调。根据政策空间适宜性和时段适宜性特点，考虑提高各地产业布局的空间协调性，以及由此对各地提出适宜发展产业，从本地和全国角度分析市场潜力、实现可行性等方面进行分类指导。

（二）农业经济监管方面的应用需求

虽然农业经济在各地经济总盘子中的比重越来越低，但作为国家基础性、战略性产业，其良性运行和健康发展对于任何地方来说都是重中之重。农业经济监管重点是对农业、农村、农民发展现状进行监测，发现潜在问题，提出对策建议。

特色农业资源分析。根据各类特色农业资源分布特点，各地经济发展水平及结构、市场对特色农业资源的需求程度、居民膳食和营养结构的地域差异和特色、各地文化特点等信息，分析各地特色农业资源发展潜力、存在问题，提出相应的对策建议。

粮食安全分析。根据各地耕地数量、质量和生态特征，结合各地粮食市场发育情况、粮食作物种植积极性、粮食种植补贴政策、粮食作物种植成本等信息，以耕地保障为基础，结合作物长势分析各地粮食安全形势。

菜篮子工程保障评估。根据各地蔬菜种植条件和状况、居民对蔬菜的总量需求和结构品种偏好，结合蔬菜种植区域及长势，分析各地菜篮子工程的保障能力、存在问题，并提出对策建议。菜篮子工程事关居民生活，老百姓的事无小事，菜篮子工程不但要解决蔬菜的有无问题、结构问题，还需要解决蔬菜健康问题。

休闲农业分析。根据各地休闲农业发展基础、居民收入水平、经济社会发展阶段、文化特点及偏好等，结合各地农家乐、特色农产品等，分析休闲农业发展潜力、存在问题，并提出对策建议。

（三）旅游监管方面的应用需求

旅游业作为各地经济发展水平和居民收入标志性指标，其健康发展受到越来越多的关注，行业发展中存在的问题也受到各方关注。区域政府对当地旅游监管集中在旅游资源监管、旅游产业发展监管等方面，发现旅游业中存在的问题、风险，并提出对策建议。

旅游资源监管。根据区域内各地方旅游资源的存在和开发利用状况，进行旅游资源评估，提出旅游资源优化利用建议。旅游资源具有空间上集聚、效用空间扩散、利用集中管理等特点，旅游资源监管的最终目标是区域旅游资源效益的最大化。

旅游基础设施评估。根据各地经济社会发展实际，特别是旅游业的发展现状和趋势，进行各地旅游基础设施配置合理性及适用性分析，特别是对旅游信息基础设施建设适宜性进行分析，发现存在的问题，并提出对策建议。旅游基础设施建设包括旅游景区设施的优化，也包括旅游景区通达配套基础设施的建设和优化。

旅游产业发展健康评价。结合各地旅游业基础及各项指标信息，分析旅游产业配套资源的协调性、适用性，发现各地旅游产业潜在风险，提出发展对策建议。区域旅游产业健康发展需要厘清旅游资源的受益方、贡献付出方的关系，建立合理的旅游产业收益分配机制，建立稳定的旅游产业发展机制，并逐步扩大区域旅游产业规模，实现区域旅游产业效益的总体最优。

四　社会事业与城乡建设需求

（一）人口与城乡建设方面的应用需求

人的发展是区域和国家治理的终极目标。人在空间上是流动的，也是相对静止的，这种流动和静止既有客观原因，也有主观原因，只有充分掌握人口流动或静止的根本原因，才能够真正实现人口的有效管理。区域政府在人口与城乡建设方面的工作集中在区域人口管理、新型城镇化建设和美丽乡村建设等方面。

流动人口分析。利用网络大数据，结合移动电话位置信息和人口统计信息，分析人口在空间上的流动（流入、流出）情况。流动人口的空间分布特征和空间变动特征，为地方政府提供的相应公共服务的数量、规模、空间布局等提供依据。

异常人口流动监管。利用移动手机位置信息及地理遥感信息，对较大规模的人口异常流动进行监控分析。对异常人口流动的监管可以实时发现区域人口流动存在的问题，通过相关分析进而可以掌握区域社会稳定所面临的风险和潜在的问题，为应对措施选择和预案编制奠定基础。

人口布局分析。结合人口普查及抽样信息，分析人口分布合理性（年龄结构、民族结构、文化结构等），分析可能出现的社会风险和隐患；通过人口布局信息分析，为地方政府相关的公共服务有效供应、有效化解社会矛盾等工作奠定基础。

城乡建设合理性分析。根据人口分布及人口流动信息，分析各地城镇建设规模的合理性等，为城乡规划决策提供信息支撑，为避免城市无序扩展提供参考依据，既避免区域城镇的无序扩张，也推动区域城镇合理发展和空间优化布局。

乡村振兴战略实施分析。结合乡村现有人口情况、人口流动情况、居民居住习俗等信息，结合城乡规划、新农村建设相关政策，分析新农村建设的适宜性、合理性，提出动态变化趋势和应对措施。

（二）公共资源配置方面的应用需求

公共资源是地方政府面向居民提供服务的载体和主要形式，公共资源配置的合理性、科学性对政府服务职能的发挥具有十分重要的作用。区域政府在监管辖区内各地公共资源配置方面的主要任务是：公共资源配置合理性评价、公共资源配置问题分析、公共资源配置调整对策等。

医疗资源配置。根据各地需要资源群体的空间分布、流动人口信息、经济社会发展情况、当地财力、中央支持情况等信息，对各类各级医疗资源空间配置的合理性进行分析，查找现有医疗资源配置中存在的主要问题，并提出调整建议。

教育资源配置。根据各地各类受教育群体的数量、结构（特别是城乡结构）及分布，以及当地的教育基础、支持教育的财力情况；对各类各级教育资源的空间配置合理性、有效性进行分析，发现教育资源（特别是表现基本公共服务均等化的资源配置）中存在的问题，并提出应对和调整建议。

养老资源配置。面向区域老龄化社会的现实和未来需求，根据各地需要公共养老资源配置群体的数量、结构及空间分布，结合当地养老资源供应财力、经济社会发展现实、养老文化等，充分考虑社会养老资源布局，分析养老资源配置的合理性、适宜性，提出对策建议。

文化体育等资源配置。面向各地未来人口发展的趋势和特点，根据各地人口结构、数量和整体素质，结合各地财力、经济社会发展状况、文化特点等条件，充分考虑社会文化体育资源布局，分析文化体育资源配置的合理性、适宜性，提出对策建议。

（三）综合减灾防灾决策支持的应用需求

随着经济社会发展，区域内各种自然、人为灾害导致的经济、社会、生态损失越来越大，灾害发生的风险也越来越高，各种灾害之间的关联程度也越来越大，加强灾害的综合管控、综合治理、综合减灾是区域政府的必然选择。区域政府对辖区各级政府在综合减灾方面的监管重点是各类自然灾害的防灾减灾决策分析过程和事后评估。

自然灾害风险分析。基于各地的主要自然灾害历史信息、经济社会各种实体和人口的空间分布等信息，对各地出现的各类自然灾害风险进行评价，建立各种自然灾害和综合自然灾害发生的风险图谱。

人为灾害风险分析。基于区域内高速公路、加油站、灾害隐患点、社会稳定情况等信息，测算各地发生非自然原因灾害风险等级指数。这些信息可以作为相关设施空间优化调整的依据，通过相关设施数量、质量、结构、规模、布局的优化组合调整，使区域非自然因素灾害风险降低到最小。

灾害应急会商。集成地理信息采集、处理分析等功能，搭建灾害现场应急处置业务支持系统和应急响应辅助决策支持系统，作为灾害应急指挥、救灾物资调度、救灾人员调配、采取救灾措施的基础平台和决策依据。

（四）精准扶贫和贫困救助的应用需求

应用的重点是准确表达贫困的空间状况及动态变化情况，对扶贫和救助的效果进行空间化评估。主要用于各地精准扶贫中的精准识别、移民搬迁、扶贫评估、贫困户可持续发展等工作，以及针对不同贫困群体的贫困救助。

贫困精准识别。利用地理遥感数据对各地贫困成因进行识别，开展贫困户精准定位与描述，准确把握贫困状况。

精准扶贫评估。利用地理遥感大数据，结合实地调查信息、第三方评估信息，对扶贫精准程度进行评估；有效诊断精准扶贫中的贫困户有效识别、高效扶贫、有效脱贫等问题，解决精准扶贫的信息准确性和有效性问题。

生态移民可行性分析。利用地理遥感及经济社会模型，对生态移民迁出区、迁入区安排的合理性及适宜性进行评价，对移民的可持续发展进行跟踪评估，特别是基于生态移民长期生计和发展的分析和模拟，确保生态移民在迁入地能够稳定生活和健康发展。

社会参与扶贫平台。构建基于政府部门的社会公众参与的贫困户帮扶平台，实现贫困户与提供资助人士的对接，使提供资助人士能够通过平台精准对应贫困家庭，并对救助效果进行动态跟踪。

贫困户脱贫可持续性分析。从地理环境、产业经济等多角度综合分析脱贫户的可持续发展问题，特别是要区分贫困户被动原因、主动原因等致贫因素，从而分类制定相应的脱贫帮扶措施，从根本上解决绝对贫困问题。

贫困救助业务支持。根据各地自然地理条件、居民的生活水平、产业结构、就业等信息，建立针对被救助群体的空间信息系统，建立贫困救助预案，实现贫困救助的精准化，确保每一个贫困户都能得到有效的帮扶。

（五）社会稳定监管方面的应用需求

社会稳定是任何区域发展和稳定的基础。社会稳定不应是建立在落后、原始、独裁的治理模式下，而是在民主、自由的区域和国家治理模式之下，这需要理顺影响社会稳定的各种要素及其关系，特别是其间的空间相互作用。区域在社会稳定监管方面的重点是社会综合治理服务，关键是提升社会治理能力的现代化水平。

物价稳定监管。物价稳定是任何国家和地区社会稳定的基础，监管应用思路是：充分发挥社区街道村庄老年人的作用，利用手机上报各地区的蔬菜粮油等价格，结合地理遥感数据和模型，对物价的平稳度进行监控，发现其中问题，并提出应对措施。

就业稳定监管。充分发挥社区街道村庄老年人的作用，结合民政力量，对各地就业状况进行动态跟踪，发现潜在问题，并提出应对措施；通过数据之间的相关分析和某些要素的动态跟踪，分析隐形失业人口数量和结构，为采取相应措施提供依据，将失业矛盾和风险降到最低。

特定人群动态监管。利用社会力量（如北京"朝阳群众"模式），利用网络和移动终端及时对特定人群动态进行监控，分析潜在风险与问题，及时采取有效措施，防止群体事件发生发展，确保区域社会稳定。

五 基础设施建设需求

（一）主要基础设施规划建设方面的应用需求

基础设施是一个地方经济社会发展的基础保障，基础设施建设是以投资拉动经济增长的有效路径。基础设施监管方面应用主要集中在基础设施规划、建设和效益评估三个方面，重点是对各级各类基础设施的合理性、适宜性、状态等进行评估，并提出基础设施布局建设建议。

公路基础设施分析。根据各地自然地理特征、经济社会发展情况及趋势、人口分布及流动、城镇化建设等信息，分析各级各类道路状态、合理性，提出规划建议，对重要道路基础设施运行效益进行评估。

铁路基础设施分析。根据国家和地方铁路网络规划（特别是高铁网络），各地的经济社会发展情况、人口分布及流动情况、自然地理特征等信息，分析现有铁路网络状况、合理性、适宜性，并提出规划建议，对重要铁路运行的效益进行评估。

水利设施分析。根据各地自然地理环境特点，结合人口分布、经济社会发展、自然资源特点、能源结构及特点等信息，分析水利设施的适宜性、合理性，并提出水利设施建设建议，以优化区域水利设施，使其效益最大化。

电力设施分析。根据各地用电需求及地域分布特点，结合国家和地方能源政策、消费情况等信息，从地理空间相关性角度分析电力设施适用性，以及现有电力设施存在的问题，并提出调整建议。

（二）其他基础设施应用需求

其他能源基础设施。根据各地对燃气等能源资源的需求，分析现有燃气等能源基础设施的适用性和合理性，发现其中存在的问题，提出调整建议，特别是极端天气或过激政策措施环境条件下，能源有效供应对基础设施的要求和应对措施，以有效减少能源基础设施不足或布局不合理带来的影响。

六　生态环境等方面的需求

（一）生态环境方面的应用需求

生态环境方面重点应用是对各地生态环境现状及动态变化的监管，发现生态环境方面存在的问题，并为生态环境政策措施的制定提供辅助决策支持。

各地生态环境现状分析。重点是获取、表达、模拟各地生态环境（大气、水、土壤、生态等）状况信息。

生态环境动态变化分析。重点是各地生态环境（大气、水、土壤、生态等）动态变化情况、变化趋势分析。不但要对辖区内各地生态环境的本底情况进行了解，还需要对生态环境各要素的动态变化情况进行及时跟踪，确保区域生态环境功能的整体稳定。

生态环境状况适宜性评估。针对各地大气、水体、土壤、生态等状况及趋势，对区域与国家、省级行政区相关要求的差距及其存在问题等进行评估分析，特别结合新常态下生态环境新要求对区域生态环境要求的变化进行分析，在部分区域通过提前布局和策划，可以实现小区域生态环境建设模式和方法对区域的引领。

生态环境对策措施分析。重点是对生态环境各种对策措施的协调性、合理性进行分析，为政策措施制定和评估提供辅助决策支持；通过客观评价生态环境政策措施实施效果，为相关政策措施调整提供依据。

生态环境监管资源配置。根据各地的生态环境本底特征、工作需要等信息，对生态环境监测设备系统、监管力量配置合理性进行分析，以生态环境监管体系的完整性、覆盖空间和时间的有效性、检查内容的完整性和体系性等为基础，对生态环境监测资源配置进行优化布局调整，以使其效益最大化。

（二）其他方面的应用需求

地方政府的职能涉及辖区内一切事物，除上述应用需求外，还可以在深入调研基础上进一步拓展应用的领域范围、深度和广度，形成覆盖区域经济社会治理各领域的服务业务和业务模式。

第二节　区域经济社会治理重点任务设计

一　区域经济社会治理重点任务需求

（一）区域经济社会治理重点任务

区域治理重点任务的表现形式。区域经济社会治理重点任务是指在区域经济社会各项具体治理任务中，具有基础性、关键性、控制性、引导性、方向性等特征的任务，通常以重大或重点工程、行动计划方案与规划等方式存在。这些重点任务有助于构建区域经济社会治理的基本模式和逻辑，形成区域经济社会治理的基本格局，能够控制住区域经济社会治理的脉搏，使区域经济社会治理按照预期目标和方向发展。

区域治理重点任务的层次。从区域经济社会治理重点任务的来源途径看，重点任务具有一定的空间层次和价值层次性。第一层面是国家或上级政府分配给的工程任务，属于完成任务性质的任务，即工程的规模和实施等要求不是本级政府所决定的，地方政府的主要职责是依照上级要求按计划完成工程任务要求。第二层面是区域自身拟定的治理工程，省级或其他区域政府根据自身经济社会发展的需要和国家整体要求，拟定本区域经济社会治理重点任务。第三层面是通过整合辖区内各级政府上报的任务而形成的区域经济社会治理重点任务。如洞庭湖治理涉及湖北、湖南两省，湖北、湖南两省所设立的洞庭湖治理重点任务既有以本省为主的重点任务，也有洞庭湖治理统筹安排中给本省的任务；同样，南水北调中线工程也是涉及多个省市的工程，南水北调中线区域经济社会治理重点任务的设计要兼顾南水北调工程统一部署的重点任务，也要考虑流经各省区设立的重点任务。

（二）区域经济社会治理重点任务效益

区域经济社会治理重点任务的设置除要符合国家、区域经济社会发展方向等要求外，还要考虑以下几个方面的效益。

重点任务的经济效益。经济效益是区域经济社会治理重点任务设置考虑的重点，区域经济社会的联动特征决定了经济效益在区域治理问题中的关键作用。考虑经济效益时要综合考虑经济的总量问题、结构问题、可持续性问题，显然建立大型化工厂可以有效增加区域经济总量，但从经济可持续性角度来说未必合适。

重点任务的社会效益。社会效益是区域经济社会治理重点任务设置中另一考虑重点，以人民为中心的发展总要求、以人为本的发展理念、因地制宜的区域发展思路决定了社会效益的极端重要性。考虑社会效益时要兼顾社会效益的空间结构（是只对个别地区有好处，还是对大多数地区有好处）、人群结构（只对部分群体有好处，还是对所有群体都有好处）、领域覆盖（只对个别社会领域有好处，还是对多个社会领域有好处）、可持续性等问题，确保社会效益总体最大和长远有效。

重点任务的生态效益。生态文明建设作为国家"五位一体"总体要求的重要环节，是现代区域经济社会治理重点任务设置中不可忽视的内容。考量生态效益时要兼顾当下的生态效益和长远生态效益、任务区局部生态效益和周边地区整体生态效益、个别领域的生态效益和所有领域的生态效益（如只对防风固沙有作用，还是对多个方面有作用）、直接生态效益和间接生态效益等，生态效益关键是长期性和整体性。

重点任务的文化效益。文化自信是区域经济社会发展软实力的基础和重点，区域经济社会治理任务中的文化效益过去没有太多关注。文化效益具有基础性和长远性特征，相对于文化影响，其他影响都是表面的或暂时的，所以文化效益必将成为未来区域经济社会治理任务设计和实施的重点任务。考虑文化效益时要兼顾文化的短期效益和长期效益、文化影响群体的多少、文化影响人口规模大小、文化影响的空间和人群结构等问题，根本性和长远性是文化效益选择的关键。

重点任务的政治效益。所谓政治效益是重点任务的选择能够使区域在更大区域、国家层面的政治地位有所提升或改变，使地方政府主要负责人的政治地位有所变化。从狭隘的个人角度看，"为官一任，造福一方百姓"

在中国有悠久的传统，地方主要负责人通过实施区域经济社会重点任务在改善区域经济状况和民生的同时，也使当事人的政治地位得以巩固，使区域在国家整体经济社会格局中的地位发生变化。考虑政治效益时要兼顾区域效益和国家效益的关系、个人政治效益和区域政治效益的关系、政治效益和区域经济社会效益的关系等，政治效益的总体最优化是重点任务设计的考虑重点。

（三）重点建设任务的工程化

重点任务工程化。即围绕区域经济社会治理的重点任务设计目标和要求将重点任务转化为可操作、可实施的工程化任务或工程化措施。工程化措施可能是具体工程，如住房领域中的安居工程、金融领域的金卡工程、社会治理中的金盾工程、海关领域的金关工程等；可能是行动计划，如湖南湘江治理行动计划、洞庭湖治理行动计划、大气污染防治三年行动计划等；可能是计划规划，如各地区经济社会发展五年规划和年度规划中的重点任务等。在经济社会治理重点任务工程化方面，各地或多或少都有积累和创新，各种工程或计划规划、行动计划的名称和涉及内容不尽相同，对解决经济社会治理中的阶段工作起到了一定积极作用，也积累了一定的经验。

重点任务工程化的作用。重点任务工程化的作用是值得肯定的。第一是引起重视和形成共识，朗朗上口和有感染力、有气势的工程名称可以引起区域干部群众对工程和相关工作的重视，也能够形成完成好工程及相关工作的共识。第二是有利于取得工程实效，具体任务和措施的工程化使区域经济社会治理重点任务转化为可具体描述和实施的任务，容易在一些方面或所有方面取得突破，形成工程的各方面效益，也有利于区域地方政府出政绩。第三是便于监督考核，重点任务的工程化操作有助于将建设任务、要求和责任人明确下来、责任落实到人，有利于责任落实和具体考核的实施，有助于推动工程取得实质性进展。

二 区域经济社会治理重点任务设计思路

（一）区域经济社会治理中常见问题

区域经济社会治理中有各种各样的问题，集中表现在以下几点。第一是准确掌控区域经济社会治理各种问题和风险的能力不足，难以及时发现问题，难以定性问题，难以预测问题的动向。第二是应对经济社会治理中各种问题、风险、挑战的手段落后，无法把问题化解在初级阶段，无法把问题化解在基层。第三是经济社会治理技术与信息保障体系不健全，相关部门各自为主，重复建设，信息矛盾无法化解。第四是区域经济转型升级引领能力不足，难以营造经济发展需要的政策和经济环境，难以挖掘区域经济发展潜力，难以促进经济高质量、规模化和专业化发展。第五是与经济社会治理能力现代化配套的体制机制不完善，区域经济社会治理的老路径、老办法遇到了新问题，在新常态下往往力不从心。

（二）问题和短板导向

重点任务设置中的问题和短板导向。问题导向就是在区域经济社会治理重点任务设置时围绕区域经济社会发展中的关键问题、难点问题、短板问题展开，如果教育是短板，区域经济社会治理重点任务设置中将教育作为重点任务领域；如果民生是短板，则将民生领域的任务作为区域经济社会治理的重点任务领域，即围绕区域亟待解决的问题提出重点工程。

问题和短板导向中的问题。在区域经济社会治理实践中，实施问题和短板导向任务设置时容易出现一些问题。第一是对区域关键问题认识不到位，也就是难以准确判断问题的症结，区域经济社会治理中许多问题交织在一起，有的是表象的，有的是实质的，对关键问题掌握不好，就难以设置合理任务。第二是对关键问题有意回避，出于某种原因，一些地方不愿意公开承认或有意隐瞒区域经济社会治理中的关键问题，这种情况下难以规划和设置有效的重点任务。第三是对短板问题把控不到位，短板问题跟相关要求有关系，区域经济社会治理的形式和重点需要与时俱进，国家的发展理念提升了，区域经济社会治理的短板也会发生相应的变化，对这种变化认识不到位，就难以设置合理的重点任务。第四是重点任务对应程度不够，不切实际，重点任务的实施需要相应的条件，如果重点任务实施的条件不具备，或者部分具备，会导致重点任务不可实施或实施效果打折扣。当然，各地在重点任务设置中面临各种各样的具体问题，应加以区别对待。

（三）优势导向

重点任务设置中的优势导向。即以区域经济社会发展强项和优势为切入点设置重点任务，通过强项和优势效益最大化，带动区域经济社会治理其他方面的发展和提升。如某个区域具有沿海和港口条件，发挥港口优势做强做大临港经济是一种选择；东北地区冰雪资源丰富，以冰雪资源为重点发展旅游业是区域经济社会发展的一种有效途径。许多地方在优势导向方面都有比较成功的案例，如海南省以气候资源优势为依托，大力发展冬季休闲旅游、养老产业等取得了不错的成效。当然，优势导向设置重点任务不是回避区域的问题和短板，而是通过区域优势发挥给区域带来更好的发展效益，助推区域解决问题和补齐短板。

优势导向问题。区域经济社会治理中优势导向设置重点任务可以最大限度发挥区域优势，推动区域经济社会治理，但也往往会引起一些问题。第一是容易导致"一枝独秀"的局面，许多资源型城市的经济结构单一问题就跟过度优势导向有关系，如茂名的石化产业发达，形成"离开石化是找死，过度依赖石化是等死"的局面。第二是容易形成"一美遮百丑"的区域治理不当认识，优势的发挥可以使区域经济社会治理取得先机，但也会弱化对问题和短板的客观认识，给最终解决问题带来不利影响。第三是容易导致地方主要负责人集中于政绩问题，"锦上添花容易做，雪中送炭不好为"，优势导向会一定程度上助长只做表面文章的行为。当然，优势导向策略只是重点任务选择和设置的一种策略，只有合理利用其优势，尽力避免其存在的不足才可以起到其应有的作用。

第三节　区域经济社会治理重点任务构成

一　综合性战略软任务

（一）区域在国家盘子中定位软任务

我国各区域差异很大，为更形象描述区域在国家盘子中的定位及相关任务设置，这里以四川省为例，探讨区域经济社会治理重点综合性战略软任务的设置。区域总体定位考虑中，四川省在以下领域通过尝试和探索，可以形成国家层面上有影响力的领域，通过相关的改革和治理模式探索，成为国家治理相关领域的典范和样板。

（1）区域经济社会治理能力和治理体系现代化建设试验区。通过区域经济社会地理大数据信息得到区域经济社会相关的真实、科学、动态性的信息，以区域经济社会大数据信息计算处理为支撑，发现区域经济社会治理中的问题，通过区域经济社会地理大数据信息应用，为区域经济社会综合治理提供对策措施。以四川省特色和类型丰富的自然地理特征、区域差异明显的地域经济社会特点为基础，可以构建起我国区域经济社会治理能力和治理体系现代化建设试验区。

（2）国家重点生态功能区综合管理试验区。根据四川省丰富的自然地理特征和国家重点生态功能区涉及县级行政区数量多、类型多的特点，以区域经济社会地理大数据为支撑，以国家重点生态功能区管理模式创新、管理和服务平台建设、管理和服务体系建设等为切入点，建设国家重点生态功能区综合管理试验区，为其他区域国家重点生态功能区管理积累经验，形成国家重点生态功能区综合管理四川模式。

（3）长江经济带统筹发展试验区。四川省是长江经济带重要成员，根据其西部地区、长江上游地区、地形地貌类型多样、自然地理单元跨度大、经济社会地理区跨度大、民族地区空间占比大等特色，依托区域经济社会地理大数据平台，以"多规合一"、城乡统筹、乡村振兴、区域统筹等为切入点，探索和形成四川模式，为长江经济带整体发展探索区域统筹模式，推动长江经济带整体发展。

（4）区域生态文明建设模式探索。利用四川省生态文明建设自然本底资源丰富、人文特征区域差异鲜明等特色，以生态要素的文明、经济社会体系的文明、治理能力和模式的文明探索为切入点，形成区域生态文明建设四川模式，推动区域生态文明建设四川模式在西部地区推广，为国家生态文明建设提供区域样板。

（5）区域发展理念落实模式实践。创新、绿色、协调、开放、共享新发展理念的落地需要与当地经济社会发展实际、自然资源禀赋条件结合起来，通过构建四川省经济社会发展评价体系、开展发展理念落地适用性分析、进行理念共识的社会化探索等应用，探索新发展理念区域落实模式，将四川建设成为新发展理念落实的区域样本，推动更多地区实现新发展理念的落地发展。

（6）区域城乡格局合理化探索。借助成都市作为区域城乡统筹试验区、国家中心城市的优势，通过开展经济社会要素空间格局合理性评价、经济社会发展格局影响因素分析、城乡空间格局再造、公共服务均等化评价、贫困人口动态服务模式探索等，开展区域城乡格局合理性、基本公共服务均等化、精准扶贫等方面的实践，探索形成区域城乡格局建设四川模式。

（二）区域层面要开展的软任务建设

同样，以四川省为例，分析区域层面上进行经济社会治理重点任务设置时考虑的重点领域和层次。在四川省层面，主要围绕经济社会发展中的综合性问题开展辅助决策支持，涉及的领域主要有以下几个方面。

（1）长江经济带战略的综合应对。应对的关键不单是完成长江经济带战略赋予四川省的任务，重点是探索实现长江经济带发展的四川模式。

（2）成渝城市群发展规划综合应对。成渝城市群以成都为核心的城市圈是城市群的重要一极，发挥这一极的引领和带动作用，需要综合应对措施。

（3）防灾减灾及应急保障体系。针对四川地域面积广大、自然灾害孕灾条件复杂多样、自然灾害种类多、自然灾害风险高等特点，构建具有四川特色的综合防灾减灾和应急保障体系，最大限度降低灾害风险。

（4）国土空间的高效利用。针对国土空间面积大，但可利用土地资源总量相对不足且集中分布的特点，探索建立国土空间高效利用机制和模式，最大限度发挥国土资源效能。

（5）空间管控的综合协调。针对四川区域综合性、专题性空间管控各自为政和相互分割的特点，建立区域经济社会治理的综合空间管控协调机制和管控系统。

（6）区域生态环境综合整治。围绕区域环境局部恶化和整体好转并存、边治理边污染、假治理真污染、局部生态好转与整体生态风险居高并存、局部生态退化等生态环境问题，建立相应的综合治理体系和服务平台。

（7）生态环境综合监管。针对区域生态环境分要素多头管理、生态环境各要素监管职能分散、生态环境监管系统不成体系、监测网络不完整、监测要素之间不协调和不兼容等问题，构建区域统一的生态环境综合监管网络和服务体系。

（8）区域资源的全国及全球化价值评判。依托四川省经济社会地理大数据，对四川省各种资源在全国和全球的价值进行客观评价，为更好地利用这些资源奠定基础。

（9）区域经济再平衡对策。进入新时代，针对四川经济社会发展面临的突出问题和矛盾，构建区域经济再平衡模型，研究探索经济再平衡策略，为区域经济可持续发展寻找更多的理论和模式支撑。

（10）区域经济各链条的脆弱性评判。针对四川经济发展重点突出问题和潜在风险，对经济主要环节、关键要素、关键过程、突出现象导致的区域经济脆弱性进行诊断分析，为解决区域经济发展中的问题奠定基础。

（11）现代化条件下"三农"问题综合应对。按照乡村振兴战略的要求，结合四川省农村、农业和农民现状和存在的问题，围绕"三农"的根本问题、重点问题、关键问题，以信息为支撑，探索解决方案，形成综合应对措施。

（12）产业经济合理性空间视角评判。针对区域产业布局、产业结构、产业发展不平衡问题，从空间视角对其合理性、科学性进行评价，并形成产业经济合理性调整对策建议，促进区域产业经济发展。

（13）服务业格局的空间需求及现状合理性评判。按照以人的发展为根本目标要求，综合分析四川省服务业格局的空间需求，服务业限制与需求之间的差距，服务业布局、总量、结构等方面存在的问题，提出优化调整服务业空间结构的对策建议。

（14）基础设施适宜性分析及对策。依托现有的基础设施状况和区域经济社会发展需求，评价现有基础设施布局的合理性和科学性；结合四川省经济格局未来调整趋势，给出区域基础设施格局构建参考建议，充分发挥基础设施对区域经济社会发展的促进作用。

（15）区域经济社会与自然生态环境协调性评价。从区域经济社会要素空间布局及相互关联特征、区域自然生态环境特征和布局等条件出发，从经济社会和生态环境的协调关系出发，对经济社会要素的布局提出调整建议，使区域经济社会与自然生态环境协调性达到最好，实现经济社会和自然生态环境的共同发展。

（16）规划管控与规划实施评估。针对规划体系不一、规划空间基础不一、规划管理政出多门、规划协调困难等问题，按照"多规合一"的要求，加强规划管控和规划实施评估，使规划效果充分发挥出来。

（17）财税体制改革的区域基础探索。财税体制的建设和演变与国家经济社会发展进程有关，区域财税体制可以根据地方特色，在国家整体财税管控要求下，进行区域性改革试验，探索财税体制改革的基础条件，通过探索形成区域财税改革模式，推动财税体制服务经济社会发展作用的充分发挥。

（18）地方特色公共服务体系建设对策。根据四川省公共服务需求和公共服务能力，结合当地居民生活习惯、经济发展基础等特征，构建充分反映地域特色的公共服务体系，为公共服务网络和能力建设提供对策建议。

（19）政府资源配置空间和时间有效性判断。利用四川省经济社会地理大数据，对现状条件下政府资源配置的空间和时间效益进行评判，发现政府资源配置中存在的问题，为提高资源配置效率和综合效益打基础。

（20）政府采购体系的有效性评价。针对物品采购、服务购买等政府采购的具体内容，从采购体系的公平性、采购效率、采购覆盖空间和内容等方面评价现行政府采购体系的有效性，发现其中存在的问题，并提出完善对策建议。

（21）民间投资的区域和行业指引对策。发挥民间投资在区域经济社会治理中的关键作用，发挥政府政策措施对民间投资的空间、行业引导作用，结合产业准入负面清单等方式，构建区域民间投资引导政策。

（22）社会消费能力提升及保障体系建设对策。通过计算模拟评估等方式，建立区域社会消费能力提升和保障体系、形成相关的对策措施。

（23）人口动态管理模拟。利用四川省经济社会地理大数据，结合经济格局和城乡空间结构、经济发展趋势，模拟区域人口动态流动情况、人口变动对公共服务的需求变动、人口变动对社会管理的要求等，对区域人口管理模式进行模拟，探索建立区域人口动态管理模式和政策措施。

（24）未来城镇规模及发展趋势模拟。以四川经济社会地理大数据为依托，结合区域人口、空间、经济规模变动分析，研判未来城镇规模及空间布局发展趋势，为相应资源配置和政策措施出台提供依据。

（25）城市群健康发展应对措施。结合成渝城市群发展规划、四川城市发展特点和国家城市群健康发展要求，探索构建四川省各城市群健康发展的应对措施，促进各级各类城市群健康发展。

（26）四川在全国经济社会版图中地位动态模拟。用动态方式模拟分析四川在全国经济版图中和社会版图中的动态变化情况，分析经济社会版图变化对四川的影响，分析四川在版图中位势变化的原因，为四川经济社会地位重塑提供决策支撑。

（27）区域文化发展的经济社会与历史环境基础分析。分析四川文化发展的经济基础、社会基础、历史基础等，探索其中对经济社会发展有积极意义的文化要素和成分，并加以现代化创新应用，推动四川经济社会更好更快发展。

（28）地方特色发展理念探研。在践行国家新发展理念的同时，四川结合自己的地域特点形成了大量鲜活的区域发展理念和区域治理模式，对这些内容进行梳理和总结，并加以改造利用，可以更好推动区域经济社会发展，并形成可被其他地区借鉴的四川模式。

（29）诚信体系时空效应模拟。诚信是未来社会运行的基础和保障，利用地理信息平台对四川诚信体系的时空效应进行模拟，通过改变一些关键因素和数量，分析诚信效应的时空变化情况，为区域社会诚信体系建立提供决策参考。

（30）四川社会稳定预警模拟。利用四川经济社会地理大数据，通过输入社会稳定影响因素关键参数，模拟区域社会稳定变动及时空扩展效应，对区域稳定政策措施的效果进行模拟，以寻找合适的社会稳定应对措施。

（31）社会公众预期重塑工程。区域居民的幸福与居民对经济社会领域诸多事情的预期有关系，通过四川经济社会地理大数据，对影响社会公众预期的各要素、各环节进行模拟和效果评估，提出社会预期构建的对策建议。

二　基础设施设计要点

（一）基础设施建设设计理念

以服务人为中心的宗旨。人是区域经济社会治理的核心和关键，区域需要多大规模、什么等级、什么类型的基础设施，首先要考虑人的需要，如一个区域有8000万人口，相应的道路、城市和农村居民点，以及能源、供水和排水、通信等基础设施的规模要与这么多人口相适应；按照人口年龄结构及教育、就业等结构特点，进一步细化每种基础设施的需求量；区域基础设施设计时还要考虑流动人口的需求，特别是对于经济相对发达的区域而言，流动人口对某些基础设施的需求更大；区域人口规模（含流动人口）和结构决定着区域基础设施的类型结构、总量规模等。

以服务人的集聚载体为中心。区域的人（包括流动人口）在空间上具有集聚特点，无论是城市还是乡村，大多数人都有相对稳定的居住和工作场所，这是人们生产生活的基础。人的大多数生产生活活动都是围绕集聚地展开的，所以区域空间基础设施建设的空间布局必须与人的空间集聚情况相适应，人口集聚到哪里，满足居民生产生活的基本基础设施就要通到哪里，并通过基础设施的引导和调节作用，引导人口在空间上的适度集聚。

立足当下和面向未来结合。基础设施的基础作用决定了一般情况下等级越高越好，但基础设施建设需要财政投入，没有足够的财力支持难以建成和维护适度规模的基础设施，所以基础设施建设首先要立足当代需求，有多少财力、有什么样的基础条件，就规划和建设相应等级的基础设施。另外，基础设施的基础作用决定了其设计时也要适度超前，区域经济社会总是向前发展的，其对基础设施的需求是持续增加的，但基础设施一旦建成就需要稳定一段时间，如果区域经济发展快，基础设施很快就不适应了，所以要适度超前。适度超前是有度的，未来几十年都不会有需要的基础设施建设既是对财力的浪费，也是对国土空间等资源的浪费。

消除瓶颈和关键建设结合。区域基础设施建设，第一是要解决瓶颈工程，区域内各地之间、区域之间经常会有一些不连通的基础设施，虽然从行政管理上分为不同的区域，但人的生产生活互动对基础设施的需求是连续的，优先建设基础设施中的瓶颈、卡脖子工程项目很重要，如京津冀地区内部就存在大量的断头路等基础设施不连通问题，这是京津冀协同发展中应解决的重点问题。第二是基础设施关键工程建设，如一个机场可能会带动区域经济的快速发展、一个大型的水力设施可能会极大促进区域经济发展、一个大型港口可能改变区域经济版图和格局，这些控制性工程应作为区域基础设施建设的重点。控制性工程建设可以从整体上提升区域基础设施的水平，促进区域经济社会发展。

（二）基础设施体系化

专项基础设施的系统化。对于道路、电力、水利、通信等专项基础设施，其建设的关键是围绕人的需求、人口空间集聚情况、人口的空间变动趋势实现自身的系统化。这种系统化包括空间系统化（有需要的地方就有基础设施）、等级系统化（等级规模系统化，需求多的地方等级高、需求少的地方等级低）、维护保障等级化（维护保障能力建设和资源配置体系化）、设施连通常态化（体系内运行畅通，不设旋转门和玻璃门）等，如对于道路系统，不但是各等级道路在空间上连通，实现道路网络体系化、空间覆盖体系化，而且包括道路管理、维护体系的系统化。

基础设施总体的网络化。区域各种基础设施建设要点是总体网络化，其具体含义包括多个方面。第一是各类基础设施空间对接，即一个区域各类基础设施实现空间上对接，如码头边上要有公路与城镇连通、机场需要通过道路或轨道设施与城市连通、大型电力设施需要与道路系统连通等。第二是各类基础设施等级体系的协调化，即从等级标准和技术体系上实现协同，连通大型机场和城市之间的道路系统等级要高，连通系统质量要高，大型海运码头要有适应等级和规模的铁路、公路系统相连接。第三是各类基础设施空间覆盖的协同化，就是有需要的地方各类基础设施都要到位，如高等级公路系统连通的城镇，相应的电力、给排水设施、通信设施、网络设施等要跟进。第四是各类基础保障体系的协同，就是区域内各类基础设施的维护和保障系统（技术标准、质量等级、组织保障等）要协同，通过各种基础设施之间的维护力量合作以降低基础设施运行成本。

基础设施的互联互通。基础设施的互联互通主要是从基础设施服务对象和服务能力着手，主要体现在基础设施的生产服务和生活服务两个方面。在生产服务方面，支持企业生产活动的相关基础设施能够有效对接，需要铁路时有铁路，需要公路时有公路，需要码头时有码头，并且这些基础设施之间是无缝连通的，这需要基础设施硬件和软件（服务和管理）两个方面互联互通。在生活服务方面，支撑个人或团体客户生活相关的基础设施无缝对接，如下高铁有汽车，到了码头有轮船，需要出远门有飞机等，这同样需要各种基础设施在硬件方面的无缝对接和软件方面（服务和管理）的无缝连接。

三 产业发展任务设计要点

（一）区域产业发展设计理念

战略性、基础性产业的政府主导。从规划设计角度看，区域产业规划首先涉及的产业是战略性、基础性产业，这类产业是区域经济发展和社会稳定的基础，并且具有天然垄断性，常以国有公司为主体；这类产业的运行往往是政府主导，是区域产业规划优先予以保障的产业，如电力供应、天然气供应、给排水等。在区域层面上，这类产业主要来源于两个方面：一方面是从国家继承来的天然垄断性产业，如国家电网接入区域的网络、国家高铁网络接入区域的部分等；另一方面是本区域基础性、战略性产业，是保证区域经济社会正常运行所需要的基础产业，如涉及区域安全的产业。这类产业设计要重点考虑产业规模、企业数量、产业质量、产业网络体系、企业服务空间覆盖等内容。

市场主导产业的政府引导。市场主导的产业是市场在资源配置中决定性作用发挥的产物，其主导力量是市场，这类产业的产业体系、产业规模等都是市场选择的结果。但市场失灵的现实决定了在市场主导产业体系中政府也要更好发挥作用，这种作用就是政府引导。政府引导主要有几种方式。第一是方向性主动引导方式，中央政府和区域政府时不时发布一些鼓励某些产业发展的指导意见、行动计划、规划等，如战略性新兴产业、"互联网＋"、智能制造等。第二是政策制度性劝导方式，政府发布产业结构调整目录给市场以明确的预期，哪些是政府希望发展的产业，哪些是不受区域欢迎的产业，哪些是区域限制发展的产业。第三种方式是法律性强制约束引导产业，如区域产业环境准入门槛、产业负面清单等措施就是强制性市场引导措施。市场引导产业的另一任务是构建市场体系，通过制度、规范、税收等措施构建促进市场要素自由流动、消除影响市场要素自由流动的各种障碍，促进区域一体化市场体系的建立和发展。

区域产业体系建立与比较优势发挥。区域产业体系建设任务设计要考虑产业体系构建问题，包括产业内容体系、结构体系、空间层级体系等方面。内容体系指产业覆盖领域要适应区域资源禀赋和产业发展需求，结构体系指不同产业类型比例的合理性需求，空间层级体系指不同类型、不同行业领域产业分布的空间体系性和空间覆盖完整性。产业体系构建时要考虑不同产业之间的联系和替代性，举例来说，一定规模人口的聚居地如果没有粮食加工产业，就需要有合适的食品运输服务体系提供保障。在区域产业体系构建中另一个需要重点考虑的内容是区域比较优势的最大化发挥，每个区域都有比较优势。所谓比较优势就是在相同的背景条件下，这个产业在这个区域具有效率更高、效益更好、品质更高、更有市场等方面的特点，或者说在相同条件下发展该产业成本更低，这样的产业就应该作为区域产业建设任务设计重点考虑内容。

产业转型升级和持续发展。区域产业发展任务设计中要坚持产业转型升级和持续发展理念。在产业升级方面，通过对现有产业进行技术改造、优化布局、优化结构、产能调整等实现转型升级，这些措施都是产业发展任务设计中予以关注的重点。在产业持续发展方面，重点是建设产业持续发展能力，如发展现有产业的接续产业、替代产业等。随着科技进步，区域产业更新换代是必然的，但产业变革不会突然发生，这是个从量变到质变的过程。对于区域而言，如果在现有产业正常发展的同时，在人员、技术、配套政策措施、生态环境等方面做好了未来产业变革准备，接续产业仍在本区域落地的可能性就会高于没有任何基础的地区，所以在产业发展任务设计中坚持产业可持续发展理念是赢得市场先机的有效举措。

（二）产业布局优化

分类分区布局优化。按照区域主体功能区规划要求分区分类进行优化。在城镇地区，按照产城融合的要求进行产业布局，以特色小镇、产业新城、产业园、经济区等形式，兼顾产业和居住的关系，优化产业布局。在乡村地区，依照乡镇振兴战略要求，按产业融合发展要求优化产业布局，以田园综合体、美丽乡村、特色村庄、新农村等方式将产业与居民生活结合起来，实现产业发展和生态环境美化同步。对于不同类型的乡村地区（如农产品主产区、牧业区等），产业布局要根据主体功能定位进行优化布局。

现有产业空间结构优化。由于历史原因，许多企业的布局与生态环境、经济社会发展不相适应，如城市地区早年建设的钢铁厂、化工厂等企业，由于城市快速发展，当时看似科学合理的布局，现在看则存在严重问题，客观上有进行布局和产业结构等调整的需求，需要根据现阶段区域经济发展格局和城乡结构，以及对区域经济社会发展未来预测进行调整。另一种情况是由于区域经济社会快速发展，区域服务提供者与实际需要者在空间、结构对称性、适应性方面出现了问题，需要对相关产业类型、产业结构、重点企业布局等进行优化调整，实现产业所带来或提供的服务同区域需求协调起来。

产业园区化。在区域资源生态环境约束普遍趋紧的背景下，区域产业布局向园区集中是必然选择和趋势。产业园区设计要点如下。第一是园区统筹和体系化，区域内建设多少产业园区、园区的产业性质、园区等级层次、园区空间关系、园区之间的市场联系等要统筹策划，一个县级行政区建一个园区还是建多个园区，一区多园模式算不算一个区等问题需要区域在国家总体要求框架下统筹协调。第二是园区内部的功能化改造，通过园区循环化、链条化、生态化、绿色化改造和建设，实现园区资源需要、能源消耗、污染排放、资源再利用等符合国家生态建设和环境保护要求、符合国家生态文明和绿色发展的要求。第三是以产业园区为基础和载体，构建区域产业增长极，推动区域经济整体实力的提升。

（三）产业培育

培育产业。区域产业培育的核心是通过政府采取适当的措施，使区域产业结构完善起来、优势突显出来、产业规模壮大起来、产业持续动能强大起来。其直接表现是产业和企业更有活力、更有市场竞争力。区域产业培育要分类实施，根据产业特点和性质，分政府主导型产业和市场主导型产业进行培育。对于政府主导型的产业可以通过直接组建企业、政府补贴产业或企业、政府购买服务等方式，形成产业或企业的发展动能，增加产业或企业的竞争力，以解决区域内部问题。对于市场主导型产业或企业培育，主要是通过政府搭建或委托搭建孵化平台、财政资金事后奖励、政策引导、生产要素使用、经济或政策倾斜等方式进行，其目的是形成和提升产业或企业的市场竞争力，使产业或企业有能力开拓区域内部市场和区域外部市场。

区域产业培育和发展硬环境建设。硬环境主要包括产业或企业发展配套的基础设施、环保设施、国土空间、其他自然资源、能源保障、标准厂房、员工配套服务设施等，可以分为产业发展与企业生产相关的硬设施、产业工人或企业员工及家属生活所需的硬设施。在硬件设施建设方面区域政府要当好产业和企业的保姆，解决产业和企业发展硬件方面的后顾之忧。

区域产业培育和发展软环境建设。培育产业和企业软环境主要是指区域支持产业或企业发展壮大的政策措施、管理制度、产业或企业税赋、产业和企业发展等各种软要素的保障能力，比如税种和税率问题对区域产业和企业发展影响很大，在一些区域工人工资不能作为增值税征收中的抵扣项，这对于劳动密集型企业有致命的影响，因为员工工资是企业成本的大头。需要说明的是，产业和企业发展的目标主要是经济效益，而区域经济社会治理的目标是区域经济发展和社会稳定，当然产业和企业在追究经济效益的同时也必然会促进区域经济发展和社会稳定，所以产业培育软环境建设中的核心就是怎么让企业提高经济效益，凡是有利于产业和企业发展的软措施都是可以考虑的，产业和企业的经济效益搞好了，相关的社会效益搞起来就会相对容易一些。

四　城镇化和美丽乡村建设任务设计

（一）城镇体系建设任务设计理念

从土地城镇化转为人的城镇化。人的城镇化要求一切以城市人的需求为导向，这里的人包括城镇的户籍人口、外来务工人口，也包括外来旅游、访问人员等短住人口。以人的需求为导向，就是城市和城镇建设一切工作的出发点和落脚点是人，根据人的数量、结构及其他特征来建设由各种硬件组成的城市，以及由以服务和管理为内容的软件串联起来的城市。外来务工人员比较多的城市和城镇，城市基础设施设计和建设、城市公共服务的供给和发展等必须考虑满足外来人口的需要；老年人口较多的城市，城市服务功能的设计要充分考虑养老功能和养老服务需求；少数民族人口比较多的城市，城市公共服务供给和基础设施建设要充分考虑少数民族的习俗和社会活动需要；快速成长起来的城市（如深圳）和具有悠久建城历史的城市（如洛阳），要根据城市居民的特点设计和建设城市的各种景观和风貌。

从农业乡村转为田园乡村。自古以来农村就是农业作业空间和农业人口的载体。目前我国整体已经进入了工业反哺农业、城市反哺农村的发展阶段。改革开放以后，大量农村人口进入城市，支撑起城市经济的繁荣发展，村庄凋敝、产业停滞、人口外流严重等问题正困扰着部分农村地区。"三农"问题是许多区域最根本的问题，要解决农村问题需要实现农村地区从农业乡村向田园乡村的转变，其核心是产业发展、人口稳定、生态优美、现代田园风貌。田园乡村建设要靠产业支撑，必须走产业融合发展的道路，让乡村人口跟上时代发展的脚步，享受改革开放和区域发展的成果。

从城乡二元结构转为城乡统筹。城乡统筹的理念落实到城镇化和美丽乡村建设方面具体表现如下。从居住地风貌上，城市有城市的建筑风貌和城市功能组合，乡村有乡村的田园气息和乡愁；从基础设施上，城市有城市的规模、效率和高大上，乡村有乡村的精致、温馨和特色；从公共服务供给上，城市有城市的便捷、规模和个性化，乡村有乡村特色和适用；从管理上，城市有街道办、居委会的广覆盖，乡村有乡村特色的社区和村组互助。城乡统筹的重点是在区域经济社会治理中城市人和乡村人具有同等权利、尊严和地位，统筹不是简单的物化要素和条件的一致，而是结合各自实际特点和需要的公共资源安排。

（二）城乡建设任务设计要点

区域城镇体系构建与完善。区域城镇体系形成和发展具有一定的规律性，在这些规律中自然因素的作用逐渐弱化，人的作用逐步增强。目前，各区域现有城镇体系是"一方水土养一方人"和"哪里黄土都埋人"两种传统思想共同作用的结果。构建和完善区域城镇体系，就是要克服传统城镇体系的不足，建设更能体现以人为中心的城市。区域城镇体系包括城镇的等级体系、城镇的空间体系、城镇主导产业体系、城市群体系等几个方面的内容。城镇的等级体系是以城镇行政级别为基础的等级体系，这种体系形成已久，其关键是由之而来的资源配置体系，虽然问题很多，实践证明这种等级体系为区域社会稳定提供了一种有效管理方式。城镇的空间体系就是在区域空间上根据自然地理特征和生态环境格局，形成的空间相互吸引又相互排斥的城镇体系。城镇主导产业体系是区域城镇在产业上以发挥优势、合理竞争、错位发展思路构建起来的产业空间体系。城市群体系是以区域内城市群的数量、规模和空间布局为基础形成的空间体系和格局，城市群是推动区域内局部城市群地区整体发展的城市（城镇）组合。构建和完善区域城镇体系的重点任务是能够推动区域城镇体系完善，并充分发挥各项具体任务、工程或软措施的作用。

城乡古迹及历史文化保护。受"文化大革命"等因素的影响，曾经有很长一段时间，各地城镇和农村建设中流行"喜新厌旧"的文化，其结果是许多城市和乡村的模样都长得差不多，历史文化的纽带和痕迹已经或正在被割裂。为记得住乡愁，让人们睹物思情的基本人文情怀能够留住，保护好散落在城乡的历史文化遗迹，包括非物质文化遗产，是区域城镇化和乡村建设的首要任务。一个区域历史文化载体的消失，失去的不单是文化载体本身，最终将失去这些载体所附着的文化，没有文化传承的区域将不再是一个区域，是一个没有存在价值和存在必要的区域。遗迹和历史文化保护不单是花钱的事，也是有巨大文化效益、社会效益、生态效益的事情。此类建设任务设计时要充分考虑其综合效益，将文化作为城乡建设的灵魂来打造。未来，一个城市高端与否不会只看它有多少摩天大楼和多高的房价，一定会看有多少文化和文化传承。

城市和城镇结构调整与完善。以城市功能更好发挥、更好地服务于城市人为目标，调整和完善城镇结构。具体建设要求如下。第一是城市或城镇内部功能结构调整与完善，城市和城镇内居住区与产业区、政务区、生态区域、服务业区等各类功能的空间组合设计，要以城市功能体和各要素之间内在相关关系为出发点，对不适宜的功能单元和要素进行空间调整和功能完善，产城融合发展就是最有效和最直接的调整方式之一。第二是城市和城镇空间结构调整与完善，围绕城市内部结构与区域自然地理环境的融合性和协调性，对城市生态空间、城市景观风貌、可移动建筑物等进行调整，使其与原生态环境、城市风貌和文化气息相融合。第三是城市产业结构调整和完善，围绕城市产业结构、布局同城镇居民需要的协调性进行产业结构调整和完善，使城市产业内容和布局更适合城镇居民存在特征。

乡村资源盘活和乡村风貌保持。除了产出粮食和其他农产品外，农村地区在区域经济格局中最有价值的东西是以土地资源为主的各种资源。乡村建设靠产业，产业发展靠比较优势，农村的比较优势是广阔的国土空间和国土空间上的有效附着物，所以盘活农村资源是建设农村的基础和方向。乡村土地资源的盘活包括两点：其一是以生产为主的土地资源，围绕集体用地的所有权、使用权、土地他项权利、承包经营权等权利的分离，将土地资源转为经济资源，推动乡村建设；其二是以居住为主的农村宅基地资源，围绕宅基地的集体所有权（所有权）、宅基地和农民房屋使用权（使用权）、宅基地农户资格权（资格权）的三权分离，盘活农村居住用地，将乡村住宅土地资源转化为经济资源，用以解决乡村建设动力和资金来源问题。乡村建设另一个重点是乡村风貌保护，记得住乡愁更多不是记住农村的现代化收割机，而是蕴含有浓浓乡土气息、农耕文明智慧、山水人共生的和谐、万物灵性孕育的自然，而这些内容的传承需要载体，保护和创新性发展乡村风貌是乡村建设的重点。

城乡之间的纽带建设。未来一代人，或者两代人，甚至更长时期，注定会在城镇和乡村之间游走，割不断乡村承载的乡愁，舍不得城镇流露的繁华。区域城乡建设需要迎合和适应这种需求，在建设任务设置时考虑城乡纽带建设。城乡纽带分为以各种实物为基础的硬件纽带和以非物质形态存在的软件纽带，前者包括城市和乡村之间的各种基础设施、各种服务系统、各种物资流动和交换系统等；后者主要包括城乡之间文化联系、人员联系、精神寄托、管理服务、制度设计等。

五 公共服务资源配置任务设计

（一）公共服务任务设计理念

以人为本的分类分区。区域公共服务资源配置最基础的理念是以人为本，就是区域人的需求是公共服务配置和提供服务的出发点和落脚点，以作为社会人和作为自然人最基本的需求保障为切入点，有人居住的地方就有基本公共服务需求。区域内人口的集聚主要在城镇地区和乡村地区，这两类地区人口集聚的规模和生产生活特点有很大不同，以人为本的公共服务资源配置要按城镇地区和乡村地区分别展开。城镇地区的公共服务要围绕城镇地区人口密集、生产密集、生活物资集中供应要求高、公共服务需求集中等特点配置公共服务资源。乡村地区要围绕人口相对分散、生产相对分散、生物物资分散供应、公共服务相对分散等特点配置公共服务资源。

坚持基本公共服务均等化。就是区域内无论是城镇地区还是乡村地区的居民，所享受到的教育、医疗卫生、养老、社会保障等基本公共服务是均等化的。基本公共服务均等化就是根据各地居民生产生活实际需求，提供最基本的公共服务，均等的核心不是所有标准一样，而是各地居民获得基本公共服务机会均等。与基本公共服务均等化相对应，各地非基本公共服务要做到特色化，即在基本公共服务的基础上，区域内各地根据自己的实际情况和能力向区域居民提供反映地域特色的、可持续的公共服务。

兼顾公共服务的服务和引导作用。区域公共服务供给的作用：一方面是公共服务满足人的需求；另一方面是通过公共服务的供应，引导人口和产业集聚、社会发展。这两方面的作用对区域经济社会治理都是很重要的。前一种作用可以保证区域经济的正常发展和社会稳定，后一种作用则可以为区域经济社会整体发展、长远发展提供基础性保障、内生动力；前一种作用主要通过区域的基本公共服务来实现，后一种作用主要通过非基本公共服务资源配置来实现，区域要兼顾这两种作用。

（二）公共服务建设任务设计要点

专项公共服务的体系化。针对区域公共教育、医疗卫生、养老设施、公共交通等专项公共服务，要按照构建体系化服务网络的要求进行任务设置。专项公共服务体系化包括以下内容。第一是规模等级体系化，即公共服务资源配置和供给形成规模大小搭配，形成与区域需求等级相适应的规模体系。第二是公共服务的空间结构体系化，即根据区域城镇和乡村居民空间集聚特点，形成空间上覆盖各类地区、规模和内容与地区相适应的空间化服务体系。第三是内容结构体系化，按照基本公共服务和特色服务的等级和理念，形成基本公共服务区域全覆盖、特色公共服务各地有特色的内涵体系。第四是服务人群体系化，根据区域内地区、年龄结构、民族结构、教育结构等特征，形成覆盖全体居民、面向不同人群的有特色的专业化服务体系。

城镇地区公共服务网络化。城镇地区公共服务资源配置围绕城镇地区居民需求展开，针对公共服务需求高密度、高强度、分层化、综合化等服务需求，重点构建公共服务网络，具体包括：第一是空间和人口覆盖的网络化，公共服务网络覆盖全部城镇地区，无死角、无遗漏、不落下一个人；第二是内涵的网络化，公共服务的每一种类型在城市地区都不能缺少，形成覆盖需求各方面的服务网络；第三是公共服务供给与需求的吻合，围绕城镇地区公共服务需求的空间差异、内容差异，分城镇功能区组合公共资源品种和等级，以提高公共服务的效率，如老年人集中的社区，养老资源、医疗卫生资源配置就要相对丰富，年轻人居住比较集中的区域需要教育、就业、生活等基本公共服务。

乡村地区公共服务网络化。根据乡村地区人口相对分散、生产和生活环境条件空间联系比较紧密的特点，乡村地区公共服务设计要坚持以下理念。第一是广覆盖，就是基本公共服务覆盖到所有有人居住的区域，交通、能源供应等基本公共服务必然要照顾到农村偏远地区、居住分散的居民，但供应的形式可以灵活多样，重点是围绕居民的具体的需求，提供基本公共服务。第二是区域内部差异化配置，在人口相对集中的村镇，公共服务要按城乡统筹的要求向城市地区公共服务看齐，在人口相对分散的地区要按个性化、保基本的模式提供公共服务。第三是通过区域公共服务资源布局优化引导乡村居民集聚调整，通过新农村、美丽乡村、田园综合体建设等方式，推动乡村地区人口在不影响生产生活的情况下适度集聚，以提高公共服务的水平。

区域公共服务网络化。就是在区域范围构建各种公共服务资源协调配置、协调发挥作用的公共服务网络体系。区域公共服务网络化是按照区域公共服务需求的空间结构、内容结构，以及公共服务需求未来变化（如乡村人口流入城市导致城市公共服务需求增加、人口流出乡村地区导致公共服务需求减少）构建覆盖全区域、覆盖公共服务所有类型、覆盖区域所有人口的公共服务网络化服务能力。服务网络化的关键是根据实际需求构建公共服务主干网络、支线网络、关键节点、一般节点、细枝末节，建成全覆盖网络，同时保证公共服务资源使用最有效率。

公共服务供应体系建设。公共服务需求及其增长是无限的，区域财力和公共服务其他资源的数量总是有限的，这决定了区域公共服务需求和供给的矛盾是永远存在的，这也是区域经济社会治理的价值所在。区域公共服务供应体系建设的目标就是不断满足区域人们对美好生活的期待，要实现该目标需要从以下几点入手。第一是充分做好公共服务领域政府资源与社会资源协调，政府把基本公共服务做好，或直接提供公共服务，或购买第三方服务，特别是要注重发挥社会资源在公共服务领域点多面广的特色，把区域公共服务特色化做好。第二是注重塑造区域公共服务领域的合理预期，预期与实际公共服务供应之间的差距决定了区域居民对公共服务的满意度和公共服务工作的成效，预期越高，越容易形成与实际公共服务供应之间的反差。第三是公共服务供应软实力建设，同样的公共服务以什么样的方式、什么样的节奏、由什么人传递到需求人手中，公共服务工作的质量和效果会有很大的不同，所以公共服务要注重人文关怀，注重以人为本的公共服务管理、制度等软体系的建设。

六　生态环保建设重点设计

（一）生态环保建设任务设计理念

区域内分类分区建设。区域生态环境建设与区域主体功能区要求密切相关，区域内各地有什么样的主体功能定位就有什么样的生态环境建设要求；不同的生态环境建设和保护目标，需要的措施和对策会有差异，区域内各地生态建设和环境保护任务设计必须坚持分区分类开展的理念。优化开发区域生态建设和环境保护的重点是维护和提升生态系统功能、提升区域环境质量；重点开发区域生态建设和环境保护的要求是区域生态环境质量和功能不下降、空间不减少；农产品主产区和重点生态功能区生态建设和环境保护的重点是环境质量和生态功能的双提升、生态产品数量和环境容量的双提升、生态空间面积和保护力度的双提升。

保护优先，区域联动。区域生态环境破坏起来很容易，不用多少企业就可以把区域环境弄得乌烟瘴气，把生态环境搞得乱七八糟，然而恢复被破坏的区域生态环境则需要巨大的努力和漫长的时间，并且还需要相应的科学技术支撑，所以，区域生态环境任务设计要坚持保护优先的原则。第一是先把区域生态环境保护起来，拿不准的先不动，避免生态环境受到更大破坏；第二是区域生态环境任务设置的联动，区域生态环境本身具有空间相关性和空间联动性，一个地方生态环境变坏往往既有当地因素的影响，也有周边地区因素的影响，特别是大气环境的区域联动性更为明显，水体的空间联动性也很明显，所以治理任务设计要考虑区域联动。

文明提升。一些经济相对落后的地区，工业化进程还未完成、信息化正在推进中，仍处在需要快速发展的阶段。这些区域由于经济总量相对较低，总有走经济快速增长老路的冲动，境遇和心态可以理解，但靠牺牲区域生态环境、靠大量消耗资源发展经济的行为不能接受。要改变这种情况，除国家和大区域层面的统筹协调外，区域生态环境任务设计时必须按生态文明要求来进行，不是先污染环境的没错，而是不允许更多的地区参与到破坏生态环境的行列。

可落地可操作。好多年前就开始了生态建设和环境保护方面的宣传工作，但效果一直不佳，形成了越环保越要环保的怪圈，核心原因是生态环境没有被真正重视，从技术上看就是生态建设和环境保护的各项任务措施落不了地、出了问题没有明确的责任人，使生态环境建设和保护成为口号。所以，区域生态建设和环境保护任务设计要坚持任务落地、方案地方可操作、政策措施地方可执行、各项责任有明确的责任人、问题有清晰的应对措施，从根本上实现生态环保从口号向实用的转变。

（二）生态环保重点任务设计要点

构建生态环境保护空间体系。遵循全国和区域主体功能区规划空间框架要求，依照"多规合一"方法和技术要求，将多种与生态建设和环境保护相关的空间划分统一到主体功能区规划空间框架下。各专题性的生态环境保护空间体系可以对主体功能区空间体系进行进一步分解和细化，重点在软措施上下功夫，而不是再划出一堆难以操作的空间区块和概念体系，在统一的生态环境空间管控体系下，分类型分区域设计具体建设和保护任务。

体系化的生态建设。区域生态建设的任务设计重点是形成生态建设的体系。第一是生态建设内容的体系化，针对不同的生态建设对象、领域形成覆盖广泛的建设体系，每一个环节和领域都不能缺失，形成覆盖生态建设全部领域的建设任务体系。第二是生态建设空间体系化，区域生态建设要考虑空间尺度上生态建设任务安排，在大尺度空间上安排什么样的任务，小尺度空间上安排什么样的任务要统筹策划，使建设任务空间布局成体系。第三是生态建设标准规范的体系化，按领域、分区域对生态建设技术标准、措施方法、执行标准进行协调，能统一的无条件统一，不能完全统一的要建立清晰的对比关系。第四是生态建设保障措施的体系化，生态建设重点在保障措施，只有有力的资金、制度、人才、技术等保障体系，生态建设任务才有可能有效实施。第五是区域生态本底特色保持，每个小区域的生态系统都是区域生态系统的重要组成部分，只有具有小区域的特色，才有区域生态的完整和特色，保持区域特色也是对区域生态建设的贡献。

网络化的环境保护。区域环境保护网络化是推进区域环境保护工作的抓手，这种网络化包括以下内容。第一是环境保护对象的网络化，对区域环境有影响的要素和因素、区域环境承载要素、区域环境保护对象等要形成体系，以确定区域环境保护的重点、难点。第二是环境保护措施的网络化，环境保护措施到位情况是检验区域环境保护工作的标准，环境保护手段、方法措施的网络化，可以有效应对环境保护过程中的各种问题。第三是环境保护监测网络化，环境领域数据造假是对环境保护工作最大的破坏，环境监测体的网络化可以有效避免环境数据造假问题。第四是环境保护组织保障网络体系化，区域环境保护要从人员安排、经费使用、资源调度、成果应用、奖惩措施等方面建立网络化体系，以提高区域环保工作整体效率。第五是区域环保内容的体系化，结合区域经济社会发展实际将环境保护内容体系化，如从大气到水体、从森林到林下生态、从水体到水生态等，从环境要素内在关联性出发，形成环境保护网络化体系。

实战化的防灾减灾体系建设。区域综合防灾减灾任务设计重点是实战化或实用化，区域灾害的发生风险和影响是实实在在的，花拳绣腿式防灾减灾措施没有实际意义。实战化的关键是体系建设：第一是区域防灾减灾规划设计体系化，通过规划将区域灾害风险、防灾减灾关键问题、现状、目标、措施应对等情况梳理清楚，为区域减灾防灾打基础；第二是区域防灾减灾措施体系化，既包括单一灾害类型的防灾减灾体系化，也包括区域多种灾害类型的综合防灾减灾措施体系化；第三是防灾减灾小区域化，区域灾害在小区域上的表现和影响有很大差异，防灾减灾任务设计一定要针对具体的灾害风险区来制定；第四是应急保障体系网络化，针对区域突发性的自然灾害，要构建相应灾害信息采集、信息处理、灾情诊断、应对措施等系统，并在灾害发生时能够应急响应起来；第五是区域安全设施建设适用化，对于消防等防灾减灾设施数量、空间布局等方面要以实用化为基调进行设计。

第四节　区域经济社会治理重点任务设计案例

一　山西省经济社会治理重点任务设计

（一）山西重点建设工程设计思路

山西是片古老的土地。这里每条河流里都流淌着文化的气息，每个山峰都凝聚着铿锵的斗志，每一块田地里都散发着变革的渴望，每一个宅院里都闪耀着经济社会治理的智慧，每一个文化细胞中都蕴含着变革的能量。如何把山西这片土地上充满变革气息的文化，转变为推动区域经济社会发展变革的力量是山西的当务之急。

山西经济社会治理必须立足当地实际，深挖文化资源的精神内涵，利用资源优势，贯彻创新、协调、绿色、开放和共享新发展理念，谋划山西未来的发展，重点可以从以下工程措施入手。

（二）山西省经济社会治理重点工程

（1）太原西山国家级新区推进工程。山西省急需一两个能够提振全省人民上下士气，改变经济上相对颓废、处于毫无建树感的压抑状态的好项目、有影响力的项目。国家级新区力图打造这样一个具有全省带动作用的项目，借助以文化创新发展、高端装备研发等为重点的国家级新区建设，举全省之力，提振山西经济社会低迷的士气，形成山西新的经济增长极。借鉴天府新区、西咸新区等国家级新区模式，探索新区治理新模式。

（2）山西文化资源保护式开发建设工程。充分挖掘得天独厚、博大精深的山西本土文化资源，按照文化资源挖掘与信息化、文化资源动态监管、文化资源产业化开发利用、文化资源服务网络构建、文化资源社会效益拓展、文化资源生态效益融合、文化资源品牌体系构建等业务链条，以文化资源为基础，带动旅游、创意产业、生态农业、绿色工业、健康养老服务业等产业发展，创建"互联网 + 文化资源"保护式开发利用模式。把山西的文化资源转化为经济资源。

（3）山西十年创新工程。从顶层设计入手，围绕《中国制造 2025》及山西省实际和未来发展需求，布局全省创新网络，形成全省创新格局，避免跟风式和表面形式化创新。从深邃的文化中挖掘创新的灵魂，从"沉船侧畔千帆过"的危机感中要创新激情，从十年磨一剑的韧劲中要创新路径，从"不鸣则已，一鸣惊人"的精神中要创新气概。立足当下，瞄准未来，以产品和工艺、科技创新为引领，以创新环境平台构建为依托，以创新制度和体制设计为支撑，长远谋划创新目标和任务。

（4）山西互联网应用推进工程。挖掘互联网的经济、思想、模式等属性，从经济社会治理平台和模式再造的高度再认识互联网、物联网、大数据等技术，互联网是破除山西区域劣势的最直接、最有效的途径。从硬件布局、网络设施管理、应用领域规划、应用行业策划协助指导、与实体经济融合等方面全方位谋划未来 10 ~ 20 年互联网扩展应用。构建全社会参与、共治、共享的互联网产业新模式和社会治理新体系。

（5）山西脱贫攻坚工程。按照中央精准扶贫要求和脱贫攻坚战部署，按照"五个一批"的思路和要求，实施山西脱贫攻坚工程。做好顶层设计和规划，开发建设扶贫大数据系统，结合各地实际，精准扶贫，并形成山西扶贫模式。

（6）山西传统优势产业升级改造工程。针对焦化、钢铁、有色、电力、煤化工等五大优势产业，山西制定了"三年推进计划"（2015 ~ 2017

年），但与中央去产能、降成本等的要求仍有一定差距。升级改造的核心在于行业和企业的核心竞争力打造，政府要做的是营造适应升级改造的环境，把创新的动力还给企业。企业按照绿色化、智能化等要求，从工艺、技术、产品、营销等环节进行创新。

（7）山西煤炭产业综合整治工程。山西煤炭产业涉及太多方面，牵一发动全身，需要从山西经济社会长远发展和山西整体利益的角度进行顶层设计。产业发展的核心是去产能、降成本、生态化，目标是整治煤炭产业发展环境，激发利益有关各方的积极性。按照政府的归政府、企业的归企业、个人的归个人、社会的归社会、生态的归生态、子孙后代的归子孙后代的思路和原则，精心设计整治任务和整治路径，化解煤炭产业产能过剩问题，延长煤炭产业链，提高产业附加值，培育接续产业，从整体上扭转煤炭产业的颓废局面。

（8）山西新产业培育工程。按面向未来、政策引导、市场主导、风险共担、扩大有效供给的思路，培育壮大服务业和高端制造业，发力创意产业、高端装备制造等产业。产业培育不能靠政府工作人员坐在办公室里想，应该充分利用山西企业、智库，以及全国智库的力量进行谋划设计。

（9）山西农业现代化综合发展工程。按照延长农业产业链、新型经营方式创新、农业生产工业化和服务业化、农业生态化、农业有机化、农业特色化等理念和思路，发挥山西在小杂粮等方面的优势，形成山西特色农业现代化能力和体系。

（10）山西经济社会规划梳理整合工程。针对规划消耗大量经费、部门和地方借规划跑马圈地、规划内容矛盾重重、规划任务难以落地、规划只为墙上挂等问题，对区域总体规划、各种专项规划进行梳理和评估，构建时空框架统一、目标协调一致、任务相互协同、措施协同推进的经济社会规划体系，秉持"多规合一"的理念和要求，真正发挥规划目标引领、资源生态环境和空间硬约束、建设任务科学合理、措施保障有力的价值。

（11）山西资源环境生态综合监管工程。按照统一的标准体系，充分利用无人机遥感、"互联网＋"、大数据等技术构建山西资源、生态、环境动态变化监测网络，为资源生态环境综合治理能力和治理体系建设提供技术和数据支撑。

（12）山西经济社会信息综合应用工程。利用大数据技术、地理信息技术等，开展面向经济社会管理各项业务的应用，开展面向公众的各种应用服务。构建经济社会信息市场化综合应用的环境和大数据平台，构建山西经济社会治理能力和治理体系现代化信息支撑和技术支撑体系。

（13）山西公共服务推进工程。按照普惠型、均等化、保基本的理念要求，构建适应各类型地区、各类人群、广覆盖的公共服务体系。按照不让老实人吃亏的理念，构建公共服务体系，让人心稳定下来，让老百姓的生活稳定下来，增强各类群体对山西的归属感，让老百姓对未来充满希望。

（14）山西基础设施综合整治工程。从基础设施规划、建设、运营、维护等各环节开展综合整治，充分梳理发现山西各类基础设施之间的衔接问题、基础设施网络内部存在的问题，采用政府购买服务等模式，调动全社会积极性，共同参与基础设施建设。

（15）山西生态环境全民共治推进工程。必须从政治高度、从民族整体利益的高度看待生态文明建设，生态环境被企业破坏、老百姓受罪、政府掏钱治理的模式和猫捉老鼠式的监管体系必须得到改变。从生态环境治理由政府主导、公众监督的模式，逐步转变为全民参与环境治理的模式，从经济效益、社会效益、生态效益等方面增加参与生态环境保护者的获得感。

（16）山西人才体系建设工程。发挥人在经济社会发展中的核心作用，从教育理念和教育结构体系入手改革，自己培养人才和引进人才相结合，构建以物质利益为基础，以文化经济为支撑的人才环境；按照形得成、引得来、留得住、有发展的要求，构建山西人才保障体系。在知识产权保护、知识产权分配体制等方面大胆创新，激发有创新能力人员的创新激情，构建有战略思维能力人才工作平台，壮大高素质技术工人队伍，形成层次清楚、结构合理的人才队伍体系。

（17）山西新型城镇化建设工程。重新认识和正确把握政府和市场在城镇化过程的作用，正确认识和把握新型城镇化的自身规律和地方发展需求。更好发挥基层城镇发展中市场和文化的作用，努力消除和化解土地和户籍等方面的体制和机制约束与障碍，更好发挥高等级城市发展中政府资源优化配置的作用，发挥中心城市和重点城市在区域经济社会发展中的引领、辐射和带动作用。按照"多规合一"的要求构建区域空间治理体系，按照城乡一体化发展要求构建区域公共服务体系和社会保障体系，按照中心带动、主导产业各有侧重的模式发展壮大区域城市群体系，按照经济主导和行政资源主导相结合的方式构建山西城市空间格局体系。

（18）山西诚信体系强化工程。安全感是人生存和发展的重要保障，诚信体系是法制体系的重要保障，更是道德治理体系的根基，诚信也是市场经济体系的灵魂。诚信体系的构建需要从顶层设计入手，从诚信（失信）信息采集、失信问题处理、诚信法律和政策措施体系构建、政府诚信示范等方面入手，从个人、团体、企业、政府、社会等角度和层面构建诚信利益保障机制和失信惩戒机制，深挖晋文化的诚信精髓，利用现代信息技术，构建统一高效的社会诚信技术和信息支撑体系。

（19）城市群健康发展推动工程。发挥城市的经济和人口承载作用，推进城市群地区整体健康发展是山西经济社会长远发展的保障和基础。加强城市群健康发展工作的顶层设计，利用现代信息技术构建城市群健康发展监测预警需要的信息获取、处理、诊断分析、预警等技术支撑体系，及时掌控城市群健康发展存在的问题；利用经济社会治理现代化理念，构建城市群健康发展的管理、服务政策措施保障体系；按照城市群各层次、各部件、各功能区协调发展、共同促进的要求，以及绿色、开放、共享理念引导城市群产业空间体系的形成和发展。

（20）与其他省份经济对接工程。发挥优势，积极对接京津冀协同发展、"一带一路"、长江经济带战略涉及省份，确保山西融入国家战略之中。围绕资源、人才、资金、产业发展、科技、生态文明、环境保护等方面与相关地方开展务实对接，探索合作项目和方式，推动山西经济社会发展。

二 湖南省生态文明建设重点任务设计案例

（一）湖南省生态文明建设重点工程设计思路

围绕湖南省现阶段生态文明建设的关键环节和领域，实施系列重大行动计划，寻求湖南生态环境要素数量稳定、质量和功能的提升，以重大工程实施凸显生态文明建设成效。通过实施一些重大工程，推动区域和重点领域生态文明建设任务落地，使生态文明建设见实效。

（二）湖南省生态文明重点工程设计

（1）湘江保护和治理行动计划。针对湘江全流域污染问题，于2013

年启动湖南省湘江污染防治第一个"三年行动计划"（2013~2015年），通过开展重金属污染防治、畜禽退养、水上污染防治等专项行动，累计完成投资350亿元，湘江流域生态环境明显好转。从2011年启动《湘江流域重金属污染治理实施方案》，五年来完成570多个重点治理项目，使湘江流域重金属污染平均浓度稳步下降。在取得明显成效的基础上，2016年启动湖南省湘江污染防治第二个"三年行动计划"（2016~2018年）。

（2）大气污染防治和生物多样性领域的行动计划。编制《湖南省大气污染防治专项行动方案（2016~2017年）》以及2016年度实施方案，加强火电、水泥、城市燃煤锅炉、建筑和道路扬尘等重点行业、领域污染治理，2016年实施重点治理项目569个。突出抓好长株潭区域联防联控和加强问题区域大气污染整治，建立了长株潭大气污染特别防护期制度。实施湖南省生物多样性保护战略与行动计划（2013~2030年）。

（3）各市州围绕当地生态文明建设重点开展了诸多行动计划。常德市坚持"预防为主、源头控制、综合治理"，着力解决空气、水、土壤等方面群众反映强烈的突出环境污染问题，实施"蓝天、碧水、净土行动"，进一步提高环境质量。郴州市实施"青山工程"，打造南岭特色森林生态系统；实施"碧水工程"，推动水生态文明建设；实施"蓝天工程"，加强大气污染防治；实施"净土工程"，强化土壤污染治理。娄底市实施《娄底市水环境保护和治理第一个"三年行动计划"（2013~2015年）实施方案》、《娄底市落实〈大气污染防治行动计划〉实施方案》和《娄底市大气污染防治专项行动方案（2016~2017年）》；全面实施森林生态保护与建设工程，"健康森林、美丽湿地、秀美村庄、绿色通道"建设成效显著，全市共投入资金18.92亿元用于城乡绿化，累计建设城区公共绿地面积1108.8万平方米，人工造林面积47.35万亩，义务植树3068.1万株，绿化公路等通道7537.3公里，恢复矿区植被1.91万亩。长沙市自2013年起，启动并持续实施清霾、碧水、静音、净土四大行动，全力抓好生态文明建设和环境保护工作，建设城乡更美的品质长沙。

（4）开展区域性生态环境综合治理工程。结合洞庭湖生态经济区建设，在洞庭湖地区实施四口水系整治、水资源配置、河湖连通、安全饮水巩固提升、重要堤防加固、农业面源污染治理、工业点源污染治理、城乡生活污染治理、特殊水域与湿地保护和血吸虫病综合防控等工程，策划实施沟渠塘坝清淤增蓄、畜禽养殖污染整治、河湖围网养殖清理、河湖沿岸垃圾清理及重点工业污染源排查等专项行动。谋划储备了湖南省"十三五"期间水环境综合治理的 17 类重大工程、632 个重点项目,总投资约 2900 亿元。部分工程的实施已经初步改善了洞庭湖水生态环境。

(5) 开展重点领域和行业生态文明重点工程建设。农业部门 2014 年开展长株潭 19 个县(市、区)170 万亩重金属耕地污染治理工程,2016年扩展到 264 万亩耕地。通过施用生石灰、淹水灌溉、翻耕改土,加施有机肥、土壤调理剂及叶面阻控剂等措施,形成了可推广可复制的运行管理体制和分区治理模式,形成了较为完善的耕地重金属污染治理技术方法。省国土资源部门在现有工作基础上,提出了耕地保护工程、土地调查工程、矿产资源保障工程、地质环境保护与防治工程、测绘地理信息建设工程、资源节约集约工程、国土资源基础能力建设工程等"十三五"国土资源重大工程。

三 安徽省芜湖市经济社会治理重点任务设计案例

(一) 芜湖市重点工程设计思路

按照创新引领、改革促发展要求,针对新常态下芜湖市经济社会发展面临的问题和挑战、具有的优势和机遇,以信息化科技创新应用为突破口,围绕芜湖市经济社会发展和生态文明建设中相关的资源环境约束、产业结构失衡、经济发展不协调、经济发展环境欠佳、经济发展潜力不足、社会治理手段落后、部门管理职能交叉重叠等问题,按信息化促管理体制改革、信息化促政府职能转变、信息化促产业发展的思路,探索构建区域经济社会治理能力和治理体系现代化路径。真正摸清芜湖市资源、生态环境、经济社会各方面各领域的家底;掌控芜湖市资源开发、环境保护、产业发展、民生服务等领域的动态与问题;形成科学合理,面向经济社会各领域、各类人群的服务能力;探索建立经济社会治理能力与治理体系现代化相适应的制度和政策措施。

(二) 芜湖市经济社会治理建设重点任务

(1) 全市统筹规划工程。构建芜湖市总体规划与专项衔接的地方规划体系,按照规划先行的思路,统筹谋划芜湖市经济社会各领域的工作,使经济社会治理各项工作通过完整的、真实的、可操作的规划表达出来、展现出来。

（2）经济社会空间布局工程。按照国家和安徽主体功能区规划要求，依照"多规合一"要求和技术规程，构建芜湖市功能定位清晰的空间管治体系，尊重区域经济社会要素之间的客观相互作用和规律，对全市经济社会各要素的空间布局进行优化和调整，使各种要素更好发挥作用。

（3）经济结构合理化工程。按照发挥市场在资源配置中的决定性作用和更好发挥政府作用相结合的要求，优化调整芜湖市产业体系和产业发展公平的竞争环境，对不适宜的产业及时清理和退出，鼓励发展适宜产业。

（4）资源节约集约利用工程。按照生态文明总体改革方案和绿色发展要求，构建覆盖全市、有序高效的资源开发利用体系，为区域高质量经济发展保驾护航。

（5）功能完善的基础设施工程。按照《长江经济带发展规划纲要》、长江中游城市群布局，构建覆盖全市、网络化衔接的基础设施体系，为区域经济健康发展打好基础。

（6）天蓝水绿共建共享工程。按照生态文明建设总要求，构建全民参与共治的生态环境治理体系，通过共享共治让区域经济社会各要素、各主体成为生态环境建设和保护的主动参与者，并享受到生态环境提升带来的好处。

（7）精准到人保障工程。按照共享发展要求，构建覆盖全市、保基本、可提升、精准到人的社会保障体系，保障全市每个人的生存权、发展权和尊严。

（8）以人为本公共服务体系。按照民生是经济社会发展出发点和落脚点的要求，构建覆盖全市、便捷、均等、普惠的公共服务体系，使生活在城镇地区、乡村地区的居民都能享受到经济社会发展带来的好处。

（9）环境优美的人居工程。按照"望得见山，看得见水，记得住乡愁"的要求，遵循尊重自然、顺应自然和保护自然的要求，充分利用芜湖地域特点和资源禀赋，构建覆盖全市、功能配套完善的城乡一体化人居系统，使住得起、住得好、住得有特色成为全市居民的新感受。

（10）服务导向的城乡管理工程。按照新型城镇化规划、乡村振兴战略等要求，构建覆盖全市、高效、适用、灵活的城乡管理体系，使城与乡之间的鸿沟不再深，城乡管理不再因户籍的城乡差异而不同。

（11）构建芜湖市经济社会治理能力现代化建设需要的产业和技术支撑体系。形成支撑性和引导性产业，发挥这些产业的经济属性和经济社会治理能力中的支撑属性，推动芜湖市经济社会持续发展。

（12）构建以经济社会治理能力现代化为导向的综合信息服务体系。形成对经济社会治理相关各要素现状信息协调、动态信息准确及时的信息支撑能力，形成信息分析技术服务体系，为区域经济社会治理提供辅助决策支持。

（13）建设与经济社会治理能力现代化相适应的业务应用体系。围绕经济社会治理各业务环境，在优化现有业务管理体制的基础上，构建面向服务对象的各种业务应用系统。

（14）建设与经济社会治理能力现代化相适应的制度和组织保障体系。逐步建立现行政治体制下经济社会治理新方法、新规则、新体制，为区域经济高质量发展、社会和谐稳定、人与自然和谐发展提供制度保障。

第九章

区域城市群健康发展

伴随着我国城镇化快速推进，各种城市病已从大城市开始向中小城市蔓延。同时，区域性的城市群发展不健康、不协调问题也逐步显现和加剧，产业同质、恶性竞争给城市个体、城市群发展带来的负面影响初露端倪，并在全国、区域和城市空间尺度上以不同的方式展现。城市群不但是我国经济和人口的主要载体，也是我国就业、经济转型升级、扩大消费、创新发展的关键所在，据统计，国内大约有 680 万家杂货铺，30% 分布在乡镇、农村市场，21% 分布在县级市、县，25% 分布在三线城市，16% 开在二线城市，7% 在一线城市。① 高度关注城市群健康发展，建立健全城市群健康发展监测预警工作机制，实时掌控城市群健康发展状况和趋势，对于增加国家和区域经济未来增长动力、稳定就业、确保国家和区域各项战略实施意义重大。城市群是我国人口和经济的主要载体，城市群健康问题既是一般意义上的城市病问题，也是一个区域问题，更是城市之间的协调发展问题。确保城市群健康发展，对于稳定我国和区域经济增长基础和后劲意义重大。

第一节　区域经济社会治理中的城市群健康发展

近年来，在经济高速增长的新常态下，国家连续出台了系列旨在防风险、稳增长、促就业的政策措施，但由于政策时滞、政策之间不完全协

---

① 《新京报》2017 年 5 月 4 日，第 B05 版。

调、长效短效政策难以同时发力等因素，经济触底反弹的迹象仍不十分明显，稳增长仍是当前宏观调控的核心。发挥城市群在区域经济社会发展中的作用至关重要。

一　城市群健康发展对区域经济社会治理的作用

（一）城市群健康发展的背景

近年来，我国城镇化快速推进，各种类型城市群快速形成和发展。城市群正逐渐形成跨行政区的区域化发展态势，已成为区域经济和人口的主要载体。在城市快速发展过程中，也出现了土地城镇化快于人的城镇化、城市病由大城市向中小城市蔓延、大气污染由城市地区向区域发展、城市灵性退化或消失、城市群对大区域自然地理与生态环境改变日益加剧等现象和问题。开展城市群健康发展相关问题研究和探索具有十分重要的意义。

第一，是推动我国主体功能区战略和区域发展总体战略实施的重要抓手。主体功能区战略与区域发展总体战略均把城市群作为区域经济和人口发展的主要载体，城市群健康发展对于落实主体功能区战略和区域发展总体战略具有决定性作用。开展城市群健康发展空间监测与预警研究，可以有效研判城市群发展与主体功能区、区域发展、长江经济带等国家战略需要的吻合程度，发现其中的问题，及时提出应对措施，从而推动这些战略的科学实施。

第二，是对我国资源环境承载能力监测预警内涵的丰富和延伸。国家最近开展的资源环境承载能力监测预警工作，对各地区资源环境各要素及总体超载情况进行了科学评价，城市群健康发展空间监测预警研究将把资源环境承载能力监测成果落实到具体城市群地区，并将超载情况与城市群发展紧密结合起来，使资源环境承载能力监测预警工作更具体、更具有针对性。

第三，为我国区域经济社会发展政策制定提供决策依据。城市群是区域经济增长极、发展轴、发展带，是区域经济发展主体和关键节点。区域经济社会发展政策的制定必须围绕城市群开展，解决了城市群发展中的问题，城市群活了，区域经济社会就活了；城市群健康发展研究可有效诊断区域经济社会发展中存在的问题，为区域经济社会政策制定提供重要依据。

第四，为我国城市群健康发展提供综合性系统性评判体系。对于城市群发展中的问题，不同的业务部门诊断结果和开出的药方有很大的差异，彼此之间充满着不协调和矛盾。城市群构成要素在空间上相互作用，并共同构成城市群有机体，城市群有机体各部分是否协调运行是评判城市群发展健康与否的标准。采用该标准可有效避免零散的、片面的、暂时性的城市群健康发展评判，从而有利于形成一种基于各业务领域又高于单个业务领域的综合性、系统性城市群健康发展评判标准。

第五，为地理信息服务经济社会发展提供业务化功能支撑环境。全国地理国情普查、城市土地利用动态监测、数字城市、"天地图"建设等工作已经形成海量地理空间信息，这些信息在满足行业部门需求的同时，如何服务国家经济社会重大、热点和难点问题，需要综合性、系统性业务化功能支撑环境，城市群健康发展监测预警可为地理信息应用提供综合性、系统性、支撑业务化运行的服务平台。

（二）城市群健康发展对经济的作用

城市群地区是我国经济的主要载体。近年来，城市群已经成为我国人口和经济的主要载体。据估算，我国城市群地区面积占全国20%，集聚了全国80%的经济总量、70%的固定资产投资、76%的社会消费品零售总额。城市群地区是我国工业和服务业主要集中地区、投资和消费的集中地区。城市群健康发展不但有利于当前经济稳定发展，也有利于我国和区域经济的长远发展。

城市群地区是增加就业和吸纳外来人口的主要地区。城市群地区集聚了全国56%的人口，在我国经济结构转型升级过程中，这一比例还有可能进一步上升；吸纳就业人口占全国的68%以上（估算）。城市群健康发展不但可以确保当下就业稳定，也可为全国和区域未来就业稳定提供基础。

城市群地区是我国未来经济的主战场。无论是经济转型发展、创新驱动发展，还是生态文明建设，其所需要的动力、资金、人才、环境、文化等要素主要集聚在城市群地区；城市群地区经济发展有后劲，国家和区域经济发展才能有后劲；城市群地区需要率先实现经济转型发展，国家和区域经济才能够实现转型发展；城市群地区需要率先建立创新驱动发展模式，国家和区域经济才能形成创新发展驱动模式；城市群地区率先建成生态文明地区，全国和区域才能够实现生态文明建设目标。

城市群地区是我国各项战略实施的主引擎。国家正在实施"一带一路"和"走出去"等国际化战略，以及主体功能区规划、区域发展总体战略、长江经济带、京津冀协同发展等国内战略，这些战略的实施均以城市群作为主要节点和支撑，一些战略的直接作用对象就是城市群，城市群为这些战略的实施提供了经济、人力、智慧、文化、生态等方面的基础和条件，是战略落地的核心区域和核心要素。

城市群健康发展是检验经济社会政策的载体。城市群是区域经济增长极、发展枢纽。在城市群地区，为将发挥市场在资源配置中的决定性作用和更好发挥政府作用结合起来，出台高效的经济社会政策十分关键。经济发展和社会管理政策是否能够解决和缓解城市群发展中的问题，是检验这些政策效果的试金石。城市群问题解决好了，城市群活了，区域经济社会就活了。城市群是区域、国家经济社会政策制定试验区。

二　城市群健康发展面临的问题

（一）城市群健康发展中的问题

西方国家的城市群多是城市地理长期作用、经济自然长期演化的结果；我国城市群的发展受政策、规划布局影响较多，并且是近几十年快速形成的，多存在城市群空间结构不合理、资源配置不科学、功能构成不协调、运行效率不理想等问题，突出表现为城市空间过快膨胀、人口过度集聚、资源环境承载压力持续加大、土地城镇化快于人的城镇化、城市灵性退化或消失、区域自然地理与生态环境遭到破坏等现象。

目前，我国城市群发展面临三种空间尺度上的问题。第一是在全国尺度上，城市群布局和规模发展不平衡，导致能源、资源、人口流动与分布的不合理不均衡，易使不同区域间生产力布局、经济社会发展格局出现粗放式经营、重复建设与不良竞争。第二是区域尺度上，城市群布局和规模发展的不协调，导致经济要素和人口资源过度集聚、城市病高发、区域生态环境恶化等。第三是城市尺度上，特别是各级中心城市，城市各空间要素布局及组合关系不合理，导致交通拥堵、经济活动效率低下、大气污染严重、生活成本居高、居民生活幸福感不高等。

（二）城市群健康问题的原因

城市（群）空间既是一种物质结构也是一种社会结构，城市（群）产生于有目的的经济与社会实践，它集中体现了各种经济与社会关系，这决定了三种空间尺度上的城市群发展问题存在着内在联系。这些问题给城市群健康发展带来很大挑战，其根本原因是城市（群）各组成要素位置、数量、质量之间的不协调，城市（群）各组成要素空间配置上的不合理、不科学。城市群发展中的这些问题，可以基于现代监测手段和大数据技术进行跟踪评判，并提出应对措施。

三　城市群健康发展治理思路

城市群健康发展对我国经济稳增长、转型升级、高质量发展十分重要，推动城市群健康发展是区域经济社会治理的当务之急。为此，针对我国城市群发展中出现的各类问题，形成新的城市群健康发展理念，利用现代技术手段，在全国、区域、城市等空间尺度上开展城市群健康发展监测，可为我国城市群健康发展政策措施制定提供决策依据和技术支撑，意义重大，影响深远。

（一）高度重视城市群健康发展

第一要从战略高度认识城市群健康发展的重要性。各级政府要高度重视城市群健康发展在区域和国家经济社会发展中的作用和价值，从事关国家战略实施及新型城镇化、主体功能区规划实施的高度，从落实生态文明建设要求的高度谋划和布局这项工作。第二要充分认识城市群发展中存在问题的复杂性和长远危害性。本着对未来经济社会高度负责的态度，摸清我国城市群健康发展在各尺度上问题、影响、发展变化趋势，未雨绸缪，做好打赢城市群健康发展持久战的准备。第三要高度重视城市群健康发展的迫切性。对于城市群发展中的各种问题和矛盾，必须在深入研究的基础上，将问题解决在初期阶段，避免问题进一步复杂化和扩展。第四要制定城市群健康发展国家战略和区域战略。从总体上谋划我国和区域城市群健康发展的战略布局、行动准则、目标要求、任务分解等。

（二）开展城市群健康发展的基础研究

第一是开展城市群健康发展机理研究。城市群健康问题远比一般的城镇发展问题复杂，围绕城市群形成、发展过程，研究城市群形成机理、发展动力、各种因素相互作用过程、内部各空间形态（存在）相互作用机理及过程。第二是形成城市群健康发展新理念。城市群健康问题的出现及蔓延，要求重新审视城市和城市群发展政策，形成城市群有机体的理念，还城市群以生命，让城市群"活"起来，城市群不是任由规划与建筑者播种的钢筋混凝土组合体。第三是开展分类城市群基础研究。以一般性城市群健康发展研究为基础，针对我国不同类型的城市群现状和特点，开展城市群健康的内涵与标志，影响城市群形成和发展各种要素的空间特征、空间变动、表现等，城市群灵性，城市群衰退和消亡过程、影响因素及作用过程，城市群健康发展的其他基础性问题研究。

（三）开展城市群健康发展空间监测预警工作

第一是构建城市群健康发展监测评价指标体系。在城市群健康发展理论研究的基础上，针对城市群特点，构建城市群健康发展监测评价指标体系。第二是构建城市群健康发展监测评价方法，本着以客观实际为基础、面向未来的理念，构建客观、公正的城市群健康发展评价模型。第三是建立城市群健康发展监测预警信息获取与处理体系。城市群健康发展评价涉及自然、经济、社会、生态、文化等领域，数据来源于不同部门和渠道，信息之间的协调性、可比性等方面存在很多问题，需要构建能够有效利用各种数据的信息获取及处理体系。第四是开展城市群健康发展试评价工作。在条件比较成熟的地区，开展部分城市群健康发展监测预警试点工作，形成城市群健康发展监测预警技术体系、工作经验。

（四）构建城市群健康发展监测工作机制

第一是明确城市群健康发展监测工作内容。城市群健康发展监测评价预警具体内容很多，在试点工作基础上，拟定分步骤、分阶段、分层次的工作内容，以利于各项具体工作的开展。第二是构建由牵头部门、与参加部门协调合作的监测预警业务机制。明确城市群健康发展监测预警工作主导部门和参加部门，明确各部门和单位的职责分工，建立目标、任务、信息、措施联动的工作机制。第三是构建开放的工作机制。城市群健康发展监测预警采用政府部门指导、多方力量共同参与的开放机制，特别是要大量引入第三方评估机构，共同为城市群健康发展出谋划策。第四是逐步构建城市群健康发展监测市场化机制。城市群健康发展与诸多产业紧密相关，城市群健康发展最大的受益者是产业部门，通过尝试和试点，区域可以逐步建立城市群健康发展监测预警的市场化运作机制。

（五）将城市群健康发展监测预警作为区域经济社会治理重要工程

目前，国内一些科研院所从不同侧面提出了城市（群）发展中的重大研究问题。城市群健康发展监测预警是项综合性工作，既有科学研究、技术方法方面的内容，又有经济社会实际业务方面的内容，这项工作需要与"一带一路"倡议、区域发展总体战略、主体功能区规划、长江经济带、京津冀协同发展、新型城镇化规划等结合起来，才能解决城市群健康发展的长远问题。为此，建议将城市群健康发展监测预警工作列为区域经济社会治理重点任务，予以关注和支持，通过综合研究，形成城市群健康发展监测预警工作合力。

第二节　国家层面的城市群健康发展

一　国家层面城市群健康的内涵

（一）国家层面城市群的由来

经济社会发展规律作用。国家城市群空间分布特征和总体格局是经济社会规律作用的结果，城市群格局经历了一个个城市平行发展到区域性城市到全国城市群格局形成的过程。受生产力水平等方面的限制，单个城市多先出现在交通条件比较便利和水土资源比较丰富的地区，然后，随着人口的增加逐渐发展成规模较大的城市。城市群的形成往往是以一个中心城市为集聚中心，周边发展出一些城镇，逐渐形成小规模城市群，慢慢演化成规模较大的城市群。国家城市群的形成是各地域城市群相互作用的结果，若干地域特色城市群平行和关联发展，形成现有的全国城市群格局。伴随国家城市群格局的形成，商业集聚、人口集聚、产业集聚、城市聚集等各种现象以不同方式、不同程度地发挥着作用。商业集聚是城市功能出现和发展的基础，也是农业文明走向工业文明的里程碑；人口集聚则是从集聚形态上实现从农牧居民点向城市功能转变的结果；产业集聚是城市规模扩大的发动机和城市超越农村地区的关键；城市集聚则是城市从个体走向群体，从细胞走向组织，从工业文明走向后工业文明和信息时代。

国家干预的结果。国家对城市群格局形成的干预主要表现在以下几个方面。第一是对城市群形成基础要素的干预，通过对人口、资源、产业、国土空间等方面的管控，使城市群形成的要素在某些特定空间上集聚，限制在另一些空间上集聚，从而促进或抑制城市群的发展。第二是通过对城市群发展基础要素的调度和安排干预城市群生长，主要是通过交通基础设施、能源基础设施的布局，促进或抑制城市群在某些地区的发展。第三是差别化城市群政策措施干预，通过区域差异化政策措施，推动区域按不同模式和节奏发展，从而对区域城市群形成的时间和空间节奏进行控制。第四是对城市群发展预期的干预，主要是通过政策措施、特殊安排等来影响不同区域城市群发展的预期，影响未来城市群要素在空间上和时间上的差异化集聚，进而影响城市群未来格局构建和发展。

（二）国家层面城市群健康的内涵

空间布局方面的内涵。城市群空间布局健康是城市群健康状况的一种综合性表现，主要表现在空间均衡性、空间协调性和空间适宜性。空间均衡性不是说各城市群在全国空间上均匀分布，而是均衡分布，这种均衡是考虑了全国自然地理特征、历史发展及演变等背景之后的均衡；空间协调性是城市群空间格局有利于城市群相互作用的发挥，更好地彼此促进和良性互动发展，实现在城市群需要的时候能够搭把手；空间适宜性是城市群的空间存在与自然、经济社会整体格局相适应，不适应的主要结果是城市群运行的成本和代价增大。

经济社会方面的内涵。城市群格局健康在经济社会方面的内涵主要是经济成本、社会成本尽可能低。在经济成本方面，一是城市群内部运作的经济代价尽可能低，经济效益尽可能高；二是发挥相邻城市群之间的相互作用关系时经济代价尽可能低，经济效益尽可能高；三是各城市群之间实现联系的经济成本尽可能低、经济效益尽可能高。在社会成本方面，一是城市群内部人员流动、人员安置、各种民生活动的成本尽可能低，社会效益尽可能高；二是发挥相邻城市群之间相互作用关系的社会成本尽可能低、社会效益尽可能高；三是发挥全国各城市群之间相互作用的社会成本尽可能低、社会效益尽可能高。

资源环境支撑方面的内涵。围绕城市群发展对资源和能源的需求，城市群格局健康的内涵表现在自然资源支撑和能源资源支撑两个方面。在自然资源（包括水资源、国土资源、矿产资源等）支撑方面，体现在资源获取、资源使用、资源再生等效率、效益高，则相对健康；效率和效益低，则健康程度差。在能源（电力、石油、天然气等）支撑方面，体现在能源获取、能源使用等方面的效率和效益上，效率和效益高，则城市群格局相对健康；效率和效益低，则城市群格局的健康状况可能有问题。

国家安全方面的内涵。城市群格局健康在国家安全方面主要体现在主动外部安全、被动外部安全、主动内部安全、被动内部安全等。主动外部安全是城市群空间格局更有利于国家构建国家安全（军事安全、政治安全、国际交往安全等）格局；被动外部安全是城市群空间格局更有利于地缘政治等方面作用的发挥，即在我国只能被动接受的影响国家安全的事件中，由于国家城市群格局的合理布局，我国能获得解决问题最有利的优势。主动内部安全是针对国内问题，国家采取主动措施维护国家安全时，合理的城市群格局更有利于实现这种目标，如果城市群格局不合理，则在工作时相对比较被动；对内被动安全指国内影响国家安全的突发事件发生和社会动荡时，科学的城市群格局有利于调动各种资源化解各种安全风险和潜在风险，维护社会稳定。

二 国家层面城市群健康发展问题

（一）对国家经济健康发展的影响

经济要素流动成本和代价问题。经济要素（资金、技术、人才、市场等）空间流动是国家经济健康发展的基础，城市群空间格局是国家经济发展空间格局的重要表现，经济要素在城市群之间流动的通畅程度从某种意义上影响着国家经济健康发展。但可惜的是，我国城市群之间主要经济要素流动的成本依然很高，代价依然很大，各城市群之间限制经济要素自由流动的技术壁垒、政策措施门槛仍以各种或隐性或显性方式存在，这种现象严重影响了国家经济的整体发展。最近屡见报道的城市抢人大战，从某种意义上说也是经济要素不能在城市群之间自由流动的一种表现。

经济运行动力维护成本和代价问题。大多数地区经历过粗放经济发展阶段，这对生态环境和经济增长理念、文化的影响很大，维护城市群经济增长不但要保持经济转型升级增长的动力，还需要补偿过去经济粗放增长带来的经济额外成本；城市群不合理空间布局和组合、不科学的经济结构、不合理的内部经济分工等问题进一步推高了经济运行成本，给经济运行动力的可持续能力带来挑战。

对国家经济质量的影响。高质量正成为经济发展的追求和目标，高质量经济表现为合理的经济结构、高资源能源效率、高经济效益、高社会效益和高生态效益。实现这些目标需要从发展理念、产业结构、技术积累、知识产权、人员交流等多个方面同时发力。但城市群的健康问题会对这些影响高质量发展的各个方面产生不利影响，从而从总体上和综合结果上对高质量经济发展带来不利影响。

（二）对社会稳定发展的影响

公共服务差异化带来的社会问题。各城市群公共服务水平同区域经济社会发展水平有关，是经济社会规律作用的结果；同时，也与城市群公共服务方面的执行措施和力度有关，是一种人为干预的结果。当公共服务差异达到一定程度，或遇到特定的受体人群时，就会演化成公共服务的不均衡，公共服务不均衡表现在不同的城市群之间和城市群内部各城市之间，无论是哪种表现形式的不均衡，达到一定程度时都会给区域或国家整体的社会正常运行带来挑战，或形成潜在的风险。各城市为抢人所实施的各种措施，从某种意义上也是对某些城市群地区高房价、高教育成本、高生活成本等公共服务门槛和成本过高的一种正反馈。

政策差异化带来的社会问题。城市群政策差异化包括国家层面针对不同城市群出台的差异化政策，以及城市群自身制定政策措施形成的事实差异，从形式上表现为城市群之间的和城市群内部的差异。这种差异给城市居民带来主动选择和被动选择问题，主动选择多数是经济问题，经济条件允许的情况下人可以选择居住的城市，因出生在不同城市群而形成的差异对个人来说是被动选择，并且这种被动选择对多数人来说成为终身选择，被动选择往往会演化成社会问题。这种政策差异化问题对区域经济社会治理者来说是个治理问题，是个公平和效率问题；对区域经济社会治理参与者来说则是个文化、道德、尊严问题，甚至是生存期和发展权问题。随着经济社会整体发展，这种政策差异化带来的社会问题也越来越明显。

人口流动和定居问题。人口流动有一定的自身规律性，也与城市群健康程度不够有关。居民追求美好生活和更好的发展机会，使人在城市群之间、城市群内部城市之间、城乡之间流动。当这种流动速度和强度大到一定程度时，说明城市群格局和城市群政策措施不均衡问题相当严重。同样，人们选择某个城市稳定生活，也是多种因素综合作用的结果，表面上是人们自由选择的结果，其实是在多种客观和主观条件下综合决策的结果，其中城市群健康与否对人们定居城市生活的影响是显而易见的。人们选择在城市之间流动或者选择在某个城市定居看似是主观选择，其实是多种客观因素作用的结果，农民工在一个城市工作生活了多年，如果有机会定居下来，会有相当一批人抓住这一机会。城市群发展健康程度低导致的人口流动和定居选择困难问题是对社会稳定发展影响的重要方面。

文化分异的影响。文化自信的基础是全民族的文化认同和共识。文化包括上升到国家文件和法律层面的文化，也包括各地居民生产生活中的活文化。城市群之间的文化产业不但构成中国文化丰富内涵，也体现了文化的地域特色。文化认同需要共同的文化内涵，当城市群之间文化，以及衍生内容的差异过大时，就会对文化认同形成冲击，进而影响民族文化自信。从经济社会治理角度看，城市群文化差异应体现在形式上，但文化内涵应保持基本一致。城市群健康程度问题会加剧文化区域差异的影响，进而导致其他社会问题的出现。

（三）对生态文明建设的影响

对国家生态安全格局的影响。城市群是对自然生态最大强度的集中式改造，城市群地区也是对自然生态影响最大的区域。国家城市群格局通过城市群自身，以及城市群之间的联系导致对自然生态的改造，对生态安全格局产生作用。这种作用有利于自然生态的成分，但更多是对自然生态的负面影响。相对科学的城市群空间格局，通过其与自然生态环境、自然地理格局的和谐共生，对国家生态总体安全格局产生正面的促进作用，而城市群总体健康程度不高的格局则会对国家生态安全格局产生负面影响。

对国家整体环境治理的影响。城市群是对区域水环境、大气环境最大的干预者，也往往是最大的破坏者。城市群地区通过超大规模人类集聚活动对区域水生态、水质量、大气质量、大气环境等产生巨大影响，使区域整体环境向着人类干预与自然综合作用的方向发展。当城市群之间空间变小时，将在更大空间范围内对整体环境带来影响。这种情况给国家整体环境质量带来很大的挑战。

城市群对生态文明建设的影响。城市群对生态文明建设的影响表现在城市群个体和城市群总体两个层面。对于个体城市而言，经济发达的城市群地区生态文明建设的基础和动力要好于经济相对落后的城市群地区。同时，经济相对发达的城市群地区城市与自然地理空间的适应性、与自然资源和生态环境的适应性相对更好，而经济相对落后地区的城市群由于经济实力相对较差，对生态文明建设的支撑能力不足，对生态文明理念的认识和共识要弱。在城市群总体层面上，各城市群对生态文明建设认识和支撑能力的不均衡，从总体上会影响国家生态文明建设的节奏和力度。

（四）对在全球治理中发挥更好作用的影响

对国内重大战略实施的影响。作为城市群个体和作为城市群总体的健康问题，对国家重大战略实施是有影响的。长江经济带各地城市群发展中的问题，以及城市群之间的联动关系不足等问题，给长江经济带规划的实施带来一些不利影响。同样，京津冀都市圈城市群内部健康问题也影响着京津冀协同发展战略的实施。这种不利影响会从一定程度上弱化重大战略的对外展示和示范价值，从而削弱中国城市群治理模式和理念的全球意义。

对外交往重点战略的影响。城市群是国家实施对外交往，特别是对邻近国家交往的重要载体和支撑。合理的城市群空间布局和结构可以推动对外战略实施，不合理的城市群空间布局和结构则不利于对外战略的实施。

地缘政治格局中的影响。合理的城市群空间结构对于发挥地缘政治价值有积极的作用。南亚、东南亚国家与我国传统联系和利益共同点很多，这些国家对我国的经济社会治理模式有更多的认同，也是我国地缘政治优势地区，对南亚和东南亚国家的开放是我国对外开放的重要环节。但作为对南亚、东南亚开放桥头堡的云南、广西等地均缺少成规模的城市群，这对我国在全球治理中发挥更大作用是不利的。

三　国家层面城市群健康发展对策

（一）适应国家需要的城市群格局培育

培育适应国家经济社会空间均衡发展需要的城市群格局。经济发展自身具有一定的空间不均衡性，城市群的出现和发展推动了这种不均衡性在空间上的延展；城市对经济要素的集聚和规模效应进一步加剧了城市群的空间不均衡性，任由其发展下去，对国家经济的空间均衡性，以及由此带来的社会建设不均衡性将对国家经济社会治理和发展带来负面影响。培育与国家经济社会空间均衡发展相适应的城市群空间格局，就是通过对城市群空间布局和发展关键要素的国家干预和调控，使城市群空间格局在充分反映区域经济社会差异基础上实现空间均衡发展；在中部地区、西南地区、西部地区适当加大小型城市群的培育力度，避免出现像巴西等国家城市（群）空间严重不均衡发展给经济社会带来的问题。

培育适应国家生态环境安全格局需要的城市群格局。发挥城市群建设可以大规模改变自然生态的正向作用，通过城市群生态的优化组合降低城市群建设对区域生态的负面作用。以全国主体功能区确定的国家生态功能区空间格局、农业地区农业生态空间格局为依托，通过适度调节城市群规模和城市群空间展布方向，使城市群空间格局与国家生态安全格局（自然生态和农业生态）更加协调，避免大规模远距离调水或其他巨型工程对生态安全格局产生的影响。

培育适应国家在全球治理中发挥更大作用需要的城市群格局。培育与国家自然地理格局更加适应的城市群格局，第一向全世界展现中国生态文明建设的成就、展示经济社会治理现代化能力和治理体系，使更多的国家能够认同或借鉴中国经济社会治理道路，使中国能够从全球治理的参与者、跟随者的角色逐步转变为引领者、倡导者；第二，通过更为科学的城市群空间格局打造，使我国的城市群以各种方式参与到全球治理之中，如边疆地区的城市群建设可以增加边疆地区对外开放作用，促进与周边国家的经济社会交流，从对外开放中扩大中国经济社会治理模式的价值传送，特别是边疆地区城市群建设对实施"一带一路"倡议等具有重要的价值。

（二）完善城市群健康发展政策措施

国家对城市群形成和发展进行干预最有效的手段是政策干预，这可谓是中国特色社会主义市场经济最有特色的地方。政策措施的作用过程是通过对城市群开展所需要素的数量、质量、空间等特征条件约束，使城市群按照预期的方向发展。

城市群调控土地政策。国土空间是城市群发展最基础的资源，我国国土空间管理体制机制决定了城市群发展国土空间国家调控的价值。土地政策的核心是对城市群采取差异化的建设用地指标供给、占用耕地指标供给、占补平衡指标供给、不同性质土地入市指标供给等。通过这些差异化政策，实现不同城市群地区土地供应数量、质量、用途管制要求的差异化，进而实现想重点发展的城市群可以获得更多的国土空间，适度限制的城市群获得较少的城市群扩展所需国土空间，而限制发展的城市群则严格控制城市群扩展所需的国土空间，从而实现调控城市群空间结构的目的。

城市群调控财税政策。城市群调控财税政策的核心是通过设置差异化财政和税收政策，间接实现鼓励或限制城市群发展的作用。对需要快速扩张的城市群采取宽松的财税政策，对适度扩张的城市群区域采取松紧适度的财税政策，对严格限制扩张的城市群地区实施偏紧的财税政策。城市群差异化财税政策主要发力点是财政转移支付的力度、财政支持的公共服务力度，对重点发展城市群区域施以宽松税收政策，而对限制发展的城市群施以偏紧的税收政策。

城市群调控生态环境政策。客观地讲，需要大力发展的城市群地区往往是城镇化水平相对较低、国土空间相对比较充足、生态环境容量相对比较大的区域，而城市群发展成熟的地区往往是资源环境承载能力出现超载的区域。在需要重点发展的城市群地区实施相对宽松的生态环境政策并不是鼓励走先污染后治理的老路，而是利用这些城市群地区较为充足的资源环境承载能力实现区域快速发展。生态环境政策调控的基本思路是在重点发展的城市群地区实施相对宽松的生态环境政策，在适度限制的城市群地区采取适度的生态环境政策，而在限制扩张的城市群地区实施严格的生态环境政策，即通过城市群发展的环境成本高低来调控城市群空间结构。

城市群调控人口政策。城市人口调控政策的核心是通过营造人口定居环境来左右城市群人口。其思路是在重点发展的城市群区域营造便于外来人口定居、舒适生活的环境和氛围，实现城市群人口增加；在适度限制和限制城市群扩张的区域通过提高外来人口定居门槛、提高居民生活成本等方式维持或降低城市群人口规模，进而达到限制城市群扩张的目的。人口政策不能与国家现行的人口政策矛盾，但可以通过提升公共服务水平、打造宜居宜业城市环境，调控城市群地区人口的数量规模和结构、人口流入和流出，实现城市群空间格局调控。

（三）城市群联动发展能力培养

从全球城市群发展历史和现状看，城市群的规模效应有其积极的一面，也有一定的负面影响。城市群过度发展，大量集聚经济社会发展要素，对周边地区形成巨大引力，将阻碍周边地区城市群的出现和发展，造成城市群空间结构的不均衡、不协调，从而积累很多经济社会问题。这与国家经济社会治理要求下的城市群发展需求不相吻合。从中国的经济社会治理需要来看，如何增加城市群之间的联动发展，实现城市群均衡和协调发展十分重要。

城市群之间联动能力培养。一个城市群的快速发展必然对周边城市群形成巨大的引力，极容易形成月朗星稀的空间格局，这对更大区域经济社会均衡和协调发展有一定负面影响。虽然理论上一个城市群发展壮大后可以带动周边地区城市群发展，但这种理论的前提是发展起来的城市群具有足够的能力，并且具有强烈的意愿带动周边城市群发展。城市群联动能力集中在以下多个方面。第一是产业联动，相邻城市群按接续和完整链条培养产业；第二是人口政策联动，一个城市群收紧人口流入时，周边城市群相应放松人口流入；第三是资源供给与需求联动，一个城市群发展需要的重要能源资源能够在周边城市群找到替代或补充；第四是土地政策联动，一个城市群土地政策收紧时，周边某些城市群土地政策适度放松。凡此种种，即一个城市群的重点战略实施要考虑对周边城市群的影响，使城市群是区域的城市群，也是国家的城市群。

城市群城市之间联动能力培养。城市群内部各城市之间的同质化竞争是普遍现象。相对独立的财政收入和事权体系迫使各城市一定会围绕自己的发展设计经济运行体系。城市群内部各城市经济社会发展资源禀赋等方面具有一定的相似性或相近性，经济社会发展阶段比较接近，这必然会导致产业的同质化竞争。城市群作为一个整体需要加强各城市之间联动能力的培育，这集中表现在以下几点。第一是产业的联动能力，按产业链条化、产业互补等要求实现城市之间的产业联动；第二是社会联动能力培养，按照公共服务协调、基础设施联动和一体化、教育和医疗保障体系联动等要求实现城市群内部各城市社会治理联动；第三是生态建设联动能力培养，按照生态文明基本理念、绿色发展基本要求、环境联防联控、生态建设系统化和网络化等培养城市之间生态建设联动能力，使城市群对外整体实力提升。

城市凝聚力培养。城市是城市群的核心，城市群的整体水平和吸引力是通过一个一个的城市来实现的。形成城市吸引力和凝聚力的核心是建设人的城市，而不是建筑物的城市。城市凝聚力的培养重点围绕城市居民生活、生产和发展来开展。围绕居民生活，城市需要提供以保基本、方便、快捷、保障、覆盖为基础的基本公共服务，使居民能够在城市中生存下来，活得有基本尊严。围绕城市居民生产，城市需要提供就业机会、生产环境和生产配套条件，使城市居民有稳定的经济来源。围绕城市居民发展，城市要按满足人民对美好生活向往的要求，提供优美的城市生态环境、个性化公共服务、多元化的社会保障体系，打开城市居民更大的发展空间，建设有温度、有情怀、有追求、有文化、有爱的城市。

（四）强化城市群健康发展基础研究

目前，国外和国内有关城市、城镇、城镇化、城市群的研究已经很多，有关城市、城镇和城市群形成、发展、演化的规律性认识也已经十分深入。但城市群是经济社会发展的产物，我国的城市群总体和个体特征是国家和区域治理体系和治理能力作用的结果，并且随着国家治理能力和治理体系现代化推进，城市群也会有相应的变化。因此，对城市群的研究也需要与时俱进，特别是城市群及城镇研究不能完全照搬西方发达国家在自由经济体制下的模式，这不是意识形态领域的问题。中国庞大的人口规模、复杂的人口结构、经济社会发展基础和条件，决定了中国城市群发展必须要走自己的路，需要有切合中国实际的城市群基础研究，以确保中国城市群能够健康发展，既体现国家治理能力和治理体系现代化水平，更适应中国经济社会发展的未来需要。

城市群总体格局基础研究。针对我国城市群研究相对薄弱的实际，围绕城市群总体健康发展内涵、城市群之间相互作用影响因素、城市群之间相互作用机理、城市群协调发展政策措施、城市群总体健康发展与国家经济社会治理、城市群总体健康发展价值应用等方面开展基础研究，形成我国支持城市群健康协调发展的基础要件。

城市群空间层级之间相互作用基础研究。从国家、区域、城市三级空间尺度及其协调发展的角度，构建我国城市群健康发展的科学内涵和基础理论体系。重点研究三级空间尺度上城市群有机体要素组成、空间结构、系统功能及相互作用关系与机制，突破以行政区划单元为主导的传统城市管理和治理模式，探索建立以城市群有机体健康发展为理念的中国城市群发展模式。

（五）构建覆盖全国城市群的监测预警体系和能力

构建覆盖全国城市群的监测预警体系要考虑城市群的空间层级性和空间层级之间的作用联系，围绕国家、区域、城市三级空间尺度，形成逻辑统一、信息共享、标准一致、目标一致的中国城市群健康发展监测预警体系、内容、指标和方法。

在国家尺度上，基于全国主体功能区规划和区域发展总体战略，综合考虑自然地理与生态环境条件、地理区位、交通网络、人口分布、经济社会发展状况、信息基础设施建设等领域，针对全国范围内城市群总体格局和规模发展的合理性和效能性分析需求，建立国家城市群总体发展格局监测指标与预警模型。

在区域尺度上，基于国家新型城镇化规划（2014~2020年），综合考虑城际交通、城市功能差异、区域性资源环境风险和生态产品服务等方面，针对典型城市群空间结构优化、功能协同发展、资源合理配置、生态环境友好（大气、水源、土壤质量等）等监测内容，建立典型城市群空间系统监测指标与预警模型。

在城市尺度上，以人的城镇化为出发点，综合考虑城市基础设施、公共服务资源（教育、医疗、休闲娱乐、公共出行等）、生态景观建设和土地资源开发等方面，针对特色城市功能区布局优化、公共服务资源优化配置、居住用地利用效率、城市开放空间建设、城市健康发展指数、人类幸福指数分布等监测内容，建立特色城市空间系统监测指标与预警模型。

基于国家、区域、城市三级空间尺度，研究城市群发展三级空间相互作用机制，形成我国城市群发展三级空间联动/联合监测预警方法。

第三节 区域层面的城市群健康发展

一 区域层面上城市群的价值和作用

从我国城市群存在的空间状况看，省级行政区域一般能形成一个较大规模的城市群和若干小规模的城市群。由于区域经济社会发展水平、基础条件和比较优势差异,区域城市群的规模、数量、发展水平不尽相同,对区域经济社会发展的作用和价值、对区域经济社会治理的作用和价值有一定差异。

(一)城市群是区域经济社会发展的重要载体和纽带

城市群是区域经济社会发展的空间载体。空间是城市群存在和发展的基础,也是影响城市群形成和发展的最直接因素。城市空间是区域整体空间中最为重要的部分,无论是在经济量和质上,还是从人口集聚规模和人口素质上,或是从推动区域发展动力形成和持续上,城市群在区域中都具有不可替代的价值。在现代经济体系中,没有城市群的区域是难以想象的,也是没有发展前景的。处于区域经济社会发展中心位置的城市群,其对区域在空间上的作用强度遵循反距离规则,无论是城市群与周边地区的影响,还是城市群内部城市和城市间区域的影响,基本上与空间距离呈反方向变化:离城市群距离越远,受城市群的作用就越弱;城市群内部两个城市的空间距离越远,其间的相互作用就越弱。

城市群是区域自然资源和能源的重要纽带。第一,城市群实现了区域在河流水系、地理地貌格局、生态安全格局等方面的联系。以北京为中心的城市群实现了河北北部山区与南部平原地区的联系,陕西西安城市群实现了南部山地与北部黄土高原地区的联系,新疆的天山城市群是新疆南部和北部联系的重要纽带,使各种自然资源联系成一个便于利用的整体。第二,城市群是主要区域能源供需集聚区域,城市群地区是区域能源需求和消耗的中心地区,同时也是电力资源供应中心;城市群通过向外能源辐射网络,展现了城市群对区域能源的保障能力,实现了区域能源供需平衡。第三,城市群根据所在区域的特征形成特殊表现形态,以不同的作用方式影响区域经济社会发展,如平原地区、山区城市群纽带的紧密度有差异,但这既是城市群发展作用的结果,也是城市群进一步发展的基础,并以不尽相同的方式影响区域发展。

城市群是区域交通等基础设施的重要纽带。城市群地区是区域交通等基础设施最为集中的区域。城市群地区的基础设施无论从数量上还是从质量上,都是区域较好的地方。通过城市群向外的基础设施辐射,区域整体基础设施水平得以提升。交通等基础设施不但实现了城市群与周边地区、城市群内部人的流动和物资流通，更为重要的是实现了区域人的心理联系。空间是城市的容器，时间则是空间的容器，交通等基础设施重塑了区域经济社会的时间和空间结构，推动区域经济社会整体发展。

（二）城市群是区域经济治理的重点

城市群是区域产业集聚的核心和纽带。从城市群地区占区域经济总量的比重，以及城市群产业结构在区域产业体系中的重要性可以直观判断城市群在区域经济中的极端重要性。城市群经济治理好了，区域经济治理大部分任务就完成了，并且为区域内其他地区经济治理打下了良好的基础。城市群中城市之间的产业联系是经济要素自然作用的结果，当然也是各种政策措施相互作用的结果。从经济规律本身看，由于生产与销售成本的距离效应、产业链区域联动关系，城市群成为区域产业的集聚中心和纽带；从政策层面看，城市群内部城市之间的产业联系阻碍更少，使城市群内部更容易形成经济集聚中心。

城市群是经济要素集聚中心和纽带。城市群地区是土地、科技、人才、资金、市场等经济要素集中区域，也是区域内部各种经济要素的交换站和枢纽。区域经济要素在城市群内交织、相互作用、相互促进，形成区域经济发展的内生动力。当然，其中也会形成阻碍区域经济整体发展的不利因素，这些内生动力的培育和不利因素的清除与消减正是区域经济治理的主要任务。如对作为区域经济发展关键要素的能源系统的治理可以为区域经济治理打下坚实基础，受我国现行能源供应体制机制、能源生产与消费之间相互作用关系、能源输送转换网络建设和运行状况、区域能源供应结构、区域环保政策执行力度、与区域产业关联密切的能源需求结构等各方面因素的影响，区域能源结构有许多不尽合理之处，甚至是难以理解的地方，以城市群为核心对区域能源结构进行现代化治理，将有助于推动区域经济良性发展。

（三）城市群是区域社会治理的核心

城市群是区域人口集聚中心。城市群地区作为区域人口集聚中心，是人口密度高、人口总量大的区域，更是作为个体的人、作为群体的人、作为社会的人、作为经济的人发展机会最多的区域。区域人口在城市群地区集聚受多种因素的影响，核心因素是人发展所需要的物质和精神能够得到更好满足，并由此形成人口在城市群地区进一步集聚的促成因素。人的发展需要在公民社会环境下的公平竞争，也需要熟人环境下的鼓励和温暖。城市群人口相关的社会稳定因素比农村地区要复杂，城市群地区的人口治理是区域社会治理的重要内容和环节，也可以为区域社会治理提供方法和模式借鉴。

城市群是区域文化集聚重点地区。国家文化自信需要各区域文化自信的支撑，区域文化自信需要文化载体和文化内涵的支撑，城市群是区域文化载体最为集中、文化传承条件最好、文化利用效果最好的区域。同时，城市群也是区域文化的纽带，一头连着人头攒动的城市，另一头连着具有田园气息的农村；一头连着高楼大厦造就的现代，另一头连着天蓝地绿的传统乡愁。城市群把区域文化从古代写到了现代，无论是酒文化的绵厚悠长，还是食文化的深入细节；无论是婚丧嫁娶文化的深入千家万户，还是积淀深厚的非物质文化；无论是融入经济活动方方面面的经济文化，还是活力四射的创新文化。城市群文化健康发展了，区域文化健康发展就有了底气，区域社会治理就有了精神和文化支撑。

（四）城市群是区域健康发展的核心

城市群是区域性质资源集聚中心和纽带。城市群地区往往是区域行政中心，城市群内部的中心城市又往往是城市群的行政中心，因而城市群是区域行政资源最为集中的区域和纽带。中国区域经济社会治理特色之一是行政层级和手段（政策）的资源化，不同级别的城市会有相应级别的资源可以利用，这些行政资源可以改变自然状态下经济和社会活动的空间集聚情况，甚至在很大程度上阶段性扭曲经济社会发展规律。隶属关系很大程度上对应着城市规模的大小。另外，城市群行政资源通过行政关系和经济社会资源辐射对周边地区产生影响，把行政资源的经济化、社会化、文化与生态化传递到区域的各个角落，这是区域经济社会治理的有效途径。

城市群是区域政策制定和效果显现中心。城市群在区域的行政位置决定了其是区域政策措施形成和决策的核心。同时，城市群地区具有经济社会要素空间集聚特征，又使区域政策措施效果很容易显现。政策促使城市群内形成经济、社会活动的竞合关系，一个城市出台了某项政策措施，为了竞争的需要，另一个城市也可能出台相应的政策措施，这项政策措施的作用结果就是两者的竞争合作。区域政策通过城市群在经济方面的辐射带动作用，传递到区域的各个角落，推动区域经济社会整体发展。

二 区域城市群健康发展的内涵

(一) 经济体系健康

城市群之间的经济联系。区域内城市群虽有规模的不同，但其间的经济联系是清晰可见和各具特色的。这种经济联系可以用经济要素联系、经济产出关联、经济结构关联、经济发展动力联系、经济政策措施关联等来表现，这些联系可以用具体的指标来衡量。城市群之间健康的联系是一个适宜值，联系不应过于密切，过于密切的联系有可能把两个城市群吸引成一个城市群；也不过于松散，过于松散则失去其作为相邻城市群、位于同一个区域的必然联系，这是不正常的。

城市群经济体系完整性。一个城市群的经济体系应该是比较完整的，这种完整性不是说每个城市群都有国民经济体系中所涉及的各种行业，而是说城市群的基础经济门类相对齐全、基础行业部门相对齐全。城市群可以被看作一个相对独立的有机体，维持有机体生存和运行所需要的各种功能系统（经济体系）必须健全，才能保证城市群有机体的新陈代谢和生长发育。当然城市群有机体仍然需要与外部进行物质和能量的交换，但其内部的经济功能应该是完整的，不可缺失，否则就会成为一个依靠生命维持系统运转的病人，是不会长久的，更是不健康的。可以用基础行业部门缺失或短腿数量占比来判断城市群经济体系完整情况，比值越高说明城市群经济完整性越差。

城市群内部产业分工与竞争。城市群内部各城市要有相对清晰、科学的产业分工。所谓产业分工不是说城市甲发展钢铁行业，城市乙就完全不可以发展钢铁产业，而是各城市要有相对明确的主导行业，核心要义是避免城市群内部同质化竞争。产业分工格局可以从主导产业的差异化、个性化和城市之间产业链条完整性等方面营造。从市场经济规律看，各城市之间的产业竞争是必要的，但要避免简单同质化竞争，尽量从产业关联性、效率、效益等方面进行竞争。从城市群有机体角度来看，城市群内部的各个城市是有机体的重要组成系统，每个系统具有相对独立的主体功能，但也具有细胞或组织的基本功能，并且细胞和组织之间具有一定的代偿功能，这是维持城市群内部各城市之间产业分工和竞争的动力。城市群产业分工和竞争状况可以通过各城市主导产业差异化、分行业经济占比、分行业就业人数占就业人数的比重、经济规模首位度等具体指标描述。这些指标数值要落到一个合理区间内，过高或过低都会影响城市的产业分工和竞争健康状况。

城市群经济政策措施的协调性。城市群内各城市经济政策措施要具有一定的协调性。协调性主要指经济政策措施围绕城市群经济健康发展而开展，如果一个城市群内中心城市经济功能过于集中，则需要向其他城市疏解，这时候，中心城市采取空间疏解经济政策措施，那周边地区就应该采取相对的吸纳经济政策，从而实现中心城市与周边城市的经济互动。反之，如果中心城市和周边城市都采取疏解经济功能政策，则城市群的经济功能则会向城市群以外的地区转移，城市群的相关经济功能就会削弱。同样，城市群内各城市都大力鼓励某个产业的发展，那么就会导致该产业在城市群内部的激烈竞争，这不利于城市群内部产业分工和合理竞争。科学的做法是某个城市鼓励发展一个产业，则周边城市可以因地制宜鼓励另一个产业发展。经济政策协调评价可根据经济政策措施在各城市之间的正向协调、逆向协调、中性协调分类开展，其具体指标和评价方法也可按照这种分类开展。

城市群内生动力的科学性。城市群及内部各城市经济内生动力是确保城市群、城市经济良性发展的关键，内生动力的来源是城市群、城市资源禀赋和比较优势。不得不承认，全国各地经过多年大规模的招商引资后，对于能不能引入理想的企业、引入企业能不能在当地发展壮大、发展壮大的企业是不是属于当地需要的产业，最终起作用的是一个城市真正的吸引力和城市核心竞争力。内生力量不足的城市群、城市不可能使得企业或产业持续良好发展。城市群和城市内生动力的强劲与持续是城市群健康发展的核心所在。评价城市群内生动力科学性要综合评价城市群、城市内影响经济发展的各种因素的科学性和可持续性，科学性和可持续性是城市群内生动力健康程度的标志。

（二）基础设施等硬件健康

城市群之间基础设施连通性。城市群之间基础设施联通性是判断城市群之间基础设施健康状况的主要指标。可以通过城市群之间主要基础设施互联互通的水平和质量来反映，正常情况下城市群之间基础设施的联通性要比城市群内部各城市之间的基础设施联通性差些，但要比城市群与区域外城市群、非城市群地区之间的连通性要好。具体指标可以用公路交通联通数量和质量、城际铁路数量和质量、铁路通达性、高铁通达性、通用航空通达性、能源网络的联通性、通信网络设施通达性和联通质量等来描述和评判。

城市群基础设施互联互通。如果说城市群是生命有机体，城市群内部各城市之间基础设施则是联系有机体各功能组织的血液循环系统、神经网络系统、淋巴系统等。这些系统的连通不单是物理上的连通，也需要规模等级搭配的连通。基础设施的互联互通既包括联通的水平和质量，也包括基础设施运行服务的连通和顺畅。基础设施互联互通既要考虑中心城市与其他城市的连通性，也要考虑其他城市之间、城市与非城市间区域的连通。基础设施连通性可以通过公路密度、城市间交通班车密度、城际铁路密度和通达性、电力等能源基础设施的连通性和分类密度、通信基础设施连通性及密度等具体指标来描述。在评价基础设施健康状况时既要考虑城市间基础设施的有无问题，也要考虑数量和质量问题，还要考虑基础设施的类型搭配问题。数量不是越多越好，而是跟城市发展需要相协调，如果两个城市间联系十分密切，道路和通勤班车也很多，但缺少大容量的交通运输方式，就会导致城市间交通不顺畅，也不能算健康。

城市群城市布局科学性。城市群内部各城市现有空间分布是多种因素综合作用的结果，有必然性，也有政策措施等主观作用在其中。城市分布科学性评价既要尊重城市群内部城市形成和演化历史，也要考虑区域经济社会发展需要对城市空间布局的科学要求。城市布局科学性主要考虑空间协调性、连通成本最小化、协作效益最大化、社会效益最大化、生态效益最大化等内容。具体可以通过城市首位度、空间均衡指数、城际联系成本、城市群社会稳定性、城市群生态稳定性等系列指标来描述。需要说明的是城市群城市分布科学性评价的目的是通过改变城市建设中能够改变的内容和功能，使城市分布带来的问题得到最大限度的弥补，不是简单抓住城市发展历史不科学问题不放，最终目标是使城市群整体性功能得到更好的发挥，确保城市群整体健康发展。

城市群城市风貌协调性。每个城市风貌的形成和发展有各种特定的因素在其作用。区域内各城市在形成和发展过程中由于相同或相近的自然地理基础和地域文化作用，保留了具有浓郁地域特色的城市风貌。只可惜在改革开放大潮中、在城市快速扩张的过程中，过多地抛弃了地域特色的城市风格，过多地建造了钢筋水泥主导的现代化建筑，形成了千城一面的风貌特征，把乡愁和地域文化给摒弃了。国家和区域经济社会发展到了今天，人民在追求美好生活时也在呼唤城市风貌回归。城市群内城市风貌协调不是要求城市群内各城市的城市风貌一样，而是要具有地域特色，如在水系发达地区城市中的水系风貌、在山地地区城市的山地城市风貌、平原地区城市群建筑特色风貌、热带地区城市群的热带建筑风貌、寒冷地区的特色城市风貌等。城市风貌协调性可以用特色建筑占比、民居风貌协同性、城市地域特色风貌相似度、城市交通方式相似度等指标来衡量。当然，城市风貌协调性对于城市群健康没有绝对的、直接的影响，但它会通过各种方式影响城市群其他要素的存在和运行，进而对城市群健康发展带来影响。从这种意义上讲，城市群城市风貌协调性越好，表示城市群健康状况越好。

（三）公共服务健康

城市群之间基本公共服务协调性。区域内各城市群公共服务水平是区域经济社会发展总体水平的体现，既是区域整体经济实力的表现，也是区域内部差异的表现。区域各城市群公共服务不应有很大的差别，但也不应该完全一样。公共服务协调性主要体现在公共服务的数量和质量、公共服务变动节奏和服务模式、公共服务内容结构和结构调整频率、公共服务城市群适宜性和区域适宜性等方面。城市群在这些方面具有更多的协调性，意味着区域城市群总体健康程度越高。

城市群公共服务设施配置合理性。公共服务设施资源是公共服务的载体和依托，有什么样的公共服务资源配置，就会有什么样的公共服务。城市群公共服务设施资源在各城市的配置合理与否、科学与否对城市群的健康运行影响很大。在各种公共服务资源配置中，优质医疗资源、优异教育资源、优质养老资源、公共交通资源等最为关键。在公共服务资源总量一定的情况下，一个城市配置多了，其他城市配置就会相对减少。所以，公共服务资源配置合理性是指公共服务供应与需求之间的一种平衡状况，严重不平衡，就会有严重的不合理，相对均衡就会有相对的合理。不合理的公共服务资源城市配置是城市群健康发展最大的障碍。公共服务设施配置合理性可以通过城市公共服务资源与人口比例关系、公共服务资源与经济水平关系、公共服务资源与城市功能定位关系等指标来描述，合理不是追究绝对的均衡，而是供给和需求之间的协调性。

城市群公共服务供给的协调性。公共服务供给是公共服务资源配置的延续，公共服务需要以具体的公共服务资源为载体开展；提供公共教育要以学校等公共服务资源为依托，医疗公共服务需要以医院等机构为依托。公共服务供给的协调既包括单项公共服务同需求的协调，也包括各种公共服务之间的协调。这跟每种公共服务自身特点有关系，也与区域经济社会发展水平有关系，如教育资源主要与需要接受教育群体的数量和分布有关，相比而言，养老资源和医疗资源之间的关系就要密切很多。同在一个城市群内部，受多种因素的影响，有的城市可能已经发展比较成熟，有的城市可能正处在快速成长期，快速成长的城市人口中年轻人口比重较高，则需要的养老公共服务相对较少，需要的公共教育资源较多，公共服务资源的供给应与这种趋势相协调。公共服务供给协调性可以通过单一公共服务城市需求与供给协调性、城市内各种公共服务供给协调性等方面的指标来评判，协调性越好，越有利于城市群健康发展，或者说城市群健康程度越高。

城市群公共服务政策措施的协调性。城市群公共服务来源于政府渠道和社会渠道，两种渠道协调发挥作用才能使城市群公共服务做得更好，这需要公共服务政策措施来协调和调动各种公共服务资源向城市群的投放。各城市之间公共服务政策协调主要是关注政策措施效应的正相互作用、逆相互作用问题，如果中心城市制定鼓励人口流入的公共服务政策，如果其他城市制定相应的公共服务政策措施有助于中心城市人口流入，则其他城市与中心城市在这项公共服务政策措施上是协调的；反之，其他城市制定的公共服务政策措施严重阻碍中心城市人口流入，则与中心城市在这项公共服务政策上就不协调。当然，城市群公共服务政策协调远比这种单一情况复杂。城市群公共服务政策措施协调可以从单一政策措施在城市之间的协调性、多政策措施在城市间的协调性、多政策措施在城市内部的协调性等几个角度来衡量和评价。协调的本质是降低城市群运行的总体成本，从总体上提高城市群运行效率，进而提高城市群整体健康水平。

城市群公共服务预期的协调性。城市居民对公共服务的总体预期是影响城市群公共服务事业健康发展的关键。相同的公共服务供应能力条件下，公众预期越高，公共服务社会效果就会越低，当然不断提高城市群公共服务水平满足人民对美好生活的愿望是政府的责任。但合理公共服务预期的营造，对居民个体而言，可以增加居民的幸福感；对城市管理者而言，可以降低城市运行成本和风险。公共服务预期协调性包括城市群各城市公共服务预期目标的一致性、城市各种公共服务预期的协调性和一致性等，具体可以通过各种公共服务预期值、预期值与实现能力平衡性等方面的指标来描述和评判。城市群公共服务预期协调性越高，表示城市群健康水平越高。

（四）生态环境健康

城市群之间生态建设和环境保护的协同性。城市群之间在生态建设和环境保护方面协同的基础是区域整体生态环境建设和保护的需要，目标是区域生态环境的好转与维持。协同主要体现在生态建设和环境保护理念规划协同、政策措施协同、重大行动和举措协同、监测网络和能力协同、考核监督措施和考核结果应用协同等方面。评价协同的具体指标通过协同内容的具体化来设定。区域内城市群在生态建设和环境保护方面的协同性越高，越有利于区域整体的生态环境事业建设，这不仅仅是城市群占区域的空间比重可观，更为重要的是城市群有相对充足的财力和科技能力推动生态建设和环境保护，带动区域非城市群地区的生态建设和环境保护工作。

城市群生态建设的协同性。城市群生态建设协同性包括城市群内部各城市在生态建设理念和规划、政策措施和目标、重大工程和行动、生态建设模式、建设节奏和强度、城市生态与非城市生态建设协作等方面。协同的核心要义是通过协同促进各城市生态建设推进、城市与周边地区生态建设推进、区域生态建设推进，特别是城市生态建设模式的协同，可以充分利用城市群相似或相近的生态环境基础条件，培育出更有生机的城市生态系统，整体提升城市生态功能和生态质量，带动区域总体生态功能提升和生态质量改善。具体的协同评判指标可以从协同内容延伸出来。总体看，城市群生态建设协同性越高，越有利于城市群整体的健康发展。

城市群环境保护的联动性。目前，各地以大气和水体为主要载体的环境面临的最大任务是环境治理和环境保护。由于环境载体的流动性，一个城市的环境治理往往难以达到理想的效果，城市群环境联动保护正在成为共识。城市群环境保护联动性包括环境治理的联动性、环境保护的联动性两个方面，这种联动性包括环境保护理念和规划的联动、治理政策措施的联动、保护政策措施的联动、治理重大行动和举措的联动、保护重大行动和举措的联动、环境监测预警网络和能力联动、环境质量考核措施和结果应用的联动等内容。核心是从体制机制、具体行动措施、具体方法模式上保持环境保护的联动。从上述内容中可以衍生出具体的评价联动性的指标。总体而言，城市群环境保护联动性越高，越有利于城市群、区域环境保护工作，越有利于城市群整体健康。

城市群生态环境的个性化。千城一面是人们不愿意见到的情景。城市群内各城市既要保持城市群总体风貌的协调性，同时也要保持城市生态环境的个性和特色。城市群生态环境个性化包括城市群个性，每个城市群都应该有区别于其他城市群的生态环境特色和风貌，以让一个城市群区别于其他城市群；也包括城市群内部各城市具有一定的个性化特征，这种个性化主要表现在城市生态环境整体特色个性化、城市生态系统载体个性化、城市环境格局的个性化、城市生态环境维护体系形式的个性化等。个性化的目的是让城市整体风貌看上去不是同一模板印制出来的，而是个性化生长出来的。生态环境个性化不是追求形式的标新立异，而是适应每个城市自然生长过程个性需求。它代表着一个城市的灵魂和个性，有灵魂、有个性是城市群健康的标志之一。

三 区域城市群健康发展

（一）区域城市群健康状况

2014 年，我国常住人口城市化率达到 54.77%；2017 年达到 58.52%，未来一段时期仍将保持高速发展。另外，我国也进入大城市病高发期。中国社会科学院 2014 年发布的《中国城市发展报告》指出，我国城市的健康发展水平普遍较低，九成为亚健康城市；虽然常住人口城镇化率接近 60%，但 2017 年户籍人口城镇化率为 42.35%，意味着城市群地区存在大量的流动人口。新时期加强城市问题治理、保障城市健康发展势在必行。

为解决目前城市群发展中面临的区域性矛盾和突出问题，可借鉴国外城市群建设和管理的先进经验，从城市群整体角度统一处理单个城市不能解决的问题，如资源和生态环境问题；从城市有机体角度系统性综合处理单个要素不能解决的问题，如房价和交通拥堵问题。中国城市群的发展既需要考虑各城市内部的"小"平衡，也需要从区域城市群乃至国家城市群总体发展格局角度来综合考虑城市群发展战略的"大"协调。

多数发达国家的大城市（如东京都市圈、"大伦敦"、纽约等）在发展过程中也经历过规模快速扩张、人口急剧膨胀引发的交通拥堵、环境污染、区域性资源短缺等一系列城市病。但经过多年的治理，如加强跨区域的规划协调和功能分工、完善城市群内各城市之间的联系及公共交通等，一些大城市（群）在经济规模继续增长的同时在一定程度上、在某些方面较好地抑制了城市病的发展。

（二）区域城市群健康发展监测

城市群健康监测指标体系。城市群健康监测指标根据城市群健康发展内涵确定。区域城市群健康发展主要内涵包括经济体系完整性和协调性、基础设施的连通性和均衡性、公共服务的协同性和覆盖度、生态建设和环境保护的协同性等。这些内涵既是专题性问题，也是综合性问题。监测指标体系设计需要考虑三点。第一是城市群健康的单项指标，用于描述城市群健康所涉及的每个细小方面，可以独立测度信息，如城市群内城市的首位度、两个城市的产业相似度、各城市最低工资标准等。第二是城市群健康监测综合指标，用于反映城市群某一领域或总体健康的状况，如城市群道路基础设施的连通指数、生态建设和环境保护协同指数、公共服务协同指数等。第三是健康监测指标关系问题，即在监测评价体系中各个指标所占的比重、进入各类健康评价模型的优先度等。当然，开展真正的城市群健康发展监测评价需要进一步工作。

区域城市群健康发展监测网络。城市群健康发展监测是个综合性问题。监测网络建设思路是利用现有各种专项的、综合的城市与区域相关监测系统，通过逻辑层面和应用层面的整合，形成逻辑上统一的监测网络。该监测网络主要包括：第一是城市群地区有形物监测体系，监测对象是城市群地区城市基础设施、建筑物、构筑物、自然生态环境等有空间形态的要素，该体系以地理国情监测技术系统为基础，通过地理国情监测系统功能和内容延伸展开，结合交通、能源等相关部门的监测信息，形成满足城市群健康监测需要的系统。第二是城市群经济社会运行信息监测体系，即对城市群经济运行、社会运行服务各要素的状态和动态变化进行监测，该系统构建以统计部门的统计信息采集网络为基础，结合网络大数据信息，构建相对完整的城市群软信息监测网络系统。第三是城市群生态环境监测体系，对城市群地区生态环境状态及动态变化进行监测，特别是对水质量、大气质量、生态功能等进行重点监测，该系统依托于城市群现有生态环境监测网络，结合网络大数据、科研数据等，形成相对完整的城市群生态环境健康监测网络体系。对上述三个方面的监测网络进行信息层面的整合，形成规范化、标准化、可对比的城市群健康监测信息体系，构建覆盖城市群全部空间和各个领域的健康监测网络，对城市群健康发展进行动态跟踪。

区域城市群健康发展监测结果应用。在中国现行行政管理体系中，城市群是相对比较松散的经济社会空间综合体。但与区域相比，城市群具有经济开放性、社会包容性、文化多元性，其利于创新、利于高效治理、利于经济社会稳定的作用十分明显。十九大报告中提出"以城市群为主体构建大中小城市和小城镇协调发展的城镇格局，加快农业转移人口市民化"的要求，为城市群健康发展提供了顶层设计和体制机制保障。区域城市群健康发展监测结果应用主要在三个层面上展开。第一层面是城市群层面，通过对监测信息分析发现城市群总体运行中存在的问题，为城市群总体发展对策措施制定提供依据。第二层面是城市群内各城市，通过城市群健康监测网络寻找本城市健康发展中存在的问题，为城市相关政策措施制定和调整提供决策依据。第三层面是国家层面，国家通过对多个城市群健康监测发现哪些是城市群健康发展的普遍问题、哪些是个别问题，从而在国家层面上制定相应的调控政策措施，促进全国城市群的健康发展。

四 个体城市群健康发展

对于单个城市群而言，其健康问题既包括城市群整体健康，也包括城市群内部各个城市的健康。城市群是一个独立的生命有机体，而城市则是这个有机体的功能构件和构造组织；只有每个部分的健康，整体的健康才有基础，城市群总体健康才有可能实现。

(一) 个体城市的健康问题

大城市健康问题。区域大城市最大的健康问题是以交通拥堵、空气污染严重、生活压力大、工作压力大、居住空间相对狭窄、优质教育资源紧张、优质医疗资源紧张等为主要表现的大城市病。几乎每一座规模较大的城市都有或多或少、或严重或一般的城市病。这种大城市病源于城市规模效益到一定程度时必然会出现的副作用。居民生活在一个城市久了就会形成大城市依赖症，于是就出现了居民在大城市痛并快乐着的局面，面对生活的无奈，只留下诗和远方在心间。几乎所有的大城市都在千方百计治疗大城市病，虽然整体市容市貌有了很大好转，但大城市病仍难根除，每个生活在大城市的人都有自己的感受。大城市的健康问题已不容忽视，大城市正变得越来越脆弱，健康风险正在集聚，是时候下大力气解决大城市病的时候了。

中等规模城市健康问题。中等规模城市在全国数量比较多，大部分地市级城市属于这个序列。这类城市发展的健康问题集中表现为经济体系差、就业机会不足、生活质量提升困难、公共服务跟不上、债务重、生态环境质量差等，特别是金融风险、居民资金安全问题时有发生，非法集资、老板跑路等现象已非个案。部分经济结构比较单一、经济基础薄弱的城市健康发展问题更为突出。除此之外，部分中等规模城市的大城市病逐步显现，交通拥堵、房价高涨、工作压力变大等大城市病已经蔓延到中等规模城市。中等规模城市是城市群联系农村地区的重要节点，也是国家、区域经济社会治理由城市地区向农村地区辐射的枢纽，解决中等规模城市健康问题，对确保区域经济社会健康发展意义重大。

小城市健康问题。小城市或城镇主要指县级行政区域驻地或建制镇政府驻地，包括县城、县级市、重点镇等。小城市数量很大，部分小城市是区域城市群的重要节点。小城市健康问题主要表现在公共服务水平低、就业机会少、经济内生动力不足、经济基础性对薄弱、债务风险较大、经济社会运行规范性差、抗风险能力差、土地城镇化快速扩张、生态环境问题变差等，并且社会稳定性和运行风险在增加。小城市是区域承载人口的重要区域，是承载农村人口转移的重要区域，是区域经济社会治理的关键节点，是推动农村地区经济社会治理的前沿哨所和堡垒。只有大量小城市的健康发展，才会有城市群的健康发展，才有区域经济社会的健康发展。

城市健康问题的根源与度量。近十多年来，土地财政的经济效益和社会效益日益显现，有些地方口头上大喊要破除土地财政的樊篱和桎梏，但仍然干着土地财政的营生。这种现象在城市地区更为明显，部分地方已经从"经营城市"逐步演化成了"城市营销",这给城市的健康发展带来很大影响。[①] 城市健康问题的根源是在经营城市过程中为谁经营、为什么经营、怎样经营等核心问题上出现了问题。土地的城市只会导致越来越高的城市房价,经济的城市会导致城市生产生活成本居高不下,产业的城市会导致公共服务的产业化,只有人的城市建设和维护宗旨才能使城市越来越有人情味,这也是度量城市健康程度的真正标准。

(二)个体城市群健康发展问题

城市群内部资源配置问题。受现行区域化行政管理体制影响,城市群内部各城市在城市发展所需要的各种资源配置中的不公平、不合理、不科学问题广泛存在,行政级别越高的城市在获取各种资源配置中的优势越明显。城市发展资源配置应该根据城市人口多少、城市功能分工定位和特点、城市的资源禀赋优势和短板、各城市对城市群和区域的贡献等情况,按照城市自身发展为主、政府辅助城市健康发展的理念来开展。现行的城市发展资源配置中过多地考虑了其他因素,使资源配置科学性大打折扣,其结果是部分城市因发展资源紧缺而出现各种健康问题,部分城市因发展资源过剩而出现不应有的过度集聚,产生新的城市健康问题。

城市群内部同质化竞争问题。城市群内部城市之间适度的竞争是推动城市健康发展的重要动力之一,但夹杂着政府干预的同质化甚至是恶性竞争则会给城市健康发展、城市群健康发展带来不利影响。城市群内部的同质化竞争几乎是一种普遍现象,同质化竞争的基础条件是相邻城市的资源禀赋和发展基础差不多。另外,由于政府对市场或城市自然发展规律的干预,同质化竞争也会出现。同质化竞争最直接的后果往往是两败俱伤和发展资源的浪费。

城市群竞争优势发挥问题。城市群作为一个整体有区别于其他城市群的优势和特点,城市群内部每个城市也都有相对于其他城市的竞争优势,这种竞争优势的发挥需要具备对竞争优势的共识、竞争优势转化为经济优势、竞争优势转化为社会发展优势、竞争优势带动新竞争优势形成等条件和环境。现实城市群中这些条件和环境往往由于主观或客观的不当操作而丧失。因而,建立一种城市群联席制度和机制,共同应对和协商处理城市

---

① 林坚:《走出"经营城市"的误区》,《瞭望》2017年第23期。

群竞争优势的挖掘和发挥，可能会起到意想不到的作用。

城市群内生动力破坏问题。城市群的形成和发展有内生动力在起作用，特别是空间距离相近而导致城市群各个体之间存在天然联系，这是城市群空间集聚性表现的根本原因。但由于行政体制等，城市群大量出现人为割裂内在发展联系的现象，人为制造一个个孤立的空间单元，如某种待遇或优惠在这个城市可以享受到，而另一个城市就享受不到；这个城市的企业有税收或其他优惠，而另一城市相同的企业就没有相应的优惠。诸如此类的问题，导致城市之间的内生联系被削弱，形成一道道的技术壁垒，形成千奇百怪的地方保护格局，这些都会阻碍城市群的健康发展。

（三）城市群健康发展理念

城市群有机体理念。即把整个城市群作为一个生命有机体，各城市是生命体的功能器官，规模较大的城市是重要的功能器官，规模较小的城市是一般性功能器官。连接城市之间的各种基础设施是有机体的骨骼、淋巴、血管等系统，城市之间的农村地区是生命体的肌肉组织，城市之间的电力能源则是有机体的血液，通信网络则是有机体的神经网络。这个生命体的健康不但要求各个功能器官的健康，更需要整个生命体各部分之间的协调运行和协同工作。每一个系统的健康问题都会通过各种机制影响到其他系统的健康。如果区域城市群能够按照生命有机体的理念来治理，则对其健康的诊断、问题的应对、解决问题的策略和措施将有实质性的变化。

城市有机体理念。即把城市当成一个生命有机体，城市各功能区块是有机体的各种功能器官，城市的道路是血管和骨骼，电力和燃气系统是血管和淋巴系统，河道和给排水管线则是消化和排泄系统。城市有机体的健康运转不但需要这些有机体功能器官的健康，更需要功能器官生存保障能力的持续；不但需要各功能器官、各种组织甚至是细胞的健康，更需要各种组织和功能器官之间的协调和协同工作。现在城市健康问题不但是城市硬件功能之间的不协调，更为严重的是各种系统之间协调和协同工作机制有问题。按照生命有机体的理念对城市健康问题进行分析，可以更好地发现城市健康问题的根源，对于设计城市健康问题解决方案很有帮助。

| 第十章 |
区域生态文明空间化建设

    生态文明是继农业文明、工业文明之后的另一种文明形式，其内涵不单是青山绿水，更是以尊重自然、顺应自然、保护自然理念为指导的人类存在和发展方式。

    诺贝尔文学奖获得者莫言在谈其创作《生死疲劳》的体会时解释道："我们要让人们记起来，在人类没有发明空调之前，热死的人并不比现在多。在人类没有发明电灯前，近视眼远比现在少。在没有电视前，人们的业余时间照样很丰富。有了网络后，人们头脑里并没有比从前存储更多的有用信息；没有网络前，傻瓜似乎比现在少。我们要通过文学作品告诉人们，没有必要用那么快的速度发展，没有必要让动物和植物长得那么快，因为动物和植物长得快了就不好吃，就没有营养，就含有激素和其他毒药。我们要通过文学作品告诉人们，在资本、贪欲、权势刺激下科学的病态发展，已经使人类生活丧失了许多情趣且充满危险，我们要通过文学作品告诉人们，悠着点，慢着点，十分聪明用五分，留下五分给子孙。"[1]

第一节　区域经济社会治理与生态文明

    区域生态文明是个十分复杂的问题，涉及内容十分庞杂。区域经济社会治理和生态文明建设在生态文明要素建设、区域经济社会体系建设、区域生态文明支撑环境建设等几个方面有诸多交集。

---

[1]　陶林：《专访莫言：诺贝尔奖五年，言或不言》，《凤凰周刊》2017 年第 15 期。

一 区域经济社会治理与生态文明建设的关系

（一）区域生态文明建设

生态文明。关于生态文明，学术界及全社会并没有统一的认识和定义，但生态文明又有一个似乎人人都知道、人人都应该知道、的确是人人都知道的概念。其是一种隐隐约约、朦朦胧胧、每个人都可以定义和理解的概念。关于对生态文明的认识，概括起来可以分为两种，其一是狭义的生态文明，即生态文明主要是指生态环境的文明，表现为青山绿水、田园风光、美丽乡村、宜居与和谐城市、清洁生产、天蓝地绿水清等；其二是广义的生态文明，即生态文明是基于工业文明发展起来的一种社会文明形态，其内涵不但包括看得见的生态要素，更包括经济社会人文等涉及人类生存和发展的内容。结合生态文明建设路径需要和国家与区域的经济社会发展、生态环境状况，必须从广义角度谋划和建设，才有可能实现生态文明目标。

区域生态文明。区域生态文明是国家生态文明的重要组成部分，区域生态文明建设是国家生态文明建设的重要组成部分。从空间上看，区域生态文明与国家生态文明的关系是部分与整体关系，各个区域共同构成了国家。从建设内容上，区域生态文明与国家生态文明是部分与整体的关系，国家生态文明涉及的内容更为丰富，更为全面。从生态文明建设规律性看，区域生态文明与国家生态文明是特殊性与普遍性的关系，相对于国家生态文明建设的一般性规律，每个区域都有一定特殊性。从生态文明建设经验看，区域生态文明与国家生态文明建设是典型案例与一般经验的关系，每个区域的生态文明都是国家生态文明建设样本库中有意义的一个案例。从生态文明建设方式看，区域生态文明与国家生态文明建设是特殊与普遍性的关系，每个区域都有区域特殊性的生态文明建设具体做法，这些具体的做法共同构成了国家生态文明建设的方法库。

区域生态文明建设重点。区域生态文明建设重点包括硬环境建设和软环境建设两部分。硬环境建设指区域生态环境、经济社会等有关的看得见、摸得着的硬件设施建设，如城市和乡村、基础设施等的建设，不单是一般意义上的设施建设，而是符合生态文明要求的建设。软环境建设指区域维持生态环境、经济社会各要素、经济社会整体等按照生态文明要求运转的环境，如政策措施、体制机制、文化等，其核心依然是符合生态文明要求，即有助于区域建设生态文明的软环境。

区域生态文明的构成。区域生态文明是区域生态环境、经济社会体系总体发展的结果，也是区域总体发展的方向，其构成涉及区域自然环境和经济社会的各个方面、区域经济社会治理的各个方面。概括起来，大致上可以分为区域生态要素、经济社会系统、支撑能力三个部分。区域生态要素指支撑区域生态文明物质基础中偏重自然部分的内容，如区域山水林田湖、自然资源和能源、地理地貌等；区域经济社会系统指支撑区域生态文明建设物质基础中偏重人文部分的内容，如城市、乡村、交通基础设施、能源基础设施等；支撑能力指维持区域生态文明建设的政策措施、体制机制、组织保障等软资源。三个构成部分中，前两者是生态文明的物质基础，后者是区域生态文明的精神文化基础，也是区域生态文明建设的动力源泉。

（二）区域生态文明与经济社会治理的一致性

最终目标的一致性。区域生态文明和经济社会治理的主要目标是一致的，或者方向是相同的。从经济目标看，区域生态文明建设和经济社会治理的目标是重叠的，都是区域经济良性发展和可持续发展。从社会目标看，区域生态文明和经济社会治理的目标也是重叠的，区域生态文明的社会目标是社会稳定和良性发展，区域经济社会治理的目标同样是社会稳定和可持续发展。从生态目标看，区域生态文明建设和经济社会治理是相互补充的，区域生态文明建设目标是生态要素功能提升、数量和质量稳定，区域经济社会治理的生态目标是经济社会发展的生态支撑环境稳定和协同，当然也需要生态要素生态改善和功能提升。从最终目标看，区域生态文明和经济社会治理终极目标是一样的，都是区域文明的提升，都是区域经济社会健康发展、区域总体健康发展。

服务对象的一致性。区域生态文明和经济社会治理的服务对象是一致的。从服务的有形对象看，区域生态文明服务对象是区域自然生态环境、经济社会领域的建筑物和构筑物，服务内容是驱动这些要素符合生态文明的要求；区域经济社会治理的服务对象也是区域内的各种以人为核心的自然和人造物质。从服务的无形对象看，区域生态文明和经济社会治理服务对象也是一致的，都是促进区域生态环境、经济社会、文化精神等领域软环境的形成和发展。区域生态文明和经济社会治理服务对象的核心都是区域的人、国家的人和民族的人，离开这一核心服务对象，生态文明和经济社会治理概念将不复存在。

实现方式和路径的一致性。区域生态文明建设和经济社会治理的方式和路径具有一致性。从硬件环境内容建设看，区域生态文明和区域经济社会治理的建设方式和路径都是通过统筹、协调等措施，实现区域生态要素数量质量和功能稳定与提升，经济社会体系各环节和过程通过协同实现共同发展和相互促进。从软环境内容建设看，区域生态文明和经济社会治理的方式和路径都是通过公平和效率协同、自然和经济社会协调、人与自然协调，以保障区域自然和经济社会各要素整体协调性和整体发展。从方式和路径实施情况看，区域生态文明和经济社会治理都强调硬约束与引导性约束结合，即划定经济社会活动的红线，又给出区域经济社会活动方向性指引，以确保区域生态文明建设和经济社会治理中各方面力量的充分发挥。

考核评估的一致性。区域生态文明和经济社会治理都是区域政府需要承担的责任，也是各级政府的历史使命。为推动生态文明建设和经济社会治理各项工作的落实，开展相关的监督考核评估是必然和必须的，区域生态文明建设和经济社会治理的考核评估具有一致性。从硬环境指标考核看，区域生态文明和经济社会治理考核都涉及区域生态环境的变动情况、经济社会各种载体发展情况及变化趋势；从软环境指标考核看，区域生态文明建设和经济社会治理考核涉及区域生态环境、经济社会体系运行软环境的有效性，是否有利于生态环境的改善、是否有利于区域经济社会的稳定和健康发展；从综合效益考核指标看，区域生态文明和经济社会治理考核涉及区域总体发展的创新性、稳定性和可持续性。

（三）区域生态文明建设与经济社会治理相互促进

理念选择上的相互促进。生态文明建设理念与国家创新、绿色、可持续、共享、开放的新发展理念是一致的，区域经济社会治理的理念与国家新发展理念也是一致的。区域生态文明建设中生态和文明的基本理念，从区域各种要素的协同和相互作用、区域总体发展可持续、区域总体发展长远性等方面，对区域文明方式进行界定和要求，这种要求对区域经济社会治理理念的选择提出了新要求，促使区域经济社会治理必须采取协调、可持续理念；同样，区域经济社会治理过程中形成的新理念也会进一步丰富区域生态文明的建设理念内涵，使文明与经济社会具体现象和过程连接起来。

内容设置上的相互促进。区域生态文明建设和经济社会治理在具体内容选择和设置方面是相互促进的。更为科学、可操作性更强的区域生态文明建设内容设置，可以促进区域经济社会治理中选择更有效、更科学的服务内容。在经济指标选择上，经济指标对生态环境指标具有逆向影响和正向促进作用，区域生态文明建设提出高质量经济指标，则要求区域经济社会治理中的经济指标也要向高质量方向发展；同样，区域经济社会治理中的高质量经济指标要求，也会使区域生态文明建设的经济指标向高质量方向发展。在社会指标选择上，区域生态文明和经济社会治理的指标也是相互促进的，生态文明对社会组织方式提出更高要求，促使经济社会治理中的社会指标选择更为先进和可靠，在经济社会治理中采取较高质量的社会指标，也会推动区域生态文明建设相关指标的优化和提升；区域生态文明和经济社会治理在综合内容设置上也是相互促进的，一个领域更高的标准要求，必然会促使另一个领域相关标准的提升。

体制机制上的相互促进。区域生态文明和经济社会治理在体制机制上的相互促进表现在以下几个方面。第一是生态文明的制度安排与经济社会治理方面的制度安排的协同作用，在生态文明建设方面的制度优化，其作用必然会传导到经济社会治理的制度安排中，从而促进区域经济社会治理制度的优化，反过来也是一样。第二是区域生态文明建设和经济社会治理在政策措施方面的协同作用，有利于区域生态文明建设的政策措施必然会促进区域经济社会治理采取相协调的政策措施。第三是总体效果上的相互促进，区域经济社会治理成果可以促进区域生态文明建设效果发挥，生态文明建设成效对区域经济社会治理的促进也是显而易见的。

模式和文化自信上的相互促进。区域生态文明建设和经济社会治理的根基都是中国特色社会主义，两者在建设模式和文化自信上的相互促进作用是必然的。在建设和治理模式上，区域生态文明建设模式与区域经济社会治理模式是相互促进的，更文明的生态文明建设模式必然会促进区域经济社会更文明的治理模式出现和发展。在文化自信方面，区域生态文明和经济社会治理也是相互促进的，生态文明建设的文化自信可以促进区域经济社会治理方面的文化自信。在发展道路选择上，区域生态文明与经济社

会治理是相互促进的，中国特色社会主义生态文明的道路选择和自信必然
会促进区域经济社会治理道路选择和道路自信。这些相互促进使区域生态
文明和区域经济社会治理在更高层面上实现互动和融合。

（四）发现区域生态之美

每个区域的生态环境都是自然和人类社会相互作用、长时间演化的结
果，这些不但是区域经济社会治理的物质基础，而且蕴含着区域经济社会
治理可以借鉴的道理。这里仅以湖北襄阳为例予以说明。襄阳山川秀美，
碧水纵横，物种丰富，人地和谐，既有良好的生态环境本底，又谙生态发
展之道。襄阳的生态建设和保护之特色，可用骨、肌、肤、智、慧、妙六
个字来形容。"东丘中岗山地西，武当汉水布棋局"是为襄阳生态之骨，
襄阳丰富多样的地形地貌形态，在武当山和汉水流域的河湖装扮下，形成
了独特生态安全格局和生态空间骨架。"鱼梁洲滩芦草浓，红嘴相思鸟静
拥"是为襄阳生态之肌，襄阳沿江沿湖沿河湿地资源丰富，形成了独特的
湿地景观和生态，引得红嘴相思鸟等野生动物栖息。"凤凰温泉红豆杉，
山绿水碧沃野连"是为襄阳生态之肤，襄阳动植物资源十分丰富，山水林
田湖各种生态系统相互嵌融，覆盖荆楚大地。"一湾江水一湾绿，穿城碧
水迎市集"是为襄阳生态之智，勤劳智慧的襄阳人民自古即熟顺应自然之
道，沿汉江发展经济，形成以大小码头为中心的市集，具有生态经济的独
特魅力。"道法自然斩荆棘，入城青山半十里"是为襄阳生态之慧，襄阳
人民自古即谙尊重自然、保护自然之道，依山之厚重、傍水之灵气，建设
生态宜居之城。"山水乡愁藏诗句，浩然隐栖山寺居"是为襄阳生态之妙，
襄阳生态之妙蕴含在大量赞美山水和田园风光的诗句里，孕育了独特的生
态文化，可谓"望山看水见乡愁，楚风汉韵冠九州"。

二 区域生态文明空间化建设总体思路

（一）区域生态文明空间化建设思路

区域生态文明空间规划思路。在摸清区域各生态要素现状与问题、经
济社会与生态文明要求适应现状与问题、生态文明治理能力和治理体系现
状和问题等的基础上，按照中央生态文明建设意见和生态文明体制改革方
案、国家出台的相关区域规划和城市群规划的要求，从全局上谋划区域各

生态要素的空间格局、产业空间布局、新型城镇化和美丽乡村空间布局、公共资源空间优化配置，构建与生态文明要求相适应的区域经济社会治理体系，形成区域生态文明持续建设能力。

区域生态文明空间化建设思路。按照中央生态文明建设意见提出的生态文明建设总体和主要任务要求，围绕区域生态文明建设重点任务开展，从三个维度上开展区域生态文明建设。第一是以山水林田湖草等为主要表现形式的生态要素的文明建设，包括生态要素的数量、质量、分布和功能等方面的特征，即数量和质量不减少、分布合理、功能稳定或有提升。第二是与区域生态要素相适应的经济社会体系文明建设，包括产业体系与区域自然生态环境条件、资源禀赋等相适应，城乡布局与区域自然生态特征相适宜，人口分布与区域自然生态条件、经济布局相适应等。第三是维持区域自然生态和经济社会体系良性运转的区域治理能力和治理体系建设，包括政策法规、制度、科学技术、理念、社会组织等确保区域经济社会运行发展的"软"能力和支持"软"能力发挥作用的"硬"能力。当然，区域生态文明建设要根据区域各方面的具体情况，分阶段按任务的轻重缓急和内在联系逐步开展。

（二）区域生态文明空间化建设原则

尊重自然，和谐文明。生态空间谋划和打造要以当地的自然地理、地形地貌、自然要素、生态格局等自然本底为基础，充分发挥人的能动性，构建与自然相和谐的区域经济社会空间格局，使城镇和乡村融入自然环境中，使道路等基础设施成为区域自然生态的延伸和提升，为经济社会与自然和谐永续发展奠定基础。

生态优先，绿色发展。坚持生态保护与经济社会发展同样重要的理念，发展必须是绿色的、必须充分尊重和顺应当地的自然生态和演化规律、不以过度消耗自然资源和破坏生态环境为代价，生态保护必须以当地经济社会发展现实和未来需求为出发点和落脚点。

格局控制，统放结合。依托区域自然生态要素空间格局，利用自然生态要素空间相互作用、自然生态与人造生态之间的相互作用关系，谋划和打造区域生态空间大格局，确保生态空间的完整性和合理性；在生态空间格局框架下，充分发挥各小区域特色生态优势，实现各地大框架下的生态"自由"。

稳定数量，功能提升。确保森林、水系、湿地、耕地、草地等生态要素的空间面积和数量，通过生态修复、生态环境条件改善、生态改造等生态和工程措施，逐步完善区域生态环境的功能。

发挥优势，释放潜力。充分尊重区域现有产业是区域比较优势选择结果的客观事实，结合经济转型发展、提质增效的需要，进一步发挥经济社会发展的比较优势，释放经济社会发展的潜力，逐步构建与生态空间格局和要求相适宜的经济社会体系，为区域生态文明建设提供物质保障。

优化配置，保障有力。围绕自然生态环境和经济社会和谐发展的总要求，让市场在资源配置中发挥决定性作用，按照更好发挥政府作用的要求，优化公共基础设施、社会保障资源的空间布局和配置，为区域生态文明建设提供物质保障和制度保障。

三　区域经济社会治理与生态文明建设协同路径

(一) 信息采集协同

相同对象信息采集协同。当区域生态文明和经济社会治理中涉及相同的对象时，如涉及对象都是区域的森林资源或道路基础设施，两个领域在信息采集上可以进行协同。第一是相同指标确认上的协同，当区域生态文明建设和经济社会治理中采用的指标具有相同名称、相同内涵、相同的空间范围、相同的时间范围时，可以确认两个领域的指标相同，使用一个领域信息即可。第二相同指标信息采集协同，当从两个领域都可以获得某指标的信息时，如从生态文明建设渠道和经济社会治理渠道都可以获得区域森林覆盖率信息，原则上采集权威性更高、数据质量更好的信息。第三是信息矛盾化解方面的协同，当来源于两个领域的同一指标信息数据不一致时，可以通过对比分析，发现领域信息中存在的问题，并为信息纠正提供参考支持。

关联对象信息采集协同。区域生态文明建设与经济社会治理中关联指标信息在采集时可以实现协同，一个领域的关联指标可以作为另一个领域关联指标的信息来源，如生态文明建设领域指标 A 和指标 B 是相关指标，且关联关系明确，区域经济社会治理领域指标 A 和指标 B 是相关指标，且关联关系同生态文明建设领域 A 与 B 的关联关系一样，如果生态文明建设领域中的 A 和经济社会治理领域的 A 是同一个指标，则两个领域中的 B 指标可以认为是相同指标；同样，如果生态文明建设领域的 A 指标与 B 指标是相互排斥的，即 A 数值大时则 B 数值小，经济社会治理领域的 A 指标和 B 指标是相互排斥的，如果两个领域中的指标 A 相同，则两个领域中的 B 指标与之也是相排斥的。基于上述关系，通过一个领域的某个指标数值，则可以获得另一个领域相关联指标数值。

（二）信息处理中的协同

问题发现中的协同。对于区域生态文明建设和区域经济社会治理两个领域，问题发现过程中的协同思路是某个领域某环节中的问题，可以作为另一领域相关环节问题是否存在的依据，如区域生态文明建设中发现国内生产总值增速与区域生态环境的逆向相关性，这种问题可以作为区域经济社会治理领域中经济增速与生态环境变化相关性是否存在的重要参考。

问题诊断中的协同。区域生态文明建设和经济社会治理两个领域问题诊断中存在着协同，一个领域中的问题原因可以作为另一个领域问题原因诊断的重要依据。如在生态文明建设领域中，发现区域环境质量问题的主要原因是大气污染企业过度集中，那么在区域经济社会治理领域中，环境质量问题诊断也应该集中在大气污染领域，并以此开展大气污染治理工作。

信息互验中的协同。区域生态文明建设和经济社会治理两个领域中，可以通过信息互验作为信息准确性判断的一种依据，基本思路是看两个领域中某指标信息变化趋势的一致性情况。如果在生态文明领域中指标 A 和指标 B 是正相关变化，那么经济社会治理领域中相同的指标 A 和指标 B 变化确实也是正相关，反过来也是一样，于是这两个领域的指标 A 和指标 B 数值实现了互验。如果两个领域中，指标 A 和指标 B 的相关变化趋势不一致，则其可以作为信息存在问题的一种诊断标准和工具。

（三）信息应用中的协同

政策措施制定中的协同。在区域政策措施制定过程中，区域生态文明建设和经济社会治理两个领域可以实现协同。第一是政策措施目标方向的协同，两个领域某个政策措施制定中的方向性预期是一致的，根本目标都是让区域生态环境变好。第二是政策制定考虑因素协同，在生态文明建设领域中针对某项政策考虑的基本要素，或者是解决问题的出发点，在经济社会治理领域中可以作为出台政策的主要依据。第三是政策措施条款（内容）协同，两个领域针对某些政策措施的具体条款可以实现协同，在生态文明建设领域促进或约束某要素的措施，也可以作为经济社会治理领域的措施。第四是政策措施保证措施的协同，两个领域在政策实施保障方面可以实现协同，生态文明建设领域的资金和组织保障也可以作为经济社会治理领域的资金和组织保障。

重大工程及策略设置中的协同。针对区域生态文明建设和经济社会治理领域中的重点工程和策略设置可以实现协同工作。第一是两个领域重大工程和策略目标的协同，一个领域中重大工程和策略设置要考虑推动另一个领域相关工作的开展；第二是两个领域重大工程和策略重点任务设置的协同，一个领域中重大工程建设任务的设置要考虑能够促进另一个领域相关工作的开展；第三是重大工程和策略实施保障措施的协同，在两个领域重大工程和策略谋划时统筹考虑人力、财力等方面的协同。

考核评估中的协同。区域生态文明建设和经济社会治理总体和最终目标的一致性决定了考核评估中考核对象、指标、方法等方面的相关性，可以实现两个领域考核评估相互协同。第一是考核对象上的协同，两个领域考核对象的层次性、具体责任人要相互协同，为考核结果应用奠定基础。第二是考核指标的协同，两个领域考核评估的指标要具有可比性，这样一个领域的考核结果可以作为另一个领域考核结果的参考。第三是考核方法的协同，一个领域采用多指标加权打分方法，另一个领域也采用相似的考核方法，考核结果在两个领域之间相互借鉴才有依据和可能。考核评估协同的目的是提高考核的准确性，降低考核成本，推动区域生态文明建设和经济社会治理工作的同步开展。

第二节　区域生态要素空间化建设

区域生态要素是区域生态系统和文明表征的载体，这些要素都占有一定的空间，单个生态文明要素及其组合共同构成区域生态要素空间格局。生态要素空间建设的目的是确保生态要素具有一定的数量、一定的质量和结构、空间格局和组合关系。

一 区域水生态空间化建设

以区域江河湖水系本底为基础，依托区域生态空间格局，从水资源数量、水质、生态等方面研究提出保持和改善水生态的措施，规划水生态空间，具体建设内容包括水资源开发利用、水资源和水生态保护工程等。

（一）区域水生态空间建设

河湖空间保障。目前，区域河湖空间面临的最大问题是空间破坏导致河湖空间不足，集中表现在：围湖造田，各大淡水湖围湖造田现象十分普遍，与20世纪50~60年代相比，湖面均有不同程度的缩减；行洪区开发，大河行洪区、蓄滞洪区大面积开发，建设村庄、企业、农田等，特别是北方地区大河行洪区开发更为普通；库区开发，一些水库、湖泊被大量开发成农田和村庄；河渠破坏，河网系统的部分支流、人工渠道被大量填平开发成农田，特别是北方平原地区，大量20世纪开挖的河渠在改革开放后被大量填平开发成农田；水体空间开发，部分湖泊开发成水产养殖区，种种现象导致区域河湖空间面积和体积减小。为保证区域河湖生态系统的稳定性，降低区域河湖空间减少速度，逐步恢复和扩大河湖空间是区域水体空间建设的目标和任务。

河湖空间安全。除河湖空间减少外，河湖空间安全性降低也是河湖空间建设面临的另一个重要问题。目前，区域河湖空间安全面临的主要问题是：人工干预河湖变迁积累的风险越来越大，河湖自然空间转变规律被打破，导致部分地区河湖岸线和河湖底逐步抬高，一些河湖成为地上河、地上湖，给河湖空间带来巨大的安全风险；河道被大量占用，导致行洪风险增加，影响河湖空间安全；河岸被侵占，影响行洪和生态安全，一些河流岸线、滩涂被大量开发，给河道安全带来巨大隐患。这些问题给河道安全带来很大风险，保障河道空间安全势在必行，其重点是河堤加固、河道疏浚、病险水库改造等水利工程措施，以及水生态措施。

河湖水系连通。区域水生态空间面临的另一个问题是河湖水系的连通性遭到破坏。首先是原有河湖连通性在区域经济社会建设中被人为破坏，不但导致水体空间减少，也使水体整体功能受到很大影响。其次是新的河湖连通工程对水生态空间的影响，由于城市建设、基础设施建设、饮水工程等需要，区域会修建一些河湖连通工程，这些连通工程对原有水系是一种再调整，其功能发挥、自然适应性、经济社会适应性都需要很长时间的验证。加强河湖水系连通性建设是区域水生态空间建设的重要内容，建设思路是充分尊重自然河湖水系的连通特征，适度调整河湖水系的连通性，尽可能减少对河湖水系自然连通性的破坏。

（二）区域水资源数量与质量

地表水资源保护。区域地表水资源保护的核心是水资源的稳定性，即区域内河湖等地表水资源载体的稳定性，具体表现在水体面积、水体总量和区域平衡。水体面积稳定需要区域内河流水面保持一定水面面积，湖泊保持一定的水面面积，其他水体保持一定的水面面积；水体总量稳定就是要确保区域内一定的水体总量，区域内河流要保持一定的水量、湖泊要保持一定的水量，其他水体也要保持一定的数量；区域平衡是要确保一定时间段内流入和流出区域的水大致稳定，区域地表水消耗总量与水资源补给要大致平衡。为保持区域地表水的稳定性，可以采取适当的水利工程、节水工程、水生态工程等措施。

地表水水质保护。目前，区域地表水水质主要问题是水体污染而导致的水质下降，特别是污水排放产业比较密集、产业结构层次比较低、经济相对落后的区域，水污染整体形势仍不容乐观。地表水水质保护通过两个途径实现，其一是减少水体污染，通过降低污染物排放总量、提高污染物排放标准等措施，从源头上减少对水体的污染；其二是提高水体的自我净化能力，通过水体生态功能的改善，提升地表水吸纳分解水体污染物的能力，从而提高水体水质。

地下水资源保护。区域地下水与地表水密切关联，但由于地下水具有独特的存储条件和环境，其往往在区域经济社会建设中被忽略掉。地下水资源保护的核心也是水资源的稳定性，保护的重点是地下水采集与补给平衡、地表地下水互动。地下水采集和补给平衡要求在采集地下水的同时，要通过天然和人工途径确保地下水的有效补给，特别是在农业灌溉大量使用地下水资源的平原地区，要特别注重地下水采集总量控制和地下水补给。地表与地下水互动是地表系统循环的一部分，但大量人工地表特别是不透水人工地表破坏了地表和地下水的天然联系，使地表与地下水的自然联系被切断，所以要通过海绵城市等措施减少区域不透水人工地表的面积，增强地表水与地下水互动能力。

地下水水质保护。相对于地表水水质，地下水水质状态与变化更为隐蔽，但毫无疑问的是大面积农业面源污染必然会导致地表水的污染，进而污染地下水；同时，城镇地区的生活污水和工业污水有意或无意地进入地下水系统，对地下水水质造成污染。区域地下水水质保护的核心是减少地下水污染，其主要措施如下：第一是减少农业面源污染物对水体的污染，通过农药化肥的减量化使用，降低地表水污染物进入地下水系统的机会；第二是控制工业污水和城镇生活污水直接或间接排入地下，使用经济和法律工具降低这种排放的可能性；第三是控制区域外部污水进入本地地下水系统，在水体污染界面监控中增加地下水流动断面水质监控。

（三）区域水生态功能保护与水资源利用

河湖水生态功能安全。区域水生态功能安全目标是确保区域地表和地下水水生态不出现大的安全问题，特别是要避免空间上大范围的水生态安全问题。水生态功能空间保护。第一是水体生态系统空间安全保护，即保障各空间区域水体生态系统稳定和安全，避免出现大范围的外来物种入侵、水体富营养化导致的原有生态系统破坏；第二是水体生态经济系统空间安全，避免出现区域水质问题导致的水产品质量问题，影响水产品食品安全，降低区域水生态的经济性；第三是水生态产品供应空间稳定性，水生态产品包括洁净的水体、以水为成长载体的水产品等，水生态产品供应空间稳定是确保水生态产品稳定的基础。

水资源空间化利用。水资源空间化利用的关键是水资源利用效率和水资源利用的空间影响控制。在工农业水资源利用中，提高水资源利用效率是关键，水资源利用空间影响主要是控制农业面源污染的空间扩展、工业水体污染污染空间扩散；在居民生活用水资源利用中，提高利用效率的核心是通过节水降低水资源的使用量，空间影响主要是控制生活污水的空间扩散；在工程化用水资源利用中，水资源利用的核心是在水利工程中实现水资源的科学调度，以增加水资源的工程化产出，其中的空间影响主要是控制水资源时间和空间调度对区域水功能的影响。

二 区域森林生态空间化建设

以区域现有森林资源为基础，按照区域生态文明空间格局要求，从森林资源总量、质量、生态等方面提出森林生态保护和发展措施，规划森林生态空间，包括天然林保护工程、退耕还林工程等。

（一）区域森林生态空间建设

现有森林空间保护。保护现有森林空间的核心是确保现有森林空间面积不减少。由于部分国家和区域重点建设项目和工程需要，占用部分森林空间在所难免，所以保护现有森林空间要坚持两条主线。第一是尽可能减少对现有森林空间的占用，将森林空间作为重要国土空间予以严格用途管控，一般情况下不得占用森林空间。第二是占用的森林空间必须想办法补回来，按照耕地占补平衡的方式，占用的森林空间应该在适宜的地方补回来。现有森林空间保护的具体措施根据防护林、用材林、经济林、薪炭林、特殊用途林等不同类型森林对应的森林空间分类实施，并且根据各种森林类型的性质与区域经济社会发展实际，在森林空间占用和补充时确定相应的先后顺序。

新增森林空间。根据2009年修订的森林法的要求，植树造林增加森林资源储备是区域法定义务。增加森林空间是指在一定时间段内区域各类森林面积和体积要适度增加。增加森林空间主要有两条路径。第一是通过改变土地用处，将其他空间转变为森林空间，比如退耕还林、荒地造林等，目前全国各地仍有大量坡度大于25度的耕地，按照相关要求这些耕地要退出来，部分还林，部分还草。第二是通过绿化工程增加森林空间面积，即在现有适宜绿化道路、水利等基础设施两侧或周边通过植被绿化，增加森林空间，如主干道路绿化、河渠两岸绿化、城市绿化带等。区域增加森林空间一定要讲究适宜性，在不适宜森林绿化的地区硬性增加森林空间不会产生好的效果。区域增加森林空间不是为了部分人或组织的经济利益或形式化的生态效益，而是获得一种区域综合效益。

森林空间优化。区域森林空间优化的目的包括增加区域森林空间、提升区域森林生态功能、提升区域森林资源的经济社会效益等。针对这些目标，区域森林空间优化包括以下内容。第一是森林资源类型空间结构优化组合，依据区域防护林、用材林、经济林、薪炭林、特殊用途林等森林空间的空间结构实际，结合区域发展对不同类型森林资源的实际需要，对类型结构进行优化，实现类型空间结构的优化组合，不需要薪炭林的地方可以减少薪炭林空间，增加防护林等森林资源类型空间。第二是森林资源空间形态优化，通过森林空间集中连片、网络化等途径，使区域森林空间形态更为优化，更有利于森林空间的保护和森林生态功能的发挥。

（二）区域森林资源数量与质量

森林资源数量建设。森林资源数量建设的目标是森林资源数量的保持和适度增加。森林资源数量建设内容涉及森林空间数量（森林空间的大小）、森林资源的时间数量（森林资源持续的时间）、森林资源实物量（森林蓄积量、活力木数量等）、分类型森林资源数量（不同森林类型的资源数量）等。区域森林资源数量建设任务是控制好森林资源的有效供给和消耗。区域森林资源有效供给包括森林自然生成带来的森林资源数量增加、植树造林带来的森林资源数量增加。区域森林资源消耗主要是森林资源开发利用、森林资源自然损耗、森林火灾等灾害导致森林资源减少；森林资源数量建设就是要确保区域森林资源供给与消耗的动态平衡，并保证供给的适度增加。

森林资源质量建设。区域森林资源质量建设的目标是森林资源质量的稳定和逐步提高。关于森林资源质量的内容很多，一些学者对森林资源质量评价开展了大量研究。[①] 森林资源质量涉及内容主要有森林覆盖率（一般来说，森林覆盖率越高，森林资源质量越高）、森林蓄积量（相同森林空间蓄积量越大，森林资源质量越高）、森林结构（种类结构、空间层次结构等）、森林生产力（生产能力越旺盛，森林资源质量越高）、树龄的长短（跟树种有关系）、森林健康状况（森林病虫害数量种类越多，森林资源质量越差）、生态稳定性（稳定性越高，森林资源质量越高）、森林资源利用（森林资源利用方式越成熟越好）等方面。森林资源质量建设的任务是围绕森林资源质量的各项内容，开展具体的工程或管理措施，使森林资源数值向着有利于提高质量的方向发展。

（三）森林生态功能保护与森林资源利用

森林生态功能保护。从自然生态角度看，区域森林生态功能主要包括区域水土维护功能（如涵养水源、保持水土、防风固沙等）、区域气候调节作用（如调节气温、改善气候、净化空气、固碳释氧等）、生物多样性

---

① 党普兴等：《区域森林资源质量综合评价指标体系和评价方法》，《林业科学研究》2008年第1期。

维持功能（如抵御灾害、吸尘杀菌、保护物种、保存基因等），以及森林在参与地表生态系统物质循环过程中所发挥的生态作用。森林生态功能保护的关键是保护森林生态功能发挥所需要的物质基础、环境条件、运行机制。森林生态的物质基础是森林资源数量和质量的保护，没有一定规模的森林，其生态功能将打折扣。森林生态环境条件指森林生态系统维护所需要的地形地貌、土壤水分等环境条件，离开这些条件森林生态功能将难以发挥。森林生态运行机制指森林生态系统运行各个环节的联通和顺畅，确保各个环节不断链；区域森林生态功能保护措施可根据区域森林生态和经济社会发展状况具体设计。

森林生态功能拓展保护。森林生态拓展功能是指以人类为服务对象的生态功能，森林生态功能运行首先是为森林生态系统维护自身功能完整性、可持续性而开展的；其次是人类为自身体系的运行对森林生态系统的利用，这不是森林生态原有的功能，而是借助森林生态原有功能拓展出来服务于人类社会的功能。森林生态拓展功能主要包括森林城市生态功能（如生态景观、城市热岛效应调节等）、森林农田生态功能（如农田防护功能、立体农田生态系统、农田水源保持功能等）、居住区保护生态功能（如居住地周边防护林的生态防护功能等）、科学实验生态功能（如特定森林生态培育、森林生态演化研究等）。森林生态拓展功能保护首先要保护好森林生态原有功能，其次是构建和完善森林生态拓展功能发挥和维护的环境条件，具体的保护措施要根据区域实际情况分类制定。

森林生态产品能力保护。森林资源是生态产品的重要提供者。区域森林资源提供的生态产品主要包括清新和干净的空气（光合作用释氧功能、对空气中有害物质的吸附等）、干净的水体（涵养水源、净化水体等）、森林提供的林产品（各种林材、林果等）、森林生态系统辅助产品（林下产品等）。森林生态产品能力保护，第一是森林生态系统和生态功能保护，确保森林生态系统能够正常运行、功能持续发挥；第二是森林生态环境保护，保护森林生态维护和功能扩大所需要的水土气等环境；第三是森林生态维护经济社会保障体系的完善和保护，以减少人类活动对森林生态系统的干扰和破坏，加大对森林生态系统维护所需要的人财物的投入。具体的保护措施可以根据区域的实际情况和森林生态功能保护一般性要求进行设计和开展。

三　区域农田生态空间化建设

以区域现有农田系统为基础，按照确保粮食安全、基本农田保护等要求，规划区域农田生态系统空间格局。建设内容包括农田生态保护、耕地质量提升、农田修复、高标准农田建设等。

（一）区域农田生态空间建设

保护现有农田生态空间。保护区域现有农田生态空间就是保障农田生态系统的空间面积及农田生态空间的立体空间。农田生态空间是农田生态系统的载体，任何类型的农田生态系统均是以特定生态环境为基础的存在空间。保护现有农田生态空间的任务和要求就是保障现有农田生态空间的面积和体积不减少，并在条件允许的地方适度增加。现有农田生态空间保护分为两条主线，第一是减少或禁止对现有农田生态空间的干扰和破坏，通过法律法规、条例、规划等方式限制或禁止对农田生态空间的占用；第二是通过特定措施将占用的农田空间给补偿回来，如耕地使用中的占补平衡，以保障区域农田生态空间总量不减少。区域保护农田生态空间措施包括国家的和地方的两个层面。国家层面的政策措施是针对全国农田生态空间保护的政策措施，如永久基本农田划分、农田分类保护措施等；地方层面的措施是各区域根据当地农田生态空间的实际制定的保护措施，如梯田保护、高标准农田建设、水田保护等。总体看，各地保护现有农田生态空间都面临着各种各样的实际问题，保护任务十分艰巨。

增加农田生态空间。增加农田生态空间的主要途径有三个。第一是将其他空间转化为农田生态空间，主要是通过工程措施和辅助的生态措施，将原来非农田生态空间转化为农田生态空间，如将废弃的工矿用地改造成农田生态空间、将荒地改造成农田、将沙漠改造成农田等。第二种途径是与其他空间进行渗透获得重叠空间，通过新的农田生态管理和经营方式实现农田生态空间与其他生态空间的结合，如通过林果与农作套种实现森林空间与农田生态空间重叠、种植与生态养殖的结合实现农田生态空间与水生态空间的重叠等。第三种途径是内部结构优化增加实质空间，对农田生态空间中各种具体类型进行空间优化组合，使农田生态空间得到实质性增加，如有条件地区扩大地块规模、采用喷灌等措施可以减少田埂、田间道路，从而增加农田空间面积。

处理好与大农业空间关系。农田生态空间建设要处理好与大农业空间的关系。首先要处理好与林业关系，适度进行立体农田作业可以增加农田生态空间与林业空间协同的机会，林下经济作物或农作物种植在某些地区可以收到很好的效果，区域可以根据内部各地的实际情况开展林与农的混合发展。其次是处理好与渔业关系，在热带和亚热带地区已经形成农田与水产养殖的有机结合方式，并形成特殊的农田生态系统，既可以增加农田粮食和经济作物产出的品质，同时也开辟了水产空间，区域可以根据区内各地的水热条件探索建立农田与渔业的空间结合模式。

（二）农田生态质量保护

土壤质量保护。区域土壤质量除土壤肥力质量（土壤提供植物养分和生产生物物质的能力）、土壤环境质量（土壤容纳、吸收和降解各种污染物的能力）、土壤健康质量（土壤影响或促进人类和动植物健康的能力）外，也包括土壤本身的物理化学性状（如土壤板结、重金属集聚等）。土壤质量保护目标和任务是土壤质量不降低，并适度提高土壤某方面的质量或土壤总体质量。区域土壤质量保护路径主要包括：第一是减少导致土壤质量下降的要素输入，必然降低农药化肥的使用量以提升土壤的健康质量，减少各种污染物对土壤的污染以保持和提升土壤环境质量；第二是提升土壤系统本身调节能力，通过生物或工程措施维持土壤生态系统的活力，提升土壤吸纳污染物、系统调节功能；第三是降低土壤使用强度，使土壤生态系统得到休养生息，保持土壤生产力的后劲。

农田生态系统保护。区域农田生态系统面临的主要问题是农田肥力持续能力减弱、农药化肥在农田产出（粮食和蔬菜）中的积累、农药化肥在农田中的积累、农作物品性的变化（农作物种子繁殖能力减退或丧失，某些农作物耐药性增强）。这些问题是农田生态系统演化的表现。农田生态系统有自然演化和人工干预的演化，自然演化过程中农田生态系统会向着与自然更和谐、更有竞争力的方向发展，而人工干预的结果则是向着有更多产品产出的方向发展。对农田生态系统的干预是人类主观能动性的表现，无可厚非，但问题是过度的干预则使农田生态系统固有的适应、进化等特征消失殆尽。为还原农田生态系统固有的特征，产出更安全、更健康的农产品，加强农田生态系统保护势在必行。农田生态系统保护的基本思路如下。第一是减少人工对农田生态系统的干预，使农田生态系统的固有平衡和演化占主导地位，让农田生态系统长大，特别是减少能导致农产品数量大量增加的刺激性措施，更多依靠农田生态系统自身优化后产出更多高质量农产品；第二是辅助培育农田生态系统向更高质量生态方向发展，通过种子改良等技术（不是转基因等强制性技术）提升农田生态系统以适应现代和未来发展，使农田生态系统强壮起来。区域农田生态系统保护具体措施有很多，如农田立体空间使用、农田作物组合配置、降低土壤耕种强度、减少化肥使用、减少农药使用量等，各地可根据实际情况采取有效措施。

农田生态功能保护。农田生态系统是地表生态系统的重要部分，农田生态功能对全球生态功能的价值不言而喻，保护农田生态功能是区域生态功能保护和建设的重要环节。但可惜的是，现实中人们过多关注农田生态系统的经济价值和社会价值，对农田生态系统的生态价值没有足够的认识和尊重。区域农田生态功能保护的基本思路如下：第一是对农田生态系统的生态功能给予足够的重视，在区域生态安全设计和生态建设中，将农田生态作为重要构成和环节，将农田生态功能与森林、草地、湿地的生态功能同等看待，甚至在农业地区把农田生态功能当成最重要的生态功能来对待；第二是维护区域农田生态功能的稳定性，农田生态功能的稳定要依靠稳定数量的农作物种植和合理的农作物种植空间结构，大面积农田荒废或实质性荒废对农田生态功能都会有一定影响；第三是提升农田生态功能，农田生态系统所处的自然和经济社会环境，特别是人类需求环境发生了巨大变化，农田生态功能需要提升以适应自然和经济社会环境变化的新要求。总体而言，人们对农田生态系统的生态功能需求比过去有所增加，农田生态功能也需要向着更生态的方向发展。

（三）农田生态空间化利用

与自然地理环境的和谐。区域农田生态系统是适应当地自然地理环境的产物，也是适应区域经济社会发展的产物。人们可以通过技术手段、选择适应性更强的品种等方法来增强农田生态系统能力，这表现在产量更高的农田、生长时间更长的农作物品种等。但不得不承认，对农田生态系统的改造力度越大，所付出的经济成本和社会成本越高，并且伴随着农产品产量过剩、农产品价格不稳定、社会公众对高质量农产品需求增加，人们需要更多的"自然"的农产品，与区域自然地理环境更适应的农田生态系统运作方式正在获得新生，与自然环境最相适应的农产品一定是最有"味道"的农产品，农田生态与自然地理环境的和谐理念正在生根发芽。农田生态与自然地理环境和谐的思路如下。第一是区域农作物品种选择与优化，开发和培养与区域自然地理环境相适应的农产品，而不是盲目引进高产的转基因品种。第二是农田耕作方式与自然地理环境相适应，而不是一味采用大规模的现代化作业方式，把小田的精耕细作与大田的现代化种植结合起来。第三是农田经营方式更自然，不是一味强调农产品的产出量和经济量，要强调农田作物自然生态一部分需要休养生息的要求，通过休耕轮作等方式增强农田自然性。第四减少农药化肥过量使用对农田生态系统的破坏和对农田自然环境的破坏，增强农田生态自身的自然适应性。

有机农业与农田生态。区域居民生活水平的提高对食品安全提出了更高要求，随之而来的是真正的有机农业、形式化的有机农业、有机农产品认证等大量出现，农产品质量也是各不相同，其中充斥着各种与事实不符的声音和论调，背后的原因就是维护不同利益群体的利益。客观地说，寻找真正或人们印象中的田园农业已经不是规模化、现代农业的选项，现在的农田生态系统都是经过人工改造过的生态系统，有机农业已不是传统意义上的农业，而是融合了现代新技术和方法的有机农业，与人们理想化的、田园式的传统农业有很大的差别。但无论形式如何变化，有机农业追求更安全、质量更高农产品的初衷没有改变。人毕竟回不到农耕时代，诗和远方不能成为每个人的常态，但农田生态的有机化则是可以选择的方向。区域有机农业和农田生态系统结合的结果应该是一部分农田生态系统已经完成有机化改造，其余部分的农田生态系统正向着有机农业方向发展。

乡村振兴下的农田生态。乡村振兴战略作为解决"三农"问题的一项长期性国家战略，其对农村地区未来发展影响巨大。多少年来，农村地区的治理一直沿用城市工商业的治理模式，区域农民增收的实际和困境已经证明依靠工业化思路来发展农业是行不通的路，即农民在耕地数量有限的情况下，试图通过提高产量来增加收入的路已经走不通了，市场经济条件下产量的过剩必然伴随着价格的下跌已是不争的事实。那么乡村振兴只有两个选项，第一是减少农村地区的人口，通过各种途径的城镇化使农村地区的人口适度减少，这样人均占有的农田生态空间才可能增加；第二是逐步提高农田产出的质量，提升农田生态产出的经济效益和社会效益，并通过提升农田生态系统的生态效益，使农村地区的农田生态效益转化为经济效益和社会效益。具体工作思路如下：第一是合理布局产业融合发展项目，融合不好就会导致农村地区走依靠土地经济和资源经济发展的老路；第二是通过农田生态化措施提升农田生态产出，通过农田修复、高标准农田建设、农田休耕轮作，提高农产品的质量；第三是合理塑造农田生态预期，降低农田生态系统的产出数量预期，提高农田生态产出质量预期，提升自然的农田生态系统功能，在农村地区建设更具农村特色的农田生态文明形态。

四 区域草地湿地生态空间化建设

以区域现有草地和湿地资源为基础，按照区域生态文明空间格局要求，规划草地和湿地空间布局，研究提出草原和湿地生态保护和建设举措。划分清楚草地和湿地资源中哪些归中央政府管理，哪些归地方政府管理，哪些归集体管理。

（一）草地湿地生态空间建设

草地空间保护。草地空间保护的目标是区域草地所在空间范围不减少，并在适宜地方适度增加。根据所处地域差异，草地可分为牧区草原和农区草山草滩，从草地的存在和利用状况看，草地又可分为天然草原、永久草原、次生草地、林间草地、人工草地等类型。受自然地理特征和地理区位影响，各地具体草地类型各有特色。草地空间保护的基本路径有三个。第一是现有草地空间保护，充分利用法律和生态文明建设机遇，严把草地占用关，尽可能减少建设项目对草地的占用，对于国家或区域重大项目占用草地，要采用占补平衡方式，保障草地空间不减少。第二是草地空间结构优化，针对现有草地空间零碎、草地类型穿插等问题，通过工程和生物措施，使草地空间结构得以逐步优化，让草地空间成为更有质量的草地空间。第三是新增草地空间，通过退耕还草、城市绿化、农区绿化、林下草地等措施和工程，增加区域草地空间面积。

湿地空间保护。湿地空间保护的核心是确保区域湿地面积不减少、质量不降低、适度增加湿地面积。区域湿地空间保护从实现途径上分为现有湿地空间保护和新增湿地空间两个部分。对于现有湿地空间保护，划定湿地保护红线和生态红线，通过法律手段保障湿地空间不被占用，通过工程措施和生物措施使现有湿地空间更像湿地,减少湿地变相占用,通过加强和健全湿地管理,降低人类活动对湿地空间的干扰。对于新增湿地空间,主要是通过退耕还湿、退牧还湿、退渔还湿、退建设用地还湿等途径,使区域实际湿地空间逐步增加。湿地空间保护要根据区域的实际情况和经济社会发展实力来开展。

(二) 草地湿地生态质量空间保护

草地生态质量保护。草地生态质量包括生物多样性、植被丰富度、物种种类数、草地质量、优良牧草比例等内容,核心指标是生物多样性。草地生态质量保护就是通过工程或生物措施使草地生态质量不降低或适度改善。区域草地质量变差主要有两个原因:第一是人为干预导致的草地生态质量退化,如过度超载放牧、人为种植某些具有生态攻击性牧草、草原开垦成农田等;第二是草地自身演化,如气候变干、地下水位变化、土地沙化等导致草地生态质量下降。针对草地生态质量降低的成因,分类确定区域草地生态质量保护路径。第一严格控制草地的草畜平衡,维护牧畜啃食草地强度、节奏同草地自然生长强度、节奏相适应,减少超载放牧对草原的物理和生物破坏。第二是减少人为活动对草地的干预,包括以保护为目的的草地封育等措施。不是不能进行草地的人为干预,而是干预要适度,这种适度就是要和草地自然演变规律相适应,绝对的草地封育时间长了也会导致草地的退化,草地需要食草动物的适度介入,草地生态系统本身需要畜牧业的参与。人类干预的结果往往是解决了一个问题,同时会出现另一个问题,甚至是更多的问题,人类对草地生态的干预要顺应草地生态系统的自然规律。第三是维护草地生态安全格局建设,以大型防护林、生态带等建设为基础构建维持区域生态安全的大格局,使区域草地生态环境得以稳定发展,确保草地生态不会出现大的波动。

湿地生态质量保护。湿地生态质量表现在湿地生态系统服务功能(如涵养水源、调节气候、净化水体等)、湿地生态环境(生物多样性、代表性等)、湿地资源(水资源、动植物资源等)三个方面。区域湿地生态质量保护的核心是湿地生物多样性维护和湿地生态功能稳定性维护。导致区域湿地生态质量变差的主要原因有以下几个:第一是草地生态系统的过度人为干预,人为减少湿地植被种类、改变湿地水循环系统、人为改变湿地生态系统环境等;第二是草地生态系统输入污染物过量,排入湿地系统的污染物超过湿地自身的水净化能力等；第三是湿地利用过度，使湿地生态系统的自然性得到破坏。针对这些问题，区域湿地生态质量保护路径如下。第一要减少人类活动对湿地生态系统的干预，降低人类活动对湿地生态系统干预强度和频度，使湿地生态系统尽可能保留其自然性和原真性。第二是减少湿地污染物排放强度和品种，合理利用湿地具有的污染物吸纳、净化水体的功能，减少某些特殊污染物对湿地生态系统的破坏。第三是保持湿地生态空间的独立性，无论是城市地区的湿地微生态系统，或是人类居住地外围的湿地生态系统，还是远离人类居住地的大型湿地生态系统，都要有相对独立的空间，确保湿地生态的自然维护功能正常运作。

（三）草地湿地生态空间化利用

草地空间利用。从区域草地空间利用的最终效果看，可以分为草地的经济价值利用（主要是畜牧业）、社会价值利用（城市草地景观）和生态价值利用（草地生态功能发挥）；从区域草地空间利用情况看，草地空间的经济价值和社会价值利用已经很充足，而其生态价值利用还有许多提升空间。区域草地空间利用的问题不是保护太多，而是破坏太多，许多打着保护草地旗号的活动，实际上看重的依然是草地的经济功能、社会功能，并没有把草地生态当成一回事。部分城市化地区从城市景观需要，大量建设成本很高的草地，其实多数也是哗众取宠，并没有多少生态实效。区域草地空间利用思路如下。第一是形成科学利用草地空间的共识，区域草地利用核心问题是解决草地空间的科学合理利用问题，特别是要控制草地空间利用强度和时间。草地空间是草地资源的承载空间，对草地空间的利用实际上也是对草地资源的利用，草地空间具有生命力和生产周期，如果对草地空间利用强度和时间频度超过了草地资源再生能力，这种利用将是不可持续的。第二是在草地空间利用中坚持草地空间经济价值、社会价值和生态价值的结合，草地空间的经济价值是从草地空间获取物质财富的需要，在物质匮乏已经不是主要问题的今天，从草地空间获取物质财富主要不是靠数量，而是要靠质量，这为在草地空间利用中结合社会价值和生态价值奠定了经济基础，三种价值利用不是孤立展开的，而是相互兼顾和包容的。第三是处理好农业与草原生态的关系，对草地空间利用是农业中畜牧业的重要活动方式，处理好农业与草原生态的关系就是控制好草地空间利用的节奏和强度，使农业生产的经济价值在得到体现的同时，草原生态价值也得到体现，充分利用传统畜牧业中牲畜与草在生态方面的配合关系和草原生态系统特征，把农业与草原生态结合起来。

湿地空间利用。区域湿地空间利用面临的最大问题是利用不足和利用过度并存、湿地空间利用经济社会投入过高、湿地空间生态价值无法有效转化成经济社会价值等。一方面湿地所具有的巨大的生态价值和经济价值远远没有发挥出来，另一方面湿地的纳污和净化作用又被过度利用；一方面区域各级政府投入巨资建设湿地资源，另一方面湿地资源的巨大价值又无法转化成社会经济效益。区域湿地空间利用思路如下。第一是合理科学利用湿地空间，坚持合理科学利用就是最大保护的理念，区域在湿地空间利用中往往会走极端，要么对湿地空间过度利用，要么对湿地空间绝对保护。湿地空间也是可以利用的，并且在合理利用中才能够形成良性的湿地空间保护管理机制和湿地生态系统维护能力。根据相关法律法规的要求，在湿地部分区域可以开展旅游、科学研究、教育科普等活动，这些活动的价值主要是社会效益。第二是处理好湿地生态价值、社会价值和经济价值协调问题，对区域而言，单纯的湿地生态保护需要很大的经济投入和社会成本，往往给区域财政带来很大压力，因而在湿地空间利用中兼顾湿地生态效益、社会效益和经济效益是一条可选的路径。第三是处理好生产生活与湿地生态关系，湿地的环境维护功能、调节气候、净化水体、湿地植物资源、湿地潜在资源等方面的功能和价值对区域经济社会生产是巨大的财富，只是在取得这些财富的时候要处理好与湿地生态功能的关系，不能只顾生产生活而破坏湿地生态功能，而是应将生产生活活动与湿地生态保护有机结合起来。

第三节　区域经济社会体系空间化建设

在区域生态文明空间化建设中，区域经济社会体系空间化建设的核心是构建与生态要素相适宜的经济社会体系，主要体现在与生态要素的空间适宜性、区域经济社会比较优势和地域特色发挥、区域经济社会体系环境友好与资源节约特征再造等方面，以确保区域生态文明要素建设具有强大的物质和组织基础保障。

一　区域经济系统空间化建设

（一）区域经济载体空间化建设

经济载体的空间化建设。参与区域经济活动的各主体都是区域经济载体，区域各类经济载体中最活跃、最基础、最重要的载体是企业。企业作为最核心的经济载体，其空间化建设涉及单个经济载体和多个（群体）经济载体空间化两个部分。单个经济载体空间化指某个企业或企业集团在区域内空间上布局工作，多个经济载体空间化指多个相关经济载体在区域内的布局落地工作。两个部分的经济载体空间化又涉及经济载体宏观空间布局和微观空间布局两方面的内容。第一，经济载体的宏观空间布局指经济载体在区域尺度上经济载体或经济载体要件的空间化，其解决的是企业空间战略定位和布局问题，如对于一个企业集团，其在一个区域布局几家企业或生产基地、原料基地、研发基地、销售基地等，这些企业或企业要件布局哪个城市或地方均属于单个经济载体的空间化建设问题。第二，经济载体的微观空间布局指具体的一个企业或企业要件在城市或其他地区具体的位置布局，解决的是企业具体落地问题，如一个企业是布局在村镇还是布局在城市，在城市内是布局在城市中心还是郊区等均属于经济载体微观空间布局，多个企业集合（产业园区）布局在城市的什么位置是多个经济载体微观空间布局问题。作为经济载体的企业空间布局是企业内部的事情，但企业作为区域生态文明建设的践行者和区域经济社会治理服务的重要对象，政府有责任和义务通过政策措施、法律法规等约束、鼓励或引导企业布局在适宜的地方，这也是对区域生态文明建设有利的地方。

经济要素空间化建设。区域经济要素包括土地、资本、市场、原材料、人才、政策措施等，经济要素空间建设目标是通过经济要素的空间展布和组合，使区域经济在经济、社会、生态和文化效益方面达到最优。目前，区域经济要素空间化建设中存在的最大问题是要素空间搭配和空间组合混乱，这给区域经济带来了不利影响，如有市场资源的没有土地资源、有土地资源的没有资本投入、有资本投入的又没有原料资源、有原料资源的又没有市场等。经济要素空间化建设包括单个经济要素空间化建设和经济要素组合空间化建设两方面的内容。第一，关于单个经济要素的空间化建设，建设重点是针对不同的经济要素，结合区域自然地理环境特征、经济社会发展阶段和特征、经济载体自身发展规律需要，从要素规模化、衔接性、连续性等角度开展空间化建设，如对于土地资源建设可从产业园区、产业集聚区（如中央商务区）等入手提升土地资源对经济载体发展的有效性。第二，关于经济要素组合空间化建设，建设重点是围绕各种经济要素之间的内在联系，对各类经济要素空间进行优化组合，以有利于经济载体的布局和发展，如在其他要素资源都相对充足而土地资源不足的区域，想办法解决土地资源集中有效供给问题，在其他要素都相对充足而市场不足的区域，则通过有效的政策措施拓展经济载体的市场空间。经济要素空间化建设的最终目标是为经济载体发展服务，对区域经济载体有利的经济要素空间建设措施都可以尝试，但前提是必须符合区域生态环境建设和保护相关要求，只有这样才能保证经济发展过程中的生态文明目标实现。

经济保障载体空间化建设。区域经济运行保障载体最重要的是交通网络、能源网络、通信网络等基础设施。区域基础设施空间建设包括各种基础设施网络布局、基础设施站点及枢纽布局、基础设施运行管理等内容。作为经济运行保障载体，区域基础设施空间建设存在的主要问题是各种基础设施之间空间联通与衔接（不同基础设施之间的互联互通问题）、基础设施性能和质量在空间上的协同（不同基础设施在标准和质量上的协调）、"最后一公里"空间联通问题（与经济主要载体之间的最后连接往往有问题）等。因而，区域经济保障载体空间化建设要点如下。第一是兼顾基础设施的引导作用与支持作用，积极发挥区域基础设施空间布局对经济载体布局的带动和引领作用，把经济载体吸引和引导到区域政府希望布局经济载体的地方；要发挥基础设施对经济载体的支持作用，在基础设施不足的地方适度布局基础设施，以保障区域经济优势的发挥，两者不可偏废。第二是空间均衡性与空间覆盖相结合，区域基础设施空间布局要考虑空间均衡性，使各地方得到均衡发展的机会；同时，也要对经济载体比较密集的地区予以重点支持，更要发挥基础设施建设对重点经济载体的关键支持作用。第三是基础设施空间网络与结构网络相协调，在空间上，基础设施要按照空间重要性分等级进行设置；在技术结构上，基础设施网络要按照主干网、枝干网、节点、枢纽、毛细网等进行构建。第四是区域基础设施要与时俱进地进行优化升级，区域基础设施组合是与经济社会发展水平、科技水平相适应的，某种类型的基础设施以及基础设施的组合要根据需要进行调整，这样才能保证其对经济载体的支撑作用不落伍。

（二）区域产业发展空间优化

产业园区空间优化。从经济载体角度看，产业园区是经济载体集中区；从生态环境角度看，产业园区是环境治理集中地；从经济效益看，产业园区是区域经济集中产出区；从社会效益看，产业园区是区域就业集中地。产业园区在区域生态文明建设中具有重要地位。区域产业发展园区化是区域产业发展空间优化的主要措施。区域产业园区建设和发展由来已久，从改革开放初期的乡镇企业，到20世纪初期的产业园区遍地开花，产业园区一直以各种形式或非法或合法地存在。尽管国家对产业园区进行过多轮整顿，① 但一区多园的建设模式，使区域产业园区披上了合理科学的外衣。在各地产业园区建设和发展过程中，产业园区布局的合理性问题一直没有得到较好的解决，不少地区经常遇到这样的问题，产业园区刚建立没多久，就发现区位选择有问题。当然在区域经济快速发展状况下，未来发展趋势很难把握，园区位置选择很快就不合适了，这在感情上可以理解，但其中明显的不合理问题仍是可以避免的。未来区域经济社会发展逐步进入稳步期，城市空间上摊大饼的模式将逐步失去动力，此时对区域产业园区的布局应该有长远性和战略性考虑。对区域而言，产业发展园区化过程中要解决以下几个问题。第一是园区数量问题，即一个区域建设多少个产业园区适合。各地各种类型的产业园区可谓数量庞大，在经济相对发达的东部沿海地区，往往是每个乡镇都有自己的产业园区，甚至村庄都有自己的产业园区；在中西部经济相对落后的地区，起码每个县级行政区都有产业园区，一个县级行政区有几个产业园区的情况也十分普遍。尽管相关部门在产业园区清理中要求每个县级行政区有一个产业园区，但每个县级行政区已经形成的产业园区不会轻易撤销掉，有的会通过各种名头装进合规的产业园区名录中。从区域经济未来发展和国家经济发展整体阶段

---

① 《国务院办公厅关于清理整顿各类开发区加强建设用地管理的通知》（国办发〔2003〕70号），中国政府网，http://www.gov.cn/zwgk/2005-08/14/content_22445.htm，2003年7月30日；《关于开展各类开发区清理整改前期工作的通知》（发改外资〔2012〕4035号），中国政府网，http://www.gov.cn/gzdt/2012-12/28/content_2301124.htm，2012年12月25日；《中国开发区审核公告目录》（2018年版），国家发展和改革委员会网站，http://www.ndrc.gov.cn/gzdt/201803/W020180305343905091544.pdf，2018年2月26日；等等。

看，产业园区大规模扩展的年代已经过去了，严格控制产业园区的数量是每个区域不得不选择的路径，把现有存量产业园区做好就足够了。第二是产业园区质量问题。产业园区质量包括产业园区的规模等级和实际效益质量，前者就是所谓的国家级、省级、市级和市以下级等园区级别，不同级别产业园区所能享受到的优惠政策有很大的差距，在现有招商格局下，在园区等级问题上，区域政府要从区域全局考虑均衡布局。产业园区的实际效益则是指园区运行中的经济和社会效益，区域内有的园区可谓风风火火，而有的园区则是凋零荒凉。区域在产业园区质量管理中，一定要注重挖掘潜力，要下力气对没有效益的产业园区进行清理整顿，该撤销的毫不客气地撤销，留下的园区一定要使其活起来、火起来。第三是产业园区的布局问题，包括对现有园区的优化组合和建设新的产业园区两个方面内容。无论是现有园区整合还是新建产业园区，都应该考核园区产业链条搭配问题、园区及周边生态环境问题、园区运行的成本和效益问题，不但要考虑产业园区内产业链条选择和产业调整，更需要考虑区域园区之间，特别是相邻产业园区的产业衔接和配套问题，最大限度地发挥区域产业园区的整体效益。

产城融合的空间化实现。产城融合是为解决产业和生活分离导致的经济社会生态成本越来越高问题而提出的。产城分离有其一定的经济社会必然性，发达国家早年间产城分离的教训并没有被完全认可和接受，关键是不经历相应的发展阶段，很难体会某个经济发展阶段面临的问题，经济发展问题不是单靠豪言壮语和标语口号就能解决的。目前，大多数区域的各级城市或多或少均已体验到了产城分离带来的影响。产城融合主要目的和任务是解决区域经济体系参与者生活品质、生产成本和效益、节约资源等问题。区域产城融合空间化建设思路如下。第一是实现产业园区布局与城市生活配套设施的空间结合，过去的产城分离往往是产业园区环境污染问题（大气污染、水体污染、环境杂乱差、绿化差等）、生活配套设施跟不上、产业服务配套设施跟不上等原因导致的，产城融合要加强产业区周边配套服务设施和生活设施的建设，使产业功能和城市生活功能在空间上嵌套和搭配起来，为产城融合发展奠定物质基础。第二是处理好产业发展方向选择问题，促进产业由制造业主导向制造业与服务业并重方向发展、产业由资源消耗型向环境友好型和资源节约型方向发展、产业由低端粗加工生产向高端精细加工生产发展，实现产业的生态环境影响大幅度降低，确保城市产业区环境与其他城市功能区没有明显差别，以解决居民在产业区周边居住问题，实现产城融合的持续性。第三是解决好产业调整和转移空间建设问题，对于生态环境影响难以彻底消除的产业或其他不适宜在城市区域布局的产业，需要通过产业调整和转移来实现部分产业从城市退出或搬迁，以发挥产城融合中产业方面的作用。

经济虚拟空间化建设。互联网和物联网环境下，区域经济发展空间形态和格局都发生了巨大的变化，传统经济环境下产业链条各环节需要的空间规模和区位发展了变化，现实空间被网络空间所替代，网络空间中对地理位置空间的依赖性大大降低，更为重要的是产业链条和环节空间选择由生产企业主导转向由销售渠道主导、由政府主导和引导转向企业自主选择，空间的利用效率大幅度提升、空间占用成本在经济环境中的作用大幅度降低。经济虚拟空间化建设主要是解决虚拟经济或经济虚拟网络化发展中的社会和生态效益问题。区域经济虚拟空间建设思路如下。第一做好虚拟网络空间和实体经济空间的结合，从区域经济社会治理角度看，经济无论如何虚拟化，提高企业效益和满足消费者需求是个不变的话题和企业责任；从提高企业效益而言，需要解决企业生产过程各环节需要的空间和空间组合问题；从满足消费者需要而言，需要解决线上网络空间和线下实体空间的搭配组合问题，因而政府规划中必须统筹考虑虚拟经济的实体空间化问题。第二是商业化服务空间选择与公共服务设施空间的结合，市场力量解决资源配置问题，政府解决市场资源价值遗漏问题，对于企业服务不容易完成或不愿意完成（往往是成本太高）的特定服务空间和对象，政府需要通过购买公共服务等方式配置相应的服务空间，即一些线下实体店要由政府通过购买服务方式实现。

（三）经济体系文明空间化

经济结构的文明。区域经济结构文明涉及区域产业结构、区域经济空间结构、区域经济动力结构等内容。所谓经济结构文明指结构的科学性、合理性、规范性和持久性。第一，对于区域产业结构文明，区域产业结构指传统的三次产业结构，区域产业结构科学性不是用具体的数字表达，而是与区域经济发展现状、经济发展基础、经济发展历史、区域主体功能定位等相协调，但整体趋势是第三产业比重逐步增加，第一产业和第二产业比重逐步降低，其文明表现是与当地的经济基础和经济资源禀赋相协调、与经济发展阶段和进程相协调等。第二，对于区域经济空间结构文明，区域经济空间结构指经济载体在空间上各地的分布状况，包括城市和乡村比例、城区和郊区比例、城镇与农村比例、县域和城市比例等不同空间地域上的经济结构，这种空间结构既是各级各类空间相互竞争的结果，也是各级各类区域相互协作的结果，其文明表现在空间结构与各级各类区域空间规模和城乡结构相适应、与各级各类区域服务人口规模和结构相适应、与各级各类区域主体功能定位和要求相适应。第三，对于区域经济动力结构文明，区域经济动力结构是指空间上不同地区的经济发展动力结构，如资源驱动、创新驱动、科技驱动、资金驱动、人才驱动、混合驱动等，区域经济动力结构是区域主动选择和被动适应综合作用的结果，其文明表现在动力结构与各级各类区域人才资源规模和结构相适应、与各级各类区域经济资源规模和结构相适应、与各级各类区域经济发展动员能力相适应。区域经济结构文明有丰富的内涵，也是一个动态变化的过程，通过对区域经济结构的构建和调控，可以提升区域经济体系文明水平。

区域经济能力文明。区域经济能力文明的核心是区域潜在能力和实际能力的协调问题。进入 21 世纪以来，产能过剩已经成为一种常态，不但是全国范围的诸多产能过剩，区域经济中的产能过剩也十分普遍。在理想的市场经济环境下，产能过剩是个伪命题。产能过剩是政府干预经济的必然结果，只有政府才有可能大规模违背市场规律做经济资源配置，所以区域经济能力文明就是要处理好经济潜在能力和实际产出能力的关系，关系处理得好，区域经济能力文明水平就高；反之，区域经济能力文明水平就低。实现区域经济能力文明的思路如下。第一是统一市场的构建，首先是全国范围内统一市场体系的构建，实现全国范围内市场在资源配置中决定性作用的发挥，即由企业自己决定布局在什么地方，按市场规律决定企业布局在什么地方；其次是在区域范围内构建统一的市场体系，避免区域内部恶性竞争，让市场决定资源的空间配置。第二是发挥区域比较经济优势，在国家经济体系中每个区域都有比较优势，比较优势下可以用更低的成本产出更多的经济效益和社会效益。其实，每个区域在国家经济体系中的比较优势是比较明确的，只是某些区域政府为地方经济或其他考虑发展没有比较优势的产业，这也是导致产能过剩的一个原因，这种以行政资源为后盾的非市场竞争应该予以严厉约束。当然，非市场行为的产业布局是另外一回事。

完善区域经济文明比较评价体系。区域经济文明水平是比较和评价的结果，比较的参照系、评价的指标体系和方法对结果有很大的影响。要客观评价区域经济文明程度，第一是要做好区域经济纵向文明和横向文明的比较，区域经济文明纵向比较是区域自身比较，如果区域经济体系处在不断完善中、经济结构逐渐合理科学，那其经济文明程度就是在不断提高；区域经济文明的横向比较是与周边地区或国外相关地区的比较，区域经济是国家和世界经济体系的一个部分，横向比较是必须的，如果其经济结构比周边区域、国际其他区域更为合理，优势得到更好发挥，那就可以断定该区域的经济文明水平比其他区域高。第二是要做好经济数量和质量文明的评判，经济的数量和质量是区域经济中不可分割的两个部分，区域经济数量和质量关系是不断变化的，同区域经济发展阶段有很大关系。经济相对落后时，数量意义大于质量，经济进入发达阶段后质量大于数量。产能普遍过剩则表明区域经济已由数量规模型转变为质量效益型，此时，区域经济数量和质量文明评价中要加大质量文明的分量。

二 区域社会系统空间化建设

（一）区域社会载体空间化建设

区域城市空间化建设。区域各种自然的物质和人造的物质都是人类社会组织和各种活动的载体，也可以理解为区域社会载体。从社会行为集中情况看，区域社会载体主要包括城市和乡村两类空间。区域城市空间化建设包括城市群空间化建设、城市空间化建设、城镇空间化建设，当然也包括城市和城镇内部空间化建设。区域城市空间化建设的思路如下。第一是城市空间形态与区域自然地理环境相适应，无论是城市群的布局，还是城市的布局，以及城市内部各功能区的布局都要与所在地区地形地貌格局、自然地理要素（如河流、海洋等）的格局、地质环境、生态环境相适应。这样可以最大限度地利用自然资源的优势，降低在城市空间化建设过程中来自自然的阻力（毕竟开山造地需要巨大的经济代价和社会成本，虽然现代人有这个能力和决心）。第二是要注重区域各城市的空间组合关系，区域城市之间存在一定的经济社会联系，其间通过经济和社会要素流动形成各种复杂关系，城市之间、城市内部在空间化建设过程中关注了这些联系，在城市布局和内部功能布局时关注了这些联系，区域城市运行就比较顺畅，城市之间交流的经济社会成本就比较低，也有利于区域城市的整体发展。城市间的空间组合关系表现在城市之间空间距离的适宜性、其他空间（如国土空间、自然资源空间等）的充足性等。第三是注重城市组团和特色城市发展，城市空间发展存在规模效应，若干相邻的城市经过一体化发展可以形成规模巨大的城市群，一些发达国家和我国东部沿海地区已经形成了一些规模巨大的城市群，这些城市群对区域经济社会发展带来的规模效益是巨大的，这也是区域城市发展的一个方向。另外，区域内许多规模相对适中、与其他城市保持一定空间距离的城市则需要根据资源禀赋建设特色城市，使区域空间资源在城市建设中得到充分体现。

区域乡村空间化建设。区域乡村空间化建设是区域社会载体空间化建设的主阵地，这不仅仅是因为多数区域的半数户籍人口居住在农村，更因为农业是区域经济的基础，是区域社会稳定的根基。区域乡村空间化建设的思路如下。第一是注重构建完整的农村地区居住地空间体系，以区域乡村居民点分布和生态环境现状为基础，综合考虑农村生态环境方面的问题，按照区域生态文明空间框架要求，谋划乡村环境治理、生态保护、景观打造等方面的路径，及区域美丽乡村空间格局；建设由城镇、城镇组团、乡村、乡村组团、特色乡村等组成的区域乡村空间格局，发挥城镇在农村地区社会建设中的引领作用，通过城镇组团建设壮大区域乡村经济规模和社会稳定的中坚力量；充分利用乡村、乡村组团、特色乡村在农村地区农业生态关键载体和乡村社会治理服务关键对象中的作用，在乡村地区形成空间上疏密有度、结构紧凑、节约空间的乡村居住地空间体系。第二是进一步促进乡村居住地与自然环境相融合，相对于城市，村镇由于规模小、与农业生产关系密切、与小区域自然地理融合更为紧密，村镇分布与自然地理环境、地形地貌、自然地理要素更为和谐、更为融洽。在乡村振兴战略实施过程中要充分利用村镇的这种特征，融合现代文化和艺术元素，结合区域传统村落的特色，构建具有田园风光特征的美丽乡村。第三是注重乡村地区特色产业与乡村风貌的融合，三次产业融合发展是乡村地区未来发展的方向，也是农村地区走向现代化强国的必由之路。避免乡村地区走城市土地城市化或土地财政的老路，要把农村地区从单一种植业中解放出来，充分利用乡村地区古村落、特色村落的原有风貌，实现农业与旅游等服务业的融合，推动乡村地区长远发展。

区域公共服务资源空间化建设。区域公共服务资源是区域社会运行的纽带和基础，公共服务资源不但使城市和乡村等居住地更有居住地的味道，而且把区域社会体系的各种活动联系起来，公共服务资源是区域社会体系的重要载体。区域公共服务资源空间建设的主要目标和任务是把有限的公共服务资源配置到最需要的地方。区域公共服务资源空间化建设思路如下。第一是公共服务资源空间体系化建设，包括公共服务内容空间体系化（如教育资源空间体系化、医疗资源空间体系化）、资源空间布局体系化（各种资源在空间上的协调）等内容。第二是公共服务资源配置与需求相适应，首先是与区域当下的公共服务需求相适应，公共服务资源应满足现有城市乡村的空间组合所形成的空间化需求；其次是与未来公共服务空间化需求相适应，针对未来城市和乡村空间变化，公共服务资源应跟得上空间变化需求。

（二）区域社会空间优化

区域城乡统筹空间优化。区域社会文明的关键是区域整体文明，要实现区域整体文明，进行城乡统筹是绕不过去的关键环节。区域城乡统筹空间优化的关键内容和思路如下。第一是进行乡村空间优化，通过村庄合并、村庄搬迁等方式优化乡村空间，对生产和生活条件极端恶劣的自然村庄进行整体移民搬迁，对自然保护区核心区域的村庄进行整体搬迁，在耕地资源极少、村庄密度过大的地方进行村庄合并，把快速城市化城市地区周边村庄转化成城市空间，对国家重点工程涉及区域的村庄进行整体搬迁或城镇化，使区域乡村空间进一步优化。第二是进行城市空间优化，城市的核心是产业和人口，产业充满着市场力量的竞争，人口存在市场竞争和行政力量干预的非市场竞争，充分利用市场和行政资源对区域城市空间进行优化。城市空间优化中要加法和减法并用，对快速城市化地区积极扩大城市总体空间，优化组合内部功能空间，对于城市化基本完成的地区以现有城市功能空间优化组合为重点，控制城市空间总体规模。第三是进行城乡空间优化，在区域经济社会发展过程中城乡空间是互动的，目前全国各地还处在乡村空间转变为城镇空间的阶段，只是各地区的转变速度不同，快速城镇化地区转变速度较快。未来将是部分城市空间转变为乡村空间，即随着未来人口总量的稳定和减少，部分城市空间转变为乡村空间在所难免。城乡空间优化的核心是城镇空间和农村空间的平衡，这种平衡是建立在城市和乡村人口规模基础上的平衡。第四是构建以人为本的城乡空间优化动力体系，城市空间、乡村空间及其间的转化受区域经济社会发展规律和相关政策措施影响，其动力有客观动力和人为动力，但人为动力最终会让位给客观动力，在客观动力作用下的城乡空间结构才会更合理、更科学、更持久。这种客观动力就是人的选择，以及人选择城乡时的各种客观因素。所以，城乡空间优化动力体系构建时要确保城市和乡村优势最大化发挥，使区域城乡空间统筹得以整体实现和持续发展。

公共服务空间协同。区域公共服务空间协同是以区域城镇化和人口发展需要为基础，按照生态文明空间格局要求，统筹配置区域公共教育、医疗卫生、就业和社会保障、文化体育、公共安全等领域的资源。区域空间服务空间统筹思路如下。第一是基本公共服务均等化空间化与公共服务个性化空间协同，均等化的基本公共服务在区域全空间上要全覆盖，使居民生存权、发展权、人的尊严和体面得到彰显；个性化公共服务则针对小区域特点和需求展开，使居民的灵性、信仰、精神、风貌等得以充分彰显。第二是市场供给公共服务与政府供给公共服务的空间协同，在人口密度较高的空间区域，由于公共服务的市场价值较高，公共服务主要通过市场力量或通过政府购买服务方式实现；在人口密度过低、商业价值不高的地区，公共服务主要通过政府或政府延伸机构（国有企业）来实现。第三是公共服务强度和结构的空间协调，公共服务在区域空间上的集聚程度、公共服务类型结构和等级结构在空间上要协调，使各类公共服务在空间可以协同工作，即有教育适龄人口的空间区域，就应该配置以适宜的教育资源及相关的配套服务资源；减少区域公共资源之间不协同导致的公共资源的浪费，在部分区域乡村地区的中小学教育资源配置中有一些很不成功的案例，在资源配置中应予以避免。

（三）区域社会体系文明

区域社会结构空间化文明。区域社会结构包括社会空间体系结构、社会空间等级结构、社会要素内容空间结构等内容。区域社会结构空间化文明是社会结构的空间化组织形式有利于推动和维护区域社会正常运行，并使区域社会呈现文明社会的本质和表象特征。直白一点说，区域社会结构

空间化文明就是区域社会结构是好的、是文明的、是向上的、是充满正能
量的、是可持续的、是科学的、是充满人性的。评判区域社会结构文明与
否的标准是各类社会结构及总体结构是否有利于区域社会文明发展。对于
社会空间体系结构而言，文明的表现就是社会组织空间分工和功能十分清
晰，并有利于区域社会正常运转；反之，社会空间体系不能使社会运行顺
畅，则文明程度就低或者不文明。对于社会空间等级结构而言，文明的表
现是空间上不同等级的社会组织能够协同工作，其间的服务与被服务、领
导与被领导、索取与奉献等关系处理得很好，与社会组织有关的各种物资
调度和配置十分顺畅，则区域社会空间等级结构是文明的；反之，则是文
明程度低或者不文明。社会要素内容空间结构文明是指社会组织各领域具
体业务空间等级的文明，如教育组织空间结构，在一定的空间区域范围需
要配置相应规模的教育资源和组织管理机构，这样才能保证社会体系中教
育领域的文明程度，这样就可以说社会要素内容空间结构文明；反之，则
是不文明或文明程度低。

区域社会能力空间化文明。区域社会能力是驱动和维护区域社会运行
的能力总和。区域社会能力主要来自参与社会活动的人、市场、政府三个
方面，人的生存和发展需求驱动人参与社会活动，推动区域社会运行和发
展；市场通过参与社会活动获得发展资源，参与过程中通过扩大或降低社
会活动规模和强度，推动区域社会运行和发展；政府通过组织和规范区域
社会活动，使社会活动向着某个方向发展，并对社会活动中的不利因素予
以纠正，从而推动区域社会运行和发展。三个方面的动力都通过对区域社
会运行和发展所需要的资源和精神的配置和控制来实现。区域社会能力空
间化文明的标志是区域社会各种能力之间空间化协同效果好，各种力量更
容易形成驱动区域社会运行和发展的合力，简单点说小的力量投入，最大
化的社会效益产出。区域社会能力空间化文明可以从两个角度衡量，第一
是区域社会三种驱动来源的力量空间化组合使区域社会发展所需要的物质
资源配置合理，能够有更高的社会效益产出（如社会更稳定、就业更充
分、教育更适宜和素质化等），则可以说区域社会能力文明程度高；反之，
则社会能力文明程度低或者不文明。第二是区域社会能力三种来源的空间
化组合能够在区域社会精神层面有更多的产出（如区域整体文化素养更
高、精神风貌更健康等），则可以说区域社会能力空间化文明程度高；反

之，则区域社会能力文明程度低或者不文明。

区域社会文明体系构建。区域社会文明体系涉及很多内容，从空间效应看，区域社会体系文明包括区域社会整体文明、区域内部空间差异化社会文明、单社会要素的文明、综合社会要素文明等内容。从社会文明以人为本的核心出发，区域社会文明必须要解决几个基础问题，第一是区域居民社会的形式幸福和真实幸福问题。区域社会中居民的幸福感具有一定的层次性，幸福感也是一个发展过程。从幸福的最终表现看，可以分为形式幸福和真实幸福。形式幸福往往是以物质载体为基础的、外部给予的，如你有住房了，相比没有住房时的你，你就应该幸福；你有了肉吃，相对于没有解决温饱的人群来说，你就应该幸福。另一种形式是居民发自内心的真实幸福，这种真实幸福与物质财富有关系，但没有直接或者数量关系，而是自己的幸福预期得到满足后的真实表现。社会文明的标志是区域全体居民发自内心的真实幸福，而不是形式化的幸福、被给予的幸福。只有回归自然的幸福，才有区域社会文明。第二是区域居民社会的主动选择和被动选择问题。区域居民是在城市发展还是在农村生活，应该是个人的一种主动选择，而不是被动选择。区域内大多数地方居民的居住地选择都是迫于某种压力，或者害怕失去某些物质层面的东西或权力名利方面的东西，这样的区域难说有好的文明体系。第三是区域社会体系中的公平与效率问题。在公平和效率问题上，区域社会一般会有效率优先、公平优先、公平与效率协同三种表现形态，效率优先是物质匮乏条件下的表现，社会体系谈不上文明；公平优先会导致区域经济社会运行效率低下，也谈不上文明程度很高；只有公平和效率协同起来，区域社会文明体系才算基本建成。第四是区域居民社会的机会与潜在机会问题。区域文明体系表现为居民参与社会活动的机会是均等的，潜在机会跟居民个人天赋、能力和素质有关系，一个社会文明体系健全的区域应该保证居民的参与机会均等，以及公平的竞争环境，其关键是要弱化行政力量对社会运行的干预。

三 区域人口文化系统空间化建设

（一）区域人口系统空间化建设

区域人口载体空间化建设。区域人口空间载体主要是城市和乡村，但区域人口系统与物理的城市、乡村又有很大的差别。相对于物理上坐落于特定地理空间的城市和乡村，个体的人、群体的人和社会的人组成的区域人口系统，具有更大流动性、柔性和具体空间上的脆弱性。从空间活动范围看，区域人口载体可以分为生活空间、生产空间、生态空间三个部分，生活空间是人口居住和生活活动主要空间，生产空间是人参与经济活动的空间，生态空间则是区域各种自然生态系统或人造生态系统存在空间，这三类空间共同构成了人口存在空间。人口承载空间化建设从某种意义上就是这三类空间建设问题。对多数区域而言，这三类空间建设中的突出问题是三类空间面积比例不协调、各类空间内部空间利用结构不协调等。区域人口载体空间化建设就是围绕这些突出问题，对人口载体进行空间优化。第一是区域总体上城市空间与乡村空间优化，在城镇化已初步完成的区域，保持城市空间和乡村空间的大致面积比例，重点是城市空间和乡村空间内部结构的调整优化，对于仍在城镇化快速发展中的区域，适应新型城镇化发展需要，适度扩大城镇空间面积比例，适度降低乡村空间面积比例，建立两种空间的动态平衡。第二是三类空间的优化，包括三类空间面积比例优化和空间相邻关系优化，从区域整体上，根据区域城市化和经济社会发展情况，确定三类空间的面积比例，然后从人口发展规律和实际需要角度优化调整具体的三类空间相邻空间的关系，以使各类空间地块的空间组合更有利于区域人口系统的存在和发展。第三是三类空间内部空间利用优化，在生活空间、生产空间、生态空间内部，从更适宜人类居住、更适宜区域经济发展、更适宜区域生态环境良性发展的角度出发，对具体的地块利用类型进行空间优化，使地块空间组合更有利于区域人口系统的存在和发展。

区域人口结构文明空间化。区域人口结构包括人口空间分布结构、人口年龄结构、人口教育结构、人口就业结构、人口性别比例等具体内容。区域人口结构是区域经济社会发展水平、区域人口发展规律、区域行政资源等因素共同作用的结果。一个文明的区域社会形态中这几种对人口结构有影响的因素能够相互制约制衡、相互促进、共同作用，使区域人口结构更为合理、更为科学。从空间上看，人口结构文明标志就是一定时段内，区域人口各种结构的空间组合关系更有助于区域人口系统总体稳定、结构优化、素质提高、文明水平提升。如果区域人口各种结构相互作用达到了推动区域人口系统文明的效果，则说明这种人口空间结构是文明的；反之，则是文明程度低或者不文明。对于人口分布空间结构来说，人口在空间上的过度集聚会导致人口在空间上的平衡出问题，会使一些地区出现人口过度集聚导致的各种问题，而另一些地区则会出现凋敝现象，这种结构不能说是文明程度很高，不能因为发达国家出现了这种情况就认为是文明的。对于人口年龄空间结构来说，人口年龄结构跟区域经济发展阶段、人口政策等有很大关系，一个失衡的人口年龄结构（无论是倒金字塔形、还是纺锤形）都会给区域人口系统正常发展埋下隐患，区域内某些地方年龄结构是一种结构，而另一些地方是另一种结构，则会导致区域内由于年龄结构的巨大差异而出现各种人口系统问题和社会问题，这谈不上人口系统的文明。其他人口结构特征和要素也存在这样的问题，如果区域内某种人口结构空间差异过大，则对区域人口系统整体文明状态有影响，不利于区域人口系统的文明提升。

区域人口数量和素质文明空间化。区域人口数量和素质是人口系统两个最为关键的指标，从空间角度看，区域人口系统文明的标志之一是两个指标在空间上的合理搭配。区域人口系统既是区域系统的贡献者，也是区域系统的索取者，理想的状态是区域人口系统数量规模刚好合适，即可以保障区域人口系统对区域系统的贡献和索取保持基本平衡，并维持区域人口系统运行和繁衍。人口素质是与人口数量相互关联、相互制衡的因素，较少的人口数量和较高的人口素质组合、较多的人口数量和较低的人口素质组合、较多的人口数量和较高的人口素质组合、较少的人口数量和较低的人口素质组合等各种人口数量与素质的组合，对区域系统的作用方式和作用效果有很大差异。人口数量和人口素质空间搭配组合对区域人口系统的影响很大，不同的人口数量和素质组合各有各的问题。对区域人口系统而言，合理的人口数量和素质组合是适宜的人口数量和较高的人口素质组合。资源环境条件决定了区域承载人口数量是有限的，过多的人口数量必然导致区域生态环境不堪重负；过少的人口又会限制人的作用发挥，适宜人口数量最重要。较高的人口素质对区域人口系统来说事关重要，它可以一定程度上弥补数量过多或数量不足导致的欠缺。所以，区域人口数量越适宜、人口素质越高、数量和素质空间搭配越合理，区域人口系统的文明程度越高；反之，区域人口系统文明程度就越低。

人口系统与生态要素空间组合。区域人口系统文明是长时间发展和训练的结果，维护区域人口系统文明需要持续的投入和动力持续发挥作用。从这种意义上讲，一个区域人口系统运行投入越少、发展遇到的阻力越小，则这样的人口系统是比较科学的系统，也是比较文明的系统。要实现这样的效果有许多途径和措施，人口系统与生态要素科学的空间组合是其中最为高效的一种途径。人口系统与生态要素科学的空间组合来源于两种动力。一种是人口系统与生态要素空间组合的自然动力或阻力最小效益，显然居民总是选择最适宜居住的地方居住、总是选择环境最优美的地方居住、总是选择生产条件和生产资源最丰富的地方居住，这种自然动力会与区域生态要素达成自然的默契。另一种是人口系统为追求更美好生活环境的原生动力，各种条件都十分优越的地方很快被占完后，人们会选择相对差一点的地方居住，并在经济具有一定实力之后，改造周边的生态要素，使之更符合人口系统的需要，但这需要一定数量的持续的人力和财力投入。从综合效益最大化的角度看，区域人口系统与生态要素空间组合要达到两种力量的最佳平衡点，即人口系统的空间结构更有利于人口系统与生态要素适应自然力和内生动力的共同作用，用最少的生态要素干预、最小的经济社会成本，达到人口系统与生态要素空间协同，这种协同程度越高，表明区域人口系统的文明程度越高；反之，区域人口系统文明程度则较低或者不文明。

（二）区域文化系统空间化建设

区域文化载体空间化建设。当区域经济社会发展到一定阶段后，精神层面的文化作用和价值越来越重要，不但是因为文化本身就是区域系统的重要组成部分，更为重要的是区域经济社会发展到一定阶段后其动力孕育在区域文化之中，文化是区域系统发展的最核心和最终的动力。区域文化通过文化载体存在和繁衍，而文化载体散落和蕴藏在区域的各个角落，搞好区域文化载体的空间化建设也就搞好了区域文化建设的重要部分，也就可以很大程度上实现区域文化文明。区域文化载体部分是有形物质载体，如古寺庙、古院落、古陶瓷等；部分是非物质载体，如戏曲、技艺、制度、规矩等。区域文化载体空间化建设主要任务如下。第一是构建区域文化有形物质载体空间网络，保护原有文化载体，按照修旧如旧要求，对区域现有文化载体应保尽保，确保区域已发现的文化载体数量不减少、保护质量不降低；发掘新的文化载体，结合区域考古工作挖掘发现新的区域文化载体，不断丰富区域文化载体内涵；打造新的文化载体，适应区域经济社会发展需求，以区域现代公共文化需求为出发点，打造具有现代文化特征的文化载体；通过区域历史文化载体和现代文化载体的协同建设，形成覆盖区域各地的文化载体网络。第二是建设区域非物质文化载体空间网络，利用信息技术等现代技术手段，对区域传统非物质文化遗产进行发掘、传承、保护，并对区域当代非物质文化遗产进行发掘和保护，形成融合传统和现代的非物质文化遗产载体网络和体系。第三是建设区域文化载体空间化发展机制，充分利用区域政府公共资源和市场力量，通过规划、政策措施等方式构建起区域文化载体空间化运行和保护发展体制机制，形成区域文化载体运行维护内生动力，为区域文化文明发展奠定基础。

区域文化载体空间优化。区域文化载体空间优化的任务是通过文化载体的空间优化，使区域文化载体资源得到更好的保护、开发利用、发展壮大，并推动区域文化文明程度提升。区域文化空间载体空间优化思路如下。第一是通过文化载体的空间优化组合扩大区域文化空间，区域内的文化载体各有各的价值和作用，借用旅游建设理念，将更多的文化载体通过开发利用、群体保护等理念组合成更大规模的文化载体，不但可以扩大区域文化载体空间，也可以从整体上提升区域文化文明层次。第二是文化载体的时空延续，区域文化载体表现的文化往往具有一定的时代特征，如宋代的建筑表现的是宋代文化特征，区域文化发展本身具有继承性，一个好的文化载体得以保存，不但是因为其具有的历史文化价值，更为重要的是这种文化载体具有现代文化内涵，或者将传统文化继承传递到现代文化中；通过区域文化载体展现文化内涵的空间化延展，可以使文化载体的作用覆盖更多地区，给区域整体文化文明带来积极影响。第三是文化载体的空间化合理利用，利用是最好的保护，传统文化资源会随着时间的流逝而变得脆弱，保护成本越来越高，科学利用传统文化资源，实现在利用中保护，可以使文化传统载体保护的资源得到保障；对于现代文化载体，其本身就是在生产生活中发展起来的，是在应用利用中产生的，合理利用这些资源有更好的基础，实现起来也更容易。当然，这些应用都是基于区域地方特色开展的，其空间化利用特征不言自明。第四是实现文化载体空间与生态要素空间结合，区域的许多传统文化载体与区域生态要素的空间结合达到了很高的水平，许多古代建筑选址、用材、结构设计等充分考虑到了区域自然地理地形地貌和资源特征，反倒是现代一些文化载体的建设与区域生态要素的空间特征很不协调。区域文化载体空间优化中要充分考虑文化载体与周围生态要素（山水林田湖等）的和谐。

区域文化文明体系空间化。区域文化系统是区域整体文明的重要组成部分，区域文化领域的文明程度对区域整体文明水平有很大的影响，特别是当物质匮乏问题已经基本解决以后，文化在区域文明中的地位越来越高。文化的存在离不开文化载体和文化传承者，区域文化文明体系的构建也是多要素参与的过程，其目的是构建支撑区域文化文明需要的网络化空间体系，以为区域文化文明发展提供源源不断的动力和能量。区域文化文明体系空间建设涉及几个关键问题。第一是构建和完善区域文化体系网络，该网络既包括区域各种文化载体形成的网络，也包括区域文化治理网络，目的是调动推动区域文化建设和发展需要的各种资源、集聚区域文化建设和发展的各种力量，逐步消除落后的文化形态、落后的区域文化再生能力，以更多的主线串联文化空间，形成更有影响力的文化空间，丰富区域文化文明体系内涵。第二是推动区域文化自然性回归，区域文化是区域内所有人（也包括区域外部的人）在生产生活过程中形成的，文化的主体是人。但每种区域文化在形成过程中均受到外来文化影响、行政力量的影响，这使区域文化的原真性大打折扣。如果区域文化失去了特有性和原真性，全国都成了一模一样的文化，那区域文化就死亡了，国家文化也就失去了灿烂和多样化的基础。所以，区域文化要实现本性回归，保障区域文化的自然进步，保障区域文化形式自然发展，避免形式文化替代内涵文化。第三是做好区域文化社会性文明工作，区域文化中存在个性与大众性文化、特殊性与普遍性文化问题。一般情况下，个性文化或特殊性文化往往以隐性方式存在，只有对个性的、隐性的文化进行社会化改造，或者社会化传播，才能使其成为区域文化的有机组成部分，如追求诗和远方可能是部分人群的文化情结，但如果对这种文化进行合理的社会化改造，则可以为区域追求优美生活环境、建设更多生态空间提供文化和生产动力，这种文化也就成为一种区域文化，对区域文化文明程度的提升具有积极作用。

（三）大运河文化带空间化建设设想

文化是中华民族伟大复兴的基石。进入新时代，中国迈向社会主义现代化强国的号角已经吹响，中华民族伟大复兴的脚步声坚定铿锵，社会主义文化强国的序幕正徐徐拉开，中国特色社会主义文化大发展、大繁荣的时代已经到来。近现代以来，前所未有的物质基础、前所未有的人民期待、前所未有的国际环境、前所未有的创新氛围、前所未有的发展理念、前所未有的坚强领导、前所未有的战略布局、前所未有的社会稳定，使我们的文化自信更有底气、更有内涵、更有气势。文化的幼苗期待甘甜的雨露，文化的花蕾期待和煦的春风，文化的花朵期待普照的阳光，文化的花园期待肥沃的土壤，文化的王国期待万花的争艳，文化的世界期待中国的芳香，中国特色社会主义文化在世界文化花园中茁壮成长，需要更多鲜花与和煦的阳光，大运河文化就是最为鲜艳和饱满的一朵。

大运河是中华文明的美丽瑰宝。大运河南北跨越 2700 公里，历史延续 2500 余年，部分河段仍是区域航运动脉。大运河承载着国家的兴衰，记忆着民族的荣辱，传承着文化的枯荣。大运河从各个角度和层面诠释了中华文明的博大精深。

大运河是国家鼎器，大运河是国家统一的杰作，也是国家统一的保障，运河兴，国家兴；运河败，国家衰。大运河是文化熔炉，大运河串起了京津、燕赵、齐鲁、中原、淮阳、吴越等文化区域，并形成了融合南北的运河文化，正所谓：瓜州渡口赋新歌，昆玉河畔听京诺，宣阜门前数云帆，天津桥头看御河。大运河是活着的遗产，无数的亭台楼阁、城垣码头、古镇老街等运河文化遗迹，如翡翠玛瑙般镶嵌在古老的大运河两岸，正所谓西子湖畔拱宸桥，太湖明珠水弄堂，姑苏城边寒山寺，张家湾连积水潭。大运河是科技殿堂，大运河漕运系统是科学技术集成应用展示的博物馆，正所谓：白浮泉下荆笼堤，汶上老人修戴坝，青口码头督漕运，束水攻沙运河通。大运河是经济动脉，大运河在保障都城粮食和战争物资供应的同时，也促进沿河地区经济发展，成为经济繁荣的标志，正所谓：龙舸两岸数月香，舳舻相次千里余。大运河是外交舞台，是我国对外交往和扩大中外经济文化交流合作的前沿地区，促进了历史上我国与邻国、西亚、欧洲、东南亚、非洲的交往，是与"一带一路"沿线国家的交流合作平台。

大运河是民族希望，大运河系统的运行维护需要沿线各地人民统筹协作，增加了各地、各民族人民的来往交流，形成了民族兴旺、国家强盛、各民族共生共荣的共识。大运河是文明方向，大运河是中国人民对人类文明的重大贡献，大运河开凿、运行中充分展现了尊重自然、顺应自然、利用自然的思想，展现了中国人民的智慧，其运河的文明理念是今天生态文明建设的基础。

大运河文化带建设是增强文化自信的重大举措。2500 余年历史写不尽大运河文化的厚重、壮美和辉煌。大运河经历过河道荒芜的无奈、深埋地下的沉寂、断水断流的尴尬局面，更见证了中华文明的辉煌。中华民族复兴需要文化自信的支撑，文化自信需要更多展现中华文化永久魅力和时代风采的文化，大运河文化带规划建设是大运河文化魅力绽放和时代创新的重大举措。通过大运河文化带建设，可以把大运河文化带打造成中华文化传承的新载体、文化强国建设的新支撑、文化自信彰显的新名片、文化生态融合的新空间、文化创新发展的新平台、运河文化提升的新模式、运河风光重塑的新机遇、运河区域繁荣的新动能、民族希望绽放的新天地、国家意识凝聚的新篇章，使大运河文化带成为中国社会主义文化自信胸膛上最闪亮的名片。

第四节　区域生态文明支撑能力信息化建设

相对于区域生态要素、区域经济社会体系等看得见摸得着的东西，区域生态文明建设支撑能力更多是软的政策措施和制度方面的内容。这种能力建设的思路是发现区域生态文明空间化建设中的问题、提出解决问题的方法和措施、构建纠错和调整机制。

一　区域生态文明空间化建设问题诊断

（一）区域生态文明信息获取

多元信息整合。反映生态文明方方面面的信息来源渠道很多，有官方渠道来源的信息，也有非官方渠道来源的信息。从生态文明信息获取技术途径看，包括监测信息、统计信息（普查或抽样信息）、科学计算信息、网络挖掘信息等。这些不同来源渠道、不同技术手段获取的生态文明信息，需要经过信息整合才能使用。信息整合包括如下几个方面的内容。第一是信息概念整合，把用不同概念描述的同一件事情的信息统一成一种信息概念，并明确界定信息概念所表达的实际内容，有标准的用标准概念，没有标准的用行业习惯概念，对于区域自定义的信息概念要有确定的内涵。第二是信息形式整合，描述区域生态文明同一内容的信息可能是定量信息，也可能是定性信息；可能是文字信息，也可能是数值信息；可能是空间化信息，可能是非空间属性信息。针对信息形式的多样化特点，需要对其进行形式整合，以形成形式统一的信息。至于每个生态文明描述信息的具体形式，根据信息具体描述的内容特征来确定，或者是数值型的，或者是等级类型的定性信息。第三是信息体系整合，不同来源的信息往往自成体系，针对区域生态文明总体的体系性描述往往会有很大问题，往往是某些领域描述信息很多，而其他领域描述信息则很少，因而需要根据区域生态文明描述的需求，对不同来源信息进行体系化整合，形成完整的描述区域生态文明的信息体系。

信息真实性判断。信息真实性是信息质量的重要组成部分，信息真实的理由只有一个，就是真实反映描述对象的状态和性质。信息不真实的具体原因很多，概括起来有两类。一类是技术手段缺陷导致的信息不真实，是一种客观不真实；另一类是人为的信息不真实，是信息采集者的一种主观不真实。从区域生态文明空间化建设的需求看，信息真实性对于反映区域生态文明建设的真实情况十分重要。做好信息真实性判断或者获取真实信息，可以从以下技术角度入手。第一是坚持渠道权威性，即权威部门提供的信息可以说从一定程度上具有相对真实性，特别是在一个法制健全的区域社会体系中，因为造假的代价很大，以至于造假所获得的好处远低于造假被发现的代价，并且造假被发现的概率很高。第二是构建区域信用体系，区域信用体系不但可以解决某个人的信用问题，而且可以提升全社会信用等级和水平。在一个信用水平比较高的区域经济社会体系中，即使有个别的假信息，但真实信息的数量更多，假信息很容易被发现，并会得到技术更正。更为重要的是，区域信用体系可以解决尽可能少造假的体制机制问题。第三是进行信息技术分析，如利益攸关分析、信息潜在问题分析等，这些方法主要是通过大数据分析、对比分析、相关分析等技术手段来验证信息的真实性，发现假信息或信息中的假成分，如中国卫星制造业指数就是依据巨量的制造业园区（工厂）卫星影像信息推断制造业状况，其时效性和真实性比来自统计的采购经理指数（PMI）更为及时、准确。

信息的持续性。区域生态文明信息持续性是获得生态文明各领域信息考虑的重点之一。区域生态文明建设是个动态过程，信息持续性正是用以反映这种动态过程的关键。另外，连续信息有助于发现区域生态文明建设过程中在哪些方面存在问题，并通过各种信息之间的相关分析，发现区域生态文明建设中的重大问题和风险点。信息持续性表现为时间序列信息，时间序列的时间间隔与信息所表达的具体内涵需要有关系。区域生态文明持续信息获取要注意两个问题。第一是从技术上保障持续获得生态文明指标信息的能力，在空间上构建覆盖全区域、信息空间单元足够精细的信息网络，信息网络内容覆盖区域生态文明建设的各个领域，连续客观获取各种指标信息；建立信息之间相关分析模型方法，辅助解决信息的空间连续性问题，对于同一个指标的信息，当一个点上的信息出现问题，可以通过技术手段从周边点位信息推导出来，保障信息的空间连续性，当一个指标信息获取出现问题时，也可以通过相关分析方法，从其他相关指标信息中推演处理信息。第二是信息持续保障能力建设，信息获取需要相应的人力、物力和财力支持，这需要构建一整套的保障机制。另外，信息错误纠正、信息筛选等也需要一整套工作机制，具体建设内容和方式根据区域实际情况进行设计和建设。

（二）区域生态文明问题诊断

问题的数量和质量特征。区域生态文明建设中的问题对区域生态文明建设有负面影响。发现问题越及时，诊断越准确，越有利于解决问题。问题的数量主要用来判断问题的涉及面，用于确定问题的普遍性，看是个例，还是普遍问题；是单要素问题，还是多要素问题；是一个对象反复出现的问题，还是多个多对象问题；等等。问题的质量特征主要用来判断问题的性质，看问题是表面问题，还是实质问题；是一般性问题，还是严重问题；是单方面问题，还是综合性问题。对生态文明建设问题数量和质量特征的把握是问题诊断的第一个关键环节，诊断准确与否对问题病根诊断有很大影响。

问题的空间覆盖性。用以回答区域生态文明建设问题的空间覆盖广度和深度。在问题覆盖广度方面，主要是诊断问题是在区域个别地方出现，还是整个区域许多地方都有出现；在个别地方出现的是单方面的问题，还是综合性问题。在生态文明建设问题覆盖深度方面，关注在个别地方出现问题的数量和问题性质，数量越多，问题自然就越严重；出现问题的个别地方在区域中的重要程度，如果出现问题的空间在区域中很重要，位置很敏感，则问题就越严重；问题出现具体地方的空间特征，是出现在城市地区还是乡村地区，是生态地区还是农业地区，出现在不同空间区域的问题所带来的影响不尽相同。生态文明建设问题空间覆盖性分析的要点是通过问题在空间上的表现来诊断问题的性质和重要程度，为应对措施制定提供依据。

问题形成机制。在区域生态文明问题数量、性质和空间分布特征信息基础上，结合其他信息可以对区域生态文明问题的本质和形成机制进行诊断分析。生态文明建设问题形成机制诊断分析，第一是弄清楚问题相关各方的构成和关系，问题涉及谁？各方的关系是什么？如针对湿地面积减小问题，首先通过技术手段断定湿地面积缩小在什么空间区域，缩小的程度和性质；其次找出影响湿地面积的各个方面，如周围农民、房地产开发商、湿地经营者；最后分析各方的相互关系。第二是进行利益相关分析，从经济、社会、生态、文化效益等几个方面，分析问题各有关方的损益情况，即谁是受益者谁是受损者，如在湿地面积减小这个问题上，看是谁从中收益，是开发商在开发土地中获得收益，还是农民从占用湿地中获得收益，或是其他人获得收益。搞清楚了这些关系可以为分析问题机制提供铺垫。第三是分析问题机制，如问题是怎么出现、怎么演化发展、怎么才能终止问题、怎么才能减少问题的影响等，把利益和利害关系分析透了，问题形成和发展机制也就自然清楚。

（三）区域生态文明趋势研判

区域生态文明发展阶段判断。区域生态文明建设的强度、力度和水平具有一定的阶段性特征，其与区域经济社会发展的阶段性相呼应。生态文明建设与经济社会建设本质上不矛盾，而是相互促进的。但在生态文明建设过程中，对于特定区域和特定的发展时期，这两个方面的建设有所侧重。一个大家都明白的现实是，区域经济落后时经济建设动力和需求要远超过生态文明建设的动力和需求。从经济社会发展阶段看，我国各地大概可以分为工业化前期、工业化中期、工业化后期和后工业化时期几种形态，多数地区仍处在工业化后期和中期阶段，处在后工业时期和工业化前期的区域相对较少，并且这种阶段的划分在区域内部也存在一定的区域差异，一个区域内某些相对发达的地方已进入工业化后期，甚至是后工业化时期，某些相对落后的地区还在工业化中期。与之对应的生态文明建设也有阶段性问题，其阶段划分可以借用经济社会发展阶段的概念划分为生态文明初期、中期、后期。分析判断区域生态文明建设阶段时，不但要对区域整体情况进行判断，而且要对区域内部差异情况进行分析判断，弄清楚区域生态文明建设阶段空间化信息，针对处于不同生态文明建设阶段的区域，采取相应的政策措施推动生态文明建设工作。

区域生态文明发展方向性判断。判断区域生态文明发展方向的准确性，即评判区域在一定时间段内生态文明建设是在向好还是向差。第一是区域生态文明单要素、单领域的趋势判断，利用区域生态文明建设信息，针对区域生态文明建设的具体领域，如区域水生态建设、森林生态建设、经济体系建设等，分析其演化趋势性，是逐步变好，还是逐步变差，或是变化不大。第二是区域生态文明空间化趋势判断，利用生态文明单要素和综合要素分析生态文明建设在区域空间上的变化趋势，在区域内部哪些地方变好了，哪些地方在变差，哪些地方没有明显变化，从而制成阶段性的区域生态文明变化趋势地图。第三是区域生态文明建设总体趋势判断，在分析生态文明建设单要素领域和区域内部差异的基础上，采用加权分析方法测算区域总体的生态文明建设变化趋势，即总体上是在变好，还是在变差，或是没有变化。这种趋势判断可以为生态文明建设相关措施提供决策依据。

外环境作用诊断。区域生态文明建设情况与外部因素和环境的作用密不可分。外部环境包括国家总体环境和要求、相邻区域生态环境建设情况等。从国家层面来看，近年来生态文明建设力度持续加大，要求持续提高，这种环境对区域生态文明建设的推动力和压力都是巨大的。国家出台的相关政策措施、实施的重大相关项目、提出的系列要求推动区域从思想上和行动上加大生态文明建设力度。另外，区域在处理经济社会发展和生态文明建设现实矛盾方面也存在巨大压力，来自国家层面的生态文明建设督促力量会越来越强烈，这种压力会越来越大。从相邻区域的影响看，如果周边地区的生态文明建设工作开展得好，则对该区域的正向激励和逆向压力都会增大，从官话上讲是正向激励作用，邻居做得好，对自己当然是一种激励；从实际情况看，邻居做得好，自己的压力就会大增，如果周围的邻居做得都比自己好，这种压力就会更大。分析外部环境影响趋势，不是投机行为，而是用有限资金和能力实现生态文明建设的综合效益最大化。

二　区域生态文明空间化建设决策机制

（一）决策理念与依据选择

决策理念。区域生态文明空间化建设决策指区域生态文明建设中对重大政策措施、重大工程项目、重大问题等涉及区域生态文明建设全局性、战略性、持续性、长远性事项进行定夺的过程。决策理念是进行决策的基础和出发点，不同的决策理念会导致不同的决策过程和决策结果。区域生态文明建设决策具体理念很多，概括起来就两条。第一是区域全面发展，全面发展的理念是指区域生态文明建设要保证区域自然、经济社会等方面、领域都取得进展，而不是狭义的以生态要素为主的生态环境发展。其原因很简单，区域自然经济社会各领域是相互关联的，大家庭的每个成员都健康才能保障家庭健康，在区域生态文明建设决策中考虑整体发展、考虑生态文明各领域的关联性至关重要。第二条是可持续发展，就是在决策时要考虑区域生态文明建设工作的可持续性，要通盘和长远考虑，既要考虑区域生态文明建设单个要素的可持续性，也要考虑区域生态文明建设整体的可持续性。没有区域经济的可持续性，区域生态要素文明建设就成了无源之水，没有生态要素文明建设的可持续性，区域经济社会文明建设不但没有了标志，更谈不上什么文明。

决策依据问题。区域生态文明建设决策涉及内容很多，每项决策都与具体的问题相联系。在决策理念的总体控制下，每项具体的决策、每个领域或行业决策依据也不尽相同。具体决策依据与每项决策要解决的问题、要实现的目标、所涉及的要素和对象等有关系。决策依据选择和确定的思路如下。第一是把主导因素和主要矛盾作为决策依据选择的首要考虑。具体的生态文明建设决策依据确定中，如果涉及多个因素、多个领域，要以主要因素、主要领域作为决策依据选择的重点；当决策是为了解决单个领域或单个方面的问题时，要以主要问题和问题的主要方面作为决策依据选择，如某项重大工程主要是解决区域大气污染问题，消减大气污染源则是重点考虑的问题。第二是处理好局部与整体的关系。区域生态文明建设每一项决策对区域都会有正面作用和不利影响，该特点在现实中往往被忽视，说某项工程好的时候，每个方面的都是好的，这是不客观的，也是治理理念幼稚的表现；一个最简单的道理是在一定时段内，区域财力有限的情况下，在一个方面投入资金多了，另一方面投入必然相对减少，对于减少的领域和行业来说，这样的决策就有不利影响；处理好局部和整体的关系就是在决策中针对部分人受益、部分地区受益等问题，要做好总体的平衡；如果一个决策使某些团体、某些地方在某方面没有直接好处，在另一方面可以予以补偿，以保障区域总体的生态文明建设。

（二）决策过程的科学性

决策过程透明性。区域生态文明建设决策过程透明的目的是让更多的人参与到决策中，以提升决策的科学性和可操作性。决策过程透明主要包括三点内容：第一是决策问题透明，即某些决策要解决的问题、涉及的区域和具体利益攸关方、困难和好处等向相关地方和人员公开透明；第二是决策过程透明，决策主要考虑因素、依据、决策风险和潜在风险、多方案比选、决策方法和过程等向相关地方和人员公开透明；第三是决策结果透明，即将最后形成决策的方案向相关地方和人员公开透明。决策过程的透明性不但是一种决策策略和方法，更是检验区域生态文明建设理念的一种方法；在公开透明中所有的问题无法掩盖、所有利益集团利益一览无余、所有参与者的立场和想法都会显现。科学决策不能解决所有问题，但可以把所有问题暴露出来让相关的人来权衡利弊。

决策方向性问题。区域生态文明建设中的决策不但可以解决建设中的具体问题，而且是区域生态文明建设的一种方向性指引；决策传递的也是一种信息，即区域关心的重点和方向在什么地方。从国家生态文明建设顶层设计和总体安排看，生态文明建设的方向十分明确、生态文明建设具体要求也十分明确。国家的要求落实到各区域时，需要与区域的实际情况和发展基础结合起来，才能开展区域生态文明建设决策，并将决策转化成具体的生态文明建设行动。区域具体的生态文明建设决策方向性问题不是指政治方向和国家总体要求的大方向，而是每项具体决策在区域生态文明建设中产生的实际方向信息，是实际方向和具体方向。过去多少年天天喊环保，发誓坚决不走发达国家"先污染后治理"的老路，但有些地方在区域决策过程中仍然是以经济建设为主导，其传递的真实信息是生态环保并没有真正被重视；这几年也在喊生态环保，大多数决策和策略是真抓实干，其传递的真实方向信息是真正重视生态环保了。所以，在进行区域生态文明建设具体决策时一定要考虑其向区域传递的、实际能够实现的方向引领问题。决策方向通过以下几个方面传递信息。第一是在区域所有决策中决策数量优势问题，区域决策中生态文明建设的决策数量多、比例高，传递的信息是真搞生态文明建设；在生态文明建设决策中水生态建设相关项目多、比重高，传递的信息是真重视水生态建设。第二是所有决策中投入领域和方向问题，区域决策中生态文明建设决策投入资金数量大、持续性强，则传递的信息是真在搞生态文明建设；在区域生态文明建设决策中森林生态建设项目投资强度高、持续时间长，则传递的信息是真正重视森林生态建设。第三是决策实施保障机制中组织保障安排问题，区域生态文明建设决策中组织保障的构成、组织保障体系的真实性传递的信息也是十分明确的，区域一把手和二把手牵头的项目力度是不一样的。决策中传递的这些信息对区域而言都有方向性指引的内涵。

决策的适宜性问题。决策科学与否的重要标志是适宜性。一种决策无论理由多充足、理论多优秀、资金多充足，对具体区域而言适用是检验决策科学与否的关键。决策适宜性主要包括以下内容。第一是与区域生态经济社会的适应性，与区域经济社会发展整体阶段和水平相适应，跨越式发展、弯道超车等作为一种口号可以，但在实际操作中这种做法是冒进、是不守法的表现；一定是什么阶段做什么事，与区域经济实力相适应，生态文明建设决策实施需要经费支出，没有足够的财力，靠一味举债搞项目是不可持续的；与区域社会发展水平相适应，决策实施需要相应的社会保障，保障能力的高低与社会发展水平有关，文明需要社会的培育和训练，阶段无法跳跃。第二是与区域人口文化等的适应性，人是文明的出发点和落脚点；生态文明建设决策要与区域人口数量和素质相适应，区域人口数量规模对决策的可执行性有很大的影响，不顾人口数量和素质实际制定的决策，即使强制实施，其效果也会大打折扣；与区域文化状况相适应，文化水平和层次对区域人的行为有很大的影响，这种影响必然会表现到区域生态文明建设决策的实施中，因而生态文明建设决策一定要与区域文化状况相适应，与区域特色文化相适应。

（三）决策预评估

决策模拟评估。无论决策过程目标多么美好、决策过程考虑多么周全、应对和防范措施设计多么到位，区域生态文明建设决策一旦实施，仍会遇到一些不可预测的新问题、出现一些想不到的新情况。因而在决策制定中开展决策模拟和预评估十分必要，模拟和预评估不能解决实施中的所有问题，但通过以信息技术和大数据为基础的模拟和预评估可以更多发现决策实施中的问题，降低决策实施的风险。决策模拟和预评估的主要工作如下。第一是模拟和预评估环境构建，通过对现有相关系统和平台的整合改造，建立区域生态文明建设决策支持硬件环境和技术体系，结合区域可持续发展、科学发展、生态文明建设等领域的模型方法，构建区域生态文明决策模型系统。第二是模拟和预评估信息收集，整合改造区域经济社会治理信息采集体系、生态文明建设专用信息采集体系，以及其他渠道的相关信息采集系统，构建区域生态文明建设信息采集网络。第三是开展模拟和预评估，利用模型和信息对决策过程和结果进行模拟，建立以调整模型各项参数组合和参数数值为基础的决策方案，针对不同的方案，对其决策过程和结果进行模拟，列出各种方案实施中可能出现的问题及实施成效，供决策者定夺。

决策实施策略。为减少区域生态文明建设策略实施中可能出现的问题和风险，在决策模拟评估的基础上，还要开展实施策略的探索。第一是坚持试点试验方法。实践证明，试点选择的典型性和类型特征代表性足够好，其效果还是相对不错的，所以在区域生态文明建设决策中一定要坚持试点和试验先行方法，在试点和试验中发现问题、总结经验，降低决策全面实施可能带来的风险和潜在风险。第二是决策动态调整机制。决策落地总会遇到这样那样的问题，如果这些问题得不到及时解决就会积累和放大，对决策实施的阶段效果产生不利影响，因而需要根据决策实施中的问题，对决策具体细节和战术层面的内容进行及时调整，这种动态调整不是对决策的否定，而是通过具体的调整使决策更加完善，效果更适合区域生态文明建设的实际需要。

三　区域生态文明纠偏调整

（一）纠偏纠正机制

偏差发现机制。所谓偏差是指区域生态文明建设的进程和阶段效果与对应的规划设计要求存在差距。区域生态文明建设中的偏差分为如下两种。第一种是自然偏差或合理偏差，由于生态文明建设决策、实施方案都是在预设条件下开展的，区域现实条件和环境难以与预设一模一样，必然存在条件和环境的偏差，这种偏差必然会传导成区域生态文明建设总体效果偏差，这是一种自然偏差和合理偏差。虽然这是自然和合理的偏差，也需要予以关注和适当调整，以避免偏差的积累和放大。第二种是实施过程出现问题导致的偏差，即在实施过程中人为原因导致某方面或总体效果与设计出现较大差距，这是应该重点关注的偏差。发现区域生态文明建设偏差思路如下。第一是偏差描述和指标选择，区域生态文明建设偏差事情很复杂，是不是有偏差需要由客观的指标描述，既要有综合性指标，也要有具体指标，并且以具体量化指标为主，具体指标是区域生态文明建设各领域或行业的具体指标，这样才具有更好的操作性。第二是偏差标准定义，多大的偏差叫偏差，什么范围内不叫偏差，需要根据指标数值建立偏差及偏差等级评价标准，这种标准既有区域总量标准，也包括区域内部差异化标准。第三是偏差描述，即具体偏差的定量描述和定性描述，定性描述包括文字性描述或等级描述，即将具体偏差数据转换为等级描述或文字描述；定量描述则是数字性描述，如森林覆盖率偏差几个百分点、湿地面积偏差多少亩、教育公共服务资源配置中偏差多少学位、医疗资源配置中偏差多少床位。第四是偏差发现体制保障，用于解决谁来发现偏差、谁来确认偏差、偏差信息传递给谁等基础问题，每个环节要有明确的实施对象、服务对象、实施办法和保障机制。

区域生态文明建设偏差纠正机制。在区域生态文明建设偏差问题发现的基础上，构建区域生态文明建设体制机制才能够真正完成纠偏工作。区域生态文明建设纠偏涉及区域生态文明建设的方方面面，重点要做好以下保障。第一是纠偏的组织保障，做到生态文明建设纠偏各项工作有组织者、有责任人、有执行队伍、有责任落实机制。领导重视是最大的组织保障、编制责任到位是重视的最大体现、责任落实追究制度是有效组织方式。第二是纠偏资源保障，纠正偏差需要调动相关资源，不但包括相应的权利和责任，而且有能力和具体资源的支持。偏差纠正与常规的区域部门和地方管理按部就班的管理不一样，需要调动更多的部门和资源才能纠正生态文明建设中的偏差，在需要调动的各种资源中，资金保障最为关键，其次是要建立调动资源使用方式方法和机制。第三是纠偏效果保障，纠偏措施机制是否有效和顺畅，关键是看纠偏效果。需要构建起高效性的纠偏效果诊断机制，能够快速对纠偏效果进行整体的、具体的诊断，并根据高时效性的诊断结果，对纠偏策略、方式方法进行适时的调整。

（二）生态文明建设动力培育

区域生态文明建设外部动力。区域生态文明建设的外部动力主要来源如下。第一是来自国家的动力，区域是国家整体的一部分，区域生态文明建设是国家生态文明建设的有机组成部分，国家已经提出了生态文明建设的总体要求，并制定相应的考核办法和具体措施，特别是各区域之间的对比考核是区域生态文明建设的巨大动力。第二是来自国际方面的动力，一些发达国家甚至一些发展中国家在生态文明建设的总体和某些具体领域取得了很大成效，这对于一些致力于建设有国家影响力城市的区域，无疑是种鞭策和动力。第三是来自周边区域的动力，相邻区域的生态文明建设也是一种外部动力来源，与周边地区生态文明建设力度、成效反差越大，动力越强劲。当然，区域外围环境的其他一些因素也可能形成区域生态文明建设的动力。外部来源建设动力有的是强制性的，有的是鞭策鼓励性的，合理利用这些动力能量，都可以有效提升区域生态文明建设动力能级。

区域生态文明建设内生动力。区域生态文明建设内生动力的核心是满足和实现人民群众对美好生活的向往和愿望。人的需求是区域生态文明建设的持续内生动力源泉。区域生态文明建设内生动力主要包括以下内容。第一是来自区域生态系统安全和文明发展的动力，区域各种生态系统在不可避免的人类活动干预下的安全和良性发展，需要生态系统的保护和建设持续进行，特别是区域局部地区或部分生态系统的恶性演化和功能退化，使维护区域生态安全已经没有退路，这构成了区域生态文明建设源源不断的动力。第二是来自区域经济社会可持续和科学发展的动力，区域经济社会可持续和科学发展需要经济体系不断提升，由数量主导转变为质量主导；需要社会系统不断提升，由以物质为本转变为以人为本，由粗放治理向精细服务转变，这为区域经济社会领域的生态文明建设提出了新需求，这些需求就是生态文明建设源源不断的动力。第三是来自区域发展理念转变和需求提升的动力，大多数区域已经跨越了物质匮乏阶段，区域发展的需求已转变为高质量发展需求，发展理念已由传统资源消耗和牺牲环境转变为创新绿色协同开放共享新发展理念，区域人的需求由物质财富的需求逐步转变为全方位需求，人们对青山绿水和蓝天白云的渴望已不能忽视，这构成了区域生态文明的最基础的动力。这些内生动力从内部推动着区域采取更多、更有效的措施来推动区域生态文明建设工作。

区域生态文明建设动力保障。区域生态文明建设既有外部动力，也有内部动力，各种动力之间虽然最终方向和目标是一致的，但在生态文明具体建设中，各种动力的作用强度和方向未必完全一致，各种动力形成的合力也未必最优，需要构建区域生态文明建设动力保障机制。区域生态文明建设动力保障主要内容如下。第一是开展顶层设计和规划，对区域生态文明建设的各种力量和资源进行整体安排，统筹布局；目标和出发点是根据区域生态文明建设的实际和阶段性任务，合理调配各种动力的时段作用强度和空间结构，保障各种动力合力的强度最大化、效益最优化，以最小的资源投入形成最大化的生态效益。第二是动力问题应对能力，当生态文明建设某种动力或合力出现问题或方向偏差时，需要有适宜的能力和机制克服问题纠正偏差；针对生态文明建设某种动力出现的问题，建立相应的机制和应对能力，如来自国家层面的动力持续加大，区域应对能力跟不上时，需要有相应的工作机制和能力保障机制让区域跟得上；针对区域生态文明建设多种动力在叠加过程中出现的问题，也要有相应的机制和能力予以应对，如当区域老百姓对生态环境要求动力过大、周边地区生态文明建设持续加力、本地区生态文明建设财力吃紧等多种动力叠加时，要形成综合应对能力和机制，释放压力，形成有效动力。

四 构建完整的生态补偿机制

（一）扩大纵向生态补贴力度

稳定资金渠道，加大生态保护补偿力度。加大中央财政对区域水环境保护治理的转移支付力度。清理、整合、规范专项转移支付项目，合并减少需求由行业部门管理的专项转移支付，扩大纵向一般性转移支付。中央财政考虑不同区域生态功能因素和支出成本差异，通过提高均衡性转移支付系数等方式，逐步增加对重点生态功能区的转移支付。各区域政府要完善辖区内转移支付制度，建立区域生态保护补偿资金投入机制。完善森林、草原、海洋、渔业、自然文化遗产等资源收费基金和各类资源有偿使用收入的征收管理办法，逐步扩大资源税征收范围，允许相关收入用于开展相关领域生态保护补偿。完善生态保护成效与资金分配挂钩的激励约束机制，加强对生态保护补偿资金使用的监督管理。

完善重点生态区域与重点领域补偿机制。在转移支付总额测算中，增加重点生态功能区的生态保护权重值，继续推进生态保护补偿试点示范，统筹各类补偿资金，探索综合性补偿办法。制定更加科学公平的生态功能区补偿机制，充分考虑生态区流域面积、水源保护的数量和质量等关键因素，制定生态系统服务价值、保护成本、损失评估等量化指标和绩效考评体系。制定基于生态红线的生态保护补偿政策。健全各级自然保护区、世界文化自然遗产、各级风景名胜区、国家森林公园和国家地质公园等各类禁止开发区域的生态保护补偿政策。将生态保护补偿作为建立国家公园体制试点的重要内容。到 2020 年，实现森林、草原、湿地、荒漠、海洋、水流、耕地等重点领域和禁止开发区域、重点生态功能区等重要区域生态保护补偿全覆盖。

(二) 激发横向生态补贴活力

发挥地方政府在处理具体问题方面的聪明才智，按照"谁受益谁补偿"的原则，探索建立区域各类开发地区、支流上中下游、相邻省市、关联产业、受益地区和生态保护地区等之间的横向生态补贴。

建立跨省级行政区的生态过程机制。2010 年底，财政部、环保部在新安江流域启动了全国首个跨省流域生态补偿机制试点，并于 2012 年正式实施，试点期 3 年。中央财政划拨安徽 3 亿元，用于新安江治理。试点约定目标年份若两省交界处的新安江水质变好了，浙江地方财政再划拨安徽 1亿元；若水质变差，安徽划拨浙江 1 亿元；若水质没有变化，则双方互不补偿。从效果看，虽然补偿资金本身不大，却带动了相关地方重视生态环保、投资生态环保的热情。3 年来，浙江省以新安江流域生态补偿机制试点为抓手，围绕生态保护、污染防治、产业结构调整等 12 个方面，统筹推进新安江综合治理，到 2014 年 10 月底，共实施新安江综合治理项目 400多个，完成投资 449.1 亿元。借鉴安徽与浙江千岛湖流域横向补偿，部省三方合作方式成功经验，可以逐步探索其他区域跨省级行政区的、由相关业务主管部门协调主导的生态补偿机制。

建立覆盖省级行政区的生态补偿机制。2015 年江西出台了江西省境内流域生态补偿办法，筹集资金的方式是：采取中央财政争取一块、省财政安排一块、整合各方面资金一块、设区市与县（市、区）财政筹集一块、

社会与市场上募集一块的"五个一块"方式筹措流域生态补偿资金。从
2016 年起，采取整合国家重点生态功能区转移支付资金和省级专项资金，
省级财政新设全省流域生态补偿专项预算资金，地方政府共同出资，社
会、市场上筹集资金等方式，筹集流域生态补偿资金，视财力情况逐年增
加，并探索建立起科学合理的资金筹集方案。拟筹集 20.91 亿元，国家重
点生态功能区转移支付资金 10.91 亿元，整合省级专项资金 3 亿元，省财
政安排专项预算资金 3 亿元，地方财政筹集 4 亿元，并探索依法依规从社
会、市场募集生态环保类建设资金，建立生态基金。流域生态补偿资金根
据各地环境指标达标情况进行分配，选取水环境质量、森林生态质量、水
资源作为评价要素，水环境质量因素占 70% 的权重，森林生态质量因素占
20% 的权重，水资源管理因素占 10% 的权重。借鉴江西省的做法，可以在
其他区域内部建立围绕某个专项或领域的生态补偿机制。

建立地市级（或县市）间的生态补偿机制。安徽省建立大别山生态补
偿基金每年 2 亿元，省财政出 1.2 亿元、六安市出 4000 万元、合肥市出
4000 万元，实际是一种生态补偿模式，涉及合肥市和六安市，六安在淠河
上游，合肥在淠河下游，从生态受益相关方而言，合肥市是受益方。按照
生态补偿的思路，每年在行政区河流断面上有三次重点监测，流入合肥市
的河流水质达标，合肥市的 4000 万元给六安；不达标，六安的 4000 万元
给合肥市。借鉴这种模式，可以在其他区域内部有条件的地区设立这种规
模不大，但效益明显的生态补偿资金。

（三）完善横向生态保护补偿机制

研究制定以地方补偿为主、中央财政给予支持的横向生态保护补偿机
制办法。鼓励受益地区与保护生态地区、流域下游与上游通过资金补偿、
对口协作、产业转移、人才培训、共建园区等方式建立横向补偿关系。鼓
励在具有重要生态功能、水资源供需矛盾突出、受各种污染危害或威胁严
重的典型区域开展横向生态保护补偿试点。

第十一章

区域经济社会治理能力评估

中国地域之广和区域差异之大使区域经济社会复杂程度远超想象。区域经济社会是个巨大的生态系统，有自身的运行和存亡规律。经济社会问题的解决必须用非经济手段和方法，因为它们的根源往往不是经济本身，也不是社会，而是人的精神和灵魂。

第一节　区域经济社会治理能力评价指标体系

区域经济社会治理能力评价指标选择和指标体系构建是评价的基础工作，选择指标的有效性和指标体系的合理性对评价结果有很大的影响，客观反映区域经济社会治理能力的现状和趋势、问题和优势、静态与动态等特征是指标体系建立的关键。

一　评价指标选择依据和原则

（一）评价指标选择依据

真实反映区域经济社会治理过程。区域经济社会治理是个动态过程，要反映这种动态治理特征，区域经济社会治理评价指标的选取可以从两个方面着手。一方面是选用本身就具有动态性的指标，比如变化率，其表达的就是一个时段内某指标的动态变化情况，时段越短，表达的动态特征越明显。另一方面是通过状态指标辅助于时段属性来实现，如两个相邻年份的森林覆盖率也可以表现森林覆盖的动态变化情况。评价指标能够反映区域整体上的动态过程信息，表现这种动态变化的空间变化，用以反映区内部差异，同一个指标在区域内不同地方的动态变化可能存在很大差异。

真实反映区域经济社会治理效果。区域经济社会治理效果包括效果阶段性、经济社会治理领域效果、经济社会治理要素效果、总体效果、区域内的空间效果等几方面内容，选择评价指标时要考虑反映真实的效果，选取的指标要能够对区域经济社会治理各方面的效果有所表现。

真实反映区域经济社会各个方面。评价指标选择要围绕区域人口系统、经济系统、社会系统、生态环境、发展环境等方面展开，每个方面均要有适宜的指标用以反映区域经济社会治理某方面的内容；同时，选择的评价指标还要从总体上反映区域经济社会治理能力状况。所谓真实状况除了信息的准确和真实以外，从指标本身看，指标一定是能够反映真实情况的指标，而不是形式化的指标。

依据指标可开展独立性评价。区域经济社会治理能力评价指标是一个体系，各指标相互关联，每个指标均属于区域经济社会治理的某个领域；同时，各评价指标相互独立，根据每个指标都可以进行单独评价，且评价结果能够真实反映出区域经济社会治理某个具体方面的能力状况。

（二）评价指标选取原则

指标独立性原则。一个指标反映区域经济社会治理的一个方面或某项具体内容，且不需要更多的平行指标用于描述该内容；各指标内容之间没有交叉重复现象，如果一个指标可以用另外的指标计算得到，这样的指标尽可能少用。

定性与定量结合原则。适宜定量或能够定量的指标定量化表达，不适宜定量表达或定量表达意义不大的指标用定性指标描述；坚持定量和定性指标的结合，以定量为首选和基础，能选定量指标就不选择定性指标。

指标内容客观性原则。尽可能选择客观指标，即指标内容表达的是区域经济社会治理的客观对象，并且指标数据信息获取可以通过客观方法得到；减少融入主观判断和观测者个人意识信息指标的使用。

指标信息可获取性原则。采用通过现有信息采集途径或替代方案获取信息的指标，如果指标信息无法有效获取，则尽可能不用。所谓无法有效获取指获取真实信息难度比较大的指标，并且指标在区域经济社会治理能力评价中不具有重要价值。

指标开发性原则。区域经济社会治理能力评价是新业务，需要在现有相关指标基础上开发设计一些更有针对性的指标，不是用以标新立异，而是为了更为真实和准确表达治理能力大小和水平的高低。

指标空间化原则。尽可能用空间化或可空间化指标，即指标不但能够表达区域总体情况，而且能展现指标内容在区域内部的空间差异化特点，以减少"平均值"对区域经济社会治理真实能力的平均化和不真实反映。

二 与现有相关指标关系

(一) 与生态文明建设考核指标关系

2016 年 12 月份中共中央办公厅、国务院办公厅印发实施《生态文明建设目标评价考核办法》[①]，提出生态文明建设年度考核采用绿色发展指数指标体系；同年，国家发展改革委、国家统计局、生态环境部（原环境保护部）、中央组织部等部门联合印发了《绿色发展指标体系》《生态文明建设考核目标体系》[②]，提出了绿色发展指标体系和生态文明建设考核目标体系两套考核指标体系。

绿色发展指标体系从资源利用、环境治理、环境质量、生态保护、增长质量、绿色生活、公众满意程度等方面共 56 项指标对各地区进行评估，并在单项评估基础上，生成各地区绿色发展指数。生态文明建设考核目标体系从资源利用、生态环境保护、年度评价结果、群众满意度、生态环境事件等几个方面共 23 个具体指标进行评价。

区域生态文明建设、绿色发展是区域经济社会治理能力的目标和任务，区域生态文明建设与绿色发展考核指标所涉及的内容自然也是区域经济社会治理能力所涉及的内容，所以区域经济社会治理能力评价指标与区域生态文明建设、绿色发展考核指标有一定的重叠。理论上，区域生态文明建设、绿色发展考核指标都应该是区域经济社会治理能力评估指标的内容，除此之外，区域经济社会治理能力指标还包括社会经济领域中的其他指标。

---

① 《中共中央办公厅国务院办公厅印发〈生态文明建设目标评价考核办法〉》，中国政府网，http://www.gov.cn/xinwen/2016－12/22/content_5151555.htm，2016 年 12 月 22 日。

② 《关于印发〈绿色发展指标体系〉〈生态文明建设考核目标体系〉的通知》（发改环资〔2016〕2635 号），国家发展和改革委员会网站，http://www.ndrc.gov.cn/zcfb/zcfbtz/201612/t20161222_832303.html，2016 年 12 月 12 日。

（二）与区域经济社会发展指标关系

国家"十三五"规划纲要的考核指标包括经济发展、创新驱动、民生福祉、资源环境四个方面共 25 个具体指标。区域经济社会发展指标涉及内容更为详细，是对国家国民经济和社会发展规划指标的具体化。

区域经济社会发展是区域经济社会治理的关键指标，所以区域经济社会发展指标与区域经济社会治理指标存在天然的协同性和一致性。由于区域经济社会发展描述的是区域经济社会发展结果，而区域经济社会治理指标描述的是区域经济社会治理过程和治理结果，所以两方面的指标又具有一定的差异性。两种指标所涉及的内涵是一致的，但具体指标则存在一定差异。

另外，因生态文明各领域建设工作需要，国家和各地还相继出台了多种以区域为对象的考核指标，如资源环境承载能力监测指标、生态环境指标、其他专项评价指标等。这些指标涉及内容与区域经济社会治理对象有很大的重叠性，区域经济社会治理能力指标与这些指标有一定的交叉，其中的一些指标可以作为区域经济社会治理能力指标。这些指标从领域覆盖、任务覆盖、时间覆盖等方面都没有区域经济社会治理能力指标全面，可以作为区域经济社会治理能力指标的重要参考。

三 评价指标体系

（一）评价指标分类

按服务目标分类。根据评价指标服务目标差异可以分为治理过程评价指标和治理效果评价指标两大类。前者重点描述区域经济社会治理过程所展现出来的特点、问题、趋势等，后者重点描述区域经济社会治理结果所展现出来的成效、问题、趋势等。

按领域分。按区域经济社会治理和服务领域划分，评价指标可以分为人口、经济、社会、生态环境、发展环境等领域指标，每个领域的指标根据描述内容的相关关系，可以组合成特定的指标组合。

（二）指标的层次性

指标的空间层次性。区域经济社会治理能力评价指标描述的具体内容均有确定的空间范围，要么是整个区域，要么是区域内的某种特定空间。

评价指标的空间层次是指标描述空间对象的包含关系，区域由若干次级区域构成，每个次级区域又由若干更小的空间区域组成。空间层级可能表现为行政级别等级，也可能是其他具有层次性的空间体系，如流域空间体系、农业区域空间体系等。

指标的内容层次性。指标描述对象内涵的相互关系具有一定的层次关联性，整体上分为四个层级。第一层级也是最高层级，是区域经济社会治理能力指数，区域只有这一个指标；第二层级是指标大类，每个大类指标描述区域经济社会治理的具体领域；第三层级是指标组，指区域经济社会治理领域指标中内容联系紧密的指标组合；第四层次是具体指标，用以描述某个区域经济社会治理某些具体内容的指标，它是指标组的最小组成指标单元，也是指标体系的最小指标单元。

（三）指标体系

虽然区域经济社会治理能力评价指标体系有若干层级，但为便于计算、分析、获取信息，最后的指标体系分为两个层级，第一层级是指标类，每个指标类为区域经济社会治理领域内的指标组合，第二层次是具体指标，具体见表 11 - 1。

表 11 - 1　区域经济社会治理能力评价指标

指标类	指标	编码	描述	性质
规划谋划能力	规划完整度	A1	描述区域规划体系完整性；用以评价规划谋划的有无问题，综合规划、专项规划、区域规划体系是否完整；用区域规划数与完整规划体系要求的规划数量比例表示，比值越小，表示能力越差，反之，表示能力越强	综合指标
	规划质量	A2	描述规划的科学性、可操作性，包括规划预期指标合理性、任务的科学性、项目的可行性、政策措施可操作性等；对各项内容具体评价，然后用加权平均方法得到一个综合值，数值越小，表示规划质量越差	综合指标
	规划执行度	A3	描述区域规划执行情况；先测算区域所有规划实际执行情况与规划安排内容的比值，用多规划加权平均方法得到，数值越小，表示规划能力越差	综合指标
	空间格局适宜性	A4	描述区域空间格局与环境的和谐性、空间格局自身的协调性和均衡性；用区域主要居民地和工矿点到区域地理中心点直线距离总和同到地理中心点最近道路距离比值表示，测算中要去除地形地貌影响，比值越小，格局越差	综合指标

续表

指标类	指标	编码	描述	性质
规划谋划能力	大项目指数	A5	描述区域规划谋划大项目能力；用规划项目库中重大项目的数量比重表示，重大项目的界定按行业标准，并根据区域特点来确定，比重越大，说明大项目谋划能力越强	单一指标
	规划保障能力	A6	描述规划保障措施完整性和可操作性；用有完整和可操作性保障措施规划任务数量占总规划任务比重表示，比重值越小，保障能力越差；多规划采用加权平均方法测算	综合指标
	谋划综合能力	A7	描述区域规划综合能力，用区域规划专业人员和有丰富经验的规划人员占规划部门（专业规划机构和业务机构的规划部门）总人数比重表示，比重越大，谋划能力越强	综合指标
市场体系运维能力	人才流动自由度	B1	描述区域人才自由流动情况；用区域不能自由流动（人事关系管理）人数占总就业人口比重表示，比重越小，表示人才流动自由度越高	单一指标
	土地要素流动自由度	B2	描述土地要素空间限制情况；用区域内各地工业用地价格与平均值差值总和与平均价格总值（平均价格乘以样本数）比值表示，比值越大表示土地要素流动自由度越低	单一指标
	资本流动自由度	B3	描述资本在区域内流动的限制情况；用区域内各地资金实际利率与平均利率差总和与平均利率总值（平均利率乘以样本数）比值表示，数值越小，说明资本流动自由度越高	单一指标
	市场壁垒指数	B4	描述区域市场壁垒情况；用区域现行有技术壁垒政策措施与市场体系政策措施总量比值表示，比值越小，表示市场壁垒越少，越有利于市场体系运行	单一指标
	企业集聚度	B5	描述区域企业空间集聚情况；用区域内注册并高于一定纳税额度的企业数量与区域面积比值表示，也就是企业密度，数值越大，表示区域企业培育能力越强	单一指标
	产业集聚度	B6	描述区域产业集聚情况；用区域内行业种类数量与区域面积的比值表示，也就是行业密度，比值越大，表示区域产业培育能力越强	单一指标
	公平竞争度	B7	描述区域市场公平竞争情况；用区域一定时间段（年）内，市场不公平竞争相关案件数量占经济案件的比重表示，比值越小，表示区域维护公平竞争的能力越强	单一指标
	创新指数	B8	描述区域创新能力；用区域一定时间段内（一般按年计算）获得专利数与区域面积的比值表示，也就是专利密度，数值越大，表示区域创新能力越强	单一指标
	产权保护指数	B9	描述区域知识产权保护能力和水平；用区域一定时间段内（一般按年计算）侵权案件数量与区域面积比值表示，也就是侵权案件密度，数值越小，表示区域产权保护能力越强	单一指标

续表

指标类	指标	编码	描述	性质
公共服务资源配置能力	争取财政指数	C1	描述区域获得外部财政资金的能力；用区域一定时间段内（一般按年计算）争取到的中央和上级财政资金占区域总财政收入的比重表示，比重越大，表示争取财政能力越强，争取来的财政资金作用越大，对区域经济社会治理作用越重要	单一指标
	区域财政效率	C2	描述区域财政能力和水平；用区域一定时间段内（一般按年计算）本地财政收入与地区生产总值的比重表示，比重越大，表示区域当地财政形成能力越强	单一指标
	争取社会资金指数	C3	描述区域获得社会捐助的能力；用区域一定时间段内（一般按年计算）争取到的捐赠等社会资金与财政收入的比值表示，比值越大，表示区域争取社会资金的能力越强	单一指标
	公共教育资源保障率	C4	描述区域公共教育保障能力；用区域一定时间段内（一般按年度计算）不能按相关标准享受公共教育资源（含幼儿园、小学、中学、职业教育、特殊教育等）的人数占需接受教育人数比例表示，各类教育资源按加权平均方式参与指标运算，比例越低，表示区域教育资源保障能力越强	综合指标
	公共医疗资源保障率	C5	描述区域公共医疗资源保障综合能力；用区域一定时间段内（一般按年度计）不能按相关标准享受公共医疗服务（含社区医疗服务、专项服务、医疗保险服务等）的人数占需享受公共医疗服务人数比例表示，各种类型资源按加权平均方式参与指标运算，比例越低，表示区域医疗配置资源能力越强，资源配置越到位	综合指标
	公共文化资源保障率	C6	描述区域公共文化资源保障能力；用区域一定时间段内（一般按年度计）不能按相关标准享受公共文化服务（包括各类文化服务）的人数占需享受公共文化服务人数的比例表示，各类文化资源按加权平均方式参与指标运算，比例越低，表示区域文化资源配置能力越强，资源配置越到位	综合指标
	公共体育资源保障率	C7	描述区域公共体育资源保障能力；用区域不能按相关标准享受公共体育服务的人数占需享受公共体育服务人数的比例表示（按年计算），比例越低，表示区域体育方面公共服务资源配置越到位	综合指标
	区域道路密度	C8	描述区域道路建设和维护保障能力；用区域单位面积上各类道路长度表示；各种等级道路密度按加权平均方式参与区域道路密度指标运算，计算中要考虑区域自然地理特征；区域道路密度越高，表示区域道路基础设施需求分析和配置能力越强	综合指标
	电力保障率	C9	描述区域电力保障能力；用区域一段时间内（一般按年计算）停电平均时长（多个采样点的平均值）的比例表示，各采样点根据重要程度用加权平均方法计算时长，比例越低，表示区域供电资源配置能力越强	综合指标

续表

指标类	指标	编码	描述	性质
公共服务资源配置能力	饮水安全保障率	C10	描述区域饮水安全保障能力；用区域内未能按标准享受安全饮水人口占总人口的比例表示，比例越低，表示区域饮水安全资源配置能力越强	单一指标
	民生项目完成率	C11	描述区域民生工程保障能力；用区域一定时间段内（一般按年度计算）未完成民生公共服务项目占总项目的比例表示，比例越低，表示区域公共资源配置能力越强	单一指标
	外来人口比	C12	描述区域接纳外来人口能力；用一定时间段内（一般按年计算），区域外来人口数量与区域户籍人口比值表示，比值越大，表示区域公共资源配置能力越强	单一指标
建设行动能力	项目开工率	D1	描述区域项目按时开工情况；用区域一定时间段内（一般按年计）实际开工建设重点项目数占规划开工项目数量的比值表示，比值越高，说明区域重点项目开工保障（前期工作）能力越强	单一指标
	项目完成率	D2	描述区域重点项目完整能力；用区域一定时间段内（一般按年计）实际完成的重点项目占规划完成项目比例表示，比例越高，说明区域推进项目建设能力越强	单一指标
	工程烂尾率	D3	描述区域工程处置能力；用区域一定时间段内（一般按年计）烂尾项目数量与在建项目数（含当年完成、在建项目）的比例表示，比例越低，表示区域推动项目建设能力越强	单一指标
	监督机制健全率	D4	描述区域建设监督机制保障能力；用区域针对工程项目各个环节、各类重点项目建立的监督机制占需要建设机制的比例表示，两个方面采用加权平均方法计算总值；比值越高，表示区域建设协调能力越强	综合指标
	项目效益率	D5	描述区域项目效益保障能力；用区域工程项目效益与预期的差异表示，用百分比量化指标表示，每个重点项目分别测算，区域总值按各项目加权平均方法得到（根据项目的重要程度），百分比越大，表示区域建设重点项目的能力越强	综合指标
	项目配套率	D6	描述区域项目配套保障能力；用区域重点项目配套项目实现数占应实现项目的比例表示，将配套项目质量和效益因素考虑进来，比例越高，表示区域工程项目建设后续配套能力越强	综合指标
资源生态环境管控能力	自然资源监控率	E1	描述区域对自然资源掌控能力；用区域主要自然资源（森林资源、水资源、草地资源等）动态监测网络覆盖面积占区域自然资源总面积的比例表示；动态监测网络包括定期监测和实时监测，比例数值越大，表示区域自然资源监控能力越强	综合指标

续表

指标类	指标	编码	描述	性质
资源生态环境管控能力	区域生态监控率	E2	描述区域生态综合掌控能力；用区域主要生态系统（水生态、森林生态、湿地生态、草地生态、城市生态等）动态监测网络覆盖的面积占区域主要生态系统总面积比例表示；动态监测包括定期监测和实时监测，比例数值越大，表示区域对生态监控能力越强	综合指标
	环境动态监控率	E3	描述区域环境监测能力；用区域环境（主要包括大气和水体）动态监测设施有效覆盖面积占区域总面积比例表示；环境监测以实时监测为主，监测设施有效覆盖面积按行业标准测算，比例数值越大，表示区域环境动态监测能力越强	综合指标
	自然资源破坏控制率	E4	描述区域自然资源破坏控制能力；用一定时间段内（一般按年计）区域破坏自然资源事件与区域面积比值表示，比值越小，表示区域对自然资源破坏管控能力越强	单一指标
	生态退化控制率	E5	描述区域控制生态退化的能力；用区域生态退化（包括土地沙化、主要生态系统退化等）面积与区域总面积的比值表示，比值越小，表示区域对生态破坏的管控能力越强，或者说生态建设保护力度越大	综合指标
	生态风险变化率	E6	描述区域生态风险掌控能力；与上一监测时段（一般按年度计）相比，区域生态风险评价等级降低区域与区域总面积的比值，比值越小，表示区域对生态风险掌控能力越强	单一指标
	环境污染控制率	E7	描述区域环境污染控制能力；用一定时间段内（一般按年计）区域环境污染事件影响区域面积与区域总面积的比值表示，比值越小，表示区域对环境污染的控制能力越强，也即环境保护力度越大	单一指标
	断面控制率	E8	描述区域河流水质控制能力；用流出区域主要河流断面水质与上一考核周期相比水质下降断面占总考核断面数的比值表示，比值越大，表示区域环境治理能力越差	单一指标
	企业布局适宜度	E9	描述区域企业布局控制能力；用区域布局（规模以上）不符合行业布局适宜性评价的企业数量与区域总面积比值表示，或者不符合空间适宜性评价的企业密度表示，比值越小，说明区域经济与资源环境的协调能力越强；得到该数值需要对区域按行业进行空间适宜性评价	综合指标
	居民点布局适宜度	E10	描述区域居民点布局管理能力；用区域居民点（含自然村）布局不符合居住适宜区的数量与区域总面积的比值表示，比值越小，说明区域社会与自然生态环境协调性越好；获得该数据需要对区域进行居住地适宜性评价	综合指标
	监测指标客观性	E11	描述区域监测科学保障能力；用区域自然资源和生态环境监测与评价指标中客观性指标（可以通过监测设施或科学计算得到）数量占总监测指标数的比例表示，比例越大，表示区域监测方法和综合运用能力越强	综合指标

续表

指标类	指标	编码	描述	性质
灾害与风险管控能力	防灾预案完备率	F1	描述区域应对灾害综合能力，针对区域主要自然灾害种类编制应急预案的情况，如果没有预案，则应急能力极低；如果有预案，看预案覆盖灾害种类是否齐全，预案内容是否完整，预案的可行性如何，并根据预案的总体情况，予以评分，评分越高，表示区域防灾的综合能力越强	综合指标
	灾后重建协调力	F2	描述区域灾后重建保障能力；用区域灾后重建资金中外部来源资金占总投资的比例表示，比例越高，说明区域灾后重建综合协调和动员能力越强	综合指标
	经济风险指数	F3	描述区域防范经济风险综合能力；结合区域经济基础和特点，对已有的经济风险评价模型进行改造，形成区域经济风险评价模型，并对区域经济风险进行评价，得出经济风险评价数字，数字越大，表示区域经济风险防控能力越差	综合指标
	经济风险预案完备率	F4	描述区域经济风险防控能力，包括区域经济风险预案的有无和质量高低。首先检查区域经济风险防控预案的有无，如果没有预案，说明区域预防经济风险能力极低；如果有预案，则要评价预案覆盖领域的完整程度、内容的完整性、措施的可行性等，并进行综合评分，评分数值越高，表示区域经济风险防控能力越强	综合指标
	社会风险指数	F5	描述区域应对社会风险能力；结合区域社会运行特点和基础，对社会风险模型进行改造，建立适宜本区域的社会风险评价模型，并对区域社会风险进行评价，得到区域社会风险值，风险值越低，表示区域社会风险发现和防控能力越强	综合指标
	社会风险预案完备率	F6	描述区域社会风险防控综合能力，包括区域社会风险预案的有无和治理水平的高低。首先检查区域社会风险应急防控预案的有无，如果没有预案，说明区域防控社会风险的能力极低；如果有预案，则要评价预案对社会风险类型覆盖程度、预案内容的完整性和科学性、预案的可行性，并进行评分，得到区域社会风险值，风险值越高，表示区域防控社会风险的综合能力越低	综合指标
绩效考核执行能力	考核体系完备指数	G1	描述区域经济社会治理能力考核指标体系的完整程度；评价内容包括考核指标体系覆盖领域的完整性、考核指标的完整性、考核方法的科学性；各项评价内容按加权平均方式参与总评，总评分值越高，表示区域经济治理绩效考核的能力越强	综合指标
	考核指标科学指数	G2	描述考核指标设置能力，需要对考核体系中指标空间差异性、指标的客观性、指标信息可获得性等进行评价；针对各个指标分别进行评价，先得出每个指标的科学性评价值，再按加权平均方法（根据指标的重要程度）计算区域所有考核指标科学性评价值，数值越高，表示区域考核指标设置能力越强	综合指标

续表

指标类	指标	编码	描述	性质
绩效考核执行能力	考核信息指数	G3	描述区域获取考核信息能力；用区域经济社会治理考核指标体系中可以得到客观和科学性比较高信息的指标数量与总考核指标数量的比值表示，比值越高，表示区域获取考核指标信息的能力越强	综合指标
	考核执行力指数	G4	描述区域考核执行能力；用一定时间段（一般按年计算）区域实际参与绩效考核人数与应参与考核人数的比值表示；测算中需要考虑实际参与考核人的考核质量，如果是形式化考核，则对考核人数进行折算，比值越高，表示区域考核执行能力越强	综合指标
	考核制度健全指数	G5	描述区域考核体制机制保障能力；根据国家生态文明建设总体方案要求，用区域已建立的干部政绩考核机制数与总要求数量的比值表示，比值越高，表示区域考核机制建设能力越强	单一指标
	考核追究比	G6	描述区域考核执行能力；用一定时间段内（一般按年计算）考核追究处理人数与应追究责任人数的比值表示，比值越高，表示区域考核责任追究机制越健全、执行能力越强	单一指标
发展氛围控制能力	天时营造指数	H1	描述区域营造发展环境能力；用区涉及国家或重大区域战略、部署的数量与国家或大区域战略、部署总数量的比值表示，比值越高，表示区域营造区域发展天时环境的能力越强	单一指标
	产业先导指数	H2	描述区域产业选择能力；区域主导产业与国家倡导优先发展产业的重叠程度表示，用主导产业数量可根据区域总体区位情况确定，一般选择 10～20 个产业，两者重叠程度越高，表示区域对天时判断能力越强、利用天时能力越强	单一指标
	示范指数	H3	描述区域获取试点示范机会的能力；用一定时间段内区域落地的国家级示范、试验区数量与同一时期国家示范试验区总数量的比值表示，比值越高，表示区域发展天时谋划能力越强、区域天时资源转化能力越强；区域内部各级区域的示范指数，可以用各地方参与区域层面示范试点数量与区域层面示范试点总数量比值表示	单一指标
	景点指数	H4	描述区域打造和运营景区的能力；用区域星级以上旅游景点数量占全国星级以上旅游景点的比例表示，不同等级的旅游景点按加权平均方式参与运算，比值越高，表示区域发现和利用地利资源能力越强；区域内各地景点指数可用各地方景点数占区域总景点数的比例测算	单一指标
	知名品牌指数	H4	描述区域品牌引领能力；用区域知名商品品牌数量占同时期全国商品知名品牌的比例表示，测算时考虑知名品牌的顺序影响，用加权平均方式参与计算，比值越高，说明区域利用地利资源能力越强；区域内地方品牌指数计算可以参照执行，用区域知名品牌数量进行评价	单一指标

续表

指标类	指标	编码	描述	性质
发展氛围控制能力	保护指数	H6	描述区域保护各种遗产的能力；用区域已采取保护措施的历史遗产和非物质文化遗产数与已发掘数量的比值表示，比值越高，表示区域保护地利资源的能力越强	单一指标
	印象指数	H7	描述区域外部各地对区域总体影响评价情况；采用网络抽样调查方法或大数据挖掘方法，样本数量要足够大、具有一定代表性、样本来源的空间要具有一定均衡性，评价采用量化指标，并进行汇总和区域代表性处理，分值越高，表示区域人和环境基础较好，人和资源发现能力较强	综合指标
	人口流动指数	H8	描述区域吸引和保障外来人口能力。用一定时间段内（一般按年计算）区域人口流入数量与上一个时段相比变动人数比值表示，如果没有变动，指数用中间值（比如50）；流入人口增加，增加人数与流动人口比值换算成50分制，加上50即得到总指数；如果流入人口减少，减少人数与流动人口比值换算成50分制，并用50减去该值，得到区域人口流动指数，指数值越大，表示区域人和资源发现利用能力越强	单一指标
	民事指数	H9	描述区域和谐维护能力。用一定时间段内（一般按年计算）区域民事案件数量与人口总数的比值表示，比值越低，表示区域人和资源综合管控能力越强	单一指标

注：各指标的具体测算模型可根据区域特点和需要进行设计。

第二节　区域经济社会治理评价模型方法

一　评价方法

（一）评价方法性质

过程评价与效果评价并重。区域经济社会治理能力评价兼顾治理过程和治理结果，其目的是对区域经济社会治理单方面或综合方面的能力进行评估，发现区域经济社会治理中存在的问题、不足方面、不平衡之处、不充分之处，以为区域经济社会治理方法、政策措施、实施方案等调整完善提供依据。

总体评价与空间差异评价并重。为避免评价中的平均值掩盖真实值的问题，区域经济社会治理能力评价中基于相互关联和层次衔接的空间单元进行评价，用以反映区域内部治理能力的空间差异性。

定性与定量结合。利用定性、定量方法各自优势，以及区域经济社会治理能力指标特点，区域经济社会治理能力评价采用定性与定量结合的方法。首先是根据指标特征获取指标定性、定量信息，或者对指标内容进行定性、定量测算；其次是对治理能力进行定量评价；最后是用定量和定性结合方法进行评价结果解释，既有数值结果解释，也有定量评价结果和定性解释与描述。

自评价与第三方评估结合。区域经济社会治理能力评价可以是区域管理者、决策者自我评价的工具，为自我检查、评估提供技术支撑，也可以是独立第三方开展的评估；自我评估和第三方评估各有侧重，可以从不同视角发现区域经济社会治理中存在的问题与不足，两种方法的结合，可以使评价方法更为客观有效。

（二）评价方法

区域经济社会治理能力评价方法分为指标测算、指标关系确定（模型）、空间化评价三个环节或过程。

指标测算。主要包括指标信息获取和指标信息处理两个过程。信息获取就是获得参与评价的特定指标的定量或定性信息，信息处理是按照特定的模型和方法将指标信息处理成符合要求的标准化信息。

指标关系确定。指标关系通过评价模型来体现，评价模型是指标的特定组合关系。在区域经济社会治理能力评价模型中，指标关系主要是通过指标在模型的重要程度（可以权重方式出现）来体现。根据评价模型的复杂程度，指标关系确定可能具有层次性，分别对应区域总的评价模型和区域经济社会治理领域的评价模型。

空间化评价。空间化评价环节是具体的计算过程，其通常以地理信息系统软件平台或专门开发的评价软件平台（空间平台）辅助实现；评价完成后，以图形、图表、文字描述等方式对评价结果予以说明。

二　指标信息的标准化处理

（一）无量纲化处理

由于描述内容差异，区域经济社会治理能力评价指标数值单位、数值范围、定性信息等级和语义体系等方面都可能存在差异。这样的信息如果在一个模型体系中进行运算，需要进行无量纲化处理，即把指标具体的数值和语义处理成体系统一的、可对比的无量纲信息。这些无量纲信息表述同一内涵，即对区域经济社会治理能力的作用或影响值。一般来说，数值越大，表示该指标对区域经济社会治理能力作用强度或影响值越大；数值越小，表示作用强度或影响值越小。

定性信息无量纲化。定性描述信息无量纲化处理需重点关注以下几点。第一是定性描述语义体系的等级划分要有相对一致的标准，同一描述体系中，如在常用的优良可劣体系中，一个样本对象的描述等级是良，另一个样本对象的描述等级也是良，两个样本的实际值应该是接近的；在不同的描述语言体系中，比如在优良可劣和差、较差、中等、较好、好、很好两种描述体系中，一个样本用第一种体系，另一个样本用第二种体系，如果两个样本描述的实际情况差不多，转化成无无量纲信息时，两个样本描述的实际值应该一致。第二是样本的等级集中度处理，如果评价指标有多个样本数据，在处理成无量纲信息时，无量纲等级划分要考虑样本数的正态分布，即保障最大和最小值都是少数，样本数尽可能符合正态分布。第三是可以辅助定量信息处理，定性信息处理中可以借助相关的定量信息进行测算，使无量纲等级或数值更为丰富，如对于生态环境满意度等级定性信息进行无量纲化处理时，可以将对应空间上的空气污染指数作为辅助测算信息，把满意度指标处理成数值范围更大、内涵更为丰富的无量纲信息，如没有辅助处理时只能给 80，辅以定量信息，可以给出 85 的无量纲值。为便于计算，每个定性指标都处理成 0 ~ 99 的无量纲值，0 表示该指标对区域经济社会治理能力的影响最小或没有影响，99 表示影响最大。

定量信息无量纲化。定量信息无量纲化就是将具体的数值处理成区域经济社会治理能力作用或影响值，重点内容如下。第一是指标数值转换，根据样本数值范围，确定指标数值最小值、最大值与无量纲值最小值、最大值关系，转换后的无量纲值越大表示对治理能力作用或影响越大；数值越小，表示对治理能力作用或影响越小。第二是指标数值与无量纲值对应转换时应考虑数值样本分布，从指标数值转为无量纲数值时，两类数据对应关系设置要考虑样本的正态分布特征，确保较大值和较小值在样本数量上处于少数，无量纲值处于中间区域的样本数量处于多数。第三是指标数值转换为无量纲值时作用方向为正向编排，如果某个指标数值与治理能力作用是负向的，即指标数值越大，表示对治理能力影响越弱，在转换成无量纲值时要把方向掉过来，保障所有的无量纲值是正向的影响值。同样，为便于计算和对比，每个定量指标都处理成 0~99 的无量纲值，0 表示该指标对区域经济社会治理能力的影响最小或没有影响，99 表示影响最大

（二）空间标准化处理

评价模型的空间体系。区域经济社会治理能力评价采用两个空间体系。一个人是按行政区域的评价体系，即采用区域整体、省级行政区、地市级行政区、县区市行政区、乡镇街道行政区等行政区域空间等级体系。该空间体系中，各空间单元有明确的包含和被包含关系。该空间体系在模型中不要求模型中所有的空间单元级别完全一致，只要做到区域空间上覆盖完整且没有空间重叠或嵌套即可。另一个是按标准体系的空间体系，对于区域评价而言，千米格网就足够了，这要求将以特定空间单元为对象的指标信息处理成空间千米格网上的信息，确保指标对象单元内每个千米格网上都有值。

指标空间对象的一致化。指区域经济社会治理能力评价指标 A 的空间对象是甲市，评价指标 B 的空间对象也是甲市，两个指标空间对象中甲市的空间应该一致；如果不一致，要通过空间处理方法把两个指标的空间对象处理成空间一致信息。

空间描述形式一致化。区域经济社会治理能力评价各指标对应的空间数据应该是同一套数据，如果不是同一套数据，其数据格式、投影参数、空间度量单位等信息应该保持一致；如果不一致，要通过空间数据格式或投影变换等操作处理成空间一致化信息。

（三）内涵标准化处理

指标内涵一致化。用以解决评价指标中名称和内涵的一致性问题。主要有以下两种情况。第一种情况是不同名称但内涵一致指标，即描述同一内涵的指标，在不同地方的指标名称不一样，处理方法是名称改成同一名称，具体采用哪个名称，按标准从优、样本数量多者优先的原则确定。第二种情况是名称一样、内涵不一致的指标，即两个地方用的指标名称一样，但其具体描述的内涵不一致，其处理思路是按照名称主导方式对内涵

进行一致化处理，具体处理方法按照标准从优、样本数量多者优先原则确定，即如果该指标内涵有明确的国家、行业标准，则按标准描述的内涵进行一致化处理；如果没有标准，则按少数服从多数原则，以样本数据多的内涵描述作为该指标名称的内涵标准。

指标内涵层次关系处理。区域经济社会治理能力评价指标需要根据指标体系的相关关系构建清晰的层次关系，即每个评价指标在指标体系中有确定、唯一的位置；同一内涵的指标，不能在评价的某一领域出现，在评价的另一领域也出现。指标内涵的层级采用指标统一编码方式实现。

三 评价模型构建与评价

（一）模型描述

加权评价模型。区域经济社会治理能力评价模型属于加权评价模型，即评价结果取决于每个参与计算的指标，以及指标在评价体系（或指标体系）中的重要程度。其最基本的模型如下：

$$评价结果 = \sum_{i=1}^{n}(Value_i \times Weight_i)$$

其中，$Value_i$为第 i 个评价指标对区域经济社会治理能力的影响值，$Weight_i$为第 i 个评价指标在评价指标体系或模型中的权重。

单指标评价模型。用以评价区域经济社会治理能力单个指标影响力的模型，模型评价结果是某个指标对区域经济社会治理能力的作用强度或影响。这里有两个情况需要说明。第一是该指标如果有明确的数值，通过无量纲处理的结果就是该指标的作用强度或影响值；第二是该指标数值获取需要模型计算，该计算模型也属于单指标评价模型的内容，单指标评价模型的结果是无量纲的相对值。

指标类评价模型。用以描述区域经济社会治理能力某领域的能力，如规划谋划能力，从某种意义上也是一种综合模型，当评价结果需要有两个以上的相关指标参与时，即属于这种情况。该模型的核心是参与评价的每个指标对区域经济社会治理能力的影响值和该指标在模型中的权重，权重的确定是模型的关键点之一，可以采用专家打分的主观方法确定，也可以通过相关的数理统计方法得到。

综合评价模型。用以评价区域总的经济社会治理能力,其评价参数体系涉及两个以上的治理能力评价领域,一般是涉及所有的治理能力评价领域。其计算方法可以分两个步骤实现,先测算某一治理能力评价领域的数值,然后根据各个治理能力评价领域的数值通过特定的权重参与模型计算;可以把所有的治理能力评价指标全部放到模型中,并分别给予相应的权重进行测算,模型运算结果是区域总体的经济社会治理能力评价值。

(二) 基于模型的评价

区域经济社会治理能力评价。利用区域经济社会治理能力评价模型,可对区域经济社会治理能力进行静态和动态评价。静态评价是指某个时间节点的治理能力状态,比如某年份的区域经济社会治理能力状况;动态评价指一个时段内治理能力的动态变化情况,如区域某年份与上一年份或前几个年份对比治理能力的变化情况,某领域的治理能力是变强了还是变差了,总体的治理能力是变强了还是变弱了。

评价模型的灵活处理。具体的区域经济社会治理能力评价中,由于信息采集渠道或其他问题,指标的对应时间可能不完全一致,针对这种情况,模型要求只要指标时间具有可比性即可使用。不同的评价指标对时间的敏感程度有很大差异,结合具体评价指标的时间敏感性,可以适度拉大参与模型运算各指标的时间尺度。在评价中,可能会遇到某些指标信息缺失的情况,如果该指标在模型中的作用很重要,则可以用内涵比较接近的指标代替;如果该指标在评价模型中的权重不高,可以不使用该指标,把其权重分配给其他指标。

评价结果应用。区域经济社会治理能力评价的目的是发现区域经济社会治理中存在的问题和不足,评价结果是无量纲的相对能力高低数值。根据评价内容不同,可以用于表达区域经济社会治理单方面的问题,或者是总体方面的问题。结果可以作为区域经济社会治理中相关政策措施制定、调整的参考,但不能作为区域政府政绩考核的直接依据。

(三) 评价模型反思

模型本身的问题。区域经济社会治理能力评价是一种尝试性工作。虽然区域治理能力和治理体系现代化建设提出已有一段时间,但对其具体内涵在区域经济社会治理方面的体现仍有待深入研究,评价模型在理论方法、具体的模型构建、指标信息处理、具体的区域评价等方面仍有许多需要完善的地方。

模型的应用问题。如果评价模型作为一种检验区域经济社会治理能力的工具，辅之以界面友好的支持系统平台，可能会得到区域各级政府的应用；如果作为区域各级政府政绩考核的一种手段，则模型本身及信息的科学性将会受到很多的干扰。地方政绩考核中有部分这样的案例，考核的出发点是好的，但只要与基层的实际利益挂钩，造假就会出现，使考核的初衷大打折扣，美好愿望还需要配套的制度支撑才能实现。

第三节　区域经济社会治理监测能力建设

一　构建区域经济社会治理监测网络

（一）加大现有监测能力的整合力度

针对区域经济社会治理相关各监测网络兼容程度低、持续运转难度大，多头管理、共享程度低等现实问题，重点在以下几个方面加大整合力度。

监测内容技术标准的整合。针对不同部门对同一指标从指标内涵、分类体系、采集标准、采集成果格式、采集成果管理、成果应用等方面存在的不一致问题，在充分协商的基础上形成一致的技术标准；使不同业务部门采集的同一指标从内涵到数值具有可比性和可转换性，如原国土资源部门的建设用地、住建部门的建设用地、农业部门的建设用地、测绘地理信息部门的建设用地要有相同的内涵，数据要有可比性。

监测内容的整合。由区域协调机构相关工作组协商相关部门和地方，本着减少重复、突出专业、权威部门采集、适当重合以相互佐证等理念，对现有各监测网络体系重点监测内容进行统筹规划，明确现有各监测网络体系监测的重点内容及相关要求，使现有各监测网络任务责任明确，使监测基础设施物尽其用，减少监测网络基础设施方面的重复投资。

加强数据共建共享。针对数据资源作为行业部门权力保障和延伸，是部门利益维护手段的实际，构建区域监测信息共建共享的体制机制，建立监测信息能力建设投资与产出挂钩机制，每个政府投资监测项目必须明确信息产出和共享内容；探索政府部门监测网络与社会来源信息、科研来源信息的共建共享模式；建立多部门参与的监测信息共建共享联盟、退出与投资暂停挂钩机制；探索在安全保障前提下监测信息的商业化服务机制，扩大信息收集渠道。

数据应用整合。利用大数据、网络等技术，加大各种监测信息整合、创新应用的工作力度，设立相应的应用示范，在安全有保障的前提下，最大可能发挥数据的价值。推动科研院所和专业公司利用区域各种监测数据开展研究，更多发现区域经济社会治理能力建设的规律、模式、存在的问题、应对措施，为全面提升区域综合监测能力提供辅助决策支持。

（二）构建区域经济社会治理监测网络体系

目前，大多数区域一些综合部门和行业部门已经初步建立了覆盖经济社会、生态环境各方面的监测网络，形成了运行自动化程度较高、覆盖空间较广、天地一体化的生态环境监测能力。但各业务部门搭建的监测系统和网络，往往孤立运行，采集指标也多为本行业指标，所用标准多为行业标准。这导致监测网络基础设施从单一行业部门来看，严重不足，但从总体上看又存在重复建设、利用效率低的问题。基于这些问题，加强顶层设计，构建一体化的区域经济社会治理监测网络体系很有必要。

构建区域经济社会治理监测本底和动态数据库。在整合区域经济社会治理监测能力的基础上，根据区域经济社会治理能力评价指标及其基础信息内容，建立区域经济社会治理本底数据库和动态变化数据库。

构建区域经济社会治理能力监测模型库。充分考虑区域经济社会治理能力评价模型的种类和特点，根据区域经济社会治理监测预警需要，构建区域经济社会治理监测模型系统，并建立相应的模型库。

构建区域经济社会治理监测网络系统。依托区域现有的经济社会治理相关监测预警网络，按照逻辑集中、物理分散思路，根据区域经济社会治理监测预警需要，建立覆盖全区域的经济社会治理监测预警网络系统，并使之常态化运行。

二 强化区域经济社会治理监测网络思路

（一）整合现有相关监测网络

相对于水、大气、土地、森林等有形生态要素的监测网络的监测能力，区域社会经济运行监测网络相对较弱，目前主要是以统计部门、财税部门、价格部门及行业协会等构成的若干相对独立的监测网络为主，经济社会发展要素监测体系的完整性、内容的科学性、监测结果的可靠性、监测能力的可持续性等方面均存在需要改进完善的地方。

（二）完善监测指标体系

在区域经济社会治理能力评价指标体系基础上，根据区域具体经济社会治理能力监测需要，构建面向区域总体发展的经济社会治理能力监测指标体系。针对容易采集的指标大家都采集，不容易采集的指标大家都回避的问题，由区域协调机构负责协调区域各地方、行业部门，采取综合部门牵头、行业部门参与、社会各方力量共同灵活参与的方式，构建适合区域经济社会运行的监测指标体系，并根据各业务部门的专长进行监测指标分工，在实现监测指标体系化的同时，实现监测网络的体系化。

（三）拓展监测信息来源

除现有政府部门主导的经济社会信息采集外，要通过政府购买服务、政府部门与专业信息采集公司合作、政府部门与科研院所合作、政府部门与行业协会合作等方式，扩大区域经济社会信息采集渠道，特别是绿色产业发展相关的经济社会运行指标，更需要以大量相关企业信息为基础，让社会公众从多个角度和层面提供相关监测信息。

（四）加强新技术应用

加大数据挖掘、大数据应用、服务网络化等技术的应用，盘活经济社会信息资源，对分散的、零散的、孤立的经济社会信息进行系统化整合；发现经济社会信息内在的联系和规律，提升政府决策中经济社会信息应用的水平和层次，提升经济社会领域规划、项目布局、政策措施制定、管理手段、治理能力现代化等方面的能力；鼓励和推动经济社会信息的社会化应用，推动经济社会信息应用产业发展，进而推动实体经济和服务经济发展，加快区域经济社会的服务化和高端化发展进程。

（五）推动信息公开和公众参与

区域协调机构组织相关部门定期公布本区域各种商品和服务价格；省级人民政府定期公布本行政区域内的商品和价格信息；财税部门按程序向社会公布财税信息；重点企业要定期向社会公布经营信息；重点污染企业

要及时准确在当地主流媒体上公开污染物排放、治污设施运行情况等环境信息，接受社会监督。地方政府和重大项目建设单位要通过公开听证、网络征集等形式，充分听取公众对重大决策和建设项目的意见。

第四节　区域经济社会治理能力监测机制

（一）构建区域经济社会治理能力监测工作框架

区域经济社会治理能力构成要素比较复杂，涉及经济、社会、资源、环境、生态承载能力几个方面。目前各地围绕单要素、单领域开展的监测工作较多，形成了较为完整的工作基础。如对大气、水、土壤污染超载情况的监测，对水土资源、海洋资源开发强度的监督管理等，但总体上缺乏综合性的指标体系和技术方法。区域经济社会治理能力监测工作需要在相关部门现有单要素、专项监测评价基础上，结合区域实际，形成体系完整、结构合理、覆盖全面、单项与综合搭配、可操作执行的区域经济社会治理能力监测指标体系；形成单要素现状评判与发展趋势相结合、单项要素与综合要素评价并重、以现代信息技术为支撑的、科学合理的区域经济社会治理能力监测技术方法。

（二）形成各部门各地方相互协作的监测机制

区域经济社会治理能力问题可能是单一治理领域或单一要素引起的，也可能是多个要素综合作用的结果。要开展科学合理的区域经济社会治理能力监测评价，必须建立多部门分工协作、动态监测与定期评估相结合、专项监测与综合评估相结合、业务化运行的长效工作机制。

在区域内按照现有职责分工，由区域综合部门牵头，其他部门参与，建立地方经济社会治理能力监测评估联席协调制度；按业务协调和技术协调两个层面开展工作，协调解决监测评估工作中相关业务和技术方面的问题，各部门设业务联络员和技术专家联络员，具体负责业务和技术协调沟通。

建立区域经济社会治理问题会商研判机制。针对区域经济治理中的重点问题，特别是资源环境生态方面的重点问题，如大范围河道水体污染、大面积土壤污染、地下水严重超载等问题，开展多部门多地区会商，不回避问题，不推脱责任，共同把脉，切中问题的实质和要害。

建立政策协调机制。为发挥区域经济社会各领域政策的综合效益，避免政策之间的矛盾和不一致，在制定区域经济社会治理能力建设政策措施时，由区域综合部门负责召集相关部门，就政策的具体条款、实施范围、实施对象、实施时间等内容进行协调，形成凝聚共识、切实有效的政策措施。

建立区域经济社会治理问题预案机制。建立区域经济社会治理确定制度，特别是生态环境事件等级确定制度，提高监测评估准确度；编制经济社会治理应对预案，特别是生态环境事件应对预案，将经济社会治理、生态环境重大风险事件应急响应纳入地方政府突发事件应急管理体系，及时向社会发布监测评估信息。

建立区域经济社会治理监测数据共享机制。各地方部门获取和加工整理的区域经济社会、资源环境生态领域的动态监测数据，是区域经济社会治理监测评估的重要依据，需要在相关部门之间建立共享机制，按业务化运行的要求共享相关数据。

建立异常信息相互通报机制。在区域经济社会治理监测数据常规共享的基础上，构建区域经济社会治理能力监测评估指标变化异常信息通报机制，及时将异常信息向相关部门通报，为重大问题预判和储备措施制定提供依据。

建立政策调整通报机制。针对经济社会治理各要素动态变化特征，相应政策措施也需要适时做出调整，当调整内容涉及其他部门时，发起部门需要就政策调整内容、调整实施范围等向相关部门通报。

参考文献

国家发展和改革委员会编《国家级新区发展报告（2016）》，中国计划出版
　　社，2016。

〔美〕Anthony N. Penna：《人类的足迹：一部地球环境的历史》，张新、王
　　兆润译，电子工业出版社，2013。

〔法〕奥利维埃·多尔富斯（Olivier Dollfus）：《地理观下全球化》，张戈
　　译，社会科学文献出版社，2010。

安虎森主编《空间经济学教程》，经济科学出版社，2006。

巴曙松、杨现领：《城镇化大转型的金融视角》，厦门大学出版社，2013。

池国泰、王卫等：《基于科学发展的综合评价理论、方法与应用》，科学出
　　版社，2009。

陈东琪、马晓河主编《消费引领　供给创新——"十三五"经济持续稳定
　　增长的动力》，人民出版社，2016。

陈军等：《全球地表覆盖遥感制图》，科学出版社，2016。

陈雯：《空间均衡的经济学分析》，商务印书馆，2008。

杜耘：《保护长江生态环境，统筹流域绿色发展》，《长江流域资源与环境》
　　2016年第2期。

段鸣镝：《帝国的兴衰》，天津人民出版社，2012。

樊杰：《京津冀都市圈区域综合规划研究》，科学出版社，2008。

高国力：《区域经济不平衡发展论》，经济科学出版社，2008。

顾严：《且富且老：中国养老困局与治理出路》，中国财政经济出版社，2017。

李锦宏：《区域规划理论方法及其应用：基于欠发达、欠开发地区视角》，
　　经济管理出版社，2011。

李军、胡云锋：《中国区域科学发展评价研究》，科学出版社，2013。

廖小军、周成虎主编《轻小型无人机遥感发展报告》，科学出版社，2016。

刘洋、毕军：《生态补偿视角下长江经济带可持续发展战略》，《中国发展》
2015 年第 1 期 。

邵如林：《运河中心话洛阳》，中国旅游出版社，2015。

陆大道、樊杰主编《2050：中国的区域发展——"中国至 2050 年区域科
技发展路线图"研究报告》，科学出版社，2009。

马晓河：《转型与发展——如何迈向高收入国家》，人民出版社，2017。

任旺兵等：《全国主体功能区决策支持系统研究》，科学出版社，2014。

任美锷、包浩生主编《中国自然区域及开发整治》，科学出版社，1992。

尚勇敏、曾刚、海骏娇：《"长江经济带"建设的空间结构与发展战略研
究》，《经济纵横》2014 年第 11 期。

孙博文、李雪松、伍新木、王磊：《长江经济带市场一体化与经济增长互
动研究》，《预测》2016 年第 1 期。

田阳：《关于我国生态保护建设制度体系构建的若干思考》，《国家林业局
管理干部学院学报》2015 年第 1 期。

王舒：《生态文明建设概论》，清华大学出版社，2014。

王战、周振华主编《城市转型与科学发展：2006/2007 年上海发展报告》，
上海财经大学出版社，2007。

肖金成、党国英：《城镇化战略》，学习出版社、海南出版社，2014。

肖金成、黄征学：《长江经济带城镇化战略思路研究》，《江淮论坛》2015
年第 1 期。

俞国良等：《社会心理学前沿》，北京师范大学出版社，2010。

颜文华：《绿色发展内涵与乡村旅游景区绿色发展指数研究》，《林业经济》
2015 年第 8 期。

张五常等：《经济学视角下的人类社会》，贵州人民出版社，2017。

甄霖等：《国际经验对中国西部地区绿色发展的启示：政策及实践》，《中
国人口·资源与环境》2013 年第 10 期。

朱斌、谢哲：《区域绿色发展综合评价体系与方法研究》，《物流工程与管
理》2014 年第 9 期。

朱传耿等编著《地域主体功能区划：理论·方法·实证》，科学出版社，2007。

图书在版编目（CIP）数据

区域经济社会治理能力研究 / 李军著. -- 北京：
社会科学文献出版社，2018.11
ISBN 978 - 7 - 5201 - 3525 - 2

Ⅰ.①区…　Ⅱ.①李…　Ⅲ.①区域经济 - 经济管理 -
研究　Ⅳ.①F207

中国版本图书馆 CIP 数据核字（2018）第 219347 号

区域经济社会治理能力研究

著　　者 / 李　军

出 版 人 / 谢寿光
项目统筹 / 恽　薇
责任编辑 / 颜林柯　楚洋洋

出　　版 / 社会科学文献出版社·经济与管理分社（010）59367226
　　　　　　地址：北京市北三环中路甲 29 号院华龙大厦　邮编：100029
　　　　　　网址：www.ssap.com.cn
发　　行 / 市场营销中心（010）59367081　59367083
印　　装 / 天津千鹤文化传播有限公司

规　　格 / 开　本：787mm×1092mm　1/16
　　　　　　印　张：31.5　字　数：515 千字
版　　次 / 2018 年 11 月第 1 版　2018 年 11 月第 1 次印刷
书　　号 / ISBN 978 - 7 - 5201 - 3525 - 2
定　　价 / 148.00 元